图书馆缩微工作同人文选

《图书馆缩微工作同人文选》编委会　编

國家圖書館出版社

图书在版编目（CIP）数据

图书馆缩微工作同人文选 /《图书馆缩微工作同人文选》编委会编. --北京：国家图书馆
出版社,2014.11
ISBN 978 - 7 - 5013 - 5476 - 4

Ⅰ.①图…　Ⅱ.①图…　Ⅲ.①缩微文献—图书馆工作—文集　Ⅳ.①G255.72 - 53

中国版本图书馆 CIP 数据核字（2014）第 234314 号

书　名	图书馆缩微工作同人文选
著　者	《图书馆缩微工作同人文选》编委会　编
责任编辑	高　爽

出　版	国家图书馆出版社（100034　北京市西城区文津街 7 号）
	（原书目文献出版社　北京图书馆出版社）
发　行	010 - 66114536　66126153　66151313　66175620
	66121706（传真）,66126156（门市部）
E-mail	btsfxb@ nlc. gov. cn（邮购）
Website	www. nlcpress. com→投稿中心
经　销	新华书店
印　装	北京科信印刷有限公司
版　次	2014 年 11 月第 1 版　2014 年 11 月第 1 次印刷

开　本	787 × 1092（毫米）　1/16
印　张	32
字　数	630 千字

书　号	ISBN 978 - 7 - 5013 - 5476 - 4
定　价	100.00 元

前　言

中华典籍，浩如烟海，记载着中华文明的历史轨迹与时代变迁。如何让这些珍贵的文化遗产，超越其纸质载体的存在年限，永久地传承下去，始终是令人困扰的一个问题。

1982年，任继愈先生上书中央领导，建议采用缩微摄影技术抢救珍贵历史文献，得到了陈云、胡乔木等中央领导和文化部的大力支持。1985年，全国图书馆文献缩微复制中心成立，从此掀开了在全国图书馆范围内利用缩微技术对文献进行再生性保护的序幕。30年来，缩微工作者兢兢业业，不懈努力，成绩斐然。截至2014年9月，全国图书馆文献缩微复制中心及其成员馆共抢救珍贵文献典籍和报刊149 860种，其中古籍善本31 759种、报纸4378种、期刊15 230种、民国时期图书98 493种，在传承中华文明、服务社会大众方面发挥了重要的作用，为保护中国的文化遗产做出了不可磨灭的贡献。

在全国图书馆缩微工作开展30年之际，我们编辑《图书馆缩微工作同人文选》，既是为了展现缩微战线这些年来所取得的累累硕果，也是借此表达对各位缩微工作者的敬意。

《图书馆缩微工作同人文选》是一部展示我国缩微工作者学术成果的著述。经过编委会成员的筛选，本书收录了1982年至今共计91篇具有较高学术价值的文章。这些文章按照"理论与实践""管理与应用""缩微与现代技术""资源开发与利用""缩微品保存与保护""回顾与展望"六部分进行分类编排，相同类别的文章以发表时间的先后为序。

希望本书所选文章能勾勒出缩微工作开展30年来的发展历程与探索，也希望这些文章能为缩微工作未来的发展提供参考与借鉴，更加促进全国缩微事业的辉煌发展。

魏大威
2014年9月

目 录

理论与实践篇

管理与应用篇

缩微与现代技术篇

资源开发与利用篇

理论与实践篇

原件整理在缩微摄影技术工作中的地位

——试论拍摄中文报纸的原件准备

国家图书馆　邬瑾芳

前言

近年来,缩微摄影技术在我国发展很快,应用的领域也越来越广泛。如何保证缩微产品的质量,达到国际标准的要求,这已成为缩微摄影技术部门研究的主要课题。

影响缩微品质量的因素很多,除了设备、原材料、工作环境以及技术人员的技术水平外,尚有一个至今仍被人忽视的重要因素——拍摄前的原始文献的整理。

我国的文献资料品种繁多,整理的方法也因资料的类型、性质、存贮、用途不同而各有差异,本文试对缩拍建国前中文报纸的前期整理工作进行初步探讨。

一、原件整理的重要性

拍摄前的原件整理,是缩微摄制工作的基础,也是摄制工作能否顺利进行的关键,它直接影响到缩微产品的质量。

然而,我国有些缩微摄制部门重技术轻整理的现象还十分严重。俗话说:“兵马未动,粮草先行。”文献的整理就是为缩微摄制工作提供优质“粮草”。它关系到缩微摄制工作的成败,是整个摄制工艺流程中不可缺少的环节。如果文献整理与缩拍工序配合不好,势必影响拍摄的质量,甚至出现“粮草”不继,以致影响拍摄进度,被迫改变或中止拍摄计划。更严重的是它将直接影响缩微品的质量。

有些单位缩微工作起步不晚,设备也较齐全,技术上也有相当多的经验,但由于对原件准备工作的重要性认识不足,以致拍摄了大量不合要求的缩微品。其中除技术问题外,大部分是在拍摄之前,没有对所要拍摄的文献按缩微摄制的要求去整理加工。因此,反映在胶片上(以报纸为例),就出现了如下几种情况:

(1)胶卷排号次序混乱、重复,没有总的排架目录及著录项目;

(2)对报名相同,但出版地、出版者、创刊年月不同的报纸没有加以区分,从而造成卷号混淆;

(3)分卷拍摄报纸时,没有日期规定,出现同一天内的报纸分拍在两个片卷内的现象;

(4)对报纸名称更改及创刊、停刊、复刊情况没有说明;

(5)拍摄前没有报纸登记表或清单,检验人员无法查出是否有缺、漏、错拍等情况;

(6)有些报纸出现皱折、卷角、残破,却没有进行平整修补,以致影响画面清晰度。

综上所述,由于原件整理上的缺欠给胶卷的保存、利用、交流带来很多困难,质量太差的还需要重新拍摄,这不仅造成人力、物力的极大浪费,更主要的是因原件已退回、封存或无法重新拍摄而造成不可挽救的损失。

国外对文献预整理工作相当重视,例如美国国会图书馆摄影复制部对"原稿缩微摄影"专门制定了规范。它特别强调拍摄前的资料准备工作及资料部门与拍摄部门的相互合作。有时,为了确保拍摄正常进行及获得满意的影像效果,修补人员经常在拍摄机旁进行现场修补处理。

整理是一项极细致而又繁琐的工作,它通常要占去整个缩微摄制工作的50%—70%的工作量。

如日本国会图书馆复制室,共有23人,其中科长2人,摄制者7人,资料整理人员则是14人。在一般情况下,开一台拍摄机,需要配备4名文献整理人员,即拍摄者与文献整理者之比为1:4。

因此,在制订拍摄计划时,对资料的特点、整理方法、拍摄目的及人员的配备等方面都要进行充分的研究与安排。

对整理人员的工作作风、文化素质应有严格的要求。这是由它的工作性质决定的。整理人员要有高度的责任感,要求严格按规程操作每一道工序。因为当文献摄制成缩微胶卷后,原始文献可能销毁或封存,而母片则要千秋万代地保存在国家文献资料库。此外,为了充分利用缩微版文献,就需大量地发行拷贝,如因文献资料整理有误,提供了错误的信息,其损失则是巨大的。

编辑人员需要有一定文化修养,对所整理的文献资料(如建国前中文报纸)的特点、历史背景、报与刊的划分、版本真伪的辨别、文献著录条例及缩微拍摄标准都要有较全面的知识。只有这样,才能保证整理的质量,使缩微摄制工作顺利进行。

二、两个"标准"是整理报纸的准则

1. 报纸缩微拍摄标准

为了在拍摄建国前中文报纸中取得统一的规格与获得较好的拍摄效果,文化部图书馆事业管理局"全国图书馆文献复制中心",在《报纸的缩微拍摄》国家标准未正式实施之前,参考了国际标准《为存档而把报纸缩微拍摄在 35 毫米的无孔缩微胶片上》及其他有关国内外标准,结合中文报纸的特点,编制了《35 毫米银盐无孔片报纸缩微拍摄标准(试用稿)》。该标准是为全国图书馆文献复制中心拍摄报纸而制定的,适用于 35 毫米无孔卷式卤化银缩微胶片(包括摄影负片、中间片和拷贝片)。标准中规定的标板,是保证报纸著录的、正确反映和作为报纸缩微拍摄质量检验的依据。

2. 报纸著录标准

将建国前中文报纸拍摄成缩微胶卷,不仅是为了长期保存,更主要的是便于读者利用,更好地为咨询和出版发行服务。因此,整理报纸时必须紧密地配合这一需要。采用国家标准《文献著录总则》及其分则《中文报纸著录条例》(草案)作为报纸著录的统一规定,并采用与国际一致的"段落式标识符号法"作为著录格式。只有这样,才有助于将手工编制的目录转换成机读形式,为缩微技术与电子计算机相结合创造自动检索的条件。

三、著录款目标板的编制

根据《35 毫米银盐无孔片报纸缩微拍摄标准》(下称报纸缩拍标准)规定,为保证报纸著录与缩拍报纸的质量,在报纸正文之前、中间及结尾设多种标板,其中"报纸著录款目"标板由整理编辑负责。为了更清楚地理解有关"著录"、"款目"及"标板"等名词术语的含义,现注释如下:

著录:在编制文献目录时,对文献内容和形式特征进行分析、选择和记录的过程。

款目:著录的结果,是反映文献内容和刊式特征的著录项目的组合。

标板:含有识别资料、编号或测试图的任何文字或图表。

拍摄在胶片上的还有放在报纸前、后面或有关部位,有助于技术管理或报纸书目管理的图示符号。

著录标板编制工作一般分为登记、著录款目、编写等几个方面。

1. 造表登记

报纸的登记造表(见附表)是著录的基础,它要将报纸逐日、逐版、逐项地记录,忠实地反映原始文献的特征、变更、数量及其他信息。登记表为报纸著录、读者咨询、缩微品检验及数量合理的分档提供可靠的依据。

美国国会图书馆的原稿部大约早在 1950 年就开始利用登记表查找资料了。该馆摄影复制部在"原稿缩微摄影"中规定"每一缩微版本的第一卷胶片内,紧接着资料主标板的后面,必须复制出该集标准登记表或清单。大的资料集每十卷可以重新复制一次登记表"。由此可见登记表在缩微胶卷中的作用。

登记的项目按照两个"标准"的规定,主要有以下几项:

报纸名称

出版地(所在省、市和地区)

出版年、月、日(一律按公历计算)

报纸号数

应有版数(包括正张、增刊、号外、附张等当天出版的所有版数)

馆藏版数(同上)

缺藏版数(馆藏版数与应有版数之差)

补入版数(从外单位补入的本馆缺藏版数)

拍摄版数[按拍摄形式(单版或双版)报纸开本(如 8 开、4 开等)大小而定]

开本(指报纸纸张尺寸数字,用阿拉伯数字书写)

原版状况(报纸上是否有撕裂、污迹、错号、印刷模糊等原件上的缺陷)

注释项目(在备注栏内填写)包括:

报纸名称更改;编辑者或发行人;创刊、停刊、复刊的日期;节假日或因故无报的原因;出版周期的变化;日期与报号有误;残缺严重,需作缺藏处理等;补入报纸的所有者;建议更改常规的拍摄缩小倍率等。

2. 著录标板的文字和字体

(1)用被拍摄的报纸文种及汉语。为与原版保持一致,报头字样应用原报头字样。考虑文字改革的需要,在正报名上方加注汉语拼音字母。

(2)字体应工整,如印刷体。字体应大到使读者不借助于阅读器,肉眼可见的程度,(如报名、起止年月日等),考虑汉字笔画较多,《标准》规定,胶片上汉字的最小高度达到2.5 毫米,英文字符(阿拉伯数字等)的最小高度为 2 毫米。

如用手书写或用活字字符时,标板上字符的最小高度为:

缩小倍率为 1:14 时,汉字高度为 35 毫米,英文字符(或阿拉伯数字)的高度为 28 毫米,其他缩比可依此类推。

计算方法:字符高度×缩小倍率。

如缩小倍率为 16,则汉字高度2.5 毫米 ×16＝40 毫米。英文字符高度为 2 毫米 ×16＝32 毫米。

(3)字符与背景的反差,即书写或用活字字符时,使用的墨色与纸、板(白色)之间的对比要黑白分明。经拍摄后,在胶卷上反映的密度值不低于 0.7,以利于胶卷的阅读、还原、放大等。

（4）著录标板的文字必须规范化，汉字一律以国务院颁布的《汉字简化方案》和1964年文字改革委员会编印的《简化字总表》为准。

出版、发行、日期、开本、馆藏量等一律用阿拉伯字母。出版年月需换算成公历。（可参考《二百年中西历对照表》。）

附注项（载体描述）中的文字说明力求简练，合乎文法。

3. 著录格式

汉语拼音

正报名＝并列报名：副报名/第一编辑者；

后继编辑者. --版本. --年月日＝编号

（第二种标识）：后继标识系统. --出版地：出版者，出版年（发行地：发行者，发行年）

文献总数；尺寸或开本

出版周期. --附注

片卷总数

实例

Shen Bao

申报. --清同治十一年3月23日［1872年4月30日］—1949年5月27日＝1—25600号

上海：该报馆，1872—1949

26234号；4开

双日刊（1872年4月30日—1872年5月5日）；日刊（1872年5月6日—1949年5月27日）. --1942年12月8日—14日、1945年9月17日—11月21日休刊，重复号、错号较多，有多种特刊. --1938年1月15日起曾先后在汉口、香港出版，香港版编号另起。1938×月×日从汉口迁回上海出版. --1912年2月1日前一般为27×26厘米。

馆藏：

1872年4月30日—1949年5月27日＝1—25600号

缺1909年10月17日（13184号）及缺版约200余次（具体版次略）

另藏有：

汉口版：1938年1月15日—1938年7月30日＝23209—23406号

香港版：1938年3月1日—1939年7月10日＝1—487号

本报共×卷

著录款目标板，在《报纸的缩微拍摄》国家标准（讨论稿）中列为任选项。鉴于因其难度较大，各单位要量力而行，内容可选择必须项目著录试用，并逐步完善。

四、报纸按规则日期号分档

根据编目、检索与拍摄的需要,报纸必须按年代、日期、版次顺序整理。增刊、号外、附张等都应排列在当天正报之后。依登记表统计版数,按拍摄报纸的开本大小,4 开单版拍摄(见图 1 中 1A)和 8 开双版(图 1 中 2B)拍摄的标准,折合成拍摄版数。

(1)如果一个片卷内(35 毫米银盐无孔片卷一般为 30.5 米)容纳不了一种报纸的全部内容,就要按一定的日期有规则地分开。如在一个月中的十号、二十号、月末或年末(停刊除外)处分开,并将编好的卷数、日期分别填写在登记表、著录款目标板上,同时在报纸内夹以标注以提示拍摄人员。

例:不合规则的报纸日期分档

1943 年 1 月 1 日——1945 年 2 月 14 日

合乎规则的报纸日期分档

1943 年 1 月 1 日——1945 年 2 月 10 日

(2)一个片卷内只限拍摄一种报纸,以便检索、编目、拷贝、发行等。

文件资料的分卷工作十分重要,因为只有分得妥当,才能方便地使用缩微品。

35 毫米银盐无孔片的长度一般是 30.5 米,进口胶卷实际长度约 33 米左右。每卷胶片所能容纳的影像是随着原稿尺寸缩小倍率和影像在胶片上的布局而变化的(见图 1)。

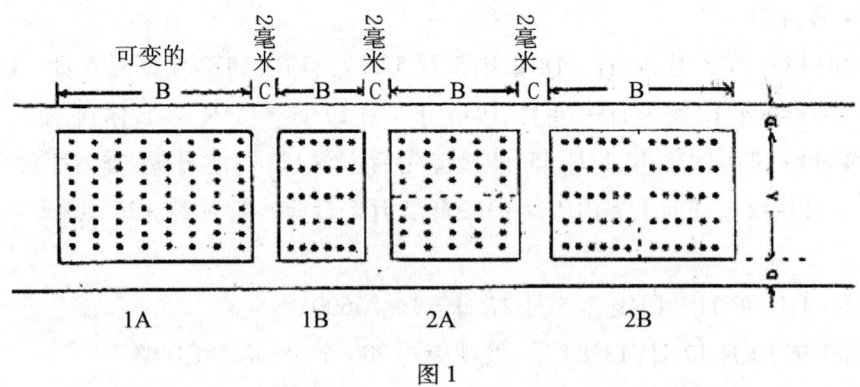

图 1

注:位置 1A 和 1B 为单页曝光 2A 和 2B 为双页曝光。

中文报纸一般缩小的倍率是 1:10 和 1:14,也有采用 1:22 的。原稿尺寸一般是 4 开(62.2×44.4 厘米)和 8 开(31.1×22.2 厘米)。如果选用图 1 中 1A 形式拍 4 开报纸和 2B 形式拍 8 开报纸,那么在 35 毫米银盐无孔片上按缩小倍率 1:14 拍摄时,可拍 4 开报纸 600 版(600 个画幅),见图 1 中 1A 的形式;8 开版(2B)则可拍 1200 版(600 个画幅)。

根据以上几个因素,编排了下列速见表,供报纸分档编卷时参考。

表 1　报纸分档编卷速见表

每日版数	每月平均版数	每卷包含报纸月数	分开日期		
			10 日	20 日	月末
4	120	5(150 天)			
6	180	3.3(3 月 +10 天)	△		△
8	240	2.5(2 月 +15 天)	△		
10	300	2			
12	360	1.6(1 月 +20 天)		△	△
14	420	1.42(1 月 +13 天)	△		
16	480	1.25(1 月 +6 天)			△
20	600	1			△
24	120	0.8(24 天)			△

注:速见表每月按 30 天报纸平均日计算。

每卷 35 毫米无孔片为 30.5 米长(实际是 33 米左右),每画幅按 33×45 毫米计算,选择 1A(4 开单版)2B(8 开双板),正文以 600 画幅为最大限度。

五、图示符号的作用及放置规定

整理时如果发现有缺页、原件污损、密度不同,需重复拍摄、编号有误时,除了在登记表上详细记录外,还应在报纸内夹上明显的记号提示拍摄人员,图示符号见表 2。

表 2　图示符号

符号	名称	说明
	胶片结束	表示缩微胶片结束。 符号放在片尾,单独占一画面。
	胶片开始	表示缩微胶片开始。 符号放在片首,单独占一画面。
	原件模糊	表示原件模糊不清难以辨认。 符号放在原件边缘,靠近模糊不清的部位。

续表

符号	名称	说明
	原件损坏 装订错误	表示原件已损坏和（或）装订有错误。符号放在原件损坏部位或靠近损坏部位的原件边缘。
	编码错误 日期错误	表示所给的文献编码和（或）日期有错误。符号放在有错误编码或日期的原件边缘。
	影像重复	表示这个影像是有意重复的。第一次拍摄时符号放在文件的下方,第二次拍摄时符号放在文件的上方。或者单独占一画面,放在重复文件的前后。
	原件短缺	表示原件的这一部分已缺少。符号放在相应的缺少部位,单独占一画面。

加摄"图示符号"是参照国际标准(ISO)规定而制定的。其主要作用是反映原件本来面貌,以使读者了解原件缺损等情况,也供检验人员检验缩微品质量之用。

目前如加摄"图示符号"有困难,也可用登记表或清单代替"图示符号",拍摄在胶卷正文之前。

六、原件的补配与修整

1. 原件补配

衡量一份文献质量的优劣,除其内容的价值外,还要看它是否完整。如果文献残缺不全,会使它的可靠性下降,甚至会造成不可弥补的损失。

报纸是一种连续性出版物。从它创刊起,直至停刊,整个记载了那一阶段的历史,反映了当时社会各方面的信息。特别是几百年前的中文报纸,对研究我国近代史具有极重要的参考价值,是我国文化宝库中的珍贵遗产。国家文献资料库若能保存一份完整的缩微版报纸母片,其意义是相当重大的。为此,拍摄前要想尽一切办法对残、缺页征集齐全。

对已发行百年以上报纸进行缺页补配,犹如海底捞针,难度是很大的,但我们可以通过各种渠道进行征集。

（1）分析来源（出版地）。

（2）调查研究，先易后难，先近后远，根据二次文献（如查阅全国图书馆报刊目录、各馆藏目录，发函各新闻单位，扩大线索到其他有关部门）拟定补缺方案。

（3）向个人征集、借用报纸或采访老新闻工作者及有关专家、学者和其他书刊收藏家。

（4）请有关主管部门对"抢救文化遗产"作出具体调配规定，以取得社会各界支持与协助。

2. 原件修整

为保证缩微品质量，加快拍摄速度，原件拍摄前的修整是一件十分重要的工作。它在整理工作中要占去一半以上的工作量。同时也是既细致又繁琐的工序。

对报纸的破损、折叠、皱折、卷曲应采取各种修复措施，使其平整。如利用定温熨斗熨平，温度应控制在60℃—65℃之间，连续使用时间不能超过10分钟，以保证报纸不受损失为度。合订本报纸一律拆散成单张（8开是双版，4开裁成单版）。破损处一般尽可能不补，如破损口太大，不补会影响拍摄质量时，可选用透明度高的不反光的胶质纸或拷白纸，裁成小条或块粘补在登广告，或无字白底之处，要注意尽量避免影响文字清晰。

附表

报　纸　复　制　登　记　表

报名　　　出版年月＿＿＿＿＿＿＿　　出版地＿＿＿＿＿＿＿＿＿＿＿　报纸馆藏编号＿＿＿＿

复制胶卷号＿＿＿＿＿＿＿＿　第　页

日期		号数	应有版数	正张版数		本埠增刊版数		附张或各种增刊版数				补入版数		开本	拍摄版数	原报状况	备注
公历	旧历			馆藏	缺藏	馆藏	缺藏	馆藏	缺藏	馆藏	缺藏	正张版	增刊版				
1																	
2																	
3																	
4																	
5																	
6																	
7																	
8																	
9																	
10																	
11																	
12																	
13																	
31																	
总计版数																	

（原载《缩微通讯》1985 年第 2 期）

我们怎样进行地图的彩色缩微摄影

北京电影机械研究所　　李　铭

最近受某单位的委托,我们于今年四月下旬缩拍了一批地形图。这是我国第一次进行彩色缩微的生产。在生产过程中虽然遇到了一些问题,但最后结果是令人满意的。本文就是关于这项工作的一个小结。

一、任务的来源和性质

这是一项很特殊的任务。用户需要将每 16 幅(相邻地区)地图的影像投影在 3×4 米的银幕上,拼成一幅整图。他们打算用四台幻灯来投影,因此每台幻灯需要投影 4 幅地图。换句话说,必须将相邻的 4 幅图拼成一幅,拍成一张幻灯片。用户曾试图用照相机进行拍摄,再用幻灯机放映。尽管幻灯片是经过改装的,用了照相机的镜头,目的是为了提高放映的影像再现质量。但实际效果并不理想,细部无法再现出来。显然,普通照相系统(照相机 + 胶片)的综合解像力和清晰度太低,是原工艺失败的根本症结。为此,用户寄希望于彩色缩微。

二、工作的开展

整个工作是分成五个阶段进行的。这五个阶段是:方案的论证,原件的准备,试拍与调整,正式拍摄,检验。

1. 方案的论证

首先我们向用户介绍了彩色缩微的优点,特别介绍了瑞士伊尔福生产的汽巴克罗姆彩色缩微胶片具有哪些优点和特点,并向用户显示了我们在国外学习期间自己摄制的彩色缩微品。对我们显示的样片,用户表示十分满意,虽然我们现在拥有的摄影和冲洗设备,以及胶片和套药,和在国外所使用的设备和消耗品几乎是完全一样的,但用户希望我们能够实际再试拍一下。因为彩色冲洗套药的使用寿命较短,为了节约起见,我们只用黑白胶片进行了试拍。根据原图的实际幅画和幻灯框通光孔的尺寸,我们选用36X的缩率拍摄,然后由用户用他们自己的幻灯机进行放映,结果影像质量很好。所以用户最后决定采用彩色缩微技术。

在采用平片还是卷片的问题上,我们也进行了论证,我们使用的是联邦德国 IKM 公司制造的 UKM 型通用摄影机,该机既可配用不平均分幅的 A6 平片摄影头,也可配用 16/35mm 卷片摄影头。这两种摄影头我们都有,相应的胶片即 A6 彩色平片和 35mm 彩色卷片我们也都有。从最后的使用形式是 135 幻灯片这个角度看,用 35mm 卷片最合理。但由于该机当时还有大量的 A6 平片黑白缩微摄影的任务,换用卷片头势必给正常工作带来很多麻烦,所以最后还是决定用 A6 平片来拍。每张平片按适当布局拍 6 幅画面,然后由用户将各画幅裁成 38×35mm 的小片,插进幻灯框内制成幻灯片。

由于用户将采用四机联放的形式来还原放大缩微影像,所以拍摄倍率的一致性要求很严。为此,我们利用机器上自带的可随机头升降而伸缩的钢卷尺来检验,发现每次机头都准确地停在同一个位置上,从而可以保证每次缩拍的倍率都是一样的。

2. 原件的准备

原件的拼接是由用户自己完成的。来京之前,用户曾反复考虑过哪种粘图方法最好。在胶水、胶纸和浆糊这三种粘接材料中,用户最后选定了浆糊,并由一名人员在花了近两天的时间完成了近 600 张图的粘接工作(每 4 张粘成一张),但实际效果并不理想。主要有两个问题。一是浆糊干燥后,图纸变皱,据粘图者说,这是北京地区春天气候过于干燥造成的。但笔者认为,根本的原因在于浆糊是一种含水的粘接剂。根据日常经验,纸张(尤其是较薄的纸)着水再干燥后,必然会变皱。二是图面拼接部分有的经纬线对不齐,这既和图纸涂浆糊后受湿伸长的程度不一样有关,也和原图绘制不准确有关,这种发皱的图拍出来效果如何,只有通过试拍来验证了。

3. 试拍与调整

首先任选了一张拼接图进行试拍。我们找了一大块窗玻璃,经过磨边和清洁,用来压图,使用的滤光器是 UV 和 CCO5M,用 6 种曝光时间进行试拍。胶片冲洗后,放到带灰色屏幕的彩色缩微阅读器上观看,通过试拍,找到了合适的曝光量,但暴露了三个问题:

(1)影像有明显的皱纹阴影,其分布以图纸接缝为对称轴;

(2)影像的清晰度不理想,线条看起来不够利落;

(3)影像略带青色。

颜色偏青是由压图玻璃引起的,因为普通窗玻璃颜色略发青。原则上可以用彩色补偿滤光器进行补偿,但现有的滤光器档次略嫌粗(最小是 CCO5),所以也不可能进行过细的校正。最后决定用 CC10M 代替原来的 CCO5M。

清晰度不好的原因也很简单,是因为未对彩色缩微胶片进行镜头焦点的调整,我们使用的平片摄影机,机头有真空吸片装置,将胶片吸附到承影背上。由此看来,胶片乳剂面的位置是以承影背为定位基准的。如果胶片的片基较薄,乳剂面的位置自然靠上;如果片基较厚,乳剂面的位置自然靠下,而镜头的焦点只有准确地调到乳剂面上时,才能达到最佳的解像力和清晰度,在进行彩色缩微拍摄之前,该机是按黑白片调整的。改用彩色片后,由于彩色片较厚,胶片乳剂面的位置下移了,因此要求镜头的焦点也下移。该机镜头是可调的,用一根专用调整棒即可方便地进行很精细的调整,这大概称得上该机的一个特点。但由于机器的使用说明书未说明怎样调整镜头便下移,所以我们在原镜头位置的上下各选了几点,用适当的曝光量试拍 2 号测试图,从中选出影像解像力最高的那一幅,定出镜头的最佳位置。由于当时我们正从事两项彩色缩微拍摄的工作,一项须用36x(即拍地图),另一顶须用 7.5x,所以我们采用了一个折衷方案,用 18x 试拍 2 号测试图。该机出厂标准是黑白片解像力可达 180 线对/mm,我们用彩色片拍,中心可达大约150 线对/mm(用 50 倍显微镜观察),即使是图上最小的字也会清晰。

这里必须指出,彩色片的解像力和清晰度肯定会低于黑白片的解像力和清晰度,这是由多方面的因素决定的。从胶片的结构看,彩色片的乳剂层是由感红、感绿、感蓝这三种乳剂层组成的,而黑白片的乳剂层只有一层,在乳剂层的厚度上,二者存在明显的差异。乳剂层厚则解像力往往较低。从影像的结构看,彩色片的影像是染料影像,黑白片的影像是银影像,前者的清晰度(影像的锐性)明显低于后者的清晰度。从技术指标看,更能看出二者的差别,我们使用的 M 型汽巴克罗姆彩色缩微胶片解像力为 560 线对/mm,阿克发黑白缩微胶片解像力为 800 线对/mm,富士黑白缩微胶片为 850 线对/mm。所以,用彩色片时,解像力低于黑白片是顺理成章的。

最难解决的是皱纹阴影问题,我们试验了几种办法,都不奏效。如熨平法在工程图纸的拍摄中常常使用,但这种方法只对硬的折痕有效,对纸的凹凸不平,特别是粘接部分很厚,则起不了作用,在图上衬垫泡沫塑料,上面压盖玻璃板的办法消除不了皱纹,只能使皱纹变得更多更碎细,加底光一般可以有效地消除皱纹阴影,但这只对非拼接的原件有效,拼接的原件由于拼接部分加厚,加底光后明显地较暗,所以也不能采用。最后还是用户大胆地将拼好的图沿接缝的两侧各划开一部分,只留图中央部分不划开,借以消除接缝的不均匀的应力,从而清除了皱纹。这种作法的缺点,一是使接缝两边的相应信息有少量的交错或重叠;二是由于需要仔细对图,显著地降低了拍摄速度。但归根结底,影像皱纹阴影确实消除了,而接缝也不明显。

4. 正式拍摄

在上述准备工作完成之后,正式拍摄进展得便很顺利了。由于所有的地图颜色的深浅相差不多,所以一般都使用相同的曝光时间。正式工作由三人协同完成。一个负责原件的准备,即熨图和切图,一人负责往稿台上放图和冲洗,一人负责抬放压图玻璃、协助放图和操作摄像机。冲洗是在奥托潘彩色冲洗机上完成的,采用标准的30℃的银漂法P—5工艺:显影2分钟,水洗0.5分钟,漂白2分钟,水洗0.5分钟,定影2分钟,水洗0.5分钟,连同干燥,共14分钟。由于摄影机使用的是单页平片的片盒,而且我们的机器只配备了一只片盒,所以我们采用拍一张冲一张的办法,效率较低。但拍摄和冲洗是并行的,所有总的来说,效率还不算低,一般15—20分钟一张,主要是放图对缝影响了拍摄速度。

冲洗期间也暴露出冲洗机的一些问题。比如根据机器说明书的介绍,控温精度可达±0.1℃,但实际情况却是当机器通电时间过长时,温度便会明显超过设定值。另外,胶片偶尔会出现轻微的毛道,这和当时北京风沙太大以及冲洗机清洁不彻底有很大关系。

5.检验

制成的彩色缩微品是在MINOX彩色阅读器上进行的。检验的项目有:

(1)缩微品的完整性(有无漏拍);

(2)外观质量(有无划伤、脱膜等缺陷);

(3)影像清晰程度,必要时用50x显微镜复查;

(4)彩色还原。

检验合格后将原图全部销毁(焚烧)。

三、几点感受和设想

1.汽巴克罗姆彩色缩微胶片彩色还原好、颗粒细、解像力和清晰度高,是缩拍地图的理解的感光材料。

2.这种胶片采用银漂法的"显影—漂白—定影"三浴法加工,简便易行快速,而且由于是直接正片,免去了一般"底—正"法的拷贝过程,直接得到工作片。

3.据生产汽巴克罗姆彩色缩微胶片的瑞士伊尔福公司的技术人员介绍,用该种胶片进行彩色缩微一般不宜超过48倍。根据我们的初步经验,由于地图的信息密度大,彩色较浅(反差低),线条细,所以不宜采用高倍率。36倍可以认为是极限倍率,应尽可能采有较低的倍率,国外拍摄地图多采用单幅画面的A6平片,倍率在15倍以下,所以效果更好些。

4.原件的准备工作具有非常重要的意义,粘图最好使用不含水分的黏合剂。比如国外有一种乳白色黏稠的黏合剂,呈现棒形,装在塑料管内。管底有螺旋,转动螺旋,胶棒即可伸出和缩进。用这种胶棒粘图,纸不会起皱。从资料的照片看,国外有用这种胶棒来粘补图纸的。

5. 如果是在实际使用的倍率上进行调焦,有可能最大限度地改善影像的清晰度。

6. 摄影机最好能装备真空吸稿装置,以便压平图纸。但是这类装置的成本很高,如从联邦德国引进,约需 4000—5000 西德马克,这还是指不计税的价格。现在我们已有两台平台式摄影机装备了这种真空吸稿装置,而 IKM 摄影机的稿台上已有为真空吸稿用的槽,所以略加改装,就可以借用其他机器的真空泵和薄膜来吸稿压稿。

7. 为了保证冲洗的控温精度,提高冲洗质量,应尽可能缩短冲洗机的通电时间。其措施是可以每拍一张平片后,将平片暂存在暗袋内,待积存够一定数量后集中冲洗并利用机器可同时冲两张(甚至几条)胶片的特点,左右同时供片,一张接一张地连续冲洗,从而可以在最短的时间内冲最多的片子,避免出现机器因通电时间长控温不准的问题。

8. 辊轴摩擦输片式的冲洗机须特别注意防尘和清洁工作,以免划伤胶片。

9. 我国尚不能生产彩色缩微胶片及其套药。彩色缩微所需要的消耗材料须依赖进口,且价格较贵,而药液的保存期和使用期又有限,所以给彩色缩微服务工作的经营管理带来很大的困难。目前彩色缩微品的需求量有限,从经济角度出发,只能将几批活集中起来一次加工。当然对于少量但又非做不可的活,也可试用手洗(24℃)工艺,其关键在于严格控制药液的温度,因此必须有适当而有效的控制手段。

由于我们是第一次在国内独立地进行地图的彩色缩微摄影,尚缺乏足够的经验,认识也很肤浅,需要在今后实践中继续探索和不断完善。

(原载《缩微通讯》1988 年第 3 期)

对缩微品法律地位的浅议

中国人民解放军空军档案馆　宫　岩

在我国,目前由于缩微品法律地位还没有被确认,已缩微的文献资料不能进行有效的处置,致使缩微技术在应用上不但没有发挥出减少库存面积之目的,由于造成双重管理,反而增加了库存面积。因此,随着缩微技术应用的不断深入和发展,在我国,缩微品的法律地位问题已成为迫切需要探讨和解决的问题。为此,本文试就缩微品的法律地位问题,谈谈自己肤浅的看法。

一、缩微品的合法性

我们研究探讨缩微品的法律地位问题,其实质意义就在于决定缩微品是否能够代替原件来完成文献资料现实的和历史的作用。在文献资料的各种作用中,法律上的要求是最为严格的。也就是说,只要满足了诉讼中凭证作用这一要求,自然也就满足了其他作用的要求。在国外,缩微品被当做凭证展示在法庭上已不鲜见。英国、美国、西德、法国等许多国家对缩微品法律地位已有相应的法律条文和规定。例如美国法律协会和统一州法委员会早在 1949 年就正式承认了《摄影复制统一法》。1951 年在补充的联邦法第 28 部第 1732 条中,承认了缩微胶片拷贝片可以作为证据使用。几乎所有的州也都制定了相类似的法规。在我国,由于缩微技术的应用还不普及,人们对它的认识有限,很自然地,对缩微品能否代替原件行使其凭证作用尚有很深的疑虑,这是可以理解的。但从缩微品的性质和制作工序讲,我认为它是能够替代原件承担其现实和历史作用的。

（一）缩微品能够真实地反映文件的原貌

缩微摄影是通过照相的方法,把文献资料由纸张载体转换成胶片载体的一种技术。它不同于计算机和其他复制技术。计算机在输入文献资料时是将文字进行分解变成可机读的二进制编码,然后实现用光电信号转换存储和还原。它是对文字信息的二次加工。而缩微摄影是以原始文件的模拟形式将原件的形状、内容、格式、字体、图形等直接转移到胶片上,如果用彩色缩微胶片,还可以记录原件的色调。这就使得缩微品在忠实地反映文件原貌的基础上,保证了其内容和形式的真实性。另外,缩微胶片具有较高的清晰度和解像力,能够保留文献字迹的细微部分,从而保持了文件内容的原始性。

(二)缩微品具有一定的可靠性

人们对缩微品难以接受的原因还在于对其防伪造和篡改的能力上,即在原件一旦丢失或销毁的情况下,会不会增添分辨缩微品真伪的难度。对这个问题,我们只要将缩微品和纸质文献的特性进行对比分析,便会得出结论:

(1)由于缩微品制作工序较为复杂,没有一定的设备和能力人们无法对其内容进行更改;而纸质文献则很容易用相同颜色的笔进行模仿篡改。

(2)由于缩微品是按严格的标准的规范和程序制作出来的,前后有着相应的联系,人们不便随意对其中的画面进行增添或抽取。

(3)缩微品可以拷贝(通常使用拷贝片),当怀疑某一画面使用中被破坏或篡改时,可以用保存的原底片进行鉴别;而纸质文献如被篡改了则无依据可参考鉴别。

从以上对比分析可以看出,在一定的条件下,缩微品比原件有更好的防篡改能力,说明缩微品具有一定的可靠性。

(三)缩微品制作具有一定保障性

由于缩微品的制作需要一定的设备和较复杂的工序,从而规定了制作者必然是一定的组织或集团。并且这一组织为了自身的利益,在制作过程中必然会按照国际、国家规定的质量标准进行严格的控制和检查。这一系列的限定条件,说明缩微品制作是具有一定的保障性的。

(四)缩微品具有长久保存性

缩微胶片的物理特性可以证明,在温湿度的控制、有害气体的防止等一系列保护条件符合要求时,缩微品同纸质档案或其他形式的记录载体相比具有更长久的保存性。国外对缩微品加速试验表明,在恒温恒湿条件下,胶卷(片)保存数百年是毫无问题的。

(五)缩微品可视为原件的副本应具有法律效力

所谓副本,是指根据正本另行复制誉抄的版本。其作用主要代替正本供传阅、参考和备查使用。从缩微品的制作过程和制作目的说明缩微品具有副本的性质。而副本的效力在法律中是有所规定的。我国民事诉讼法第60条规定:书证应当提交原件;提交原件确实有困难的,可以提供副本、节录本。由此可见,符合要求的缩微品副本应具有一定的法律效力。

从以上所述各点可以看出,缩微品具有较高的真实性和可靠性,它与原件相比,有着同等使用价值和法律效力,是能够代替原件来利用的。当然,作为能够代替原件的缩微品在制作中还必须满足一定的条件和要求。

二、对具有法律效力缩微品的要求

文献材料作为书证运用于法律中,通常都需辨别其真伪,审查确定其效力。在审判、检察、侦察人员对书证进行审查时,都会注意这样几方面的内容:

① 书证的制作人是谁;

② 书证是否伪造或经过变造;

③ 分析研究书证的内容;

④ 注意书证本身所属的类型。

根据这一情况,要使缩微品具有与原件等同的法律作用,就必须使缩微品充分体现、反映出所拍文件的性质。在制作中,我认为必须达到以下几方面的要求:

一是拍照内容要完整。所谓内容完整就是要求在制作中,将原件上一切可能为未来参考所需要的信息完全反映在胶片上,使缩微品最大限度地反映出原件所具有的各种信息。具体讲应注意这样几个方面:

(1)保全原件的内容信息。对一些反差小、字迹模糊的文字,应采取相应的技术处理,保全其信息内容。

(2)反映出原件的大小和实际尺寸。拍照中,不能只考虑拍全文字信息而忽略对无文字部分的拍摄。

(3)标明原件载体的现状。对文件纸张破损、污染等要进行必要的说明。

(4)忠实反映原件的编辑或编排顺序等情况。拍摄人员不能随意更改拍摄次序,如发现原件有误可作必要的说明。

(5)对缩拍中不能反映的重要信息加以文字说明。如以颜色作为重要记录因素的文件,应在拍摄中加以注释。

二是制作过程要合理。所谓过程的合理就是讲在制作程序上要有充足的证明力来表明缩微品与原件的相符并保证其质量。它主要体现在缩微拍照程序和制作管理制度上。具体讲应做这样几项工作:

(1)标明制作单位、地点和人员;

(2)标明制作设备型号及拍摄时间;

(3)标明接片等技术处理的原因;

(4)保存制作记录;

(5)保证缩微品质量;

(6)保障缩微品的管理和使用。

三是要有真实可靠的证明。缩微品代替原件使用,特别是代替原件作为凭证使用,除一般的质量检查要求外,还必须进行验证。即在拍摄完毕后,要检查核实缩微品是否真正反映了文献的原貌、能否代替原件作为凭证使用,以便形成一个权威性的、可靠的证明。根据我国的情况,我认为有以下三种方式可达到此目的:

(1)由文件管理部门的领导来验证

文件管理部门的领导担负着本部门文件管理领导工作,行使着本单位或本部门法人的权利和义务。通过他们对缩微品反映原貌真实情况的肯定和证明,证明力就由原来的拍摄制作人员上升为部门的领导人员,增强了缩微品真实程度的可信性。特别是通过外单位加工制作的缩微品进行这项工作将会更有意义。如果需要的话,上级文件管理部门还可检查下级领导的检查验证情况,以保证验证工作的认真性和严肃性。

(2)由文件产生部门验证

凡是文件都必然有制发单位和签发人。当文件缩拍完毕后,可以由发文单位的领导或指派的代表来核实缩微品内容是不是本机构过去制发的文件,并用书面形式加以确认,从而证明缩微品内容的真实性。

(3)由国家公证机关验证

公证制度在我国正在逐步恢复和实行。所谓公证就是国家公证机关根据当事人(公民、法人、非法人团体)的申请,对法律行为和有法律意义的文书、事实,依法证明它的真实性与合法性的非讼活动。我国民事诉讼法第59条规定:"人民法院对经过公证证明的法律行为、法律事实和文书,应当确认其效力。"通过国家公证机关证明后的缩微品将会具有一定的凭证和法律效力。

以上的三种证明方式,可根据所拍文献的性质和本机构的状况适当选用。

三、对研究实施缩微品法律地位工作的几点看法

(一)应根据缩微品内容和制作目的不同进行分类,区别对待。一般来讲,缩微品大多用于情报、档案、图书等行业,它们在各行业使用目的是不同的,人们对其要求也各异。概括起来说,一是表现为法律凭证型的作用,它不仅要求缩微制品在反映原件内容上的准确无误,而且要最大限度地体现出原件所具有的原始性和真实性特征;一是表现为参考资料型的作用,与前者相比,只要能够充分体现其信息内容的完整性和准确性,而在其原始性上就不必求全求真。目前,从整个情况看,作为法律凭证在法庭上出示的文献必定是少量的、个别的。因此,对所有缩拍的文献都进行严格的证明手续显然是没必要的。这就需要根据文献的性质、凭证作用的大小进行分类,规定出不同的证明标准,以区别对

待。这样既能按照法律要求拍摄出具有凭证的文献,又能使一部分资料型的文献在简化手续的基础上,尽早实行缩微化管理,进而对缩微后的文献进行有效的处置,充分发挥缩微技术的优势。

（二）应把缩微品法律地位的研究工作及时体现在实际制作工作中。缩微技术在国内发展还不普及,缩微品还没有普遍成为人们获取信息的工具。特别是缩微品在应用和管理中的不少问题还有待研究和探讨的今天,立即确定缩微品在我国的法律地位、确立缩微品的合法性显然还为时过早。但必须看到,随着缩微技术的应用和发展,缩微品取代部分原件必将是日后发展的客观趋势,因此在考虑、研究这项工作时,既要着眼于现在,又要预测未来,把经过论证可以确立的工作及时体现在实际的制作程序中,这样才能尽可能适应和满足未来的需要。否则只求满足目前的需要,而忽视长远的发展,尽管眼前可以平安无事,但日后难保不问题丛生。因此,在目前的缩微工作中,只有借鉴国外的一些先进做法,结合我国的法律制度和文件处理规定,最大限度地完善缩微制作程序和制度,才能使我们现在制作的缩微品在将来应用中不会处于被动地位,使缩微技术的优点尽早地在实际工作中发挥出来。

（原载《缩微通讯》1988 年第 3 期）

缩微摄影的综合测光与背景测光

国家图书馆　黄焕霖

密度控制问题在摄影中占有重要的地位,正确曝光则是密度控制中关键的技术环节。

缩微摄影有它特定的条件限制和较严格的要求:

1. 缩微摄影用胶片属高反差的胶片,因此宽容度比较窄;

2. 被拍摄的原件大批量状况复杂,颜色多种多样;

3. 缩微底片的标准密度要求主要是影像中原件的背景密度值;

4. 缩微摄影用胶片虽然属于全色片,但感光光谱范围比一般人像摄影用胶片要差;

5. 缩微摄像技术标准规定,整卷胶片中文献影像背景的密度值差不能大于 0.4;

6. 冲洗密度值的差异只允许 ±0.05。

根据缩微摄影技术标准的规定,实际上允许拍摄人员控制曝光的密度范围只有 0.3。

目前,在缩微摄影中确定曝光条件,一般采用如下几种方法:

第一种依据摄影人员的经验确定;

第二种依据试拍的结果确定;

第三种依据测光系统的显示确定。

其中,第一种办法对摄影人员的经验及技术素养要求较高。而且要在特定的环境下才可以做到,因为这是人眼睛的生理视觉所决定的。人眼在杆状视神经末梢的细胞里有一种紫色物质叫做视紫,受光的作用后就漂成白色,大脑就借此感到外界物体亮度的大小,如果照度和物体亮度的变化过大、过速,视紫的生成速度就跟不上漂白速度,人眼就不能适应这种变化,对物体就看不清楚。因此摄影人员有时会对物体的明亮度作出错误的估计,造成曝光不正确的而影响胶片密度。

由于这种办法有时会产生一定的视觉差,加上原件的状况复杂,单凭经验控制曝光,即使是有经验的摄影师,有时也难免会出差错,这是一种不科学的工作方法。

第二种办法是比较保险的办法。但这种办法对质量一致的原件较为适用,只需试拍其中一张或几张即可确定这卷胶片中被摄原件的曝光条件。若原件质量状况复杂,则需做较大量的试片才能确定每一种质量原件的曝光条件。此时,这种方法就不太适用。

第三种办法,由于测光系统能对不同的被摄原件测定出相应的曝光条件,并以适当的形式显示出来,只要测光系统具有较好的性能,摄影人员依据测光显示数据控制曝光比较容易获得理想的效果。尤其是在大量种类繁杂的原件及拍摄人员经验不足的情况下,采用依据测光系统确定曝光条件这一办法,对拍摄人员控制曝光是有一定的辅助作用。

在缩微摄影中测光系统的显示与使用有以下几种:

1. 测光系统显示在仪表上,然后手动曝光系统去跟踪,再进行曝光。

2. 测光系统与曝光系统连接,进行自动控制曝光,这种测光系统一般都分有很多的档次供选择。可根据所使用胶片的曝光指数并结合预先选定的胶片密度来确定所需要的档次。进行拍摄时它可以根据原稿件的不同反射光而自动地改变曝光条件,以达到胶片密度的基本一致。

3. 测光系统显示在仪表上,然后通过换算来确定曝光条件。

4. 调整灯光的照度同时观察测光显示的密度区或密度的显示数据来确定曝光。

5. 低劣的测光系统(有的厂家使用迟钝的硒光电池作为测光体,实际上是无法使用的)。

20 世纪 50 年代硫化镉感光体产生以后在测光原器件这方面就逐渐地替代了硒感光体。虽然它们都是感光体,但它们之间有很大区别,硒被光照射时才产生电流,它产生的电量和光照成正比,就是说双倍光产生双倍电流,测光表移动双倍距离,而四倍光移动四倍距离,因此测光表面的刻度便须以倍数来移动,用起来不方便。而硫化镉的作用是当光线照片时,便会让电流通过,光越强,越多的电流通过(阻力越少)形成光敏电阻,它的好处是让电流通过的能力可以调节到和摄影的要求相一致,但它存在"强光记忆"的缺陷,如直接向太阳,则可能要两三天才复原,虽然缩微用测光镜头一般不会直接向太阳,但应尽量避免长时间强光直射入测光镜头而影响短期内的精确度。

总之,不管采用硒、硫化镉、磷化镓坤(又称镓光电二极管)或其他光敏原件,主要功能要配合好测光系统与曝光系统的一致性,达到灵敏、可靠、实用的目的。

目前,在缩微摄影中测光方式有两种:

1. 综合测光(大面积的综合测光);

2. 背景测光(又称点测光,就是局部小范围的测光)。

缩微摄影用综合测光方式目前使用最广泛,但在实用上有一定的局限性。缩微用综合测光镜头一般都是与摄影镜头同步运动,因而在改变缩率时摄影镜头焦距在变动时所需要增减曝光的因素在测光镜头内也同时在改变。这是综合测光的优点之一。但综合测光只适合拍摄一般质量状况较好的文件,对质量状况复杂的文件就很难适应。

举例说明:

1. 在缩微摄制标准细则中规定拍摄各类不同资料的不同密度要求。如善本书拍摄时允许的胶片密度值范围为 0.9—1.2。该书如果其中有几页局部被污染而带有颜色,被污染区和正常区的背景密度如果超出标准规定范围,就应以各自区的背景密度各摄一拍(重拍)。如果密度范围没有超出标准规定,而由于摄影人员对曝光估计错误多拍了一个画幅,那么这一整卷胶片就不能算优质品只能算可用品(细则中还规定有效曝光和无效曝光等细节,这里不详谈)。采用综合测光方式对上述情况就无法判断是否需要重拍,而采用背景测光的办法,就可以解决此类难题。

2. 假若一本书纸张的质地颜色等完全相同,其中有的书页字少而且笔画也较细,另外有的书页字多而且笔画相当粗,按综合测光所得结果前者密度浅而后者密度深,如采用背景测光的办法则全书所得的密度可保持一致。

背景测光在测光方式上采用小面积局部接近原件进行测光。由于缩微摄影中采用的是背景密度控制方法。测定是否正确曝光也是以背景密度为主依据的。所以,测光的目标也应该是被摄原件的背景部分,小面积局部接近测光即能实现对原件的背景部分测光,因而使测光值较为精确,它可以测得综合测光无法得到的数据,当然背景测光也有它的不适之处,如改变缩率时摄影镜头焦距改变了,而背景测光系统是没有反应的,因此还需进行缩率修正。

缩率改变的修正方法:可根据所使用的缩微摄影机进行镜头焦距改变情况的试片,把得出的结果列一个简单的表格,作为变缩率时修正的依据(见表1)。

下面是 M2 型缩微摄影机缩率改变后在背景测光表头号上应修正的数据(修正量1即表头上的1个小刻度)。

表1

缩率修正数据(M = 10 × 1)									
缩率	4	5	6	7	8	9—11	12—13	14—15	16—17	18—21
修正量	+2.5	+2	+1.5	+7	+0.5	0	-0.5	-1	-1.5	-2

另外,由于胶片感光性的影响,不管采用任何测光系统,曝光量相同而光谱成分变化时,胶片密度也会发生变化。为此,需根据原件纸线的颜色对曝光进行修正。

由于采用测试靶标纸的颜色呈黄色(因我们目前拍摄的都是建国以前的旧文献,一般文献本身都是呈黄色),所以在拍摄呈黄色的原件时就不需再进行修正,黄色以外的颜色需依据表2进行修正。

　　该表格的修正量是以全国图书馆文献缩微中心使用的缩微测光表(背景测光)结合HRI 型胶片的感色性得出的修正数据。

表 2

原件颜色修正数据				
原件颜色	白色	蓝色	绿色	黄色	粉色
修正量	-3.5	-3	-2	0	$+1$

　　使用其他胶片时,该数据需经试验后确定。

　　根据上述的各种分析,要搞好缩微摄影的胶片密度控制,就应该设有灵敏、可靠、实用的测光系统,背景测光系统虽然在曝光时有时需要进行修正,但在使用上比较灵活而且控制曝光密度较为精确。

（原载《缩微技术》1989 年第 31 期）

谈在旧期刊的缩微拍摄中原底片的密度控制

吉林省图书馆　张　铸　国家图书馆　刘世华

　　缩微摄影与常规的摄影由于拍摄对象、目的、要求的不同,所以密度控制有很大的差异。

　　缩微摄影的对象是相对静止的文献资料及其他可见的数据,并且采用缩微摄影的主要目的在于提高文献资料信息的管理,完善和丰富馆藏建设,最大限度地延长文献的寿命,同时向社会提供缩微媒体的印刷文献的替代品。因此,缩微摄影要求完整、准确地反映被拍摄对象所反映的信息,真实地反映原件的本来面貌。特别是尽管原件的纸质、色调、反差等条件的差异,但摄制后的胶片却需要在相同条件下成批地复制,因而对影像的控制,诸如密度、解像力、清晰度、可读性等都有自己特殊的要求。而对整卷(平片/张)胶片的背景密度,底灰、影像排列都有国际、国家、行业的标准进行控制。

　　常规摄影除再现被拍摄对象客观真实面貌外,还要加上作者主观的创作意图,作品(胶片)经过作者的艺术加工,创作过程中对被摄体的取舍而最终完成任务。常规摄影创作的单位是单独的每一幅胶片。

　　缩微胶片是以控制背景密度(当然,还有其他条件,这里我们主要谈密度)来实现摄影目的——全部准确反馈原件信息。因为前面我们提到缩微摄影的对象是平面静止文献,它的构成主要是黑白线条和符号,它们背景的反射率大体上是一致的,所以我们以控制背景密度来实现控制反差,其最佳密度一般认为 D = 1.10 为最好。而普通摄影的对象是三维物体,例如人物、风景等,它们除了反差之外还要求丰富细腻的影调、层次、色调等,其底片影像平均密度以 D = 0.55 — 0.65 为最好。

一、期刊的密度控制

　　期刊是缩微摄影对象中最难拍摄的一种, 尤其是建国前的旧期刊更难拍。报纸、善本、工程图纸等文献都有自己的规律和特点,而期刊就其外部特征来看,反映的信息,既需要遵循缩微摄影的规律,又需要遵循普通摄影的规律。期刊可划分为以反映文字为主的普通期刊,又有以反映画面为主的画刊,而更多的则是既有画面又有图片的综合形式。如果全部采用缩微摄影标准,只注意控制其背景密度,尽量使其背景密度 D = 1.10,那么图片信息将损失 50% 以上。所以在缩微摄影中,期刊密度的控制视拍摄对象的不同而分别采用缩微摄影标准、普通摄影标准及两者兼顾的形式。

二、在期刊拍摄中,整体密度控制与局部密度控制的关系

1. 以文字为主的期刊密度的控制

以文字为主的期刊拍摄密度,当然应恪守国家与行业的缩微摄影标准,使其背景密度尽量接近 D = 1.10。其中还应注意(见表 1):

表 1　期刊的密度控制——文字部分

类别	原件状况	密度要求
一 类	反差极好、高质量的印刷品	1.30—1.50
二 类	反差较好的小号字印刷文献、(4 号 5 号)铅笔书写的文本等	1.15—1.40
三 类	铅笔及墨水绘图、退色打印文献彩色线条绘的图形、很小字母打印文献	1.00—1.20
四 类	硬铅笔书写的手稿及图纸、质量很差的印刷品模糊不清的文献	0.90—1.10
五 类	反差很差,模糊的古旧文献	0.70—0.90

通常,旧期刊属于第三类到第五类文献。对于在同一个画幅中,应特别注意密度值的取舍要着眼于低质量状况原件,因为高质量原件可按低密度值缩拍,而低质量原件不能按高密度值缩拍。

2. 文字和图片同时存在的期刊

这类期刊为数不少。拍摄时对于文字部分,可以恪守文献缩微的一般规律,就像上面提到的那样。对于图片部分还应进一步区分:第一,具有连续色调的照片图;第二,具有间断层次的半色调图,例如:地图、动画片、铅笔画、水粉画等;第三,线条图,例如:钢笔画、图表等类。对于第一类照片图,拍摄的原则是侧重影像密度的控制,减少曝光量,切忌曝光过度,具体密度的控制详见表 2。

表 2　期刊的密度控制——图片部分

类别	图片状况	密度要求
一 类	具有连续色调的照片图	0.55—0.65
二 类	具有半色调的图片 （水粉画、动画片、地图铅笔画等）	0.65—0.75
三 类	细线条图 （钢笔画、有底色的细线条图片）	0.75—0.85

对于在同一画幅里既有图片又有文字的情况，一般应注意区分其信息的重心是图片还是文字，如果以图片为主，则可遵循表 2 的密度控制原则；如果以文字为主则可遵循表 1 的密度控制原则；如果图片与文字同等重要时，可考虑综合曝光，兼顾两者的密度，使两者密度均在最低要求范围内。假若图片与文字的密度差 D > 0.04 时采用二次曝光或多次曝光法，为照顾读者使用，最好在每一次曝光的画面上打上"形象重复"。

3. 以图片为主的期刊

以图片为主的期刊其主要信息是图片，应尽可能地再现图片反映的信息内容，所以密度控制应以图片为主，文字只是辅助。例如：画报、画刊、摄影期刊等，这类文献在整理编卷时应尽量编在同一片卷内，胶片最好选择宽容度大、反差适中、有中间调子的胶片。数量比较集中的可选用 X 光缩微胶片。数量小，特别珍贵的历史图片，可考虑用普通照相用的胶片，用微粒显影药冲洗。

对于一般图片的密度控制可参照表 2 执行。

三、如何正确控制图片密度

在缩微摄影中，若想有效正确地控制图片的密度，关键的问题是正确曝光。而正确曝光是建立在正确地测光基础上的。缩微摄影的测光一般可分为自动测光与人工测光两种。自动测光又分内测光系统和外测光系统。

由于旧期刊的拍摄涉及的对象复杂，所以，采用大面积综合自动测光很难保证正确地控制图片的密度，而用照度计进行小面积的人工测光则可有效地保证正确曝光。实践证明，采用"模拟控制密度图"，结合"全国图书馆缩微中心"（以下简称"中心"）配发的"小面积测光系统"，将能有效地控制旧期刊的背景密度与影像密度。其方法如下：

1. 建立"模拟控制密度图"系统

首先,广泛搜集所要拍摄的旧期刊中所包括的各种不同颜色、不同深浅底色的有代表性的样品(搜集得越齐全、越有代表性越好),然后分别用反射密度计和透射式密度计测试原件及其对应胶片的密度值作图(详见图1)。

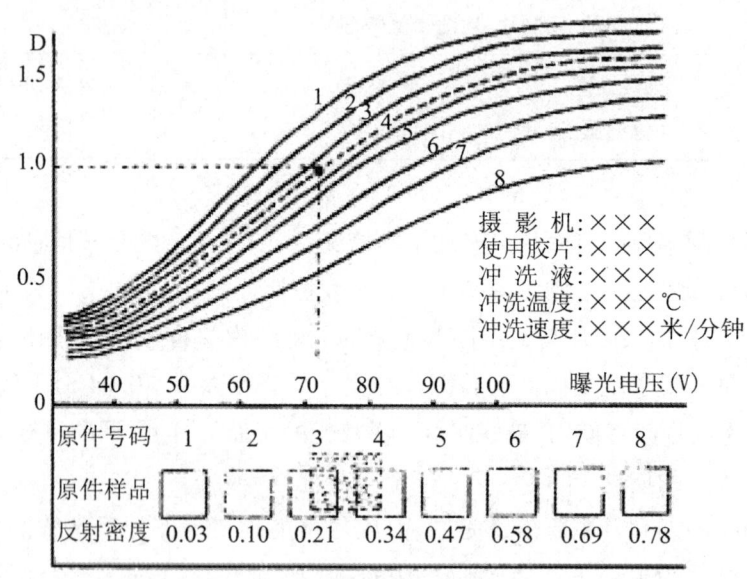

图1 模拟控制密度图

使用时,可把要拍摄的原件对照表中的"原件样品"在图中找到对应区域,再用插值法,即可找到所要求的密度控制范围。此办法应在应用初期试样。

2. 正确地使用"中心"系统的"小面积局部测光系统"标准

关于"小测光系统"各成员馆均已做到熟练地掌握与使用,特别是对于缩率分别为10倍、14倍的报纸与线装书。

对于旧期刊的拍摄的测光应强调下面几个方面:

(1)正确选用"靶标"。对于旧期刊,"中心"配发的"靶标"纸仍然适用;

(2)调整缩率,新设置C档。(M = 21X)表针归"0"连续拍10拍,求最佳密度值;

(3)正确的运用预选密度、缩率及颜色修正;

(4)正确运用综合修正。

总之,对于新中国成立前的旧期刊的拍摄不能等同于一般的原件,不能等同于一般的信息还原,而应当作为一种文化典籍的抢救认真对待;其次,对于原底片密度的控制不仅要照顾到文献内容,还应该照顾到外部形式;其三,图片是旧期刊中重要的信息资源,应力争完美地再现其内容。

（原载《缩微技术》1996 年第 1 期）

影响 FP—500 冲片质量的一些不可忽视的因素

南京图书馆　单红彬　赵　岚

德国生产的阿克发 FP—500 冲洗机是一种性能优良的缩微胶片全自动冲洗机。它具有操作使用方便、冲片量较大、显影的温度和速度均可调节等特点,因而受到缩微界同行们的欢迎。我们自 1991 年使用该机以来,同样也感受到它的这些特点给我们的工作带来的方便和效率。当然 FP—500 冲洗机也会像其他机种一样,常常因为出现一些设备故障而影响其正常运行,或是由于操作使用不当而影响冲片质量。这种设备常见的一些运行故障及排除方法,以及该机正确的操作使用和维护保养准则在很多相关资料中都已详尽介绍,在这里我们想从一些往往容易被人忽视的因素(如参数的设定、设备的运行状况、环境状态等)着手,观察分析这些因素对冲片质量造成的影响和后果,并找出排除这些因素对胶片质量产生影响应采用的调节方法及相应的措施,从而更好地提高和发挥 FP—500 冲洗机的使用效果和性能作用。

一、环境温度的影响

我们在几年的冲片实践中发现,冲片间室内温度的高低及其变化往往会直接影响冲片的质量(主要是胶片的密度值),有时这种影响还比较明显(见表 1)。

由表 1 可以看出,在我们所设定的显影温度和冲洗水温数值不变的情况下,机器水槽内的水温及胶片的密度值会随着环境温度的上升而增加,随着环境温度的下降而降低,在环境温度骤然变化时,这种影响尤为明显。这里特别要注意,当环境温度接近或高于我们所设定的显影温度时,环境温度不仅对水槽内的水温有较大影响,而且还会对显影液的温度产生较大的影响,使得在这种情况下冲洗出的胶片密度值往往会远远偏离我们所预定的数值。

表 1　环境温度对密度值的影响

日期	室温	显影温度	冲洗水温	机内水温	密度值
5.10	20℃	32℃	27℃	27℃	1.06
5.11	21℃	32℃	27℃	27℃	1.06
5.15	23℃	32℃	27℃	27.5℃	1.06
6.15	25℃	32℃	27℃	28℃	1.09
6.20	26℃	32℃	27℃	28℃	1.09
8.22	30℃	32.5℃	27℃	29.5℃	1.16
8.30	32℃	33.5℃	27℃	30.5℃	1.23
10.27	20℃	32℃	27℃	27℃	1.06
11.20	18℃	32℃	27℃	27℃	1.06
11.22	15℃	32℃	27℃	26.5℃	1.04
1.3	4℃	32℃	27℃	25.5℃	1.00
1.4	5℃	32℃	27℃	25.5℃	1.00

(注:表中的"冲洗水温"是指混水器上温度计的指示温度,"机内温度"是在机器水槽内实测的水温。)

　　环境温度的变化之所以对胶片密度值有如此的影响,据我们观察分析,其原因是我们一般所观察的冲洗水温是进入冲洗机之前水的温度,冲洗水进入水槽后其温度还会随着环境温度的高低而逐渐上升或降低。我们发现 FP— 500 水槽的保温性能不是很好,所以随着开机时间的延长,这种影响会越来越大。冲洗水温度的变化必然会影响到冲洗胶片的密度值。同样,环境温度也会对显影温度直接产生影响,特别是当环境温度接近或高于显影温度时,显影温度就会随着环境温度升高而超出显影系统的恒温调节器所能控制的范围,这样显影温控系统就不能有效地将药液温度控制在设定的范围内而严重影响冲片质量。

　　要消除环境温度对胶片质量的影响,最根本的办法就是要保持冲片室温度的恒定不变。为了做到这一点,我们建议冲片室的空间应设计得小一些,并要安装空调设备,以便迅速调节室内温度。在开机冲片的整个过程中,要认真观察,时刻注意显影温度、水洗温度和室内温度的变化情况,并及时加以调整。我们在设定显影温度时,应该注意不要让其接近甚至低于环境温度和水洗温度,实践证明,必须保持显影温度至少高于室温和水洗温度3℃以上,这样才能保证显影温度不受影响。如果室温太高,不能降到显影温度以下,而显影温度又不易再升高,我们可以对冲洗机加以改进,在显影液供应槽内安装冷却管,以消除环境温度的影响。改进安装的方法不是很复杂,如图1—图4所示。首先在显影液供应槽盖上按图1所注的尺寸打孔,再准备一根 U 型冷却管、两根塑料软管、两只弹簧片、软管接头及一些紧固件,然后按图示方法将冷却管安装在显影液供应槽内,冷却管的两头分别用软管接到冲洗机的进水口和出水口上,这样就可以用循环的冷水来降低药液的温度。这里要注意,冷却水的温度必须比药液温度低3℃以上,方可达到冷却效果。

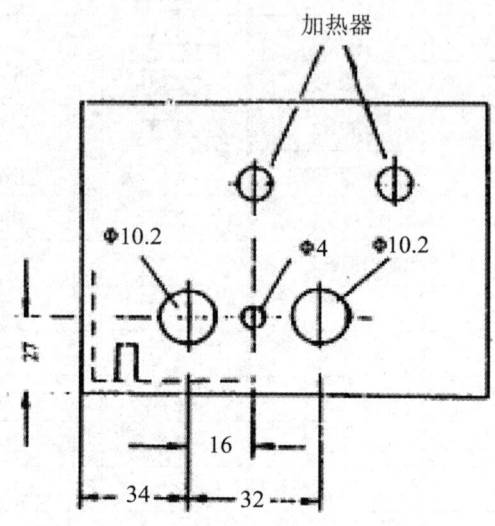

图1　显影液供应槽盖

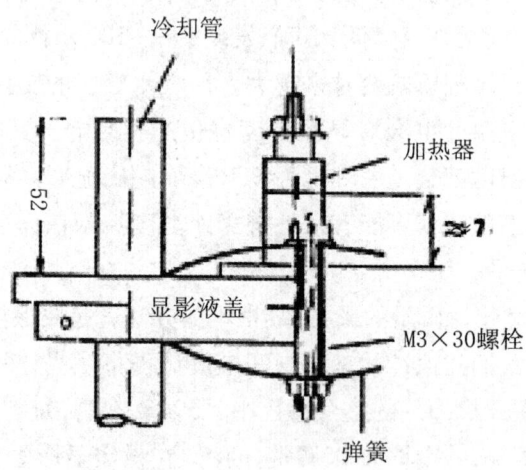

图2　冷却管安装示意图

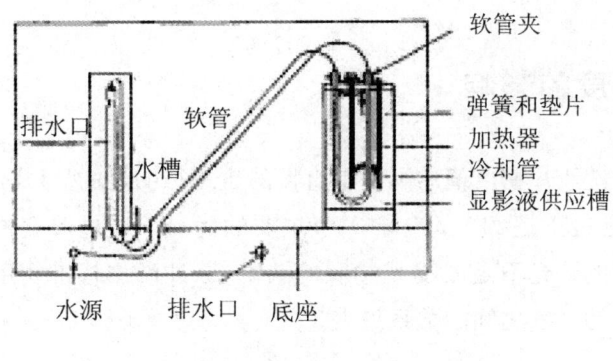

图 3　FP—500 后视图

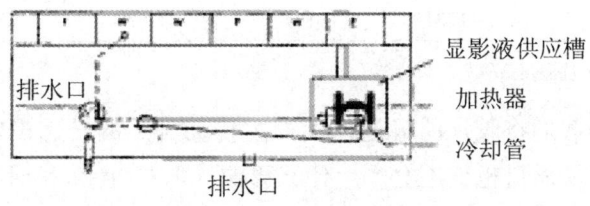

图 4　FP—500 俯视图

二、烘干温度的影响

一般地讲,冲片时的烘干温度对胶片的密度值是不会产生直接影响的,但是如果将烘干温度设定得较高,在长时间开机工作后,烘干加热器所释放的热量就会对冲洗机的环境温度和冲洗水温产生一定的影响,从而也会影响到冲片质量。请看以下数据:

表 2　烘干温度对环境的影响

烘干温度	室温	水温	密度 D
40℃	20℃	27℃	1.06
50℃	20.5℃	27℃	1.06
60℃	22℃	28℃	1.11

注:开机时的室温是20℃,冲洗水温是27℃。

可以看出,虽然烘干温度对其他参数的影响不是很大,但从冲片质量而言,它则是一个不可忽视的影响因素,我们也应对它加以重视。实践证明,通常只要把烘干温度控制在50℃左右(这也是一般的胶片比较理想的烘干温度),基本可以消除烘干温度对胶片密度的影响。

三、冲片速度的影响

冲片速度对冲洗胶片密度值的影响是直接的也是很明显的。FP—500 冲洗机的冲片速度是可调节的,这也正是 FP—500 的一个主要的优点。通过改变冲片速度,可以弥补或减弱拍摄过程中的曝光不足或曝光过度的缺陷,以冲洗出标准密度的胶片。FP—500冲片速度与冲洗胶片密度之间的关系见表3。

表3　冲片速度与胶片密度的关系

冲片速度(米/分)	2	2.5	3	3.5	4
胶片密度	1.31	1.17	1.06	0.99	0.88

注:显影温度32℃,水洗温度27℃。

正常情况下,当我们将胶片的输送速度即主传动马达的转速设定以后,冲片的速度应该是恒定的,对冲片质量也就不会产生什么影响。但是,由于长时间的工作,传动系统的控制电路中某些元器件的参数会发生变化,改变了原有的数值,使得输送胶片的速度失控,出现了实际传输速度与设定的速度不相符或是传输速度时慢时快的现象,致使冲洗出胶片的密度值与所预想的数值相差很大或是胶卷前后密度相差很大(通常是由后往前逐渐衰减)。一旦出现了这些现象,我们就必须对设备进行检测和调节,具体方法步骤分别如下:

1. 传送速度与设定数值不相符的检测和调节

测定胶片实际传送速度的方法比较简单,把胶片的传送速度档设置在 2 米/分(或 3 米/分)上,然后开机输送胶片,观察设录 2 米(或 3 米)长度的胶片(可在胶片上事先做好长度标记)通过某一固定观察点所需要的时间。如果这段时间不是正好 1 分钟,那么就必须调节控制板上的电位器 R1(见图 5)直至速度准确。

2. 传送速度不稳定的检测和调节

据我们观察分析,传送速度不稳定的主要原因是传动马达的电流极限值不准确,无法修正由于负载力矩的变化对传动速度的影响,所以随着胶片收片半径慢慢地加大,马达的负载会逐渐减少,以致胶片的传送速度越来越快,冲洗出胶片的密度也就越来越低。因

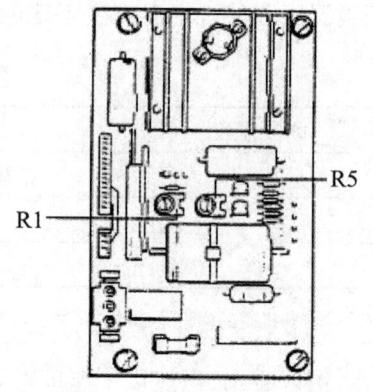

图5　传动马达控制板示意图

此,我们只要校正传动马达的电流极限值,就可使马达的转速趋于平稳。传动马达的电流极限值的检测调节步骤是:首先从马达的接线板上摘下马达的输入导线,并串接上安培表;然后接通电源,打开显影加热开关和传动开关,将传动速度开关调在 3 米/分档上、烘干加热开关设在第 5 档上,让机器在此状态下运行半小时,使机器的各个部分都达到其运行的最高温度(因为只有这样才能测量出准确的数值);这时先关闭传动开关,接着用工具卡住法兰盘和驱动轴上的制动伞形齿轮,使马达承受较大的力矩;最后再打开传动开关,在运行了一段时间后就可读出马达的电流极限值。如果此时电流极限值不在标准范围内(标准值为 3.0A—3.5A),我们必须调节控制板上的电位器 R6(见图 2),直至达到标准。

四、冲洗水流量的影响

众所周知,冲洗水的流量不能太小,否则冲洗出的胶片上的药液的残留量过多,致使胶片海波残留量超标。另外,若显影液冲洗不干净,胶片上残留的显影液进入定影槽后逐渐累计将影响定影效果。然而,冲洗水流量过大对胶片质量的影响也许大家不是很注意。冲洗水的流量太大,往往会使胶片的药膜造成损害,因而严重影响胶片的质量等级,甚至造成废片。FP—500 冲洗机冲洗水的流量一般定在 3 升/分,这样就能保证既不损伤胶片又可将胶片冲洗干净。

冲洗水源的压力可通过混水器上的减压阀或机器水源喷嘴口的浮动阀来进行调整(喷嘴口的浮动阀可用螺丝刀来调节,逆时针方向旋转是增加流量,顺时针方向旋转是减少流量)。冲洗水流量的大小可在水槽充满水时,调整进水在溢水口处正好刚刚溢出,这时水的流量就约为 3 升/分。也可以准备一只有容量标记的空容器,将冲洗机冲洗水排水管放入该容器内,观察在一分钟内是不是正好有 3 升冲洗水从机器内排出,否则予以调整。

为了确保冲片质量同时又不浪费药液,我们采用了调整显影药液浓度的办法,以解决上述矛盾。经过试验和测定,我们把显影液的浓度降低为 50%,即每次冲片时,在显影槽内同时加 2 升富士显影原液和 2 升清洁过滤水,这样冲洗出来的额定数量的胶片质量是完全符合要求的。

五、电源电压的影响

冲洗机的正常工作状态有时也会受到输入电源电压的影响。如果输入电源的电压

极不稳定,与额定输入电压标准相距太大,机器往往就会出现一些不正常的情况,因而影响冲片质量。这里主要有两个方面的影响:

1. 我们机器上的主传动马达使用的是伺服电机,电源电压的高低对它的转速会有一定的影响。所以,如果电源电压不稳定或不标准,就会使冲洗出胶片的密度值随着马达转速的变化不定或偏离标准而忽高忽低超出标准(在这种情况下,密度值的变化往往是无规则的)。

2. 输入电源电压值的偏离还会对显影加热系统产生一些不利影响。主要是电压低时,显影加热器的加热速度就会变慢。这样就会影响显影加热系统提高显影温度的速度,使得短时间内显影温度偏离设定的标准值,从而影响到冲片的密度质量。

电源电压问题的解决方法很简单,只要把机器接到输出电压相对稳定的电源上,或在机器的输入电源上加接一台功率匹配的稳压源即可。

六、冲洗药液浓度的影响

按常规,FP—500 配套使用阿克发系列的显影和定影药液,能更好地发挥它们的效益。但有时也可能使用其他型号的药液,如使用富士系列药液。由于 FP—500 冲洗机的显影槽与定影槽的容积不等(显影槽是 4 升,定影槽是 2 升),所以在 FP—500 上使用富士药液,并且显定影同时都使用原液,就会遇到这样一种情况:如果按照显影液的药量冲片,后面冲的胶片就会出现定影不足的现象;而如果按照定影液的药量冲片,显影液的作用就不能完全发挥,造成浪费。

(原载《缩微技术》1996 年第 2 期)

光盘技术和缩微技术

国家图书馆 毛 谦

电子影像技术的发展,尤其是光盘技术的发展给缩微技术一个不大不小的冲击。使得相当一部分人认为光盘就要取代缩微品了,缩微界在这几年对此问题进行了较深入的研讨,现在圈内人士对光盘和缩微的关系已经比较明确。为使人们对这两种技术的优劣有所认识,本文将从 15 个方面对这两种技术的特点进行较全面的分析和比较。

1 技术的成熟性及稳定性

缩微技术已经历了百余年的历史,可以说是一种"古老的技术",其记录媒体和设备已完全成熟稳定。作为媒体的缩微胶片其性能不同于电影胶片(包括照相胶片)、X 光胶片和印刷版胶片,它完全适应文献记录对灰度和分辨率的要求。在历史的进程中形成了四种主要形式的缩微胶片,即:16mm、35mm 卷片、平片和开窗卡,它们能胜任各种文献的记录工作。缩微技术使用的设备从几十年前就基本定型,这几十年来电子技术等的发展只使其更加完善,但没有根本的变化。现在的拍摄加工设备、阅读设备和几十年前的设备没有根本性的变化。缩微胶片和缩微设备今后也不会有根本性的变化。购置一套设备可用十几年乃至几十年。缩微技术是完全成熟稳定的技术。

光盘技术是现代计算机电子技术发展的产物,光盘的历史只有二十几年,商品化也只有十几年的历史。但光盘的发展速度却是惊人的,三、五年前的设备现在已落后或被淘汰,今天先进的设备过几年就落伍了。现在光盘如按材质、尺寸大小、记录方法、记录格式、记录对象、硬件、软件等来划分,大概会有上百种。其中 CD – ROM 、CD – DA(数字音乐盘)、VCD(可播放 74 分钟的小影碟)可以说是成熟的技术,已得到广泛应用。但光盘技术还在不断地改进,还处在高速发展之中,因此,成熟的光盘也存在被更大容量光盘取代的可能。VCD 是 1993 年面市的,但现在已面临被 DVD(容量 10G,播放时间 4 小时以上,高画质小影碟)淘汰的境地。其他光盘就更不容乐观了,在激烈的竞争中谁存谁亡难以预料。直径 5.25 英寸(133.35mm)的 CD – WORM 盘(一次写多次读)还没有标准,不兼容。而上面说的那几种光盘都是直径120mm的只读盘,记录格式有标准,用标准的CD－ROM驱动器即可读取。CD－R是吸取两者优点的光盘,它采用CD－WORM的可写入技术,运用120mm盘片的尺寸及记录格式,使用户自己写的光盘在任何多媒体机上都可使用。如果5.25英寸的CD－WORM盘只是容量比120mm盘大一点,而没有独到之处,它最后会被CD－R光盘取代。光盘技术的记录与缩微不同,对于电影、数据、文献、X光等不同的信息,胶片记录是使用不同特性的胶片(电影胶片、缩微胶片、X光胶片)。光盘记录媒体(光盘片)记录的是"1"和"0",对不同信息的记录则主要靠硬件性能的差异及不同的软件。硬件确定后软件对光盘记录信息有至关重要的作用,在一定程度上影响光盘系统的性能,即便是同一种用途的光盘其软件也不一样。光盘的媒体、软件和设备都处在不稳定的发展状态中,即便是成熟的也是不稳定的,随时有被淘汰的可能。

2　媒体的长期保存性

缩微胶片的历史已证明自己可保存近百年。北京图书馆解放初期拍的缩微胶片至今已有四十多年,尽管保存条件并不太好,现在也只是有些片边有少量霉斑。在好的条件下再保存几十年、百年是没有问题的。现在涤纶片的预期寿命在500年以上。

光盘现在不可能有历史的证明,要求它作出这样的证明也是不现实的。现在有些厂家宣传其光盘寿命可达100年,不可不信也不可全信,要看到其商业宣传的一面,即便是老化试验也难免有不周到之处。现在光盘的盘基、反射层、保护层的材料,加工工艺,记录方式各公司不尽相同,有几十种之多,究竟哪种能长期保存很难说。有些光盘两三年就变形了,有的还发生反射层剥脱。人民大学档案学院的光盘系统开始能写能读,但后来不能读写,换一张新盘才能读写,分析是原光盘片有问题使盘上的信息读不出来。光盘的记录密度越高对盘片的要求也越高,一旦盘片有问题满盘信息皆无。这种潜在的威胁使人们感到不安。厂家们在努力研制能长期保存的光盘,如法国DIGI－PRESS公司的世纪光盘,盘基为高强回火玻璃、反射层是钛的氮化物或金,该盘的化学性能、机械性能、热性能等大大超过其他的盘基。能生产出长期保存的光盘只是时间问题。

3　记录方式

缩微技术记录的是光学缩小影像,它最忠实地记录原文献,这种影像的读出对设备的依赖性最小,在最困难的情况下有一个放大镜就可读出胶片上的信息。因此,考虑信息的保存寿命时只讲胶片的寿命,一直未关心其读出设备的问题。胶片即使有一点损坏也只是部分信息丢失,多数信息仍可读出。这可能是给人以安全感之处。

　　光盘记录技术是以二进制数字方式进行记录。首先对文献进行扫描,将扫描得到的信息数字化并经处理后刻录到光盘上。其反映文献真迹的程度与扫描取样点密度及取样点记录文献对应点的信息量有关。比如每个取样点用一位二进制数字表示,"1"表示白,"0"表示黑,则每个点只能记录"黑"或"白"两种值。这对一般文字记录没有问题,但对黑白照片和彩色文献则无法记录,为此每个采样点必须用多位二进制数字去记录这些信息。如果每个取样点用八位二进制数字记录该点信息,则可记录 256 个灰度等级或 256 种颜色,这样就可较真实地记录文献信息,当然这时的数据量要比黑白两值的数据量多得多。这种记录可以说是简单的信息记录方式(即对"0"和"1"的记录),凡是能转换成数字的任何信息都可记录,在盘片上只是一些按一定规律排列的微小坑点。因此实用信息的记录和读出绝对离不开相应的设备和软件。光盘信息的保存寿命不能只讲光盘的寿命,同时要看设备及软件的情况。如果设备或软件出一点问题,光盘上的信息就有可能读不出来。这样的事已发生多次,前面讲的人大档案学院光盘系统软件出问题后,原公司也不能解决,只好给换了一个软件,结果,以前的光盘读不出来,只能读写新盘。北京图书馆的光盘系统软硬件都出现了一点问题(原公司倒闭)使整个系统瘫痪。由于光盘技术是对最简单信息的记录,因此,其发展空间很大,技术上的改进可大大增加容量,随着容量的增加,设备和软件都有所改变。现在光盘技术日新月异的发展,使设备淘汰更新率很高。香港汇丰银行的一套光盘系统五年后原厂家已停产并停止零配件供应,为此汇丰银行又花几万美元,用数月时间将资料转到新系统的光盘上。宝钢由法国进口的光盘系统由于原公司倒闭断了后援,只好把 12 英寸光盘上的信息转到小光盘上。

4　标准

　　缩微技术有完整的国际标准,不仅保证了加工制作的质量也给广泛的应用带来方便。光盘技术主要在 120mm 直径的 CD – ROM、CD – DA、VCD 这些数据、音频、视频光盘上制定了国际标准,并得到广泛应用。现在对于这些商业价值高、应用广泛的光盘,在其生产前就制定出国际标准,如 DVD。而 2.5 英寸、80mm、5.25 英寸、12 英寸、14 英寸等光盘却没有国际标准,厂家各行其道。一个厂家的 5.25 英寸光盘与其他厂家不兼容,在别的机器上不能用,即便进行远距离输送,对方如无相应的软件也无法接收。12、14 英寸光盘各厂家的都不兼容。由于大尺寸、高容量光盘的研制费用极高,厂家技术保密,都想赢得市场,以自己的光盘作为标准,因此形成国际标准的可能性很小。这在一定程度上限制了光盘的使用。

5　法律凭证作用

缩微技术从摄制原件到阅读输出想要不留痕迹地进行更改是极困难的。因此有一些国家规定,按一定标准拍摄的缩微胶片具有法律凭证作用。

光盘技术从扫描原件到刻入光盘,以及从光盘输出这两个过程中对文件进行删改加工是非常方便的,对于某些用途可以说这是光盘的一大优点,因为我们对文件或图形进行输入及输出时常需要进行修改。但是对于档案性质信息的存储来讲正是其短处,也是其发挥法律凭证作用的障碍。但是我们要看到光盘上存储的信息是无法更改的(可擦写光盘除外),就如同胶片上的影像无法更改一样。因此如果按一定的标准对光盘的扫描输入和输出进行严格的管理,这样光盘上的信息是忠实于原件的,它的输出也是未改动的,这样的光盘或输出是否也可有法律凭证作用呢? 国际标委会正在制定这方面的标准(已出征求意见稿)。

6　存储容量

在有光盘之前,缩微胶片是存储容量最高的媒体,一卷 16mm 胶卷可容 2400 页文献,一张平片(A6 尺寸)一般可拍 98 页,多的可拍 270 页。但是光盘的存储密度和容量已高于缩微胶片,直径 120mm 的光盘容量是 650M,可存 A4 大小黑白两值文件 1.8 万页,存 2000 个彩色影像,存储量受到灰度等级、分辨率等的影响。光盘的容量还在不断地增加,如柯达公司的 12 英寸光盘现在的容量是 10.8G,1997 年会达到 25G,预计到 2005 年将达到 1T(1000G)。今后光盘的存储密度和容量会远远高于缩微胶片。

7　检索速度

缩微胶片用手工检索是比较慢的,使用计算机辅助检索(CAR)速度能快一些,但从提出胶片到找出需要的画幅用的是机械操作,需要几十秒。

光盘柜或光盘塔与计算机直接连接,数据的输送极快,不光容量大,检索也非常快捷。在检索速度上光盘有绝对优势。

8　远距离传输

光盘记录的是数字信息,可上网进行远距离传送。

缩微胶片虽然可以进行数字扫描再上网传输,但显然不如光盘快捷方便。

9 拷贝性能

缩微胶片每拷贝一次,解像力有可能下降一级(约10个线对/mm)。

光盘拷贝基本没有损失。用一代一代拷贝的办法解决光盘的寿命问题是一种办法,但经济上是否合适值得考虑。一般总是拷到当时最新的光盘上,新的光盘往往售价较高,如同时需要更新设备费用会更高。

10 设备

缩微生产设备有:拍摄机、冲洗机、检片台、密度计、拷贝机及阅读复印机。这些设备要占用几间屋,拍摄间要不受外界光干扰,因此一般比较暗,使操作者感到不舒适。大型拍摄机灯光很强(M2拍摄机四个500W灯)照在稿台和操作者身上,使得稿台反光和灯光刺眼,操作者很不舒服。冲洗间供电要大,要有上下水,配有暗房等。缩微设备是专用设备不能移做他用,在不进行缩微工作时,设备只能闲置一旁。一套小型缩微系统(平台拍摄机、冲洗机、阅读复印机)的设备费大约是20—25万人民币。

小型光盘系统有:扫描器、带刻录机(只有写读功能)的微机、显示器、激光打印机或数字复印机及配套软件。在一般办公室环境使用,占用两张办公桌大小的面积就可操作。就是大中型光盘系统占用空间比缩微也要小。光盘系统以计算机为主,不进行扫描输入时,可用计算机进行其他工作,提高设备利用率。一套小光盘系统(扫描仪、胶片扫描仪、微机、激光打印机)约10万人民币(低档),高档约20—30万人民币。

可以看出小光盘系统的设备在占用空间、操作环境、利用率、价格等方面都占优势。

11 媒体的使用

缩微胶片在拷贝、阅读、还原的使用中均有可能造成划伤,尤其在电动输片台上更易划伤,影响胶片的使用寿命。但即使胶片有较严重划伤,多数信息仍可读出。

光盘在读出信息时无接触,不会造成划伤等损坏,但可能会发生沾污和意外划伤,使盘上信息读不出。

12　对文献的处理能力

（1）缩微胶片的特性适用于拍黑白文字文献。拍摄中遇到黑白照片或彩色插图时会使照片损失层次，彩图只能拍成黑白图，使原信息受到极大损失。

光盘扫描只要具备足够的灰度等级，具有彩色扫描性能就可反映出照片的层次，也可对彩图进行彩色输入，反映原件本色。

（2）遇到文献中有彩纸印刷或文献页有色斑、污迹等，缩微拍摄很难得到好的效果。

光盘扫描输入只要有相应软件就可消除彩纸的影响，从画面上清除色斑和污迹。

需要注意的是光盘的有些功能在理论上没问题，但在实践中还有不足之处，还有待改进。如宝钢扫描蓝图，扫描后漂移失真度大。扫描后需校对再录入光盘，工作量大。

（3）大尺寸文献或大的插页缩微拍摄只能拼拍，破坏了文献的完整性，给使用带来不便。

光盘系统配有强大的编辑功能，对大幅文献可分幅扫描，用编辑功能拼接后录入光盘。

（4）对于要求完整拍摄有缺失的文献，缩微拍摄只能等补缺完成后再拍摄，给整理和拍摄带来极大影响，有时因一两页文献未补来而影响拍摄工作。即便先拍后补，也使胶片不规范给使用带来不便。

CD－R 光盘可先录入现有的文献，在盘上留有余地，待补缺后再录入缺失部分。也可利用数据远距离传送将缺失文献直接传来，经处理再补入光盘，节省了出差的人力和财力，提高了效率。光盘补入的文献不影响使用。

13　制作工艺

缩微工艺较复杂，流程长。拍摄后看不到影像，冲洗后才可见，因此拍摄冲洗环节出问题不易发现，易造成补摄或整卷报废。加工过程中温湿度较大的变化对胶片质量易产生影响。

光盘系统只要配有相应的软硬件，扫描后从屏幕上就可看到扫描结果，可及时调整再存盘，直观不易出问题。

14　记录速度

缩微拍摄曝光时间一般只有 0.5 秒，翻页比较方便，每天可拍 2400 页左右，拍摄速度快。

目前光盘系统扫描器多为平板型速度较慢,扫描一页要用 1.5—5 秒(不同分辨率及灰度等级相差很大)。书本文献翻页不方便,扫描输入每天几百页,如果每页都在屏幕显示再录入更会大大降低录入速度。但随着扫描技术的发展,扫描时间会缩短,有可能达到 1/2 秒甚至更短。新出的平台扫描机使书本翻页很方便,如软件再成熟一些,会减少屏幕显示次数,使输入速度大大加快。

15　成本

缩微成本(只算媒体)一卷 16mm 胶片售价 60.00 元人民币,可拍 A4 文件 2400 页每页 0.025 元。

光盘根据盘尺寸、记录格式、录入灰度等级、分辨率等的不同,存储量相差很大。如直径 120mm 光盘容量 650M 可存黑白两值 A4 文件 1.5 万张,照相级照片 100 张,专业级照片只有 35 张。近两年 120mm 光盘的售价下降很多,柯达的直径 120mm 可写光盘约 100 元人民币,美能达直径 5.25 英寸光盘容量 1.3G 的可写盘售价 280 元人民币。算下来黑白两值文件每页 0.007 元,照片每张 1.00 元,直径 120mm 光盘技术的不断发展其成本必然会比缩微更低。但目前大光盘的成本比缩微要高不少,但从发展的眼光看,当大光盘较成熟且有一定用量时,成本会降低。

除上述 15 个方面之外,还有一个问题值得注意,就是分辨率。缩微技术一般讲综合解像力。它是表示缩微系统胶片的分辨率(解像力),为确保缩微品的影像可读出或有足够的清晰度,确定了拍摄时的"实用等级数"用 P 表示。英文字母的笔画少,当 $P \geqslant 8$ 时为优质影像,汉字当 $P \geqslant 18$ 时才是优质影像,这时"警"字的横笔画刚能分开。现在数字扫描器多是办公用,光盘录入扫描需什么样的分辨率? 考虑得不多。在此不进行这方面的论述,如果要求达到优质的效果,P 值 = 18,字高是 3mm 时,扫描器的分辨率最少应是 458dpi(458 点/英寸),字高是 2.5mm 时,扫描器的分辨率最少应是 549dpi。在这种情况下如有比"警"字笔画更密的字,其笔画可能分不开。分辨率高的扫描器价格要高不少,因此要多方面考虑。

从以上分析不难看出:

(1) 目前缩微技术在稳定性、长期保存性、标准、法律作用、记录速度及成本等方面有一定的优势。

(2) 光盘技术在检索速度、存储容量、远距离传送、对文献处理能力、制作工艺等多方面有极大的优势。但要看到上述分析中光盘的有些特点在理论上正确,但在实践中还有问题,有待进一步完善。

（3）随着光盘技术的不断发展和完善,在诸如盘片寿命、标准、法律作用、成本等方面有可能赶上或超过缩微。

（4）光盘技术在信息长期保存性方面有几乎不可逾越的障碍。由于光盘的读出不只靠盘片本身,还极大地依赖硬设备和软件,因此设备及软件的延续是光盘长期保存信息的关键。厂家说他的光盘可以保存 100 年以上,但没有一个厂家保证几十年仍有设备及软件可读现在写入的光盘。到那时读该盘的设备没有了,软件没有了,光盘只是一个废物。光盘技术是高科技的产物,在计算机技术、电子技术等高速发展的今天,可能会出现一个更高的技术取代光盘技术。光盘技术的不稳定性带来了设备和软件的不稳定,在这方面还看不出光盘能稳定的迹象。国外正在生产将光盘数据转换到胶片上的设备,以便长期保存光盘信息,这从另一个侧面说明光盘不能作为长期保存信息的媒体。

光盘和缩微的优缺点都很突出,我们应扬长避短充分发挥光盘和缩微的长处,把两者有机地结合起来。对于需要永久保存且使用频率低的文献应拍成缩微品,以利长期保存。对于需要永久保存且使用频率较高的文献应拍成缩微品同时录入光盘,或将已有的缩微品录入光盘,利于保存和使用。对于无需永久保存且使用频率高的文献应做成光盘,以利检索使用。

（原载《缩微技术》1997 年第 1 期）

积极采用国际标准不断改进图书馆缩微工作

国家图书馆　李　健　孙静荣

全国图书馆文献缩微复制中心(简称缩微中心)是国家文化部为落实党中央(81)37号文件和胡乔木同志关于抢救和保护祖国文化遗产的指示,于1983年开始筹备,1985年成立的,是全国图书馆系统利用缩微摄影技术对图书馆文献进行抢救的技术行政管理机构。20世纪80年代,电子计算机信息存储技术尚处于起步阶段,当时在国际上缩微摄影技术也属于先进的文献信息处理手段,并且在70年代中期即已基本形成较成熟的国际标准体系,用以规范和统一本技术领域的技术工作。缩微中心在成立之初,就非常关注国际上缩微摄影技术的发展趋势和有关的国际标准,并自觉地与国际标准接轨,组织制定相关的制作方法、规定和标准,使全国图书馆的文献缩微抢救工作逐步走向规范化、标准化。在各级领导的关怀下,在缩微中心的直接管理下,我国抢救和保护祖国文化遗产的工作,迄今已取得令世人瞩目的成就。

一、缩微中心成立之前,我国也有一些图书馆,如当时的北京图书馆、上海图书馆等拥有缩微摄影设备,并且小规模地从事了文献的缩微拍摄工作。当时的北京图书馆把一些读者需求较多的古籍善本、报纸等文献拍摄成缩微胶片,用于提供读者使用。但是由于设备和材料上没有相应的标准来规范,在技术和操作上也没有相应的要求和规程,这部分缩微品在密度、解像力、反差等方面很难满足读者的阅读和使用要求,工作人员也戏称那个时期拍摄的缩微品为"黑锅底"。由于缩微胶片本身质量及处理工艺不符合国际标准,20世纪60—70年代摄制的缩微品已出现乳剂层脱落、醋酸综合症等现象,使缩微胶片无法长期保存。

在缩微中心的筹备时期,为规范全国图书馆的缩微工作,当时的文化部图书馆局投入了很大精力,责成北京图书馆牵头组织全国公共图书馆从事缩微工作的有关专家,制定文献缩微摄制的有关标准。在制定这些标准时,我们结合各图书馆缩微摄制工作的实践和经验,参考了ISO 446《ISO1号测试图在文献摄影复制方面的说明和应用》、ISO 3334《ISO2号测试图在文献摄影复制方面的说明和应用》、ISO 6196《缩微摄影技术—词汇》系列标准、ISO 6200《缩微摄影技术—银明胶型胶片的密度》、ISO 4087《用35毫米无孔卷片缩微摄影存档用报纸》等大量国际标准,起草和制定了《在 35 毫米胶片上缩微摄制线装古籍的规定》《35 毫米银盐无孔片报纸缩微拍摄标准》,以及后来制定的《16 毫米期刊缩微品原底片的规格及其制作方法》等一系列各种文献的缩微制作标准,为缩微中心成立后开始缩微摄制工作提供了操作依据和标准规范。

1985 年缩微中心成立后,各成员图书馆便依据这些标准进行缩微摄制工作。缩微中心努力追踪国际标准的变化,结合工作实践中遇到的新情况,对已有的标准进行修订和完善。实践证明,经修订完善的标准符合我国的实际情况,在技术内容上与国际标准接轨,很好地规范了全国图书馆的文献缩微抢救工作。目前,全国各公共图书馆系统基本完成了古籍善本、建国前中文报纸、中文期刊的缩微拍摄工作,在缩微品的密度、解像力、反差等方面符合我国国家标准,部分高于国际标准,优质品率从初期的 40%—50% 提高到现在的 70%,满足了读者查阅珍贵历史文献的需求。同时在缩微胶片的保存条件方面,采用了国际标准 ISO 5466《冲洗后的安全摄影胶片的储存方法》对缩微母片库的温度、湿度条件进行控制,在缩微胶片保存寿命方面,采用了国际标准 ISO 10602《摄影术—已显影处理银明胶型黑白胶片—稳定性技术规范》,对海波残留量的控制提高了缩微胶片的保存寿命。十几年的实践证明,全国图书馆系统的缩微胶片保存是安全的,它使我国大批珍贵的历史文化遗产得到了长期保护。

二、在缩微文献拍摄工作中,为了使缩微文献在保存的同时,能够更好地提供使用,便于缩微文献的检索和信息交流,我们根据《国际标准书目著录(ISBD)》和 GB 3792《中国文献著录标准》,结合缩微品特征,组织编写了《古籍缩微品著录条例》《中文报纸缩微品著录条例》《中文期刊缩微品著录条例》等标准,这些标准统一和规范了文献缩微品的目录工作,也为今后缩微文献数据化打下了基础。

三、在缩微中心成立初期,全国缩微摄影技术标准化技术委员会正在筹建之中。通过缩微中心领导的积极争取,全国缩微摄影技术标准委员会于 1987 年成立(1999 年更名为全国文献影像技术标准化技术委员会),秘书处挂靠在缩微中心,这为我们了解缩微摄影技术在国际上的最新发展动向和获取最新国际标准提供了方便条件。十几年来,缩微中心在经费、人员和办公条件等各方面支持和参与了标准委员会的工作,一些高级技术人员和专家参与了国际标准草案的审查表态,追踪了国际标准的最新发展趋势,参与制定了数十项国家标准,这些标准大部分等同、等效采用了国际标准,在技术内容上与国际标准接轨。

在缩微拍摄古籍善本方面,由于中国古籍和古文字具有自己的特点,没有国际标准可直接采用,我们在拍摄的技术内容上参考国际标准,在拍摄方法和文字阅读习惯等方面结合中国古籍的特点,制定了国家标准《在 35mm 卷片上拍摄线装古籍的规定》。自

1987年颁布实施以来,该标准在全国公共图书馆、文物和档案系统缩微拍摄工作中发挥了重要作用。目前,该标准已列入2000年国家标准修订计划,并准备上报ISO/TC171技术委员会,申报为国际标准。非等效采用国际标准ISO 4087《用35mm缩微卷片拍摄存档用报纸的规定》的国家标准也已经列入国家标准制定计划,目前正在制定中,不久将上报国家质量技术监督局。

在缩微文献抢救工作中,为了造就一只高素质的缩微技术队伍,我们还注意了对工作人员的技术培训,尤其注意把对国际标准和国家标准的宣传作为重要内容,及时将最新发布的国际标准翻译为中文,并在专业技术杂志上发表,提供技术人员参照使用;缩微中心支持和帮助全国文献影像技术标准化技术委员会秘书处与中国缩微摄影技术协会秘书处组织编写了《缩微摄影技术等级标准培训教材》《全国缩微摄影技术标准体系表》。几年来,陆续出版了《缩微复制技术》《缩微摄影技术国际标准汇编》(第一集)、《缩微摄影技术标准汇编》《中国公共图书馆缩微技术指要》等一批专业技术培训和标准宣传教材,联合组织专业技术人员的业务培训,提高了工作人员的技术素质和标准意识。

几年来,我们陆续编写了《古籍缩微品著录条例》《在35mm胶片上缩微摄制线装古籍的规定》《关于〈在35mm胶片上缩微摄制线装古籍的规定〉使用说明》《中文报纸缩微品著录条例》《35mm银盐无孔片报纸缩微拍摄标准》《〈35mm银盐无孔片报纸缩微拍摄标准〉实施细则》《中文期刊缩微品著录条例》《16mm期刊缩微品原底片的规格及其制作规则》《缩微原底片质量检查细则》等一系列标准和规则,这些标准符合我国国情,在技术指标上与国际标准接轨,在缩微拍摄和文献抢救工作中发挥了巨大的作用。

由于我们在工作中能自觉采用国际标准,在采用原材料、选购缩微摄影设备、编写缩微摄制规程和文献著录规则,以及缩微胶片的保存等方面与国际标准接轨,使我们的工作更加标准化、规范化,保证了缩微品质量,使缩微胶片能够长期保存,便于缩微品使用和信息交换。标准化作业也使我们提高了优质品率,降低了生产成本,提高了工作效率,由于拍摄的文献缩微品质量高,我们在国际上已享有很高的知名度,这非常有利于我们的缩微文献推向国际市场,将对我国港台以及东南亚地区等使用中文的地域产生很大的影响。

（原载《缩微技术》2001年第3期）

DR1600 缩微摄影机日常维护与几种故障现象的排除

广东省立中山图书馆　唐　磊

日本美能达公司研制生产的 DR1600 缩微摄影机，是一台智能型的平台式 16mm 缩微摄影机。该机自 20 世纪 90 年代初在我馆使用至今，由于使用期较长，加上广州地区高温、高湿气候的影响，设备每年都要出现一些故障。为了保证拍摄质量，设备的日常维护工作很重要，掌握一些常见故障的分析和排除方法也是很有必要的。

1　设备的日常维护

1.1　经常清洁

（1）用潮湿干净的毛巾擦拭稿台面及机体。

（2）用吹气球清洁稿台上改变倍率和改变单双画幅的探测器。平时工作过程中应注意勿让纸屑等异物进入这两个探测器小孔，以免造成拍摄机误动作。

（3）用软布擦净灯管和反光镜。注意用湿布擦拭灯管时，灯管应为关机状态下的冷灯管。

（4）用吹气球清洁机头暗箱、镜头和 AE 探测器。

1.2　定期保养检测

（1）检查机头内部各输电机构运转情况。如有输电驱动辊、压片辊转动不灵活，应拆下清洁和重新上油。

（2）检测全画幅内各点密度，密度差应 ≤ 0.1（要求测试影像的密度控制在 1.0—1.2 这个范围）。

（3）检测稿台上单双画幅和倍率变换的探测器是否灵敏。挡住倍率探测器，按下快门后，机头应有升降动作并到位，到位后应同时听到镜头倍率变化时的咔嗒声；挡住画幅探测器，画幅控制板应工作正常，即过片时间应有所变化。

（4）拍样片测试两种倍率下解像力值是否符合规定值。如果发现解像力不合格，应检测镜头转动部位是否灵活，必要时进行清洁、上油和调整。

（5）连续拍二十个画幅的样片,检测输片稳定性,测量画幅间距是否均匀。

（6）检查收片摩擦力,收片摩擦力应为 100 — 150g。具体方法是把一个 16mm 片盘和一个 35mm 片盘完全并拢,用胶带固定好,在 16mm 片盘上卷上一段 50—60cm 胶片,胶片头上粘贴胶带或打孔,然后把 35mm 片盘装在收片轴上,用弹簧秤勾住胶带或小孔拉动胶片,就可测量出收片摩擦力的大小。

（7）检测手动和自动曝光系统。用电表检测自动曝光补偿电位器两端的直流电压值。自动曝光补偿杆拨到最右方时,电表应指示 DC1. 25V ± 0.05V;补偿杆拨到最左方时,电压值应为 3. 5—4V。

（8）打开稿台板,对其内部吸尘、清洁,去除纸屑、积尘,保证电路板元器件的正常工作。

（9）DR1600 拍摄机较长时间不用时,应将机头左右门盖释放,防止机头门盖受力变形。

2　设备故障及维修、调整

（1）灯管照度不均匀,底片密度差偏大

当密度差 >0. 1 时,可采用在灯管上局部粘贴小块白胶布来调整灯光照度的均匀性。用照度计测量稿台画幅内各点照度值,当测量值达到一定均匀性时(双画幅照度值应为左右两侧高、中间较低),再做样片检查密度均匀性。一直调整到符合要求为止。当需要更换灯管时,应同时更换左右两边的灯管,并做样片调整。

（2）32 倍时底片影像虚

这种情况在我馆发现两次。原因都是镜头调焦圈内润滑油干涸所致。遇到该问题时,在调焦圈内滴入数滴钟表油浸润半天左右,然后用工具在圆形调焦齿轮的无用齿部分逆时针轻轻敲推。调整焦齿轮转动后,用手反复在25 倍与32 倍两个位置间活动齿轮,使调焦齿轮恢复正常, 解像力也就可以达到要求了。

（3）收片摩擦力偏小,造成不走片或收片盒内堆片的现象

我馆曾经数次发现,调整好的收片摩擦力在机器使用一段时间以后,收片摩擦力再次偏小的现象。通过总结经验,在先调整收片轴的弹簧压力后,在调整与紧固螺母之间加装一个弹簧垫。采用这个方法,连续使用设备四年多,没有再次出现这种故障。

（4）快门镜头不闭合,处于常开状态

底片上出现连续的影像过度曝光,片间隔和连续自动过片的底片上有灰色曝光;而当用物体挡住镜头时,连续自动过片的底片没有曝光。这时,就可以断定不是胶片质量

的问题,而是镜头无法正常闭合所致。经检查是快门电磁铁在断电后没有自动断开、仍然吸合的缘故。前后反复移动快门磁铁,故障排除。

（5）快门镜头闭合不完全或者开启、闭合时好时坏

这种情况下,一般底片上会出现偶尔有一拍影像密度偏深或影像残缺(有部分位置无曝光)的现象;严重时则会出现连续曝光过度或不曝光。这是快门板开启、闭合出现了问题。打开镜头盖,卸下镜头组件八只螺丝,检查发现快门板的活动轴上污垢很多。卸下弹簧片和快门板,用酒精棉签清洁干净活动轴及轴套上的油污,加适量钟表油(不能加黄油,否则又会较快出现故障),重新安装,设备工作正常。

（6）底片上出现划伤

经检查发现是压片板后面两小块海绵(泡沫塑料)老化缺损。这两块海绵是当压片板抬起时起平衡限位作用的。失去平衡限位作用,压片板抬起时就不是水平的,而是倾斜的,过片时压片板一侧就会压住胶片,造成划伤。去除残留的海绵,用双面胶粘贴两块同样大小和厚度的海绵,划伤消失。

（7）胶片传动指示窗无显示

检查发现是胶片指示窗后面的海绵块老化,无法压住供片轴。不能随着供片轴的转动,而使胶片传动指示窗随之显示变化。同样,用双面胶粘贴一块较厚的圆形海绵,压住供片轴,工作显示正常。

（8）镜头内有异物

胶片画幅内出现明显的异物。在做试片排除稿台上有异物这种情况后,判断是镜头内有异物。打开机头,用吹气球吹去异物,影像恢复正常。

（9）高温、高湿天气,出现不走片的现象

一卷胶片当天未拍完、隔天继续拍摄时,出现走片声音异常,有抖动声;胶片传动指示窗无显示变化。这时在暗室打开暗盒,用手转动收片盒的胶卷盘,手可以感到有一小段胶片粘连,并听到异常声音。转动一小段胶片后,按快门键,过片正常,传动指示窗有显示。该情况一般不是收片摩擦力的问题,而是暴露于空气中的部分胶片平面受高温、高湿影响,发生受潮粘连,过片阻力过大的缘故。所以,在高温、高潮天气,隔天续拍前一定要开启空调器、抽湿机,降低室内温湿度,胶片粘连、不走片的情况就不会发生了。

（10）加装脚踏开关,工作更方便

为了使拍摄工作更加便捷,可以在快门键微动开关对应的电路板焊点上,焊接上脚踏开关导线。这样手按、脚踩都可以拍摄,工作起来更加方便。

（原载《缩微技术》2003 年第 1 期）

贯彻 ISO 9000 族标准提高缩微制品质量

天津图书馆　朱　毅

天津图书馆在缩微品制作过程中,始终把提高产品质量放在第一位。多年来拍摄缩微胶片质量一直名列前茅,但也存在缩微胶片在馆内一次检验的优质品率不稳定的问题。笔者就如何提高缩微产品的一次检出优质品率,提出一些看法供同行切磋。

一、过程控制是保证产品质量的关键

缩微品的制作需要经过拍摄准备、原件整理、编辑著录、拍摄、冲洗、质量检验、保管(拷贝、利用)等过程,其中每个环节对缩微品的质量都有影响。由于质量检验是在拍摄、冲洗之后,检验员发现问题时,多数情况下已无法补救,只能将胶片报废。有时仅因个别错误把整卷胶片报废,由此造成的浪费是不言而喻的。所以把缩微品质量控制重心放在检验把关上,只关心最终结果而不注重制作过程是不可取的。

对缩微品的生产过程进行质量控制,是保证产品质量的关键。ISO 9000 族质量管理标准中指出:供方应确定并策划直接影响质量的生产、安装和服务过程,确保这些过程在受控条件下进行。

受控状态包括下述几个方面:

1. 如果在没有形成文件和程序就不能保证质量时,则应对生产、安装和服务的方法制定形成文件的程序。

在实际工作中发现,尽管关键工序我们都制定了相应的操作文件,但是有些文件被束之高阁或者根本就找不到了。还有一些情形,随着操作过程的变化或机器设备的更换,操作文件已不具有时效性。因此作为过程控制的第一步应该整理、补充、完善现有的文件体系,详细规定每项工作依据的要求、工作内容、方法和准则,使文件具有指导意义和权威性。

2. 使用合适的生产、安装和服务设备并安排适宜的工作环境。

根据生产缩微品对设备和环境的要求,全国图书馆文献缩微复制中心(以下简称"中心")为各成员馆配备了全套的拍摄设备、冲洗设备、拷贝设备、检验设备和阅读设备,并布置了适宜的工作环境。经过近20年的使用,这些设备逐渐老化,故障时有发生。设备的日常维护工作显得尤为重要。去年以来,"中心"总工室开始利用网络通信手段远程指导设备维修工作,将各成员馆发现的典型设备问题进行故障原因分析,并将维修过程用图片和文字的形式加以说明,通过互联网将维修信息发送到各成员馆。这种做法弥补了各成员馆维修力量的不足,收到了很好的效果。

3. 符合有关标准/法规、质量计划和/或形成文件的程序。

在"中心"成立之初,就参考国际标准和我国缩微拍摄的实际情况制定了各种技术标准,如:"中文期刊缩微品著录条例"、"16mm 期刊缩微品原底片的规格及其制作原则"、"缩微原底片质量检验细则"、"中文报纸缩微品著录条例"、"35mm 银盐无孔片报纸缩微拍摄标准"等。近几年随着缩微品数据库的建设工作,"中心"又出台了"文献缩微品数据库著录规则"、"民国书调查及数据制作细则"等。这些标准的制定,统一了参加拍摄的成员馆的技术标准,直接决定了缩微品的质量指标,奠定了缩微品的质量基础。近20年来,根据文献抢救拍摄对象的不断变化,"中心"对所执行的标准不断补充、完善。应该指出的是:这些标准在贯彻的过程中,虽然经过专题培训,但由于理解上的差异和原件本身的复杂性,在实施过程中仍然存在着问题,需要及时沟通、协调,才能保证标准的正确执行。

4. 对适宜的过程参数和产品特性进行监视控制。

缩微品的拍摄、冲洗是一个不可逆的过程。在拍摄或冲洗过程中出现的错误,只有在检验工序才能发现,这时错误造成的损失已无法补救。"对于这样的特殊工序应由具备资格的操作者和/或要求进行连续的过程参数监视控制,以确保满足规定要求"。为了适应特殊工序的要求,我们严格训练了操作人员,并且对关键工序进行了控制。为此"中心"制定了一整套质量控制表格,例如:整理清单、文献补缺登记表、摄制清单、检验工作单、补拍通知单等,通过这些手段对缩微制品的生产过程参数加以控制。并且规定在正式拍摄工作之前要拍摄试片,所做试片的数量应根据下道工序发生不合格时所造成的影响进行考虑。尤其对于保存年代久远的古籍文献、旧报纸、旧期刊,由于受到纸张老化和其他因素的影响,更应重视试片的拍摄,以便得到正确的拍摄参数,从而保证正式拍摄的优质品率。对工序过程实施控制以防止发生不合格,要比只对最终产品进行检验更可取。

过程决定结果。质量保证的基本思想就是用工作质量保证产品质量。要求人们正确地去做每一件工作,从而控制和保证第一次就把工作做好。

二、加工对象的分散是缩微品质量控制的难点

参加全国公共图书馆文献抢救工作的成员馆有 20 多家,分散在全国各地。

经过近 20 年的努力,古籍文献抢救工作取得了显著的成绩。因为在如此广阔的地域上,利用 20 年的时间抢救了数以千万计的珍贵文献,在世界上恐怕没有哪个国家能够实现,"中心"的工作功不可没。但是从历年缩微品质量统计中不难看出,各成员馆的缩微品优质品率参差不齐,制约了缩微品的整体质量。

1. 空间分散导致的加工质量问题

由于参加缩微拍摄的成员馆分散在全国各地,地理位置跨度很大,各地气候千差万别,而缩微胶片的制作过程直接受到温度、湿度水质的影响。因此即使是同一个操作人员,使用同一型号的机器,用同一种方法拍摄同一本书,由于环境的不同,得到的结果也会有差别。要克服地域差别造成的不利因素,可以借鉴异地连锁经营公司的成功经验,对成员馆的资质进行认证,并且结合本地区的特殊情况,制定相应标准的实施细则,因地制宜克服由于地区环境原因造成的缩微品质量问题,以此来提高缩微品的整体质量。

2. 拍摄原件差异导致的加工质量问题

缩微拍摄对象,如古籍文献、期刊、报纸等原件的保存时间跨度很大,原件材料的差异以及保存状态的差别,使书品呈现出千差万别的状态,而书品的好坏直接制约着拍摄质量。这些与制造业所面对的加工对象整齐划一的情况有着本质的区别,使质量控制处于更加复杂的状况。因此操作人员的实际经验对缩微品的质量起着至关重要的作用。一个训练有素的拍摄人员,可以根据书品的实际情况,灵活运用工具和设备拍出大量的优质品来。所以为了保证缩微品质量的长期稳定,建立一支高素质的稳定的缩微工作人员队伍是所有同仁的共识。20 年来,"中心"和各成员馆为此付出了不懈的努力。通过开展各种培训学习活动,缩微工作人员与时代一起进步。在新思想、新知识、新技术的武装下,缩微工作人员的思想素质和专业素质逐步提高,最明显的标志就是缩微品的质量在持续上升。

3. 缩微品制作机构规模过小对加工质量的影响

目前各成员馆缩微品制作机构隶属于不同的部门。有的隶属于技术部,有的隶属于文献部,有的馆是一个独立的部门。管理机制各不相同,发展不平衡,有的馆优质品率达到 100% ,有的馆优质品率只有 50% 左右。由于缩微机构规模小,操作过程更接近作坊形式,凭经验操作占有很大的比重,每道工序之间靠感情联络,缺乏严格的工艺要求,即使有操作流程也不能认真执行的情况不是个别现象。有的馆拍摄、冲洗、检验完成由一个

人完成,这就很难保证缩微品质量的稳定性。要克服机构规模过小造成的不利影响,就要建立科学合理的管理机制和有效的检查监督制度,规范我们的工作行为,使技术标准能够落实,保证缩微品的质量长期稳定。

三、因果图在分析质量问题中的应用

因果分析图是一种工具,用于思考并显示已知结果(如某质量特性的变化)与其潜在原因之间的关系。这种方法把许多潜在的原因归纳成主要原因和次要原因,画成类似鱼刺的样子。因此,此工具也称为鱼刺图。

因果图的制作程序:①清楚、扼要地明确结果。②将可能的原因进行归类。应考虑的因素有环境、设备、材料、方法和人。③开始画图,把"结果"画在右边的方框中,然后把主要的原因放在它的左边作为结果框的输入。④寻找所有下一层次的原因并画在相应的主枝上,并继续发展下去。一个正常的图形展开的层次至少应有两层,许多因果图,要展开三层。⑤从最高层次的原因中选取和识别少量的(3—5 个)看起来对结果有最大影响的原因,对它们开展进一步的工作,如收集资料和控制参数等。

以 16mm 胶卷出现片间隔异常为例,分析影响质量的五个主要因素是:环境、设备、材料、方法、操作员。而在这五个要素中,操作人员、环境和操作方法基本没有变化,因此重点应该分析由于设备的变化对拍摄造成的影响。

16mm 胶卷出现片间隔异常是由于某种故障原因导致的一种结果,将其填入右面的结果框内。查找原因时应抓住主要矛盾和矛盾的主要方面。首先检查拍摄机(属于第一层原因)。按照操作规程,重新设定片间隔参数,然后做试片,问题仍然没有解决。接下来检查机头(属于第二层原因)。观察片间隔的变化经常出现在拍摄的后半卷,片间隔越来越小,逐渐出现叠片现象,说明随着收片长度的增加,步进电机在脉冲的作用下不能使胶片前进一段固定的长度。这时应该检查收片部分的零件(属于第三层的原因)。收片张力是由胶片驱动辊、输片辊、压片辊、收片轴等零件组成的。收片张力可以通过调节收片张力轴的弹簧来改变张力的大小。试着将弹簧压紧增加收片张力,做试片后证明情况有所改善,叠片的现象基本解决。但仍存在片间隔不稳的现象。继续分析原因,由于压片辊是胶质辊,长期使用会出现磨损和变形,而胶辊的变形极有可能使收片张力产生微小的变化,反映在胶片上,出现片间隔微小的变化。于是更换了压片辊,再做试片后证明问题彻底解决了。

对于比较简单的问题或对于经验丰富的工程师,不用因果图也可以解决问题。但对于比较复杂的系统或工作经验比较少的操作人员,利用因果图能为我们提供清晰的解决问题的思路。上述片间隔异常的因果图见图 1。

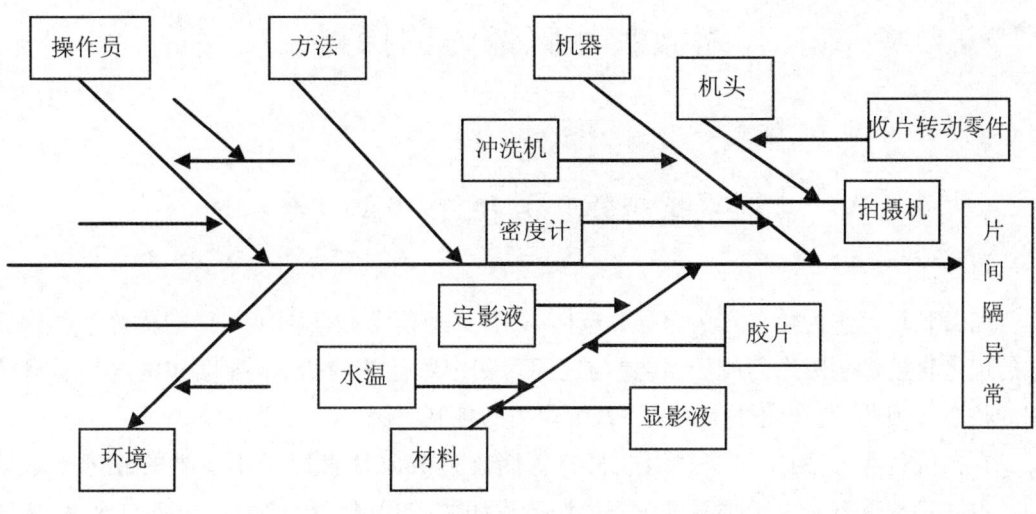

图 1　片间隔异常的因果图

四、结束语

　　文献抢救工作历经 20 年风雨,取得了丰硕成果。用工作质量保证产品质量是我们一贯追求的目标。再过一个世纪乃至几个世纪,这些质量优良的缩微胶片除了能给读者提供珍贵的文献资源外,还可以向人们讲述几代缩微人的辛勤工作,对技术精益求精,对质量一丝不苟的精神,我们将无愧于后人。

（原载《数字与缩微影像》2004 年第 4 期）

缩微胶片解像力的探讨

国家图书馆　肖建萍　金　雁

缩微胶片可作为信息永久保存的载体,具有其他信息载体不可取代的优势。影像质量的优劣直接影响影像的应用、传递与还原。其中影像解像力、清晰度和密度是质量控制的核心。因此,我在此处重点谈一谈解像力的控制问题。

在拍摄过程中,由于设备、操作、材料等因素造成胶片上影像不清晰的故障是常见的。本文只着重解析由于拍照机设备失调造成缩微胶片影像解像力不合格的现象,从理论上分析其原因及解决办法。

图书馆缩微系统拍摄图书类资料,多数使用富士 M2 缩微拍照机,在一卷胶片的起始端要拍摄技术标板,标板中央及四角摆放 2 号测试图,以反映胶片中央及四角部位的解像力值。日常拍摄中常见的解像力不合格有两种情况:第一种是中央的 2 号测试图达到标准规定读数,四角 2 号测试图达不到标准规定读数或相反。第二种情况为四角 2 号测试图在可分辨最小读数组横线可分辨,但竖线模糊不可分辨或相反。可能能达到标准读数,也可能达不到标准读数。

先分析第一种情况。如果中央 2 号测试图图样空间频率数达到标准规定值,四角 2 号测试图图样空间频率数低很多,达不到标准规定值,往往是由于拍照机机头吸片机构漏气造成。连接压片板与吸气装置的胶皮管由于年久老化,或位置不当,反复动作时受到摩擦,导致胶皮管破裂,吸真空失灵。压片板压下胶片并吸真空,目的是使胶片乳剂层与镜头焦平面重合。由于片基与涂层之间张力不同,片基略有卷曲。如果吸真空系统不起作用,若胶片画幅中央恰巧在焦平面时,则中央解像力值合格,四角解像力值不合格;相反如胶片画幅四角恰巧在焦平面时,则四角解像力值合格,中央解像力值不合格。发生此类情况只要检查拍照机吸气装置,更换破损胶皮管即可解决。

为什么胶片弯曲度很小,反映出的影像解像力却相差很大呢?下面从理论上进行分析:

M2 拍照机镜头的像距的移动距离与物距的移动距离之间存在一定的关系。见图 1。

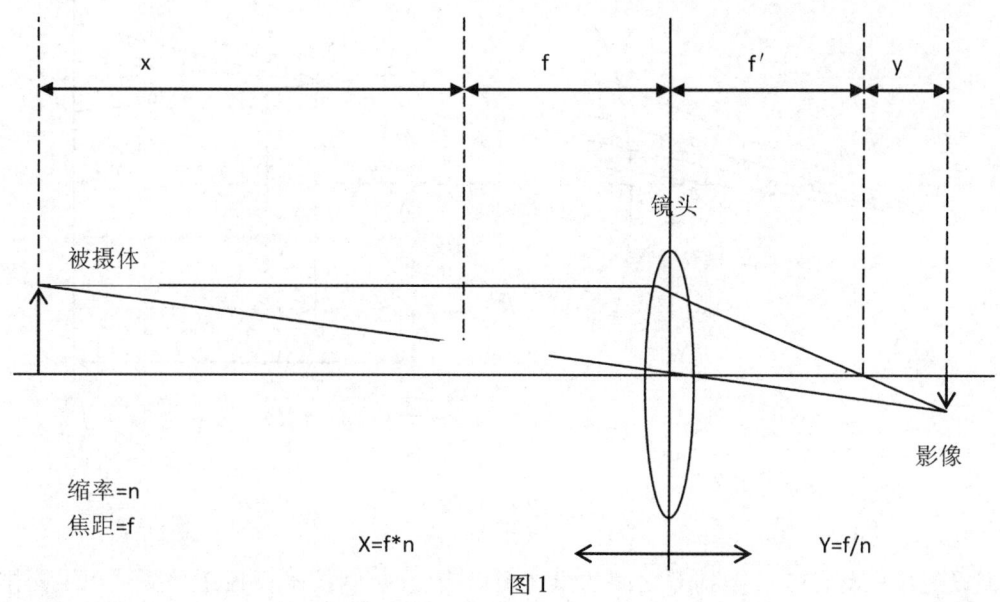

图 1

设像距移动量为 y, 物距移动量为 x, 焦距为 f, n 为倍率, 则: $x = y\,n^2$ ………………………… （1）

假设使用 19 倍的倍率拍摄, 镜头位置误差为 0.01mm, 被摄原件位置偏移误差为 $x = 0.01 \times 19^2 = 0.01 \times 361 = 3.61$mm。由此可见, 胶片距焦平面 0.01mm 很小的偏差, 会造成拍摄稿台上相当于 3.61mm 的物距差, 因此, 胶片压不平会产生局部解像力低。

现在来分析第二种情况。

第二种情况是由于光学系统的物理条件造成的。理论上, 只有光轴上或近光轴区域的发光点的单色细光束通过光学系统时, 才能成完善的像, 而实际的光学系统都存在像差。像散是单色像差的一种。第二种情况即是像散造成的。拍摄在技术标板中心的 2 号测试图一般横线、竖线读数基本一致, 因为近光轴处不存在像散现象, 而这种情况基本出现在技术标板四角的 2 号测试图上。因画面四角离光轴较远, 像散现象较明显。像散的具体成像情况见图 2。在透镜后边成像一侧, 不同位置呈不同形状的弥散斑, 在某点 S 处汇聚成垂直方向的弧矢焦线; 在 T 位置汇聚成水平方向的子午焦线。Q 为近轴像平面。

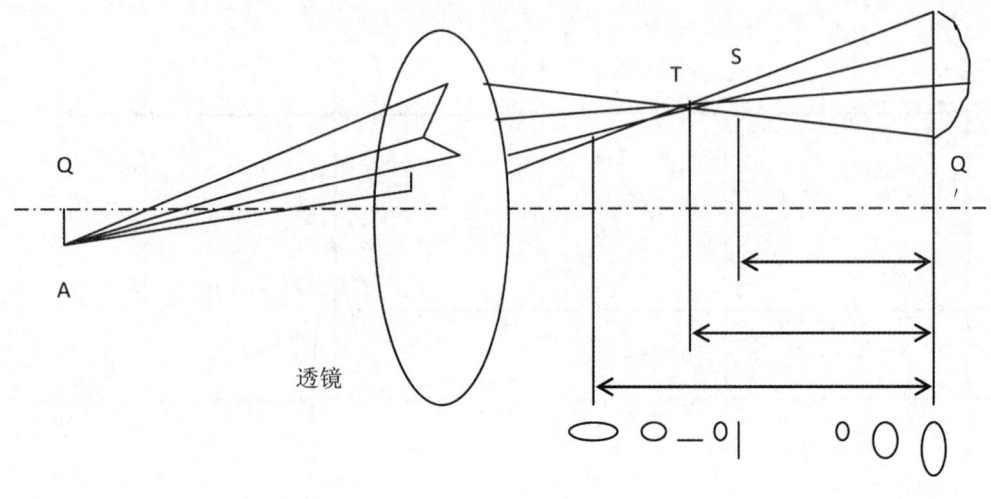

图 2

假设成像点落在 S 一侧到 Q 之间的纵向图像畸变区,则技术标板 2 号测试图纵向排列线对能分辨清楚,但横向排列线对模糊。只有缩小像距,才能使成像变清晰。

根据公式:$\dfrac{1}{f} = \dfrac{1}{u} + \dfrac{1}{v}$ ·· (2)

解决办法是加大物距或缩小像距,即向下调整稿台,镜头不变。物距 u 调大,像距 v 变小,焦距 f 不变。或相反,稿台不变,调小像距,上抬镜头,也可达到同样的效果。一般情况我们只调整物距,即左右拉动稿台下边的拉链,可升降稿台,而不轻易调镜头焦距,拍照机在出厂前已由专业人员调好焦距,有些螺丝用油漆封住,目的是不让非专业人员调整,虽然焦距可以微调,但根据图 1 所示及公式(1)所列,焦距的微小变动,会产生物距很大的改变。由于调整精度要求高,我们不提倡调镜头上的焦距。因此,我们只讨论调整稿台一种方法。

具体操作方法是:如发现胶片技术标板四角 2 号测试图线对竖线清楚,横线模糊,则可降低稿台高度,达到标准的解像力。调整时,在稿台后拍照机的支架上贴一把尺子(拍照用缩率尺即可),用另一尺子贴住稿台平面,一端伸出,顶住支架上贴的尺子,两把尺子呈丁字形,记下稿台上尺子顶点指的位置,按照固定规律下调稿台高度,记下每次拍摄的位置,在不同位置每次拍下几拍技术标板,冲洗后找到最佳解像力值,稿台调到相应高度。

现在分析另一种情况,假设成像点落在 T 点一侧与镜头之间的横向图像畸变区,则技术标板 2 号测试图横向排列线对清楚,竖向排列线对模糊,说明像距过短,根据公式(2)相应地增加像距或调小物距,即稿台不动,镜头下调,像距 v 加大,物距 u 变小,焦距不变;或镜头不动,上调稿台,物距减小,像距增加,焦距不变,即可解决。实际拍摄中技术标板四角的 2 号测试图不一定同时出现这种问题,可能只有一角出现这种故障,则只需抬高或降低稿台的这一角高度。调整方法如上所述。

　　以上分析了几种缩微拍摄中影响解像力的理论原因及解决办法。这些故障是我们日常工作中常见的,尤其是我们现有设备已使用多年,出现老化现象,了解这些有助于解决实际工作中遇到的问题,愿我们今后工作中能拍出更多高质量的缩微胶片。

（原载《数字与缩微影像》2005 年第 3 期）

如何控制好缩微品的密度

国家图书馆 陈 萍

当今随着缩微摄影技术在我国的普遍开展,缩微品作为信息载体,传递信息并被永久保存,为人们更好地提供阅读、拷贝、还原和复印。缩微品的质量也越来越受到人们的重视,缩微影像密度控制是保证缩微品质量的关键。

所谓密度是指感光材料经曝光、显影后,在胶片上单位面积金属银沉积量的多少,表现为背底变黑的程度,用 D 表示。胶片上单位面积金属银沉积量越多,影像就越黑,密度就越高;反之,密度就越低。在缩微摄影技术中,控制好原底片(第一代缩微品)缩微影像的密度非常重要,因为它不仅关系到原底片本身影像的质量,还直接影响到缩微影像的分辨率、线条反差、拷贝片的影像质量以及缩微品的还原复制的质量等。因此,控制好胶片影像的密度是保证缩微品质量的重要指标之一,也是衡量缩微品质量优劣的一个非常重要的因素之一。

1 控制缩微影像密度的作用

在从事多年的缩微品质量检验工作中,感觉到影响缩微品质量的主要问题是密度控制。实际工作中,笔者接触到各种纸质文献的缩微品,经过认真分析认为要控制好缩微影像的密度,首先必须知道控制缩微影像密度的作用。

1.1 缩微影像的密度包括影像的"背景密度"和"影像密度"两部分

"背景密度"是指影像区内文字、线条或其他信息以外部分的密度,也就是指在曝光时被摄原件的载体(无图像部分)的反射光或透射光照在胶片上再经过冲洗显影之后形成的密度。检测背景密度时应测量胶片上一画幅内缩微影像的无图像部分的密度。

"影像密度"是指原件上的文字、线条、图表等在胶片上画幅内形成的缩微影像密度。

1.2 控制缩微影像背景密度的作用主要有以下两点

(1)获得足够低的影像密度和提高缩微影像的反差

缩微影像的反差是指"背景密度"与"影像密度"的差值。反差高时,可能阅读起来觉得舒服些,但不一定适合拷贝和复印,只有影像密度足够低且反差值较大时,缩微影像才便于拷贝、放大阅读、还原、复印。原件本身的反差、拍摄所使用胶片的反差系数(γ值)、拍摄时采用曝光量数值的大小及冲洗条件都会对形成的缩微影像反差系数的大小有影响。如果使用的胶片反差系数固定不变,冲洗条件不变的情况下,可根据被拍摄原件本身反差的大小,适当地调整拍摄曝光条件来控制"背景密度"和"影像密度"来获取较大反差的缩微影像。也可采用在一定的曝光量范围内适当增大曝光量,使缩微影像的背景密度值增加,来控制降低缩微影像的数值,达到增大缩微影像反差的目的。

(2)提高缩微影像的解像力

缩微影像密度的深浅对该影像解像力的高低有影响。解像力亦称分辨率、鉴别率,是指缩微摄影系统(拍摄、冲洗)对被摄原件细部的极限分辨,它是描述缩微品影像质量的重要参数之一。也就是说解像力的高低,直接影响缩微影像的清晰度。缩微摄影所用解像力的技术标板是由5块2号测试图,一块反射率为50%的灰板,一块反射率为6%的灰板和一把10cm长的缩率尺组成。测试方法:在一个固定不变的缩率下采用梯级曝光装置对技术标板曝光,经过冲洗后形成不同密度的影像,用密度计测量每个画幅内反射率为50%灰板的密度,然后用显微镜察看2号测试图的缩微影像,找出每个画幅内灰板的密度值以及相对应2号测试图可分辨的最小图形符号。由此可以得出当50%的灰板密度控制在1.0—1.2范围内时,测得2号测试图缩微影像的解像力最高,随50%的灰板密度的增大或减少,解像力的读数值也随之下降。同样原理,被拍摄的原件当其缩微影像背景密度值控制在标准范围内时,它的解像力最高,清晰度最好。

2 缩微影像密度值的控制范围

2.1 控制"影像密度"

在缩微摄影技术中要求缩微原底片影像的密度尽量控制在略大于缩微胶片的灰雾密度。国际与国家标准规定该密度值(片基密度+灰雾)不得超过0.16,以确保影像部分具有足够的透明度。由于各种文献的文字、线条、图表等经缩微成像后非常细小,测量其密度非常困难。在实际工作中一般测量技术标板上反射率为6%灰板的密度来代替。

2.2 控制"背景密度"

要求缩微影像的背景密度值一要均匀,二要高低适度。

2.2.1 缩微影像背景密度值要均匀一致

(1)同一个画幅内密度的均匀一致是指在拍摄一张颜色深浅非常均匀的原件时,其缩微影像的密度值要均匀一致,同一个画幅内影像背景密度是否均匀是由摄影机稿台的照明分布是否合理以及原件纸张颜色深浅是否均匀一致决定的。原稿已经形成,其纸张颜色深浅是否均匀已经无法改变。缩微摄影机稿台的灯光照明分布均匀,使纸张颜色深浅一致的原件经拍摄冲洗后的影像密度均匀。

（2）同一盘缩微胶片内,各个画幅间的影像背景密度要均匀一致,其误差一般控制在0.40以内,例如,要将背景密度控制在1.00时,其范围就不能超过0.80—1.20。造成画幅间影像背景密度不一致的原因很多,主要是由于稿台的灯光照明分布不均匀;被摄原件的纸张颜色深浅变化比较大,操作人员调整曝光条件时,没有根据原件的变化控制好曝光量;冲洗条件不稳定等原因造成。

（3）第一代缩微品影像背景密度的均匀非常重要,它直接影响到拷贝片的影像和放大还原时影像的质量,如果原底片的缩微影像背景密度的均匀性差,由它作母片,经几代拷贝后制作的拷贝片上与母片影像背景密度低的位置和高的位置相对应的缩微影像因反差太小而使信息丢失,使拷贝时曝光很难控制。

2.2.2　第一代缩微品影像背景密度值要高低适度

（1）原件的种类是以原件的质量划分的。原件的质量是指原件上的文字、图像等信息的清晰程度和载体（纸）之间的反差大小;文字线条的粗细、相邻线条间的距离大小等。如果原件上的文字、图像等信息的清晰与载体之间的反差大,文字线条粗,线条之间的距离大则原件质量好。把被摄原件划分成以下四组等级（见表1所示）,原件等级的划分是根据文字图像反差、线条粗细及线条间隔方面的一项或几项质量逐级下降而确定的。

表1　原件等级种类的划分及相对应的背景密度范围

	原件种类	背景密度
第一级	纸质好、反差强、文字线条粗、线条之间距离大的印刷品或打印件	1.05—1.35
第二级	小字号的印刷品或打印件、纸质较好、反差较强、文字线条清晰没断线的原件	1.00—1.20
第三级	小字号的印刷品或打印件、纸质一般、字迹较浅反差较弱、文字线条较细没断线的原件	0.90—1.10
第四级	退色、字迹浅、纸质差、字迹模糊、文字线条有断线的原件	0.70—0.90

（2）背景密度范围与原件的质量和使用要求有关。由上表可以看到质量高的原件（第一级）缩微影像背景密度也可控制在较低的范围内,不仅不影响阅读放大时影像的清晰度,反而便于放大复印和拷贝。随着被拍摄原件质量的下降（第二、三级）,其缩微影像的背景密度也应该适当降低,以保证缩微影像具有适当的反差。质量最次的第四级原件

其缩微影像的背景密度只能控制在较低的范围内。因为它本身的反差低，文字、图像与载体间的明暗差别小，当它的背景密度增高，即曝光量加大时，同时会引起影像密度的升高，造成影像部分不够透明，反而降低缩微影像的反差，导致无法阅读。如果将它拍到较低的背景密度，不但可以保证影像部分的透明，使缩微影像达到较理想的反差，同时便于拷贝、阅读和放大复印。

（3）背景密度的控制范围还应考虑缩微品的使用目的。拍摄的原底片如果不进行拷贝而是直接提供使用，原底片缩微影像背景密度可适当放宽一些。如果拍摄的缩微品目的主要是以拷贝片提供使用，原底片缩微影像背景密度适当低一些。

（4）由于汉字的结构复杂，笔画多，汉字的线条细且线条之间的间隔小，线条排列紧密。如果背景密度过高，曝光量随之加大，致使影像密度也相应增大，造成线条排列紧密的文字不能分辨或细线条部分消失，影像的清晰度下降。反之，适当地降低背景密度，减少曝光量，不仅能相应地提高缩微影像的清晰度，还有利于控制拷贝片的质量。

根据上述原因，在一片盘内拍摄不同质量的原件时，应尽量做到缩小不同质量原件的缩微影像背景密度的差值，背景密度值的高低要以其中质量最低的原件来确定，一般一片盘内背景密度的差值应控制在 0.40 以内。在缩微拍摄过程中，有些操作人员嫌来回调试曝光量麻烦，不管原件质量的好坏，采用一个固定的曝光量数值，使得原件质量高的缩微影像背景密度和原件质量低的缩微影像背景密度都没有达到最佳值，这种办法是不可取的，正确做法应按照前文讲到的原则来控制。

3　影响缩微影像密度值的因素及控制方法

3.1　胶片的感光速度的快慢对缩微影像密度值的控制有一定的影响

不同生产厂家生产的不同型号的缩微胶片，其感光速度存在一定的差异，同一生产厂家生产的同一型号不同批号的缩微胶片，其感光速度基本相同，但有时也会有一些差异。为了避免更换胶片频繁地调整曝光条件，给拍摄人员减少麻烦，应尽量固定使用同一生产厂家的同一型号、同一批号的缩微胶片，最好准备足够一年使用的胶片量，以保证缩微影像密度的控制。

3.2　胶片的感光速度在保存过程中会逐渐下降，对缩微影像密度值的控制有一定的影响

当胶片的保存条件随着温度越来越高，湿度越来越大时，胶片的感光速度下降得也就越快，因此，还没使用的胶片要保存在低温干燥的环境里，减缓胶片感光速度下降的幅度，以保证缩微影像密度的控制。

3.3　冲洗条件是否稳定对缩微影像密度值的控制有一定的影响

在缩微摄影技术中,冲洗工作环节是控制第一代缩微品影像密度值高低的一个重要环节。同时也是对缩微品的分辨率和保存寿命的长短有着重大影响。冲洗条件一定要稳定,胶片在冲洗过程中必须注意药液的温度、药液的浓度、显影时间的长短、药液面的高度、水质、水量、冲洗机的输片速度、电源、电压、正确的操作方法等,其中任何一个条件的改变,都会直接影响胶片的影像密度,因此相对稳定的冲洗条件,是控制缩微影像密度的前提条件。

3.4　正确掌握缩微摄影机的曝光对缩微影像密度值的控制有一定的影响

缩微摄影机的曝光控制方法基本分为两种,一种是固定光源灯的灯光亮度,根据原件载体(纸)反光能力的大小,采用不同曝光时间来曝光。例如 DR—1600 缩微摄影机,特别提醒拍摄人员应注意 DR —1600 缩微摄影机的测光组件是将光敏组件装在缩微摄影机镜头旁的一个测光孔内,通过一个小孔径镜头测量稿台上的一个固定小范围内(是在稿台中间偏左下位置)的原件载体(纸)的反射光强弱,调节快门开启时间,控制曝光量。这种测光方法有时不能反映整个被拍摄原件对光的反射情况,同时还受测量范围内原件文字、图像的深浅、文字疏密程度等情况的影响。因此,虽然有的时候原件载体颜色深浅相同,但是,由于被测光区域原件文字、图像的深浅、文字疏密程度不同,造成测量出来的结果不同,使摄制出缩微影像的密度存在着差异。所以,拍摄人员在拍摄时应将被拍摄原件需测量的点放置在测光孔对应稿台上的固定的小范围内测量,选定正确的曝光时间来获取最佳密度值。另一种是固定曝光时间,根据原件载体(纸)反光能力的大小,采取改变光源灯的灯光亮度。

（原载《数字与缩微影像》2005 年第 3 期）

文献影像技术标准化的发展与现状

国家图书馆　孙静荣

1　全国文献影像技术标准化技术委员会(SAC/TC 86)的成立与发展

全国文献影像技术标准化技术委员会(以下简称:全国文影标;原名:全国缩微摄影技术标准化技术委员会)成立于1987年,其前身是全国文献标准化技术委员会的缩微技术分会。全国文影标自成立以来,致力于文献影像技术的标准化工作,从传统的缩微技术标准发展到现在,包括缩微技术标准和电子成像技术标准走过了近20年的历程,完成了数十项国家标准的制定、修订工作,实施对国家标准的宣传、推广、管理、使用等工作。

现在的全国文影标是2004年换届的第4届委员会。共有来自图书馆界、档案界、科学研究机构、高等院校、企事业单位等从事文献信息技术工作的55名委员(含分技术委员会委员)和4名顾问参加全国文影标的工作。第4届委员会下设5个分技术委员会(SC),分别是:

第1分技术委员会——质量分会,挂靠在北京电影机械研究所。

第4分技术委员会——缩微摄影技术应用分会,挂靠在国家图书馆、全国图书馆文献缩微复制中心。

第5分技术委员会——电子影像技术应用分会,挂靠在国家图书馆、信息咨询中心。

第6分技术委员会——技术绘图应用分会,挂靠在国家档案局档案科学研究所。

第7分技术委员会——一般问题分会(词汇和法律问题),挂靠在中国人民大学信息管理学院。

全国文影标在工作范围上与国际标准化组织第171技术委员会(ISO/TC 171)对应:

(1)文献管理领域内质量控制与完整性保持的标准化。文献可以缩微形式管理,也可以电子形式管理。工作范围包括:文献信息的捕获、标引、存储、检索、分发和通信、显示、迁移、交换、保存和废弃等方法。

(2)文献(缩微的或电子的)输入和输出的质量。

（3）文献（缩微的或电子的）储存、使用和保存的实施、检验和质量控制，包括支持性元数据。

（4）企业内和互联网上的工作流程（过程管理）等应用。

（5）系统间信息交换期间的质量与完整性的保持、支持法律许可性和（或）完整性以及安全性的持续与方法。

（6）相关审计跟踪信息的管理。

全国文影标代表中国参加 ISO/TC 171 的工作，对国际标准的立项阶段、起草阶段、征求意见阶段、审查阶段、批准阶段和出版阶段等的工作文件进行投票和提出意见。全国文影标秘书长李健先生数次携中国代表团参加 ISO/TC 171 的工作年会，在会上对有关的标准发表意见，代表中国行使投票权。今年还准备将《缩微摄影技术 在缩微卷片上拍摄古籍的规定》作为国际标准草案提交 ISO/TC 171 进行立项，并最终形成国际标准，目前这项工作正在进行中。

2 国家标准的制修订程序

随着互联网技术的普及和应用，以及国家科学技术发展和社会生活对标准的需求，带来了也促进了国家标准化工作的改革。进入 21 世纪，国家标准化管理委员会不断地提出了标准化改革的新举措，使标准制修订工作逐步与国际接轨，推动了标准化工作的开展。

下面介绍改革后的标准化制修订工作程序。

2.1 立项

标准化工作改革后，国家标准计划的征集工作从计划模式向市场模式转变。国家标准管理机构每年在国家标准工作管理网站向社会发布当年国家标准化工作重点，公开向社会征集国家标准计划。国家各部委标准化研究机构、标准化技术委员会以及其他社会成员均可在任何时间通过国家标准工作管理网站提出国家标准计划申请。国家标准计划申请包括：国家标准计划建议书和国家标准草案。国家标准计划建议书可以在国家标准工作管理网站下载。国家标准计划管理部门每季度将社会各界报上来的国家标准计划建议书在国家标准工作管理网站上公告，向社会征求意见。国家标准管理机构根据国民经济和社会发展的需要，结合社会意见，通过一定的协调、审批程序，向计划提出单位下达国家标准制修订计划。

我国国家标准的立项是与国家的科学技术、社会生活、经济建设的需要紧密结合的。主要的原则是：坚持市场导向的原则，以科技为手段，提高标准的适应性；坚持国际化原则,努力实现从"国际标准本地化"到"国家标准国际化"的转变,全面提升我国科技的综合竞争力;坚持重点保障原则,重点加强社会急需领域的标准化工作,促进经济平稳快速发展;坚持自主创新原则,加强标准化工作与科技创新活动的紧密结合,促进我国自主创新技术通过标准快速形成生产力,增强产品的国际竞争力,为进一步提升我国的自主创新能力提供技术支撑,提高我国的标准水平。

对于社会急需的标准项目,则采用快速制定程序,从计划的提出、标准的制定、标准的审批和发布在最短的时间内完成。

2.2 制定程序

国家标准的制定包括以下程序:起草标准草案;征求意见;审定;报批。

国家标准计划一经下达即进入制定程序。国家标准的制定过程与国际接轨,在国家标准制修订工作网站上进行,国家标准委要求在规定时间内完成规定阶段的工作。首先,标准起草小组要对国家标准草案反复讨论、修改,在此基础上提出国家标准征求意见稿,进入征求意见阶段。国家标准征求意见稿登录在国家标准管理工作网站,窗口呈打开状态,社会各有关领域可以对国家标准征求意见稿提出意见,国家标准起草单位和标准起草人在规定时间对意见进行汇总并提出处理意见。一次征求意见不能通过,这个程序可以重复进行。标准起草小组根据征求的意见对标准进行修改,产生国家标准审定稿。国家标准审定形式分为函审和会审,一般以会审的形式居多。参加审定的人员由标准涉及的技术领域有关专家组成(至少有9人以上),标准应有参加审定专家人数四分之三以上同意方能通过。标准起草小组根据专家审定会意见再次对标准进行修改,产生国家标准报批稿。

如果不能在规定时间内完成程序,要提前向标准化管理部门提出延长时间的申请,申请得到批准后一般会延长2个月的时间。申请得不到批准又不能在规定时间完成工作的,国家标准化管理委员会将取消该项国家标准计划。

2.3 审批和出版

国家标准报批稿完成后,通过国家标准制修订工作系统上报国家标准审查部门,由国家标准审查部门组织专家对国家标准报批稿做最后审查,标准起草单位和标准起草人应对标准的技术内容和标准文本负责。审查过程中,审查专家可能会对标准报批稿提出审查修改意见,由标准起草单位和标准起草人对审查意见进行修改或作出解释。审查合格后,上报国家标准计划管理部门备案并给出国家标准号,送标准出版社编辑、出版。

3　文献影像技术标准体系和标准化科研工作

3.1　缩微摄影技术标准体系的最初形成

比较早的缩微摄影技术标准产生于 20 世纪 80 年代,包括基础标准:1985 年发布的《缩微摄影技术 词汇 第 1 部分 一般术语》《缩微摄影技术 词汇 第 4 部分 材料和包装》、1987 年发布的《缩微摄影技术 图形符号》;方法标准:1987 年发布的《缩微摄影技术 在 16mm 卷片上拍摄线装古籍的规定》《缩微摄影技术 在 35mm 卷片上拍摄线装古籍的规定》;质量标准:1985 年发布的《缩微摄影技术 2 号测试图的特征及其在缩微摄影中的应用》《缩微摄影技术 银明胶型缩微胶片的密度》等。

后来又陆续发布了用于技术图纸的拍摄和质量检验的标准:《缩微摄影技术 检验技术图纸缩微摄影质量测试标板的制作》《技术图纸缩微摄影的质量标准与检验》《缩微摄影技术 用于"检验技术图样缩微摄影质量测试标板"的反射率灰板》以及一部分设备标准等。至 20 世纪 90 年代,缩微技术标准体系已具雏形。

此后至 21 世纪初,又相继发布了缩微摄影技术的基础标准:《缩微摄影技术 词汇》的第 2 部分、第 3 部分、第 5 部分—第 8 部分;方法标准:《缩微摄影技术 在 16mm 和 35mm 银－明胶型缩微卷片上拍摄文献的操作程序》《缩微摄影技术 期刊的缩微拍摄 操作程序》《文献成像应用 在 35mm 胶片上缩微拍摄非彩色地图》《缩微摄影技术 A6 透明缩微平片 影像的排列》《技术图样与技术文件的缩微摄影》第 1 部分—第 6 部分、《缩微摄影技术 缩微记录的清除、删除、校正或修正》;质量检验标准:《缩微摄影技术 ISO 字符和 1 号测试图的特征及其使用》《缩微摄影技术 第一代银－明胶型缩微品的质量要求》等共计约 40 余项。

至此,缩微摄影技术标准体系已经形成。

3.2　文献影像技术标准体系的完善

随着计算机的出现和计算机技术飞速发展,新的文献存储方式——数字化信息存储技术出现了。数字化信息存储技术的出现冲击着传统的缩微摄影技术,也对文献影像技术标准提出了新的需求。

早在 20 世纪 90 年代,ISO/TC 171 就已经开始发布一些有关计算机缩微摄影技术和电子成像技术标准。为了引进新技术,在标准化工作上与国际接轨,按照我国积极采用国际标准的方针,我们及时将一些国际标准转化为国家标准。进入 21 世纪,陆续转化制定了《缩微摄影技术 词汇 第 7 部分 计算机缩微摄影技术》《缩微摄影技术 字母数字计算机输出缩微品 质量控制 第一部分:测试幻灯片和测试数据的特征》《缩微摄影技术 字母数字计算机输出缩微品 质量控制 第二部分:方法》《工程图样硬拷贝输出 控制文件结构规范》《电子成像 数字数据光盘存储数据验证用介质错误监测与报告技术》《电子成像 文件图像压缩方法选择指南》《电子成像－词汇》等一批计算机技术和电子影像技术国家标准。

除以上已经发布的国家标准外,目前尚有 9 项标准完成了制定程序,已经上报国家标准委员会等待批准发布。这些项目中包括了《缩微摄影技术 使用单一内显示系统生成影像的 COM 记录器的质量控制 第 1 部分:软件测试标板的特性》《缩微摄影技术 使用单一内显示系统生成影像的 COM 记录器的质量控制 第 2 部分:使用方法》《电子成像 办公文件黑白扫描用测试标板 第 1 部分:特性》《电子成像 办公文件黑白扫描用测试标板 第 2 部分:使用方法》;指导性技术文件:《电子成像 擦除记录在一次写入光学介质上的信息的推荐方法》《电子成像 在 WORM 光盘上记录证据文件的电子记录系统的推荐管理方法》《电子成像 成功实施电子影像管理涉及的人及组织问题》等电子影像技术标准。

以上国家标准的发布和制定,使文献影像技术标准体系,从单一的缩微摄影技术标准,向传统技术标准与数字化信息技术标准相结合的方向发展,并日益完善。

截止到 2006 年 7 月 10 日我国文献影像技术国家标准已经达到 57 项。

为适应我国社会主义市场经济的需要和迎接加入 WTO 之后对文献影像技术领域的挑战,尽快与国际接轨,全国文影标加快了标准化工作的步伐,尤其在采用国际标准方面加大了力度。在 ISO/TC 171 发布的 18 项计算机技术和电子影像技术标准中,转化为国家标准的有 8 项,列入计划的为 7 项,采用国际标准的比例达到 83%,在积极采用国际标准,推动新技术领域国家标准工作上取得了一定的成绩。

3.3　国家标准化科研项目

2006 年 7 月全国文影标向国家标准化管理委员会提出了两项国家标准化科研计划项目。

《电子文件存储与长期保存的技术保障和策略研究》主要针对我国电子文件信息长期存储和安全存储的问题而提出,有 3 个主题:安全存储、保存元数据和永久获取。这项科研项目依据信息质量的变化及信息稳定性存储和长期保存的要求,提出符合存储要求的方案或制定在国内外具有领先水平的有关电子文件存储与长期保存的标准;总结电子文件管理过程中存在的主要问题,推出一批具有国内外领先水平的管理程序和管理方案;解决电子文件存储与长期保存中关键技术的设计、指标、检测等问题。

《彩色缩微技术标准及操作规范研究》是解决古籍文献和历史档案中珍贵彩色文献的保存提出的。例如,国家图书馆现在保存的宋元善本中,存有大量不同时期的彩色批校本,这些批校本保存了历代帝王、历史名人在历史文献上留下的不同颜色的珍贵文字,是古籍文献的重要组成部分,具有很重要的历史价值和学术研究价值。如何使这些珍贵的彩色文献在保持原貌的情况下得到很好的保护和利用,一直是文献保护与文献保存技术工作者没有很好解决的问题。关于彩色缩微拍摄的国家标准及操作规范在国内仍属空白。本项研究,将参考相关国际标准,结合实际研究中得出的数据和结果,制定出彩色缩微拍摄的国家标准和操作规范。

（原载《数字与缩微影像》2006 年第 4 期）

缩微品母片质量的检验

国家图书馆　陈　萍　彭　妍　齐淑珍

在多年的检验工作实践中,我们深深地体会到,缩微品质量的优劣关系到缩微品的影像信息能否长期保存和传递,质量检验这一环节是把好缩微品质量的关键环节。检验人员要对缩微工作有全面的认识与了解;熟练掌握缩微品制作技术环节;了解缩微设备使用性能;了解被拍摄文献资料特性和原件质量差别;了解缩微摄影曝光的误差和胶片感光特性的变化;以及各工序之间的配合失误和人为因素的影响等;以"缩微中心"编制的相关文献缩微品标准和有关质量检验的规定为依据,对影响缩微品质量的故障有一定的分析和判断能力。

一盘缩微品母片的质量检验程序大致分为:外观检验、检测解像力、测量密度和影像质量的检验。要经过3遍来回的缠绕才能完成:第1遍缠绕是从片盘的尾部开始,边检查外观、检测密度边缠绕直到片盘的头部,检测解像力,做好相关记录;第2遍缠绕是从片盘的头部开始进行逐拍详细的检查直到片盘的尾部,做好相关记录;第3遍缠绕是从片盘的尾部开始,边缠绕边再核对1遍各块标版的内容直到片盘的头部,写好此片盘的标签。

下文阐述在工作中通常采用的检验方法和对出现各种问题的分析。

1　工作前的要求

在进行检验工作前首先要求检查工作台面及周围环境的整洁情况,专用设备要保持干净,工具摆放有序。检查台上不要放置签字笔、圆珠笔、剪刀、水杯等,触摸胶片时必须戴手套,避免对胶片造成污染和损伤。收到母片要及时进行检验,不要积压。

2　外观检验

缩微品母片的外观主要是通过目测可见的方法和手触摸到的一些现象来检验。

2.1　检验方法

（1）检查台两端各放置 1 块 30cm 长、20cm 宽的深色绒布。放置绒布的目的一是防止检验过程中倒片架底座对胶片的伤害,二是检查胶片外观缺陷(如胶片划伤、冲洗残留的药斑、水迹、指痕等)效果会更好。

（2）通过检查台下面灯箱的灯光向上照射在胶片上形成透射光,检查台上面的灯光(台灯或照明灯)向下照射在胶片上形成反射光,来检查胶片的外观。

（3）冲洗出来的胶片一般都是片尾缠绕在外,首先把胶片放在检查台一端的倒片架上,打开胶片将胶片尾部上的胶带(冲洗时用来连接母片与带片的粘连物)去掉,缠绕在另一端倒片架的片轴上,再进行检验。

（4）在检验过程中,胶片和检查台面要保持一定距离,不宜贴近台面,被检验胶片乳剂面朝上(便于查看胶片划伤、冲洗残留的药斑、水迹、指痕等)距检查台面 40mm 左右的高度为宜。

（5）检验人员要目视胶片,将左手弓成一个弧形(避免手掌心摩擦胶片)让拇指与食指轻轻卡住胶片片边(起到定位作用),确保胶片在检查台面上走直走正,避免刮蹭胶片。

（6）绕片速度要缓慢均匀(绕片速度过快会产生静电痕同时也会把灰尘吸附到胶片上)。

（7）片首尾胶片空白片的长度不应少于 750mm。

2.2　检验项目

片首尾护片的长度;影像及画幅歪斜;影像及画幅是否有异物遮挡;胶片是否有漏光;画幅尺寸的变化;画幅间距的变化;画幅重叠;在缠绕胶片过程中手触摸片边时注意有无刮蹭、破裂、卷边;有无折痕、静电痕;胶片是否有划伤、乳剂膜脱落或擦伤;指纹印痕;冲洗残留的色斑、水迹、脏污;标版及稿台的脏污;稿台密度的均匀;影像整体密度的均匀。

3　解像力

解像力亦称分辨率、鉴别率,是指缩微摄影系统(摄制、冲洗)被拍摄原件细部的极限分辨能力,它是描述缩微品影像质量的重要参数之一。解像力读数的高低直接影响被拍摄原件缩微影像的清晰度;解像力的读数值越高,说明质量因数高,字迹越清楚,对长期保存和使用越有利。

3.1　检验方法

（1）每盘缩微品母片的片首都拍有一块技术标版,技术标版上面有 5 块 2 号测试图

（分布于中间及 4 角各 1 块）、1 块反射率为 50% 灰板、1 块反射率为 6% 灰板、1 把 10 cm 长的缩率尺和缩率字符。

（2）反射率为 50% 灰板的密度值要求在 0.9—1.20 之间,其解像力的读数值最佳。

（3）5 块 2 号测试图都要检查,并且每一块 2 号测试图要求相互垂直的两组线条能分辨出 5 条线为标准,解像力的计量为:线对/mm(1 黑 1 白为 1 个线对)。

3.2　检验要求

（1）显微镜,50—100 倍消色差。

（2）检验尺度,解像力读数值不能低于"缩微中心"规定的标准范围。

（3）检验频率,无需每盘都检查解像力,每 5 盘检查 1 次,当发现解像力不合格时,前面没查的盘都要逐一检查解像力,每月末要求摄制人员连续拍几幅技术标版进行解像力检查。

"缩微中心"要求各种缩率应达到的解像力读数值见表 1。

表 1　各种缩率应达到的解像力读数值

缩率	1:9—1:11	1:14—1:16	1:17—1:19	1:20—1:22	1:23—1:27
2 号测试图(解像力/级)	9.0	7.1	6.3	5.6	5.0

3.3　解像力降低的因素分析

（1）当技术标版 4 角的 2 号测试图同一级解像力横线条低于垂直线的竖线条时,将其旋转 90° 查看仍然低时,说明拍照机的稿台高于基准水平面,应向下调;相反,垂直线的竖线条低于横线条时,说明拍照机的稿台低于基准水平面,应向上调。

（2）当 5 块 2 号测试图 4 角某一块解像力降低时,一是拍照机在组装时稿台出现 1 角或 1 边倾斜造成,二是技术标版不平整有较大的翘起造成。

（3）当技术标版中间那块 2 号测试图解像力降低时,是拍照机机头内的皮腔或橡胶管老化破损漏气造成。

（4）由 35mm 转拍 16mm 时 5 块 2 号测试图出现虚像,是机箱内的转换设备零件未安装到位造成。

4　检测密度

缩微品影像密度的高低是保证其质量的关键。为了缩微品的长期保存和利用,必须将密度严格地控制在"缩微中心"规定的标准密度范围内。

4.1　检测标准

"缩微中心"规定的标版及各种文献缩微品影像的标准密度要求见表2。

表2　标版及缩微品影像密度要求

胶片规格	标版名称		密度值	说明
35mm 缩微品（报纸、古籍）	片首、片尾、摄制机构、胶片标版		1.30—1.50	
	技术标版上反射率为50%灰板		1.0—1.20	
	著录标版		0.80—1.20	报纸
			1.30—1.50	古籍
	报纸缩微品影像		0.80—1.20	
	彩色印刷的报纸缩微品影像		1.0—1.40	密度以文献的白背底黑字为检测依据
	古籍		0.9—1.20	
16mm 缩微品（期刊、民国时期的图书）	片首、片尾、摄制机构标版		1.40—1.60	
	技术标版上反射率为50%灰板		0.90—1.10	与35mm缩微品（报纸、古籍）要求不一样
	著录及胶片标版		0.80—1.20	
	期刊	较好及一般的原件	0.80—1.20	
		低反差的原件	0.70—1.10	褪色、纸质差、字迹浅、字迹模糊、文字线条细、文字线条有断线
	民国时期的图书缩微品	较好及一般的原件	0.80—1.20	
		低反差的原件	0.70—1.10	褪色、纸质差、字迹浅、字迹模糊、文字线条细、文字线条有断线
胶片的灰雾（未曝光区域）	35mm、16mm 胶片		0.16	灰雾密度应控制在0.08以下，如果超过这个数值就会影响到缩微影像的质量

4.2　密度计的使用方法

（1）密度计使用前开机预热3分钟，待稳定后再使用。

（2）测量密度之前将密度计上的显示数字回零。

（3）测量密度过程中随时调校零点。

（4）测量密度时将胶片乳剂面朝上。

（5）胶片放在密度计的测试头和透射孔之间。

（6）将胶片测量部位对准透射孔,按下测试头压住胶片,待显示的密度值稳定后再松开测试头读取密度值。

（7）测量密度时测试头向下压时胶片不得移动。

（8）测量密度时胶片在送进和移出时要保持与密度计台面和测试头之间的距离,胶片要保持平行移动,避免刮蹭和划伤胶片。

4.3　密度测量的正确方法

（1）无需对每个画幅的影像进行测量,测量数量可根据外观目测检查结果来确定,对于过深或过浅的影像要重点检测。

（2）1 卷缩微品通过外观目测检查其拍摄的密度较均匀时,可在这 1 片卷的前、中、后 3 个部分任选几个画幅影像进行密度检测,确定整盘的密度范围。

（3）为了准确记录 1 个画幅影像的背景密度值,应在同一画幅内选 3—5 个点进行测量求其平均值。

（4）透字的原件其影像的密度测量应选择靠近文字边缘的地方和通过目测来完成。

5　内在质量的检验

根据拍摄缩率的大小,借助放大镜、阅读器等设备,以《缩微品制作标准汇编》及针对各种文献制定的摄制规范为依据,对每盘缩微品从片首第 1 块标版开始到片尾最后 1 块结束标版期间包含的画幅影像逐一进行核查。

5.1　检验项目

片首片尾标版的图形符号、排列顺序、标版上各种符号的放置是否正确;胶片标版上标注的文献名称、著者、摄制清单上填写的内容与拍摄的文献是否一致;核对著录内容有无错漏著的项目;拍摄缩率与著录标版上所著的缩率是否一致;画幅影像排序是否与所拍的文献排序一致;页码、版次顺序;有无错拍、漏拍、虚拍、缺失、中缝夹字;原件折角压字、折皱未打开压字、异物挡字;漏放缩率尺。

5.2　缩微品质量缺陷及产生原因

工作中常遇到有质量缺陷的影像的事例,其中产生原因可从操作原因、设备原因和其他原因 3 方面去分类。

● 片首片尾没有护片

操作原因:（1）摄制人员由于粗心,装完胶片后没有过片就拍原件;（2）1 盘胶片拍摄两个以上的摄制单元时,上个摄制单元与下个摄制单元之间只留够 1 个护片长度或没留护片长度。

- 片首片尾标版的图形符号错

操作原因:摄制人员由于粗心,将开始符号标版与结束符号标版用颠倒。

- 著录错

操作原因:由整理人员的粗心造成。例如:题名录入时把字打错;由繁体字转成简体字时错;出版年由民国年转换成公元年错;版本错著和漏著等。

- 著录及胶片标版与所拍文献不一致

操作原因:摄制人员粗心,拍照前没有核对。

- 漏拍

操作原因:(1)书的纸张薄,摄制人员翻页时一下翻过两页;(2)拍摄时旁边有人与其说话,以致精神不集中;(3)遇到大于本缩率并且一拍拍不下的图表,分幅拍摄时容易造成漏拍。

- 虚拍

操作原因:拍摄人员动作过快,在拍照机的快门还没有完全闭合时即开始进行下一拍的拍摄。

其他原因:(1)原件在印刷时造成的虚像(在胶片上两个线条都是实像);(2)拍过厚的书时,书翻开后两边下垂没有与托书台的玻璃贴附造成(拍摄时应将书的两边垫起使其在一个平面上)。

- 重拍、无效变光(废拍)

操作原因:(1)拍摄人员在拍照时遇事临时离开,回来忘拍该页(或版)造成;(2)遇到大于本缩率并且一拍拍不下的图表,分幅拍摄时怕漏拍容易造成重拍;(3)在一个画幅内背景密度差值≤0.3时拍摄人员采取重复曝光拍摄造成。

其他原因:原件装订时装重。

- 中缝夹字

操作原因:拍摄人员在拍照时没有把书的中缝完全打开。

其他原因:(1)原件装订时将字装订在装订线内;(2)原件破损在修补时把书的中缝粘上打不开。

- 画幅影像的排序错

操作原因:拍摄人员没有掌握缩微拍照机的成像原理,使得拍出来的影像与原文献的页码顺序不一致。

画幅影像排序要与所拍的文献排序一致。缩微品母片成像后的排列方式与所拍文献排序相反。例如:横排版(自右向左翻)书,成像后影像在胶片中的排序是自右往左,拍摄时文献在稿台上摆放的方向与拍摄人员坐向一致;竖排版(自左向右翻)书,成像后影像在胶片中的排序是自左往右,拍摄时文献在稿台上摆放的方向与拍摄人员坐向相反,或与拍摄人员坐向一致,将拍照机机头扭转180°。

- 影像及画幅有异物遮挡

操作原因:超低缩率拍摄时摄影机头的倒影通过镜头成像。

其他原因:(1)折皱、折角未打开展平压字,装订线绳落在被拍摄文献上挡字没有发现;(2)出现碎纸片挡字,主要因文献历经年代久远纸质发脆,经过整理清点和拍摄过程中的翻动,脱落的纸屑没有被发现;(3)出现拍摄人员的手迹,在拍照机的快门打开闭合过程中拍摄人员的手没有及时撤出或提前进入;(4)测光头用毕后未完全移出曝光区;(5)有反射光进入画幅内,一是原文献所用纸张本身反光,拍照时文献没有全部与玻璃板贴服形成反射光,二是拍照机稿台玻璃有油污没有及时清理形成反射光,三是拍摄人员所戴手表和其他金属饰物形成反射光。

- 影像歪斜

操作原因:拍摄人员把书夹歪了没有纠正。

其他原因:原件本身印刷歪斜(拍照人员应将文字摆正拍摄,纠正印刷歪斜现象)。

- 扇形

操作原因:拍摄时拍照人员掀动书屉时动作过大频率过快造成被拍摄文献歪斜或成扇形。

其他原因:(1)由于书背浅,夹书槽夹不紧书,拍摄时书的一边出槽另一边还在夹书槽内;(2)装订线断开使得部分书页松散,拍摄时松散部分展开较大,未松散部分展开较小。

- 画幅歪斜

设备原因:(1)拍照机机箱歪斜,没有校正放到位(表现:整卷的画幅都是一角高一角低);(2)拍照机机箱内的定位滑轮或片槽安装歪斜,卡不住片子,胶片一会儿在片槽内一会儿又走出片槽(表现:画幅一开始正常后面出现画幅逐渐歪斜,歪斜到一定程度又逐渐恢复正常,来回反复)。

操作原因:拍摄人员操作不当,装片时胶片没有装到位(表现:从片首的第1块标版开始向胶片的一边歪斜,歪斜到一定程度又逐渐恢复,此现象来回反复)。

其他原因:原件本身印刷歪斜(拍照人员应将文字摆正拍摄)。

- 胶片漏光

设备原因:(1)拍照机的拍照机箱部分和收片机箱部分密封条磨损老化,造成密封不严,拍摄灯光较长时间地停留在某1个画幅上(表现:在胶片上的某1个画幅形成一道竖向的黑影）；（2）拍照机的拍照机箱部分开关门的卡键松，机箱门关闭不严留有缝隙，拍摄灯光较长时间停留在某 1 个画幅上（表现：在胶片上的某 1 个画幅一边一小片黑影从边缘横向地向画幅及影像区射去）。

其他原因：冲洗过程中因某种原因机箱盖打开造成一段胶片漏光。

● 画幅间距的变化

设备原因：（1）拍照机收片张力与供片张力不一致，表现在胶卷的前部分或后部分出现片间距大于 2mm；（2）拍照机的齿轮与棘轮转动不能完全吻合，造成片间距有时大于或小于 2mm（无规律）。

● 胶片划伤

设备原因：（1）不规则直线划伤，表现在胶片的乳剂面直线划伤时有时无，有时整卷都有，不是所冲胶片都有，系冲洗机片架轴上粘有异物造成；（2）白色有规律的直线划伤，表现在胶片乳剂面和片基面均有间距有规律的白色直线划伤，是冲洗显影后产生，系冲洗机的中间水洗滚轴清洁不彻底使得滚轴上的水碱增厚造成；（3）黑色有规律的直线划伤，表现在胶片的乳剂面是黑色划伤，片基面为白色划伤，是冲洗显影前产生，系显影滚轴片架上橡胶辊长期使用使辊径变大，胶片不是平稳输送而是来回摆动造成；（4）胶片头部有黑色划伤，表现在胶片冲洗的头部乳剂面有黑色划伤，系冲洗机供片摩擦力小造成；（5）整卷胶片的药膜面和片基面从冲洗头部开始一直到片卷的尾部严重划伤，系冲洗时胶片暗盒的出片口没有全部打开或根本就没有打开。

操作原因：距离片头 20cm 左右开始一直到片卷的尾部有规律的黑色直线划伤，是冲洗显影前产生，系拍摄人员装片错误造成胶片走片位置改变所致。

其他原因：不规律的划伤，表现在胶片的乳剂面和片基面距离片卷尾部 3m 左右开始一直到片卷的尾部无规则的划伤（有直线也有竖线还有锯齿状的），不是所冲的胶片都有，是生片本身带有的，系胶片在制造过程中某个环节造成的。

● 玻璃板划痕

其他原因：表现在胶片的每个画幅内或影像上在固定的地方有横道、竖道、斜道像划伤一样的痕迹。是托书台表面的玻璃板有磨损产生深浅不一的划痕，较深的划痕经过摄影灯光的照射会形成反射光反射到胶片上形成一道痕迹。

● 乳剂脱落

操作原因：冲洗人员清洗机器不彻底使辊轴上沾有硬物，胶片的乳剂面经过冲洗药液的浸泡变软，在冲洗过程中辊轴上的硬物将乳剂面硌上刮起造成（表现：在整盘或一段胶片上有一个个透明点或一个黑点旁边是一个透明点）。

● 指纹印痕

操作原因:油污指纹和汗渍指纹是冲洗、检验人员没有戴手套,手指有汗渍和油脂接触胶片的过程中留下的痕迹。

• 折痕

设备原因:拍照机的输片、收片故障造成胶片淤片产生折痕。

其他原因:检查人员将拍摄人员补的一段胶片查完未及时接片,也未缠绕在片轴上,而是卷成一个卷,放在需要接片的原片盘的上面,经过片盒盖与胶片的挤压造成折痕。

• 断裂

操作原因:检查人员在接完补拍片后打开压片板时,胶片没有及时拿出,造成接片机的压片板复位时砸到胶片。

• 药斑

其他原因:胶片的乳剂面偶有棕黄色的药液斑点,是显影药液结晶经过定影、水洗后残留在胶片上的。必须进行二次冲洗(经过显影、定影、水洗、烘干)将残留在胶片上的药液斑点去除,但是会增加胶片的灰雾密度同时也会产生划伤。

• 水迹

设备原因:胶片上留有水迹,系胶片在水洗完成后经过挤水辊时滚轴摩擦力小造成挤水不彻底形成的。

其他原因:水迹一般是在胶片的药膜面,检验人员将头歪向一侧目光斜视胶片可看见发亮的凹凸区域。有水迹的胶片必须进行二次冲洗(只水洗、烘干)将残留在胶片上的水迹去除。

6 补拍

根据缩微品制作标准和质量要求,对拍摄完的缩微母片进行全面的质量检验,对不合格的画幅进行补拍,同时也应注意尽量减少不必要的接片,以保证胶片的完整性。补单要正确填写:要写明补拍人员的姓名,片盘代号、文献名称、盘号;要写明补拍原因、补拍的具体内容、补拍数;要写明补单开出的时间、检验人员姓名;要写明补拍胶片补完的时间。补单一式两份,一份交给补拍人员,一份与需要补拍的文献清单装订在一起。

7 接片

7.1 超声波接片机的正确使用方法

(1)接片机规格选择开关应与待接胶片宽度一致。

（2）接片时胶片的乳剂面朝上放在夹片台卡片槽内放下压片盖并夹紧。

（3）切片后先将后部胶片放松在翻转夹片台上，防止胶片被拖动损伤胶片。

（4）两边夹片台均放到接片位置后，方可按动接片钮进行接片。

（5）接片完毕后打开夹片台，取出接好的胶片观察接口，轻抻接口两边的胶片查看是否接牢，如果胶片没有接上请维修人员调试到位；查看接口处的胶片是否完全对齐，如果没有对齐应剪断重新接；查看接口两端片边是否有凸起溶出的胶片，如果有凸起要用剪刀修整平滑。

（6）接 16mm 胶片需换装 16mm 夹片挡板。

7.2　接片方法及注意事项

接片操作要求非常细致。接片前首先要对照补单核对补拍胶片的补拍内容，逐拍检验补拍画幅影像的质量，合格后再与原胶片对照核实；特别要注意画幅尺寸、画幅间隔、影像缩小倍率要与原胶片一致；影像密度要与原胶片影像密度接近。确认无误后将原胶片上的不合格画幅影像剪掉，接上新补拍的胶片后应再次检查一下接上去的胶片画幅影像顺序与接头前后的画幅影像顺序是否连续。

8　结束语

缩微品质量检验是一项细致的工作，必须按照岗位要求严格操作，来不得半点虚假。从事质检工作的人员应对影响缩微品质量的故障具有一定的分析和判断能力。同时要求检验人员要和各道工序的同志相互协助、紧密配合，发现问题及时向相关生产环节提出建议，进行克服和改进，使失误减少到最低限度，在保证缩微品生产质量和各道工序相互间的交流中起到桥梁作用。

参考文献

[1] 全国文献影像技术标准化技术委员会,中国标准出版社. 文献影像技术国家标准汇编.北京:中国标准出版社,2007.

（原载《数字与缩微影像》2010 年第 1 期）

计算机软件技术在文献整理工作中的应用

国家图书馆　张　阳　李建中　何彦平　程积安　齐淑珍

众所周知,文献整理是缩微工作的前期准备环节,在整个缩微工作中起着不可替代的作用。传统的文献整理工作,主要依靠工作人员手工清点文献,抄写各种书目数据,形成摄制清单,然后送交拍摄人员进行缩微拍摄。

20世纪90年代末,随着计算机技术的普及,文献整理工作中也融入了越来越多的现代化元素。利用数据库来记录各种书目数据;利用word文档来制作著录表单、刊头和胶片盒盒标;利用打印机来进行统一纸型的打印,这些都为传统的文献整理工作注入了新的活力。

21世纪以来,计算机技术的发展可谓日新月异,人们不再仅仅满足于利用普通的办公软件来进行简单的文字处理,他们更愿意利用某些有针对性的计算机软件功能来简化自己的工作流程,提高自己的工作效率。这一点在我们缩微中心的文献整理工作中体现得尤为明显。

由于我们中心各种数据的制作与存储都是以丹诚数据库为基础的,因此要想进行著录单或胶片盒盒标的打印,就只能进入数据库中,逐条地打开我们所需要的数据,把所需要字段部分的内容一点点地粘贴到指定文档中,形成统一的格式后,再进行打印。其工作量之大,程序之繁琐,不言而喻。在这种工作背景下,寻找一个具有合适功能的软件来提高工作效率就成了我们亟待解决的问题。于是乎 marcpro. exe——一个 TransDlg Microsoft 基础类应用程序闯入了我们的视野。该程序是丹诚厂商为本公司数据库产品专门设计的一款辅助程序,下面就让我们来看一下它在实际工作中发挥的巨大作用吧!

首先,我们来了解一下在使用 marcpro. exe 之前,文献数据提取工作的操作步骤。第一步进入数据库查询页面(如图1所示)。

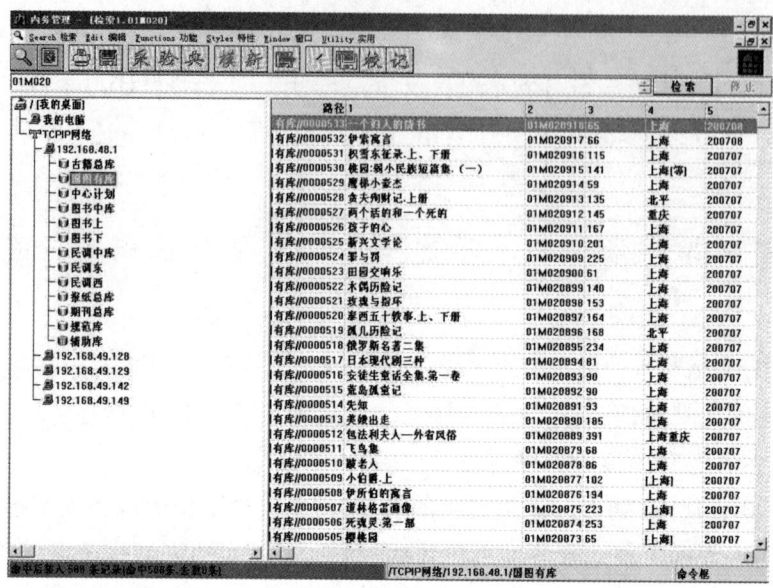

图 1

在检索栏输入我们所需要书目的中心代码,然后在屏幕右下方双击该条数据,进入数据详情页面(如图 2 所示)。

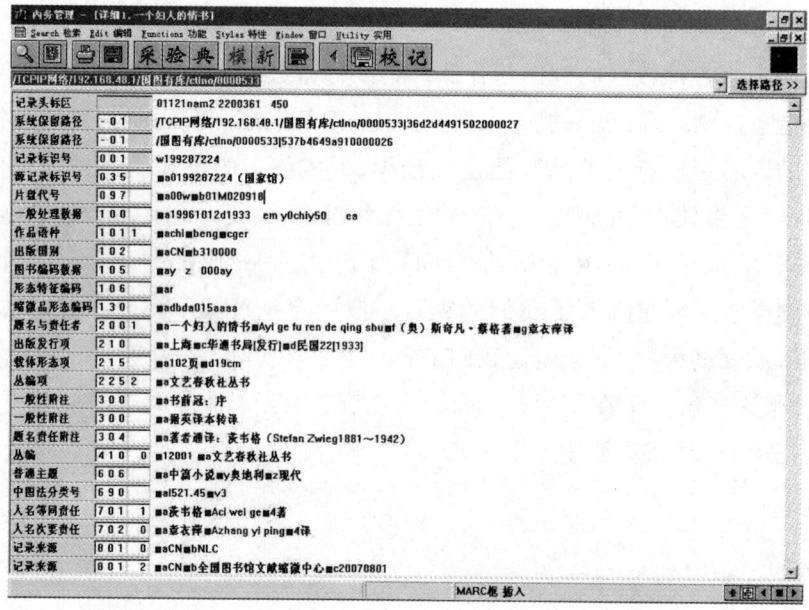

图 2

　　接下来,工作人员会根据实际需要将某几个字段的内容,拷贝到指定的文档中。每提取一条数据,都要重复一遍以上步骤,直至全部提取完毕。由于每批工作差不多都要有上千条数据需要提取,因此工作量之大是可想而知的。

　　下面我们再来对比一下使用了 marcpro. exe 之后的情况。首先,我们先将所有需要提取书目的中心代码录入一个文本文档(如图3所示)。

图3

　　然后利用丹诚数据库中原有的按检索式文件提取数据的方式进行书目数据提取(如图4、图5所示)。提取后的数据以". ISO"的文件形式自动保存在指定目录下。

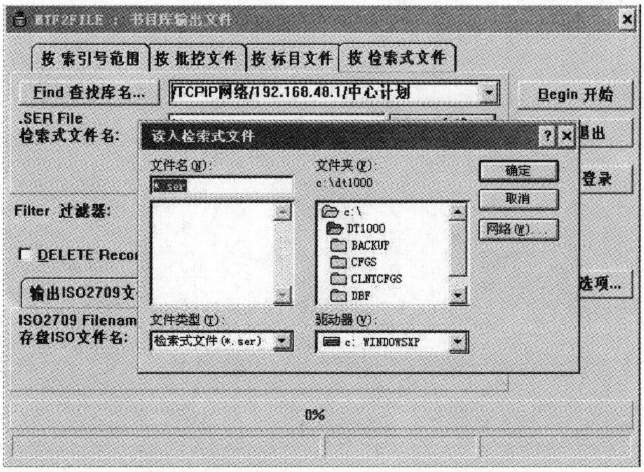

图4

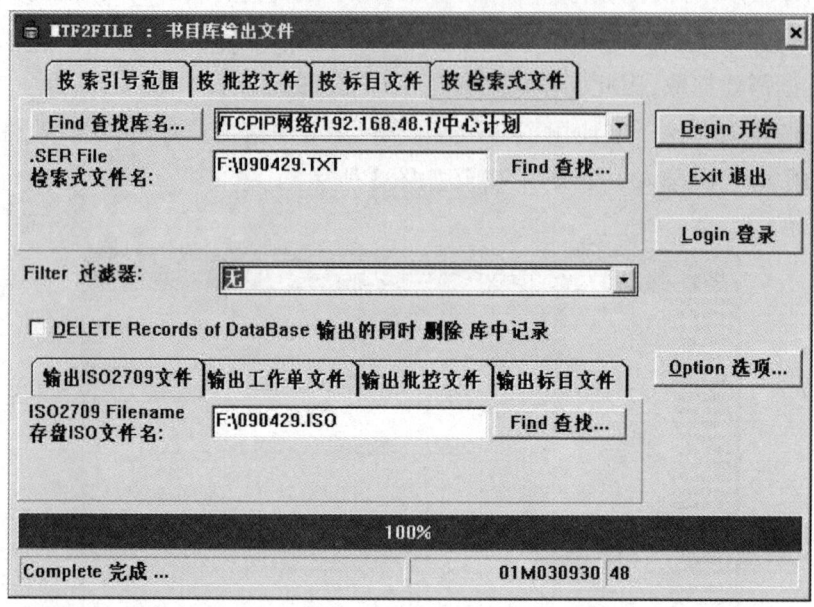

图 5

这时,我们的主角 marcpro. exe 就要粉墨登场了。我们先根据实际需要建立一个
EXCEL 文件,将所需要提取的字段各起一个名字分别占据一列表格(如图 6 所示)。

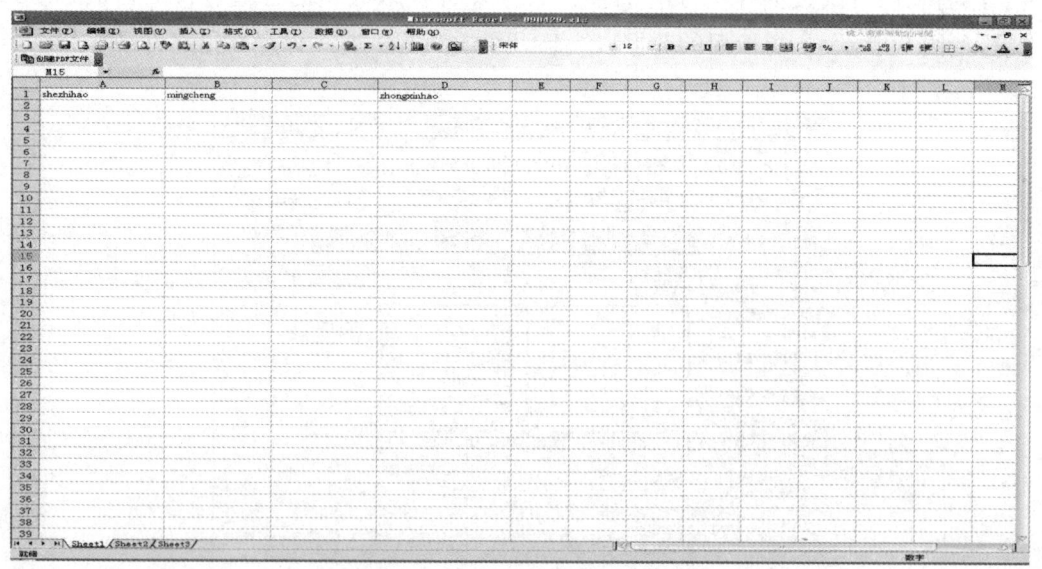

图 6

　　然后我们双击 marcpro. exe 文件,进入操作界面,选择"工程 I2D"下面的子选项——
"实例 I2D"(如图 7 所示)。

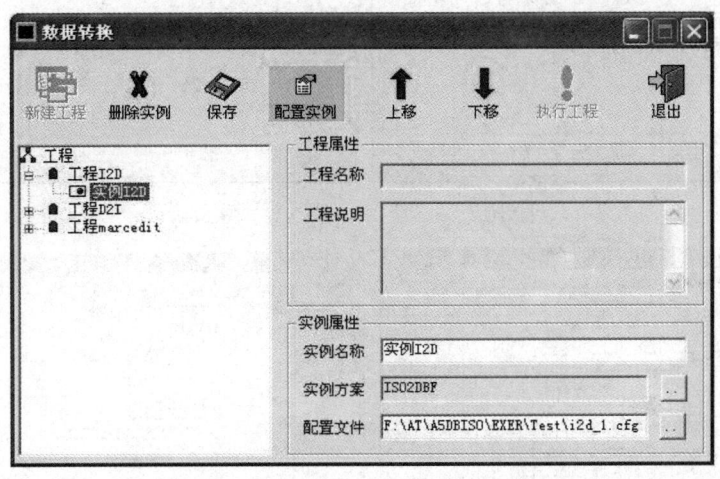

图 7

　　点击"配置实例"选项,选择"开始新的 ISO2DBF 设置",点击"下一步"按钮;在
"ISO2709"下面的文本框内输入刚才所提取数据保存为的. ISO 文件所在的路径,"记录
范围"下面的文本框填入数据条数,如总共提取了 2000 条书目数据,即在文本框内填入
"1 – 2000",然后再次点击"下一步"按钮;在"数据类型"选项中选择"XLS 格式数据",在
"XLS 数据文件"下面的文本框中输入刚才所建立的 EXCEL 文件所在的路径,点击"下一
步"按钮;在"请选择数据表"中选择"Sheet1 $ ",点击"下一步"按钮;在"数据输入设置"
选项里面选择"字符串超过输入字段长度时自动截断",点击"下一步"按钮;点击"完成"
按钮,再点击"确定"按钮(如图 8—图 13 所示)。

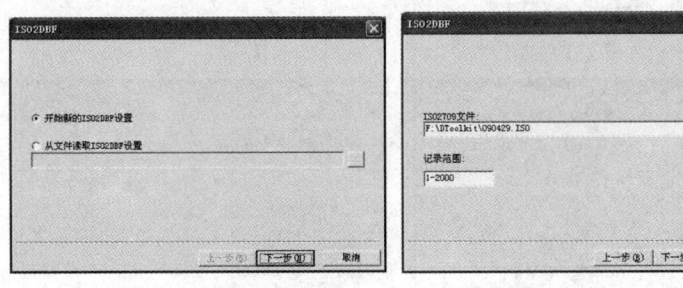

图 8   图 9

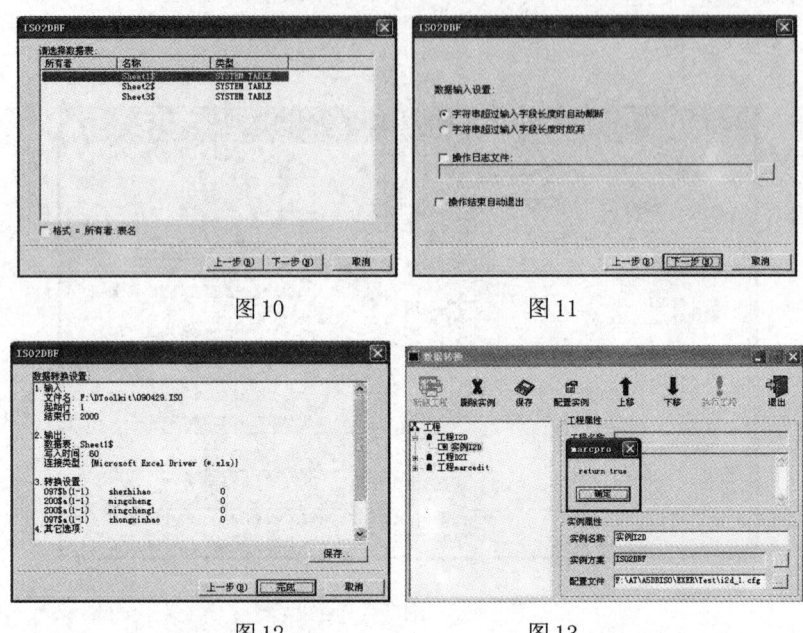

图10　　　　　　　　　　　　图11

图12　　　　　　　　　　　　图13

接下来,我们选择主界面的"工程I2D"选项,点击"执行工程"按钮,这时我们所需要的数据内容就会被自动载入刚才建立的 EXCEL 文件。在经过拷贝、粘贴等步骤,将表格中的内容复制到已经设置好的打印文档中进行打印(如图14—图17所示)。

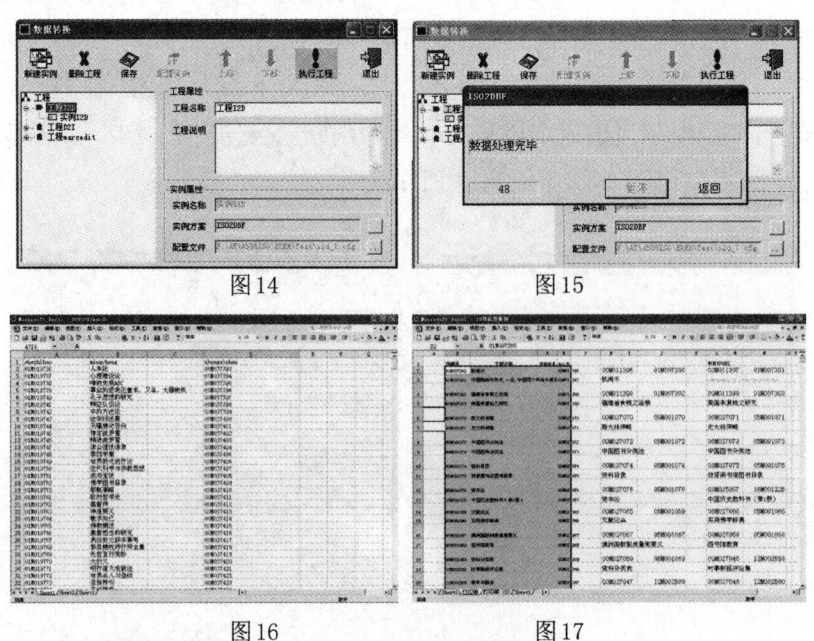

图14　　　　　　　　　　　　图15

图16　　　　　　　　　　　　图17

　　显而易见,上述这种方式充分发挥了软件技术计算速度快、批处理能力强的特点,大大降低了劳动强度和工作时间,有效地提高了工作效率,过去一周的工作量现在只需要几个小时就可以完成。

　　以上只是计算机软件技术在文献管理工作中的应用之一,其实在我们日常的缩微工作中,还有很多细节都可以借助计算机软件来更好更快速地完成工作任务。希望在不久的将来,我们的缩微工作能够更多地与飞速发展的计算机技术相融合,为我们的缩微事业开创更加美好的明天!

（原载《数字与缩微影像》2010 年第 3 期）

彩色缩微技术应用中的问题及解决办法

国家图书馆　张立朝　王富生　张文增　陈　萍　何彦平　程积安

全国图书馆文献缩微复制中心(以下简称缩微中心)所采用的是 ILFOCHROME 彩色缩微胶片,它是基于银漂法处理工艺的直接正性感光材料,是一种高饱和度、超细颗粒、具有极高解像力和锐度的高反差彩色胶片。它的特点是,有影像彩色胶片可以在常温下进行长期保存,是目前世界上保存时间最长的彩色胶片(理论上 500 年)。

缩微中心从 2009 年进行彩色缩微品制作实验,并于 2010 年正式拍摄,这在国内尚属第一家。其主要工作原理为:胶片在制造过程中即已在感蓝、感绿和感红的乳剂层中分别加入了黄、品红和青色染料。胶片首先接受曝光;然后进行黑白显影,形成负性的银影像;在其后的漂白过程中,银影像连同其邻近的染料被除去;再经过定影、水洗,最后产生彩色正像。

缩微中心目前用于此项目的设备均为改造过的黑白缩微设备。从立项到上马,其中的工作涉及拍摄机和冲洗机的改造,药液的配制,试片质量及出现各种问题的解决。由于既没有现成的设备,又没有可借鉴的成功经验,我们边试验边摸索,对现有的设备进行了改造,使其能够适用于彩色拍照和冲洗。在此过程以及之后的试验中,遇到了很多的问题,并逐一排除解决。

1　设备改造试验

1.1　拍照机的改造

彩色缩微所用的拍摄机为 20 世纪购买并改造的 IKM 和新购买的 PS2002 拍摄机。两台拍摄机原本是用于黑白缩微胶片拍摄的设备。IKM 拍摄机的灯泡分别为功率 500W、色温 2800K 的钨丝灯 4 只,PS2002 拍摄机灯泡的功率为 200W、色温为 2800K,而彩色缩微胶片要求的灯光色温为 3200K 左右。为了保证所拍摄彩色缩微品的颜色不出现偏色和提高曝光速度,首先对两台设备的灯光电路进行了改造,使用了 4 只功率 800W、色温 3200K 左右的卤钨灯。鉴于两台设备原有的灯光电路系统配件承受不了这样大的功率,我们改变了原灯光控制电路,单独制作了灯光控制系统。由于4只800W的灯泡温度极高,光照度也极强,因此容易在无形中对所要拍摄的古籍文献造成一定程度的伤害。经过反复试验,我们设计制作了灯光控制电路,在拍摄机快门开启曝光的瞬间,灯光为满负荷的全光状态,电压为220V,而快门关闭后灯光转变为半光状态,电压变为110V,极大地减少了对被拍摄古籍文献的伤害,也在一定程度上大大改善了拍摄人员的工作环境。该控制电路具体实现方法见图1—图3。

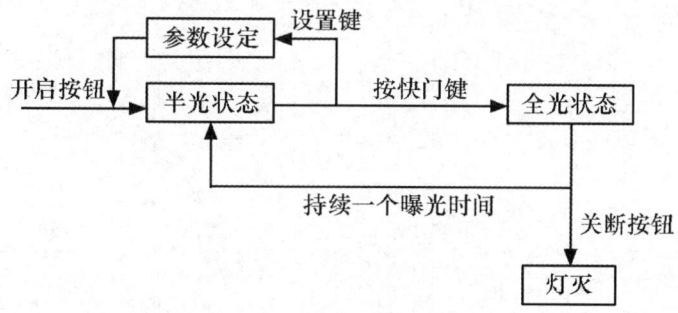

图1　灯光控制电路原理图

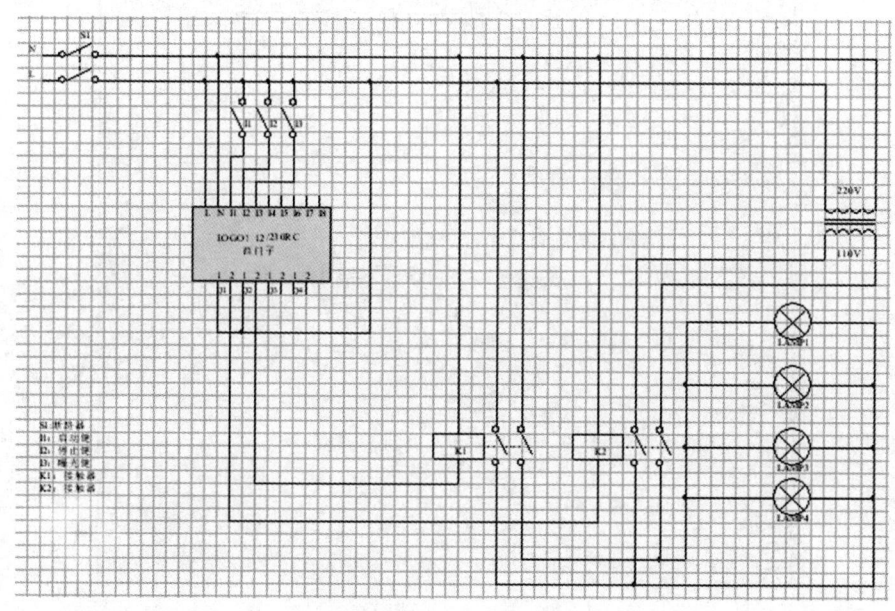

图2　灯光控制电路电路图

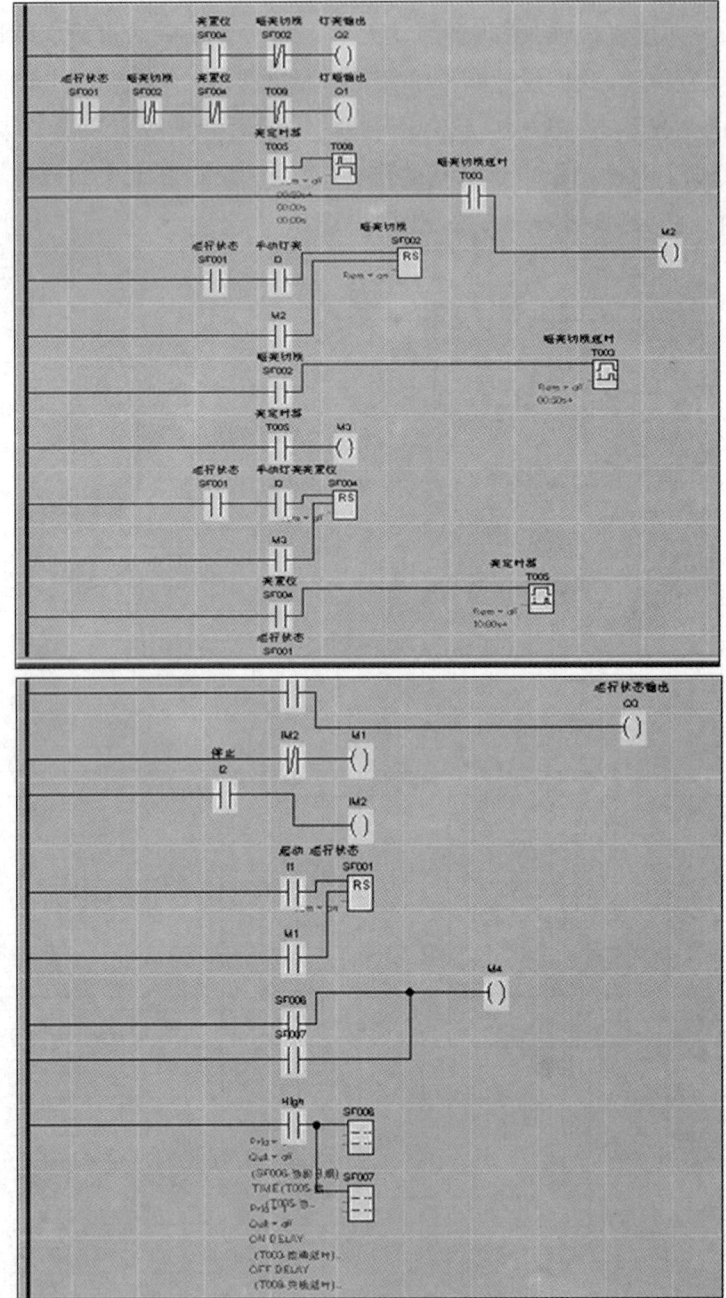

图3 灯光控制电路程序

1.2 冲洗机的改造

彩色冲洗用设备为改造后的 AP5 冲洗机,此冲洗机有 7 个冲洗片槽。最初我们将冲洗机的 7 个药槽的工序依次改造为：显影（1 槽），水洗（半槽），漂白（1 槽），水洗（半槽），定影（1 槽），水洗（2 槽），通过改变冲洗机的传动系统，使得每个冲洗片槽的走片时间为 2 分钟，从而使其能够满足彩色缩微胶片各道冲洗工序对时间的要求，这样全部片槽的冲洗时间就达到了 12 分钟。

这台改造后的冲洗机，冲洗工序比较合理，也符合了彩色缩微胶片的冲洗要求，但缺点是冲洗时间过长。假定每卷片子长 30 米，每冲 1 卷就需要 3 个多小时，如此长的冲洗时间，加大了冲洗人员的工作量。考虑到在彩色感光材料的冲洗中，漂白液是用来氧化感光材料上所有的银，包括组成影像的银、防光晕层的胶体银和黄滤光层的银。经漂白后，一部分银被氧化成卤化银后离开胶片，溶入了漂白液中，其余未溶入的部分经过定影后也全部溶掉，根据彩色药液的配制比例，定影液的浓度已足够在 1 分钟时间内溶掉剩余的卤化银。基于上述原理，我们与伊尔福公司相关技术人员进行胶片成分及应用的探讨，并经反复试验后得出：将定影时间和最后水洗时间减少一半不会对胶片最终效果和质量产生影响。因此，我们通过改变各药槽的功能将冲洗机的速度提高了一倍，即胶片经过每个冲洗药槽的时间为 1 分钟，相应减少了 2 道水洗，各加了一道显影和一道漂白，冲洗工序改为显影（2 槽），水洗（1 槽），漂白（2 槽），定影（1 槽），水洗（1 槽）。这样，在不影响冲洗质量的同时，使得冲洗速度提高了一倍，大大提高了工作效率。为了保证此改造的准确性，我们正在对冲洗后胶片的海波残留量等指标做更进一步的测量实验。

2　试片问题分析及解决

2.1　彩色缩微片调色试验

调色试验主要涉及曝光时间和滤光片的调节。

起初的试验是在 IKM 拍摄机上做的，所用的 4 个灯泡为卤钨灯，色温基本恒定为 3100 左右。初次试验，发现胶片冲洗后普遍偏蓝，调节曝光时间后有所减轻，但偏蓝的现象并没有消失。通过分析，断定为光源色温与胶片的平衡色温不相符，灯光中蓝光太强，所以，根据三原色原理，在 IKM 拍照机镜头上加了用于减弱蓝光的黄色和品红色滤光片，试验选用了黄 0.2 和品红 0.2 的滤光片，拍摄出来的缩微品颜色基本符合原文献的色彩。

曝光时间主要影响胶片的色彩饱和程度，彩色缩微胶片所拍出的图像为正像，所以曝光过度，则最小密度太低，色彩饱和度偏低；反之，最小密度太高，色彩饱和度偏高。IKM 机器所用的曝光时间范围为 0—10 个单位曝光时间，经试验，曝光时间在 8.5 个单位曝光时间（约 6.5 秒）时，图像的真实性最好。

在 IKM 拍摄机经过一段拍摄试验后，改用 PS2002 拍摄机进行拍摄。使用和 IKM 拍摄机同样的改造后的灯光和灯光控制系统,选用了黄 0.15 和品红 0.15 的滤光片,曝光时间为 1.5 秒,此时图像的颜色为最佳。

两台设备所需曝光时间相差很大,原因在于它们所使用的镜头的通光孔径不同,所以通光量相差较大。由于 PS2002 拍摄机缩短了胶片的曝光时间,因此减少了因为曝光时间长而造成的对于拍摄影像的影响,大幅度提高了彩色缩微品的质量,也加快了拍摄速度。

2.2 轧痕及划伤等问题

主要涉及冲洗机。彩色缩微冲洗用机器为经改造后的 AP5 冲洗机,所做的改造主要为调整显影、水洗、漂白及定影的时间。

在冲洗过程中,漂白液的一个作用是将已还原的银氧化为能溶于海波溶液的银盐。经漂白后的物质包括溴化银等,为不溶于水的淡黄色物质,这些物质很容易被走动中的胶片带到没有浸泡在药液中的某些轴辊上,所以冲洗不久即会在这些辊上形成结晶,若清洗不及时,会造成胶片的划伤等。漂白液为强酸,对胶片轴和不锈钢药槽的腐蚀性很大,在冲洗一段时间后,有的片轴被腐蚀变形,造成胶片的损伤和划痕。这种情况出现后,应及时更换片轴。

由于彩色胶片厚度较黑白胶片厚,若牵引片的拉力不够或片尾没有了相反的拉力,易造成胶片轧痕。此轧痕主要是由于胶片和导片槽摩擦造成,所以要注意调整好供片系统的摩擦力。

2.3 胶片正文有杂影出现

主要涉及拍摄机。用于彩色缩微拍摄的 IKM 拍摄机正常曝光时间为 8.5 个单位曝光时间,大约为 6.5 秒,而 PS2002 拍摄机曝光时间虽然较 IKM 拍摄机短得多,为 1.5 秒,但是相对于黑白拍摄机几十分之一秒的曝光时间,就显得非常长了。在这期间,拍摄人员衣着、手饰以及周围环境的任何一点反射光都会在胶片中造成杂影的出现。

为了解决此问题,我们将拍摄间内所有的墙壁涂成了不反光的黑色和深灰色,并把拍摄机的台面零部件、灯的开关等都用黑色不反光的纸包了起来,另外,规定拍摄人员拍摄时需穿深色服装,不能配戴能反射灯光的手表、手饰、项链等,基本上消除了胶片杂影的问题。

彩色缩微胶片的拍摄及冲洗等工作,现在只是步入初始阶段,如何获得最佳的效果,还需不断地摸索和试验。

(原载《数字与缩微影像》2010 年第 3 期)

彩色缩微直接正片冲洗加工浅析

国家图书馆　王富生　杨　勇

国家图书馆古籍库存有大量珍宝级善本古籍,这些古籍上有很多彩色签注、印章等,多少年来一直由于技术原因未能拍摄。2009 年我馆从英国引进了伊尔福克罗姆彩色缩微直接正片。经过一段时间的实验,2010 年 3 月正式投入生产,其质量标准完全达到设计要求。伊尔福克罗姆彩色缩微直接正片是一款专为文献翻拍、阅读生产的专业型胶片。它将染料涂布在乳剂层中,具有极高的解像力和锐度,可用于拍摄如地图、图画、图表,以及一些对解像力要求极高的文献资料。它的色饱和度很高,可真实反应原件原貌,为我国彩色微缩的发展提供了很大的应用空间。根据产品介绍,伊尔福克罗姆彩色缩微直接正片使用的聚酯片基具有很好的弹性、稳定性和抗老化性,其保存年限达到了惊人的五百年之久。伊尔福克罗姆彩色缩微直接正片采用传统的银漂法冲洗工艺,该过程以三浴方式依次进行显影、漂白、定影,可用手工罐加工,也可用机器加工。由于使用同一种药液,这种加工方式极大地方便了使用者。由于其方法简单,一般使用单位均可以进行产品制作与加工。

1　冲洗机的选择

为降低成本,我馆未引进伊尔福克罗姆彩色缩微直接正片配套冲洗机,而是根据其推荐的 P—5 机器冲洗工艺(见表 1),选用了目前我馆正在使用的富士 AP5 黑白胶片冲洗机。

表 1　伊尔福克罗姆彩色缩微直接正片 P—5 冲洗工艺(机冲)

序号	工艺名称	温度(°C)	时间
1	显影	30	2 分
2	水洗	30	30 秒
3	漂白	30	2 分
4	水洗	30	30 秒

续表

序号	工艺名称	温度(℃)	时间
5	定影	30	2分
6	水洗	30	2分

之所以选用这台设备,是因为它的温度、速度可调,而 AP4 温度与速度都是固定不可调的。另外 AP5 冲洗机的药槽是用不锈钢制作的(排列顺序见图 1),加温方式属药槽外围加热式,防止了彩色强碱、强酸药液对冲洗机循环泵和加热器的直接腐蚀,可有效保护设备,使其能够长期使用。AP5 冲洗机显影属双槽式,可使冲洗药液保持持久,延长使用寿命。

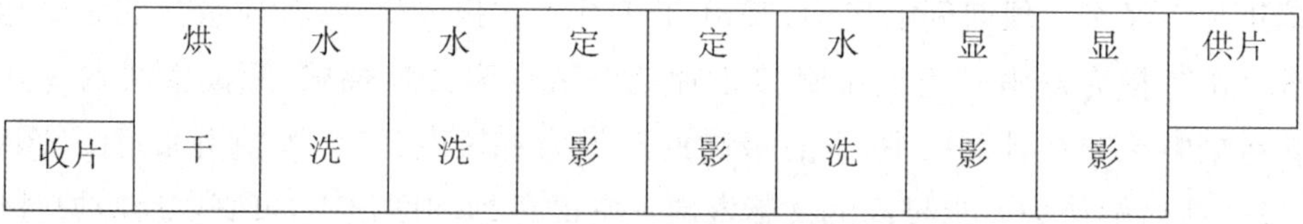

	烘干	水洗	水洗	定影	定影	水洗	显影	显影	供片
收片									

图 1　AP5 药槽排列图

从以上 P—5 冲洗工艺来看,AP5 冲洗机的药槽设置和 P—5 冲洗工艺存在着较大差异。AP5 的中间水洗时间和显影时间是一样的,而 P—5 冲洗工艺要求的显影时间为 2 分钟,中间水洗时间为 30 秒钟,相差 4 倍。如用 AP5 冲洗胶卷按照 P—5 工艺显影时间就变成了 4 分钟(漂定之前都算显影时间),这不仅使冲卷时间大大延长,浪费资源,而且很难保证胶片冲洗质量。

为了适应 AP5 冲洗机的特点,我们根据冲洗胶片原理大胆对 P—5 彩色胶片冲洗工艺进行了调整(见表 2)。其程序为:显影——漂白——定影——水洗——烘干。

调整后我们把显影、漂白、定影之间的水洗去掉,并减掉一个定影(见图 2),这主要为了使胶片在全程冲洗中,保证质量的情况下提高冲洗速度。虽然去掉了中间水洗,药液寿命有所减短,但对于冲片数量和药量而言是完全够用的,也就是说对所冲胶片不会产生影响。定影的作用主要是除掉漂白后的残余剩银。根据胶片定透后再延长一倍时间的要求,试验结果定透时间为 5—10 秒,完全达到了标准。P—5 工艺调整后利用双槽药液冲洗,不仅使胶片冲洗密度更加稳定,更能保持药液的持久力,而且节省了时间,降低了成本,使生产效率大幅提高。

表2　调整后的彩色直接正片冲洗工艺

序号	工艺名称	温度（℃）	时间
1	显影	30	2分
2	漂白	30	2分
3	定影	30	1分
4	水洗	30	2分

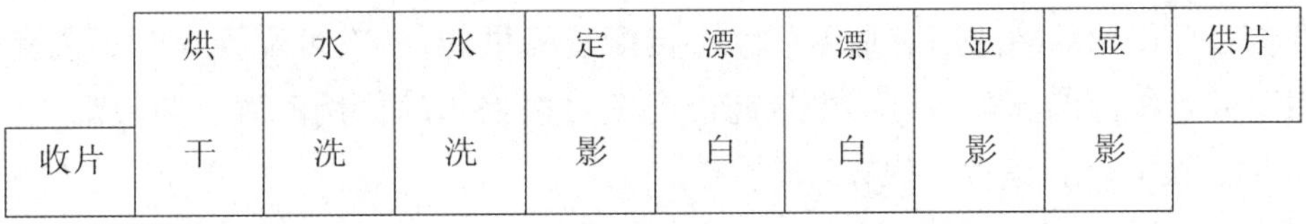

收片	烘干	水洗	水洗	定影	漂白	漂白	显影	显影	供片

图2　调整后 AP5 冲洗机药槽排列图

以所拍明清彩色套印善本为例,改装前后所冲洗的胶片(技术标版及原件)色调、解像力完全一致(见表3)。

表3　AP5 改装前后冲洗效果对比(30.5 米/卷)

冲洗设备	冲洗时间（小时）	冲洗温度（℃）	色调	解像力	色饱和度
改装前 AP5	3	30	正常	合格	正常
改装后 AP5	1.5	30	正常	合格	正常

2　彩色药液的配置

伊尔福克罗姆彩色缩微直接正片使用的药液是由生产厂家直接提供的配套药液5.5,这套药液是浓缩的,一次可配出5升显影、漂白和定影液。

2.1　配置器具

配置药液所用容器应选玻璃或不锈钢制品,由于彩色药液属于强碱、强酸溶液,不能使用一般的金属容器,也不能使用搪瓷容器(如有掉瓷的地方易与药液发生反应)。显影、漂白、定影的配置用具应分开,不能混用,使用后应及时清洗干净。

2.2　配置用水

配置药液最好选择蒸馏水或纯净水,如果没有也可使用自来水加软水剂代替。软水剂的作用是使含矿物质的硬水软化,防止在胶片上产生钙质网纹。常用的软水剂有两种,即乙二胺四乙酸二钠盐和六偏磷酸钠。乙二胺四乙酸二钠盐除有软水作用外,还能与自来水管及龙头上的铁离子、铜离子发生络合反应,可消除他们对彩色显影液的影响,保证显影液的保存性,还可防止显影时产生灰雾。

彩色缩微片冲洗中,我们发现水质对冲洗有一定影响。冲洗中发现冲片后在水洗轴上常会附着一种白色的类似水垢样物质。这很可能是由于药液和水接触后产生沉淀,必须用酸才能清理掉,如不及时清理将会使胶片产生划伤,所以我们建议冲洗彩色胶片时,最好对自来水进行软化处理,如无法解决冲洗用水软化问题,可用28%的冰醋酸按2份冰醋酸加8份水的比例混合,对冲洗好的胶片进行过酸清洁处理。

　2.3　配置药液

我们目前使用的冲洗药液是由厂家直接配套提供的,一次可配置5升彩色套药,使用时只要同水按比例混合即可。少量药液配置可按表4的比例配置。药液配置完成后应在18℃—22℃密封条件下保存。

(1)显影液

准备2500毫升50℃蒸馏水或纯净水(可买市售桶装水),搅动中先慢慢加入1000毫升A液待完全溶解后再加入1000毫升B液,然后加水至5000毫升,并搅动均匀,装入桶中密封保存,静置24小时方可使用。

(2)漂白液

准备4000毫升50℃蒸馏水或纯净水(可买市售桶装水),搅动中先慢慢加入500毫升A液待完全溶解后再加入500毫升B液,然后加水至5000毫升,装入桶中密封保存,静置24小时后使用。如遇原液出现瓶底有未溶解的药液结晶体时,可往瓶里加少许蒸馏水,待其完全溶解后,加入配好的药液。

(3)定影液

准备3000毫升的蒸馏水或纯净水(可买市售桶装水),慢慢加入2000毫升原液并搅动均匀,装入桶中密封保存,静置24小时后使用。

表4　药液配置比例(单位:升)

| 配成药液 | 显影 DE5.5 | | | 漂白 BL5.5 | | | 定影 FX5.5 | |
	初始水量	A 药	B 药	初始水量	A 药	B 药	水	浓缩液
1	0.5	0.2	0.2	0.8	0.1	0.1	0.6	0.4
2	1.0	0.4	0.4	1.6	0.2	0.2	1.2	0.8
3	1.5	0.6	0.6	2.4	0.3	0.3	1.8	1.2
4	2.0	0.8	0.8	3.2	0.4	0.4	2.4	1.6
5	2.5	1.0	1.0	4.0	0.5	0.5	3.0	2.0

3　胶片密度控制

曝光后的胶片要在以实际使用相似的精确控制的条件下加工,要达到这一目的在化学方面要对加工药液成分的浓度进行仔细控制;在物理方面,药液温度、胶片浸液时间和药液搅动方式也要进行小心控制。目前控制冲洗质量常用的办法是利用感光仪制作光楔梯阶片。经冲洗后用密度计测量出光楔片的各梯阶密度,在坐标纸上画出曲线,确定冲洗条件。一般单位如没有感光仪也可用拍照机代替。通过变换曝光档位来改变胶片的曝光量,如只需对胶片冲洗密度进行控制,则可只用拍照机对胶片进行同一时间曝光。每次冲片前先冲一条光楔片,如每次冲洗的光楔片密度基本一致,即证明冲洗条件是稳定的;如果冲洗的光楔片和制定的密度不一样,则可通过调整冲洗机的参数来寻找冲洗胶片所需的工作条件。

一般情况下,调整冲洗机的参数控制密度有两种,一种是时间调整法,另一种是温度调整法,也就是上面所提到的物理控制法。

（1）冲洗时间调整法

冲洗时间调整法也称速度调整法,顾名思义是利用冲洗设备的速度可调性对冲洗参数作修订。在操作中可有效地调整冲洗参数,是目前最常用的冲洗方法之一。但它的调整范围不能太大,原因是我们目前使用的是小型高温快速冲洗机,如果速度调整太快将影响水洗质量。

（2）温度调整法

温度调整法就是通过改变显影温度系数来改变胶片冲洗参数。如我们所拍胶片曝光出现问题,可通过升高或降低显影温度来达到目的,这种方法是目前被大家公认的一种最好方法,它在冲洗调整中不会对胶片其他指标产生影响。

4　彩色胶片冲洗及冲洗中遇到的问题及解决方法

彩色胶片冲洗是一项很细致的工作,它要求设备、药液必须保持最佳状态,药液温度、冲洗时间必须准确无误。另外设备的清洁非常重要,每次片轴使用后必须要认真清理,这样才能保证下次冲洗胶片不出现问题。

在实际冲洗工作中,由于各种原因,出现一些问题也是不可避免的,下面我们就简单说明一下易出现的问题及处理方法。

4.1　胶片密度过高或过低

胶片密度过高或过低是显影不稳造成的,产生原因有:冲洗机转速不稳、温度控制器损坏、药液补充量不合适。解决方法:检查调速机构,调准显影温度,严格控制显影液补充量。

4.2 划伤

产生胶片划伤的原因很多,一般原因是由于输片轴卡死不转产生的划伤或输片轴导片板有沉积物引起。排除方法:认真清洁洗片架,不能存留任何沉积物。

4.3 污染

冲洗后胶片出现有色斑点、黑色斑块、片基发灰等现象,产生胶片污染的原因及处理方法有:

(1)黄色或棕色斑渍

可能产生原因是显影液氧化过度出现杂质或沉淀,漂白液产生沉淀。排除方法:更换药液。

(2)黑色斑块

可能产生原因是冲洗量过大,药液中形成的银凝聚的团块附在胶片上。排除方法:更换药液,清洗药槽。

(3)片基发灰

可观察到胶片颗粒粗糙,颜色发灰,不同于胶片灰雾。此现象多产于水质不好地区,因水中较细的沙粒附着在胶片上造成。排除方法:改善水质,加装水过滤器。

(4)水渍

水渍是指冲洗后的胶片上产生的边缘带有凸起的圆形斑迹,其产生原因是由于水洗轴压水滚变形所致。排除方法:更换压水滚。

5 废液处理方法

冲洗完毕将废弃的显影药慢慢注入漂白液中,待药液 ph 值成中性后,排入下水道。

参考文献

[1] 李健. 彩色文献的长期保存方式——彩色缩微. 数字与缩微影像,2006(2)

[2] 穆梓. 用彩色缩微胶片解决彩色数据的长期存档问题. 数字与缩微影像,2011(1)

(原载《数字与缩微影像》2011 年第 2 期)

数字缩微：理念创新与发展路向

国家图书馆　曹　宁　张　阳

文献缩微技术作为文献再生性保护的重要手段，是经过百年实践检验，稳定性好、安全性强且行之有效的文献抢救方法之一，在文献长期保存领域发挥着不可替代的作用。进入 21 世纪，随着数字技术和网络技术的飞速发展，数字信息大量应用于图书馆和档案馆。在文献开发利用与保存保护方面，数字技术都得到了前所未有的应用，并对传统缩微技术形成巨大冲击和深刻影响。正是在这一时代背景下，一些从事文献影像技术研究和实际工作的专家，基于对缩微技术与数字技术相结合的技术发展方式的思考，先后提出了"数字缩微"的理念。

据笔者了解，北京电影机械研究所李铭教授是国内较早使用"数字缩微"这一术语的专家之一。李教授在《影像技术》1999 年第 4 期杂志上曾发表《典型数字缩微系统简介》一文（以下称李文）。李文指出："近些年来，计算机与数字影像技术得到了飞速发展。这一方面对传统的模拟影像的缩微技术产生了相当大的冲击；而另一方面，通过与模拟影像技术的巧妙结合，也形成了各种各样先进的设备，反过来又促进了缩微技术的发展，使传统的缩微技术实现了现代化。"在李文中，系统介绍了英特 9002 型激光缩微扫描绘图系统的功能与结构。这是一种集缩微胶片扫描与激光绘图功能于一身的设备，它既是计算机图形系统的输入设备（扫描器），同时又是输出设备（绘图机）。从输入角度讲，它能够实现缩微文献的数字化；而从输出角度讲，它又能够实现数字影像的缩微品输出。可见，李文所说的"数字缩微"实际上指的就是数模互转技术，既包含了数字文献缩微化保存技术，即 COM 技术，也包含了缩微文献数字化技术，即 CIM 技术。

同期，国内其他一些专家也先后使用了"数字缩微"这一术语，但在对术语的理解和把握上存在一些差异。比如在《影像技术》2002 年第 1 期上刊载了晏磊等人的文章《数字缩微技术》（以下称晏文），晏文认为："数字缩微属于数字成像中静态获取（输入）技术范畴"，"数字缩微技术是采用专门的设备对文献资料进行数字化的缩微处理，直接存储到数字化存储介质中"。按照晏文观点，数字缩微系统的构成包括：文献资料—数据准备—扫描—图像处理—图像存储—光盘或计算机硬盘使用等环节，在晏文中，对"数字缩微"的理解基本上等同于"文献影像数字化"。再如在《数字与缩微影像》2008 年第 2 期刊载了周延的文章《试论现代缩微技术的两个组成部分》（以下称周文），周文认为："数字缩微"指的是"应用磁盘、光盘来存储文献影像"、"记录信号采用了数字信号"，"模拟缩微和数字缩微是现代缩微技术的两个重要组成部分"。可见，周文对"数字缩微"的理解与晏文大同小异。笔者认为，文献影像技术界的各位专家对"数字缩微"的理念在理解上存在差异，主要是由于对"缩微"一词的理解不同，晏文和周文似乎都倾向于认为"缩微"即文献的压缩处理；而李文则认为"缩微"是指"用缩微胶卷拍摄"，这与文献缩微界约定俗成的看法比较一致。此外，也有专家认为"数字缩微"指的是在对纸质文献进行缩微拍摄的过程中，增加数字化加工手段。先利用扫描设备将纸质文献数字化，再利用数字存档机将数字文献转换成缩微胶片的技术路线。在这种意义上，"数字缩微"的理念实际上是"文献影像数字化"和"数字文献缩微化保存"两项工作的叠加。

当前，一个不可否认的事实是，缩微技术与数字技术相融合的趋势已经越来越明显，"数字缩微"的术语正在被越来越多的人所提及。在这一背景下，我们有必要对"数字缩微"的理念进行比较清晰的描述，对这一理念的内涵和外延作比较严格的界定，这无疑有利于"数字缩微"理念在文献影像技术界的逐步确立和普及。笔者认为，"数字缩微"是指将数字技术与缩微技术相融合而产生的数字缩微技术以及应用这一技术所开展的文献影像处理工作。从前者角度讲，数字缩微技术也可以被简称为"数字缩微"。"数字缩微"的内涵，在技术层面上必须既包括数字技术又包括缩微技术，两者缺一不可；在工作对象的层面上数字资源与缩微文献则必有其一。从宏观信息论的角度分析，在信息传播中数字技术与缩微技术所依托的信息资源将互为信源与信宿，而在信道中两种技术又互为手段，相互支撑。

在确定"数字缩微"理念内涵的基础上，可以进一步探讨"数字缩微"理念外延的问题。笔者认为在未来几年，"数字缩微"将迎来广阔的发展前景，在信息处理领域，凡是采用了数字缩微技术，开展文献影像制作、存储和利用的各个环节的工作都可以被纳入"数字缩微"的范畴当中，这些工作包括而不限于数字文献缩微化保存工作、缩微文献数字化工作、光学拍摄与数字扫描同步的数模一体化加工工作、应用了自动控制技术的智能化缩微拍摄工作、便携式数码缩微阅读器的开发工作以及缩微文献 RFID（无线射频识别技术）库藏管理工作等。以下，笔者将结合全国图书馆文献缩微复制中心（简称缩微中心）未来几年的工作规划，谈谈对"数字缩微"理念创新以及未来发展路向的理解。

1　缩微品数字化工作

2003 年，缩微中心开始引进胶片扫描设备，进行缩微胶片数字化转换项目的筹备和试验工作。自 2005 年起,缩微中心正式开始承担国家图书馆民国图书缩微胶片数字化专项任务。具体的加工流程是先将民国图书原件拍摄为缩微胶片,然后对母片进行拷底,再以拷底片作为加工对象通过胶片扫描仪进行数字化转换、图像处理,对处理完的单画幅电子影像按标准进行看图著录、格式转换、导出机读数据和刻录光盘。这样的流程使得民国图书原件只被使用一次,就得到了缩微和数字化两套产品,大大降低了加工过程中民国图书原件受损的风险。随着此项工作开展的不断深入,截至 2010 年年底缩微中心已配备有专业胶片扫描设备 6 台,专业技术人员近 20 名,累计转换民国图书19 173种、20 346册、435 万拍,其中部分文献资源已在国家图书馆网站发布,供读者免费浏览。在未来几年里,缩微中心将配合国家数字图书馆推广工程,不断加大缩微品数字化转换的加工力度,将缩微品数字化的转换能力提高到每年 300 万拍以上的水平。

2   数字存档工作

近年来,国内多家文献机构先后开展了数字存档的研究与实践工作,在有效整合数字扫描技术与数字存档技术的基础上,使文献保存工作形成了一条新的技术路线。缩微中心针对这一发展趋势,对国内已购置数字存档机的 4 家应用单位和一家科研单位进行了调研,意在系统了解该技术路线的具体工作流程,并检验其所生成胶片的技术指标是否符合文献长期保存的要求,从而甄选出一条适合数字缩微工作的技术路线,确定文献缩微事业未来的发展方向。从目前的调研结果看,这一技术路线还存在很多需要改进和完善之处。首先,各应用单位认为数字存档技术完全代替光学拍摄的传统缩微方式,仍存在法律效力、胶片质量、信息安全等不确定性因素;其次,采用数字存档技术路线生产的缩微胶片目前在技术指标上尚无法达到缩微胶片长期保存的要求。但是,通过调研一致认为数字存档技术有可能在未来数年后成为缩微工作的重要技术手段。目前,数字存档技术虽无法生产适合长期保存的缩微胶片,但主要原因在于前端的数字扫描设备达不到技术要求,遗失了过多的文献细节。随着数字技术的发展,当数字扫描设备能够满足要求时,数字存档技术将有可能凭借其节约人力成本、方便利用等优势与传统的缩微拍摄技术一起成为缩微工作发展的有力保障。

为了尽早将异质转换技术应用于图书馆文献保护领域,我们认为尽早引进数字资源转换缩微文献设备,开展科研与实验性研究,利用数字资源转换缩微文献技术,对数字影像实现长期保存,已成为下一步缩微工作的重点。目前缩微中心将这项具有全局影响的工作列入 2011 年的科研工作计划,并分批申请购买了 OP500 数字存档机、FP505 胶片冲洗机和 OS 14 000高端扫描设备。中心正在组织相关技术人员开展数转模科研与实验,制定相关工作流程规范和技术标准,达到数字信息长期保存和技术领先的目的。

3　智能化缩微生产设备的技术改造

随着时代的发展,在新型缩微拍摄、冲洗、拷贝设备中各种微处理器、智能仪表和智能部件的应用越来越普遍,这些自控装置之间的信号传递也不再依赖于 4 – 20mA 的模拟信号,而逐渐地以数字信号来取代模拟信号。因此从广义而言,这也是数字技术在缩微设备领域的应用。缩微中心对智能化缩微生产设备的技术改造目前主要体现在彩色缩微拍摄领域。缩微中心是国内第一家也是目前唯一一家开展彩色缩微工作的单位,其目的是抢救国内古籍文献中一批相当数量的带有大量彩色信息的珍贵文献。缩微中心所采用的彩色缩微胶片为 ILFOCHROME 彩色缩微反转片,它是基于银漂法处理工艺的感光材料,是一种高饱和度、超细颗粒、具有极高解像力和锐度的高反差彩色反转片。其特点是,有影像彩色胶片可以在常温下进行长期保存,是目前世界上保存最长的彩色胶片(理论上 500 年)。我们在调研的基础上从 2009 年进行彩色缩微品的试验工作,并于2010 年正式开始量产拍摄,这在国内尚属首次。缩微中心在开展此项工作过程中涉及拍摄机和冲洗机的改造,药液的配制等多个环节,其主要工作如下:

(1)拍照机的改造。为了保证所拍摄彩色缩微品的颜色不出现偏色,中心对所使用的 PS2002 拍摄机的灯光系统进行了改造,将原有灯泡更换为功率 800W、色温 3200K 左右的卤素灯,还单独制作了灯光控制电路,使得拍摄机在快门开启曝光的瞬间,灯光为满负荷的全光状态,而快门关闭后灯光转变为半光状态,以减少对被拍摄古籍文献的伤害,也在很大程度上改善了拍摄人员的工作环境。与此同时,为了使胶片达到最佳的颜色效果,中心的研究人员对曝光时间和滤光片也进行了实验性调整。经试验我们最终选用了黄 0.15 和品红 0.15 的滤光片,并将曝光时间调整为 1.5 秒。

(2)冲洗机的改造。彩色冲洗用设备为改造后的 AP5 冲洗机,我们首先将 7 个药槽的工序调整为:显影(1 槽),水洗(半槽),漂白(1 槽),水洗(半槽),定影(1 槽),水洗(2 槽),然后通过改变冲洗机的传动系统,使得每个冲洗片槽的走片时间为两分钟,从而使其能够满足彩色缩微胶片各道冲洗工序对时间的要求,片子走过全部片槽的时间达到了规定的 12 分钟。这台改造后的冲洗机,冲洗工序比较合理,符合了彩色缩微胶片的冲洗要求,但是冲洗时间过长,在一定程度上加大了冲洗人员的工作量。后经研究人员与伊尔福公司相关技术人员进行了胶片成分及应用的探讨,反复试验后得出:将定影时间和最后水洗时间减少一半不会对胶片最终效果和质量产生影响。因此,我们将冲洗工序改为显影(2 槽),水洗(1 槽),漂白(2 槽),定影(1 槽),水洗(1 槽),每个冲洗片槽的走片时间改为1分钟。这样,在不影响冲洗质量的同时,使得冲洗速度提高了一倍,大大提高了工作效率。目前,中心的彩色缩微拍摄工作正在有条不紊的进行当中。

4 便携式数码缩微阅读器的研发

过去几年里,缩微中心对国内缩微文献的开发利用进行了系统的调研。在调研中,我们发现,由于目前缩微文献的阅读设备大多为大型专业化设备,无法实现缩微文献的大众化阅读,这直接影响了缩微文献的利用率和文献缩微工作在社会上的影响力。因此,中心提出拟研发一款可以与数字影像阅读设备相连的便携式缩微阅读器,以简化大众阅读缩微品的客观环境要求,方便读者使用,提高缩微文献的利用率。按照初步设想,每台阅读设备的成本应该控制在较低的范围内,使得普通消费者有能力在家中浏览缩微文献胶片。目前,中心研究人员通过大量走访和调研,初步确定了便携式缩微阅读器的雏形,并指出该设备应具备如下特征及功能:

(1)该设备体积及外形应与当前市场上常用的微型手电筒相似,且相关配件应可折叠以方便携带;

(2)该设备可通过 USB 数据线与计算机相连;

(3)计算机显示器上的图像应与阅读器扫描范围实时同步;

(4)计算机显示器上的图像应可将原件放大15倍以上。

由缩微中心组织的该设备的研发工作正在紧张有序的进行当中。

5 缩微胶片的数字化管理

目前,关于缩微胶片的数字化管理主要体现在 RFID 技术在缩微胶片库房管理中的应用。近年来,随着缩微工作开展,缩微胶片库房的管理问题日益突显,主要体现在:

(1)胶片入库准备工作流程繁琐,整理时间冗长。在传统方式下,胶片入库前先需进行分类、排序、打签、贴签、装盒等工作,流程比较繁琐。

(2)胶片存放次序较易被打乱。虽然胶片一般都会按编号存放,但是在胶片存取过程中,由于人工操作的随意性和一些不可避免的错误,胶片存放的次序难免被打乱,造成胶片存放无序,查找困难。

(3)胶片核查、查阅耗时长。随着胶片规模与种类越来越庞大,要查找、核查清理某一胶片时,需要先由管理员找到存放该类型胶片文献的胶片文献架,再根据胶片的编目信息在胶片文献架的每一格进行查找、核查。一旦胶片存取时没有按规定存放在指定的位置,查找起来就好比海底捞针,需要将所有的胶片筛选一遍。

(4)胶片信息化程度低,利用信息统计困难。目前胶片管理几乎都采用原始的手工录入、登记方式,无法实现胶片管理的信息化。胶片利用率是胶片价值体现的重要标志之一,目前手工记录的工作方式很难对胶片利用情况进行及时准确的了解。

鉴于这种现状,胶片管理的技术升级与改造迫在眉睫。作为新一代物料跟踪与信息识别的 RFID 技术的快速发展使得胶片库房管理自动化、智能化成为了可能。将 RFID 技术应用于胶片库房管理,有着非接触方式数据采集、标签信息容量大、使用寿命长、抗污染性能和耐久性强、体积小型化、形状多样化以及可实现无屏障阅读等诸多优点。目前,中心计划实现的"RFID 胶片信息化管理系统"是采用先进的无线电自动识别技术和计算机软件技术,以(薄片状的)RFID 作为信息存储媒介粘贴在胶片轴上,在 RFID 芯片中存储该胶片的基本信息和领用归还记录。利用非接触式的手持式、台式或者通道式的 RFID 读写设备,和后台数据库管理系统相配合,可以实现胶片的调阅、归还、查找、盘点等工作过程的信息化管理。同时,系统在胶片库房出入口处安装 RFID 设备,通过远距离与 RFID 的认证,可以实现自动防盗功能。通过基于 RFID 技术的胶片库房管理系统,对贴有电子标签的胶片进行实时监控,达到发生胶片非法移动系统即时报警、胶片出现异常状态系统即时提示预警等目的。同时,系统记录所有贴有电子标签的档案位移情况,并可确保若胶片丢失,可回溯查询到相关责任人员的活动状况。

RFID 胶片信息化管理系统将由一个数据管理中心和各胶片文献管理子系统或各种终端设备组成。本系统在胶片保存地建立大型数据库,存储电子档案记录,各胶片管理子系统或各种终端设备与数据中心之间通过网络实时连接。可以完成胶片信息 RFID 标签的统一制作,胶片入库、出库、转移、还入等管理胶片入库登记,胶片目录编制,胶片密集设定,存储位置设定,审批权限设置等功能。此软件安装在胶片接收整理处,工作人员能够对库房内所有胶片的基础信息进行维护和参数设置。按照胶片管理流程,与智能胶片柜和其他终端设备协作,对到期移交进库的胶片,能进行快速查找、分类,重新编号、入库;包括胶片查询、胶片定位、胶片到期未归还进行催还等功能,并可对数据进行统计,形成报表。可对库房内的胶片进行全面盘点、单品盘点、定时盘点或指定系统自动盘点等多种盘点任务。手持式阅读器与馆内局域网通过无线加密连接,实现移动胶片查询、胶片扫描或者证件登记等。通过网络化的查询分析软件,能够对胶片所有业务数据进行实时查询和统计分析。包括:胶片跟踪、胶片利用率分析、借阅明细查询等,为管理者提供管理的依据,并实现对基层工作情况的在线监控。系统备用电源两台采用并联方式与系统连接,确保在外部供电中断的情况下,能够在一段时间内保证系统有充足的电力完成数据备份和其他系统保存工作。

总之，我们有理由相信，在未来几年里，以数字技术为主导的各种现代信息技术将会越来越多地融入传统缩微工作流程当中，从而深刻地改变缩微胶片的制作、存储和利用过程，文献缩微工作必将随着"数字缩微"理念的确立和普及重新焕发出青春和活力，并迎来广阔的发展前景。

参考文献

[1] 李铭.典型数字缩微系统简介.影像技术,1999(4)

[2] 孙新华.缩微胶片的数字化管理.中国档案,2001(5)

[3] 晏磊,钟斌,王建民.数字缩微技术:数字成像技术进展(三).影像技术,2002(1)

[4] 周延.试论现代缩微技术的两个组成部分.数字与缩微影像,2008(2)

[5] 张美芳.走出困境——缩微信息与数字信息的相互转换.数字与缩微影像,2009(3)

[6] 刘江霞.CIM与COM的应用与发展研究.数字与缩微影像,2009(4)

[7] 孙沁.论缩微技术仍具有强大生命力.兰台世界,2009(8,上半月)

[8] 马慧荣,李淑琴.谈数字与缩微技术的合理并存.数字与缩微影像,2010(3)

[9] 聂云霞.论缩微技术在电子文件时代的发展.数字与缩微影像,2010(3)

（原载《数字与缩微影像》2011年第4期）

中文缩微文献机读目录编目模式的比较

国家图书馆　　朱庆华　　王美英

文献缩微技术是一种成熟的现代化信息处理技术。经过上百年的实践证明,这种技术稳定性好、安全性强,是行之有效的文献再生性保护手段。

1　缩微文献机读目录格式特点

由于缩微文献是原纸质文献的复制品,其书目数据格式较之纸质文献更为复杂,每一种缩微文献的书目数据都包含了两部分内容:

(1)原文献内容信息著录:包括对原文献的题名与责任、版本、文献特殊细节、出版发行、载体形态、丛编、附注、标准编号与获得方式等内容的说明。这一部分著录内容可称为对缩微文献"内容"的著录。

(2)复制品即缩微品信息著录:主要为缩微品的题名与责任(及原文献题名与责任)、极性与代次、出版发行、形态特征、标准编号与获得方式等内容的说明。这一部分著录内容可称为对缩微文献"载体形态"的著录。

在一条缩微文献书目记录中,两部分内容的揭示必然是有主次之分的。被重点揭示的内容称为主要信息,另一部分则称为次要信息。

关于缩微文献编目模式的探讨,主要是就缩微文献"内容"著录与"载体形态"著录之间,即主要信息与次要信息的关系展开的讨论。

2　中文缩微文献机读目录四种编目模式概述

现以民国图书《亭林学术述评》为例,逐一介绍这四种编目模式。

例:

民国图书《亭林学术述评》,何贻焜编著,重庆正中书局 1944 年出版。其纸本民国图书书目记录如下:

头标区－－－－－nam2 22－－－－－450

001　（略）

005　（略）

091　$d 五元五角（国币）

100　$a 20080729d1944－－－－km－y0chiy50－－－－ea

1010　$a chi

102　$a CN　$b 510000

105　$a y－－－z－－－000yy

106　$a r

2001　$a 亭林学术述评　$b 专著　$f 何贻焜编著

210　$a 重庆　$c 正中书局　$d 1944

215　$a［12］,305 页　$d 21cm

2252　$a 国学丛书

410 0　$1 2001　$a 国学丛书

600 0　$a 顾炎武　$f（1613－1682）　$x 评传

690　$a B249.15　$v 4

701 0　$a 何贻焜　$4 编著

（1）第一种编目模式：书目记录的主要信息为缩微文献的载体形态信息，而次要信息缩微文献内容信息用 324 字段形成附注加以说明。

例：

头标区－－－－－nam0 22－－－－－450

001　（略）

005　（略）

100　$a 20090115e20081944em y0chiy50 ea

1010　$a chi

102　$a CN　$b 110000

106　$a z

130　$a dbdb017aaba

2001　$a 亭林学术述评　$b 缩微品　$f 何贻焜编著

205　$a 2 代

210　$a 北京　$c 全国图书馆文献缩微中心　$d 2008　$e 北京　$g 国家图书馆
　　　　$h 2008

215　　$a 1 盘卷片(4 米 171 拍)　$c 负像，1:17，2B　$d 16mm

324 #　$a 复制自:亭林学术述评［专著］／何贻焜编著. －－重庆：正中书局，1944
　　　　－－［12］,305 页；21cm. －－（国学丛书）

600 0　$a 炎武　$x 评传

690　　$a B249.15　$v 4

701 0　$a 何贻焜　$4 编著

（2）第二种模式:书目记录的主要信息为缩微文献内容信息，而次要信息缩微文献载体形态信息用 325 字段形成附注加以说明。

例:

头标区 － － － － － nam2 22 － － － － － 450

001　（略）

005　（略）

091　　$d 五元五角(国币)

100　　$a 20080729d1944 － － － －km－y0chiy50 － － － －ea

1010　$a chi

102　　$a CN　$b 510000

105　　$a y － － －z － － －000yy

106　　$a r

2001　$a 亭林学术述评　$b 专著　$f 何贻焜编著

210　　$a 重庆　$c 正中书局　$d 1944

215　　$a ［12］,305 页　$d 21cm

2252　$a 国学丛书

325　$a 复制为:亭林学术述评［缩微品］／何贻焜编著. －－2 代. －－北京：全国图书馆文献缩微中心，2008（北京：国家图书馆，2008）－－1 盘卷片(4 米 171 拍)：负像，1:17，2B；16mm

410 0　$1 2001　$a 国学丛书

600 0　$a 顾炎武　$f (1613－1682)　$x 评传

690　　$a B249.15　$v 4

701 0　$a 何贻焜　$4 著

（3）第三种模式:书目记录的主要信息为缩微文献载体形态信息，起用嵌入字段 455字段著录缩微文献的次要信息内容信息。

例:

头标区头标区－－－－－nam0 22－－－－－450

001　（略）

005　（略）

100　$a 20090115e20081944em y0chiy50 ea

1010　$a chi

102　$a CN　$b 110000

106　$a z

130　$a dbdb017aaba

2001　$a 亭林学术述评　$b 缩微品　$f 何贻焜编著

205　$a 2 代

210　$a 北京　$c 全国图书馆文献缩微中心　$d 2008　$e 北京　$g 国家图书馆 $h 2008

215　$a 1 盘卷片（4 米 171 拍）　$c 负像，1:17，2B　$d 16mm

455 1　$1 2001　$a 亭林学术述评　$b 专著　$1 210　$a［重庆］$c 正中书局［发行者］ $d 民国 33［1944］$1 215　$a 305 页　$d 21cm

5171　$a 亭林学说评述

600 0　$a 顾炎武　$f（1613－1682）　$x 评传

690　$a B249.15　$v 4

701 0　$a 何贻焜　$4 编著

（4）第四种模式：书目记录的主要信息为缩微文献内容信息，起用嵌入字段 456 字段用以著录缩微文献次要信息载体形态信息。

例：

头标区－－－－－nam2 22－－－－－450

001　（略）

005　（略）

091　$d 五元五角（国币）

100　$a 20080729d1944－－－－km－y0chiy50－－－－ea

1010　$a chi

102　$a CN　$b 510000

105　$a y－－－z－－－000yy

106　$a r

2001　$a 亭林学术述评　$b 专著　$f 何贻焜著

210　　$a 重庆　$c 正中书局　$d 1944

215　　$a［12］,305 页　$d 21cm

2252　$a 国学丛书

456 1　$1 2001　$a 亭林学术述评　$b 缩微品　$f 何贻焜编著 205　$a 2 代 210　$a 北京
　　　　$c 全国图书馆文献缩微中心　$d 2008　$e 北京　$g 国家图书馆　$h 2008215
　　　　$a 1 盘卷片（4 米 171 拍）　$c 负像, 1:17, 2B　$d 16mm

410 0　$1 2001　$a 国学丛书

600 0　$a 顾炎武　$f（1613 – 1682）　$x 评传

690　　$a B249.15　$v 4

701 0　$a 何贻焜　$4 著

3　缩微文献四种编目模式的比较

3.1　书目数据的规范性

衡量一馆编目工作质量高低的重要标准之一就是该馆书目数据的一致性和规范性,此处主要指书目数据格式的一致性与规范性。

第一、二种模式的次要信息由 324 字段或 325 字段揭示,由于 324 字段或 325 字段属于自由行文字段,行文中没有对著录格式及著录内容的严格要求,数据不统一、不规范。而后两种模式采用 455 或 456 连接字段,著录格式及内容严谨、统一,内容揭示清晰、准确,使书目数据更为格式化、标准化,易于使用且易于后期馆际间书目数据的兼容与整合。

因此,在书目记录的一致性与规范性上,第三、四种模式具备了优越性。

3.2　文献的易管理性

第一、三种模式的主要信息是缩微文献的载体形态信息,此种编目模式的初衷是将缩微文献的载体特征作为主要揭示对象,目的是将将具体"缩微"这一载体特征的文献集中管理,因此可将此种编目模式称之为管理型编目模式。但在电子技术高度发达的今天,各大图书馆都在使用图书馆集成系统对馆内文献进行管理,无论何种编目模式均丝毫不影响对文献的管理。

因此,对于数据的易管理性,尽管第一、三种模式被称为是管理型编目模式,但在实际应用中,与第二、四种编目模式比较,并无特别优势。但是管理型编目模式的弊病却是显而易见的。

缩微文献的载体形式特征较为单一,易于揭示。将其作为主要信息不免有小题大做之感。下面以民国图书《亭林学术述评》为例说明。

2001　　$a 亭林学术述评　$b 缩微品　$f 何贻焜编著

205　　　$a 2 代

210　　　$a 北京　$c 全国图书馆文献缩微中心　$d 2008　$e 北京　$g 国家图书馆 $h 2008

215　　　$a 1 盘卷片（4 米 171 拍）　$c 负像，1:17，2B　$d 16mm

（1）205、210、215 三个字段基本可涵盖缩微文献载体形态特征的全部信息。

（2）少数情况下会用 3XX 附注字段，主要说明缩微品拍摄方式的变化及对缩微品制作过程中错误的更正。

（3）目前，所有形式的缩微文献（如原文献为普通图书或是期刊，是一次拍完或是多次续拍）均被视作专著处理，因此，除揭示复制关系或层级关系的字段外，4XX 字段基本不采用。

（4）就现有的 2XX 字段著录来说，210 字段缩微品的制作及出版发行项，国内缩微品的出版发行单位基本可以等同于缩微品的制作单位，而国内缩微品的制作单位仅有 20 余家，因此缩微品的出版发行信息较为简单；而 205 和 215 字段的著录信息就更为简单，除代次、正负极性及平卷片形式的变化，就只剩量的改变而已了。

可以看出，缩微文献的载体形态特征简单而易于描述，将之置于 325 附注字段或是 456 连接字段，信息基本不流失。

此外，缩微文献的载体形式特征通常情况下是使用者不甚关心的对象。对于使用者来说，作品的载体形式是纸质文献抑或是缩微品，这并不重要，此种文献是何时何地何者复制完成的，也不重要。将这些使用者不予关心的信息视作重要信息，放置于书目记录的主干字段，不谛是对于信息资源的浪费。

3.3　文献的揭示深度

缩微文献的主要信息与次要信息，分别揭示文献的内容与载体形态。不言而喻，主要信息必然被揭示得深刻而全面，次要信息只能是选择性地揭示部分内容。而内容与载体，究竟孰重孰轻呢？最重要的标准为是否能最大限度地揭示出文献的全部特征，以满足使用者的利用需求，即文献的易使用性特征。

从上文可看出，缩微文献的载体形态特征较为单一，易于揭示。将其作为次要信息完全不影响文献的易使用性。

与之相反，缩微文献的内容信息量大而庞大，将之作为次要信息揭示，必然导致大量信息流失。以第四种模式为例说明。

3.3.1　原文献为普通图书时，其丛编顶在编目时缺失

上例中的缩微文献《亭林学术述评》在此种著录模式中,其为"国学丛书"之一种的信息丢失。

3.3.2　当原文献为连续出版物时,其原文献信息丢失的情况就更为显著。

例:

期刊《教育潮》的书目数据的主要字段如下:

2001　$a 教育潮　$b 期刊　$f 浙江省教育会

207 0　$a V.1,no.1(民国 8 年 4 月 25 日〔1919,4,25〕)－v.1,no.10(民国 10 年 1 月〔1921,1〕)

210　　$a 杭州　$c 该会〔发行〕　$d 1919－1921

215　　$a 10no.　$d 26cm

326　　$a 月刊

430 1　$1 2001　$a 教育周报

440 1　$1 2001　$a 浙江教育杂志

6100　$a 教育

690　　$a G40　$v 4

71102 $a 浙江省教育会　$4 编辑

其复制品缩微文献书目记录的主要字段如下:

2001　$a 教育潮　$b 缩微品　$f 浙江省教育会编

205　　$a 2 代

210　　$a 北京　$c 全国图书馆文献缩微中心　$d 1990　$e 北京　$g 北京图书馆　$h 1990

215　　$a 1 盘卷片(15 米 1136 拍)　$c 负像, 1:20, 1B　$d 16mm

324　　$a 原件卷期年代标识:V.1,no.1(民国 8 年 4 月〔1919,4〕)－v.1,no.10(民国 10 年 1 月〔1921,1〕)

455 1　$1 2001　$a 教育潮　$b 期刊　$1 210　$a 杭州　$c 浙江省教育会〔发行者〕　$d 民国 8 年〔1919〕－民国 10 年〔1921〕　$1 215　$a 10no.　$d 25cm

6100　$a 教育

690　　$a G40　$v 4

71102 $a 浙江省教育会　$4 编

从上例可看出,当原文献为连续出版物时:

(1)出版频率"月刊"这一信息完全丢失,即原文献与连续出版物相关的信息不能在此模式中得到揭示;

(2)《教育潮》继承《教育周报》,后又被《浙江教育杂志》继承,这一刊名沿革信息也完全丢失,即原文献中所有连接款目信息均不能在此模式中得到揭示。

由此可知,第二、四种编目模式对缩微文献的揭示力度最大,能最大限度地满足读者对于文献信息的获取,可称之为需求型编目模式。

第一、三种编目模式被称为是管理模式,初衷是为了管理,但是并无易于管理;第二、四种模式被称为需求型模式,名副其实地最大限度满足了使用者的利用需求。四种模式相形之下高低立见。

4 结语

综合考量缩微文献机读目录四种编目模式的优劣,可见表1。

表1 缩微文献机读目录的比较

	规范性	易管理性	易使用性
模式1	劣	无差别	劣
模式2	劣	无差别	优
模式3	优	无差别	劣
模式4	优	无差别	优

可以看出,第四种编目模式是最为理想的编目模式。

目前,国家图书馆采用的是第三种编目模式。这种编目模式虽非最佳,但在当时的历史背景和馆情下,是经过慎重、综合考虑决定的。且一旦决定,不会轻易改变。就目前发展状况看,此种编目模式虽然满足了书目数据规范性的要求,但却未能充分满足使用者的利用需求。按照FRBR的理论,用户关心的首要核心元素是作品,而非文献载体,文献内容信息对于满足读者的利用需求是至关重要的。因此,从目前看,这种编目模式并不是最理想的编目模式。

注释:

FRBR:书目记录的功能需求(Functional Requirements of Bibliographic Records)的简称,是IFLA于1998年出版的一份研究报告,对书目记录描述的对象在整个生命周期过程中不同阶段的不同实体类型进行了详细的分析,为这些资源的描述、定位提供了完整的思考框架。

(原载于《数字与缩微影像》2012年第2期)

应用数字技术推进文献缩微事业转型发展

国家图书馆　魏大威

1　文献缩微工作的发展

一直以来,文献缩微技术作为一种安全性高,稳定性好,经过百年实践检验且行之有效的文献抢救方式,始终在文献长期保存领域占据着重要地位,并发挥着不可替代的作用。从我国在 20 世纪 30 年代引进第一台缩微摄影机算起,至今已近 80 年历史,但缩微工作的大规模普及则始于 20 世纪 80 年代。经过近 30 年的发展,缩微技术以其存储的安全性、原件的保真性、法律凭证的认可性以及完善的国际标准和国家标准,在我国政府机关、档案馆、图书馆、情报单位、企业等得到广泛应用。如今,缩微技术已成为信息时代信息资源开发、资源整合、资源存储和利用不可缺少的工具。随着我国综合国力的不断增强,在国际上的影响力不断增大,我们的技术、产品和服务要在国际市场上有所作为,就应更需要按照国际标准、国家标准的要求与国际市场接轨。在这方面,缩微技术的国际标准非常完备,我国的缩微技术工作者在多年的实际工作中,不断以国际标准指导和规范自己的工作,并大力开展国际标准转化为国家标准的工作,使我国的缩微技术始终同步于国际先进水平。

自 1985 年起,在中央领导的关心下全国图书馆文献缩微复制中心在全国公共图书馆范围内,先后建立了 22 家成员馆,为 40 余家图书馆添置了上百台缩微阅读设备,并通过下达拍摄计划、业务指导等方式,有序地组织各馆进行古旧文献的抢救工作。截至2013 年年底,缩微中心各成员馆共抢救各类文献141 736种,其中古籍善本31 806种,报纸4390 种,期刊15 232种,民国时期图书90 308种,在图书馆文献长期保存领域取得了显著的成绩。

2　文献缩微工作面临挑战与机遇

在数字技术和网络技术全面兴起的背景下,我国文献缩微工作的发展迎来了新的机遇和挑战。从本世纪初开始,在数字信息技术飞速发展的大潮中,各行各业都积极参与其中,并在很大程度上享受到了数字化给我们带来的种种便利。很多单位的决策者更是大力推动数字技术与本行业的融合,数字技术的风头一时无两。由于缩微工作开展较早,虽然具有了一定的工作基础,但是设备老化和资源利用不够便捷的缺陷逐步凸显。以上种种都给我国文献缩微工作的发展带来了挑战。缩微事业虽然在文献长期保存领域的作用仍十分明显,但受到的关注日益减少已是不争的事实。囿于人才和资金问题,部分单位的缩微工作逐渐萎缩,再加上合作机制十几年未曾改变,已在一定程度上与各个成员单位的发展不相适应,也落后于当前社会的需求,整个缩微行业呈现发展缓慢的态势。

在网络化、信息化、全球化的时代背景下,文化和科技融合发展已经成为不可阻挡的趋势。文化建设必须适应时代发展的要求,与数字化、高科技、互联网相结合,缩微工作也不例外。国家图书馆将以推广数字技术在缩微工作中的应用为契机,与全国各公共图书馆一起迎接数字技术所带来的机遇与挑战,与图书馆界共同推进文献缩微事业的转型。加速推进文献缩微事业的转型对于维护国家文化安全,创新工作机制与合作模式;对于重新激发各公共图书馆的参与热情,扩大缩微工作服务对象范围,加强业界引领作用,提高社会影响力;对于实现全国图书馆缩微资源与服务的共建共享,整体提升图书馆服务水平,促进图书馆事业均衡发展,具有重要的意义。

文献缩微事业的转型将通过大力推广数字缩微的理念、技术和标准等手段,将全国图书馆文献缩微复制中心已建成的标准规范和现行使用的软硬件系统在全国各地公共图书馆范围内推广使用,构建以缩微中心为核心,以各"数字缩微示范馆"为主要节点,覆盖全国图书馆和档案馆的数字缩微建设体系。通过缩微资源建设、缩微资源共享和缩微资源服务等不同的参与方式,打破原有工作机制,丰富资源服务类型,扩大服务受众范围,加强缩微中心对各"数字缩微示范馆"的约束力度,打造基于数字缩微技术的缩微品服务新业态,以便更好地为政府立法决策、教育科研和公民学习等提供多层次和专业化的服务。

3　面对新形势文献缩微工作的应对举措

全国图书馆文献缩微复制中心作为我国图书馆界缩微工作的龙头单位,必须要进一步拓展工作思路,创新工作机制,研究和推广数字缩微技术,以此带动全国缩微工作的进一步开展,充分发挥缩微工作在传承和保护中华文化、推动文化发展繁荣中的作用。

3.1　全面推动技术升级,大力倡导数字缩微

数字缩微就是指将数字技术与缩微技术相融合而产生的数字缩微技术以及应用这一技术所开展的文献影像处理工作。数字缩微在技术层面上必须既包括数字技术又包括缩微技术,两者缺一不可;在工作对象的层面上数字资源与缩微文献则必有其一。

在未来几年,数字缩微将迎来广阔的发展前景,在信息处理领域,凡是采用了数字缩微技术,开展文献影像制作、存储和利用的各个环节的工作都可以被纳入到数字缩微的范畴当中。利用数字技术,实现文献加工数字化、资源组织数字化、服务手段数字化和保存模式数字化。全国图书馆文献缩微复制中心目前主推的数转模工作、缩微文献数字化工作、数模一体化加工工作、彩色缩微工作以及便携式数码缩微阅读器的开发和应用工作等都属于数字缩微的具体工作形式。

3.2　优化机制,推进数字缩微工作全面开展

全国图书馆文献缩微复制中心将于进一步优化合作机制,通过馆藏资源信息采集,在全国范围内选择6—8个省级公共图书馆作为示范单位,实施"数字缩微示范馆"的硬件平台搭建工作。缩微中心将与选定的省馆以签订工作协议的方式为其配备数字缩微设备,进行相关的人员培训,确定资源建设范围和成果提交方式。"数字缩微示范馆"包括资源建设、资源共享和资源服务等三种类型,此外还将尝试资源互换、数据共享和联合采购等全新的合作模式。

3.2.1　以"数字缩微示范馆"为辐射节点和宣传样板,带动全国数字缩微工作全面开展

首先要开展"数字缩微示范馆"的硬件平台搭建工作,并在此基础上建立起高效、互利、共享的新型缩微文献建设模式。在"数字缩微示范馆"建设完成,并成功运行后,国家图书馆将以"数字缩微示范馆"为辐射节点和宣传样板,以点带面,在全国的公共图书馆、高校图书馆、企业图书馆和档案馆等范围内大力推进数字缩微工作的开展。

3.2.2　因地制宜,根据各单位实际情况,采取多种类型合作模式

国家图书馆将根据各参与单位的实际资源总量、设备保有量、人员储备量以及文献缩微合作的不同需求,采取"因地制宜"的灵活方针,与之开展资源建设、资源共享、资源服务、资源互换、联合采购等不同类型的合作模式。通过建立灵活的合作机制,打破行业界限、区域界限,全面带动各图书馆、档案馆参与数字缩微工作的积极性。

3.2.3　汇集海量数字缩微资源信息,全面提升缩微品服务能力,推动缩微事业再创辉煌

在我们建设新的示范馆和成员馆的同时,我们可以汇聚整合各个参与单位的缩微资源信息,向全国公众和业界提供统一揭示服务;在扩大数字缩微工作覆盖范围的同时,使缩微资源总量得到跨越式发展,加大对缩微品服务的推广力度,不断创新,提高缩微品服

务能力,进一步提升社会公众的使用率和满意度,推动我国的缩微事业迈上一个新的台阶,再创新的辉煌。

3.3 多重人才培养机制为文献缩微事业转型发展保驾护航

充足的人才储备是文献缩微事业转型发展的重要保障。国家图书馆将继续采取课程培训、在岗实践和导师制等多重人才培养机制。通过人才的培养,加大缩微专业技术人才储备,实现现有专业人才的知识更新,为数字缩微示范馆及合作单位培养技术和管理人才,满足文献缩微事业转型期的人才需求。

3.3.1 课程培训

课程培训的对象为国内全体从事缩微工作的人员。中心每年聘请内部或外部讲师对全国范围内的缩微从业人员进行理论知识的传授和学习,培训内容涉及文献编辑整理、缩微拍摄、母片质量检查、设备使用维修等各个领域,通过授课和研讨的方式,提高知识层次和专业技术水平。此项工作由中心及各成员馆按照培训需求及培训计划组织实施,自1984年开办以来,已成功举办培训班数十次,培训人员共计1000余人次。

3.3.2 在岗实践

在岗实践是指各成员馆可以委托缩微中心或其他兄弟馆对专业后备人才进行培养。通过将学习和实际应用相结合,有效提升人员素质和专业技能。其优点在于由于培养场所和工作场所的高度一致,在岗实践的培养转化效果好,是缩微从业人员获得工作能力的主要途径之一。

3.3.3 导师制

导师制主要针对核心员工和高级技术人才。通过为其指定导师,提升员工的专业技能、组织融入能力和团队协作精神。导师制通过"传帮带"的形式构建一种良好的工作学习氛围,培养符合需要的人才。

3.4 以科研创新不断激发文献缩微事业新的活力

以科研项目促进缩微技术与数字技术相融合,推进科研成果转化应用,从而推动文献缩微事业转型发展是一条必经之路。目前,国内缩微行业针对与数字技术相关的科研方向主要集中在缩微品与数字资源的相互转换以及缩微品利用这两个方面。如国家图书馆、国家档案局档案科学研究所等单位纷纷开展了数字资源转换缩微胶片的研究工作,搭建起完整的工作流程,并着手起草制订相关标准。除此以外,国家图书馆还进行了便携式数码缩微阅读器的研发工作,目前第二代产品已完成试用测试,第三代样机即将生产完成,专利申请工作也在有序进行之中。此设备的投入使用将使得人们可以在任意一台计算机上方便地读取缩微文献的保存内容,大大丰富了传统缩微品的传播利用手段。

4　结语

　　数字技术的发展使文献缩微工作重新焕发了活力,推进缩微文献建设模式转型是新时期我国文献缩微工作进一步发展的重要途径,对于提升我国图书馆的文献保存能力具有重要的意义。同时,这项工作也涉及传统缩微工作模式和运行模式的改革,涉及缩微专项工作与数字图书馆推广工程、中华古籍保护计划、民国时期文献保护计划等国家项目的结合,我们应当加强顶层设计,科学规划、统筹兼顾,不可一蹴而就。此外,我们还应该充分发挥"中国文影协"和"全国文影标"在业界的技术引领作用,积极组织和参与缩微摄影技术相关国家技术标准的制订、修订工作。挑战在前,机遇更在前,希望所有参与单位与国家图书馆一起,共同推动缩微事业的繁荣发展,为政府、企业和公民提供更为全面和专业化的服务。

参考文献

[1]曹宁,张阳.数字缩微:理念创新与发展路向.数字与缩微影像,2011(4)

[2]国家图书馆.国家图书馆年鉴2013.北京:国家图书馆出版社,2013

[3]国家图书馆缩微文献部.2014年缩微文献部工作规划,2013

（原载于《数字与缩微影像》2014年第2期）

管理与应用篇

报纸缩微要加快进行

——有关报纸缩微的几个问题

国家图书馆　刘世华

缩微技术在我国图书馆、档案馆、科技情报等部门的应用，已经有几十年的历史了。许多单位有计划地把珍本古籍图书、历史档案、技术图纸、报刊资料拍摄成各种形式的缩微片。缩微技术已成为资料流通的重要手段。

近几年来，缩微技术发展得很快，具备一定规模和复制水平的单位，逐渐多起来。在我国已初步的建立起自己的缩微系列，缩微复制已形成一种专业技术。

然而，在我们这样一个大的国家里，缩微技术的应用还不够普遍，发展也不平衡，有的地区发展很慢，有的地区缩微设备又比较集中，缩微设备利用率比较低。当前大量有价值的资料需要安排摄制，尤其是大量的报纸资料，近来利用率较高，特别是新中国成立前的老报纸。然而，目前除北京、上海、沈阳等地有少数单位缩微摄制报纸外，多数单位由于没有设备或其他原因没有进行这个工作。因此，本文对报纸的缩微问题，提出几点意见供参考。

• 采取有效措施优先缩微报纸资料

大家知道新闻印刷用纸，由于制造工艺简单，所用原料较差，在自然条件下保存，比其他纸张老化得快。据有关单位介绍，新闻纸的保存期一般在 50 年左右。去年我们到南方走访了几个单位，听到了这样的意见：现在报纸的利用率很高，损失较大，要保护好这些资料，应尽快缩微复制。这个意见反映了收藏单位对保存报纸的迫切要求。我们在实际工作中，也经常收到各地委托复制报纸资料的订单，仅 1981 年第四季度，委托订单达 300 多张，约 3000 版报纸。委托单位如查找 3000 版报纸资料，不知事先要翻阅多少种报纸。可见报纸的利用率之高。我们经常遇到，因报纸年久、老化、经不起翻动，稍不注意掉下来的碎纸片很容易丢失，无法保证对报纸的完整性保存。

目前保存报纸的条件是很不完整的。多数单位把报纸放在一般的自然条件下保存，库房内的温度不能得到应有的控制。温湿度和有害气体的影响，以及自然灾害和各种人为的损害这些不利的因素，都能减少报纸的使用寿命，这种例子是很多的。

图书、档案、报刊资料是国家的重要历史文献。作为图书档案工作者,保护文献资料是我们的责任,绝不可在我们这一代人身上,把先人用血汗保存下来的文献资料损失掉。我们应当采取有效的措施,尽快地把现存的报纸资料,尤其是老报纸如辛亥革命时期、抗日战争以前和老解放区、革命根据地的报纸,进行系统的缩微摄制。

缩微前必须对原件进行认真的整理,为了保证原件的完整性,缩微摄影的第一道程序就是整理好原件。包括对报纸的残缺和其他影响拍摄质量的缺陷进行技术处理,对缺版报纸设法补齐。报纸缩微是一项长远安排,是改变落后的资料管理的一种方法。因此,要把这项工作作为一项百年大计的任务来认真对待。这也是国外同行得出的一条重要经验。

整理报纸是一项细致的工作,要比拍摄工作所占用的时间大得多。一台 35 毫米的缩微机拍摄报纸,每日可拍 45 米胶卷约 900 版,要保证一台缩微机正常生产,需要 2—3 人进行整理修补工作。可见,报纸缩微靠复制部门本身是不够的,还需要提供资料的部门、装订工厂等的密切配合。

负责业务工作的领导要重视缩微工作,图书馆协会以及各单位的主要领导,要重视报纸缩微工作。主管业务和规划的领导部门要提出规划,妥善安排,切实解决人力物力的不足。这是关系到能否把报纸缩微搞起来,或能否持久地开展这项业务的关键所在。

● 三点建议

需要缩微的报纸数量很大,但是,在一个单位或一个地区,保存很完整的报纸资料比较少,多数报纸残缺不全,要补齐这些缺版报纸需要各地各单位互相支援。现在除北京、上海、沈阳等地图书馆,整理一定数量的报纸,正在缩微摄制外,还有不少收藏报纸的单位由于经费、设备、人力不足,没有力量进行缩微。为解决这个问题现提出以下三点建议:

1. 有缩微设备的单位,在调研的基础上,根据本身报纸缺藏情况选择对口单位,经过协商,在互通有无的基础上,根据各自所需要的资料,向对方提出补缺报单,互相支援,提供缩微品。

2. 以本地区为主,组织有缩微加工能力的单位,承办委托缩微复制业务。

3. 由图书馆协会等单位分期分批把分散在各单位的老报纸,进行集中整理缩微复制。

因缩微技术目前还不普及,有些同志还不习惯使用缩微品资料。认为不如阅读原件方便。因此,对缩微品的使用要广泛地做些宣传。此外还要努力提高缩微品质量,让阅读者感到比较舒适。有关提高缩微品质量的经验,希望本刊今后开展这方面的讨论。

目前国内生产的阅读器,大多数阅读屏幕尺寸较小,阅读报纸总感到有些不便,此外产品质量不太稳定,售价也较高。请生产阅读器的工厂,能够深入地了解一下情况,认真地对产品作一些改革,以适应阅读报纸缩微品的需要。

国内生产的缩微胶片,目前还不能完全满足缩微专业的使用要求。解像力一项按美国国会图书馆规定,缩微报纸要用 400 条线以上的缩微胶片。而我国生产的缩微胶片,其解像力一般在 200 条线左右,缩微报纸是不够理想的。其他质量问题也不少。与国外缩微片相比,差距是比较大的。建议有关部门认真抓一下,组织力量把缩微胶片以及缩微设备的研制工作搞上去,这对发展我国的缩微技术是一大贡献。

以上就有关报纸的缩微问题,提出了自己的一点看法,本人没有深入地了解情况,看法不一定对,仅供参考。

（原载《缩微通讯》1982 年第 2 期）

浅谈中文旧报纸的缩微复制

四川省图书馆　何先进

对新中国成立前的中文旧报纸进行缩微化,是一项非常紧迫的任务。目前许多中文旧报纸由于保存年代较长,存在着不同程度的损伤。如虫蛀、破损、纸张变色等,如不抢救,尽快拍摄成缩微胶片保存起来,将会造成无法估量的损失。现在,国家已经专门拨款,在全国公共图书馆系统分设了 11 个缩微复制点,其目的就在于抢救馆藏中我国珍贵的历史资料,为我国的四化建议服务。

下面介绍我馆根据全国图书馆文献复制中心制定的《35 毫米银盐无孔片报纸缩微拍缩标准(试用稿)》的要求开展中文旧报纸缩微复制工作的做法和体会,供从事这方面工作的同行们参考。

一、报纸拍摄前的准备工作

摄影前的整理工作,在缩微复制工作各环节中占据着很重要的位置。因为它将直接影响摄影、冲洗、检查等工作质量和效率。因此,应努力搞好缩拍前的整理工作,为摄影部门提供高质量的拍摄用原稿。

1. 报纸缩拍前的整理工作大致可分为四步

第一步,是对原报进行解体。将报纸一页页分离,注意不要损伤报纸,如报纸是精装本,则应用脱胶水浸湿后,慢慢揭开报纸。如有装订线或铁钉时,应用剪刀和手钳切断装订线和取出铁钉。对开报纸中间无广告时,可从中间截开,以便提高拍摄速度。

第二步,是对解体后的报纸的状况进行登记。填入登记表内,以便分档拍摄后进行检查。

第三步,是对登记后的报纸进行修补、熨皱。要用无反射透明胶带和自动调温电熨斗。对损伤的部位进行修复,并且熨平以便拍摄后获得较好的效果。

第四步,是对整理好的报纸进行分档。因旧报纸的版数有多有少,一卷 30.5 米的缩微胶片最多可拍 600—650 个画幅,如何将报纸完整地分拍在几个片卷上,而又不浪费胶片,这就必须进行分档。即通过登记表,准确地计算好拍摄总数,然后分配在几个片卷上,并插入有关的拍摄符号。分档完成的报纸应注明报名、起止年月,并用夹板捆扎整齐,送交原报待拍库房。

2. 制作标板

(1)技术标板的制作

技术样板是检验拍摄后每片质量好坏的重要标志,制作时必须严格按照标准实施细则中所给定的尺寸去做。首先,用每平方米200克重的白色卡片纸,用绘图铅笔描画出灰板及2号测试图的准确位置,然后用碳素墨水实画出边框和中心交叉线,等墨迹干后,再将50%和6%灰板及缩小倍率标志测试带粘贴到相应的位置上。最后,将5个2号测试图按要求粘贴到5个标准测试点上。粘测试图卡时需要戴手套,以免在测试图卡上留下指纹,影响检测效果。技术标板做好后可放在摄影机稿台玻璃板下压平,待平整后就可以使用了。

(2)识别标板的制作

识别标板是供读者识别胶片所拍内容的标志。制作该样板时,要求报纸的报名必须采用原报报头字体。我们的做法,先用复印机将原报头复制几张,选其中效果比较好的一张用碳素墨水描修后将字头剪下来,粘贴在一张宽度和标板尺寸一样的白纸条上(注意比例)最后用复印机复制,把复印好的字头条,粘贴到标板上即可。

(3)著录标板的制作

著录标板的作用主要在于向读者提供能完整说明胶片内容的各种事项,以使迅速准确地检索到所需要的资料。首先,将所拍报纸的内容严格按标准中规定的数目,格式写成初稿,核实后,将初稿用打字机打印在 A3 或 B4 幅面的白纸上,打印件应有较好的反差,最后复印成 A3 或 B4 幅面。将复印好的著录内容,粘贴在标板正中间即可。

3. 制订拍摄计划

制订拍摄计划前,应对原报的情况进行全面的分析研究,在弄清情况的基础上制定具体的拍摄方法,包括:填写拍摄式样说明书、绘制拍摄顺序图等。绘制拍摄顺序图,可使摄影者一目了然,正确实施拍摄计划,避免发生错误。

填写拍摄式样说明书时,可根据原报的状况,在备注栏中提出对一些特殊原件的处理方法。如中间有广告、透字、小版报纸等情况如何拍摄。另外,说明书中的有关项目,如标板曝光电压、缩小倍率等,必须在充分做好试验片的基础上,才能确定具体的数值,不可草率从事。

二、摄影

1. 试验片的制作方法

报纸经过整理之后，就可投入实际拍摄，但在正式开拍前，还要做一件很重要的工作，这就是确定原报的最佳曝光电压值。中文旧报纸由于保存条件较差，加上过去印刷技术、纸张等方面的原因，不可能具有我们现在所看到的《人民日报》那样好的反差。往往在一个月的报纸当中，就有七八种，甚至十多种颜色的报纸，有的一张报纸上半部是一种颜色，而下半部又是另一种颜色。印刷纸张厚薄不同，文字油墨深浅不均等。这些都给拍摄工作带来了很大的困难。为了要获得密度尽可能均匀的缩微母片，就必须做好原报开拍前的试拍工作，即拍摄试验片。其方法是，把原报当中有一定代表性的几种原稿找出来，并且在摄影、冲洗条件不变的情况下，用 M2 型摄影机按顺序改变稿台照明灯电压值（即电压每隔 2V，照度相差 50lx）进行拍摄。用 AP4 型冲洗机冲洗，得到试验片。

2. 选择最佳曝光电压值

标准规定中文报纸的密度值可控制在 0.8—1.4 这个范围之内。一般对拍摄原件纸张及文字对比度比较好的原稿（即反差好），可取高一点的密度如 1.00—1.40；而对拍摄原件纸张及文字对比度较浅的原稿（即反差弱），可取低一点的密度值如 0.8—1.2。根据上述原则找出每种原稿中试验片的最佳密度值，与最佳密度值对应的电压值即选为拍摄用的最佳曝光电压值。

3. 实际拍摄

确定了最佳曝光电压值之后，就可以投入实际拍摄。但在开拍前，还须认真地核对原报及标板顺序，日期是否有误。为了拍摄时摆放原稿方便，可在稿台下用黄色铅笔描画出原稿正确的摆放位置。做法是：打开画幅投影灯，调整好缩率，核对间隔尺寸后，将报纸放在稿台上摆放正确，用黄色铅笔描画四角及中线。

4. 对特殊原稿的拍摄方法

对旧报纸中某些特殊原稿的拍摄，我们经过试拍，其做法如下：

（1）对报纸中间有广告的原稿，采取对折的方法。这样做一方面保持了原稿的完整性，另一方面拍出的胶片文字部分有一些重叠，也便于读者阅览。

（2）对透字比较严重的原稿，采用背面加黑衬纸或牛皮纸的方法。但加衬纸后，曝光电压也应相应的提高，经实验，一般加衬纸后，应在标准曝光电压的基础上提高 3V，这样就可获得均匀的密度值。

（3）对 4 开报纸中间夹杂有 8 开报纸时，采用放在画幅正中间拍摄。放时应尽量摆放端正,四边尽可能均一,这样可拍出影像比较整齐的母片。

(4)对起皱、破裂的报纸,应尽量修复后拍摄,因为报纸起皱或破裂,影响了报纸文字部分的完整性,如不加以修复拍摄,将给今后的阅读上造成困难,所以必须修复。

5.摄影中的有关注意事项

(1)首先,摄影人员思想要集中。认真做好开拍前的一切准备工作,如核对标板、日期、报纸版面顺序等。

(2)注意检查机器各部位工作是否正常,如电压是否在容许范围之内,计数器是否已回零,缩率是否已调准等。以免发生错误,造成人为的浪费。

(3)拍报纸需要有一名摄影助手。为此,摄影者和助手相互之间要密切配合,在保证质量的前提下,努力提高摄影速度。

(4)调整焦距时,对焦摆应与原稿之间保持微小的距离,其标准是,原稿能够自由移动,而对焦摆不动,这时焦点就算调准了,如果原稿放在玻璃板下面拍摄时,对焦摆应稍许抬起一点,因为原稿在台下隔着一层玻璃,以免拍出的胶片影像模糊不清。

(5)手拿报纸原稿时,应尽量使用全指,不能用指尖抓拿,以免损伤原稿。特别是在拍很旧的报纸时,应更加小心,稍不注意,就会造成损伤。

(6)在拍摄中,报纸的印刷用纸颜色有微小变化时,应适当改变曝光电压值。用提高或降低电压来加以补救。纸张反射率强时,可在基准电压的基础上降低1V。反之,则提高电压1V,以获得好的密度值。

三、冲洗

1.试验片的冲洗

胶片要获得好的密度值,就必须做好试验片的冲洗,以便了解冲洗机药槽内的药液疲劳程度,冲洗用的试验片,可用 M2 型摄影机拍摄灰板或技术标板,在冲正片前先冲试验片,并用密度计测量,看是否与前一天的密度值有差别,以便确保冲洗母片的质量。

2.母片的冲洗

检测试验片的密度值正常之后,就可进行母片的冲洗,因是母片,所以要特别注意胶片的质量,如胶片不良,将易发生卡带现象,造成整卷密度不均,另外,冲片前一定要等冲洗机的药温指示灯熄灭后,才可开机冲洗,母片出干燥箱后,要注意检查母片是否自动卷绕在收片轴上。

3.冲洗中应注意的几点

(1)每次开机冲洗前,一定要做好冲洗机各药槽及输片轮的清洁工作,以便清除残留药液及杂物,避免胶片污染及划伤。机器各药槽最好自编一个号码,装药时便于归回原位。

（2）开机预热后要注意检查冲洗水的温度,如果水温低于 10℃时,应使用水温加热器,并保持在 21℃,水量控制在 3—5 立升/分。

（3）开机冲洗前,要注意检查水片盘是否安装到位,计数器是否已回零,药温指示灯是否已熄灭。

总之,在冲洗工作中,要求工作人员必须严格按照冲洗机的操作程序去做,随时注意机器各部位的工作情况,并做好冲洗记录,把有关的技术数据记录下来,备今后冲洗时参考。

四、母片质量检查

1. 检查工作的步骤和方法

开展旧报纸母片的检查,可分为两步来走。第一步是外观检查,第二步是精密检查。检查主要依据全国图书馆文献缩微复制中心制定的第一代母片质量检查项目进行(见附表)。

（1）外观检查

外观检查第一步是倒片,因为冲洗出的母片是尾在外、首在里,所以必须倒片,并边倒边用眼睛观察胶片的影像是否有异常现象,如果不清楚时,可用 20 倍左右的放大镜进行放大检查。外观检查的主要内容有以下几个方面:

①胶片上是否有划伤、水迹,原件是否拍出画幅;有无拍漏、重拍;标板是否使用正确;片头、片尾是否留足够长。

②胶片上的影像有无歪斜;画幅内是否拍有杂物;密度是否均一;画幅拍间隔是否一致。

（2）精密检查

通过外观检查未发现问题,就可进行精密检查,主要是用放大器,把胶片放大 24 倍一个个画幅进行检查。检查项目共有 38 条(详见附表),在这一阶段检查的重点放在以下几个方面:

①胶片上报纸的日期、版面顺序是否有错,有无漏拍、重拍;原稿是否折角、起皱;报纸正反面字迹是否透过。

②报纸是否拍颠倒,有无虚影,药液污染现象。有无其他异常现象。

2. 对故障胶片的处理

由于拍摄、冲洗工作中人为和机械的故障以及由于旧报纸常见的,如硬损、变色、污染、纸质、印刷技术等原因,使拍摄出来的缩微片质量不符合要求时应进行补拍,填写补拍通知单,说明造成质量事故的原因,以及补拍的内容,以使摄影者补拍。

附表

第一代母片质量检查表

主要技术参数									
1	缩率		3	灰雾		5	海波残留量		
2	密度		4	解像力		6	接头数		
检查项目									
编号	名称	准备	摄影	冲洗	检查	编号	名称	准备	摄影	冲洗	检查
---	---	---	---	---	---	---	---	---	---	---	---
1	指纹印痕			○	○	21	画幅尺寸不一		○		
2	划伤		○△	○△	○△	22	影像歪斜		○		
3	水迹			○△		23	画幅内拍有杂物		○		
4	药液污染			○△		24	曝光过度		○		
5	灰尘			○	○	25	曝光不足		○		
6	胶片折痕			○△	○△	26	两次曝光		△		
7	页码顺序错		○			27	反光		○		
8	漏拍	○	○			28	装片不良		○		
9	原件折角		○			29	显影过度			○△	
10	原件起皱	○	○			30	显影不足			○△	
11	漏缩率尺	○	○			31	干燥过度			○△	
12	正反面字迹透过		○			32	胶片粘连			○△	
13	原件拍出画幅	○	○			33	胶片边卷			○△	
14	原件倒置		○			34	乳剂面脱落			○△	
15	虚影		○			35	胶片接反			○	
16	重拍		○			36	断片		○△	○△	
17	标板使用不当	○	○			37	胶片闪光		○△	○△	
18	漏空拍		○			38	静电痕		○	○	
19	无片头、片尾		○			39					
20	缩率不一		○			40					

注:"○"表示人为造成的故障,"△"表示机器造成的故障。

(原载《缩微通讯》1986 年第 2 期)

我国图书馆古旧文献的抢救与缩微化工作

——在堪培拉中文图书馆事业国际展望研讨会上的发言

国家图书馆　李　竞

进入 20 世纪 80 年代的我国内地图书馆界,馆长们最为热切的期望大概就是盖建新馆舍了。然而,一件并不那么诱惑人的工作,却使他们不得不迅速地行动起来。从 1985 年初开始,在我国公共图书馆系统进行了一件很有意义的工作——中文古旧文献的抢救及其缩微化。由于这一工作采取了全国性的统一组织与协调,其困难之多,组织工作之复杂是不言而喻的。但由于各省、市图书馆的理解与良好协作,已使这一工作取得了初步成效。

被我们称之为"抢救祖国文化遗产"的这项工作,如最终取得圆满的成功,则其影响所及,绝不止于我们这一代。值此海峡两岸的图书馆同行们相聚一堂时,我想就这项工作交流一点情况,并期待着有可能进行的合作。

一、现存古旧文献的简况

作为一个历史悠久的文明古国,前人留给我们的典籍史料是十分丰富的。根据粗略的统计,仅内地公共图书馆系统收藏的古籍善本即为 220.9 万册,普通古籍 2645 万册,已经与即将收入《民国时期总书目》的普通平装书约 11 万余种(主要是上海、北京、重庆三地馆藏数字,全国实际藏书要超过此数)。根据正在修订的《中文期刊联合目录》和《中文报纸联合目录》(初稿)的统计,从 19 世纪下半叶至 1949 年以前出版的旧期刊约为 29 000 余种,旧报纸约 7800 种。至于许多珍贵的手稿、碑拓、舆图、经卷、档案及分藏于各馆之其他地方文献,则尚无准确统计。

在上述文献资料中,以古籍善本保存得最好。虽然由于年代久远,各种自然的、生物的、人为的种种不利因素,都不能不使其遭致程度不同的损害。但比较起来,古籍善本算是"幸运儿",受害最浅。至于其他古旧文献则完全是另一番景象。

中国南方的高温与潮湿,对任何一种文献都是致命的危害。每当南方的梅雨季节,你翻翻书架上的那些中国古籍,凭手感都可感觉它的潮湿度。有些古籍文献或虫蛀,或受潮霉烂,毁坏得不成样子。由于大部分旧书库缺乏温湿控制设备与严密的防护措施,图书文献几乎处于"不设防"状态,因而,即使是古籍线装书,其纸张变质的现象也十分普遍,至于近代印刷文献,由于机制纸含酸度过高,又未能采取相应的措施,毁坏的现象就更为严重。旧报纸、旧期刊就属于这种情况。姑且不说19世纪或20世纪初期的报刊,即便是抗日战争以后出版的,也有不少已濒临毁灭的境地。许多旧报因纸张严重变质而不能继续借阅,于是只好停止流通,长期封存。"封存"的办法,成了许多图书馆在无可奈何时唯一能够使用的手段。

上述现象的存在,是长期累积的结果。虽然有程度上的不同,但这种现象不是个别的,而是带普遍性的,因而,要解决这些问题就不那么容易了。尽管图书保护问题是国内外图书馆界共同面临的一大难题,但在我国,这个问题则显得更加突出与紧迫。

二、抢救工作的组织与实施

面对上述情况,有关领导部门认为,必须要以"抢救"的姿态尽快地行动起来。所谓"抢救",是指在尽可能短的时间内,首先是设法阻止现有古旧文献的继续恶化,其次是对已损坏的文献尽快采取有效的救急措施,于是,决定成立负责统一协调的执行机构,由财政部门拨出专用款项,确定工作方针,着手制订实施计划。

我们在实际工作中既采取延长文献寿命的延缓性保护措施,也采取缩微复制这一再生性保护措施。前者主要是普及图书保护知识,积极改善文献的保存环境;后者则是采用缩微技术,并按文献损坏的程度确定抢救顺序。我们的具体做法是:

1. 统一协调全国古旧文献的整理与缩微拍摄计划,制定各种文献缩微品的著录标准,技术标准,编辑、整理与技术操作规程等。对参与此项工作的资料整理、编辑人员,缩微技术人员普遍进行基础知识培训和专题培训。在全国14个省、市图书馆(上海、天津、浙江、山东、广东、湖南、湖北、山西、甘肃、辽宁、吉林、四川、重庆和北京图书馆)建立缩微复制点,以负责本地区和邻近省、市的文献拍摄工作,使华东、华北、东北、西北、西南、中南等各大区基本上不存在空白。

2. 根据统一的部署,各省、市图书馆每年都要上报文献资料的整理与拍摄计划,经过协调与批准后组织实施。以保证效率、准确性与避免因重复而造成的浪费。

3. 为使文献尽可能的完整,国家图书馆和各省、市图书馆有义务为其他馆补充缺期、缺页的文献。各种文献只有经过修补、整理与编辑分档达到拍摄要求后,方可拍摄。

4. 建立文献缩微品国家母片库,以保证母片的安全与长期保存。各馆拍摄的母片在送往入库时,要经过严格检验,不合格者均须重新制作。

5. 为促进计划的顺利实施,并使这项工作始终保持一种前进的势头,每年年终都进行一次总结评比。根据各馆完成任务的数量、质量及物耗等情况,按统一制定的管理办法计分排序,并在每年一度由主管馆长们参加的全国工作会议上公之于众,优秀者给予表彰与奖励。

三、几年来取得的成效

截至 1987 年年底,我们已经整理与缩微拍摄的文献为 767.5 万个画幅。其中旧报纸为 786 种,2892 个年份,古籍善本 7106 种约 7 万余册。由于我们首先抢救的是旧报纸,因而这方面的成效也最为显著。可以认为,在内地现存的 7800 种残缺的旧报纸中,经过专门的整理、修补与在全国范围内相互补缺之后,其最重要、最有史料价值者,业已基本拍摄完成。现除为数不多的若干种大部头或较大部头的报纸尚待拍摄外,目前正在整理中的多数是出版时间短或残缺严重的旧报纸。预计经过今年的努力,旧报的抢救工作在绝大部分省市图书馆均可告一段落。从明年开始,我们有可能将抢救工作的重点由旧报纸转向旧期刊。

为了检验几年来我们在协调报纸抢救工作方面的成效与可能存在的疏漏,去年底对完成拍摄并已输入电子计算机的 672 种报纸,就其出版时间和出版地区进行了一次分析统计,统计的结果表明,就出版时间而言,自 19 世纪 70 年代我国开始出现近代中文报纸算起,迄至 1949 年,期间 1861 年至 1919 年"五四"运动前出版的报纸有 68 种;1919 年至 1923 年第一次国共合作时期出版与继续出版(下同)的有 51 种;1924 年至 1927 年第一次国内革命战争时期的有 61 种;1927 年至 1937 年第二次国内革命战争时期的有 224 种;1937 年至 1945 年抗日战争时期的有 235 种;1945 年至 1949 年第三次国内革命战争时期的有 234 种。这就是说,从纵向分析,可以认为基本上已不存在空白。就出版地区而言,其覆盖面已达 22 个省、市,即:北京(119 种)、上海(205 种)、天津(32 种)、山东(17种)、安徽(7 种)、江苏(53 种)、浙江(13 种)、黑龙江(10 种)、吉林(18 种)、辽宁(12种)、内蒙古(4 种)、陕西(7 种)、河南(12 种)、河北(11 种)、山西(10 种)、四川(53 种)、湖北(23 种)、福建(10 种)、江西(19 种)、湖南(19 种)、广东(13 种)、广西(5 种)。但新疆、内蒙古、宁夏、青海、贵州省(自治区)目前还是空白。这就促使我们在分析具体原因的基础上设法加以弥补。

由于旧报纸的严重缺损,补缺工作就显得特别困难与繁重。但经过补缺之后的旧报纸,则大大提高了它的完整性与史料价值。以上海图书馆为例,这个地处 1949 年以前中国出版中心的国内大馆，虽然收藏的旧报纸有好几千种，但完整或基本完整的才不过十几种。在这次整理与拍摄过程中，他们一方面为其他省、市图书馆提供了需要补缺的 10 万版的旧报纸，同时也从别人那里补得了旧报纸 70 多万版，从而明显地提高了本馆报纸馆藏的质量。各地许多早期出版的旧报纸，经补缺、整理与拍摄后得以重现，就更加珍贵了。如现存 1861 年和 1893 年上海出版的《上海新报》和《新闻报》，1897 年天津出版的《国闻报》，1897 年广州出版的《博闻报》，1904 年和 1905 年北京出版的《北京日报》和《顺天日报》，1909 年吉林出版的《长吉日报》，1910 年哈尔滨出版的《远东报》，1909 年杭州出版的《全浙公报》，1910 年成都出版的《国民公报》等。虽然由于客观原因，这些旧报纸仍免不了有所残缺，但它已是目前所能达到的最佳或较为满意的状况了。实践证明，对那些严重损坏、变质而又无法防止其继续恶化的文献资料，唯一的方法就是抓紧整理、修补，然后拍摄下来，才能使这些古旧文献得以继续流传于世。有了缩微复制品，原件就可以被代替，从而防止并减少因经常流通、翻阅而遭受的损坏。缩微品的优点还在于它可以拷贝多份，分散保存，以免因天灾人祸而使珍贵文献毁于一旦。无论是现在或将来，缩微技术都是图书馆不可取代的现代化手段。随着科学技术的发展，虽然知识载体的形式多样化了。但缩微技术在与电脑、光盘和影像传输技术等相结合的多介质复合信息系统中仍将占据重要的一席。

四、几句简单的结束语

我们已经做过的工作只不过是开了一个头，但这个头开得很不坏。下一步将是：①进一步改善现有旧书库的藏书环境，在采用传统方法的同时，根据经济状况，尽可能采用现代技术与设施。②继续整理与拍摄急待抢救的旧报、旧刊及列入《全国古籍善本目录》的古籍善本。对所有珍贵的、经鉴别后被认为有重要史料价值的古旧文献，都将按计划进行缩微拍摄。诚然，在完成此项任务中，我们能够采用的手段是有局限性的，人为的阻力与障碍也不容忽视。而且不仅古籍善本，早期出版的近代重要报刊文献有些也可能已失佚，有的则流散海外。因而，要"珠联璧合"，要使之尽量完整，确非易事。困难肯定很多。但我们深信，成功之路是宽阔的，只要脚踏实地、坚持不懈，这项造福于我们子孙后代的大事终将完成。

（原载《缩微技术》1989 年第 1 期）

谈谈我国中文古旧文献的抢救与缩微工作

国家图书馆　　陈锦琳

"全国图书馆文献缩微复制中心"已度过她十周年生日,笔者想就她走过的历程,谈谈我国中文古旧文献的抢救与缩微工作。

一、我国文献的保存状况

在上述这些文献资料中,以古籍善本保存得最好,可称得上是各馆的"宠儿"。但由于年代久远,我国是一个古老而文明的国家,先辈们给我们留下了十分丰富的典籍史料。据粗略统计,仅内地公共图书馆收藏的古籍善本约 2209 万册,普通古籍 2645 万册,以及即将收入《民国时期总书目》的普通古籍约 11 万余种(主要是北京、上海、重庆三地馆藏的数字);根据 1981 年增订的《中文期刊联合目录》和准备出版的它的续编本,建国前的中文旧期刊(含自然科学)约 4 万余种;依据《中文报纸联合目录》的统计,中文旧报纸约 7800 种;还有许多珍贵的手稿、碑拓、舆图以及经卷、档案等尚无准确的统计。

各种自然的、生物的以及人为的种种因素,这些文献都遭到了不同程度的损害。比如在我国南方高温、潮湿的环境,对各种文献的保存都是致命的损害。每当我们参观南方省市图书馆书库时,翻翻书架上的图书,用手摸一摸,总是会感觉到图书的受潮程度;纸质变黄、变脆,稍微碰一下,就会有纸屑脱落,有些古籍遭虫蛀或受潮霉烂,毁坏得不成样子。

在有关专家们的呼吁下,中央领导同志对此十分关注。1981 年,中央(81)37 号文件指出:"把祖国宝贵的文化遗产继承下来,是一项十分重要的,关系到子孙后代的工作。现在对有些古籍文献的孤本、善本要采取保护性的抢救措施。图书馆的安全要解决。"当时的政治局委员胡乔木同志曾对采用缩微手段,进行文献抢救作了这样的批示"……这些事情一向无人注意,拖久了必致损失,缩微事业关系到我们的文化遗产的保存,意义很大,告图书馆司一并从速进行"。1983 年 4 月,图书馆局在北京召开了有北京图书馆和部分省市图书馆缩微技术干部参加的缩微技术座谈会。经过近两年的筹备,1985 年 1

月,图书馆局在南京召开了全国第一次图书馆文献缩微工作会议,宣布了"全国图书馆文献缩微复制中心"正式成立,并讨论通过了《全国图书馆文献缩微复制中心章程》(草案),从此缩微中心文献抢救工作开始走上轨道。

二、具体做法

1.建立缩微复制网点。在全国公共图书馆系统中建立了缩微复制网点,开始为 11 个,后来发展到 14 个,到去年为止又发展为 21 个。这 21 个网点遍布华北、华东、华中、中南、西南、西北、东北各大区。这 21 个网点,同时又负责附近省市图书馆的文献抢救工作,使那些没有配备缩微设备的省市图书馆的文献也能及时得到再生性保护。

2.培训一支缩微技术和文献编辑队伍。在"缩微中心"成立以前,文化部图书馆司就开始筹备这项工作,派人到国外进行技术考察,举办技术培训班,选购设备,协助设计缩拍机房,结合我国国情制定各种制作标准和各种文献著录规则。我们在准备进行某种文献抢救前都要举办形式多样的培训班、研讨班。以 1986 年为例,我们 4 月在上海、6 月在长沙先后举办了两次文献整理、编辑培训班;7 月在北京召开 3 次解决管理工作为主的研讨班;10 月在重庆举办了缩微技术交流与技术考核;12 月又在杭州组织了缩微技术培训班。对新建的拍摄网点除邀请他们参加培训班外,还请他们派人到拍摄整理力量较强的网点学习,经过这些培训使大家按同一规则、同一标准制作缩微品。

3.统一协调各图书馆拍摄计划。为避免重拍和漏拍的现象发生,我们一面请各馆根据本馆文献馆藏情况,每年上报各文献拍摄计划,由"缩微中心"统一协调,批准后实施。另一方面又请一些对古旧文献熟悉的老同志、老专家帮助选题,一旦发现遗漏,我们就主动推荐给有关馆,请他们核对馆藏后补报拍摄计划。

4.为使所拍文献尽可能完整,各种文献必须经过补配、修整、编辑后方可进行拍摄。

5."缩微中心"根据缩微胶片长期保存的要求,修建了国家母片库,两次更换空调设备,使其温湿度达到国家规定的标准。凡入库的母片均需进行严格检查,质量不合格的均需重新制作后,方可入库。

6.为使此项工作能长期持续地发展下去,每年都召开技术部主任会议。1992 年以前,每年召开由馆长和技术部主任参加的年会,根据各馆完成任务的数量、质量进行总结评比,做到互通情况,互相支持。

三、十年来,文献抢救工作成绩显著

自"缩微中心"成立到 1995 年年底,经技术科检查合格并入库的缩微品母片有:报纸

2156 种,17 636卷,达10 581 600画幅;期刊 7342 种,5344 卷,达12 825 600个画幅;古籍善本 22 199种,22 054卷,达13 894 020画幅。建国前报纸是首先抢救的文献,效果最为明显。笔者对已出版的建国前《中文报纸缩微品目录》中收录的 1487 种旧报就出版时间和出版地进行了分析统计 。就出版时间而言,1861—1919 年"五四"运动以前出版的报纸 161 种;1919—1923 年第一次国共合作时期与继续出版的有 69 种;1924—1927 年第一次国内革命战争与继续出版的有 66 种;1927—1937 年第二次国内革命战争时期有 391 种;1937—1945 年抗日战争时期有 344 种;1946—1949 年解放战争时期 456 种。从纵向分析,我们拍摄的报纸没有空白点。就出版地而言,北京 152 种;天津 48 种;河北省 27 种;山西省 11 种;内蒙古 8 种;辽宁省 23 种;吉林省 20 种;黑龙江省 21 种;上海 334 种;江苏省 149 种;浙江省 72 种;安徽省 19 种;福建省 45 种;江西省 24 种;山东省 54 种;河南省 23 种;湖北省 44 种;湖南省 78 种;广东省 58 种;广西 33 种;海南省 2 种;四川省 125 种;贵州省 2 种;云南省 51 种;陕西省 31 种;甘肃省 9 种;青海省 1 种;宁夏 1 种; 台湾省 3 种;港澳及其他地区 33 种。

从横向分析,全国除西藏和新疆维吾尔自治区外,各省均有自己的重要报纸。

建国前的旧期刊仍在继续拍摄,尚未形成目录。就出版时间和内容而言,除了大量的近现代刊物外,有我国近代最早的文学刊物《瀛寰琐记》《回溪琐记》《寰宇琐记》;最早的科技刊物之一《格改汇编》;还有待入库的我国历史最悠久的综合性刊物《东方杂志》;以及辛亥革命前资产阶级改良派的重要刊物《新民丛报》,辛亥革命时期资产阶级革命派的刊物《醒狮》和宣传无政府主义的刊物之一《新世纪》等。

收入《全国善本总目》59 000种善本中,我们拍摄了 22 000 多种,这里除了许多珍本、孤本外,各拍摄点还拍摄了本省及其他地区的地方志,这对我们了解各地的地理、历史、教育、地产和人物等提供了丰富的依据。

四、对文献抢救工作的几点评估

1. 文献抢救工作丰富了各图书馆馆藏

我们的祖先为我们留下了丰富而宝贵的文化遗产,但由于年代久远,各馆都不同程度地存在缺失问题。"中心"曾强调用最好的原件,最完整的资料拍摄各种文献。国家馆和各省市馆有义务为其他馆补配所缺资料。"中心"的这一提案,得到了当时各位馆长与同行们的支持。有些省市文化厅宣传部还专门发文要求本地区各公共图书馆积极支持这项工作,使得补缺工作能较为顺利地进行。例如馆藏十分丰富的上海图书馆,1893—1897 年间的《新闻报》本馆馆藏仅 217 天,补缺后达到 1600 天;1911—1913 年间的《时事新报》馆藏仅 14 天,补缺后达到 400 天;1907—1909 年间的《神州日报》馆藏仅 31 天,补缺后达 610 天。上海馆给其他省市馆补缺了 10 万拍旧报纸,同时也从兄弟馆补到了 370 万拍旧报纸。北京图书馆自文献抢救工作开展以来究竟从各馆补缺了多少报刊,同时又为各省市馆补充了多少报刊,数字之大恐怕连北图自己都说不清楚。这种互通有无的方式大大提高文献的完整性及其史料价值。缩微中心为各馆提供了一套本馆拍摄的报纸、期刊及善本的第二代母片,并无偿赠送了当时无缩微设备的省市馆本地区的重要报纸的拷贝片,这就大大丰富了参与抢救工作的各协作馆的馆藏。

2. 文献抢救工作促进了缩微事业的发展

缩微摄影技术在我国虽然已有 50 多年的历史,早在 20 世纪 40 年代北京图书馆就率先从美国引进了系列化成套设备,为缩微摄影技术的发展奠定了基础,但多年来作为图书馆现代化手段之一的缩微摄影技术进展一度曾较为缓慢。缩微中心成立之前,全国只有北京图书馆、上海图书馆、南京图书馆和辽宁图书馆建立了缩微组,有一定的缩微摄影技术力量。大部分省市图书馆没有缩微设备,也没有缩微技术人员。"缩微中心"成立后,帮助各省市馆配备了成套的缩微设备,建立了拍摄网点,开展技术协作,大大促进各馆成立缩微阅览室,促进了我国缩微技术事业的发展。随着科学技术的发展和知识载体的多样化,缩微技术在电脑、光盘等现代技术相融合的多介质复合信息系统中将发挥重要作用。

3. 文献抢救工作培养和锻炼了缩微技术队伍和文献整理编辑队伍

"中心"成立以前各馆技术都很薄弱,参与抢救工作的同志大部分是新手。过去由于对缩微品缺乏全面的技术管理,没有把文献整理编辑工作看做是缩微摄影技术的一个组成部分。在缩微胶片上看不到文献著录,也没有分割标板,因此培训技术人员和文献整理编辑人员的任务相当繁重。"中心"在制定技术标准的同时,又编写了各种文献的著录规则,采取形式多样的培训班、研讨班和技术交流会等,从理论和实际上培养与提高这两方面的人才,虽然各馆的缩微队伍的成员更换频繁,但我们的缩微工作仍在有条不紊、按部就班地进行下去。

十年来,我们完成了大量的拍摄任务,文献抢救工作不仅在国内,而且在国际上都产生了一定的影响,有许多成功的经验,当然也有一些教训,我们将认真总结,把文献抢救工作更好地开展下去。

（原载《缩微技术》1996 年第 3 期）

论缩微影像技术与明清档案的现代化管理

中国第一历史档案馆　黄亚非

一、缩微技术的应用是明清档案现代化管理工作中起先导和决定作用的基础工作

中国第一历史档案馆早在 20 世纪 70 年代初就针对本馆保存的明清档案开展缩微技术应用的工作,先后经过三个发展阶段。建立了以 16 毫米银盐卷式缩微片为主、35 毫米银盐卷式缩微片和封套平片为辅的明清档案缩微品制作系统。20 年来,已经缩微拍摄档案 1500 万余幅,使我馆收藏各种档案缩微品已达到 2 万余盘。目前缩微技术工作已经发展成为该馆档案技术保护工作的重要组成部分,并且显示了它的不可替代的作用。

1. 缩微技术的稳定性是保护明清档案的可靠的技术保证。缩微技术的稳定性主要体现在缩微品影像的稳定性。缩微品具有凭证作用、制作成本低、影像稳定、保护档案、替代原件使用等特点。缩微品与其他机读记录和直接目视记录相比,具有高信息容量、高清晰度、低记录成本等特点。由于缩微品的生产、制作、使用、流通和保存的国际技术标准化,保证了缩微品影像质量和极高的稳定性。实践证明银盐胶片影像的寿命已经达到 150 年。自 1985 年档案保存第二次国际会议以来,专家们反复确认和指出:作为档案保存最安全、最没有风险、最便宜、最保真的一种档案保存载体,仍然是黑白的卤化银材料。

2. 缩微技术的标准化和规范性促进了明清档案整理和编纂工作进程。缩微技术具有健全的国际标准化管理,严格的规范性为使用缩微品提供了良好的环境。在档案顺序编排和档案史料编纂的工作上提供了许多方便条件。可以将档案的整理、编排和编纂工作相结合,利用各种缩微品的特点。采用具有内容连续、排列规范特点的卷式缩微胶片,按照馆藏档案的排列顺序将档案内容系统、完整、快速地记录下来。另外,在常规档案史料编纂的工作中,可以提供缩微品作为原始文件,进行二次专题文献编辑,增大单位时间的档案内容的查询数量,加快各种不同档案史料专题研究的进度。缩微品制作技术已经成为明清档案史料的整理和编纂工作的一种重要、迅速、有效的技术和方法。

3. 缩微品的利用和传递方式推动了档案史料的交流活动。开发明清档案,向社会提

供史料咨询,与馆内外史学界进行学术交流是档案馆重要工作之一。由于档案缩微品作为直接或间接地参与档案史料交流的媒介,改变了以往单纯以纸张形式进行文化交流单一模式。以缩微品公布档案史料具有尊重档案原貌、内容准确、复制迅速、携带方便等特点。使一次性制作费用远远低于其他形式的复制费或出版印刷费用。从而解决了出版和交流档案史料没有前期大额资金投入的问题。对于大量档案史料讲,利用缩微技术制作档案缩微品出版物比一般印刷出版物的制作速度要快 10 倍以上。近年来,明清档案缩微品交流已经成为该馆对外进行明清档案史料交流的主要形式。

4.缩微技术的运用促进了明清档案管理模式的根本转变。信息存储技术应用的程度是档案馆现代化管理水平的重要标志,10 年来中国第一历史档案馆特别注重缩微技术应用的先导作用。大量重要的档案史料和利用率高的档案史料的缩微复制,7000 余盘档案缩微品的开放利用,使读者人均提调档案使用率急剧减少。从 1986 年的 189 件减少到1993 年的 9 件,不足 1986 年的 5% ;缩微品的人均利用率猛增到了 67 倍;人均一次性档案史料选材量增加了一倍。缩微技术在档案管理工作中的应用得到了不断深化。

随着现代影像技术和传输技术的发展,档案缩微品、复印件、磁记录和影印本多种形式的输出和转换的多媒体技术应用,档案缩微品数量的增加,将使管理方式产生了从量变到质变的变化,将从根本上逐步改变档案整理、编目、编纂、公布、交流利用和保护的管理工作模式。

二、明清档案管理工作深化的关键是实现档案的信息化管理

1.信息化管理模式是促进档案馆现代化管理进程的前提。在市场经济机制运行中,档案馆的机构设置已经列入文化事业部门,对社会开放利用。随着我国《档案法》逐步发挥作用,档案资源逐步参与社会信息领域服务业务,使档案资源管理工作从为政府部门单向服务体系转向为社会的多方位服务体系,使档案管理从相对静止的管理体系走向动态信息管理体系,从观念上传统的档案属性和管理模式已经被活化。另外,在国内外的高速运行的信息环境中,档案馆的工作将面临着解决明清档案的保存和利用的管理,调整档案馆机构适应社会的发展,更好地发挥档案馆功能和档案管理人员的作用,解决档案与其他信息的统一管理,解决档案管理的发展经费等一系列问题。根据档案来源的特点,将档案管理的模式纳入信息管理轨道。促进档案资料的采集、整理、管理、交流,使档案这一极为珍贵的信息资源有效地回归于社会是应用技术的合理选择。

2.信息化管理促进档案馆管理机制深层次的变革。档案现代化管理必须实行信息化管理。档案资源的管理引进信息运行管理机制、实行信息化管理之后,将对档案管理

产生显著变化。档案资源在信息管理环境中得到进一步的开发和优化；明清档案、科技档案等进入信息市场，有效地参与社会运行，提供档案管理发展资金，促进档案资源和技术设施的合理配置；在通过畅通的信息交流途径传递档案信息时，完善档案的标准化整理、编目、查询和社会服务工作；在档案的动态管理过程中，引进信息领域的管理技术，改革现行管理体制，培养档案馆现代化管理人才，应用现代化信息通讯管理技术和设施装备档案馆，发挥缩微影像技术、计算机数据管理技术和光盘存储技术的不同优势，建立全方位的档案信息服务系统。由此我们可以看到，档案信息化管理模式的建立将在明清档案管理机制方面产生一系列深刻的变化。

三、建立和完善明清档案缩微影像管理系统

明清档案缩微影像管理系统概念应该是随着现代科学技术发展逐步完备的观念。今天的"系统"观念应该包括：建立符合明清档案条件的缩微品制作系统、计算机辅助管理系统、目录管理系统、质量标准管理系统、专业技术人员管理体系、中央技术决策管理系统等多个分系统构成的综合管理系统。"系统"要兼顾明清档案原件保存、缩微复制、史料编辑、图像信息传输、档案采集、目录检索、文件著录的功能，兼顾档案信息的人工携带和网络传递过程的要求，兼顾纸张、胶片、磁盘、光盘载体形式。现代信息管理技术发展使缩微技术的应用更加合理和有效。根据现代科学技术的发展，建立以明清档案缩微品替代档案原件为主的利用方式、封存档案原件的档案保存方式、计算机辅助检索的目录管理方式和各种载体的传输方式的明清档案缩微品管理系统。即建立一个具有多种外设设备、多种管理功能、多种载体形式、多种传递途径的全新的"多媒体"信息系统。

（原载《档案学研究》1996 年 S1 期）

我国文献缩微品计算机管理之我见

广东省立中山图书馆　叶根平

1　现状

我国的文献缩微品拍摄工作起步较早。北京图书馆在20世纪40年代就已开始引进文献缩微拍摄设备,用缩微摄影技术对珍贵的古籍文献进行缩微拍摄,以达到抢救保存的目的。而有组织、有计划、大范围地在全国公共图书馆系统开展古籍文献的缩微抢救工作,则是在1985年全国图书馆文献缩微复制中心(简称"缩微中心")成立以后。至1995年年底,在全国公共图书馆系统已经建立了21个缩微复制网点,拍摄成合格缩微胶片并入库的古籍善本、建国前期刊、建国前报纸有3万多种;同时建立了文献缩微品目录,全国十多家公共图书馆能提供超出馆藏范围的文献缩微品阅读服务,文献抢救工作的成绩显著。除了抢救性的文献拍摄工作,北京图书馆等大馆还注重从国外收集其他文献种类的缩微品,例如美国国家历年博士论文缩微品库等,一定程度上丰富了我国的缩微品库藏。

为了更好地保存利用这些珍贵文献的缩微品,"缩微中心"对全国公共图书馆的缩微拍摄工作进行统一管理,包括拍摄质量由中心控制、目录的著录格式标准化、母片拷贝片分库存放、统一编辑出版缩微品书本式目录等,对我国文献缩微品的管理和使用产生了较大的作用。"文化大革命"后,我国古籍文献的抢救任务很迫切,"缩微中心"在过去的10年把工作重点放在"抢救"上,比较重视文献的拍摄、缩微胶片的质量控制、片库建设等基础性工作,相对来说,对开发利用缩微品资源的措施则较少。在配备了基本的缩微阅读器之后,缩微品的阅读利用,主要由各成员馆自行开展,"缩微中心"则疏于跟踪指导。由于经费、人员、技术诸方面的原因,馆藏缩微品常常不能有效地替代原始文献,对各成员馆来说,文献缩微化的效益不明显,所以在场地、人员、设备维护、目录管理等方面缺乏主动性,更不用说购置和利用计算机等现代技术来管理缩微品(或目录)。

毗邻广东的中国香港地区,公共图书馆和大学图书馆都比较注重收集国际上有价值的缩微文献,利用先进的缩微检索技术和阅读设备,开放缩微文献机检目录,提供集中阅

不拍或不交。各成员馆缩微品的馆藏量普遍较小,基本上不收集采购馆藏文献以外的缩微制品。馆际之间的缩微品资源也极少交流互借,加上手工管理,目录不能共享,单机阅读等,各馆的缩微文献建设没有形成一定的规模,没有期望大的效益,影响了缩微品文献的共享利用。

2.5 宣传力度和开发力度都不够

关于缩微品及其收藏、阅览对图书馆基础业务建设的重要性和优势,"缩微中心"和各成员馆专业人员的宣传工作不够广泛和持久,使得各成员馆的一些领导和图书馆工作者对缩微工作的重要性认识不够,不重视文献的缩微化工作,或不重视文献缩微品的管理、开发和利用。全国几乎没有利用文献缩微品开展古籍文献的二次文献开发项目。而有利于文献缩微品利用和开发的缩微品(及其目录)的计算机管理和缩微文献电子化工作,则刚刚处于起步阶段,尚无效益。

3 设想

国内的信息高速公路基础化建设发展很快。但突出问题是:有了路(CNPAC、CNNET等),有车(各种信息部门和服务器),但可运的货(电子化信息产品)却极少。国际上有影响的网络如 OCLC、DIALOG 等,均以其庞大的数据产品库立足并发展。信息产品的贫乏是国内信息市场规模发展的最大障碍。社会的信息化趋势,迫切需求各种有特色的信息产品,而古籍文献是我国特有的、极珍贵的文化财产。如果能充分利用我们丰富的古籍文献(或缩微品)资源,加大开发力度,加强古籍文献的电子化工作,就能在全社会的信息化建设道路上,占据一个制高点。

"缩微中心"组织的十年文献抢救工作,积累了巨大的古籍文献信息资源,近 6 万种全文拍摄的古籍文献。如何对其加以开发和利用,以产生更大的社会效益和经济效益,似乎已经提到议事日程上来。开发利用的前提是先进有效而严格的管理(包括标准化、规范化工作)。从目前来看,利用现代技术(包括计算机技术、网络及通信技术、光盘存储技术等)手段管理缩微文献,并开展相应的电子化工作和信息服务,以提高我国缩微品利用的整体水平,不仅是必要的,而且是可行的。国外已有美、日等发达国家的成功先例,国内三大系统图书馆的自动化建设、文献开发和电子化工作,也积累了许多经验。"缩微中心"应利用这些有利条件,适时地、有步骤地开展文献缩微品的计算机管理和缩微品电子化工作。

(1)对全国古籍文献缩微品的计算机管理和电子化工作进行研究、分析,制定出我国用现代技术手段管理利用缩微文献的发展规划。该规划作为我国文献缩微品实行计算机管理和缩微品电子化工作在一定时期内的指导性文件,应包括长短期目标、主要技术路线、软硬件计划、实施步骤、组织领导机构、经费和技术人员培训计划等内容。建议其短期目标为:建立全国缩微品目录数据库和相应的规范文档;根据 CNMARC 国家标准,开展缩微品机读目录标准化的研制工作;引进应用或合作开发缩微品的数字化设备;研究开发小型方便的缩微阅读设备;研究开发"全国公共图书馆缩微品目录联机查询系统";向公众社会信息网络提供若干个缩微文献的二次开发电子化产品和开放"缩微中心"网页(HomePage)。长期目标为:建立国家现存古籍文献缩微品数据库,包括多途径检索目录、文献背景介绍、内容简介全文等;收集遗缺的珍贵古籍文献缩微品和国际上有影响的缩微制品和缩微文献数据库;建成全国缩微文献电子化信息网络;建设内容丰富的全国文献缩微复制中心的 WWW 服务器。

(2)分析我国缩微品管理现状与规划目标的距离,制定计算机管理和电子化工作的阶段性任务,并进行可行性分析。因为"缩微中心"的特殊地位和十年来特殊的管理方式,不仅在全国范围内培养锻炼了一支热爱文献缩微事业、熟悉现代缩微技术的干部队伍,而且形成了一种配合协作的良好环境,这是"缩微中心"实现下一步电子化目标的坚实基础。但缩微品的计算机管理和电子化工作涉及的高新技术成果多,技术含量高,经费投入大。特别是全国范围的缩微品文献管理和利用是一项技术密集型的系统工程。于是,对现状和目标的分析、对国内外相关技术的跟踪技术路线的选择制定、阶段性任务的组织实施以及跟踪等,都成为规划目标能否有效而经济地实施的关键所在。为了选择和制定一条最佳的技术路线,借鉴学习国际上的先进经验和教训,"缩微中心"有必要在规划目标实施的过程中,组织参与工程建设的技术骨干和有关领导去国外考察、学习,既能学习了解国外结合运用缩微技术和计算机技术、光盘技术、通讯与网络技术的成功经验,也能消除疑虑,增强对进一步开展文献缩微工作的信心。

(3)为了实现全国缩微品的计算机管理,在统一要求、统一格式的前提下,"缩微中心"各成员馆应对馆藏古籍文献缩微品进行整理分类,尽快建立各自的馆藏古籍文献缩微品目录数据库。从搜集数据的角度讲,前期但求齐全、完整、可用,未必一定要强调标准化。优先解决文献缩微品的机编机检,以期尽快建立全国文献缩微品目录数据库和相应的联检系统。要实现计算机管理和建立机读数据库,选择或开发一个合适的计算机软件系统是至关重要的。在考虑常规的系统功能、用户界面、系统可靠性和可维护性的同时,应了解和跟踪计算机硬软件、通讯和网络、光盘或其他存储介质等相关技术的发展趋势,充分考察软件系统对计算机硬件和操作系统平台的依赖性、系统可扩展性、网络功能的实现、开放性和对外构网能力等方面的性能因素,以适应缩微文献电子化和网络化的长远规划要求。目前,"缩微中心"和辽宁省图书馆已经开始了缩微文献目录的计算机管理和缩微品电子化的前期工作。辽宁省图书馆还开发了相应的计算机管理软件。为了让全国各成员馆都开展这项工作，"缩微中心"可召集计算机和文献方面的专家及专业人员对现有计算机软件和国内外相关软件进行考察、论证，在此基础上选择一两个适用的缩微品管理软件。也可以以与第三方合作的方式，开发相应的管理软件、公共检索软件和古籍专题的多媒体数据库管理系统，向各成员馆推荐，以帮助各成员馆对缩微文献进行机编机检，建立各自的缩微文献机读目录，提高缩微文献的利用水平。这样，既能避免在计算机管理软件上的低水平重复开发，又加快了我国缩微品计算机管理的整个进程。

（4）利用国家现有的文献管理电子化标准文件、规范文档等，针对古籍文献特有的文物性和典藏、著录特点，根据计算机管理对数据标准化和计算机信息网络对数据共享的要求，开展对古籍文献缩微品机读目录标准化及规范控制等软课题的研究。例如：对照现行的文献著录规则，根据古籍文献的特点和计算机管理的需求，对规则所作的补充或说明；符合网络建设需要和 CNMARC 国家标准格式的缩微文献目录数据库格式；全国古籍类文献的人名、地名等规范文档等。在此基础上建立全国缩微品远程公共联机检索系统，向社会信息网络开放提供标准格式的我国古籍类文献机读目录数据库，最终实现"缩微品网上阅读"的目标。

（5）组织文献专家，分析论证古籍善本的信息开发项目，利用成熟的现代技术手段再现我国的珍贵文献。现代信息技术日新月异的发展，使文献信息呈现载体多元化、存储数字化、传播高速化、使用普及化的趋势。如果缩微文献的利用只满足于目录的计算机管理的机检、缩微品取阅更方便等传统缩微品阅读方式的改进上，则缩微文献的利用就很可能不能满足信息化社会的要求。文献缩微品的计算机管理，是缩微文献电子化工作的基础，是为了更好地利用这些珍贵的古籍文献资源。如果能结合运用缩微胶片数字化技术、压缩技术、网络技术等，并利用"中心"库藏的全国古籍文献缩微胶片，开展对丰富的古籍文献进行有专题、有深度的二次开发工作，逐步建立一批有特色的缩微文献信息数据库，才能使缩微文献的利用有所突破而上一个档次，才能使古老的古籍文献焕发青春、古为今用，才能使缩微技术重新充满活力。

（原载《缩微技术》1998 年第 1 期）

论缩微品在文化保存中的作用

湖南图书馆　　张　勇

文化保存的手段和方式随着人类社会水平和技术发展的进步而不断变化,出现过金石、甲骨、简牍、缣帛和书籍等多种载体形式。每种载体都在某个历史阶段对人类社会文化的储存、普及利用和传递发挥了重要的作用。缩微品作为替代介质印刷品的主要形式,同样承担了文化保存和传递的历史任务。现代社会技术进步迅速,计算机技术、光盘技术迅速崛起,相应载体的文献资料应运而生。面对这些不同类型的载体,在充分肯定和高度评价缩微品的历史作用的同时,应该把缩微品置于现代科技水平的大环境中,对其在文化保存中的地位和作用进行重新审视,准确预测它的发展前景,这是开展文化保存工作并继续保持缩微品的生机和活力所必须关注的问题。

1　缩微品是适应文化保存的社会需要而产生的

缩微品的生产就世界而言已有 100 多年历史,当时记录文献信息的主要载体是纸张等印刷品。由于工业革命极大地促进了人类社会的进步,知识信息的传递及文化保存的要求及规模不断增长,而纸质的许多珍贵历史文献资料,却因年代久远,变色发霉、虫蛀,有的已无法再复原。重要文化历史文献资料的保存抢救是一个永不间断的历史过程。人们在继续使用传统的记录媒介时,也充分认识到其固有的一些限制和不足,不断寻求新的更好的替代性解决方案,而技术的进步为改造原有记录形式和研制新的信息承载媒体提供了可能。

基于摄影成像技术的缩微技术因适应文化保存的社会需要而产生,并成为当时技术背景下,可供选择的较好的文化保存技术。缩微品独有的文化保存特性如下:缩微品如拍摄冲洗质量符合要求,保存条件适当,它的保存期限及质量远大于纸张,可达几百年,是文化信息永久保存的最佳载体;缩微品影像属于模拟影像,将原件幅面的大小、字符、图像按一定的缩小比例模拟记录下来,在记录、拷贝和还原过程中不能随意改变,是原始文化的真实记录,具有记录的真实性和存档的永久性。

从 1938 年起,缩微品在欧洲一些国家取得了法律认证的合法地位。我国将缩微产品应用于文化保存工作的时间较晚,新中国成立前只有抗日战争期间,国立北平图书馆寄存在美国国会图书馆的善本缩微胶卷 1056 盘。到 1984 年文化部批准成立全国图书馆文献缩微复制中心后,才开始大规模使用缩微技术进行文化保存工作。

2 缩微品对文化保存工作的历史贡献

缩微品的出现以及广泛的社会应用对促进世界范围的文化保存工作起到巨大作用。世界各大图书馆、档案馆、科研系统都在广泛利用缩微技术进行再生性抢救工作,生产了大量缩微品。

美国犹他州家谱协会自 20 世纪 80 年代初就开始在中国内地利用缩微技术拍摄大量家、族谱进行收藏。美国国会图书馆早在 1980 年即已收藏缩微胶片 200 多万件,并向社会开放提供利用。

我国各大图书馆、档案馆、科研系统,也在大量生产制作缩微品。十多年来,在各级政府和社会各界的关心支持下,国家图书馆以及全国 21 个省市公共图书馆设立了文献缩微复制机构,建立了 30 多个缩微阅览室,为抢救祖国珍贵遗产,弘扬民族文化做了大量的工作,文献抢救工作取得了显著成绩。截至 1996 年年底,共抢救各种珍贵文献 42 700 余种。其中报纸 3227 种,18 000 余卷;期刊 13 163 种,7000 余卷;古籍善本 26 370 种,25 000 余卷;补缺报纸 224 万 4 千余版,补缺期刊 17 000 余期,基本完成了建国前的古籍善本和旧中文报刊的缩微复制工作。

中国第一历史档案馆在以缩微品形式保存文献档案方面也成绩显著。其利用缩微技术在档案界率先对馆藏满、汉、藏、蒙等多种文字的 1000 多万件明清档案进行缩微复制,至今已拍摄缩微胶片 8000 多盘,内容涉及政治、经济、文化、外交等各个领域,是研究中国发展史、对外交往等多领域的第一手材料。据不完全统计,档案系统对许多重要、珍贵的档案进行了抢救性的缩微拍摄工作,共制成缩微卷片 400 多万米、缩微平片 800 余万张;科研系统完成了 40 多万盘缩微卷片和 350 多万张缩微平片的科技文献的缩微工作。

图书馆、档案馆、科研系统在生产制作缩微品的同时,特别注意利用缩微品进行交流和提供替代性服务,制作出大量缩微产品向读者提供阅读使用。通过缩微品的利用,极大地降低了对馆藏原件的提调使用,使馆藏原件等文化产品得到了妥善保存。仅以中国第一历史档案馆为例,近 20 年来不仅接待了 20 多个国家的利用者 2 万多人次,还先后为美国、日本、中国台湾、新加坡、韩国等国家及地区制作缩微品专题片 20 多个项目,扩大了历史档案在国际范围中的影响。这说明社会需要成本低、节省空间、保存期长、检索方便的缩微品的存在和发展。

缩微制品的大量出现,充分保障了文化信息的文献保存与积累,也带动了文化出版与交流,有关资料表明,世界发达国家缩微品出版物以 16% 的增长率每年递增,这些国家有 60% 以上的产业依赖信息技术生存,在信息产业中缩微品占的比率为 25%。我国各种文献缩微品对外发行的贸易额每年稳步上升,年贸易额已超过 500 万元。

3　文化保存多元化趋势中缩微品的地位

(1) 文化保存具有多元化品质及趋势

这是由现代科技为文化保存工作所提供的多样性选择的现实及各载体本身所具有的不同特点所决定的。一千年前,纸质载体以其特有的优势,诸如重量轻、所载信息量大、携带方便、价格低廉,克服了竹简、木牍、羊皮等载体的弊端,一举登上载体主导地位。即使在这样的历史背景下,文化保存领域还有相当一部分信息是依赖于其他载体进行保存和传播。如古代三大石经的刻立,就是以石介质保存经书,以期达到较纸张更长久保存的目的。在当今的信息时代,缩微品、磁盘磁带、光盘等多种介质相继开发和应用,文献多途径、多载体存储成为现实的可能,这可以最大限度地保证文化积累存储在不同的知识载体中。各种载体的知识记录与保存功能相互融合,提高文化保存的质量和可靠性,这是人类科技的进步和历史发展的必然,代表了文化保存的发展方向。

(2) 新技术环境下缩微品存在的必然性

新技术环境下与缩微品互补或竞争性的文化保存介质,一是传统的以纸张为主要载体的印刷品。其中永久性纸张的生产及其制作标准的推广,可以有效增加纸张的生命周期。而且由于人们长期阅读方式的惯性作用及其本身直接承载人类自然语言的特点,将继续发挥重要作用。二是以计算机可读的数字模拟影像或数字文档等形式生产的大量数字化文献载体。如磁带、硬盘、芯片和光盘等,这些载体存储容量大,可以实现快速的信息检索和网络共享,是因特网架构的文献生产和传播的主要媒介,是相当一段时间里,文化保存研究及应用的主要技术和载体形式。

但是,这些载体的发展及技术的进步,都不能取代缩微品的存在和发展,缩微品独有的文化保存特性是其他载体所不可比拟的。概括地说应该有三个方面原因:缩微技术成熟稳定,在机器制造、生产流程、质量控制、规范管理等方面已形成了一套经过历史检验合格的技术,能够替代纸质记录成为现代文献保存与管理的重要手段;缩微品制作成本低廉,真实还原和再现自然语言的能力较强,是永久保存珍贵历史文献,如古籍、图书、善本、地方特藏文献的较好选择;缩微品在与高新技术结合,不断提高文化保存信息的记录、传递、检索和利用效率方面显示了极大的优越性和技术更新发展潜力。这说明缩微品的存在与发展具有历史的必然性，它与各种储存介质相比较，都有其互补的不可替代的优势，它们共同构成多元化文化保存体系的一个方面。积极分析和比较文化保存技术的发展规律，正确地选择并综合利用缩微品等文化知识载体的储存功能，对提高文化保存工作的水平具有现实意义。

4　缩微品适应文化保存多元化趋势的努力

（1）大力宣传缩微品的比较优势

缩微品产生以来，主要应用于文献资料的保存和抢救，从整体上看，应用范围比较狭窄，不像印刷品和数字化产品那样种类繁多，数量巨大。很多人至今不知缩微品为何物作何用，对它的利用也就可想而知了。因此，应该加强缩微技术的宣传力度，提高缩微工作的知名度，使推广工作强劲有力。这就需要充分发挥各级缩微协会及缩微技术人员的作用，在更广泛的领域内扩大会员队伍，增强协会的社会性，形成阵容强大的宣传、推广缩微技术的骨干力量。还要充分利用报刊、广播、电视等其他新闻媒介，系统全面地介绍缩微技术和缩微品的重要作用，采取有力措施，加大缩微品的开发应用力度，不断鼓励社会各界了解和使用缩微技术产品。

（2）提高缩微品的制作技术及管理质量

缩微品是否能够在文化保存多元体系中发挥应有的作用，从根本上来说取决于缩微品的制作技术和管理质量。虽然，影响缩微品长期保存的因素是多方面的，有缩微品胶片的结构、缩微影像加工过程、胶片保存环境中的温度、湿度及缩微品装具等，但一般来说，缩微品的寿命在很大程度上取决于缩微胶片化学物质的稳定性。因此，按照国际档案理事会缩微品保护指南的要求，对缩微品的制作技术及质量管理提出严格的规定，创造符合缩微品保存的国际标准（ISO 5466）的环境条件，这是每个缩微品的制作、保存与利用机构都必须重视的问题。这些标准规定，缩微品必须保存在合适和稳定的环境条件下。要求做到以下几点：配备合格的管理和维护人员；具有适宜的缩微品存储、保管和查阅场所；拥有良好的检验、拷贝、贮藏和阅读设备。

（3）积极探索缩微品技术与数字化技术交流融合的新途径

从发展的眼光看，随着计算机技术与网络通信技术的日趋普及和提高，发挥缩微品与现代技术相结合的优势是必然的趋势。近几年，美国、德国、日本等多家公司不断推出以缩微模拟技术和计算机数字技术相结合的软、硬件产品，大力发展缩微品影像扫描转换技术，成功解决了将缩微影像向数字影像转换的问题，实现了影像信息的小空间储存、修改、打印、网络传送等工作的统一管理,推动传统的缩微技术向缩微电脑化和高效率缩微化服务方向发展。这势必扩大了缩微品的应用范围,打破了缩微胶片必须通过阅读器观看的局面,使缩微品信息的传递冲破了系统、单一的拷贝、邮寄,可以通过计算机技术联网调用或传真。我们应该积极跟踪缩微技术发展的情况,不断探索将缩微技术与数字化技术交流融合的新途径,借助计算机网络技术所提供的先进手段,实现缩微技术的现代化改造,使传统的缩微利用方式能够逐渐适应新的高科技时代的发展,从而进一步做好文化积累与保存工作,造福于社会。

（原载《缩微技术》2002 年第 4 期）

浅谈清末普通图书的抢救拍摄

国家图书馆　张　莉

缩微中心 2000 年启动的民国时期平、精装图书的调研工作将 1949 年年底之前出版的中文普通图书的抢救拍摄工作提上了日程,时至今日,全国已有 14 家公共图书馆开始了各自馆藏的民国时期普通图书的抢救性拍摄,而参与民国图书调研工作的图书馆更是达到了 22 家。

此次大规模的中文普通图书收藏情况调查虽然称作民国时期的图书调查,但在实际工作中,调查范围则是包括了清末和民国时期出版发行的中文普通图书。与民国时期出版的普通图书相比,清末出版的普通图书(1912 年之前出版发行的平、精装中文图书)更具如下一些特点:出版年代久远,书籍老化损毁严重;鲜有统计,现存状况不清;现存数量少、保存状况差,抢救工作应尽快进行。

1　出版年代久远,书籍老化损毁严重

明清时期,我国书籍的装订形式主要是线装。第一次鸦片战争后,随着西方资本主义列强的入侵和近代机械铅、石印刷技术的传入,中国的出版事业发生了重大变化,随着铅活字印刷术的推广应用,近代铅印书籍和杂志开始出现。早期铅印出版物仍然采用雕版书籍的线装方式,以后,铅印书籍不断增多,逐渐成为出版物的主流,其书籍装订形式也随之发生了变化,以工业技术为基础的装订工艺——西式装订开始出现。西式装订是以印刷用纸的变化为依据的,铅印采取单页双面印刷的形式,版式也与单面印刷纸叶的古籍明显不同,不再适合于线装。西式装订有两种形式,即平装和精装,中国最早的中文平、精装图书便在晚清出版了。

从 19 世纪 50 年代到 1911 年年底,这几十年间出版中文普通图书的数量,已经不得而知了,仅从年代上来讲,即使是 1911 年出版的普通图书距今也有近一个世纪的时间了,百年间这些图书与我们的国家和人民一道经历了战乱、动荡、贫穷,它们在各自的图书馆中都经历过数次搬迁,这些当年先进的西洋技术的产物,如今都已是古旧图书了,这

些图书的破损程度已经到了令人吃惊的地步。以国家图书馆为例,根据国图刚刚完成的
"馆藏纸质文献酸性和保存现状的调查与分析"课题的成果,在国图收藏的各历史时期的
文献中,民国文献的酸化和老化损毁状况最为严重。在国图珍藏的 67 万册民国时期的
文献中,已发生中度以上破损的达到了 90% 以上,民国初年的文献更是 100% 破损。而清
末普通图书出版早于民国时期,其损毁的程度更是"惨不忍睹",已经是濒于毁灭了。导
致这种现象出现的原因主要有两点:

(1)图书纸张及生产工艺先天不足:清末是由手工造纸向机械造纸发展的初级时期,
造纸材料混杂,制浆工艺落后,导致纸张酸性强,质量差,保存期短;再加上当时的装订工
艺落后,极易造成书籍的破损。

(2)保护观念滞后,保存环境和保护措施不到位:在传统的图书馆工作中,一般人认
为古籍善本的文献价值更高,是亟待保护的,而对普通图书的保护意识非常薄弱,资金、
人力投入少。在很多图书馆,清末普通图书自出版以来,几乎从未采取过任何保护措施,
保护观念、保存环境及保护措施上的欠缺都加快了这一部分图书的老化和损毁。从这一
点来看,我国现存的清末普通图书已到了不得不抢救的地步了。

2　鲜有统计,现存状况不清

中国近现代究竟出版了多少图书,现在尚无完整、精确的统计。新中国成立后,全国
古籍界、图书馆界曾多次组织过我国现存中文古旧图书的调查工作,这些调查工作既有
全国范围内的,也有区域或系统内的图书收藏情况调查,调查的结果多以书目的形式反
映出来,其中影响比较大的有《中国古籍善本书目》和《民国时期总书目》。

1989 年 10 月由上海古籍出版社出版的《中国古籍善本书目》著录了全国各省、市、自
治区图书馆、博物馆、文物保管委员会、高等院校、科学院系统图书馆、中等学校、文化馆、
寺庙等单位的古籍善本,这部书目的编辑与出版是对全国各图书馆所藏古籍善本的全面
普查与总检阅。1995 年 6 月由书目文献出版社出版的《民国时期总书目(1911—1949)》
收录了从 1911 年到 1949 年 9 月我国出版的平、精装中文图书。这部书目,主要收录了北
京图书馆、上海图书馆和重庆图书馆收藏的中文图书,并补充了其他一些图书馆的藏书,
基本上反映了这个时期出版中文图书的面貌。

应该说这两部书目都很权威地反映了我国很大一部分古旧中文图书的现存状况,它
们伟大的现实意义和深远的历史意义自不待言,但令人遗憾的是清末普通图书的出版及
现存状况均不在这两部书目的收书范围之内,在其他一些书目中也没有看到对这一部分
普通图书的系统的反映。可以这样说,目前在我国的公共图书馆系统中清末普通图书的

现存状况仍是家底不清。因此对于这一部分图书的抢救性拍摄,不仅是对这一历史时期文献资源的保护,也是理清我国清末普通图书收藏情况的过程,具有双重的作用和意义。

3　现存数量少、状况差,抢救工作应尽快进行

从此次民国图书调查情况来看,我国清末普通图书的现存数量已经很少了。笔者分析了 5 家省级公共图书馆现存的清末及民国时期普通图书的入藏情况,从地域划分,这 5 家图书馆分处于我国的东北、华北、西北、西南及华中地区,1949 年之前的平、精装中文图书的入藏量最多的图书馆是两万六千余种,最少的图书馆是六千余种,总计七万余种。

在这七万余种藏书中,有相当一部分藏书是各图书馆之间相互重复的。从出版年代来看,现已无法考证图书出版年代,属于"出版年代不详"的图书有五千余种,而明确是 1912 年之前出版发行的清末普通图书是 502 种,除去各图书馆之间彼此重复的 10 种,在这 5 家省级图书馆中,清末普通图书现存不足 500 种,只占 7 万余种藏书的 0.71%。按这个比例推测,假设此次参加民国时期平、精装图书调研的 22 家图书馆的藏书总量是 60 万种,则这些图书馆清末普通图书的藏书量也就是 4200 种左右。

民国时期普通图书调研、抢救工作是缩微中心近几年来的一项主要工作,缩微中心从 2001 年开始入藏各家图书馆拍摄、制作的民国时期普通图书母片,仅 2004 年母片库就接收各家图书馆抢救拍摄的民国时期普通图书母片 5000 余种。同样照此推测,若清末普通图书的现存藏书 4200 种左右,考虑到各图书馆藏书量的差异、拍摄进度的快慢,如果各图书馆尽早、集中拍摄清末普通图书,那么少则 2 年,多则 3—4 年,我国现存的大部分清末普通图书的抢救拍摄工作就会基本完成。

4　抢救过程中需注意的问题

(1)此次参加民国时期平、精装图书调研工作的图书馆有 20 余家,这其中大部分图书馆具有缩微拍摄设备,对于馆藏文献可直接就地拍摄,但也有部分图书馆没有缩微拍摄设备,不具备拍摄条件,若保存在这些图书馆中的清末普通图书已是孤本,那么这部分图书的抢救拍摄工作的进行,可考虑将文献提供给具备拍摄条件的图书馆代为拍摄。

(2)从此次调研结果看,在各家图书馆都有相当一部分图书已无法简单地从版权页或书名页上看出其出版年代了,在书目数据中属于"出版年代不详"。这部分图书的数量约占这 20 余家图书馆的民国时期平、精装图书藏书总量的 7% 左右。对于这部分图书的出版年代还应进一步多方考证,尽可能地不遗漏其中清末出版的普通图书,使其尽早列

入拍摄计划。

（3）目前缩微中心对这部分图书的拍摄计划协调完全基于民国时期平、精装图书调研的书目数据，在协调拍摄计划及实际拍摄中，应考虑到书目数据有可能与原文献的实际版本情况有出入，因此对清末普通图书实际现存状况的统计，应以最终拍摄完成的文献为准。

（4）在有些图书馆，藏书会因其专业或版本的不同而分别入藏在不同的部门。例如在国家图书馆，大部分清末普通图书藏于典阅部，而地方志和版本较珍贵的清末普通图书则分别入藏于分馆和善本部。因此在拍摄的过程中，要注意统筹全馆范围内图书，力争使分藏于各部门的清末普通图书得以全部拍摄。而要达到这一目的，首先要做到民国图书调研工作的完全彻底。

（原载《数字与缩微影像》2005 年第 3 期）

利用缩微数字技术抢救民国时期文献

安徽省图书馆　石　梅

随着科技发展的日新月异,传统意义的缩微影像技术与新兴的数字技术相互融合,成为一种采用缩微技术、计算机网络技术相结合的复合技术,该技术通过由扫描仪、影像转换、数据处理、管理及还原等一系列的设备和计算机管理软件构成的一个系统,把缩微胶片上的影像通过数字化处理而成为数字影像,然后对其进行数据处理、存储和还原,它集中和发挥了缩微模拟影像系统和数字电子影像系统各自的优点,通过计算机管理软件实现文献信息网络检索、数据传输、原文再现和还原复制等功能,这就是今天广泛运用于历史文献抢救工作的缩微数字技术。

一、现阶段民国时期文献的收藏意义、现状及成因

(一)民国时期文献的收藏意义

在各公共图书馆历史文献的收藏中,有一类文献因其出版发行的年代而显得十分特殊,这便是民国时期的图书文献。这一时期似乎就是刚刚逝去的岁月,相较于宋元明清时期的文献,民国文献显得最为"年轻",学术界甚至有种观点认为它们不能归入古籍类别。民国时期的文献涵盖了自清末辛亥年至新中国新中国成立前夕(即 1911—1949 年),这期间传抄、刊印、出版、发行的文献,如书籍、期刊、报纸等类文献。

民国时期,政治经济虽然衰败,思想文化却大放异彩,社会转型、学术兴盛、方法创新"三位一体",互为因果,形成了思想文化中西汇流、百家争胜的兴盛局面。同时,民国文献是民国这一新旧、中西各种社会思潮汇聚、碰撞的特殊社会转型期的思想与文化的载体,记录着中国新兴的资本主义与自然科学的萌芽阶段,见证了中国摆脱半封建、半殖民统治的梏桎并饱受军阀混战之苦的艰辛历程,凝聚了中国人民八年浴血抗战、殊死抵御外辱的民族气节,也是中国共产党诞生并发展壮大和中国新民主主义革命走向胜利史实的最原始记录。民国时期是中华民族历史上浓墨重写的一段篇章,有太多的历史时刻值得纪念,发人深省。所以说,民国文献是一批极为重要的文献,其思想与文化价值不在善

本古籍之下,保存民国文献因此具有十分重要的意义,绝不能轻视。

（二）现阶段民国时期文献收藏现状与成因

然而民国文献的载体"寿命"却是最短的。究其成因,主要是因为民国时期正是手工造纸向近代机械造纸和印刷阶段过渡的时期,西方的机械造纸和印刷技术进入中国并得到广泛使用,造纸材料混杂,机械造纸制浆工艺落后,文献用纸多为机械打磨木浆纸和酸性化学浆纸,纸张酸性强,质量差,造成保存期很短。而古代造纸在选料上多用麻或者植物的韧皮纤维,工艺也以手工为主,这样造出来的纸张一般为中性或偏碱性,即便是遇到空气中的酸性物质腐蚀,也依然会保存相当长的时间,例如宋元典籍虽距今已近千年,但宋元善本如今翻阅起来依然不会有障碍。到了明清时代,造纸的原料更多的改用竹子,造出的纸质虽略逊于前,经认定也可以保存500年左右。此外,民国时期图书多为洋装书,装帧工艺落后,使用过程中也很容易造成破损,这造成了民国书刊与生俱来的"脆弱"与"娇气"。因此,目前大多数馆藏的民国文献都不能或难以提供原件阅览、扫描与复印,甚至文献原件自身的收藏状况都着实堪忧。例如,据国家图书馆调研,在其馆藏各类、各历史时期的文献中,民国文献损毁状况最为严重。目前中度以上破损比例已达90%以上,有相当数量的文献甚至一触即破。同样,这一现状还出现在民国文献数量较多的南京、广州、重庆等地的图书馆。研究表明,民国普通报纸的保存寿命为50年左右,民国图书的保存寿命为100年左右。民国文献的馆藏现状令人触目惊心,相关的报导见诸媒体,甚至文献界人士担心,如果不及时抢救,民国文献将在50年到100年内消失殆尽,试想,假以时日,一脉相传的中华文献历史岂不是将出现无法弥补的断流吗?

二、应用缩微数字技术保护珍贵文化典籍的意义与作用

历史学家说:"没有文化的历史是苍白的。"中国是有着几千年悠久历史的文明古国,留存下了大量珍贵的文化典籍。典籍文字早先是记录在甲骨、石头、竹简、木器、绢丝织物、陶瓦、冶炼金属器皿之上的,或难于保存,或限于携带,或价格昂贵,或不易书刻。自从宋朝的毕昇发明了造纸术之后,典籍的记录便逐渐固定在纸张载体上,千年不易,流传至今。为了妥善地保护和利用这些珍贵的古籍史料,人们投入了巨大的财力与精力,这种强烈的保护意识充分体现了我国世代相传的优良文化传统。伴随着科技的进步与昌明,保护古籍的方法也日臻得当,"纸寿千年"的危机意识促使人们关注新科技领域的成果并选择结合运用到古籍保护当中,而缩微数字技术在纸张文献保护方面的广泛运用,正是旨在有效地保护、抢救与传承中华绵延数千年、辉煌灿烂的文化遗产。20世纪80年代中期,由文化部成立的全国图书馆文献缩微复制中心在全国的公共图书馆范围内开展

实施"文献抢救"计划，使得大批珍藏于各图书馆的古籍文献再生于缩微胶片复制品载体上，得到了有效抢救与妥善保护。再经由缩微影像转化为数字信息处理，在信息时代的网络环境中得以流通共享，从而解决了古籍文献"收藏"与"利用"这一对困扰多年的矛盾。在过去二十年间，缩微中心依据《全国善本总目》《新中国成立前期刊联合目录》《新中国成立前报纸联合目录》中反映的数据，统一计划协调各成员图书馆缩微网点的拍摄内容，以实现抢救我国公共图书馆馆藏的古籍善本、新中国成立前旧期刊、新中国成立前旧报纸三大珍贵的文献资源，得到抢救与保护的古籍善本有28 600余种，新中国成立前旧期刊有14 000余种，新中国成立前旧报纸有3400种，拍摄成大量的缩微胶片。有着百余年历史的缩微影像技术以其对文献记录的真实性、完整性、可靠性，被广泛运用到我国珍贵古籍的抢救工作中，为后人保存下大量的文史资料信息。同时，将缩微胶片信息与数字技术手段有机结合，更加方便地检索、传输、阅览，迅捷地融入网络环境信息流，大大提高了文献的利用率。随着"三大文献"抢救工作的阶段性结束，民国时期文献的抢救工作正在新的阶段如期展开，自1997年起，缩微中心开始对民国时期的地方志和革命文献进行调查并制订摄制计划，如今各成员馆的民国时期图书书目调查已基本结束，并按照缩微中心批复的计划对民国图书进行拍摄抢救，同期制作成CNMARC格式的丹诚书目数据，为今后广泛的资源共享做好准备。

三、缩微数字技术运用在抢救民国时期文献方面的优势

（一）安全可靠的自身性能是缩微数字技术的主要优势

缩微摄影是用于摄影存储的定型技术，它是以胶片为介质，运用光学原理，通过拍照、冲洗、拷贝和还原等流程，将文字、图像等按比例缩小并存储于胶片的一种模拟影像技术。在长期的发展过程中，从制作工作到存储规范形成了一整套标准，目前ISO标准已有30多种，我国的GB标准也非常完善，各种规格的缩微品只要按照ISO和GB标准制作，便适合于世界通用。据美国KODAK公司1997年年初技术报告公布的测试数据，缩微胶片的保存期限为1000年。日本1996年阪神大地震时，存储在磁介质及光盘中的信息大部分丢失，而保存在缩微胶片上的信息则完好无损，充分证明了缩微胶片作为信息载体的长效特性。缩微胶片存储文献信息安全可靠，作为光学影像的记录，在使用过程中，缩微胶片即使是一点损坏也是部分文献的丢失，多数文献仍可以读出，不存在如光盘等载体存在的记录过程中的误码率、文献丢失无法察觉、计算机病毒影响软件、网络黑客破坏系统等从而破坏原文献信息导致无法恢复的问题的困扰。正因为缩微制品的安全可靠性能，国务院1990年10月24日发布的《中华人民共和国档案实施办法》中第4章

第 21 条确立了缩微品具有与档案原件同等效力的法律地位。

进入数字化时代，缩微影像与数字技术有机结合，形成了缩微文献数字化技术，在文献资料的记录、传输、检索、还原、复制及提高利用率方面显示了极大的优势和发展空间，如此优势互补的整合对大范围内民国时期文献的抢救工作具有非常重要的意义，为今后网络空间上缩微制品的资源共享、联机工作提供了前提与可能。民国时期文献缩微制品通过缩微胶片扫描仪，由模拟信息转换成数码格式，刻录在光盘等光电介质上，再由相关的信息管理系统实现存储处理、文献标引、信息识别及全文检索。为了提高民国时期文献影像处理的可控性，可建立相应的电子影像处理软件，使扫描的效果达到最佳要求。也就是说，将民国文献的纸质载体先经过缩微复制处理，之后再进行相对应的数字转换——由光盘刻录存储，使得民国文献信息完整地转移到新的载体之上，即理想的数字信息存储载体。数字化的民国文献具备了存储高密度、大容量、低收藏成本、可频繁使用等特点，并可提供给局域网的检索平台。如果能够建立民国时期缩微文献全文数据库，还可以克服缩微胶片检索和传输的不便，为网上用户提供民国时期文献信息的网际检索。可见，缩微数字技术使得民国时期文献信息从纸质载体中充分释放出来，完整地再现了民国文献的史料价值，可以满足读者多角度、多层次、全方位的检索要求。

缩微数字技术自身所独具的完整性、标准化、操作便捷可靠等特性，使其成为运用于民国文献抢救工作中的主要优势，充分满足了抢救工作的需要。

（二）合理的制作费用体现了缩微数字技术的成本优势

民国书刊不同于之前的线装古籍，大多采用双面印刷，开始逐步采用机械式装订，因此相比传统的古籍修复，民国文献的修复是一个完全不同的新状况。古籍修复一般是传统的手工操作，大量的工作是裱纸、修补与装衬，但这些工序在仅适用于线装书的装帧形式，页码散了可以手工重新装订，纸张碎了可以在背后裱上一层纸，不会影响翻阅，然而这些民国文献都不适用。针对民国文献的纸张特点，有一种叫做"纸张脱酸"的技术，这种方法能在不破坏原生态的情况下延缓书刊寿命，这套机械中有一个真空舱，不用拆散书页，放入书本后依靠机械力直接压挤出水分和空气，然后挤入碱性液体进行中和反应，方便又不损害书籍。这项技术从 20 世纪 60 年代就已经在英美等国得到认证和推广，但仅引进一套大型设备，就需要几百万的投资，而且仅存放这套大型设备，就需要 200 平方米的厂房，加上一些辅助设施，大约需要 400 平方米的场地。所用的材料也需要进口，脱酸成本约合人民币 0.30 元/页。上海图书馆曾经做过估算，每处理一公斤书，大约需要 20 美元。众所周知，民国文献各收藏单位普遍存在着经费紧张的问题，因此，针对大面积地抢救民国时期文献，采用直接的物理保护方法，在目前情况下几乎是不可行的。而运用缩微数字技术则不同，缩微品数字影像技术系统主要是由计算机、光盘存储驱动器、文览室,读者可自动检索、阅览,需要的话还能自动对缩微文献的内容进行还原复制,成为正常阅读品,缩微品的检索和阅读很方便。美国、日本等经济发达国家,缩微品的拍摄、制作、管理和利用,早就不限于图书馆,在缩微品的管理和利用方面,也充分借助现代的高新技术。日本20世纪70年代就开始结合运用缩微技术和计算机技术,利用缩微胶片的高密度存储与计算机的高速度检索,研制了CAR(计算机辅助缩微品检索)系统。在缩微设备结构上,美、日等国家都很注重缩微设备与光盘、计算机的联机运行,利用计算机网络扩大检索范围,以此来提高缩微品文献的使用率。

2 思考

不难看出:尽管我国的文献缩微品反映的大多是我国珍藏的文献精品,而且种类多,拍摄质量高,文献价值大,可文献缩微品的利用率仍然较低。分析起来,似有如下原因:

2.1 读者取阅困难

读者习惯于阅读书本式文献,对缩微阅读的优点认识不足,对缩微品在心理上已有疏远;普通图书馆不设缩微品阅览室,缩微品目录、缩微阅读器和缩微品库往往不在同一地点,读者通常要花费更多的时间才能阅读缩微品文献;缩微品阅读设备陈旧、故障多、操作不方便等,影响阅读效果;另外,在一般文献目录多采用机器检索的图书馆,现行缩微品目录的使用则显得不太方便。

2.2 分类查检复杂,读者面窄

古籍善本(缩微品)目录的著录项目沿用一般书刊目录的卡片格式要求,通常只有题名、责任者和分类号目录。而古籍善本的书名、著者名多与年代、版本有关,其分类号也存在不同的编目依据,除了四部分类法,还有杜氏分类法等,非专业人员不能查准、查全。虽然各馆缩微品所反映的古籍报刊文献内容,很多都已超出了馆藏的同类文献内容(补缺得到),但馆藏目录体系则难于给予相应的揭示。

2.3 加工周期长

现行的文献缩微拍摄和缩微品制作,一般要经过整理、拍摄、冲洗加工、送"缩微中心"质检、拷贝片返回入库、文献装订、编目等过程,周期较长。而文献缩微品目录的整理工作费时,重复劳动多,与原有文献目录的衔接和对照反映,则更是要多花一定的时力。在加工周期内,往往既看不到文献原件,又看不到文献缩微品。在相当长的时间内,专题缩微品阅览不能替代原件阅览。

2.4 馆藏量小,共享性差

出于对珍贵古籍文献的保护和其他原因,各馆对珍善本都很爱惜,独享意识较强,或件扫描仪、缩微胶片扫描仪等组成,而其核心设备主要是同步翻拍扫描仪、缩微胶片扫描仪,它们是将文档或缩微品转化为数字影像信息的关键。一张缩微母片在严格条件下可以保存500年,节省成本起见,民国书刊的缩微采用了目前电视电影拍摄使用的16毫米的银盐胶片,每卷可以拍摄1200—1300拍,一拍是两个页码。各收藏单位普遍应用了现代化的工作环境,原有的缩微室在新增缩微胶片扫描仪之后(市场价格约为18万元/台),与计算网络中心的现有设备进行相关业务整合,制定相宜的工作流程,即可满足抢救工作的要求,人员也无需另行配置和培训。一方面抢救民国文献,另一方面可制作各专题数据库,或加工成为第二、三次文献,丰富馆藏电子资源,打造数字图书馆的基石。可见,运用缩微数字技术抢救民国文献不仅成本低、可操作、能承受,对各收藏单位而言还可以促进数字图书馆的业务建设,因此更具有开展的必要性。

(三)民国文献的纸张特性需求显示了缩微数字技术的适应性优势

许多收藏单位的民国文献阅览室都有规定,民国书刊尽可能性使用缩微品阅读,其余只允许现场阅读原件,不允许外借,更不允许复印。这是因为民国文献已然发黄脆化,提供翻阅时用手一摸即可见纸屑碎片。而与之相比,复印造成的危害显然更为致命,本已脆化的民国书籍在复印后,页码会立即散落,很难复原。这是因为复印使用的热光源加速了纸张的老化,加上复印时必须压平书脊,对书籍损坏极大。整体看来,民国文献资料老化的程度是历史上所有时代的文献中最为严重的。而经过缩微数字技术的处理,一次性冷光源拍摄存储,再生的文献资料可向读者多次提供阅览,甚至是更高层次的检索、下载、打印服务,尽可能地缓解民国文献"收藏"与"利用"的矛盾,既保护好民国文献的原件,又满足了读者的需求,提高了民国文献的利用率,体现出民国文献的史料价值。

四、结语

传统的缩微影像技术在引入了数字技术之后,两种技术相互结合,取长补短,在应用实际中得以飞速地发展,在抢救民国时期文献工作中具有明显的优势。在抢救工作中还应当注意的一些问题,如采用合适的分辨率数值进行缩微文献数字化转换,从而将缩微胶片转换成数码格式,存储生成有序的文件名,使之符合收藏单位提供读者检索的要求。另外,针对民国缩微文献的标引也十分重要,根据标准著录格式,提取用户检索点的关键词信息,诸如标题、出版发行时间、著者、主题词、分类号、丛书项等,以便于用户通过查询关键词检索到相关的文档,再链接到所需原文。总之,缩微影像技术作为一种成熟的信息模拟存储技术与新兴的数字技术的有机结合体,是目前民国时期文献信息资料最理想的存储和导出方式。因此,建议各家收藏单位应当充分运用缩微数字技术,更好地保护与利用民国时期文献,使这一特殊时期的史料典籍成为中华历史文化不可或缺的一部分而世代传承。

参考文献

[1]张文增,龙伟.缩微影像数字化技术在图书馆的应用.数字与缩微影像,2005(1)

[2]祁郝泽.公共图书馆缩微制品数字化工作.数字与缩微影像,2005(4)

[3]饶露玫.论广东省立中山图书馆缩微与数字技术的发展.数字与缩微影像,2005(3)

[4]张波.公共图书馆缩微影像数字化技术研究.图书馆学研究,2002(4)

（原载《数字与缩微影像》2006 年第 2 期）

应用缩微技术抢救馆藏古旧文献

湖南图书馆 刘 薇

1985年由文化部直接主持成立了全国图书馆文献缩微复制中心(以下简称缩微中心),负责组织国内公共图书馆应用缩微技术抢救古旧文献。此工程在23个省级公共图书馆设立拍摄点,并以此为中心组成了40个文献收藏单位参加的协作网,从1985年开始历时近十几年,抢救了一大批纸张老化、破损严重的珍贵文献,取得极其辉煌的成绩。该工程规模和范围之大是世界前所未有的,随着时间的流逝,其产生的作用将无与伦比。该工程结束后,1996年12月文化部在北海召开了全国图书馆文献缩微的工作会议,制定了1997—2010年全国图书馆缩微工作计划。其主要内容是开展建国后地方性报纸、民国时期图书、普通古籍的缩微抢救工作和建立公共图书馆缩微品文献书目数据库等。湖南图书馆亲历了上述浩大的抢救工程。

1 利用缩微技术抢救珍贵文献

湖南图书馆是第一批被确定参加抢救古旧文献工程的拍摄馆之一。在缩微中心的统一规划和管理下,我馆经过十二年的不懈努力,完成了馆藏建国前三大文献(旧报纸、旧期刊和古籍善本书等)的缩微拍摄工作,又从1997年始投入对建国后地方性报纸、民国时期图书、普通古籍的缩微抢救。至今已拥有数量可观的缩微资料:古籍888种、1385卷、856 348拍;报纸121种、1176卷、608 008拍;期刊573种、343卷、817 352拍,并用这些缩微品文献组建了可靠的公共图书馆收藏文献保存体系。

1.1 古籍善本的缩微工作

古籍文献是中华民族的瑰宝,记载着千百年来我们的祖先创造的光辉灿烂的物质与精神文化。湖南图书馆藏有古籍善本书4900余部、近5万册,其中1980年5月报送《中国古籍善本书目》的有2878部、33 622册;定为湖南地方善本的有2061部、16 200余册;收入《中国古籍善本书目》的地方志有《(正德)姑苏志》《(万历)湖广总志》《(康熙)永州府志》《(乾隆)武进县志》等60余种;可谓"收湖湘善本之精华,集三湘文化于一体"。然而,古籍文献因频繁借阅,磨损严重,不利于其保存。利用缩微技术对古籍文献进行处理,既能保存文献又能提供读者利用。

古籍文献不同一般铅印的书刊资料,多数为木刻和书写本,各历史时期的刻本有所不同,字体风格也各异。为了充分展示古代文化艺术,在古籍文献缩微抢救中,我们采用35mm 胶卷、10x 缩率进行拍摄。缩微拍摄整个过程分前后两大部分,前一部分是原件整理,后一部分是技术加工。古籍文献的大量缩微,需经过认真的编排整理,符合要求后才能进行拍摄。整理、编辑和拍摄三者的配合非常重要,是做好缩微工作的保证。在整理时,我们认真核对原件,对原件实存或缺失情况准确登记,保证了组卷和著录的正确性。在著录栏中,做到书名与原件要一致,标著的卷数、册数与实际拍摄的卷册要相符。例如《乾隆版大藏经》,其胶卷代号是 08/O－0742/271,表示这种书拍摄了 271 卷。每卷胶卷的片头与片尾都有著录,著录内容如下所示:

乾隆版大藏经

七百二十五函一千六百七十种
七千二百四十卷、目录五卷
(清)允禄弘玄辑
清雍正十三年至乾隆三年刻本
存七百一十九函七千一百七十三册

片卷中的胶片标版记载本片卷所摄内容,如 271∶1 本片卷含:天、大般波罗蜜多经卷1—10;地、大般波罗蜜多经卷 11—20;玄、大般波罗蜜多经卷 21—30。这样每盘片卷一打开,就可一览本片卷所包含的具体内容。

我们共拍摄了 888 种、15 319 册古籍和地方志文献,占我馆古籍收藏册数的 30.6%。古籍文献经过精心拍摄后,使古籍外形和字体在保持原件原貌的状态下,真实地记录在缩微胶片上,解决了历史文献的永久性保存问题,从根本上克服了历史文献的保存和开发利用之间的矛盾。

1.2　期刊的缩微工作

期刊是有固定的名称,有卷期或年月标志,定期或不定期连续发行的出版物,主要刊登论文、记事或其他著述,它的信息量大、实效性强、作者众多。我馆拥有建国前全国性著名的期刊《东方杂志》《国民政府公报》《政治官报》《南洋官报》《教育杂志》等数百种。湖南地方期刊有《湖南官报》《湖南政报》《湖南省政府公报》《湖南实业杂志》《湖南教育杂志》《湖南清乡公报》《湘灾月刊》《国师季刊》等 1000 余种,由于历史久远、战乱和人为因素等影响,残缺、破损严重。缩微中心要求对每一种刊物原则上都尽力搜集补全后才能开始拍摄。认真做好补缺工作是提高期刊缩微品质量,保持原件完整性的至关重要的一项非常具体的工作,所以各馆相互配合,在力所能及的范围内千方百计地把尚存的资料汇集起来。首先通过查阅《全国期刊联合目录》,找到补缺的出处,前往补缺,然后再进行整理、编辑、著录。期刊缩微品的著录是根据《中文期刊缩微品著录条例》进行的。旧期刊经过著录向读者揭示了所阅读的缩微品原件包含的内容、概况、完整性和胶片内容的各项事项,以便读者迅速准确地检索到所需要的资料。例如:《湖南政府公报》创刊于1926年。我馆虽然收藏了1926年—1949年的《湖南政府公报》,但残缺很多,我们在浙江图书馆、南京图书馆、广东中山图书馆、江西图书馆、首都图书馆补充了447期的本刊,拍摄成了16mm胶卷31卷、68 200拍。我馆共拍摄了建国前期刊573种,均在不同程度上进行了补全。这次缩微抢救工程完善了我馆建国前旧期刊的收藏体系内容。

1.3 报纸的缩微工作

报纸是一种以刊载新闻和评论为主,出版周期较短的定期连续出版物。报纸传递信息快、信息量大、现实感强,是主要的情报源和社会舆论工具。建国前的报纸从它创刊到停刊,整个记载了那一阶段的历史,反映了当时社会各方面的信息,对研究中国近代史具有极其重要的参考价值,有"今日之新闻,明日的历史"之称。我馆年代久远的珍贵报纸有《吉林白话报》《京报》《湘报》《湘学报》等数十种;革命进步报纸有1915年创刊的《长沙大公报》、1920年9月创办的《湖南通俗报》、1926年7月25日在长沙创办的《湖南民报》、1926年国民革命军总政治部主办的《革命军日报》、1930年7月27日—30日彭德怀、膝代远、袁国平在长沙创办的《红军日报》等数十种。还有闻名中外的大报《申报》《长沙日报》《湖南国民日报》和地方民报《湘乡民报》等。均列入了我馆旧中文报纸的抢救计划。

这些重要的报纸早期缺失严重,若能保存完整的一种报纸的缩微品母片是幸运的,其意义是重大的。我馆计划拍摄的建国前报纸有80多种,需要补缺的报纸就有54种。在历时6年的时间里,我们在北京图书馆、上海图书馆等公共图书馆和湖南省博物馆、湖南日报社、湖南省档案馆、中宣部图书资料室、四川大学图书馆、华南师范大学图书馆等19个单位共补缺了614 871版、16 518天的报纸。例如《湖南国民日报》就补缺了6821版、1705天的报纸,共拍摄了84卷。

报刊文献通过缩微后,一方面充实、完善了馆藏文献,提高了报纸的使用价值和保存价值,另一方面也收集整合地方报刊文献,激活了分散的文献信息。如《当代政法报》,1984年创刊名为《法制画报》半月刊,1985年6月25日改名为《法制生活报》周刊,1988年1月2日改名为《湖南法制报》周刊,1990年1月6日改名为《法制建设报》周刊,1992年8月7日改名为《湖南法制周报》,1998年1月6日改名为《当代政法报》周二报,2000

年 9 月 26 日改名为《当代法制报》。像这样不同名的同种报纸还有许多。这些报纸通过缩微整理理清了它们的承接关系,并做了详细著录,其结果是全面地揭示了报纸的性质、变化、完整程度,使难以收集的、分散的静态文献信息,变成了活的引人注目的信息。

2 缩微技术社会化服务的拓展

1995 年和美国犹他州家谱学会签订的拍摄馆藏家谱资料协议,标志着湖南图书馆缩微工作服务社会迈出了可喜的一步。

2.1 与美国家谱学会合作

家谱是一种文化,是以记载父系家族世系、人物为中心的历史图谱,是由记载古代帝王诸侯世系、事迹而逐渐演变来的。“国志”、地方志、家谱,可以说是历史文献的三大支柱,历史上的一些谜团都是靠它们一一揭开。所以,家谱的作用绝不能单单看成是一家一族的事,它可以从侧面提供研究人员许多宝贵的真实资料。家谱的内涵十分丰富,是研究当时的社会结构、经济制度、人口迁徙、民族发展、民情风俗、人物传记、地方艺文等很好的资料,具有重要的历史文献价值。

美国犹他州家谱学会在 1938 年就引进缩微设备用于家谱的收集和保管,已持续不断坚持了半个世纪,目前还是利用缩微方式到世界各地收集保存家谱,已形成了很大的规模和特色。湖南图书馆一直注重家谱的收藏,其中不乏名人家谱。20 世纪 80 年代随着家谱修撰风日盛,我馆一方面大力宣传、动员捐赠和出价购买;另一方面借来并利用缩微技术复制,历年来从外单位借来缩拍的就有 50 多种,200 余册,20 000 拍左右。我馆与美国犹他州家谱学会合作已进行了八年之久。到目前为止合作开发利用的家谱拍数达到 80 万拍左右,产生了可观的经济效益。因有家谱收藏量不断增加的支持,我馆仍可以与美国犹他州家谱学会继续合作数年。

2.2 走出馆门面向社会

拥有近百年历史的“北协和、南湘雅”的中南大学湘雅医院面临着病案保存与利用的尴尬,一年生成 3 万份左右的病案使医院的库房年年告急。为了解决病案永久保存和存放空间的矛盾以及病案应保持的法律依据作用,医院认为应用缩微技术来解决这两大矛盾是最有效的方法。我们在了解医院的意图和要求后,制作了病案缩微方面的宣传资料,变被动服务为主动服务,以增进医院对缩微技术的进一步了解及对湖南图书馆缩微工作的认识。我们的工作取得了一定的成效。医院对我馆的缩微工作进行实地考察并做了充分的市场调查后,与我们签订了病案缩微和拷贝合同。制作病案缩微品的项目被承接下来后,我们从病案的整理到拍摄、冲洗、检查和拷贝等工作环节都严格按照操作规程去做,使得拍摄出的缩微品达到国家标准。病案缩微,一方面解决了湘雅医院一批建国前珍贵的英文病案的保存问题和20世纪80—90年代初的病案存放利用问题,从而提升医院病案管理的自动化水平;另一方面也使我馆的缩微技术应用得到进一步的发展扩大。

参考文献

[1]赵苏玲,祝业,王伯秋.缩微技术在数字化馆藏中的重要作用.现代图书情报技术,2001(6)
[2]张波.公共图书馆缩微影像数字化技术研究.图书馆学研究,2002(4)

(原载《数字与缩微影像》2006年第3期)

民国时期图书调查和抢救工作的实践与思考

国家图书馆　王青云　孟利群

由全国图书馆文献缩微复制中心(以下简称"缩微中心")牵头,23 家公共图书馆参加的馆藏民国时期中文图书调查工作已经基本结束,民国时期图书的抢救拍摄工作也按步骤全面开展,并且成为目前缩微文献抢救任务的主体。对于这一部分图书的调查和抢救性拍摄,不仅是对民国时期文献资源的保护,也是理清我国民国图书收藏情况家底的过程,具有双重的作用和意义。

1　民国书抢救工作的意义

之所以把民国书作为当前的抢救重点,是基于对抢救民国时期图书重要性及迫切性的认识。

1.1　重要性

民国时期图书通常指从 1911 年辛亥革命后至 1949 年 9 月中国出版的中文文献。

这一时期,中国进行了旧的民主革命,完成了新民主主义革命。这一时期爆发了辛亥革命、五四运动、北伐战争、抗日战争、解放战争。此期间,中国人民经历了前所未有的社会大变动。这几十年中,西方学说大量涌进,各种思潮学派交锋交融,文化伟人辈出。书是文明和文化的载体,历史发展过程中人民的生活、社会思想的变化及文化的发展必然要反映在图书出版上。因此民国时期图书在我国图书发展历程中占有非常重要的地位。它们从政治、经济、文化等各个不同的角度记载反映了我国从推翻封建帝制到中华人民共和国成立这一重要历史时期的社会发展和历史状况。保留了这一时期的文献,就保留了这段历史的原貌。对抢救工作而言,民国时期图书的抢救与我们前期进行的古籍善本抢救工作具有同样重要的意义。

1.2　迫切性

早期的民国书距今有近百年的历史,最晚的也有几十年的时间了。这部分图书数量巨大,分散在全国不同气候、不同条件的保存地,保存状况很不乐观。

民国书与绝大部分的善本和普通古籍除了在成书年代与装帧形式上存在区别以外，另一重要区别表现在纸张上。民国书所用纸张，主要由从西方引进的酸性造纸法生产，极易被氧化导致发黄、变脆。尤其在高温、高湿地区，环境因素更促使其加速氧化。一直以来由于种种原因，民国书保护领域很少有人涉足。多数图书纸张已发黄变脆，年代稍微久远些的、使用频率相对较高的图书开始破损、掉渣儿，已经不适于流通阅读。但同样条件下的线装古籍却基本上没有这种现象。据估计，如果不及时抢救，民国文献将在 50 年到 100 年内消失殆尽！

从民国图书所承载的思想文化价值和保存现状两个方面来看，民国书的抢救工作迫在眉睫。鉴于此，我们于 2000 年启动了全国公共图书馆民国时期图书调查工作。

2　缩微拍摄是目前抢救图书比较好的方式

在信息技术高度发展的今天，人们可以采取各种手段使文献得以保存。目前在图书馆通常采用的方式有：缩微技术、光盘技术。两种方式各有利弊。若从永久保存的角度上看，则当首推以缩微技术为代表的模拟影像技术。它在文献永久保存过程中具有数字影像技术不可比拟的优越性。

（1）缩微技术历史悠久

缩微技术是一门成熟的技术，它的历史可追溯到 150 多年前。在这 150 多年的发展过程中，形成了从缩微品的制作到存储等一整套标准。缩微胶片在保存时间上也比光盘要长，且更为经济。缩微拍摄使用的银盐胶片在良好的保存条件下，寿命可达 1000 年以上。由于缩微品的拷贝复制简单便捷，费用也低，在一定程度上，缩微品几乎可以无限期地保存下去。在我国图书馆界利用缩微技术进行文献的保存和利用已经有几十年的历史，二十余年以来缩微中心组织全国各主要省市公共图书馆所开展的文献抢救工作利用的便是缩微技术。

（2）数字影像永久保存成本高

数字影像技术是近年来发展起来的新技术。数字影像的主要载体——光盘的寿命目前尚无准确的结论，普遍认为是 10—15 年。如果一张光盘信息要保存 100 年，至少要拷贝 6—10 次，这就使光盘永久保存的成本大大提高。光盘一旦损坏，如划伤，其上的大量数据将无法读取。而当缩微胶片受到轻微损坏时，仍可辨认。仅从这一点看，光盘不适宜作为永久保存文献的载体。

（3）缩微拍摄是对原文献的保护

民国书的保存现状难免使一些图书馆界同仁产生缩微抢救工作会使图书受到损坏

的顾虑。事实上，一般正常的整理、拍摄过程对图书造成的影响仅相当于读者翻阅两次图书，而且图书经过训练有素的文献抢救人员之手，其对图书造成的影响并不会严重于读者的翻阅。经过缩微拍摄的图书不再进入图书流通过程，图书便可以得到比较好的保护；读者则可以通过阅读缩微制品或由此加工而成的数字化产品，方便快捷地获取图书信息。相反，担心抢救工作会对图书带来影响而不及时去做文献的抢救工作，任凭图书在自然老化和读者翻阅中损坏，再想抢救时，必然为时晚矣。

3　大胆创新，加快抢救步伐

民国时期图书在抢救的文献中是一类新的文献，我们必须更新观念，不断研究开发文献抢救工作的新模式、新途径。

缩微中心在全国省级公共图书馆范围内的调查结果显示，民国书总收藏量近百万种，几百万册，其收藏重复率很高。相对于缩微中心已抢救拍摄的其他文献而言，民国书藏书的特点是：总藏书量大，单种文献信息量小。因此，按照一直以来采取的传统手工的文献调研和计划协调方式很难实现预期目标。通过分析研究，我们提出了运用数据库代替传统的手工方式开展民国书调研和同步制订抢救拍摄计划的设想。试图通过在各拍摄成员馆和文献资料馆间开展馆藏民国时期图书调查工作，首先帮助各馆建立起馆藏民国时期图书书目数据库；然后利用已建数据库资源进行整合、剔重，制订出抢救拍摄计划。实现调查与抢救同步进行，建立一种全新的计划协调模式。

在指导思想上，我们改变了计划经济时期下达指令性计划的陈旧做法，针对市场经济的新形势，采取了文献抢救工作与调查成员馆之间互利互惠的双赢战略，把帮助抢救成员馆加强图书馆馆藏建设和实现资源的共建共享作为文献调查抢救工作方针。这样做为各成员馆带来了利益，调动了成员馆的积极性。成员馆在调查过程中建立起来的民国书馆藏数据库以及经过所有成员馆调查汇集起来的大量调查数据，是在我国公共图书馆建设过程中，由全体成员馆共同创造且共同拥有的一笔财富。

在方法上我们推翻了各馆填写表格、卡片，通过人工卡片查重制订拍摄计划的陈旧方式。取而代之的是建立馆藏数据库、利用数据库的功能进行查重，大大提高了调查工作的效率。通过边调查、边拍摄的方式，也大大提高了整体文献抢救工作的效率，为文献的保护争取了时间。

4　民国书抢救工作具体步骤

民国时期图书调查抢救工作涉及缩微中心和各参与馆。从策划到合格缩微品产出

的过程需要做大量的工作。为保证调查抢救工作的顺利实施,我们采取了以下具体做法:

（1）走访专家及相关专业人员,听取意见,同时开展了全国省级公共图书馆范围内的民国书馆藏调研工作。

（2）召集各公共图书馆主管业务工作的馆长共同商讨文献抢救方案,取得共识。由各馆相关业务负责人落实方案。

（3）对各馆具体执行人员进行业务培训,开展具体细致的指导。

（4）参加调查馆根据本馆的民国时期图书藏书情况进行细致的调查,按中心制定的数据规范制作本馆馆藏民国时期图书调查数据及数据库。

（5）参加调查馆与缩微中心在统一认识的基础上,在约定的时间内保质、保量完成调查数据的制作工作。

（6）缩微中心抽专人对调查数据进行检验,全部合格数据反馈成员馆的同时,缩微中心另安排专人将各馆调查数据再进行整合、查重,经协调后制订出抢救拍摄计划,计划数据分期分批发送给不同拍摄馆的相关人员。

（7）各拍摄成员馆按照缩微中心下达的拍摄计划开展民国时期图书的抢救拍摄工作。在此过程中,缩微中心对计划落实进行全程监督指导及全面的技术支持与保障。

（8）拍摄成员馆将按计划拍摄完成的缩微胶片母片与相应的书目数据一并交缩微中心。缩微胶片母片经检验,并制作两份拷贝片后进入国家母片库永久保存,拷贝片一份返还拍摄馆,另一份保存于库房作为备份使用;书目数据经检验后进入大系统。

5　民国书抢救工作进度

经过 6 年的摸索实践,到 2007 年年底,我们收到各馆民国时期图书调查数据总计 45 万余条,并检验完成。在缩微中心组织指导下,全国 23 个参加民国时期图书调查的省市级公共图书馆中已有 20 家图书馆完成了此项调查工作。

目前在 19 个正常拍摄的成员馆中有 16 个投入了民国时期图书抢救拍摄。从 2001 年的民国书拍摄实验阶段到 2007 年年底共有 4 万余种民国时期图书拍摄完成,缩微中心同时收到了各馆摄制完成的民国书书目数据 4 万余条,其中绝大部分已经检验完成。目前民国书的抢救工作还在进行当中,预计未来 5 年内抢救拍摄计划可以完成。

6　文献抢救工作任重道远

全国范围的民国时期普通图书的调查和抢救是一项浩大的工程,它的意义正像这个工程本身一样,也是巨大的。通过民国时期馆藏图书调查工作的开展,使参加调查的图书馆摸清了本馆的民国时期图书馆藏并建立起了自己馆的民国时期图书数据库,从而使调查成员馆的馆藏书目建设得到加强;调查数据包含了不在《民国时期总书目(1912—1949)》收录范围内的我国大部分公共图书馆馆藏,1911年以前的平、精装图书和诸多《总书目》当中没有收录进去的1911—1949年间出版的平、精装图书。这些调查数据经过加工,在我国书目史上将有重要意义。通过调查、抢救工作还锻炼了队伍,为拍摄馆和资料馆培养了一批懂数据、会著录的工作人员,使文献抢救人员的素质又上了一个台阶。调查和抢救工作的开展,充分体现了在我国公共图书馆建设中一贯倡导的资源共建共享的理念。

民国时期图书的调查和拍摄,作为全国规模的文献抢救工程,缩微中心能投入的人员、经费十分有限,明显地表现出人力、物力上的不足。文献抢救工作自开展以来,虽做了大量工作,但也感到压力越来越大,工作越做越难。问题主要体现在几个方面:

(1)文献抢救工作缺乏专门人才。缩微文献抢救工作涉及多种文献,文献抢救策划人员有限,现有人员不可能精通各类文献。因而在规划抢救方案时也就很难制定出充分体现各种类文献复杂变化的规定和操作细则。并且对未来工作中不断出现的各类问题以及非专业的水平,进行全国规模的后续培训也十分困难。另外对新技术的研发缺乏力度,尚不能引导本专业前沿。

(2)数字化新技术的迅速发展,加之缩微行业自身宣传力度不够,使缩微技术在公共图书馆领域遭遇到了空前的冷落,直接体现在全国公共图书馆第三次评估当中。市场经济的大潮使得图书馆也不得不着眼于经济效益,文献抢救工作人员要承担着更多的责任,近年来各图书馆的缩微文献抢救队伍普遍缩编,各馆拍摄量明显减少。

(3)项目经费缺乏。22年来缩微中心的工作范围不断扩大,工作量不断增加,人员翻了一番,但专项经费没有增加。经费匮乏对民国书的抢救直接造成了影响:民国时期图书破损严重,濒临损毁,但是由于没有修补装订经费导致了不少文献因此撤消了抢救拍摄计划;经费问题对其他类型文献的抢救也造成了明显的影响,如经费的不足在报纸的拍摄中面临的是补缺困难。由于经费有限,正在投入使用的缩微设备都在超期服役,设备的老化使拍摄效率降低,文献抢救成本不断增加。

目前已经收到45余万条书目数据,如何对其进行深加工,以使其除了作为当前正在进行的抢救性拍摄的基本依据之外发挥更大的作用,是我们急需考虑的问题。我们对下一阶段工作的初步设想是:借助已有的民国时期图书调查工作成果,在已掌握的书目数据基础上,整合各文献收藏单位相关数据,对各协议馆所藏的民国时期文献进行查重和甄别,之后再对全部信息进行归纳、分析、总结,编制全国图书馆民国时期文献联合目录。

其体现形式有如下几个方面：

——编辑出版"1949 年以前中国平、精装图书总目"。将调查数据中涉及民国前的数据加以核查、筛选，补充这部分图书目录的空缺。

——编辑出版"民国书总目补遗"。1992 年年底成书的《民国时期总书目》是民国书调查工作的依据，共收入民国时期平、精装书约 12.4 万余种。根据调查和抢救成果，补充《总书目》之外的图书无疑是一项有意义的工作。

——近年来，民国史、党史及国学等领域的研究有了长足的发展，对民国时期图书的需求量大大增加。多数民国书已经不适于流通使用，缩微胶卷使用起来也不够方便。为了满足用户的需要，除了发挥缩微中心的优势，继续做好民国文献的影印出版外，还要整合参加抢救工作的全国公共图书馆的力量，争取项目，加强科研工作的力度，加快进行民国书的数字化工作，对文献内容进行深层次加工，尽快地揭示民国文献的内容，使之方便利用。通过各个图书馆共同努力完成这项工作，不仅能够实现资源、利益的共享，反过来对抢救拍摄工作也是一个促进。要争取国家的项目支持，尽快开展数字化加工工作，揭示这部分文献的内容。

民国时期图书的调查和抢救工作开展得虽然艰难，然而整个抢救拍摄工作的各个环节已步入了正轨，每年近万种濒临损毁的民国时期平、精装图书在各省公共图书馆文献抢救人员的努力下以缩微品的形式获得新生。民国时期图书调查抢救工作的实践是在新形势下开展缩微抢救工作的一种尝试。总结这项工作对缩微中心即将面临的普通古籍的抢救工作以及一系列的后续抢救工作是一个启示。

注释：

①民国时期图书：指 1911 年辛亥革命以后至 1949 年 9 月止我国出版的中文图书，广义上含线装书和平、精装图书，本文特指平、精装图书。

②拍摄馆：与全国图书馆缩微复制中心共同参加文献缩微抢救工作并已拥有文献缩微抢救设备及拍摄能力的省、市级公共图书馆。

③资料馆：与全国图书馆缩微复制中心共同参加文献缩微抢救工作但缩微中心暂没有提供文献缩微抢救设备的省、市级公共图书馆。

（原载《数字与缩微影像》2008 年第 1 期）

文献影像技术在档案容灾备份中的作用

——"5.12"大地震后的思考

四川省档案局(馆)　冯　宁　蒲金全　梁　新

一、受灾情况

2008年5月12日的汶川特大地震是新中国成立以来破坏性最强、波及范围最广、救灾难度最大的一次地震,给灾区人民生命财产造成了重大损失。四川省的档案事业在这次地震中遭受到前所未有的重创,全省203个县级以上综合档案馆中的118个不同程度受损,占总数的58.1%,其中56个档案馆成为D级危房,需要拆除重建。北川县档案馆全部垮塌,广元市、青川县、平武县等档案馆濒于坍塌。118个受灾档案馆保存档案共913.7万卷,占全省馆藏总数的71.6%,其中有385万卷档案处于D级危房之中,亟待转移。还有302万卷档案处于危境之中。北川、绵竹、茂县、广元等23个综合档案馆22万余卷档案被埋或被雨水淋湿,其中位于北川羌族自治县县委大院综合办公楼第5、6层的北川县档案馆遭受了前所未有的损失,人员伤亡,馆库坍塌,馆藏8万余卷档案资料全部埋于废墟之下。地震还造成档案干部2人死亡、11人受伤、1人重伤,10多个重灾县档案馆和广元、绵阳两个市档案馆干部职工因住房倒塌或成为危房而无家可归。地震也造成企业遭受重大损失,地处绵竹汉旺的东汽厂600余人死亡、1300余人受伤,近200人重伤、50人失踪,约有25万平方米的厂房、办公楼、职工住房倒塌,约有30万平方米建筑成危房,2000余台设备受到不同程度的损坏,刚刚竣工投入使用不到一个月的东汽档案大楼受损非常严重,楼梯折断、墙体倒塌、梁柱倾斜成为D级危房;同样遭受重创的还有剑南春集团公司,其档案信息中心大楼也成为D级危房。

"5.12"汶川大地震使四川省档案面临了少有的遭遇和处境,经历了少有的困难和考验,承担了少有的压力和责任,受到了少有的关注和关切,赢得了少有的坚强和奋起。面对重大的自然灾害。四川档案人没有屈服,在全国人民和全国档案界同行的帮助和支持下,正在认真做好受灾档案的抢救工作和灾后恢复重建工作。

二、灾后的思考

"5.12"汶川大地震过去已经一年,在这一年中我们作为兰台人反复在思考一个问题,就是如何从这场大灾难中汲取经验教训,如何在平时日常工作中,把国家重点档案抢救与容灾备份工作结合在一起,减少不可抗拒或难以预测的自然灾害以及人为因素带来的不可挽回的损失。

我们认为容灾备份包括了异质备份和异地备份两个方面。异质备份就是使用不同的介质对档案进行复制备份;异地备份就是将档案远距离备份存放。做好容灾备份工作,将在防灾减灾和灾后恢复重建工作中起到重要作用。

（一）异质备份

档案的异质备份采用的方法有静电复制、缩微复制、翻拍、数字化、仿真复制等。而其中的缩微复制属于文献影像技术的范畴。文献影像技术包含了模拟技术和数字技术,它们之间既有共性也有个性,二者互为补充。采用文献影像技术是异质备份工作的最好方法和最佳选择。

1. 模拟影像技术（缩微技术）

缩微技术是一项传统的模拟技术,具有一百多年的历史,是一种成熟稳定的技术,具有完善的标准规范,在世界各国得以广泛应用,是一项最为成熟的文献真迹存储技术。采用缩微存储技术存储文件安全可靠,影像的还原对设备的软硬件依赖性小,受环境破坏的影响小,缩微胶片本身的理化特性使其成为目前保存时间最长的一种载体,并且可以拷贝多份,异地保存,避免人为或自然灾害造成的损失。缩微影像的模拟特性和记录真实性,保持了文献的本来面目,反映信息真实可靠,具有不可逆性,决定了它具有法律凭证作用。由于它的一系列优点,被国内外档案部门认为是唯一的,对档案进行再生性保护的可靠技术。

这次"5.12"汶川大地震东汽厂首先将档案缩微品抢救出来,其次再抢救出纸质档案,抢救出的纸质档案临时堆放在房间里,杂乱无章,查找使用非常不便,甚至无法找全,而缩微品具有很好的完整性,不会丢失任何一张图样,因此在灾后恢复生产中大量使用缩微品。通过缩微胶片扫描仪转换成数字影像,再利用绘图仪制作出底图或白图,进行晒发提供给生产等部门所需的蓝图或白图,满足了生产部门加工制造的需要。在东汽厂的恢复重建生产自救中发挥了重要任用,充分体现了异质备份的优越性和重要性。

2. 数字影像技术

数字影像技术是随着计算机技术发展而发展起来的,而模拟影像技术也由原来以胶片为单一载体模拟技术,逐步发展成为以胶片、磁盘、光盘等多种载体组合的模—数、数—模整合数字影像系统。这样就很好地将模拟技术和数字技术的优点融合在一起,实现了优势互补。在异质备份中,除了纸质向模拟、纸质向数字转换外,还可实现模—数、数—模之间的相互转换。一是模拟向数字转换,即缩微胶片向光盘转换。通过胶片扫描仪进行扫描,将光学信号转换成按一定顺序排列的电信号,再将电信号经图像数据处理变成图像数字信号,最终刻录到光盘上,从而使模拟影像数字化。二是数字向模拟转换,即数字信息向缩微胶片转换,也就是计算机输出缩微胶片(COM 系统)对数字信息进行再生性保护。这是解决计算机不安全因素最有效办法。现在我国各行各业正在大量使用计算机,以提高工作效率,由此产生了大量的 CAD(计算机辅助设计)、CAM(计算机辅助制造)和电子文件,而光盘正是目前被普遍采用的电子文件存储介质。但是由于光盘自身存在着一些无法解决的缺陷,所以对一些重要的数字信息就必须采用一定的完全独立于任何计算机系统的统一格式存储文献资料,以防止电子文件信息的丢失,而缩微胶片和 COM 系统是作为电子文件信息最适宜、最安全的载体和工具。日本阪神地震后,由于地球磁场的影响造成许多电子信息丢失就是例证。

几年前我们在《模拟技术和数字技术在档案管理中应用》一文中提出了以下几个观点:(1)对于珍贵的具有保存价值、利用率不高的档案资料,采用缩微技术进行再生性抢救;(2)对珍贵的利用率高的可先采用缩微技术将其制成缩微品用于长期保存,然后采用扫描方式将模拟信息转换成数字信息记录在光盘上,向用户提供利用;(3)对一般档案资料,利用率高,需长期保存,可同时采用模拟技术和数字技术将原件信息记录在两种介质上,分别用于保存和利用;(4)对一般档案资料,利用率高,不需长期保存的,可用数字技术记录信息提供利用。经过"5.12"汶川大地震后,除了仍保留上述观点外,我们还认为:(1)必须要把国家重点档案的抢救同容灾备份结合起来,抢救与备份同时进行;(2)对电子文件或数字化后的档案资料实行异质备份用缩微品保存;(3)不同载体的多重备份。对缩微品的备份应是三套,即母片、中间片和三代片。对数字信息的备份应是硬盘、磁带和光盘,其抽检和迁移时间按国家标准中的规定执行。

(二)异地备份

异地备份的目的是要避免灾害造成档案的损失,那么备份地的选择尤为重要。这次"5.12"汶川大地震后我们认为主要应从以下几个方面考虑。

(1)充分利用原基础。20 世纪 60 年代从备战的角度出发,许多省级档案馆均建有后库,后来由于种种原因多数没有使用,现在均可以充分利用起来。但是对处于强地震带上的就要重新选址建立。

(2)备份地库房的设计建设必须按照《档案馆建筑设计规范》和《档案馆建设标准》

科学设计,严格施工。

（3）新建备份地的选址要远离地震带。"5.12"汶川大地震其龙门山地震断裂带长达300公里以上,所以备份地的选择应在500公里以上,并且要选工程地质条件和水文地质条件较好的地区。在山区要尽量远离山体,避免山体滑坡和泥石流的威胁。北川去年"9·24"泥石流,致使震后的老县城被埋最深达40米,垮塌的档案馆被埋得只剩一个角。

（4）还可以寄存的方式对档案进行异地备份,比如将档案缩微品寄存在兄弟档案部门或图情部门的库房。

（5）异地备份保存的档案主要是:重要档案的缩微品、档案数字化后的原始文本、重要档案的复制件、电子文件的备份件等。

最近,根据中央领导的指示和国家档案局提出的"主要档案异地备份"要求,在我国档案系统内绝大多数省级档案馆和部分市档案馆就互为重要档案数据异地备份达成协议,实施重要档案异地备份,确保重要档案数据的完整与安全。同时,许多省、市和部队档案馆为确保档案的完整与安全,引进胶片打印机,对电子文件和数字化档案进行异质备份。

（原载《数字与缩微影像》2009 年第 3 期）

浅谈民国图书拍摄

国家图书馆　谷韶军　肖建萍

用缩微胶片记录文献影像是长期保存文献、延长文献被利用时间的较成熟技术,其质量直接关系到胶片的可用性及保存价值,而拍照是胶片加工质量至关重要的步骤。

用 16mm 黑白银盐胶片拍摄民国时期的图书,其原件表面的质量各异,颜色与反差多种多样,拍摄后的影像则要求相对反差好,密度一致。我们在工作中所用缩微拍照机的光圈和速度是固定不变的,且长时间使用同一品牌的黑白银盐胶片,其感光度也没有变化。那么,影响曝光的主要因素就是原件的反光度和曝光灯电压两项。调节光源灯的电源电压,对反射密度和反差不同的原件进行曝光量的调节,才能控制缩微品的密度。

1　调整光源角度

怎样确保纸张颜色深浅一致的原件经拍摄冲洗后胶片密度均匀?拍照时,原件上的照度不仅与光源强度有关,还与原件平面与光源的夹角有关,因原件边缘与中心的照度不一样,调整每个光源的角度,使原件全幅面照度均匀,是胶片影像密度均匀的前提条件之一。所谓调整好光源,是在稿台上放置一张白度均匀的白纸,拍出的画幅内各点密度差不超过 0.05—0.1 即可。

当光源斜向照射时,稿台上的照度随光线入射角的大小而变化。其原理可用余弦定律解释。

定律 1　发光强度余弦定律(见图 1)

一个完全漫反射发光表面在表面垂线方向发光强度为 I_0,则在垂线以外的其余方向的发光强度 I 为:

$I = I_0 \cdot Cos\alpha$ ($0° \leqslant \alpha \leqslant 90°$ 时,α 越大,$Cos\alpha$ 越小。)(公式 1)

I_0——发光表面垂线方向光的强度

I——发光表面非垂线方向光的强度

α——发光表面非垂线方向与垂线方向光的夹角

定律2　照度余弦定律（见图2）

如被照表面不垂直于光源射出的光线，照度随入射角 α 的余弦按比例减少，用公式表示为：

$E_0 = I/r^2$

$E = E_0 \cdot Cos\alpha$ （0°≤α≤90°时，α 越大，$Cos\alpha$ 越小。）（公式2）

E——被照面照度

E_0——垂直于入射光表面的照度

α——照射光线与被照表面垂线间的夹角

I——发光强度

r——光源距被照面的距离

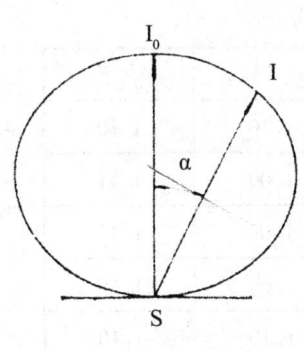

图1　发光强度余弦定律

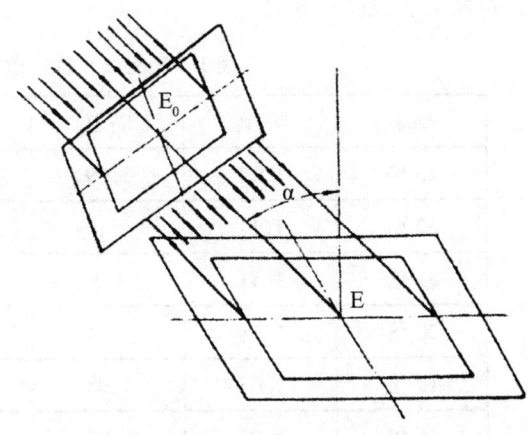

图2　照度余弦定律

2　缩率与影像密度的关系

拍摄相同颜色的原件，当曝光时间和光源亮度不变，拍摄缩率变化时，会影响缩微影像的背景密度，所以当遇到拍摄缩率变化时需要做一定的曝光量补偿。

例如：在实际生产中，用10倍或以下倍率拍摄小开本的民国书时，需要结合其原件等级适当提高曝光量；而用20倍或以上倍率拍摄像年鉴、统计等大开本民国书时，需要结合其原件等级适当降低曝光量。在生产中，我们也发现用20倍的缩率拍出的民国书胶片，在光源照度不变的条件下，比10倍缩率拍出的民国书胶片上的密度高很多。以下公式是这种调整的理论依据。

$$E = \frac{\pi \cdot T \cdot L}{4 \cdot N^2 \cdot (1 + \frac{1}{M^2})} \qquad （公式3）$$

E——胶片上的光像照度

T——镜头透光率

L——被摄原件的亮度

N——镜头相对孔径数

M——拍摄缩小倍数

在 T、L、N 不变的情况下,胶片上的光像照度仅与拍摄缩率有关。式中缩率值 M 越大,E 值越大,即光像照度越大,则缩率 M 越大,形成缩微影像的背景密度值也越增大。

为映证以上现象,我们还拍摄了试片,测定同一标版在不同缩率下四角及中央点密度值如表 1 和表 2 所示。

表 1　测光表 0 位　电压 119V　白色纸

倍率	左上	右上	中间	左下	右下
23 倍	1.13	1.09	1.16	1.10	1.10
22 倍	1.11	1.10	1.16	1.09	1.11
21 倍	1.11	1.1	1.16	1.09	1.11
20 倍	1.08	1.04	1.15	1.09	1.10
19 倍	1.08	1.08	1.14	1.10	1.10
18 倍	1.06	1.05	1.14	1.08	1.08
17 倍	1.04	1.05	1.14	1.08	1.07
16 倍	1.06	1.03	1.13	1.07	1.06
15 倍	1.06	1.04	1.11	1.08	1.05
14 倍	1.06	1.04	1.10	1.07	1.04
13 倍	1.04	1.02	1.09	1.05	1.02
12 倍	1.03	0.99	1.07	1.05	1.00
11 倍	1.02	0.99	1.04	1.03	0.99
10 倍	1.00	0.96	1.04	1.02	0.96

表 2　测光表 0 位　电压 136V　浅黄色纸

倍率	左上	右上	中间	左下	右下
23 倍	0.93	0.95	0.97	0.91	0.93
22 倍	0.95	0.96	0.98	0.91	0.90
21 倍	0.95	0.96	0.99	0.93	0.94
20 倍	0.94	0.94	0.95	0.93	0.94
19 倍	0.90	0.94	0.94	0.90	0.91
18 倍	0.91	0.90	0.92	0.89	0.84
17 倍	0.90	0.93	0.93	0.85	0.89
16 倍	0.92	0.92	0.92	0.87	0.83
15 倍	0.88	0.89	0.92	0.87	0.81
14 倍	0.90	0.92	0.92	0.86	0.84
13 倍	0.86	0.86	0.89	0.84	0.78
12 倍	0.82	0.80	0.89	0.80	0.80
11 倍	0.78	0.81	0.87	0.77	0.79
10 倍	0.76	0.74	0.85	0.81	0.78

由表 1 和表 2 可归纳出：

（1）M 增大，E 增大。（2）缩率增加，光源与原件间的夹角越小，E 越大。（3）机头升高后周围环境漫反射光线增加，无形中提高了光源照度。

以上理论和试验均说明，造成 20 倍缩率拍摄的胶片的密度要比 10 倍拍的高很多。

3　照度与胶片特性曲线

胶片特性曲线是表示在一定显影条件下感光胶片形成的密度与曝光量之间的关系曲线（见图 3）。把特性曲线划分为趾部、直线部、肩部和反转部四段。

趾部：曝光不足部分。曝光量成倍增加，密度增加很少。

直线部：曝光正确部分。曝光量的对数与密度成正比增长。

肩部：过度曝光部分。曝光量成倍增加时，密度增加很少。

反转部分：也是过度曝光部分。曝光量部分继续增大时，密度不仅不增加，反而降低。

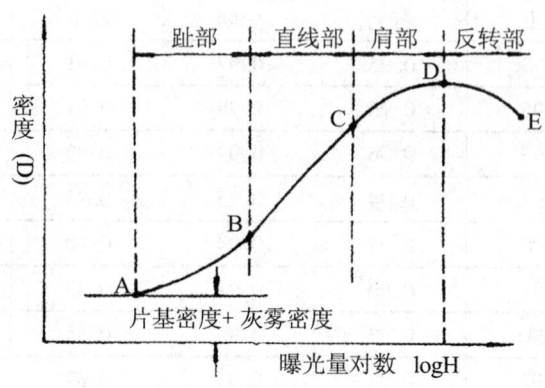

图3　特性曲线

国际标准和国家标准对不同等级种类的原件拍出胶片的密度范围作出规定,见表3。

表3　原件等级种类的划分及相对应的胶片密度范围

原件等级	原件种类	密度范围
第一级	纸质好、反差强、文字线条粗、线条之间距离大的原件	1.05—1.35
第二级	纸质较好、反差较强、文字线条清晰没断线的小字号原件	1.00—1.20
第三级	纸质一般、字迹较浅反差较弱、文字线条较细没断线的小字号原件	0.90—1.10
第四级	褪色、字迹浅、纸质差、字迹模糊、文字线条有断线的原件	0.70—0.90

标准要求,缩微影像背景密度值要均匀一致,即同一片盘缩微胶片内,各个画幅间的影像背景密度差不能超过0.40;同一个画幅内的缩微影像的密度值要均匀,其密度差控制在0.40以内。

我们所拍摄的民国书都是保存了百年左右的书,纸质粗糙,印刷质量较差,同一拍中纸的颜色可能会因水迹、油迹、污迹等造成很大差异,或因印刷装订等原因,给拍摄带来很大难度。在实拍时,有两种经常用到的方法:一种是取密度中间值曝光,适当地提高或降低曝光量,即照顾到密度高的部分别高于标准上限,也别让密度低的部分低于标准下限;另一种是变光拍摄,当取中间值曝光不能把胶片密度差控制在0.40的范围内时,可对同一画幅内左右两边不同颜色的原件分别进行相应曝光,使两个画幅内各有一页符合密度要求。在民国书的拍摄中,熟练、准确地掌握这两种方法,才能更好地控制缩微品的密度。这些操作依赖于特性曲线的中间部分的控制,假如不变光拍摄,密度低的部分,即曲线趾部,在做拷贝片时,即使增加曝光量,密度也增不上去。同样曲线肩部的高密度值,若降低曝光量拷贝,密度也降低不了很多。

拍照时光源照度不能太高或太低。我们结合缩微拍照机的曝光表和电压表,通过做梯级试片的方法,递增曝光量获得对应的胶片密度值,找出规律,以便在实际拍摄中根据不同等级的原件,按照不同的胶片密度要求进行拍摄。我们选择颜色适中的原件拍摄了一段试片作为参考依据,见表4。

表 4 对照表

曝光表位置	-3	-2	-1	0	1	2	3
电压表电压	124V	126V	128V	130V	132V	134V	136V
胶片密度值	0.85	0.90	0.95	1.00	1.05	1.10	1.15

表4中曝光表位于0点时,拍出胶片密度值为1.00,此时电源电压为130V。如果拍摄另一张颜色深浅不一样的原件时,我们还要把曝光表位置调到0位,以保证拍出的胶片密度为1.00,这就需要调整电压表电压,可能会偏离130V,略高或略低,这就是用光楔定位找到标准密度值的办法。

有些民国书纸张很薄,拍摄时我们采用夹衬白色衬纸的方法,既可以增加文件的反射光,使胶片获得较准确的曝光、适当提高密度,又能增大文字反差、提高文字的清晰度。

4 色纸的拍摄密度控制

不同颜色的原件在拍摄时曝光表位置不变,冲洗后的胶片密度会有变化,若以表3中选择的原件颜色为标准,原件颜色越深冲洗后的胶片密度越要小于1.00,相反原件越浅越要大于1.00。在实际拍摄中若遇到原件等级如第一级的原件时,应注意适当降低电压拍摄,遇到原件等级如第四级的原件时,注意适当提高电压拍摄。一些彩色原件,如棕、红、紫、粉、绿、蓝、深灰、橘黄等,常会出现在民国书封面、封底、插图、书内广告等位置,按常规拍摄冲洗后胶片密度变化很大。遇到这些原件,通常需要单独做试片,以便找到它们的特殊规律,单凭经验不能准确地控制曝光量。可在拍摄前一卷胶片的尾部余片处做试片,以准确地掌握该页的曝光量。

为明确表示不同色彩拍摄在黑白胶片上其密度变化过程,我们把色板用不同电压拍摄下来,测出各色块的密度值,见表5。

表5　不同色块不同电压密度值

电压	色块位置	1 列	2 列	3 列	4 列	5 列	6 列
115V	1 行	0.28	0.58	0.56	0.94	0.54	0.57
115V	2 行	0.04	0.10	0.08	0.76	0.08	0.09
120V	1 行	0.39	0.78	0.75	1.15	0.73	0.76
120V	2 行	0.05	0.13	0.09	0.96	0.10	0.11
125V	1 行	0.54	1.00	0.97	1.38	0.94	0.99
125V	2 行	0.04	1.17	0.11	1.20	0.13	0.14
130V	1 行	0.66	1.18	1.15	1.52	1.09	1.13
130V	2 行	0.05	0.22	0.14	1.34	0.16	0.18
135V	1 行	0.84	1.38	1.34	1.67	1.29	1.33
135V	2 行	0.05	0.31	0.19	1.51	0.21	0.22
140V	1 行	1.04	1.55	1.51	1.79	1.47	1.51
140V	2 行	0.06	0.42	0.25	1.65	0.28	0.30
145V	1 行	1.22	1.68	1.64	1.85	1.61	1.64
145V	2 行	0.07	0.55	0.32	1.75	0.35	0.38
150V	1 行	1.37	1.77	1.74	1.90	1.71	1.75
150V	2 行	0.08	0.69	0.41	1.81	0.44	0.48
155V	1 行	1.52	1.85	1.83	1.94	1.79	1.81
155V	2 行	0.09	0.85	0.53	1.88	0.55	0.60
>155V	1 行	1.82	1.98	1.96	1.73	1.94	1.95
>155V	2 行	0.17	1.34	0.95	1.97	0.94	1.01

　　表5中的"1列—6列"是色板自左至右的色块,各电压中的"1行"是浅色,"2行"是深色。结合色板分析表5数据可得到以下结论:红色、品红色、绿色、深蓝色原件拍在黑白胶片上密度很低,即使提高电压密度也上不去。而浅色块可通过提高电压把密度提上去。由此我们要求拍摄有些深色原件时,原件密度即使浅,但如果背景密度高于其他画幅密度很多,说明已提光拍摄,可以使用。

　　上述的理论分析及实践拍摄,梳理了一些拍摄中要注意的问题,以便提高拍摄质量,使拍出的画幅更有价值,促进缩微工作向高效、高质的方向发展。

（原载《数字与缩微影像》2009 年第 4 期）

百岁民国图书

——从出版发行到保护抢救

国家图书馆　张　军

一、民国图书概况

从严格意义上讲民国文献系指 1912 年到 1949 年期间所出版的图书、期刊以及报纸等文献。但广泛来说 20 世纪初出版的这类文献亦归于民国文献。

明清时期,我国书籍的装订形式主要是线装。1840 年鸦片战争的爆发,揭开了中国近代史的序幕,随着西方传教士的来华,资本主义列强的入侵,由机械操作、具有近代先进印刷技术特征的凸版印刷术、平版印刷术、凹版印刷术被相继引入中国,中国的出版事业发生了重大变化。由于印刷、排版实现机械操作,铅印成为文字印刷的主要方法,铅印书籍的数量大大增加,逐渐成为出版物的主流。由于铅字的清晰度高,比起木制雕版其字体也要小巧得多,因此与旧式木制雕版印制的图书相比,铅印图书更便于携带和阅读。

伴随着近代城市生活的兴起,阅读书、报、刊,日益成为市民生活的重要内容,是社会生活中一种新型的消费方式。民众对报刊书籍的需要量的激增,而书籍对国民生活的影响也是前所未见的。

从鸦片战争到新中国成立前,中国历经历晚清和民国时期,是中国历史上从古代社会向现代社会转变的一个特殊历史时期,与当前的现实有着最为密切的关联。这一时期是中国政治、经济、文化发生重大变革的年代,新旧、中西各种社会思潮在这一时期汇聚、碰撞,形成了社会转型时期特殊的文化景观。

图书作为从各个方面反映社会发展的最为重要的物质载体之一,在其编辑出版过程中起到时代感应器的作用。从政治方面来说,近代中国民族矛盾日益加深,政治斗争日益复杂,各种政治力量以及关心国计民生的人士,都以出版书、刊、报来大力宣传自己的政治主张,“为政治立言”,为改造社会制造舆论。尤其是对马克思主义思想的译介与传播,直接导致了新民主主义革命和社会的巨变。

另一方面,这一时期又是一个古今中外交汇、百家争鸣、各种思想碰撞的时期。西学的传播在晚清达到一个高潮,翻译文献大量出现,从宣传宗教教义,传播自然科学知识,进而向中国民众介绍西方的政治和历史,西方文化高强度地影响着当时学人的思维和视野;同时传统文化也得到进一步整理和继承,一时间著述兴盛、流派纷呈。这时的政治经济虽然衰败,而思想文化却大放异彩,各个学科不仅都留下了大量的珍贵文献,也是一个大师辈出的时代。

从 19 世纪中叶到新中国成立之时,虽然只有百年左右的历史,但由于近代出版业和新闻业的进步与发展,使得各类文献的出版与发行量达到一个空前的规模。这些文献对研究新中国成立之前的百年间中国社会的社会经济、政治军事、历史文化以及文学艺术等,都具有重要的史料价值。其思想文化价值、学术价值不在善本古籍之下。

二、民国图书调查工作

在中华民族悠久的典籍文化中,民国图书只是一位百岁新人,然而在我国公共图书馆所藏的各类文献中,民国图书的酸化和老化损毁状况却是最为严重的。

百年间这些图书与我们的国家和人民一道经历了战乱、动荡、贫穷,它们在各自的图书馆中都经历过数次搬迁,这些当年先进的西洋技术的产物,如今都已是古旧图书了,这些图书的破损程度已经到了令人吃惊的地步。导致这种现象出现的原因主要有两点:

(1)图书纸张及生产工艺先天不足:由手工造纸向机械造纸发展的初级时期,造纸材料混杂,制浆工艺落后,导致纸张酸性强,质量差,保存期短;再加上当时的装订工艺落后,极易造成书籍的破损。

(2)保护观念滞后,保存环境和保护措施不到位:在传统的图书馆工作中,一般人认为古籍善本的文献价值更高,是亟待保护的,而对普通图书的保护意识非常薄弱,资金、人力投入少。在很多图书馆,民国图书自入藏以来,几乎从未采取过任何保护措施,保护观念、保存环境及保护措施上的欠缺都加快了这一部分图书的老化和损毁。

从 1997 年起,全国公共图书馆所藏革命文献、民国时期图书、普通古籍等珍贵文献进入文献调研、抢救规划进程。

1997 年文化部图书馆司在福建省图书馆召开"全国图书馆文献缩微研讨会",会议就抢救民国时期文献进行了研讨,会议责成全国图书馆文献缩微复制中心(以下简称"缩微中心")在全国范围内先对民国图书收藏情况进行摸底调查,然后提出具体实施抢救保护计划。

1998 年—2000 年,缩微中心首先对江西省图书馆和国家图书馆收藏的民国时期文献状况进行了摸底,结果令人瞠目。这两家图书馆所藏民国文献由于所用纸张的严重酸化,导致其老化速度极快,以至民国文献损毁严重。以国家图书馆为例,在其收藏的各历史时期的文献中,民国文献的酸化和老化损毁状况最为严重。2000年时民国文献中度以上破损比例已达90%以上,民国初年的文献已100%破损,有相当数量的图书已经完全失去机械强度,一触即破,一部分文献还发现有霉斑和虫蛀现象。如果不及时抢救,这部分文献很可能将在50年到100年内消失殆尽,如此,中国的文献历史将出现一个无法弥补的断层。

从2000年6月开始,缩微中心在多年来文献抢救工作所形成的、覆盖全国公共图书馆协作网的基础上,负责组织国家图书馆及国内20余家省级公共图书馆对各自馆藏民国时期出版的中文平、精装图书的现存状况进行初步摸查,内容涉及藏书数量、图书的排架方式、分类方法、是否建有书目数据库、图书的收藏条件如何、是否对这部分藏书采取了相应的保护措施等。

结果显示:(1)这20余家公共图书馆几乎均未对这部分图书的收藏采取任何保护措施,图书破损严重,有相当部分的民国图书已濒临损毁;(2)这一时期除国家图书馆建有项目完整、格式规范的民国图书书目数据库之外,其余各馆均未有相应的民国时期图书书目数据库;(3)在这些收藏单位中,民国图书多历经动荡,图书与目录或账目不符的现象十分普遍,藏书种数及册数多由所占书架架位或卡片目录数量估算而得。甚至可以这样说,这一时期我国公共图书馆藏民国图书尚处于"家底不清"的状况。

以上几项信息是我们制定在全国公共图书馆范围内对现存民国图书进行调查并对其采取抢救性保护方案的重要依据。我们希望通过这次民国图书调查工作一方面帮助所有参与调查工作的图书馆理清馆藏现存民国图书的家底,另一方面,根据调查结果制定出在全国范围内针对这一历史时期文献资源切实可行的抢救性保护方法。

2001年全国公共图书馆范围内的民国图书现存状况调查工作正式启动,参与此次民国图书调查工作的有国家图书馆及22家省级公共图书馆。

在参与此次民国图书调查工作的众多图书馆中,国家图书馆藏民国时期出版的中文平、精装图书的数量在国内是首屈一指的,而其余22家省级公共图书馆虽然不是此类文献的顶级收藏单位,但各馆所藏民国图书的数量也是极为可观的。一方面由于民国时期的图书出版发行、订购已由各大书局、报馆、书店通过邮局寄送,因此这类大型公共图书馆的入藏多以全国各地出版物为收藏对象,文献入藏量大,是新中国成立前文献收藏的主力军。另一方面,由于这些图书馆所在的城市不仅是各地区的政治、经济、文化中心,是许多重大事件的发生地,同时又是很多重要历史人物的居留地,因此它们不仅馆藏文献数量丰富,在文献内容上也具有鲜明的地方特色。

由于有了缩微中心的初始数据提供、设备支持、业务辅导等具体措施的跟进,截止到

2007年年底,参与民国图书调查工作的23家图书馆均完成了各自馆藏民国图书的清点、编目工作,建立起了相应的书目数据库。从全国范围内来看,这是我国自民国时期以来最大范围内的公共图书馆间民国图书现存状况普查工作,调查范围之广,所涉及图书馆及民国图书数量之多是前所未有的。从各家参与民国图书调查工作的协议馆来看,这一项基础业务工作是很多图书馆多年来想做但一直未得以开展的工作,通过这次民国图书调查工作,各图书馆不仅理清了各自馆藏民国图书的家底,使各自的业务工作与全国范围内的同行处于同一水平,也培养了一批图书馆工作业务骨干。

三、民国图书缩微抢救拍摄工作

此次民国图书调查工作得出的数据显示,23家协议馆共收藏民国图书60余万种,但从图书品种来看,各馆重复入藏比例极高,经估算,这些图书馆间实际馆藏不同品种的民国图书约10余万种,基本可反映我国现存这一阶段平、精装图书全部品种的90%以上。

几乎与民国图书调查工作同步进行的是抢救保护措施的制定,利用缩微技术抢救拍摄这些珍贵文献是我们的首选方案。

采用缩微方式把文献内容转移到缩微胶片上,把原载体上的信息保存下来,是国际上通行的文献再生性保护措施,缩微胶片可以真实地反映文献原件的形状、内容、格式、字体、图形等所有信息。经过训练有素的专业技术人员对濒临损毁的珍贵古旧文献进行整理、拍摄,其过程对于文献造成的损伤很小。对于图书馆系统来说,缩微胶片的出现在保护文献原件、提高文献信息利用率、降低管理费用等方面发挥了重要作用。

缩微胶片寿命可长达几百年,通过拷贝方式可以不断延续缩微胶片的寿命,故而资料可以得以永久保存。缩微胶片还可复制多份异地保存,避免因为天灾人祸的出现而造成珍贵资料信息的毁灭性破坏。自缩微技术出现以来,借助缩微胶片可将档案、文献异质备份、异地备份的特性,使得重要档案、珍贵文献在重大天灾人祸之后得以完好保存的例子不胜枚举。最使人记忆犹新的当数2008年的"5·12汶川大地震",强烈的地震不仅对灾区人民的生命财产造成重大损失,亦使四川省的档案事业、图书馆事业遭受重创。震后在灾区档案馆、图书馆中抢救出来的各种介质的档案、文献中当属缩微文献最具完整性。地处灾区的东方汽轮机有限公司便是利用抢救出来的缩微胶片将缩微图纸转换成纸制图纸,迅速恢复了生产。

与基于计算机技术基础之上的数字文献相比,缩微文献的内容更加可靠,数字文献对于计算机软件系统有较强的依赖性,其信息易被修改或删除,在计算机网络遭到病毒和黑客的侵扰和破坏时,其信息的准确性亦会受到影响。而对于缩微文献来讲,这些危险是不存在的。

在国内,缩微技术是一项成熟的技术,有业界一致认同的国际标准及国家标准。公共图书馆界大范围使用缩微拍摄技术抢救保护濒临损毁的珍贵古旧文献已有 20 余年的历史了,在参与民国图书调查工作的协议馆中就有 20 家图书馆具备多年缩微拍摄工作经验。为使民国图书拍摄工作能够顺利进行,缩微中心在 2000 年时制定了《民国图书摄制规范》,并同时为各摄制馆配备或改装了相应的拍照设备。在缩微中心的统筹安排、计划协调下,各馆所藏民国图书得以就地拍摄,在最大程度上使全国范围内的民国图书同时得到抢救,避免了由于抢救不及时而带来的更多损失。

缩微中心在组织各图书馆进行抢救拍摄时,全面协调各馆藏书,在一书多藏的情况下,所选拍摄图书均为国内现存较好的本子。齐力协作的结果不仅在最大范围内使民国图书得到抢救性保护,也使得民国图书更加系统地展现在广大读者面前。截止到 2009年年底,缩微中心已组织各拍摄馆抢救拍摄民国图书 6 万余种。

四、民国图书缩微品的利用

为避免民国图书的原件在图书馆的流通环节继续受到损毁,目前已有部分图书馆将馆藏的民国图书原件全面退出流通环节,转而由民国图书缩微品代替纸制原件向读者提供服务,到馆读者只能在缩微阅览室借助缩微阅览器的帮助,查阅民国图书的缩微胶卷,如有复印的需求,可委托工作人员将其还原成纸张形式以便利用。

在计算机、网络、数字技术迅速发展和普及的今天,利用缩微影像数字化技术,将缩微文献扫描,进行数字化转换,就可达到缩微品文献信息只需要加工一次,便可在网络环境下将其提供给任意的读者或用户的功能。数字化信息资源配以检索软件后,使得缩微文献具有方便、快捷、全方位的检索功能,用户可以进行多途径检索,快速地获取所需的文献信息。利用缩微影像数字化技术,读者可以通过任何一台上网的计算机得到数字化缩微影像,无需再受空间、时间和阅读设备的限制。这样可以同时让更多的人利用缩微文献,提高了缩微文献利用率。读者足不出户就可以查阅到自己所需要的文献内容,突破了原有缩微阅览室对读者时间和空间上的限制。

缩微中心从 2003 年起购置缩微胶片数字化扫描设备,开始筹备民国图书缩微胶片的数字化转换工作,经过实践摸索,采取了胶片扫描、后期图像处理自行解决,标引、检索外包的形式,于 2005 年正式开展民国图书的缩微影像数字化扫描加工。截止到 2009 年年底缩微中心组织相关技术人员已数字化转换民国图书 1.5 万种,计 400 余万拍。并已陆续在网络上发布,向馆内外读者提供服务。随着此项工作的不断深入,将会有更多的民国图书数字影像展现在读者面前。

即便如此,对于我国现存的民国图书的普查与抢救保护工作也不可能做到完全彻底,我们谨以一名爱书、爱历史的人身份,希望我们的工作能引起全社会对于民国图书现存状况的重视,使人们能更加珍惜这些宝贵文献,使其能世代流传下去,使我们的子孙后代也能看到民国图书。

参考文献

[1] 王余光,吴永贵. 中国出版通史(8)民国卷. 北京:中国书籍出版社,2008

[2] 施芳. 67 万件民国文献亟待保护. 人民日报海外版,2005 - 2 - 8

[3] 张莉. 浅谈清末普通图书的抢救拍摄. 数字与缩微影像,2005(3)

（原载《图书馆工作与研究》2011 年第 1 期）

中国珍贵文献的复制与抢救

国家图书馆　裴兆云

当您有机会到中国任何一个较大的图书馆，将会被那些古老的图书、珍贵的文献所吸引。然而，又不无感慨地发现：不少珍藏上百年乃至更为久远的图书、报刊已经发霉、虫蛀、破损，甚至不能流通使用。这实在是令人痛心的事情。多年来，图书保护工作者用各种手段来延缓图书的寿命，然而也难以改变"寿终正寝"的命运。

如何使这些珍贵文献得以久远保存？用什么方法使已经濒临毁灭的图书文献得以应用？这是一个非常广泛而又迫切的大课题。

本文仅针对这一课题，就中国十年前业已开始进行的、被称之为"抢救中国文化遗产"的宏伟事业，做一简要叙述。

一、中国古文献的保存状况和"抢救"工作的必要性

中国是一个历史悠久的文明古国，珍藏在各图书馆的文化典籍十分丰富。据粗略统计，仅中国内地公共图书馆系统珍藏古籍善本 220 万余册；普通古籍 2645 余万册；收入《民国时期总书目》的普通平装书约 11 万余种。根据《中文期刊联合目录》和《中文报纸联合目录》的不完全统计，1949 年新中国成立以前出版的期刊约 2.9 万余种、报纸约 7800 种，其中较完整的约 2000 余种。其他各类历史文献如舆图、手稿、碑拓、经卷以及地方文献等很难有准确的统计。

这些文献的保存状况很不好。中国地域辽阔，北方干燥多尘，南方阴雨潮湿，图书保存环境不理想，图书很易生霉、变脆、虫蛀、破碎，多年来又无力普遍建立空调系统，所以图书逐年损坏，甚至不堪流通使用，有的只好封存。

1982 年，当时中国主管文化的领导人胡乔木先生在看过北京图书馆现任馆长任继愈先生的《关于妥善保存和充分利用孔府档案》的报告后，曾明确指出："这些事情一向无人注意，拖久了必致损失。又档案缩微事业关系我国文化遗产的保存，意义很大，并希告图书馆局、文物局和档案局，一并从速进行为荷。"中国全国人民代表大会和中国政治协商

会议有关人士也对此有过多次呼吁,财政部也给予财务支持,文化部图书馆司经多方论证,确定成立全国统一协调机构,选择以缩微复制的方法"抢救"濒临损毁的图书文献。大规模的文献抢救工作是以此为契机而开始的。

二、全国性的协调机构是"抢救"工作的组织保障

为了抢救工作的有效进行,1985 年成立了"全国图书馆文献缩微复制中心"(简称缩微中心)。缩微中心隶属文化部图书馆司,负责全国公共图书馆系统文献抢救的整体组织实施,其主要职能是:

1. 在全国范围内建立了包括国家馆北京图书馆在内的拍摄网点,使其具备了全套缩微复制设备并具有缩微品生产能力。

1985 年缩微中心刚成立时,由国家统一向北京图书馆、上海图书馆以及吉林、辽宁、山东、山西、湖南、广东、四川、江苏、重庆等省市馆提供设备。之后又增加了浙江、湖北、天津和甘肃等省市馆。随着形势的发展,近几年又有河南、安徽、贵州等省馆加入了这个行列。几年来,经过不断的技术培训和业务指导,各馆已拥有一批技术熟练的业务骨干,他们不仅担负本馆文献的摄制任务,同时在缩微中心统一安排下,承担其他无设备成员馆的摄制任务。这种全国一盘棋的做法,使设备能有效地利用,图书文献能就地、就近拍摄,最重要的是,抢救时机能得到保证。

2. 统一规划、统一协调全国古文献的缩微复制。

根据各馆馆藏情况,由缩微中心下达摄制任务。通过统一调度、互补有无,可以在总体拍摄计划下最大限度保证文献的完整性。例如,旧报纸严重缺损,以上海图书馆为例,这个曾地处中国出版中心的大馆,虽然收藏的旧报纸有好几千种,但完整的和基本完整的才不过十几种,通过协调补缺,一方面为其他省市馆提供了 10 万版需补缺的报纸,同时也从外馆补得了旧报纸 70 多万版,从而明显地提高了该馆报纸馆藏的质量。

这种协调也克服了重复劳动的问题。如果没有总体安排,各干各的,势必造成甲家在做的事情,乙家也在做,造成人力物力的浪费;同样也克服了因没有总体规划和协调而出现的某些疏漏;甲家不做的事情,乙家也不在做。

3. 制定各类文献缩微品的著录条例和技术标准以确保缩微品的质量。

为长远保存和使用着想,缩微品的质量至关重要。它作为文献的一种独特的媒体,其著录要求与一般印刷型图书不同,制作、使用、储存缩微品的各种技术标准也极其严格。缩微中心成立的十年中,不断地在制定并在实践中不断地完善的各类标准达数十种,这有力地保证了缩微品的质量。

4.建立与管理文献缩微品国家母片库。

抢救的成果是缩微母片,它作为国家宝贵财产予以妥善保管。为此,缩微中心已建立了适合缩微品保管条件的国家母片库。

三、缩微复制是再生性图书保护方法的最佳选择

文献抢救方法一是延长其寿命的延缓保护方法,一是更换文献媒体的再生性保护方法。前者旨在使文献原件用各种措施如脱酸、加膜、灭虫、改善保存条件等办法,使其寿命得以延长。它是迄今图书保护的重要手段,也是文献抢救的重要措施之一。后者是为了从更为长远的图书使用,例如用复制品代替原件,从而有效保护了原件的做法。

根据当前中国图书损坏严重的状况,在继续使用延缓性图书保护方法的同时,重点选择了缩微复制的办法。事实证明,这种选择是正确的。它基于以下原因:

(一)缩微复制方法是将原件信息模拟下来,还原后仍能保持原件的本来面貌,对具有重要价值的古文献很重要。

(二)缩微品(胶片)是迄今经过证明的最可靠、保存时间最长的文献媒体。由于是模拟信息,信息不易丢失。

(三)缩微品方便保存和使用。由于体积小,规格一致,保存和使用都很方便。可通过快捷方法检索,也可在阅读过程中还原。

(四)缩微品母片供长期保存,其拷贝片(复制品)根据需要可供多份发行。拷贝加工、邮递都极为方便,有利于缩微出版和资源共享。

(五)虽说大规模全国统一步调进行文献抢救工作在中国是个创举,但文献的缩微复制在世界各技术先进国家的众多图书馆,却应用得相当广泛且具有成效,他们的工作为我们提供了宝贵的经验。

四、主要成果及影响

以下几个数字可以概括说明抢救工作的部分成果:截至1994年年底,已经整理与摄制的文献为3100余万个画幅51 050卷,其中旧报纸为2143种19 720卷、古籍善本20 737种15 216卷、旧期刊6229种16 114卷,其中旧报纸因纸张含酸量大,大多已经破碎不堪,抢救之初将其列为重点。大量报纸经整理补缺,状况大大改善。如现存1861年和1893年上海出版的《上海新报》和《新闻报》,1897年天津出版的《国闻报》,1897年出版的《传闻报》,1904年和1905年北京出版的《北京日报》和《顺天日报》等,虽仍不免有所残缺,但

它已是目前所能达到的最佳或较为满意的状况了。可以认为,在中国内地现存 7800 种残缺的旧报纸中,经过专门整理、修补和补缺之后,其最重要、最有史料价值者均已拍摄完毕。现在正在进行的善本书和旧期刊的拍摄也接近尾声,估计 1996 年年底大致可以将 1949 年以前出版的所有重要的图书文献抢救完毕。此后的工作将转向 1949 年后出版的重要文献。

应该看到,通过文献缩微复制的过程,实际上已使那濒临毁灭的古文献得以新生,摄制过程中的补缺与修补工作,已使大量古文献的破旧面貌得以改善,这对延缓性保护又是个促进。

在抢救工作的推动下,也促进了公共图书馆现代化的进程。十年前除北京图书馆、上海图书馆、辽宁省图书馆等少数几个馆外,其他馆在缩微品制作和使用方面还是空白。经过十年努力,半数以上省级馆有了制作缩微品的能力,几乎所有省市馆都有了使用缩微品的条件。

五、应说明的几个问题

1. 关于文献资源所有权问题

抢救过程中,尤其在初期,有些馆担心本馆特藏会因为"抢救"而失去特色或因"抢救"而被充公。这实际是"奇货可居"的思想,是不必要的顾虑。

十年抢救工作没有打乱各馆的馆藏,各项馆特藏都完好保存。为安全考虑,规定善本书不拿到馆外拍摄。有些资料因补缺必须互相借调时,也是采取专人护送的办法。

至于一份完整的缩微品可能包含几个馆的馆藏,为了说明文献的所有权,在缩微品的标板上都注明拍摄馆和文献拥有馆的馆名。缩微品如发行,其所得按缩微中心的章程有明确的利益分成,对于文献拥有者并无损失。

2. 缩微品的法律地位问题

对于那些重在应用的文献,缩微品完全可以代替原件;但对那些具有珍藏价值、特别是具有档案价值的文献,缩微品目前尚不能完全代替原件。有些国家缩微品代替原件的法律地位问题已经解决,目前中国还没有。因此,现在的状况是:一方面原件要保留,一方面要制作缩微品,形成双重收藏。这有待于法律地位问题的解决和人们观念的改变。

3. 缩微技术和新技术特别是光盘技术的兼容并存的问题

进入 20 世纪 80 年代,光盘技术发展很快,光盘作为信息存储介质也有很强的吸引力,所以有人对缩微技术在文献抢救工作中的作用提出了疑问——它是否过时了?

缩微和光盘都是文献存储的重要手段。概括说,缩微和光盘都有相同的基本功能:

记录、存贮、检索、复制等。但缩微技术是以记录模拟影像为特点,而光盘技术是以高密度数字信息存贮为特点。作为要求真迹存贮并以长期保存为目的珍贵文献来说,缩微品更为适合。而光盘很适宜于存贮如文摘、书目以及使用频度高的科技文献等。由于两种技术各具特点而不能互相取代,发展的趋势是兼容并存,在不同的用途上,各自发挥自己的特长。

笔者作为始终参与文献抢救工作的一名成员,深知这项工作的意义,但也体会了在中国这样一片辽阔的土地上,动员如此众多的图书馆投入文献抢救工作是多么不容易!许多认识上、技术上、物资上的难题需要解决,所庆幸的是我们的工作得到了各方面的理解与支持,困难不断得到克服,今后的工作将会圆满完成。

(第 62 届国际图书馆联合会论文)

从缩微技术在基建图纸保护中的作用
看其在档案异质备份中的应用前景

北京建筑大学党政办公室　王　燕

缩微技术20世纪70年代开始广泛应用于档案管理领域,目前已经发展成为一项较为成熟稳定的技术,在保护和抢救珍贵档案、开发档案信息资源中发挥了重要作用。利用缩微技术保护档案原件,在灾难来临时避免造成毁灭性的破坏,其作用也得到了充分的验证。2008年"5·12"汶川大地震,东汽厂首先将档案缩微品抢救出来,其次再抢救出纸质档案,而此时纸质档案已杂乱无章。东汽厂利用缩微品具有很好的完整性,且不会丢失任何一张图样的特性,在灾后恢复生产中大量使用缩微品。通过缩微胶片扫描仪转换成数字影像,再利用绘图仪制作出底图或白图,晒后将蓝图或白图提供给生产等部门,满足了生产部门加工制造的需要,在东汽厂很快恢复重建生产自救中发挥了重要作用。一些散落或者被掠夺到国外的珍贵历史文献的原件,很难再收集回来。近年来利用缩微品进行了大量文献的收集与交流活动。如北京图书馆从印度收集回有关鸦片战争的档案史料的35 mm卷式缩微胶片10余盘;从英国收集回有关敦煌写经的35mm卷式缩微胶片100多盘;从美国收集回有关清朝政府给美国政府的外交文件的35mm卷式缩微胶片近百盘,并收集到有关善本书的35mm卷式缩微胶片1000多盘。

1　基建图纸在长期保存和利用中存在的问题

众所周知,基建蓝图与底图在长期使用过程中,受温度湿度的影响较大,加上频繁利用(晒制或复印)的磨损,导致图纸出现不同程度的损坏,蓝图会出现字体、图像模糊甚至消失,图纸折叠部分磨损、断裂,导致无法使用。硫酸纸底图在反复晒制过程中,会出现发黄、变脆或断裂现象,尽管采用胶条粘连,也无法正常利用。

图纸发生上述情况的原因主要是:

1)蓝图的字体、图形易消失性是蓝图的制作工艺及材质造成的,蓝图是通过强光、氨水在晒图纸上形成重氮盐,使图形、字体定影而形成的,这些重氮盐定影在晒图纸上,化学特性非常不稳定,在光照条件下,1—2年内很快会分解,即使保存在密闭的环境下(比如恒温、恒湿、没有光线的情况下),这些重氮盐也会在30—50年时间内自行慢慢挥发,就会形成字体、图形模糊、消失,使蓝图逐渐丧失使用价值,重氮蓝图的字体易消失性,只有在铁盐黑色蓝图出现后,方得到解决,但是铁盐黑色蓝图在我国很少应用。

　2)底图纸张容易变脆是由于底图的介质——硫酸描图纸的特性所造成,硫酸描图时,使用了大量的硫酸盐,这些硫酸盐残留在硫酸描图纸中,随着时间的推移,逐渐对纸张的分子基进行破坏,使纸张的分子断裂,最终使底图大面积断裂,失去使用价值。

　3)蓝图发黄、折叠处出现断裂等现象,也是与蓝图的生产工艺有关,在生产过程中,为了使纸浆中间的杂质沉淀,同时也为了使纸浆漂白,使用了大量的明矾。明矾是一种强酸弱碱盐。这些强酸弱碱盐残留在蓝图中,逐渐破坏纸张的分子基,使纸张发黄、断裂。

　4)由于客观条件所限,档案库房如果不能保持恒温恒湿,会在某种程度上加速基建蓝图褪色、底图发黄变脆的过程。为了解决上述问题,我们将"基建档案保护与利用"作为一项课题进行了深入的研究,通过调查、实验、论证,发现采用将缩微技术引用到基建图纸保护中,通过对图纸进行缩微拍摄,再经过专业设备对所拍的图像进行扫描,缩微胶片作为备份存档,利用时只提供扫描后的打印件,这样既不损害档案原件,又方便了利用者的检索查询,在对档案原件进行缩微扫描处理过程中,只需在关键环节中掌握好缩微与还原倍率,这一问题就能迎刃而解。这项研究既解决了图纸的长期存储、反复利用问题,又能提高图纸利用过程中的检索效率,同时大大节省了档案存储空间。

2　缩微技术应用于图纸管理的可行性分析

缩微摄影技术是在感光材料(通常是银盐胶片)上,通过曝光的方式记录信息的技术。缩微胶片有105mm、35mm、16mm平片等形式,其中105mm胶片很少被应用,16mm平片普遍被应用于文书档案的存储,基建、工程类档案行业大量使用35mm胶片。

2.1　缩微技术的优点

由于缩微技术是将图纸影像通过银盐固化在胶片上,银盐影片经过了百年的历史验证,是一种很稳定的影像形式,目前我们看到的许多老照片,尽管历史悠久,但是影像依然清晰。缩微技术具有如下优点:

1)介质稳定、保管时间长。目前大量历经数十甚至上百年的胶片被保存下来,已经证明了这一点。缩微品的保存期限较长,据有关材料记载"国外有关试验结果表明,在一定的条件下,缩微胶片寿命可达500年以上",也有的说一般可保存100—150年。

2）存储空间少。500 张图纸若是底图,需要占用 2—3 个 1.2×0.8×1.6 m 的底图柜,若是蓝图则需要占用 2—3 个标准铁皮文件柜,若是拍成 35mm 的缩微胶片后,则只有一个普通烟灰缸大小。

3）缩微品具有法律效力,可作凭证使用。《档案法实施办法》对档案缩微品的法律地位作了规定:"各级各类档案馆提供利用的档案,应当逐步实现以缩微品代替原件。档案缩微品和其他复制形式的档案,载有档案收藏单位法定代表人的签名或者印章标记的,具有与档案原件同等的效力。"[1]世界上有些国家和地区,允许缩微品作为法律上的原始证据,如:日本、美国、澳大利亚、加拿大、德国、意大利等国。

4）图像分辨率高。目前的一张 35mm 胶片,相当于 1000—1200 万像素的数码相机,包含信息量大。

2.2　缩微技术的缺点

1）缩微技术的专业性很强,复制工艺过程复杂。缩微拍摄的工艺要求很高,在复制过程中,人、设备、材料、操作方法、环境等因素及每一个环节都会直接影响缩微胶片质量。需要专业工作人员长时间的操作练习,人才缺口较大。

2）在某些情况下,缩微品保存条件要求苛刻。从理论上来说,缩微品可以长期保存,少量保管问题一般不大,大量保管时保存条件要求相对比较高。缩微品库房环境温湿度必须保持在一定范围内,对于胶片这种介质,应该说不怕低温,但是在高温、高湿情况下,会使胶片发生粘连。

3）利用时需要特殊设备进行读取。由于缩微胶片的图像压缩率在 14—30 倍,因此需要特殊的光学设备如胶片阅读器、胶片还原器等设备进行还原后,方可进行阅读,这些设备在专业的档案馆、图书馆很容易找到,但是在一般的企事业单位,则比较困难。

最终确定的实验论证方案如下:

首先采用缩微技术对我们的实验对象(基建蓝图)进行技术处理,将图纸全部拍摄成为国际工程界通用的 35mm 银盐胶片,缩微胶片进行永久性保存;然后将胶片通过专用胶片扫描仪(3600dpi)扫描成格式为 TIFF 计算机图像;再将计算机图像存储到光盘中,作为即时存储及数据交换的工具;最后将计算机图像输入到计算机中,按照图纸的名称、类型建立目录,方便利用、查询。利用时采用专业的看图软件(如:ACDsee6.0 等)阅读图纸,对这些图像可以自由地进行放大、缩小、截取等操作,针对个别重要图纸还可以

采用大幅面喷墨打印机输出,供现场直接利用。

3 实验方案与技术论证

第一步,将一盘 15 年前拍摄的 35mm 蓝色重氮胶片,用数台缩微胶片扫描器进行了图像扫描,将扫描的图像输入计算机进行了图像清晰度对比。发现扫描后的图片模糊不清,图纸上的细节无法辨认,使用胶片密度仪对胶片密度进行鉴定,发现胶片的密度远低于有关标准。原因是重氮片,由于重氮片是通过银盐母片拷贝的,重氮片的制作原理与蓝图晒制是完全一样的,随着时间的推移,重氮盐逐步分解,导致胶片图像模糊,因此产生信息丢失。为此,我们找到一卷制作时间在 10 年以上的银盐拷贝片,通过胶片扫描器,将图像扫描到计算机中。这次图像则清晰可辨,在进行多次 ACDsee 软件的放大,图纸的细部依然非常清楚,信息丢失率控制在了一个让人满意的程度。试验证明,对图纸进行缩微拍摄制成胶片,再通过扫描处理转化成数字图像提供利用是可行的。

第二步,探索缩微技术指标。在技术方案得到验证后,我们委托北京电影机械研究所按照国际标准,将 160 多张尺寸在 A4、A3、A2、A1、A0 图纸进行缩微拍摄,这些在拍摄过程中,分别确定了对应的缩微倍率分别如下:

图纸尺寸	缩微倍率
A4、A3	14.8
A2	21.2
A1、A0	29.7

第三步,对胶片进行扫描。胶片扫描是通过一台富士胶片扫描器进行的,其扫描胶片的分辨率可以达到 3600dpi,扫描后的图像数据格式为 TIFF,这种格式清晰度令人满意,但是图像文件的数据不大,一般来说,从 A4、A3 幅面的几十 KB,到 A0 幅面的几百 KB,实验中采用 160 张图纸,经过估算,在拍摄为缩微胶片后,一张普通容量的光盘(650MB)即可以存储,应该说存储效率是非常高的。

第四步,提供利用。利用手段之一是将电子图像直接在计算机屏幕上使用。利用手段之二是直接打印到打印纸上。采用一台 HP100 A1 幅面的喷墨打印机,该打印机的分辨率为 600 dpi,但是也发现了一个现象,对图纸的还原打印,只能按照 1/2 的倍率进行,即 A1 幅面的缩微还原图片,只能打印成 A2 幅面的图纸,否则信息丢失率比较高,造成图纸无法利用。利用手段之三是通过校园网可以实现图纸查询、下载,达到资源共享。采用缩微技术,同时解决了图纸的存储、保存期限、法律效力、标准化等方面的问题,采用计算机存储及数据交换技术,解决了图纸的检索阅读、利用等诸多方面的问题。在基建图纸的保管和利用工作中,将基建底图以缩微片的形式保存起来,利用时可以通过缩微片扫描,刻制成光盘,通过电脑查阅或打印输出。目前发达国家的档案部门大多采取两者结合的方法,既提高利用效率,又节省档案库房的空间。虽然这项研究的对象是基建图纸档案,但是我认为此方法也可以应用于其他载体档案的异质备份,既可以减少各种灾害对档案信息安全的威胁,又解决了基层档案室库房面积紧张的窘境。

4　缩微技术的不可替代性及其在档案异质备份中的发展前景

目前,业界存在一种看法就是缩微技术将会被新的数字技术所取代,我认为正是由于如前所述的缩微技术的优势,说明有了计算机技术和数字影像技术的结合,并不意味着要淘汰缩微技术,即便是信息技术高度发达、数字存储应用渗透生活各个方面,缩微技术仍将在档案保护技术领域发挥重要作用。一些发达国家对缩微技术的应用一直不衰,缩微技术仍然发挥着重要的作用。例如,在美国,所有的联邦刊物都是以缩微胶片的形式进入图书馆,政府机关如环境保护、美国航天航空局及教育部的文件,也都是以缩微胶片的形式进入图书馆。美国还制订了以国会图书馆为主体的预计 10 年完成的报纸缩微拍摄计划,将对美国及其托管地出版的所有报纸实施缩微化。在美国超过 20 个州,要求所有的重要信息都可直读、复制,这必须是纸张或者缩微胶卷。英国和美国 2000 年和 2001 年的人口普查数据都储存在缩微胶片上,还有另外 30 个国家的人口普查记录。日本目前对其 930 个都、道、府、县的图书馆文献进行大规模的缩微处理。新加坡政府已经下令,所有政府之间的重要的电子邮件都要储存到缩微胶片上,这相当于所有电子邮件的 5%。近 10 年来,随着新技术的迅猛发展,缩微胶片的数字化技术给缩微胶片的管理与利用提供了有力的保障。缩微胶片数字化后的优点明显,即可为基建图纸的利用者提供清晰的数字图像,又可以有效避免在使用缩微胶片时所到来的损耗,而在检索方面则更方便快捷,极大地提高工作效率。如果利用者需要基建图纸的复制品,也可直接对数字化后的基建图纸进行复制、打印、拷贝或直接通过互联网传输,直接支持无纸化办公。需要注意的是,虽然目前的技术可以直接支持图纸的数字化,但作为档案管理的需要,档案的异质备份工作对于基建图纸的原件、缩微胶片和数字化存储缺一不可,缩微胶片则是重中之重。21 世纪是数字信息时代,计算机和现代通信技术相结合的信息技术迅猛发展,档案管理工作正处在以传统的纸质文件为主体的模式向纸质文件与电子文件并存管理模式的转型期。作为信息集散枢纽的档案馆(室)无不把应用现代技术作为一项重要决策。从以纸质、缩微胶片为代表的模拟影像技术到以磁带、光盘等电子文件为代表的数字影像技术,正以崭新的姿态呈现在世人面前,而缩微技术不容置疑地在档案馆现代化建设中扮演重要角色,同时也受到了严峻的挑战。缩微技术在稳定性、永久保存性、法律作用、记录速度及成本等诸多方面有着一定的优势。数字技术在检索速度、方便利用、资源共享等方面有着极大的优势。如何清醒认识缩微技术和数字技术,既关系到缩微技术的发展方向,又关系到今后档案馆和图书馆文献资料保护的发展趋势。而上海市浦东新区档案局的相关实践,进一步支持了我的看法。浦东新区档案馆采用多种存储技术兼容并存的电子文件保存、利用模式,即利用先进的信息处理技术,将缩微技术和光盘技术有机结合起来,一方面对各种规格的纸质档案、缩微胶片进行高速扫描形成数字化信息,一方面将办公自动化和计算机辅助设计形成的电子文件进行批量处理、输入胶片打印机,形成可长期保存的缩微品,从而实现光学扫描和缩微拍摄同步利用,并实现各种载体之间数据的相互转换,形成各种技术兼容并存、优势互补、配套使用,以达到对电子档案信息的快速、灵活利用和长期、安全保存的目的。实现了对各种纸质档案(不同种类、不同格式、不同幅面)在多种扫描端(高、中、低速扫描仪)运用多种扫描方式(纸质扫描、缩微胶片扫描)进行高速数字化,并对影像进行批量整合,最终将电子化影像文件储存到缩微胶片上;并能对电子化影像文件进行文件级的精确、模糊查询、浏览,共享电子文档资源,可进行光盘刻录利用等,也可进行远程 Web 发布。具体做法主要是:

1)对于具有永久保存价值而利用频率低的档案资料,应当全部缩拍成胶片或直接将电子文件打印输出到胶片上,并同时将其制成拷贝片,真正实现永久保存的目的。

2)对于具有永久保存价值且使用频率较高,或者实用价值大的档案资料,应在制作成胶片之后,运用缩微胶片扫描仪将其全部录入计算机磁盘、光盘,形成电子管理系统。

3)对于不必永久保存,而实用价值高或者利用频率高的档案资料,应当进行数字化处理,扫描上网,便于联机检索、查询、阅览、编辑等。

4)对于缩微胶片上的图像信息通过缩微胶片扫描仪进行"模拟/数字"转换,录入计算机磁盘和光盘,输入计算机网络,通过计算机辅助设计(CAD)技术进行修改、编辑、打印出图。

电子信息迅速增加,文献信息管理技术以惊人的速度发展,特别是数字影像技术的应用在很大程度上改变了缩微技术的应用方式,为模拟影像转换为数字影像提供了技术支持,进一步拓宽了缩微技术发展空间,为更好地开发档案信息资源,提供信息服务奠定了技术保证。这种转移也是时代发展的必然选择。模拟技术与数字技术的结合使用,达到了取长补短,优势互补,协调发展,必将更加有利于档案信息的安全保护和档案信息资源的开发和利用。我们仍需对缩微技术和数字影像技术的优势进行积极的探索和创新,发挥缩微技术和数字影像技术的特点和优势,为档案、图书工作的现代化建设做出更大贡献。

随着科学技术的进步,缩微影像技术越来越需要研究新的课题,如数模影像技术在法律标准体系方面、在档案实体与档案信息安全方面、在缩微影像档案信息的异质备份方面,以及在纸质、胶片、电子三位一体的管理模式方面等需要进行深度研究。各种缩微胶片扫描器的问世,揭开了缩微模拟影像转换为数字影像的新篇章。它弥补了缩微技术在检索速度、远距离传输、存储容量方面的不足,将模拟影像转换成数字影像以提供便利高速的信息服务。同时随着计算机技术在缩微技术领域的革命仍在继续,开拓了新的应用领域和新市场。在新形势下,美能达、美国柯达公司等公司从市场需求出发,先后推出了将数字影像转换成模拟影像的设备。也就是说实现了由模拟到数字和由数字到模拟的双向自由转换,数字信息和模拟信息之间的鸿沟已变为通途。该应用是数字技术与缩微模拟技术的有机结合,这种结合代表着今后信息管理技术的发展趋势。缩微技术已由原来的以胶片为单一载体的模拟技术,发展成为以计算机、网络技术为依托,以胶片、磁盘、磁带、光盘等为载体的模拟数字混合技术,具有强大的生命力和广阔的市场应用前景。

在网络信息、知识经济的大潮中,如何在安全保管和有效利用上寻找最佳的平衡点一直是"十五"和"十一五"期间档案部门孜孜以求的目标。随着档案现代化管理的需求变化,各国的档案部门一直在积极探索采用新技术,如计算机技术、通信技术、网络技术、数字技术、缩微技术、光盘技术等,来实现档案原件的存储和利用。

参考文献

[1]中华人民共和国国务院.中华人民共和国档案法实施办法,1999

[2]第八届全国人民代表大会常务委员会.中华人民共和国档案法,1996

[3]王健,黄贵苏.欧美利用光盘技术保存档案.中国档案, 1998(7)

[4]胡晓琳,孙毅.缩微技术与光盘技术在档案管理中的应用.缩微技术,2000(4)

[5]谢小能,刘培平.电子档案最佳存储介质——缩微胶片.档案学通讯,2000(1)

(原载于《北京建筑工程学院学报》2013年第2期)

缩微与现代技术篇

试论缩微与电子影像技术的发展及其在图书馆的应用

国家图书馆　孙承鉴　索奎桓

一、引言

"全国缩微摄影技术标准化技术委员会"的相关对口国际组织是"ISO/TC 171 缩微摄影技术委员会"。该委员会是由于科学技术的发展和 ISO/TC 46 技术委员会工作量和工作范围的变化,于 1979 年由国际标准组织将 ISO/TC 46 技术委员会的"信息与文献"分委员会转变而成的。当时的工作范围涉及缩微摄影技术并且涵盖了记录、摄像质量、词汇、检索方法以及相关设备与包装。

1988 年,ISO/TC 171 委员会的名称和工作范围不断扩展到电子影像的应用。

1994 年 2 月,ISO/TC 171 委员会将所有的问题综合起来,认可了这种扩展,重新命名为"文件影像的应用","缩微摄影"技术委员会变成为"文件影像"技术委员会。

1995 年 9 月,ISO/TC 171 委员会又对自己的组织机构进行了调整优化,设立了三个分委员会(质量、应用、技术与法律可接受性),含七个工作组。

本文想就缩微摄影技术与电子影像技术的发展及应用来认识和理解 ISO171 委员会名称变化的含义,并就今后的工作提出建议。

二、两种技术发展应用简况

1. 缩微摄影技术

追溯缩微摄影的历史,迄今已经有一百多年了。在摄影术发明不久,就有人开始试验用摄影术的方法来复制文献资料。据记载 1838 年英国摄影师丹赛用摄影的方法通过显微镜第一次把一张 20 英寸的文件拍成 1/8 英寸的缩微画,开创了文献缩微摄影技术的先河,到 1860 年丹赛已经可以把一本 56 页的论文集拍摄成 10 × 100mm 的缩微画。随着摄影技术的发展,文献的缩微摄影技术也在不断取得进展,德国在 1924 年生产了能拍摄文献的小型摄影机,1925 年法国制造出 E. K. A 型平台式缩微摄影机,1928 年美国柯达公司成立了专门从事生产缩微摄影设备的利确达公司,同年柯达公司开始生产缩微专用的缩微胶片。可以说20世纪20年代是缩微摄影技术取得重大发展的年代。也就是在这个时期才开始把缩微摄影技术引入了图书馆。1927年美国国会图书馆用一笔49万美元的赠款开始了一项长达8年的大规模拍摄馆藏外国文献资料的缩微计划。1932年美国国会图书馆开始将其珍藏的珍本图书资料制成缩微胶片向读者提供服务,并成立了摄影部专门负责馆藏图书资料的拍摄业务。美国纽约公共图书馆将《纽约时报》拍成缩微胶片,以缩微出版物的形式向15家图书馆出售。1933年纽约《先锋论坛报》将该社一百年来发行的报纸全部制成缩微胶片,并编制了检索系统。此后,美、英等国家把文献缩微摄影的方法作为文献资料出版的一种方式,即所谓"缩微出版"(Micropublishing),使缩微文献资料走入图书馆,并逐渐增大入藏比例建立了稳固的地位。二战期间缩微摄影技术服务战争,得到了迅速发展。二战后更进一步,得到了广泛应用,从图书、档案、情报系统扩展到了政府机关、财政金融、商业、企业、科学文化等部门,在发达国家得到了普及。自20世纪70年代以来形成了长达三十年的年增长率为10%—20%的市场。据统计到20世纪90年代初,缩微产业的世界市场规模已达50亿美元。进入20世纪90年代后,发达国家的缩微技术市场仍保持5%的较快的发展速度。时至今日缩微设备的销量仍然不断稳步上升。我国图书馆引入缩微技术的历史始于1938年。1936年美国为了索取中国的资料与中方商定在中国北京图书馆和美国国会图书馆各装一套缩微摄影设备,由中方向美方提供善本书的缩微胶片,美方向中方提供科学技术书刊的缩微胶片。该设备于1938年运到,1940年即被侵华日军掠走,这期间也拍摄了一部分医学文献的善本书,这是我国开展文献缩微技术的开始。1948年北京图书馆购买了美国柯达公司一套35mm缩微摄影设备,由于战争到1949年新中国成立后才开始安装使用。新中国成立后部分中央部门及一些较大的图书馆、档案馆、情报所等单位先后从日本、法国、德国引进一些缩微摄影设备,初步开展了文献缩微摄影的业务。这项技术真正广泛应用于图书馆,是从20世纪80年代初开始,随着国家建设的发展,自1982年起缩微摄影设备纳入了国家计划,许多大中型图书馆都开始了文献缩微复制工作。1987年文化部建立了全国图书馆文献缩微复制中心,负责组织、协调全国公共图书馆的文献资料抢救工作,先后在全国设立了21个拍摄点,配备安装了设备,并负责人员培训和业务指导,是目前全国最大的文献缩微复制机构。目前有30余家省市图书馆有缩微资料入藏并开展读者服务工作,短短的几年时间走过了发达国家几十年的路程。

　　2.电子影像技术

　　电子影像技术中最具代表性的是光盘技术。电子影像技术是随着计算机技术的发展而发展起来的。20世纪70年代,由于大规模集成电路的出现,计算机的运算速度和体积结构发生了根本性的变化,出现了微型计算机。计算机运行的是数字量,过去计算机存储主要是磁带、磁盘等磁性物质,而当今可用微电子技术来实现,后来又发展了光盘存储技术,其中的 CD – ROM 最早出现,而且已大量应用。

　　CD – ROM 光盘驱动器是由日本关东电子公司根据小型音频光盘于 1983 年首先开发出来的一种计算机外部存储设备。CD – ROM 光盘驱动器是一种只读型光盘装置,光盘上所记录的信息均是厂家在盘片上刻录或压制而成,用户只能根据需要选购已记录信息的盘片,并在 CD – ROM 光盘驱动器上读出,但不能进行信息的写入、更改和擦除。经过十多年的发展,CD – ROM 光盘技术已经成熟,目前有多种速度的光盘驱动器,其速度通常都是以数据传输率来衡量。单速 150K 字节/秒(与音乐 CD 相当),双速 300K 字节/秒,三速 450K 字节/秒,四速 600K 字节/秒,六速 900K 字节/秒。最近市场上又增加了八速、十速甚至于十二速的光盘驱动器,每增一速其数据传输就增加 150K 字节。大部分实现了互换标准。

　　CD – ROM 已成为标准化的产品,它的物理尺寸、编码方式以及文件格式都已有国际标准,其中最重要的是 1988 年颁布的 ISO 9660 国际标准。

　　CD – ROM 涂有一层很坚固的表面层,且采用非接触读出方式,使它的寿命预计可达几十年。盘片的材料轻而坚固,一张盘的重量不到 50 克,携带、邮寄都很方便。CD – ROM 容量大,为一般高密度软盘的 460 倍,直径为 120mm 标准盘的容量可达 650 兆字节。这个容量相当于 6.5×10 的八次方个字符,或者 3.25×10 的八次方个汉字的存储空间。通过压缩技术可存放一万余张高密质量的照片。它已成为当今存放长久性多媒体信息的理想介质。

　　CD – ROM 的最佳应用范围是出版业,无论是数据库、语言还是影像,只要是需要大量的存储空间,且又要长久保存的资料都适合使用 CD – ROM 光盘,尤其适合存储那些不允许更改增删的文献资料,而不必担心文件制作后再被篡改。

　　目前,CD – ROM 的应用十分广泛。一是作为电子出版物,可用来代替纸类印刷品存储声像数据、文本和数字数据,其内容包括百科全书、报纸、期刊、手册、零件图纸等资料。CD – ROM 已在这个领域获得了极大的成功,国外已出版上万种的文献。国内也已超过上百种,如国内出版发行的人民日报光盘版、中国学术期刊光盘版、中国美术全集光盘版、大百科全书光盘版等。二是用于图书资料书目型数据的存储、检索,以及用做后援构成高档数据库等。如国内出版发行的中国国家书目数据库光盘版、中国社科期刊篇名数据库光盘版、中国科技期刊篇名数据库光盘版等。三是用做 CD – ROM 光盘软件。在一张光盘上能十分密集地存储 10 种以上广泛使用的参考文件,并符合现有的信息交换标准,可方便地从任何一种 PC 机文字处理程序中提出。由于 CD – ROM 光盘有这样广阔的应用领域和市场,因此,近几年来,光盘系统的年销售额一直以 35% 以上的比率增长。

此外,CDR 技术已经成熟,并得到广泛应用。它是一次写入 CD - ROM 技术,是生产定制样品或极少量 CD - ROM 产品的方法。这种方法的出现为 CD - ROM 技术的发展和应用又开辟了新的领域。

北京图书馆于 1995 年建立起光盘阅览室,已安装了 120 余台光盘驱动器和 20 余台微型计算机,构成了一个光盘局域网。馆藏光盘 400 余张,载有 70 多个数据库,上亿条数据。目前,除读者来馆直接上机查询、检索、阅览外,还通过网络与全国 100 多个单位联通,京内外用户可直接在办公室的计算机上检索、阅览北京图书馆的馆藏光盘信息。也可以说,是一个电子图书馆的雏形。

此后,北京图书馆光盘信息中心又在全国 10 多个单位安装了类似的光盘局域网络,使得光盘在图书情报界得到迅速的推广应用。

三、信息技术发展的必然和我们的对策

作为主要信息源之一的图书馆,其基本任务一是保存好已有的和将要生产的文献信息资源,二是将这些资源以最方便快捷的条件提供给社会使用,发挥最大社会效益和经济效益,为经济建设和精神文明建设服好务。

近几年,国际图书馆界信息数字化的呼声很高,"数字图书馆"、"电子图书馆"、"虚拟图书馆"、"没有围墙的图书馆"等称谓层出不穷,有的已见诸行动。如日本国会图书馆于 1994 年做出计划,要在关西地区建立第二国会图书馆,规划一期工程 8 万平方米,内容是电子图书馆,即馆藏信息是电子化的,读者通过联机检索,阅览图书馆的馆藏信息,形成一个无围墙的图书馆,该馆计划于 2002 年建成。美国成立了"美国国家数字式图书馆项目"。该项目的参加单位是保存与存取理事会、美国国会图书馆、哥伦比亚大学、哈佛大学、美国国家档案与记录管理局、纽约公共图书馆等共 16 个单位。项目的目标是到 2000 年,实现数字化影像 500 万页。目前,正在进行 200 件美国历史特色文献的数字化,以反映美国的历史遗产及文化,并向全美所有人提供,载体为 Internet。加拿大多伦多市烈治文图书馆计划于 1997 年建成一个 4000 平方英尺的数字图书馆。此外,国际上最大的计算机公司 IBM,已在世界上建立了六个数字图书馆研究中心,专题研究、开发各种文献的数字化设备,存贮、检索、传输技术。1995 年 9 月其第七个数字图书馆研究中心在北京成立,重点研究汉字的处理。

北京图书馆为了跟踪国际信息技术的发展,今年年初在文化部立项"数字图书馆实验项目",开展这方面的研究。文化部于 1996 年 6 月组织北京图书馆、上海图书馆、广东

中山图书馆等联合向国家申请有关数字图书馆的项目立项,目前正在申请之中,期望能得到支持和批准。

以上现象说明了一个问题,即信息技术的发展必将引起信息的加工、处理、存贮、传输、交流等的深刻变化,未来的信息存储的主要形式是数字型的。与此相适应,图书馆的藏书方针、结构,图书馆的服务方式,甚至于图书馆与读者的交接界面也都将发生根本的变化,图书馆的馆内服务方式将变成主要是馆外服务。以此种思路来认识"171 技术委员会存在的理由是通过各种方法保证能够获取储存在影像管理系统里的信息"这一基本原则,我们可以探讨今后缩微技术和电子影像技术在图书馆的应用发展趋势,对我们的工作会有一定的指导意义。

缩微技术的最大特点是对原始文献的真迹复现和法律意义上的功能,有利于文献资料的永久性保存。光盘技术的最大特点是采用数字化技术,便于计算机检索和上网传输,有利于数字图书馆的发展。因此,目前图书馆工作可以这样设想:

1. 对于具有永久性保存价值而使用频率低的善本和珍藏文献,应考虑全部做成缩微品,并应将这部分缩微品保存在符合缩微品保存条件的库房里,真正实现永久性保存的目标。

2. 对于具有永久性保存价值而使用频率比较高,或实用价值比较高的善本和珍藏文献,应考虑同时做成缩微品和电子影像(电子出版物),其中已做成缩微品的可以直接从缩微品转换为电子产品,还没有缩微的可以同时缩微和数字化,以减少人力的投入,将电子产品提供广大读者使用。

3. 对于不必永久保存,而实用价值高的馆藏文献资源,只需数字化,转换成电子产品,提供广大读者联机检索、阅览,使其成为数字图书馆的丰富资源。

缩微技术和电子影像技术(光盘技术)不是谁来代替谁的问题,两种技术的应用各有各的特点和优势,应根据应用领域的实际需要,选择相应的技术设备,目标是发挥信息资源或称影像管理系统的最大效益。

（原载《缩微技术》1997 年第 1 期）

新技术的应用必然带动缩微技术的变革和发展

贵州省图书馆 张伟云

近十年来,缩微技术作为信息存储、还原和传递载体的技术,随着现代技术的广泛应用得到长足发展。

缩微技术与计算机、传真、激光、多媒体、光盘、数字化技术等众多新技术结合,构成了一系列新的自动化办公系统。其主要产品有:计算机输出缩微胶片系统(COM)、计算机输入缩微胶片系统(CIM)、计算机检索缩微胶片系统(IR)、缩微品计算机辅助检索系统(CAR)、视频缩微系统(PACAR)等。而数字化技术广泛的应用,数字式影像存储科技与缩微技术结合,又衍生出许多新的应用项目,如:网络影像管理系统、多介质组合信息管理系统等。对公共图书馆界来说,很有必要跟踪、了解、研究这方面的发展和动向,以吸取经验,避免决策上的偏差,少走弯路,更有效地利用现代技术手段及公共图书馆数十年共同努力、长期积累和不断投资形成的得天独厚的文献缩微资源。

在未来社会里,图书馆将成为图书、光盘、缩微品、数字化资料等多种信息资源动态共存的混合体,发展趋势告诉我们,不同的文献存贮载体都会在下一世纪的图书馆中找到自己的位置并产生强大能量。信息社会的发展给公共图书馆缩微技术的应用带来了新的机遇。但如何把握机遇,更好地开发、利用缩微技术,这需要我们图书馆人共同努力。本文试图从信息技术、光盘技术、数字化技术的发展与应用,探讨如何与缩微技术结合,促进我国公共图书馆缩微事业的发展。

1 信息技术的应用

21 世纪世界经济的竞争将更加激烈,而信息领域的竞争将是世界竞争的核心。信息的生产和变换已成为这个时代的重要特征。

1.1 网络的发展

谈到信息时代,因特网是一个最热门的话题。人们把电脑网络比作一条信息高速公路。进入这条高速公路,可以在上面尽情驰骋,探索无穷的信息资源。今天,全世界至少已经有 150 多个国家的 6600 万台电脑连在这条网络上,预计到 2000 年,全球用户将达到 2 亿。网络奠基人文特·瑟夫(Vint Cef)预言:"到公元 2005 年,国际电脑网络将会赶上目前的电话通讯规模。"

1993 年 9 月 15 日,美国副总统戈尔在华盛顿正式宣布"建立全国通信网络"计划,即 "国家信息基石结构"(National Information Infrastucture,缩写为 NII)行动计划,就是大家今天所谈论的"信息高速公路"(Information Super Highway)。NII 计划指出:国家信息基础结构不仅指用于传输、存储、处理和显示声音、数据及图像的物理设备,还包括人、标准、信息、应用、软件平台及硬件设备在内的,能够为用户提供满意服务的广域信息系统。这一计划的提出震动了整个世界,各国政府纷纷起而效之,随之掀起了一个全球"信息高速公路"的热浪。

1994 年,美国副总统戈尔在国际电信联盟大会上又提出了"全球信息基础设施(GII)"计划。人们注意到这样一个事实:1993 年是美国提出国家信息高速公路(NII)设想的一年,1994 年则是形成环球信息高速公路(GII)概念的一年。其间仅相隔一年时间。难怪有人感叹:一个重大技术课题或工程项目,从一个国家率先提出,尔后变成众多国家的共识,又成为数十个国家的行动,其间仅经过一年多的时间。这样的规模,这样的速度,在世界历史上绝无先例。

可以看到:"信息高速公路"就地理而言,是无限广阔的,它没有国界,是全球通信网络和信息网络的总和,是一个包容全球的概念。

直逼中国图书馆界的是 1995 年 5 月西方七国(美、英、法、日、德、加、意)的国家图书馆成立了 G 全球数字式图书馆集团,目标是在 2000 年,以 Internet 为载体,推出"全球数字式图书馆",成为广域网上数字信息源的主宰。

1.2　中国信息技术应用的发展

在中国的高技术研究发展计划——"863"计划的七个技术领域中,信息技术占有很重要的一席。随着"863"计划的实施,中国国家经济信息化建设取得了显著的成就。短短几年时间,中国已建立了若干个网络:中国公用分组交换网;中国公用数字数据网;中国公用 Internet 网;中国教育和科研计算机网;中国教育和科研计算机网;中国经济信息网。推出了三金工程(金桥、金卡、金关),铁路运营、民航订票全国电脑化等。到目前为止,中国已建立重要信息网络 100 多个,各级经济信息中心 1000 多个,小的信息网不计其数。这些大小网络的建立,在今后几年内将使中国的国民经济运作快速实现信息化。

21 世纪图书馆的地位极其重要。公共图书馆必须顺应信息社会发展的需要,积极参与"信息高速公路"的建设,加强各种专题数据库的建设,加入互联网络,通过 Internet 传递文献信息,才可能充分发挥图书馆馆藏的优势,真正实现文献资源共享。

对中国图书馆界最具有现实意义的是,"九五"期间国家将启动"金图"工程,即在计算机技术、通信技术和数据库技术三位一体的基础上建立中国图书馆信息网络(CLINET),以"金图"工程的开展,全面推动图书馆自动化建设的大发展。

1.3　以信息技术为先导,建设公共图书馆文献缩微品信息网络

联合国总部哈马舍尔德图书馆馆长说:"当今拥有图书和其他馆藏资料,已不再是图书馆的主要职能了。现在,具备借助最现代技术能查到所需信息的能力才被认为是最重要的。"

正因为社会多元化的发展对图书馆的需求和图书馆本身就是一门集成性专业,因此,无论是广度还是深度的发展,都需要计算机、光盘、缩微现代通讯等新技术的注入,并已成为图书馆发展的一项重要战略。

自20世纪80年代中期以来,中国已有120多个公共图书馆开展了自动化管理与应用工作,实现了业务环节全部或部分自动化管理。全国建立了一定规模、规范的书目数据库和多种类型的专题文献数据库,实施了联机检索等。但是,应该看到公共图书馆的文献仍是中国最大的尚未电子化的信息源。究其原因主要有三个方面:一是政府投资不足;二是缺乏商业驱动力;三是技术的落后。相比之下,缩微技术的应用则更是落后。公共图书馆的优势在于拥有大量的珍贵文献缩微品,如何更好地开发、利用、共享这一能量巨大的潜在资源,是很值得我们去努力的。

从基本国情看,实现省级公共图书馆的联网,随着"金图"工程的启动,应该不会需要很长的时间。届时,图书馆将彻底告别以往各自为政、封闭、独立的状态,成为中国图书馆信息系统的一个节点。基于这一点,现在就要求我们从全国乃至全世界的信息系统的角度来思考文献缩微品的开发与利用。选择缩微技术与多种新技术结合,建立标准化、规范化的中国公共图书馆缩微品数据库,实现光盘检索和缩微品的交流使用,笔者认为这可成为现阶段文献缩微品文献信息资源共享的发展方向。

建立缩微品信息检索系统要考虑实用性、标准化、规范化等问题。必须执行国际或国家的统一标准,以便文献缩微品资源共享。同时要考虑适应性,就是要结合中国国情,在网络化建设中,内容和形式都应该从实际需要出发,留有余地,具有较强的适应和兼容能力。

建立中国公共图书馆文献缩微品数据库是一项跨地区、跨单位的系统工程。因此,应该从国家的整体利益的高度来通盘考虑、统筹规划。笔者认为:由于中国公共图书馆事业的基础条件薄弱,又受各方面的制约,如:邮电、通信等,各地区经济发展也极不平衡,各省级图书馆文献缩微品资源分布也不均等,社会需求也不一致。因此,建立文献缩微品信息网络不易采取集中模式。是否可以考虑以各馆为主,先建立自身的文献缩微品

数据库,然后逐步实现全国联网。

2　光盘技术的应用

近十年来,光盘技术以其极大的存储容量和低廉的价格、快速的检索速度等优点,不仅对图书馆工作产生巨大的影响,带来了巨大的希望,同时对缩微技术在中国图书馆的继续应用也带来了巨大的冲击,引起了图书馆界的高度关注和重视。

2.1　光盘技术对图书馆工作带来的变革和影响

图书馆事业最为显著的每一项重大进步,几乎都与现代技术的发展、应用密不可分的,尤其是光盘技术的应用。光盘的出现,使全文数据库得以发展,从根本上解决了一次文献和二次文献脱节的问题,如:《中国大百科全书》《中国美术全集》等巨型图书都已制成光盘。光盘的优势是显而易见的。图书馆应用光盘技术后,发生了一系列的变革。其表现在:

(1)文献信息载体及业务工作的变革

光盘是继纸张、感光胶片和磁带介质之后产生的又一种新颖的存储介质。传统的图书馆都是以印刷型载体作为收藏、利用的对象,这一特点使得图书馆多年来已形成了一整套完整系统的印刷型图书文献,包括收集、整理、加工、借阅等在内的运作方式。而光盘在图书馆的应用,已对传统的收集、加工、管理方式带来了冲击:纸型文献不再是唯一,同时对缩微技术的应用产生较大的冲击;对馆舍的建设、购书经费的调整使用、设备的配置及投入、非纸型图书的管理、专业人员的培养等也都带来了相应的调整和变化。

(2)服务方式的变革

光盘在图书馆的广泛使用,正迅速地改变着图书馆现存的服务方式。多媒体的交互性、图形显示及音频和视频功能,使图书馆服务体系和方式呈多样化,有了一种主动、生动的学习环境,可大大提高读者对图书馆的兴趣。读者通过光盘检索,能准确、直观快速地获得所需的文献信息,资源共享成为现实。由此,读者服务工作被赋予了新的含义。当读者自己掌握了查找文献信息的主动权时,他们会更积极、主动地利用图书馆;而受过良好教育的图书馆员也会在这个变革中得到提高和帮助。

2.2　光盘技术与缩微技术之比较

由于光盘技术有着如此多的优越性,其对缩微技术带来的冲击是不言而喻的。是继续采用缩微技术还是采用光盘技术来解决图书文献的保存及检索等问题,一直是大多数公共图书馆面临的选择。而无论对前者还是后者,目前都还有较大的争论,主要有两种意见:

A. 完全采用光盘作为图书文献保存与检索的载体；

B. 把缩微技术同其他新技术,尤其是光盘技术结合起来用于图书文献保存与检索。

笔者认为：图书馆文献的保存和检索如果仅选择光盘技术来处理,至少在现阶段是不太合适的。因为这门近十余年才发展起来的新技术,由于所采用的硬件、软件不尽相同,也还没有统一的制造、生产、刻录工艺标准,许多产品互不兼容。国际上有专家分析指出：光盘要达到统一的国际标准,还有一条较漫长的路。而已有一个多世纪发展历程的缩微技术,它的标准化工作从 20 世纪 40 年代开始,经过了几十年的不断研究,不断完善,已有了全面的标准。我们面对公共图书馆文献保存与利用的特征, 是否可以这样来考虑对两种技术的应用：对珍贵图书文献选用缩微技术,以利于长期保存；对需要永久保存而使用频率又较高的文献,采用缩微和光盘技术结合,即文献在拍成缩微品的同时录入光盘,或将已有的缩微品用数字扫描技术录入光盘,这样既可达到保存的目的,又能方便检索利用；对时效性强,要求检索速度快,使用频率极高,但又无需永久保存的那部分文献,如近期连续出版物等,则可选择光盘技术,以利快速检索,反复使用。

国外目前倾向的做法是,把缩微品经数字扫描选择性地输入到光盘上,用光盘快速提供经常使用的需要的那部分文献,而原件的缩微品则作为珍贵文献可靠的副本保存,这两者共存的系统在国际上已渐趋普及,被称之为复合系统。

目前,德国已成功开发以缩微胶片作为数字式数据记录载体的技术。美国柯达公司多年来也致力于这方面的研究,柯达系列产品已冲破了传统局限,在不同系统之间建立起桥梁,用户不但可以把资料存储在缩微胶片或光盘上,还可以把胶卷上的模拟影像传送到其他工作站,大大提高了文献交流的效率。

北京图书馆也已在小范围内进行缩微品转换在光盘上的工作,这种载体的转换,是缩微技术与光盘技术在图书馆相互取长补短的很好结合。因此,"图书文献 + 缩微技术 + 光盘技术"的应用管理模式,将弥补相互间的不足,形成一个功能互补,介质互换,存取、保存、联网、阅读、检索、利用和传输方便,永久性和法律性一体化的图书文献管理系统。

缩微技术与光盘技术结合使用,无疑具有令人乐观的发展前景。这种发展模式,已在世界范围内成为下一代影像技术发展的优选模式,相信计算机缩微文献检索将蓬勃兴起。

3　数字技术的应用

计算机、光盘技术的发展与利用已经很大程度改变了图书馆的工作方式,而数字技术的应用将会以更加迅猛的发展速度为图书馆带来一场更大的革命,注入新的活力。

　　一座面向21世纪的大型图书馆不应是仅局限于一个人的现场查阅藏书的有形馆址,而应是包括各类文献资料交流与分享的网络中心。它的能量因采用信息与知识的最新传递技术而得到成倍增长,而要达到这个目标,离不开数字化技术的应用。

　　那么,什么是数字化呢？ 美国 ADL 公司的 D. F. 亥弗勒有一段言简意赅的论述:"无论猜测将来会有什么神奇产品,我们一直是在不停顿地孜孜过渡。几年之前我们都还生活在模拟世界,那时面前一切事物都是连续变化。现在突然间一切又都进入数字的王国,一切形式的信息都可使用0和1来表示,一切形式的信息都可使用计算机来处理。"

　　我们目前所指的数字化资源、数字化图书馆,已不再是指纯字符型编码信息库,而主要是指数字化影像信息资源库。复印机、激光照排、全息照相、数码录音、遗传密码破译、单细胞繁殖、电子图书馆……所有这一切都围绕一个日趋完善普及的尖端技术——建立在二进制基础上的数字化技术。"数字化"使所有的电子信息技术有了共同的语言:"0"和"1"。由于大家都有共同的语言,相互连接起来就形成了一条数字大道。

　　传统图书馆文献信息的典型形式——纸型图书已不再是唯一,光盘、磁带磁盘、缩微胶卷等一经数字化,便不再是散布于各地孤立的图书馆中,而可进入到网络上计算机的便于永久保存的存储介质之中。

　　数字革命,伴随人类进入21世纪。

3.1　数字图书馆向我们走来

　　数字图书馆提供给读者的是一个地区的、国家的乃至国际的网络环境,它跨越时空,迅速地利用全世界的信息资源。信息时代最大的挑战是将物理介质转化为数字信息,一旦物理介质数字化了,社会变得更充实。因此,数字图书馆既可以管理大量的数据,实现手工难以企及的快速、准确、查询、远程数据处理等,又能对信息进行保护。如 IBM 数字图书馆提供了电子水印、加密等现代技术手段来对发布的文献信息及图像信息进行保护,因此,数字图书馆意味着:更丰富、更便捷、更安全、更久远。

　　应该了解:数字图书馆既不是传统图书馆简单的数字化替代品,也不是一个公司音乐、报告、专利、图片等资料的储藏室,它使人们从家中或办公室对数字图书馆的信息进行综合访问能力有了显著提高,把用户带入了情报时代。

　　中国、美国、法国、日本等国都正在或准备建立本国的数字化图书馆,国内许多著名企业,如文建、万方、新北城、金盘等大公司,也都在着手研制数字化图书馆系统。不可否认,数字图书馆的诞生对传统的图书馆是一个巨大的挑战,也许会带来一场新的革命。可以肯定,数字化技术的应用又将大大提高公共图书馆的功能,并成为未来公共图书馆的发展方向和趋势。

3.2　扫描技术给缩微技术发展带来机遇

电子影像技术的一个子系统——扫描技术的发展给缩微技术与其他新技术共存和相辅发展带来了希望,架起了一座桥梁,激发了缩微与数字混合系统的发展。

扫描仪的最大特点是快速、优质、高效,取代了繁杂的人力操作,弥补了人工操作的不足,广泛应用于出版业、图书馆、办公自动化等领域,在数据库管理、文字输入、资料制作、多媒体、工程设计等领域的应用获得了长足的进展。扫描仪类型有手持式、台面式、滚筒式等多种,发展非常迅速。随着应用领域的不断扩展,已出现了能够扫描缩微胶片的专用扫描仪。软件配置也越来越丰富,能够满足图书馆不同载体文献扫描的需要。

有报载,全球每售 100 台微机,就能售出 10 台扫描仪。仅 1995 年一年,中国计算机市场上就售出了 5 万余台扫描仪,市场增长率高达 80%。

（1）扫描仪在图书馆应用的特点

能极大地加快各种数据录入的速度。扫描仪的录入速度名列所有输入设备之上,对于公共图书馆存储的大量文献信息而言,这确是一种快速录入的设备。使用方便,操作灵活。扫描仪有多种类型,可供多种用途。手持式的小巧方便,适合处理图书报刊上零散文献与图片的录入;台式的适合报纸、杂志、书籍整幅内容的录入;宽幅式的适合画报、整张报纸、地图、画册等文献的录入。扫描仪还能把缩微胶片、彩色照片上的信息录入计算机。这些功能对保存历史资料、地方文献、缩微胶片无疑有着重大意义,是其他较多设备所无法替代的。

如果说 CPU 是计算机的大脑,那么扫描仪则可称为计算机的眼睛,它对文字、图像的处理可谓"明察秋毫",这一特点使得它在图书馆将得到广泛应用。

（2）扫描技术在缩微工作方面的应用

公共图书馆缩微界多年努力的结果是积累了一笔巨大的财富——数以千万计的缩微品。如果把这笔财富通过数字化等技术的处理,把它们送上信息高速公路,就可实现缩微品文献信息的远距离传输及交流,那样不仅给中国,也给世界提供了一份巨大的资源,公共图书馆过去十多年的抢救工作也就有了更新的活力和更大的价值。

缩微品扫描与纸型文献扫描原理类似,同样需要光学成像、图像分解、光电变换等过程。胶片扫描器对缩微胶片进行扫描,使胶片上的模拟影像数字化,从而可以转存到光盘或磁盘或其他介质上。胶片扫描器在缩微系统和数字系统之间架起了一座桥梁,解除了公共图书馆大量缩微品的后顾之忧。

数字世界从本质上说可以不断升级,与缩微系统相比,数字系统可以不断地发展和改变。可以这样说:扫描技术发展的重要意义在于促进了缩微与数字等技术的发展,使缩微技术拥有更广泛应用的可能性。

目前,国际上许多专业公司已推出了适应不同用途的各类型号的缩微扫描仪,以及与缩微设备相配套的缩微扫描头,使缩微品制作与缩微扫描同步进行,可同时获取模拟的缩微品和存入电子贮存介质中的数字化信息。

很多图书馆都希望尽快采用数字存档技术,但又对光盘的长期保存性存有疑虑;而缩微胶片的长期保存性早已是人所皆知的,以缩微胶片存储数字数据,完全能够达到长期保存的目的。随着现代技术的不断进步,缩微技术与电子影像技术共存且相辅相成的发展趋势越来越明显,混合系统将成为下一代影像管理的系统。

国际图联版权顾问、英国的桑迪－诺曼曾说过:"对于图书馆来说,数字革命是一柄双刃利剑,一方面,它以更迅速的传递,为改进信息服务提供了机会,还提供了更有效的信息检索,以帮助解决存储问题的潜力;而另一方面,由于版权方面的考虑,它对图书馆员的作用以及他们的服务构成了威胁。"

我们无法否认数字化时代的存在,也无法阻止数字化时代的前进,就像我们无法对抗大自然的力量一样。

在信息科学世界中,技术变化的速度有时比管理决策的速度还要来得快。应当看到,采用数字技术来对公共图书馆大量的"变质"的文献及缩微品进行保存、检索,无疑会充满希望,充满机会,当然也会有冒险因素存在。

也许人们现在还无法完全接受新技术给缩微技术带来的革命,但这只是一个时间的问题。一门新技术的应用,可能会使我们不可避免地失去些什么。但是,从图书馆发展的历史可以看到,每一门新技术在图书馆的应用,使得业务、读者服务等工作都获得了极大的推动。因此,我们没有理由把新技术拒之门外。把拍摄放在首位,然后用扫描胶片的方法来产生数字图像似乎是现阶段中国公共图书馆冒险性最小的文献保存、检索的方法。

走向 21 世纪的公共图书馆将充满活力,新技术在图书馆的渗透仍将继续,吸取其他学科的知识,紧密适应信息社会的需要,改革文献的保存及交换方式,增加各类资源快速交流的功能,这应该是 21 世纪公共图书馆的重要特征。

(原载《缩微技术》1998 年第 1 期)

网络时代的缩微技术

北京体育大学图书馆　张福生　中国第一历史档案馆　黄亚非

清华大学图书馆　孟新民

20 世纪 80—90 年代,随着计算机网络化的发展和光盘、多媒体、通讯技术的广泛应用,缩微技术受到了一些影响和冲击,许多人产生了缩微技术是否将被光盘等电子影像技术所替代的疑惑,甚至有人还断言这种替代将在 2000 年完成。对这样的疑惑和断言我们不敢苟同,我们认为,缩微技术与电子影像技术都是具有发展潜力和应用价值的实用技术,两种技术各有许多不同的特点,都有其优势又各有其不足,应用领域既有区别又有重叠,因此,我们认为今后缩微技术不会消亡,也不会被电子影像技术所取代,相反随着计算机网络化的发展,两种技术将互相结合,功能互补,发挥其各自的优势和作用,随着影像扫描技术、模拟信号与数字信号记录与转换技术的完善,缩微技术将以它无可替代的优势以及其拥有的巨大社会累积量,继续保持其旺盛的生命力,它将同电子影像技术一起共同构成 21 世纪网络时代文献存储与利用的现代化服务网络。

1　网络时代缩微技术仍有其不可替代的优势

1.1　缩微技术成熟稳定

缩微技术已有 150 多年的历史,从发明到现在,缩微技术一直在不断地自我完善和发展,缩微胶片的性能已经完全适应文献记录对分辨率和灰度的要求,并形成了 16mm、35mm、A6 平片、开窗卡四种主要形式。缩微设备从拍摄机的镜头、测光、曝光,自动对焦、冲洗温控等性能已经非常完善,缩微胶片和前置设备今后不会有很大的变化,可以说缩微技术是一种完全成熟稳定的技术。

1.2　缩微技术有完善的标准规范

缩微技术在长期的发展过程中,从制作工艺到存储规范形成了一整套标准,目前 ISO 标准已有 30 多种,我国的 GB 标准也全部完善,各种规格的缩微品只要按照 ISO 和 GB 标准制作,便可以在任何国家使用。

1.3　缩微胶片最大的优势是保存寿命长

据美国影像持久研究所于 1988—1990 年和 1991—1994 年先后两次对胶片实施的人工老化实验,令人信服地证明了醋酸片的寿命可达 100 年以上,聚酯片的寿命可达 500 年以上,而且这两个数据还是相当保守的数据,据美国 KODAK 公司 1997 年年初技术报告公布的测试数据,缩微胶片的保存期限为 1000 年。

1.4 缩微胶片存储文献安全可靠

缩微胶片记录的是光学影像,阅读这种影像对设备的依赖性最小,在最困难的时候有一个较高倍率的放大镜就可以简单阅读,胶片即使是有一点损坏也是部分文献的丢失,多数的文献仍可以读出,不存在光盘等载体在记录过程中存在的误码率、文献丢失无法察觉、计算机病毒影响软件、网络黑客破坏系统等问题,据有关资料报告,全世界有 850 家以上的大金融机构,出于安全考虑将计算机内需要保存 10 年以上的数据,全部通过 COM 系统保存在缩微胶片上,由此可见缩微胶片作为文献最安全存储的作用至今无法替代。

1.5 缩微胶片具有法律凭证作用

缩微影像的模拟特性、缩微品保存永久性、记录真实性等优点决定了它具有法律凭证作用,缩微品保持原件的本来面貌,反映信息真实可靠,图像防冒防篡改,许多国家从 20 世纪 70 年代起陆续制定了有关允许在官方和商业性质的文件中使用缩微品的法律条文,法律上的保证使用户敢于在缩微后销毁原件。除此之外,缩微技术还有许多其他的优势,如拍摄速度快,1/2 秒时间能瞬间轻而易举地记录相当于数千兆字节的信息,存储连续影像的彩色图像时存储容量比光盘高 7 倍,以及制作、使用成本低廉等优点。综上所述,我们可以说缩微技术在网络时代仍具有不可替代的优势。

2 网络时代缩微技术应用广泛,缩微品社会累积量巨大

二战结束后,缩微技术在发达国家发展很快,迅速从图书、情报、档案部门扩展到政府、机关、军事、制造、商业金融、保险、企业、科学文化、公共服务等部门。在日本由分散在全国各地的 1000 余家缩微摄影技术公司向政府和各企业提供技术服务。在法国 1980 年有 52 个缩微拍摄场点,1990 年增加到 90 个。美国国会图书馆已收藏有 24 万盘缩微品资料,并且每天还在用 30 余台缩微拍摄机连续不断地进行各种缩微品的制作,据资料统计,美国 500 所著名大学中大部分院校图书馆都藏有相当数量的缩微品资料,仅加州大学东亚图书馆就保存了 5.5 万盘缩微资料。据国内有关资料统计,在我国各省、自治区、直辖市以上的图书馆、情报所、档案馆已有 80% 的单位应用了缩微技术。从 20 世纪 80 年代开始,全国图书馆文献缩微中心陆续为 21 个省市图书馆配备了数百台缩微设备,

为其购置了数百台缩微阅读器,帮助30个公共图书馆建立了缩微阅览室,截止到1995年年底,公共图书馆系统完成了23 000余种古籍善本书,2160种新中国成立前出版的旧报纸,11 630种旧期刊的缩微复制工作,目前已有40余家省市图书馆利用缩微资料为读者服务。在国家科委直属的34个省部级科技情报研究所中,使用缩微设备273台,在科技情报系统完成44万盘(1600万米)缩微胶卷和350万张缩微平片的科技文献拍摄工作,在系统内部以缩微品交流和服务的形式,建立了科技文献服务网,做到了资源共享。在档案系统,国家档案馆和地方档案部门投入资金累计24万元以上,购置了500余台缩微拍摄机及其他缩微设备,建立了数十套各种类型的缩微品制作系统。档案系统共完成缩微胶卷400万米,缩微平片近800万张。在金融系统,全国有60个金融机构应用缩微技术管理银行业务,1995年仅中国银行就再次投资800万元人民币,建成了亚洲最先进的缩微系统,金融系统已经为银行票据和托收业务的正常运转起了保证作用。例如:中国银行北京分行开始利用缩微技术以来,已经进行了1.3亿张银行票据的档案缩微工作,仅托付业务一项利用缩微技术索汇达百万美元。在高校缩微工作也比较普及,许多图书馆都购置了缩微设备。各图书馆都保存有许多缩微资料,仅清华大学图书馆就藏有缩微资料70 000多件。据不完全统计,全国目前使用缩微设备和从事缩微摄影技术工作的单位已有400余家,从事缩微摄影工作的有数千人,10多年来平均每年用于缩微设备和产品的投资超过了3000万人民币,从近5年的市场情况看每年缩微产品投资增长率都在15%左右。每年缩微品对外出版发行的贸易额达500万元人民币,由此可见缩微技术在我国应用范围之广泛,缩微品社会累积量之巨大。

3　网络时代缩微技术应在不断的自我完善中发展

20世纪80年代以来,计算机技术、网络通信技术、光盘存储技术、数字转换技术、信号远距离传输技术获得了突破性进展,面对新技术的挑战,缩微技术不在固守自己旧有的模式,而是一直在考虑怎样利用后置设备与计算机结合,使缩微技术能够逐渐地适应新的高科技发展,并保持一定的生命力和竞争力,以便在科学技术飞速发展的新形势下有所突破。因此,缩微技术近年来在自己属性优势的基础上不断地改进后置设备与计算机技术的结合,并出现了以下几种应用发展趋势。

3.1　计算机在缩微品图像管理方面的应用

最初的缩微品影像检索方式是通过编码定位、色标排序、标靶闪现、量程定位、齿形条码等手工和机械检索方式实现的。随着计算机技术的发展,缩微品计算机辅助检索系统(简称CAR)相继出现并在20世纪80年代得到了广泛的应用和发展,CAR一般由计算机、检索软件、缩微品数据库、带检索执行机能的大容量贮片和影像终端(阅读器和阅读复印机)组成。它通过缩微品目录的计算机查询确定所需影像的位置,利用光电传感器和机械手完成缩微品影像的查询和利用,检索标记是记录在缩微胶片边缘的光点、二进制条形码等。CAR 使缩微品的经济性、可靠性和完整性与计算机的快速检索能力结合在一起,充分发挥缩微技术的信息存储功能和利用功能,CAR 系统的出现使缩微技术增添了活力。

3.2 混合系统成为影像管理系统发展的主流

随着计算机技术的一种辅助设备——扫描器的发展,计算机与缩微两种技术共存和相辅相成的一面逐渐地显现出来,胶片扫描器可以对缩微胶片进行扫描,使胶片上的模拟影像数字化,从而可以转存到光盘等数字介质上,从最本质的意义上讲,胶片扫描器在缩微技术与计算机数字技术之间架起了一座桥梁,部分地解决了缩微资料拥有者的后顾之忧。混合系统的发展,克服了单纯缩微系统的某些固有的缺点和弱点,使缩微技术拥有更广泛应用的可能性。CCD 胶片影像扫描器在配有影像信号增强器以及其他提高影像分辨率的方法之后,影像扫描解像力达每英寸 800DPI,相当于每 mm16 线对的缩微影像,如不用于对图像进行其他使用要求的处理,而直接在显示器屏幕上阅读,已具有了良好的可视阅读效果。到目前为止,混合系统设备大体上可分为以下五类:

3.2.1 缩微品影像与数字影像转换设备

已购置了缩微设备的部门,只要配置缩微品扫描机即可解决缩微品影像向数字转换的问题,为通过计算机设备实现数字影像管理提供连接途径,这类设备主要有 16mm 缩微卷片和平片的美国 ANACOMPDS—300 型阅读及数字扫描器。有扫描 16/35mm 卷片和平片的日本 MINOLTA 公司的 MICRO DAX 3000 型,有专门扫描开窗卡片的英国IM TEC 2400 型和 9003 型。还有 TDC 公司、HOUSTON FEARLESS 公司、FUJI 公司、MEKEL ENGINEERING公司等种类的缩微胶片影像扫描数字转换系统等。

3.2.2 缩微品影像数字扫描和输出打印设备

这类设备是由缩微品光学显示、CCD 数字扫描、数字影像显示、激光打印组成一体,解决了一次性单机独立完成从缩微品模拟影像信号到数字影像信号的扫描转换、信号显示、输出打印工作。这类设备有 MINOLTA 公司的 DPCS3000 数字出版物复制系统,CANON 和 FUJI 公司的缩微品数字影像输出打印机等。

3.2.3 缩微品数字影像管理系统

这类设备是在缩微品扫描系统和缩微品影像数字扫描输出打印设备功能的基础上增加了数字影像的智能管理功能,实现了影像信息的修改、编目、编辑、排版、打印、网络传送等工作一体化。这类产品包括:KODAK 公司的 LMAGELINK Digital Workstation 数字影像检索工作站、MINOLTA 公司出版物复制系统等。

3.2.4　缩微翻拍与扫描兼容的缩微摄影扫描系统

这类设备能在缩微胶片上、硬盘或光盘上同时形成影像记录。英国英特集团推出的占姆士图纸缩微数字化处理系统,可以拓大功能兼容 35mm 卷片缩微翻拍、35mm 开窗卡缩微翻拍及连机冲洗和数字扫描电子影像文档。美国 KODAK 推出的 990S 型讯通扫描摄影机,可在用 16mm 卷式缩微胶片进行拍摄(轮转式摄影)的同时,对文件进行扫描,以数字方式记录影像。

3.2.5　扫描后直接转换成缩微品的缩微激光绘图系统

这类系统由激光驱动器驱动的胶片记录器或缩微品打印机组成,并拥有激光绘图及描绘操作软件,这种技术解决了 CAD 工作站因绘图和缩微翻拍周期引起的瓶颈问题,并由于不再需要购置、维护和使用纸绘图机、晒图机和缩微翻拍系统而明显地降低了成本,直接输出制作的缩微开窗卡质量好、效能高。英国英特集团推出的英特 9902 型激光缩微扫描绘图系统,把扫描和绘图机合二为一,与 CAD 工作站联机,通过微机控制器及伺服器将光栅数据及光栅和矢量混合式数据直接输入,将 CAD 设计图转化成 35mm 激光缩微开窗卡并能联机打孔、打印标题索引。

4　结束语

当前,缩微技术受到以光盘、磁盘等多种存贮媒体的电子影像技术的冲击,发展速度已经放慢,但这种速度的变化并不意味着缩微技术逐渐过时并被电子影像所取代。今后缩微技术作为重要文献和图像信息资料长期、安全、可靠保存的特点以及缩微技术具有的其他无可替代的优势将继续存在,缩微胶片作为可靠的信息载体形式,还将广泛地应用于图书、情报、档案、银行票据、工程图纸等重要的图像、信息保存和利用。随着计算机网络技术的发展进步、世界范围内信息高速公路的开通为缩微技术提供了新的发展机遇,缩微品数字化将得到继续发展,将逐步实现与计算机联网,缩微品影像信息将直接通过数字转换技术在网上运行,缩微将成为多媒体技术和国际互联网信息资源的重要组成部分,随着个人计算机进入家庭以及人们对缩微品应用技术的认识,缩微品将随着信息社会发展和需要而提供一部分进入家庭,成为家庭图书馆或资料馆成员。我们相信随着网络时代的到来,缩微技术必将会获得前所未有的发展机遇。

参考文献

[1]黄亚非.加强科学管理将档案缩微工作提高到一个新高度.缩微技术,1997(2)

[2]李铭.缩微技术发展趋势.缩微技术,1994(1)

[3]毛谦.缩微技术与光盘技术.缩微技术,1997(1)

[4]张成林.我国科技情报系统缩微技术发展简介.缩微技术,1997(2)

[5]张福生.我院图书馆开展缩微工作初探.北京体育学院学报,1990(4)

（原载《现代图书情报技术》1998 年第 3 期）

20世纪我国新史料的发现与21世纪图书馆文献载体的展望

天津图书馆　刘若平　刘之奇

20世纪，我国新史料又有四大发现：1899年后认识的安阳殷墟甲骨文字，1900年敦煌藏经洞所出写经文书，1911年后流散于世的北京故宫明清档案，1930年后考古出土的居延汉晋简牍。

这四项新发现，犹如我国文明宝库中熠熠发光的奇珍异宝，在我国学术史上占有极重要的地位。它不仅改写了数千年的中国文明史，而且带动和影响了我国近现代社会对文献载体及史料的研讨和传播，乃至对整个图书馆事业都发生了难以估量的促进作用。本文仅就新史料的发现，对我国文献载体的历史变革及未来我国图书馆文献载体的发展趋势，谈些看法。

1　我国文献载体的三次变革

上述新史料的发现，几乎囊括有史以来记载我国数千年文明发展的各种载体，诸如甲骨、竹简、缣帛、纸，使我们不仅对我国古代文明发展各阶段的生产力和科技水平，而且对我国文献载体的变革也有了一个清新具体的认识。古往今来，我国的文献载体大体经历三个变革阶段。第一阶段，即史书传说的结绳记事的原始文献（实际上并不具备文献基本特征）转为甲骨文、简牍、缣帛等手工刻写的文献，其载体为甲骨、竹木、缣帛；第二阶段，由手工刻写文献转为纸质印刷文献，其载体为纸；第三阶段，转变为今天的多载体文献，其载体除纸以外，还有缩微胶片、磁性载体、光盘载体等。各个阶段的文献载体和储存应用方式迥然不同，但其变革总趋势是由简单走向复杂，由低级走向高级。

1.1　我国最早的文献载体

迄今为止，我国发现的最早文献载体有陶器和甲骨。民族学与考古学的有关资料表明，在人类发明文字之前，先民曾采用物件、符号和图画等三种记事方法来帮助记忆（其中符号类记事又可分为标记、结绳和木刻），之后由三类记事方法引导出文字。而真正的文字却是从表音开始，即表音的象形文字才算是最早的文字。目前，我国发现并确认的最早文字有陶文和甲骨文。前者刻在陶器上,后者刻在甲骨上,二者同属一个系统,均见于商代。以典型的甲骨文为例,从发现到破译,不仅纠正了国内外学术界对中国历史的偏见,将中国有文字的历史提早上千年之久,而且在表现中国文明源远流长的同时,也揭示出中华民族亘古不变的创造精神和独特魅力。刻有文字的甲骨作为中华民族文明史的载体,只不过是世界上多种古文字载体之一。遗憾的是古埃及的纸草文字、古巴比伦的泥板文字、美洲印第安人的玛雅文字,都在漫长的历史变幻中丧失了生命力,唯有甲骨文却世代相传,保存至今,不能不说是世界文明史上的奇迹。人类文明是伴随着铁器、城堡、文字的出现而出现。从铁矿的冶炼开始,并由于文字的发明及其应用于文献记录而过渡到文明时代。从甲骨文的有关记载看,古人所谓"唯殷先人,有册有典"、"书契已传,绳木弃而不用,史官既立,经籍于是举焉"应是商代已出现的广义上文献(包括贮存场地)的客观事实的反映。可见甲骨等作为载体,形象地展示出中国历史文明的悠久和辉煌。

1.2　纸质载体的划时代意义

上述新史料的发现还表明,中国历史文明的传播进程迟缓而封闭。手工刻写的卜辞、简牍,抄写的经卷、档案,有的竟埋藏数千年之久,表明从一开始,这些文献仅为少数人所持有和珍藏,并为少数特权者服务。因此,储藏的神秘、应用的有限是必然的结果。只有到汉代造纸术和隋唐以后的印刷术(隋唐雕版印刷和宋代活字印刷)出现才改变这种局面。纸质载体以其特有的优势,如重量轻、载量大、易携带、价格低等优势,替代了甲骨、竹简、木牍、缣帛等载体,一举登上文献载体的主导地位,开创了两千年独居文献载体主体地位的新纪元,并影响到整个世界。造纸和印刷术这两项发明,作为中华民族对世界文明的特殊贡献,曾极大地推动过人类文明的传播与发展。

1.3　新型载体的出现

随着社会的发展,对传统的纸质载体进行改革和创新,既是历史的必然,也是时代的要求。20 世纪中后期以来,文献载体已由单一的纸质变为多载体、多媒体、网络等多种形式。如果说,1904 年浙江古越藏书楼的建成,1912 年京师图书馆的开放,标志着我国近代图书馆事业的肇兴,那么四大新史料的相继发现,无疑为这个事业注入了新的血液和活力,促进了我国传统文献载体储存和研究工作的深入和开展。新型载体的出现,不仅是对传统文献载体的丰富,同时也预示着未来图书馆多种载体并存,争奇斗艳,姹紫嫣红的喜人前景。

2　当代图书馆文献载体的现状

随着人类科技的进步,创新手段的开拓,认识水平的提高,一些早已为历史风尘淹没无闻的文明成果正在为人类重新认识,而反映现代社会新的科技成果和文化信息资源又源源不断地涌现,从而使新型文献载体出现并不断丰富。早在 20 世纪 20 年代,人们即已意识到单一纸载体已不能满足社会日益增长的信息的需要,由此,缩微胶片作为承载纸张信息的载体应运而生。20 世纪 80 年代以后随着计算机的兴起与普及,各种模拟缩微载体、数字缩微载体也快速发展起来。我国图书馆新型文献载体即非纸质文献的收藏,兴起于 20 世纪 70 年代。所谓新型载体一般是指可以记录原始信息图像、文字及声音,并能借助一定设备进行阅读的载体。种类主要有缩微胶片、磁性载体(如录音带、录像带、磁带、磁盘等)、光盘载体(如 LD、CD、VCD、DVD)等。目前这些载体已对传统的纸质载体造成很大冲击,大有取而代之之势。

2.1　新型文献载体的优势

与纸质载体相比较,这些新型载体有其共同的优点,诸如:

(1)规格统一,存储容量大,占地小,重量轻。长期以来,收藏空间的不足,是世界所有图书馆一直感到困惑的问题,如美国国会图书馆先后在 1897、1939、1980 年连续 3 次扩建馆舍后,仍感馆舍紧张。我国各省市图书馆近年来都因藏书拥挤、馆舍不足扩建新馆。然而在信息量剧增的今天,如果仅储存纸质载体文献,将要不断地增加馆舍面积。如以新型文献载体代之则可解决此问题。如一张容量为 650MB 的光盘,可容纳 3 亿字的书刊,1 盘 16 毫米的缩微胶片可装载全年《人民日报》的内容。几年前,天津图书馆将建国前的报纸拍成 35 毫米的缩微胶片后,节省存储空间 95% 即是一例。

(2)价格低廉,节约经费。新型载体的原料大多采用胶质材料、沙砾、聚合物膜及光导纤维等原料,成本低廉。我国发行的《中国学术期刊(光盘版)》仅用几十张光盘,即可刊载每年正式发行的 3500 余种 55—60 万篇的学术论文,价格不过 4 万元,而购买同样的纸质期刊则需要 25 万多元。目前世界共有报纸53 650种,其中日报 8250 种,仅按日报计算,每年所需木材量为 330 亿棵优质树木,如换成新型文献载体,则可节省大量树木,不仅节约经费,还有利于环境资源保护。

(3)传递信息迅速,易于检索,有利于实现资源共建共享。新型文献载体,尤其是网络环境下的电子文献可进行远距离、大容量、高速度的传输,读者可在网上任意检索到图书馆数据库中的信息。如,从一张《中国学术期刊(光盘版)》即可检索到全年我国学术期刊的全部目录,而不必费力翻阅厚而沉重的《全国报刊索引》;同时复制也十分方便,用拷贝、网上下载等方法,瞬间即可得到数十万字的文献,为实现资源共享提供了极其有利的条件。

(4)三维动态界面,感染力强。新型文献载体尤其是数字化文献能够储存动态或静态的视频、音频数据,内容丰富多彩,可以超越时空限制而再现历史真实场面,具有阅读、欣赏、教学、娱乐等多项功能,有较强的感染力,有助读者的理解和想象。实际上,早在第二次世界大战期间,美国即采用胶片载体的影视片进行教学,形象而生动,仅 6 个月的时间,即将 1200 万毫无军事常识的人训练成海、陆、空部队,将 800 万男女青年训练成为制造军火、船舶的技术工人,相比之下,纸质载体则不会有此效果。

2.2　新型文献载体的缺点

与纸质载体比较,新型载体尽管有许多优势,但也存在着难以克服的弱点,如载体内容均为缩微化的文字或图像(模拟或数字),因此,缺乏直观性,受条件、场地制约,需要借助一定的设备才能阅读,而购置、维修、更新设备,则需要一定的资金;操作技术要求较高,尤其为中老年读者所不习惯;有的电子文献不太安全、稳定性不高;通信费、数据使用费、服务费用相对要高;不能像纸质文献那样经过长期系统的整理和标引,即使将纸质文献转换为全文检索,也不能完全保持纸质文献的原貌和特征等。

2.3　国内外新型载体的发展

对于新型载体的储藏、应用和研究,发达国家都很关注。如著名的美国国会图书馆早在 1980 年即已收藏缩微胶片 200 万件,照片及幻灯片 850 万份,并将 MARC 格式的机读目录存储在磁性载体(磁带)上与加拿大、法国、澳大利亚、英国、挪威等国家图书馆进行交换。目前,美国电子出版物市场,已超过印刷品市场,在 10 万种常用期刊中有 20% 电子化,并预测电子期刊将成为未来期刊的主流。英国在过去 10 年中电子出版物比纸质出版物的增长速度快约 11%—15%,不少纸质出版物同时有电子版。世界排前 5 名的电子出版公司,早在 1996 年前销售额均已超过 40 亿美元,最高的达 70 亿美元。据有关专家推测,进入 21 世纪后世界大多数出版物都将逐渐转向电子出版,有的资料可能只有光盘、软盘或联机方式。因此,新的出版载体的开发利用已成为世界出版业发展的主流。同样,我国近年来新型载体出版物也处于高发展期。继 1993 年我国第一部电子图书《中华药典》诞生,电子版《四库全书》也已问世。目前我国现有 337 家音像电子出版单位,每年出版及加工复制音像制品17 000多种,生产 CD – ROM 500 多种,加工复制光盘 1 亿多张,音像电子出版单位已占全国图书音像电子出版单位的 40.2%,今后还将有更大的发展。

3　未来图书馆载体的展望

3.1　纸质载体将长期存在

美国学者兰开斯特教授曾认为"不管我们是否喜欢,无纸社会正在迅速地逼近",这一结论有待于历史证明。随着科技的发展,新型文献载体一旦具备了纸质文献载体的全部优点,纸质载体或许会像甲骨、竹简、缣帛那样自动退出历史舞台。但纸质载体毕竟是人们使用最长久、最广泛的信息载体。尽管自身存在一些难以克服的缺点,如信息容量不能满足人们的要求,纸张会发黄变脆等,却具有新型载体所不具备的优势,依然是图书馆多种载体文献的主流。故此,另一美国学者丹尼尔·布尔斯廷博士曾说:"一种新技术不一定取代老技术,人们曾认为电话取代邮政系统,无线电将取代电话……电视将取代无线电、电影和图书,结果并不是这样。"所以,纸质载体在相当长的历史时期内不会消失,它将长期与新型文献载体并存。

3.2　新型文献载体蓬勃发展

新型文献载体虽有一些尚未克服的缺点,但它代表科学技术的发展方向,在人类迈向信息化的过程中必将发挥更大作用。至于不足之处,人们正在寻求克服的方法。电子图书,微软正在研究的"Clearype"字形显示技术将会使电子图书或 LCD 显示屏上字体显示的清晰度和普通印刷纸质载体一样,因而阅读的效果会与纸质载体印刷效果相同。计算机专家比尔·盖茨曾预测,电子图书将成为世界最大的出版业,并以超出人们预测的速度快速发展。书的纸质载体本质及形状将会发生根本的改变,到 2001 年,将会有几百万人阅读电子图书。新型文献载体所具有的强大生命力毋庸置疑。

新型文献载体的发展又促进了计算机的发展。如世界第一台计算机 1946 年诞生于美国,重 130 吨,加上 30 吨的冷却装置共 160 吨,占地 170 平方米,随着新型载体硬盘和芯片的出现,不过 50 多年的时间,计算机已发展成为手提式和掌上电脑,其功能正在向智能化方向发展。计算机的高速发展与其在线数据的新型存储载体硬盘和芯片的高速发展密切相关,硬盘和芯片,尤其芯片原料成本很低,不过是随处可见的沙砾,它有着很好的发展前景。随着新型文献载体的开发利用,计算机必将有更大的发展,而计算机的发展又必将促进新型文献载体进一步发展。新型文献载体丰富馆藏,改变馆藏结构,在建设数字图书馆的过程中起着举足轻重的作用,也为图书馆的发展带来机遇。作为"今后经济和文化载体的催化剂"的数字图书馆创建和发展离不开数字化的文献,也必然离不开新型文献载体。"所谓数字图书馆就是对有高度价值的图像、文本、语音、音响、影像、影视、软件和科学数据等多媒体信息进行收集、组织规范性的加工,进行高质量保存和管理,实施知识增值,并提供在广域网上高速横向跨库连接的电子存取服务……"应该说,新型文献载体是收集、加工有高度价值文献的最好载体,新型文献载体将会从根本上改变图书馆信息资源保存、管理、传播、使用的传统方式,它与计算机、网络相结合将为数字图书馆的建成和资源共享创造必要条件。未来的数字图书馆既可将纸质载体文献有计划地扫描、刻录到高密度光盘上,建立光盘库(一个具有 300 万册书刊的中型图书馆,用 2 个容量为 5000 张的光盘库即可存储全部文献,按每张光盘 650MB 计算,可容纳 300

册 100 万字的图书）；又可将纸质载体文献扫描到硬盘上，将数字化后的文献上网，通过网络供读者检索、阅读等。因此，新型文献载体对数字化图书馆至关重要，数字图书馆的建设离不开新型文献载体。

3.3　网络极大普及

网络将是 21 世纪最重要、发展最快的信息载体，它会超越纸质载体成为拥有信息量和读者量最多的载体（目前我国上网人数已达到 1000 万）。随着因特网的迅速发展，信息资源的世界性交流与共享正在变成现实。网络将连接起世界各图书馆，各个图书馆也必将加快数字化进程，更好地开发和利用数字化载体（光盘、软盘、磁带、硬盘、芯片等），以便快速建成各具特色的全文数据库，成为网上数字图书馆的一部分。广大读者可以在任何时间和地点通过网络遨游于知识海洋，工作人员面对面服务于读者的传统服务方式改变为通过各种计算机和网络为读者提供服务。

可以预言，缩微胶片、磁带、磁盘、光盘、硬盘、芯片等新型文献载体和纸质载体等将以其各自的优势，在信息社会变革中发挥各自的作用。虽然，目前图书馆仍以收藏纸质文献载体为主，但是，从发展看新型文献载体所占比例将会不断增大，多种载体并存、优势互补是未来相当长的时期内图书馆文献载体的发展方向。纸质载体为主向多载体发展，办馆模式向合作化、网络化发展，集纸质和新型文献载体于一体，既有纸质文献的收藏与服务，又有新型文献载体收藏与服务的综合性图书馆无疑是未来图书馆的发展目标，而这一切必将推动人类生活方式、文化内容发生全新变化。

自 20 世纪前期四大新史料发现以来，人类历史又走过几十年。如今，人类社会已进入信息时代，多载体的文献存储及应用、"文献资源共建共享"已成为当前国际图书馆事业发展的总趋势，也是 21 世纪我国图书馆事业发展的现实要求和必由之路。我们要提高认识，改变观念，努力学习，务实创新，在加强新型文献载体建设的同时，加强纸质文献的开发和储存，使图书馆文献储存应用工作再上新台阶。

（原载《缩微技术》2000 年第 4 期）

缩微胶片数字化

中国人民解放军理工大学　伍红兵　俞海英　谭明今　胡勇强

　　缩微胶片是图书馆系统主要的信息资料之一,它具有体积小,保存时间长等优点。但阅读胶片需要专用的胶片阅读机,一般用户只能到图书馆的缩微阅读室去阅读,而这一点又受到地域的限制。

　　把缩微胶片数字化,利用目前丰富的网络资源,把缩微胶片的信息通过计算机网络来传播,使得用户足不出户,利用手边的联网计算机就可以阅读数字化后的缩微胶片信息。同时,利用计算机强大的查询能力,可以为用户提供更为方便信息检索能力。

一、系统结构

　　系统的网络结构见图 1 所示。系统采用 Windows NT Advanced Server 2000,并装有 IIS3.0 及 SQL Server 7.0。工作机装有缩微胶片数字化软件包,它可以驱动扫描仪以实现胶片数字化,并把得到的信息放到数据库服务器中。局域网用户可以通过较高的速率访问服务器。局域网通过路由器连接 Internet,使得远端用户也可以访问服务器。

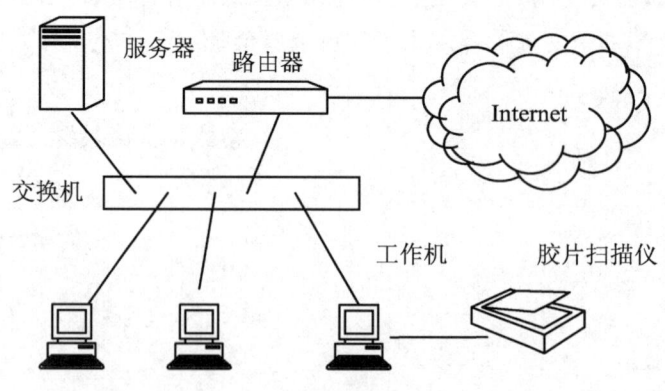

图 1　系统的网络结构

二、缩微胶片数字化软件包

该软件包的功能结构如图 2 所示。

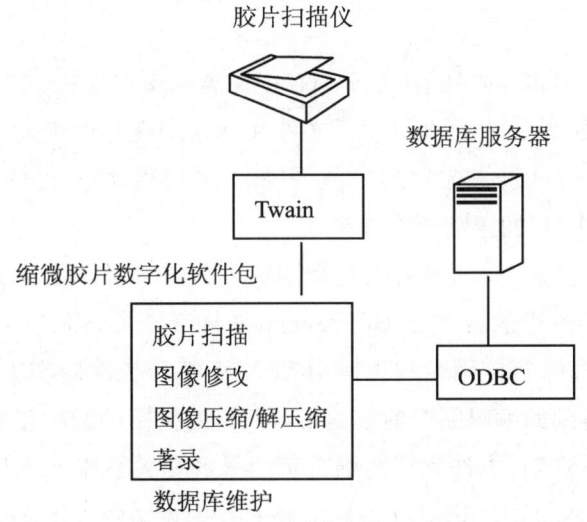

图 2　缩微胶片数字化软件包功能结构

缩微胶片数字化软件包具有以下功能：

1. 驱动扫描仪扫描缩微胶片。

2. 对扫描得到的图像进行修改或进行 OCR 识别。

3. 对处理后的图像进行著录。

4. 对图像进行压缩/解压缩。

5. 把压缩后的图像及著录信息存贮到数据库中。

扫描仪与计算机的接口由软、硬件两部分组成。硬件接口一般采用标准的接口如 SCSI 或 LPT。软件接口是指扫描仪驱动软件的接口标准。目前,各厂家的扫描仪一般都支持 Twain 标准,该标准目前的版本是 1.9。Twain 标准主要包括以下三方面：

①应用软件接口标准：确定应用软件的图像接口标准和函数调格式,这部分为应用软件开发者使用。

②图像扫描仪驱动支持标准：确定扫描仪制造商所提供的底层驱动标准,这部分为扫描仪厂商使用。

③图像扫描仪管理器：这部分由 Twain 工作组提供,用于选择图像扫描仪类型,协调应用软件与扫描仪底层驱动之间的通讯管理。

　　扫描后的二值图像可能会有一些不清楚的地方,用户可以根据需要作一些修改。另外,图像的边缘往往有一些杂散的斑点,这对以后的压缩会产生一些不利的影响,用户可以利用软件提供的工具把这些斑点除去。

　　为了便于以后的信息检索,应该对每一页图像进行著录。著录就是标识该图像的属性,比如书名、章节、页号、内容中的关键字等。著录得越详细,越可以为以后的信息检索提供更强的功能。

　　扫描后的图像以 BMP 的格式存在于内存中。若以 BMP 格式直接存盘,一方面需要占用大量的硬盘空间,另一方面也不便于文件在网络中传输。因此,必须要压缩。图像的压缩算法非常多,但对于扫描后的二值图像,用 CCITT 推荐的图文传真编码 group3 1D、group3 2D、group4 2D 的压缩效率最高。

　　CCITT 推荐的 group3 1D 压缩编码是利用一维数字信号中的相关性来实现压缩,这种数据压缩编码称为改进的霍夫曼编码(Modified Huffman Encoding)法,简称 MH 法,在这种方法中,位图的每一行使用行程编码(RLE),而行程长度用霍夫曼编码再作进一步的压缩。用 MH 法得到的编码图像的数据量与原始的位图的数据量相比,前者约为后者的 10%—20%。group3 2D 方法利用两维数字信号的相关性来实现压缩,这种数据压缩编码方法称为 MR(Modified READ)编码方法,其中 READ 为 Relative Element Address Designate 的缩写。在这种方法中,位图的第一行用一维编码,后续行是根据前一行的相对变化进行编码。用 MR 法得到的编码图像的数据量与原始位图的数据量相比,前者约为后者的 6%—12%。

　　group4 是在 group3 压缩编码的基础上开发的。group4 假定传输系统本身非常可靠,而对 MR 法进行了简化,经过简化后的编码方法称为改进的 MR 编码法,写成 MMR(Modified MR)。使用 MMR 编码得到的编码图像,其数据量占原始位图文件数据量的 3%—10%。在实用的意义上看,大体上已达到了极限的程度。

　　用以上压缩方法压缩后的图像格式为 TIFF 格式。这种格式支持 group3、group4 压缩编码方法,而且具有非常多的附加的信息,在使用上较为灵活。TIFF 最初设计就是为了形成一个便于应用程序之间进行图像数据交换,以 TIFF 这样一种标准为核心的一个丰富的应用环境。本着这种思想,TIFF 被设计成相对于已有位图文件格式的一个超集,TIFF 的描述能力是所有其他图像文件格式的总和。TIFF 不受系统体系结构的束缚,它无论在 PC 兼容机还是在 Macintosh 机器都能方便地使用。一个 TIFF 文件所描述的信息比其他图像文件格式所能描述的多得多,这些都得益于 TIFF 独特的文件结构。

　　处理后的图像连同著录信息通过数据库维护工具一起存入数据库中。软件包所提供的数据库工具通过 ODBC 接口操作数据库,实现对数据的增、删、改、查等功能。

三、网络数据库解决方案

缩微胶片信息存入数据库后,用户可以使用浏览器访问网络数据库中的数据。

目前访问网络数据库的解决方案的趋势是不需要写传统的 CGI 程序,只要在服务器端执行简单的 Script 语言代码、SQL 指令与标准的 HTML 码,通过 ODBC 连接到各种支持 ODBC 的数据库,执行 SQL 指令,来访问网络数据库。

这些 Script 语言代码在服务器端的 Web Server 上执行。一般开发 Web Server 的厂商都集成了 Script 语言到服务器中。Web Server 访问服务器的方法有两种,一种是提供数据库的直接驱动程序,有的则通过 ODBC 中所提供的各种数据库的驱动程序,执行 SQL 指令,以访问各种数据库中的数据。

在用户端的浏览器中填好表单(form),按下"Submit"按钮后,经过 Internet 传送 HTTP 信息到 Web 服务器,请求在 Web 服务器上执行一个表单所指定的 Script 语言程序。Web 服务器遇到包括这些 Script 语言代码的特殊扩展文件名文件时,就交给处理这些 Script 语言代码软件来处理,执行后产生一般的 HTML 码,交给 Web 服务器传到用户端的浏览器中。

该项目具体采用 Microsoft ASP/ADO 网络数据库解决方案,如图 3 所示。

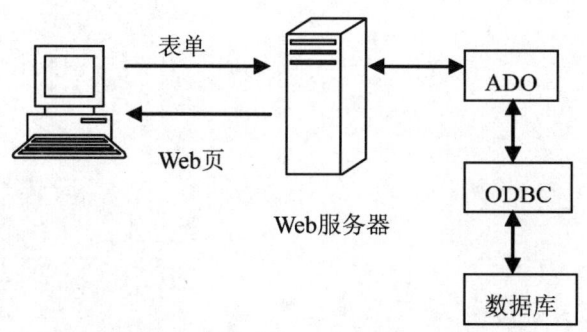

图 3　Microsoft ASP/ADO 网络数据库解决方案

Windows NT Server 所包括的 Internet Information Server(简称 IIS)提供架设 Internet 和 Internet 的 WWW、FTP、Gopher 网络服务功能。

IIS3.0 的 Active Server Pages(简称 ASP),包括一个 Active Data Object(Active 数据对象,简称 ADO)的技术。ADO 通过 ODBC 驱动程序可以连接多种支持 ODBC 的数据库。

一个 Active Server Page 文件(.asp)是一个文本文件,包括:HTML 标记(tags)、VBScript 或 Jscript 语言的程序码,ASP 语法和 Structured Query Language(SQL)指令。

IIS3.0 Web 服务器执行.asp 文件,通过 ODBC 驱动程序,连接到支持 ODBC 数据库,执行 SQL 指令,将结果以 HTML 码的格式传送给浏览器。

Microsoft 的 Visual InterDev 为开发 ASP/ADO 应用提供了强大的支持,利用该工具可以很方便地设计 ASP 文件。

（原载《电子技术》2000 年第 10 期）

浅论图书馆的缩微与光盘技术

重庆图书馆　张　丁

随着科学技术的迅猛发展,到20世纪末,缩微技术完全成熟,其应用已达到顶峰。计算机迅速升级换代,光盘技术也成功得到更广泛的应用。作为图书馆现代化技术组成部分的缩微技术和光盘技术在图书馆界的应用目的基本一致。它们都是图书馆存贮文献,开发利用文献信息必须利用的现代化技术手段。缩微和光盘技术都有记录、存贮、检索、复制和传输等功能,但又各有其优劣,下面我就将两者进行较简单的比较,并就图书馆如何发挥这两种技术的作用问题谈点想法。

1　现阶段缩微技术与光盘技术的比较

1.1　缩微与光盘技术的成熟性和稳定性

缩微技术是以高密度的信息贮存,记录模拟影像为特点,以胶片为介质,运用光学摄影方法,通过拍摄、冲洗、拷贝、还原等工序,将文献中的文字图像按比例缩小,加工成缩微品,并通过阅读还原设备或计算机系统进行检索、阅读、复制使用。缩微品具有存贮量大、便于长期保存、有利于自动化检索等特点。因此,西方发达国家应用缩微技术已有百余年的历史,而我国也于20世纪20年代开始使用,80年代中期在公共图书馆系统较为普遍地发展成为较成熟的文献资料真迹存贮、检索技术。现在的拍摄加工设备、阅读设备与几十年前的设备没有什么根本变化。随着电子技术的发展,今后可能更加完善,但不会有什么根本变化,购置一套设备可用十几年乃至几十年。因此,缩微技术是成熟而稳定的技术。

光盘技术是利用激光技术和计算机技术发展起来的一种新型的文献信息存贮技术。它采用高密度的"数据编码压缩技术",以光盘为介质,通过扫描器、显示器、激光打印机等组成电子影像存贮管理系统。光盘的历史虽只有二十几年,但是它的发展速度却令人吃惊,三、五年前的设备现已落后或被淘汰,今天的先进设备过几年就又落后了。现在光盘如果按材质、尺寸大小、记录方式、记录对象、软件、硬件来分可能上百种。其中CD –

ROM、CD－DA(数字音乐盘)、VCD(小影碟)可说是成熟技术,已得到广泛应用,但光盘技术还在不断改进,成熟的光盘可能被更大容量的光盘取代。光盘的媒体、软件和设备都处在不稳定发展状态中,即便是成熟的也是不稳定的,随时有被淘汰的可能。

1.2　存贮密度和容量

高密度存贮信息是缩微技术与光盘技术的优势。一般来说,利用缩微资料存贮文献比传统印刷型文献存贮节省空间95%—98%,而一张光盘可存贮5400张(20—100卷)缩微胶片上的信息。可见光盘技术较之缩微更具极高的存贮密度和极高的存贮容量。

1.3　记录方式和读写形式

缩微技术记录的是光学缩小影像,它最忠实地记录原文献,这种影像的读出设备的依赖性小,哪怕只有一个放大镜也可以读出胶片上的信息。当然用户在利用缩微品进行阅读和复印中,直接接触缩微品,会导致缩微品的划伤等。即使胶片有一点损坏也只是丢失部分信息,多数信息仍可读出。

光盘记录是以二进制数字方式进行记录。它先是对文献进行扫描,然后将扫描得到的信息数字化并经处理刻录到光盘上。其反映文献真迹的程度与扫描取样点密度及样点记录文献对应点的信息有关。实用信息的记录和读出离不开相应的设备和软件。如果设备或软件出一点问题,光盘上的信息就有可能读不出来,这就需要读写新盘。现在光盘技术日新月异的发展,使设备淘汰更新率很高。而用户是利用光盘查找有关信息的,由于采用激光扫描这种无接触方式检索和阅读或打印复制,因而光盘磨损率极小。

1.4　寿命问题

缩微技术的实际应用在西方国家已有近百年的历史。缩微品保存寿命相当长,经过实践证明:在良好条件下可保存100年以上。

光盘的寿命要取决于其所使用的介质材料。光盘寿命到底有多长,目前尚无定论,但一般厂商在销售市场中,也只以10—15年为保存期限承诺。

1.5　检索速度问题

缩微品手工检索是比较慢的,但通过使用计算机辅助检索(CAR)速度可以快一些,从提出胶片到找出所需画幅约10秒钟;而光盘与计算机直接连接,检索速度非常快,在0.2秒左右就可查到一张光盘内任何资料。

1.6　标准化问题

缩微技术作为一种成熟的技术,从片基的制作,资料的拍摄、冲洗、拷贝等都有一套完善而统一的国际技术标准,从而保证了缩微品的质量。而光盘技术国际标准还在形成过程中。

1.7　法律效力问题

由于缩微品的永久性和记录的真实性两大优点,因此,发达国家对缩微品法律地位已有了相应的法律条文和规定。而光盘因其数字化数据输入后的信息如技术处理稍有不当即会丢失信息,也易被删改,因此,法律证据问题有待解决。

1.8　拷贝性能

缩微品每拷贝一次,解像力有可能下降一级(约 10 个线对/MM)。光盘拷贝基本没有损失。用一代一代拷贝方法解决光盘寿命问题是一种办法,但经济上是否合适值得考虑。

2　缩微、光盘技术在我国图书馆界的应用

图书馆的缩微工作方兴未艾。以国家图书馆(原北京图书馆)为例,该馆自 1948 年开始引进缩微技术以来,至今已有近半个世纪的历史,到 20 世纪 90 年代中期,该馆馆藏缩微胶片近 3 万卷,平片约 60 万张,这一数字表明缩微在国家级图书馆——国家图书馆是有一定根基和地位的。特别值得一提的是,到目前为止,全国已有 20 多个国家馆和省级馆配备缩微拍摄、冲洗、拷贝等设备,有 200 多人加入了缩微技术专业人员行业。

到 1995 年年底,我国公共图书馆系统已完成23 000余种古籍善本书,2 千多种新中国成立前出版的报纸,1 万多种旧期刊的缩微复制工作,并已开始利用缩微品为读者服务。缩微技术的应用成为抢救我国历史文化遗产的重要技术。

对光盘技术实用的可能性,近年来我国许多行业的专家们不断对其进行探索。据有关资料报道,1992 年 6 月我国自建的第一个 CD－ROM 光盘数据库(中文科技期刊 CD－ROM 光盘库)由中情所重庆分所开发成功,投入使用来,很受读者欢迎。另外,由上海图书馆开发成功的"中文社科报刊篇名数据库"光盘版投放市场以后,也受到用户的欢迎。清华大学图书馆的"博士硕士论文数据库"光盘版很受欢迎,并于去年升级为网络版,这是目前世界上最大和最广泛使用的学位论文数据库。因此,随着我国自建的光盘数据库的不断增多,以及光盘存贮、检索技术逐步普及和发展,光盘技术在我国图书馆界的影响也将不断扩大。

3　图书馆利用缩微、光盘技术的前景

缩微和光盘技术均已成为图书馆高密度存贮和检索文献所必需的专门技术,并将成为图书馆现代化的重要特征之一。那么它们两者在今后图书馆工作中应用前景如何呢?光盘能替代缩微品吗? 我认为,在现阶段以及今后一段时间内,从两者各自的优缺点来

看,它们都将成为图书馆工作不可缺少的专门技术,并在共同的目标下,发挥各自优势及作用。

3.1　缩微与光盘技术长期共存、互为补充。

20世纪90年代以来,缩微技术已与计算机技术相结合,产生了CAR技术即计算机辅助缩微品检索系统,并出现了胶片扫描器,同时还可以转换成光盘。光盘技术在文献信息的存贮、检索、传递、联网输出等方面具有缩微无法直接实现的优良功能。但人们在积极引进光盘的同时,绝不应放弃缩微技术。如美国家谱学会图书馆在1987年以前有150万卷缩微胶卷,20万种家谱,缩微阅读器达500台,几乎大部分文献是用阅读器进行阅读的。该馆在大规模进行家谱文献缩微化工作的同时,也在进行光盘实验,该馆对只读光盘(CD-ROM)感兴趣,认为它存贮目录很实用和检索很方便,但没有将全部家谱输入光盘的打算,他们认为光盘的变化太快,待稳定下来再说。这说明缩微和光盘技术在今后很长一段时期内,长期共存,互为补充,而不是谁代替谁。

3.2　建立缩微、光盘、计算机三结合的系统是文献存贮、检索现代化的重要标志。

缩微和光盘技术都是图书馆存贮、开发、利用文献信息的技术手段。它们与计算机结合,而形成一个新的工作系统,是近年来国外图书情报界研究发展方向。我国图书情报界对此也在探讨之中。把文献、索引建立在光盘上,把一次文献全文贮存在缩微品中,通过计算机工作系统而产生的复合系统,可以快速地检索,并可将不同载体的信息进行转换,从而将二次文献和一次文献的提供完善地结合起来。在目前各馆资金短缺情况下,这种复合系统能既经济又灵活地处理各种介质上的文献数据,还可用胶片扫描器随时将其存贮的信息转换成光盘。

科学在不断发展,信息介质向多元化转化,缩微胶片、磁介质、光盘等各自在发挥自己的作用,而建立缩微、光盘、计算机相结合的复合系统,是图书馆文献存贮高密度化和检索自动化的重要标志。

3.3　各馆应根据各自的情况,灵活利用缩微、光盘技术,并使之成为文献存贮高密度化的重要技术手段。

以上分析说明缩微、光盘技术将长期地在图书馆工作中共存,并互为补充。作为一个图书馆如何发挥其作用呢?

1.图书馆应从实际出发,认真分析缩微、光盘技术以及图书馆的特点、现状和将来,从本国国情出发,从本馆馆情出发,不要轻易地否定缩微品或光盘,要多观察同行或国外图书馆的情况,并针对本馆的情况和读者、用户的要求作出决定。

2.注意各种新技术的兼容并存,优势互补,配套使用,不要盲目引进,特别要注意光盘技术软件、硬件的配置是否符合图书馆工作的发展需求。

3. 把计算机光盘技术数字传输的快速性、逻辑性和便利性同缩微技术的永久性、经济性、法制效力及真实性结合起来。利用缩微技术和光盘技术,对我们的信息进行合理的利用和保存,让这两种技术不断发展和完善。

（原载《重庆图情通讯》2001 年第 1 期）

文献缩微与数字图书馆建设

湖北省图书馆　范志毅　程　玲

文献缩微是使用专门的缩微摄影机将文献原件的影像缩小拍摄在缩微胶片上。我国的缩微技术起源于 1938 年,至 20 世纪 80 年代,则进入了一个新的发展时期,90% 的省、市档案馆,省级公共图书馆以及许多情报部门、中央单位和军事机关均采用了这种技术。近几年来,由于电子技术的高速发展,数字图书馆的建设的步伐在加快。正确认识文献缩微与文献数字化的联系与区别,准确把握各自的特点与优劣,采取相应措施来克服各自局限,发挥各自优势,既可使文献缩微工作持续健康发展,又可更好地推动与数字图书馆建设。

一、文献缩微技术的特点

1. 缩微技术是一种成熟稳定的技术。缩微技术已经历了 150 多年的历史,在不断地发展和自我完善中走向了成熟。缩微胶片的性能已经完全适应了文献记录对分辨率和灰度的要求,并形成了 16mm、35mm、A6 平片、开窗卡等主要形式。缩微设备从拍摄机的镜头、曝光、自动对焦到冲洗机的各种自控性能,已经非常完善。缩微胶片及其设备今后不会发生太大的变化,已有了国家和行业缩微摄影技术标准,产品和技术已实现了国际标准化。

2. 文献缩微品保存文献安全可靠。阅读缩微胶片上记录的光学影像对设备的依赖性小,在最困难的时候,有一个较高倍率的放大镜即可阅读。胶片即使有一定损坏也是部分文献的丢失,多数的文献仍可读出。不同于光盘等载体记录过程中的误码率、文献丢失无法察觉、计算机病毒影响软件、网络黑客破坏计算机系统等问题。据有关资料报告,全世界有 850 家以上的大型金融机构,出于安全考虑将计算机内需保存 10 年以上的数据,全部通过 COM 系统保存在缩微胶片上。由此可见,缩微胶片作为文献安全存储的作用至今无法替代。

3. 文献缩微品具有保存寿命长的最大优势。根据缩微胶片本身的理论特性和物理特性,它是目前保存时间最长的一种文献载体介质。美国影像持久研究所于 1988—1990 年和 1991—1994 年两次对胶片实施的人工老化实验,醋酸片的寿命可达 100 年以上,聚酯片的寿命可达 500 年以上,而且这两个数据还是相当保守的数据;1997 年初美国 KODAK 公司技术报告公布的测试数据,缩微胶片的保存期限为 1000 年。

4. 缩微胶片真实可靠地保持了原件的本来面目,具有法律凭证作用。文献缩微的影像记录特性,缩微品的永久保存性、真实性等优点决定了它具有法律凭证的作用。缩微品保持了原件的本来面貌,反映信息真实可靠、防伪冒、防篡改,许多国家从 20 世纪 70 年代起陆续制定了有关允许在官方和商业性质的文件中使用缩微品的法律条文。法律上的保证使用户敢于在缩微品后销毁原件。

5. 缩微胶片在储存成本上有很大优势。计算机储存方法已从记录卡发展到现在的 DVD – ROM,而且将继续发展,一种特定的计算机储存介质可保持 5—8 年,很显然,如果超过 5—8 年这个时间的话,仍然单一地使用电子文件作为原始文件是很不慎重的做法,而更新过时的文件格式和介质(如果可能的话)所需要的费用是非常昂贵的。为此,缩微品的储存成本优势不言而喻。

二、数字图书馆的特点

数字图书馆是建立在计算机网络技术上的数据信息系统,它将分散在各种载体、不同地理集团的信息资源用数字化方式储存,并在广域网上横向跨库链接,快捷地为读者提供电子存取服务,它是 21 世纪图书馆业的发展方向,是图书馆建设史上的一场翻天覆地的革命,它具有以下主要特征:

1. 收藏数字化。数字图书馆将馆藏文献资料(包括图像、文本、影像、语言、软件和数据等)多媒体信息进行规范加工处理、科学保存管理,它是数字图书馆建设的核心。

2. 信息存储自由化。存储方式无限制性。图书馆在提供传统检索工具的同时,使出版物电子化并提供原文资料的存取,让世界上任何一个用户不需要去图书馆就能获取其所需要的各种资料,一些用户还可以随时向图书馆提供原文资料信息等。

3. 资源共享化。数字图书馆资料共享通过信息资源数字化和传递网络化来实现,其体现了跨地域、跨行业的资源无限与服务无限的特征,体现了跨地域、跨国界的资源共建的协作化资源共享的便捷性,使众多图书馆能够借助网络获取各类数字信息,以满足读者用户对知识信息日益增长的需求。

4. 结构联结化。数字图书馆的结构是巨大的信息资源库,它通过网络技术的连接,使图书馆与图书馆之间、图书馆与读者之间连接在一起。

三、文献缩微技术在数字图书馆建设中的优势和局限

纵观文献缩微与数字图书馆建设的特点,建设数字图书馆必须解决好两个问题:一是实行珍贵历史文献资料更加科学和高质量的保存和管理,提高其安全保存时限和便于规范化处理;二是实现快捷的电子信息,形成无地域无国界限制的全球服务体系,信息的传播速度和广度无限。要解决这两个问题,必须正确处理好数字图书馆建设和文献缩微之间的关系,充分发挥它们的作用。

1.文献缩微在数字图书馆建设中的优势

(1)数字图书馆建设的核心是资源库的建设。谁掌握的信息资料越多,谁在信息服务市场上的地位就越高,相应占有的市场份额就越多,获取的经济效益就越大。目前,图书馆中的缩微品都是馆藏文献资料中的精品,其中的绝版孤本价值连城。十多年来,在各级政府和社会各界的关心支持下,国家图书馆以及全国 21 个省市公共图书馆设立了文献缩微复制机构,建立了 30 多个缩微阅览室,为抢救祖国珍贵遗产,弘扬民族文化做了大量的工作,取得了显著成绩。截至 1996 年年底,共抢救各种珍贵文献42 700余种。其中报纸 3227 种,18 000余卷;期刊13 163种,7000 余卷;古籍善本26 370种,25 000余卷;补缺报纸 224 万 4 千余版,补缺期刊17 000余期,基本完成了建国前的古籍善本和旧中文报刊的缩微复制工作。现在逐渐地转入将馆藏精华部分进行抢救缩微,文献缩微品在资料库中的所占比例不断扩大,而且是其中最宝贵的一部分,它将是数字图书馆的资料中最主要的骨干部分。

(2)随着计算机技术的高速发展,缩微技术也得到了相应的改进和完善。一种新的混合技术——迁移技术产生了。迁移技术即是把数字信息或模拟信息从一种技术转换到另一种技术环境上的复制。在这种前提下,计算机技术和缩微技术相互兼容的技术设备不断涌现,如各种型号的缩微胶片扫描仪、计算机扫描激光打印机、大小 COM 机等,这些设备的产生大大地促进了计算机技术和缩微技术的发展和利用,弥补了两种技术的不足。缩微技术不再以单纯的胶片形式或模拟形式存在,它与现代化的数字技术融合在一起,使得缩微影像不再必须通过阅读器来观看,可以直接在计算机屏幕上观看。光盘技术也可以利用缩微技术的独特之处,对需长期保存的信息文献,通过计算机保存在缩微胶片上,使利用和保存都能及时、准确地实现。

2.文献缩微在数字图书馆建设中的局限

(1)传统观念和体制的影响。数字图书馆建设是跨地域、跨行业的系统工程,而目前的文献缩微实行的是以块块为主的管理体制,馆藏文献资源系本馆财产,各馆为保其价

值往往秘不示人,从而给缩微母本的缺页或缺期的补配造成困难。

（2）文献缩微工作人员知识更新慢,跟不上缩微技术和计算机技术的发展步伐。目前,文献缩微工作人员大部分是从图书馆专业人员中抽调出来的,计算机的基本知识普遍不够,且对新技术的接受尚需有一个重新学习和消化吸收的过程。

（3）文献缩微品数字化转换工作严重滞后。文献缩微品只有转化为数字信息成为数字图书馆信息库的资源,文献缩微品才能提高其利用率,实现其网上阅览。

四、采取措施积极应对数字图书馆建设

1. 统一对文献缩微在数字图书馆建设中的重要地位和作用的认识,对文献缩微准确客观定位,确立正确的发展目标和操作性强的发展规划。充分利用一切宣传渠道,让人们正确认识文献缩微在数字图书馆建设中的作用,为决策者提供切实可行的方案。国家档案局徐义全先生在《电子文件的特性与长期保存》一文中写到:"目前,国际上许多人认为迁移是保护数字信息长期存取和保存的必须和恰当的选择。"并认为,"最有生命力的是拷贝、迁移和再生性保存","拷贝、迁移、再生性保存三者结合起来可能是上策"。这说明在数字化时代,缩微技术不但不能被淘汰,而且随着科技的不断进步,缩微技术的作用将更加重要。

2. 克服现行管理体制和传统观念的影响,树立文献资源共享意识,清除数字图书馆建设中的思想、体制障碍。面对现有体制短时间无法打破的情况,应积极研究并采取变通的办法,同时进行保护知识产权和有偿服务的法规措施的研究和制定,在知识经济的大潮中,知识创造财富,用财富获得知识,形成一种良性循环。

3. 把文献缩微工作的重点转移到抢救与开发并重上来,加大对文献缩微的开发利用的力度,增强文献缩微的动力与活力。积极争取政府拨款,购置相应的缩微技术与计算机技术结合形成的 COM、CIM、CAR 系统（COM 是计算机输出缩微品,CIM 是计算机输入缩微品,CAR 则是计算机辅助缩微品检索）,使缩微资料的远程快速全文检索和阅读成为可能,打破缩微胶片必须通过阅读器阅览的局限,使缩微品信息传递冲破传统单一的拷贝、邮寄,可以通过网络调用或传真。

4. 加强人才培养,提高文献缩微工作人员的素质,使之能尽快适应新设备的使用与操作,并随时了解和掌握缩微技术发展的新动向。数字图书馆建设对专业人员具有更高的素质要求,未来文献缩微工作人员的主要职责是:文献缩微品的组织加工、信息的转换、信息的组织、信息的开发、信息领航、系统管理等方面。

综上所述,文献缩微在数字图书馆建设中必不可少,随着社会的不断进步,科技的高

速发展,文献缩微一定会有一个更加辉煌的未来。

参考文献

[1]郑琪.图书馆文献信息内容保护与利用的根本措施.缩微技术,2002(4)

[2]李金凤.档案馆数字化与缩微技术的复合系统.缩微技术,2002(2)

[3]陈军,李晓.缩微技术与缩微品的发展研究.缩微技术,2002(1)

[4]高文,刘峰,黄铁军等.数字图书馆原理与技术实现.北京:清华大学出版社,2000

（原载《现代情报》2004 年第 1 期）

缩微影像数字化技术在图书馆的应用

国家图书馆　张文增　龙　伟

中国是世界四大文明古国之一,悠久的历史为我们留下了大量的文化典籍。为了保护和利用这些珍贵典籍,人们付出了大量的精力和财力。

20世纪80年代初期,缩微技术在图书馆被大规模应用。在对馆藏年代久远的各类珍贵文献进行抢救的过程中,缩微工作成为各馆业务工作的一个重要组成部分。在缩微技术得到广泛应用和大批文献制成缩微品的基础上,各馆陆续建立了缩微阅览室,配备了各种型号的缩微阅读器和胶片复印机,方便了读者查询、阅览和复印。缩微品的应用为读者查阅珍贵或早期文献提供了方便,受到了读者的欢迎。

1　网络技术的发展促进了缩微影像数字化的发展

近年来网络技术快速发展,使人们获取知识的方式发生了极大变化。人们通过网络服务就可以得到需要的信息,不用受时间与地域的限制。在传统图书馆的基础上建立数字图书馆,使人们获得更加快捷的服务,已经成为图书馆的重要任务。面对读者需求多样化的挑战,图书馆必须从过去藏书楼式的服务中解脱出来,创造新的服务方式,使自己成为信息资源的采集中心、存储中心和服务中心。

数字图书馆具有收藏数字化、操作电脑化、传递网络化、存贮分布化、资源共享化和结构连接化等鲜明特点,它以数字信息资源的挖掘、加工、整序、存储、传输、管理为过程,涵盖多个分布式、不同规模的、可互操作的异构多媒体资源库群,能够为社会提供全方位的知识和信息服务。

数字信息资源建设是数字图书馆的基础内容。使馆藏缩微制品在数字图书馆建设中发挥更大的作用,向读者提供多途径、多方式的服务,是各级图书馆在数字图书馆建设中的一项重要工作,同时,也有利于促进缩微技术继续发展和扩大应用范围。

缩微制品是文献的一种特殊载体,同图书、期刊、报纸一样,都属于图书馆的文献源。缩微制品转换为数字资源后,可以更大范围地提高文献的有效利用率。在数字图书馆应用系统中,我们将缩微制品进行数字转换,通过数字资源的加工、处理、存储、检索、传递、保护、利用和归档等多个过程,为更多的使用者提供服务。

2　缩微影像数字化加工的基本形式和用途

通过缩微品数字化加工系统产生了两种文件。一种是利用缩微影像扫描仪对缩微品进行由模拟影像到数字影像的转换,生成存档所用的数字影像文件,这部分文件应该尽量保持缩微模拟影像的原始风貌,不丢失细节部分。另一种系统产生的文件,是通过存档数字影像文件产生的衍生文件,衍生文件是考虑到目前用户的需要和网络带宽、存储容量等因素对原始扫描(数字化)加工产生的文件进行压缩、加密等处理而生成的。扫描形成的数字化存档文件主要有两种用途,一是记录文献的原始面貌、色彩和清晰度,起到数字文献档案保存的重要作用;二是通过 OCR 识别进行深层次加工,以满足数字图书馆的需要。现在日趋成熟和完善的中文 OCR 识别系统,对于文献的各类排版样式、字体均可达到较高的识别率,是数字图书馆资源处理的重要手段。而衍生文件的作用,主要是通过对图像文件进行压缩,减少图像文件所占用的空间和提高网上查阅速度,为读者提供快捷的图像文件检索和阅读服务。

3　数字化缩微影像在数字图书馆的应用

数字图书馆资源的应用系统为读者利用文献提供了强有力的查询手段。对元数据部分提供多种检索手段,并利用检索到的信息调度相应的数字对象,方便用户查看全文。

读者在调阅文献时,可以使用通用/专用的图像阅读器。在建设数字图书馆的中文网上图书馆时涉及大量的图像文件。鉴于网络、存储等多种环境因素,我们采用先进的图像压缩算法,制定出压缩比较高、文件质量优秀、符合发布要求的专用图像文件格式,保持了文献原文原貌、原式原样。用最少的经费,在最快的时间里提供数字资源的服务,并完成了图像阅读权限的控制。根据用户级别授予使用权限,还可以使用文件下载、打印、OCR 识别和其他辅助功能。

此外,该系统还包括:

缩微胶卷管理子系统:即胶卷的拍摄、检查、拷贝、入库等信息记录的工作。该系统基于 XML 格式的元数据系统进行管理。它的基本功能包括胶卷分类、库房管理、胶卷利用情况管理、有关胶卷加工统计报表。还包括胶卷的保管功能,如虚拟存放位置管理、胶卷存储库房的温湿度管理、胶卷库房的电视监控情况管理等。

系统维护管理子系统:是整个系统的基础管理模块。它负责对系统的操作员权限、人员访问权限、系统数据字典定义、统计信息等一系列关于系统设置方面的管理。

为了数字化缩微文献的安全使用,系统强化权限的管理,DRM（Digital Rights Management）有效保障数字版权。它结合了用户管理、权限管理、安全认证管理、数字水印技术、公钥和私钥加密技术,以及结合电子商务应用的计费收费等功能,为整个系统的服务提供了安全的、可靠的权限管理。

中国国家图书馆在近几年中,利用数字图书馆文献数字化加工系统完成了500万拍缩微制品的图像扫描,其中包括民国时期出版的杂志期刊、1949年前后50年各地区发行的《大公报》报纸和馆藏善本书等缩微制品;利用图书馆采编系统,完成了CNMARC缩微胶卷的编目,建成了缩微制品机读目录数据库,完成了缩微品善本目录1万余种、1949年以前期刊目录4千余种;通过缩微制品机读目录数据库,满足了到馆和网上读者查询缩微文献的需求,使读者能够对缩微制品进行多种途径的检索,从而在很大程度上提高了缩微制品的利用。

其他省市的图书馆和档案馆也相继引进了缩微胶片扫描仪,在保持原缩微制品为读者服务的同时,提高了数字信息的使用价值。这些单位为抢救、保护和利用文献作出了突出的贡献。

4　两种技术的结合是图书馆缩微工作的发展方向

图书馆工作的两大主要职责是保护保存人类的文化遗产和传播文化信息。缩微技术作为一种已经有160年历史的技术,经过历史实践的证明,对于文献档案保护是一种行之有效的方法。缩微胶片阅读器和复印机的普及,机读目录系统的建立,都为缩微品的使用提供了便利的条件。所以,对于使用频率较低而保护价值较高的文献,使用传统缩微技术仍为当前的最好选择。

数字技术对文献来讲,是一种新的文献表现形式。数字技术具有快速检索、浏览和资源共享以及远距离传递的特征,是一种信息传递的极佳方式,受到读者的一致好评。数字转换工作是按照数字图书馆的标准规范,以标准化和规模化的生产方式进行,并能够实现对信息资源的深层次加工。值得注意的是,数字加工是一项投入大、时间长的工作,应尽可能做到一次加工满足多种用途,并保证数字资源的长期保存、严格管理和有效应用。在标准规范下完成缩微制品数字转换处理后,资源得到更充分的利用,读者不仅可以浏览缩微制品的文献信息,还可以利用各种知识资源库,通过多种渠道和方法获取与文献信息相关联的知识。

　　经过一段时间的探索和应用,我们清楚地看到,传统缩微技术的优势是技术的成熟性和易于长期保存,而数字技术的优势在于它的快速传递和方便使用。缩微技术要想更好地发展,重要的一点是如何与数字影像技术相结合,取长补短,发挥缩微技术在文献保存功能方面的优势,利用数字资源,为广大读者提供信息的增值服务。

　　缩微技术作为一种成熟的技术,尤其是它长期保存的特性和所具有的法律效力,决定了目前它还是文献、档案保存和利用的一种不可替代的主要手段,而数字化和网络技术的快速发展为模拟和数字影像这两种技术有机的结合创造了条件。两种技术的结合可以更好地发挥各自长处,既有很好的文献保护功能又大大提高了文献的使用效率,而这恰恰是满足了图书馆的两大主要任务。因此两种技术的有机结合体现了图书馆发展的一种必然趋势。

（原载《数字与缩微影像》2005 年第 3 期）

缩微影像数字化技术之我见

国家图书馆　王　浩　张　军

全国图书馆文献缩微复制中心成立于 1985 年,其主要任务是负责组织、协调全国公共图书馆的古、旧中文文献资料抢救拍摄工作,先后在全国设立了二十几个拍摄点,成为全国最大的文献缩微复制机构,从此缩微技术被广泛应用于国内各公共图书馆。在业内人士的共同努力下,缩微技术已发展为图书馆使用得比较成熟稳定的文献保存技术,但随着信息时代的来临,多媒体、超文本、网络等新技术在给人类带来方便的同时,也给一些传统技术造成了冲击,缩微技术便在其中。如今,在人们日益增长的对知识的渴求面前,缩微品无法快速检索、无法网络传输等技术上的缺陷日益显现。在这种形势下,缩微技术应该与数字技术相结合,大力发展缩微影像数字化技术,才能使缩微事业获得更为广阔的发展前景。

1　缩微影像数字化技术能够弥补缩微技术的不足

缩微技术的使用不只是为了保存文献,而是要进一步开发和利用文献信息,使文献更好地为人所用、为社会服务。但缩微品在利用上存在着明显的不足,如不易检索、阅读不方便、无法网络传输等,这些将阻碍文献信息的开发利用。随着科技的进步,将缩微技术与数字技术有机地结合起来,发展缩微影像数字化技术,就比较好地解决了这个问题。

缩微影像数字化技术是依靠计算机技术将缩微品上的模拟影像转换成数字影像,并对数字影像进行加工、存储、管理及网络检索等处理的技术。与传统缩微技术相比具有以下几点优势:

(1)缩微影像数字化技术可以实现缩微品文献信息的资源共享,避免重复建设。缩微品复制工作无法避免重复劳动,缩微品每交给一个用户,就需要复制一份,造成同种缩微品可能被复制多次。并且缩微品复制过程非常繁琐,需要经过组卷、拷贝、冲洗、检验、分卷等多个工序才能完成,需要大量的时间、人力、物力。然而利用缩微影像数字化技术,缩微品文献信息只需要加工一次,便可在网络环境下将其传输给任何需要它的人,避免了重复建设。

（2）检索方便快捷。数字化信息资源配以检索软件后,用户可进行多途径检索,快速地获取所需文献信息,检索速度是缩微胶片的数倍。

（3）扩大缩微文献的利用空间。通过缩微胶片数字化技术,读者可以通过任何一台上网的计算机得到数字化缩微影像,无需再受空间、时间和阅读设备的限制。这样可以让更多的人来利用缩微文献,提高了缩微品利用率。

（4）体积小、存贮密度高、信息量大。如:每张 DVD 可存放近十万数字化缩微影像,约合 50 盘卷片(每盘 30 米)的容量。

2 缩微品数字化过程中应注意的问题

全国图书馆文献缩微复制中心于 2003 年开展了缩微影像数字化工作。经过两年的努力数字化工作已初具规模,拥有多台扫描设备及后期处理工作机,完成了近百万幅缩微影像的数字化转换工作。在这两年的摸索与实践中,遇到了一些问题,也积累了一些经验,下面作简要介绍。

2.1 数字化的标准问题

缩微影像数字化时必须按照一定的文档格式标准进行。即在开发建设中必须遵守数据描述语言标准、数据通信标准、数据加工标准和元数据标准等标准化原则和要求,确保缩微影像数字化产品的通用性和标准化,符合资源共享要求。如果在数字化资源建设中,不遵循标准则会在应用上给使用者带来很多不便,同时也给资源的管理、整合等工作带来很大挑战。

目前,在缩微影像数字化建设中,常用的数据描述语言标准有:标准通用置标语言（SGML）、超文本置标语言（HTML）、可扩展置标语言（XML）等;数据通信标准有:ISO 2709 标准、ANSI/NISO Z39.50 标准(协议)等;元数据标准有:CNMARC、Dublin Cure 元数据标准等。

2.2 缩微影像数字化过程中扫描质量问题

（1）扫描质量标准

数字化缩微影像质量越高,影像数据量就越大,网上浏览速度也就越慢,这导致数字化缩微影像的质量和影像浏览速度之间存在着很大矛盾。我们经过近几年工作实践,得出以下结论。

① 典藏级文件,即重要的、用做保存的文件。建议采用 600dpi 扫描;色位深度:黑白;文件格式:TIF;压缩方式:不压缩;保持原缩率不变,图片采用 8 位灰度扫描。

② 本地浏览级文件，即用于本地计算机浏览使用的文件。建议采用 300dpi 扫描；色位深度：黑白；文件格式：TIF；压缩方式：G4 压缩；保持原缩率不变，图片采用 8 位灰度扫描。

③ 上网浏览级文件，即用于上网发布的文件。建议采用 150dpi 扫描；色位深度：黑白；文件格式：TIF；压缩方式：G4；保持原缩率不变。图片采用 8 位灰度扫描，压缩方式为压缩因子 CF = 20 的 JPEG2000 压缩。由于用做网上发布，所以建议影像文件最终转换为 PDF 格式。

（2）使用高效扫描仪过程中画幅的质量控制

高效胶片扫描仪能够自动对胶片进行扫描，它在扫描时可以利用影像边缘的密度差进行影像定位。其定位原理如下：扫描时根据进入线阵 CCD 总亮度的百分比确定是否扫到影像边缘，这个百分比可由操作人员设定。如参数设定为 30%，就是在扫描时 CCD 有 30% 的像素由白变黑即认为是进入影像边缘。

高效扫描仪在扫描过程中基本无法人工干预，这导致影像的质量很难得到保证。所以在使用高效扫描仪时应注意以下几点：

（1）在扫描前检查一卷胶片的前后密度是否一致。由于高效扫描仪只能在扫描前输入扫描参数（在扫描过程中虽然可以对其中的一部分参数进行修改，但由于修改信息输入较慢，参数无法立即改变，效果不佳），所以需要先检查胶片前后密度是否一致，若不一致则按照整卷胶片密度的平均值设定参数。

（2）在扫描前检查胶片的画幅和影像间密度差是否过小。由于高效扫描仪是利用影像边缘的密度差进行影像定位，所以画幅和影像间密度差过小会导致扫描仪无法定位影像，只能定位画幅。这种情况下，操作人员可以通过参数设置，使画幅和影像间密度差增大，或将整个画幅扫描下来，再利用扫描仪自带的遮幅功能去掉影像外的部分。

（3）谨慎使用祛噪功能。若胶片上底灰严重时可考虑使用祛噪功能，但需要注意的是祛噪功能的工作原理是在检像器捕获影像数据时，若 CCD 上的某个像元捕获到低于阈值的电压（即黑点）而其周围的像元均捕获到高于阈值的电压（即白点），这时认为该像元捕获到的电压也高于阈值，显示为白点，这样就祛除掉了影像上的底灰。但从其工作原理中可以发现，祛噪功能在祛除影像上底灰的同时也会去掉有用信息，所以祛噪功能要慎重使用。

2.3 数字化缩微影像的存储问题

随着缩微影像数字化技术的发展，数字化产品的数据总量将会不断地增长。因此，如何有效地压缩、保存和方便地使用这些海量数据就成为缩微影像数字化工作的重点。

（1）网络选型问题

目前,建设存储网络的主要技术方向有 NAS(Network Attached Storage)和 SAN (Storage Area Network)两种,这两种技术适用于不同的范围,所以在缩微影像数字化项目的建设中应正确选择适合该项目的技术。下面对这两种技术作一下简要的介绍:

NAS 设备通常是集成了处理器和磁盘/磁盘柜,连接到 TCP/IP 网络上(可以通过 LAN 或 WAN),通过文件存取协议(例如 NFS、CIFS 等)存取数据。NAS 将文件存取请求转换为内部 I/O 请求。这种方式将存储设备连接到基于 IP 的网络中,服务器通过"File I/O"方式发送文件存取请求到存储设备 NAS。NAS 上一般安装有自己的操作系统,它将 File I/O 转换成 Block I/O,发送到内部磁盘。NAS 系统有较低的成本,易于实现文件共享。但由于它是采用文件请求的方式,相比块请求的设备性能差;并且 NAS 系统不适合于不采用文件系统进行存储管理的系统,如某些数据库。对于采用文件系统进行数据管理的部门和工作组,适宜采用 NAS 技术。

SAN(Storage Area Network)存储区域网络,是一种类似于普通局域网的高速存储网络,它通过专用的集线器、交换机和网关建立起与服务器和磁盘阵列之间的直接连接。这种网络技术支持远距离通信,并允许存储设备真正与服务器隔离,使存储成为可由所有服务器共享的资源。SAN 允许各个存储子系统,如磁盘阵列和磁带库,无需通过专用的中间服务器即可互相协作。服务器和存储设备间可以任意连接,I/O 请求可以直接发送到存储设备。对于服务器用户或利用数据库进行数据管理的部门和工作组,SAN 是最佳选择。

笔者认为可以将两种技术相结合,关键业务如信息的检索和发布采用 SAN 的存储方式来保证数据的安全性和高性能。而数据采集等工作可以利用 NAS 进行网络集中存储,实现数据的集中管理和共享。这样既能最大限度地利用两种技术的优势,又能节约成本。

(2)存储模式的选择

数字化缩微影像最终存储模式可以有两种选择。一是集中型存储,即数字化缩微影像集中存放于中心单位,资源共享给各参与单位。该模式的优点是对各参与单位的技术能力和软硬件环境要求较低。不足之处是由于数据集中存储,参与单位维护起来较为不便。二是分散型管理,以各参与单位为产品存放地,网际互联、资源共享。这一种模式能够突出各单位的资源特色,且便于数据维护。两种存储模式相对比,后一种存储模式更符合未来分布式数据库的发展趋势,但这种模式对各单位的技术能力和软硬件环境要求很高,有的单位可能由于能力限制无法提供服务。因此在缩微影像数字化过程中,应综合考虑各单位的具体情况,选择适合的存储模式。

参考文献

[1]王玮.数字图书馆建设初探.哈尔滨市委党校学报,2005(1)

[2]刘晓武,孙淑新.数字化时代的大英图书馆.大学图书情报学刊,2005(2)

（原载《数字与缩微影像》2005 年第 3 期）

利用缩微胶片扫描技术实现缩微品的数字化

福建省图书馆　巫晓萍

所谓的缩微胶片扫描技术是将已有的缩微品胶片按一定标准格式扫描,胶片上的模拟影像转化成数字影像,其精度(或分辨率)可根据用户需要来确定,扫描完的影像通过存储设备存储起来。缩微品经扫描转换成的数字影像既可以通过网络(或卫星)通信传送到用户端,通过计算机检索、查询显示出来,也可以将它们复制到磁盘、光盘上,送到用户端,安装到本地计算机上进行阅读;缩微胶片扫描技术形成的数字影像,通过 OCR 识别,转换成 WORD 文档后可形成文献全文库,进行全文检索,更加方便对文献信息内容进行查询,使文献信息利用工作提高到新水平。

1　缩微品数字化过程

缩微技术与计算机技术结合有三种方式:第一,缩微胶片的数字化;第二,扫描/翻拍胶片(复合系统);第三,扫描后输出缩微胶片(COM 系统)。下面以美能达 MS7000 扫描仪来介绍缩微胶片数字化的过程。

1.1　整理准备阶段

第一步将缩微胶片在阅读还原机上从头到尾浏览一遍,记下胶片上的胶片号。以古籍书为例,如:200000375,核对已完成的计算机机读目录数据中 097 字段的 $ b 与胶片号是否一致,并登记好拍数。

第二步检查古籍书原来拍摄情况是否有分幅、变光、重拍、错拍、原书页码混乱等情况,并记录在"扫描影像整理单"上。

第三步选择所需存储的路径,并在该路径下建立文件名,如:e:/scantemp/[弘治]长乐县志。

第四步一定要先打开扫描仪,再打开计算机,否则无法正常运行 Power Film 软件。

1.2　缩微胶片扫描阶段

第一步利用 MS7000 胶片扫描仪,运行 Power Film 软件进行胶片扫描时,一定要选择好"卷目"中的基本路径。

第二步选择好"影像"中的影像形式、影像属性、亮度和对比度。根据经验在处理不同批次拍摄的缩微胶片时,选择扫描分辨率、亮度、对比度等参数时要依据胶片拍摄质量高低来定,参数要随胶片自身情况作适当调整,以使数字影像清晰、美观。

第三步选择好"选项"。在这里最好不要点击"自动遮幅",否则在扫描时偶尔会出现一半或四分之一的图像。

执行完上面的选项,可以从缩微胶片上采集数字影像,采集完数字影像,点击"扫描结束",接着必须点击"接受",便可存储在技术人员所指定的基本路径中。有时胶片比较长,经过不同时间的扫描,会自动生成好几个文件夹,利用"信息系统软件"就可按原文顺序把它们合并成一个完整的文件夹。

1.3 缩微影像处理阶段

对扫描完的数字影像进行图像编辑、质量检查等。运行"信息系统软件",对数字影像进行图像编辑,如:图像粘贴、剪切、影像的分割、子文件夹的合并等。

同时根据"扫描整理单"上记录的情况,对个别分幅拍摄、重拍、补拍、错拍和变光的胶片进行处理,总体要求是保持文献原始风貌,不能随意对原有内容进行删除或修改。对数字影像进行质量检查,检查每拍图像是否清晰、端正,如有倾斜即时纠正。

1.4 缩微影像录入电子影像系统

运行"电子影像管理系统",以管理员的身份进入系统,将已处理完的数字影像录入。如果是管理员的话,显示在桌面上的各个系统都可以进入也可以修改。但是作为一般的读者只能进入"信息查询"部分的"分类检索",浏览自己所需的,不能更改任何项目。

点击"影像管理",进入"古籍图书登记",打开要登记录入的缩微数字影像,把各个项目登记好,按"录入"。

退出登记系统,进入"信息查询"中的"分类检索",读者就可利用了。

录入完成的缩微影像要定期转存到备份硬盘或磁带上,条件许可可刻制光盘保存。

2 缩微品数字化中需要注意的几个问题

2.1 灵活调整胶片扫描参数

根据实践经验,在处理不同时期拍摄的缩微胶片时,要选择好扫描分辨率、亮度、对比度等参数,而且参数要随胶片自身情况作适当调整。如我馆在抢救一些早期已报废的地方志胶片(10 年前由于贮藏条件不好造成无法拷贝)时,即使胶片已出现发霉、划伤和龟裂,经过适当地改变参数,扫描出来时效果还是很好。

2.2　强化质量监督

数字影像质量好坏决定了今后网络运行利用的效果。如果图像错误较多、模糊不清、噪点过多,那么用户就会对整个缩微信息系统建设的质量有疑问,对使用系统有顾虑,所以质量监督检查尤为重要。首先,采取自查、互查制度;其次,设置交叉检查制度,由技术人员相互检查对方处理影像的工作质量;最后,由主任进行全面质量检查。通过层层把关,保证转换处理后的数字资源的质量,这同时也要求每个工作人员要有强烈的事业心和责任感,踏踏实实、认认真真地对待每一幅电子影像的处理过程。

2.3　制定科学合理的工作流程

胶片扫描是一项系统工程,它的涉及面宽、技术含量高、质量要求严、时间要求紧。要想高标准地完成工作,就需要制定合理的工作流程和严格的管理制度。就像在拍摄胶片一样,可以制定出整个流水线,包括前期整理、影像扫描、影像处理(包括质量检验)、影像录入,这样整个工作流水线就能高效、顺利运转。

3　缩微胶片扫描技术的优点和需要解决的问题

3.1　优点

(1)利用缩微胶片扫描技术加工的产品,可以一次加工多次使用,乃至无限次使用。因此,随着使用用户的增加,其单价成本迅速降低,极易推广使用。

(2)数字化的缩微影像可以通过网络或无线(卫星)通信传送到异地,速度快、费用省,安全、经济、快速;

(3)数字化的缩微影像使用快捷方便,而且费用低。

3.2　需要解决的问题

(1)现全国图书馆文献缩微复制中心下有二十几个成员馆,需要制定出一个统一的标准格式,包括选择的设备、系统软件、存储格式。

(2)缩微胶片记录的影像具有法律凭证作用,但电子影像还没有法律凭证作用。当前电子影像已很普及,能否为不断增多的各类法律纠纷做凭证,这个问题显得迫切而现实。最好能配合国家立法制定出相关标准和制度,并与相关法律构成一个完整的保证体系。

(3)通过缩微胶片扫描技术转换而来的电子影像,如何保证它的安全性、真实性是一个比较复杂的问题,它的存储和传输是否加密以及如何加密的问题也需要研究和解决。

缩微胶片扫描技术为缩微品的利用带来了极大的方便。模拟影像转换成数字影像,开发和利用现有的缩微品资源,实现缩微技术与数字技术的结合,既发挥了缩微技术的应用潜力,又利用数字技术的优势,极大地促进了图书馆现代化建设,实现了文献存储、利用、远程查询和信息传递,也提高了图书馆的管理水平。

参考文献

[1]樊兵.档案缩微技术与数字技术结合应用的研究.档案学通讯,2004(3)

[2]汪蕾.如何实现信息从缩微胶片到光盘的迁移.档案与建设,2005(4)

（原载《数字与缩微影像》2006 年第 4 期）

档案缩微品数字化实现方法的研究

中国人民解放军总后勤部档案馆　王向东　袁庆华

数字档案馆建设是当前我国信息化建设发展过程中的一项新任务。而建设数字档案馆的前提和基础是现有馆藏档案信息(包括纸质档案、声像档案等)的数字化,这其中又以纸质档案数字化为重中之重。目前实现纸质档案数字化的方式有三种:一是数码拍摄;二是平板或高速扫描;三是先缩微拍摄,然后再对缩微品进行胶片扫描。殊途而同归,各单位可根据自身情况择一而行。这里笔者主要结合自身工作实践与大家一起探讨缩微品扫描的具体实现方法。

1　缩微胶片扫描仪选型

工欲善其事,必先利其器。选择一台性能优良、操作简单、经济耐用的扫描仪是有效开展缩微胶片扫描的关键。目前市场上几种常见的胶片扫描仪主要有 Konica Minolta(美能达)MS7000,Kodak(柯达)i7300,Wicks & Wilson(优胜) RS100 等。它们的主要区别如下:

(1)美能达 MS7000(以下简称 MS7000)在扫描过程中只能依靠光点来定位影像,而柯达 i7300(以下简称 i7300)和优胜 RS100(以下简称 RS100)除光点外,还可用影像边界来定位图像。

(2)i7300 和 RS100 能区分影像是 A3 画幅还是 A4 画幅并自动提取。而 MS7000 不具备此功能,为保证数据完整,需利用冗余技术,因此同样一轴胶片用 MS7000 扫出后占用空间相对较大,且冗余数据需后期用软件删除(具体原理后面详述)。

(3)MS7000 自带显示屏,兼具阅读功能。

(4)MS7000 自带操作板,输入缩微号可精确定位到对应影像,i7300 随机软件也可实现精确定位,而 RS100 硬件和软件都不具备此功能。因此,MS7000 和 i7300 因某种原因中断扫描时,可通过精确定位找到断点继续扫描。

2　缩微胶片扫描

缩微胶片扫描,即将缩微品上的影像转换为图像文件(如 TIF、JPEG 等)的过程,除扫描参数需人工设置外,其余皆由扫描仪自动完成。

在扫描前期需设置许多参数,如曝光量、增噪或是去噪、正片或是负片、图像是否需要旋转、图像存储位置等,但主要参数是分辨率、倍率及图像提取依据。此处分辨率的概念与平板扫描仪相同,它决定着扫描后图像的清晰度及存储空间,并会影响扫描速度,所以要根据实际情况设定。如果扫描后要对图像进行 OCR 识别,可设高些(如 300dpi),如果只是用来浏览,则 200 dpi 已满足需求。倍率即扫描时将胶片上的影像放大多少倍,它一般应与缩微拍摄时设定的缩率相同。我们知道,所谓缩微胶片扫描,就是将胶片上的影像一幅一幅提取出来以电子文件的格式存入计算机的过程,所以如何准确定位一幅影像并提取出来就成了关键。以 RS100 为例,其定位影像起始位置的依据有两种:光点检测、边界检测。二者原理基本相同,均是在影像内或周边选一特征区域(此特征须为所有影像共有,如光点),以此作为标记。扫描仪对胶片从左至右扫描,遇到标记则记下当前位置,然后继续向右扫描,同时判断影像内容,若认为已到影像右边界,则将二者之间的影像提取出来。扫描仪在扫描过程中除发生故障或人工干预外是不会停止的,"扫描"→"判断内容"→"提取图像"依次进行。

3　图像处理(针对 MS7000)

前面曾提及 MS7000 不能自动识别缩微品内影像画幅大小,所以需对 MS7000 扫描后的图像进行特殊处理。

MS7000 的扫描原理相对简单,它不识别影像内容,只是从每个光点起始处提取固定画幅大小的影像。如果缩微品内影像大小统一,那么只需在扫描前设定是按 A3 画幅或按 A4 画幅提取影像即可。如果缩微品内影像大小不一,既有 A3 画幅又有 A4 画幅,则会产生问题,设为 A3 则提取过多,设为 A4 则提取不全。为保证数据完整性,只能设为按 A3 画幅来提取。

我们以一个英文字母表示一幅 A4 图像,以两个英文字母连在一起表示一幅 A3 图像,假设缩微品内原始影像大小及排列如下:a、b、c、d、ef、gh、ij、k、lm……那么用 MS7000 扫描后,图像大小及排列变为如下:ab、bc、cd、de、ef、gh、ij、kl、lm……其中 A3 画幅不变(如:ef 仍然是 ef),而 A4 画幅则变成了 A3 画幅(a→ab,b→bc),这样就生成很多冗余数据,需要删除。

那么,如何判断扫描后图像是由一个 A3 画幅或是由两个 A4 画幅组成呢? 我们知道,在制作缩微品的过程中,缩微拍摄机会在每幅影像左下角生成一个光点,用以标记一幅影像的起始位置。这样,如果图像底部有两个光点,说明该图像由两个 A4 画幅组成,右边一幅为冗余数据,需裁剪掉,保留左边一幅即可。如果图像底部只有一个光点,说明该图像由一个 A3 画幅组成,无需变动。引用前面例子,MS7000 扫描后图像如下:ab、bc、cd、de、ef、gh、ij、kl、lm……从左往右依次命名为:01、02、03、……打开文件 01,发现由两个 A4 画幅组成(a、b),取出 a,舍弃 b;文件 02 中取出 b 舍弃 c……文件 05、06、07 由一个 A3 画幅组成,保持不变,依然是 ef、gh、ij……依此类推,直至最后一个图像文件。经此法处理后图像如下:a、b、c、d、ef、gh、ij、k……这样便实现了扫描后图像与缩微品内原始影像一一对应。

4　全文数据与目录数据挂接

缩微品扫描以轴为单位进行,扫描后图像在未挂接前也以轴为单位存于一个文件夹内,图像文件名以数字编号顺延,如:0001. tif—2053. tif,表示该轴缩微品扫描后共生成 2053 幅图像。图像文件名本身并不反映图像内容,所以到目前为止,扫描后的图像离我们实际使用还有很大距离。纸质档案数字化的目的即实现全文数据与目录数据之间的一一对应,通过目录数据可以直接调出对应的全文数据,通过全文数据的路径和文件名称可以知道其所对应的目录数据。那么该如何处理一轴缩微品扫描生成的上千幅图像从而实现其与目录数据的对应呢?

根据该轴缩微品上的影像内容准备好与其对应的文件级目录数据表,该表除"档号"、"题名"等字段外,还须有"缩微号"与"载体数量",且其内容不为空。下面详述全文数据与目录数据的挂接方法。

4.1　剔除无效影像文件

我们知道,胶片上的内容依次为:片头 + 第 1 卷卷皮 + 第 1 卷卷内文件目录 + 第 1 卷第 1 份文件 + 第 1 卷第 2 份文件 + … + 第 1 卷卷内文件备考表 + 第 2 卷卷皮 + 第 2 卷卷内文件目录 + 第 2 卷第 1 份文件 + … + 片尾。除每份文件内容外,其余片头、片尾、卷皮,卷内文件目录,卷内文件备考表等信息在数字化后已经没有使用意义,我们视其为无效文件并加以剔除。缩微品上每幅影像都有一个缩微号,同光点一样,也是在拍摄时由缩微拍摄机自动打在缩微品上的。假如一轴缩微品扫描后图像文件名依次为:0001. tif—2053. tif,那么文件名对应的数字应与该图像在缩微品上对应影像的缩微号相同,例如,打开文件 1027. tif,图像上面的缩微号也应为 1027。下面介绍如何将数千个图像文件中的无效文件剔除。

(1)打开该轴缩微品对应的文件级目录数据表。读出第一条记录(即该轴缩微品上第 1 份文件)的"缩微号"(设为 r1)和"载体数量",将 0001. tif—(r1 - 1). tif 剪切至临时文件夹 useless 中,这些为片头、第一卷卷皮和卷内文件目录。

(2)移到下一条记录,同样取出"缩微号"(设为 r2)和"载体数量",并根据档号内容判断是否为新卷的开始。如果不是则移到下一记录;如果是则将上一条记录(即上一卷的最后一份文件)的"缩微号"和"载体数量"相加,设为 p(p < r2),然后将(p + 1). tif—(r2 - 1). tif 剪切至 useless 文件夹中,这些为上一卷卷内文件备考表、本卷卷皮和卷内文件目录。

(3)重复步骤(2),直至最后一条记录,取出"缩微号"和"载体数量",二者相加,设为 q,将 q. tif 及其以后的文件全部剪切至 useless 文件夹中,这些是最后一卷卷内文件备考表和片尾。

由于数据表字段"缩微号"和"载体数量"皆为人工录入,所以错误难以完全避免,那么势必会将一些有效文件剔除,这就是要将剔除的文件先放入临时文件夹而不是直接删除的原因。打开 useless 文件夹,将图像文件逐一检查,如果是有效文件则将其还原至原先所在文件夹即可。

4.2　文件挂接

挂接后文件的存储方式及命名规则如下:第一级目录为全宗号,第二级目录为年度 + 卷号,文件名为件号(3 位) + 子件号(2 位) + 页号(3 位) + 扩展名。例如:XY001 全宗 1987 年第 4 卷第 5 份文件,共 23 页,挂接后其物理存放位置及文件名:

……\XY001\1987004\00500001. tif—00500023. tif

实现图像文件和目录数据挂接的方法如下:从数据表第 1 条记录开始,如果是一新卷则生成该卷对应的文件夹,相邻两条记录"缩微号"之间的图像文件被视为前一条记录(即前一份文件)的内容,根据命名规则重新命名加以保存。如:某卷第 6 份文件的"缩微号"为 1786,第 7 份文件的"缩微号"为 1796,那么 1786. tif—1795. tif 共 10 个文件存入该卷所在的文件夹,新文件名依次为:00600001. tif—00600010. tif。对每两条相邻记录执行同样操作直至表内最后一条记录。

5　数据汇总

至此,档案缩微品的数字化转换基本结束。此前的工作均以轴为单位进行,处理后的数据也是以轴为单位存储在一个文件夹内,这就造成一个全宗的数据存储在不同的物理位置,如果是多人并行处理,甚至会存储在不同的电脑内,那么收尾工作就是将一个全宗的所有数据以案卷为单位汇总在一起,刻盘或存入服务器即告完成。

运用上述方法,已完成多家单位共计1570余万画幅档案缩微品的数字化扫描任务。实践证明,该方法能高质量、高效率地实现档案缩微品的数字化。

（原载《数字与缩微影像》2007年第2期）

缩微技术发展应用的明天

——与数字技术的融合

贵州省图书馆　陈　婷

进入20世纪90年代以来,缩微技术和计算机技术在发展进程中遇到了尖锐的矛盾,缩微技术领域坚持认为,缩微技术发展成熟并且历史较长,具有标准化和规范性程度高等特点,不可能被计算机、数字技术所取代;而在计算机技术领域中却认为缩微的发展最终会被计算机、数字技术所取代。然而,经过十多年的实践证明,缩微技术和计算机技术二者并没有谁取代了谁,反而是在相互融合,共同发展。

1　缩微技术应用的优劣势

缩微技术的发展已有100多年的历史,尽管我国推广缩微技术的应用在20世纪80年代初期才开始,但经过20多年的发展,缩微技术应用逐步成熟,在全国图书文献、档案领域中占有重要的地位。公共图书馆系统开展缩微技术应用工作已经近20年,在全国图书馆文献复制中心的领导组织与协调下,经过各公共图书馆缩微人员的共同努力,抢救了大量的珍贵历史文献,为弘扬民族文化作出了极大贡献。在长期的应用实践中,我们看到了缩微技术存在的优势和劣势。分析优劣势,可以清晰地看到缩微技术的发展与应用前景的方向。

1.1　缩微技术还有发展空间

长期以来,缩微技术之所以在文献、档案领域中占有一席之地,根本原因就是缩微品可以长期地保存原件,能够延长其寿命。中国几千年的文明史产生了大量珍贵的历史文献,各级各类型图书馆都收藏、保存着这些年代久远、富有史料价值的珍贵图文资料。利用缩微技术对古旧文献进行拍摄复制,是真实完整地保存古籍文献采取的有效方法。由于缩微技术成熟稳定,通用性强,缩微胶片体积小、存储量大,节约空间,便于保管和查询,以及缩微胶片制作方法简单,费用低,并可多次复制、可靠等原因,为我们万无一失地长久保存、使用古旧文献提供了可能。这些年全国公共图书馆系统开展的文献缩微抢救工作已说明,用缩微技术来达到长期保存和使用图书馆古籍文献是切实可行的。到目前为止,无论什么载体都无法做到万无一失地长久保存。纸质、光盘、磁盘等载体较缩微胶片相比,寿命都短,并且容易受到外界条件和自然灾害的影响。而缩微技术保持原件的本来面貌和反映信息的真实可靠,以及具有与档案原件同等效力的法律地位,还有缩微品可直接读取,不受病毒、技术进步、设备更新换代和其他突变因素带来的影响的原因,国内外许多图书馆和档案部门仍将缩微技术作为最佳的文献保存手段。因此,缩微技术所具有的优势,使得其还有继续应用发展的空间。

1.2　缩微技术应用中的主要问题

虽然缩微技术在文献资源的保存、利用上有很大的特点和优势,但笔者认为它极其重要的一项作用并未得到充分的发挥,那就是作为文献原件替代品并没有很好的推广使用。以贵州省图书馆举例:1992 年缩微工作正式开展以来,经过十多年来的不懈努力,对馆藏古籍善本、报纸(新中国成立前及新中国成立后)、期刊(新中国成立前及新中国成立后)、地方志、民国图书、革命文献等多种文献进行了拍摄抢救,完成了新中国成立前三大文献的缩微拍摄工作。目前馆藏已有缩微品古籍文献 360 余种、缩微品期刊 200 多种、缩微品报纸 20 多种、缩微品民国图书 500 余种,共有缩微胶片拷贝片、拷底片上千余卷,而且缩微品文献在资料库中所占的比例还在不断增大。我馆建立有缩微品文献书目数据库和馆藏缩微品文献阅览室,配备有缩微品阅读器和缩微品阅读还原机。但是,由于读者长期形成的阅读习惯,需要查阅古籍善本、报纸、期刊、地方志、民国图书等资料的读者到我馆仍然更喜欢使用原件,对缩微品文献的关注和使用不重视,导致缩微品文献利用率非常低,使文献制作成缩微品的初衷未得到充分的发挥。

由于缩微品是特殊的文献传播载体,普及面窄,读者必须到图书馆借助阅读器才能获取信息,加之检索不便,使利用缩微品资料的读者寥寥无几。缩微品只有投入利用,才能发挥其作用,才能让更多的人认识它、开发它、利用它,才能提高缩微技术的作用与影响,也才能促进缩微技术的发展。

2　缩微技术在与数字技术的融合中发展

计算机技术日新月异的发展为缩微技术的发展创造了新的活力。缩微技术与数字技术的融合将提高缩微技术的应用水平和生命力。

2.1　数字技术的优势

随着计算机技术的飞速发展,传统图书馆的服务理念和服务方式已不能满足读者全面、系统、快速地获取信息的需要,而新技术的应用发展从根本上改变了文献信息的载体形式及传递和使用信息的方式,人们开始追求一种新的服务模式。

数字技术是利用现代高科技,对保存于不同介质上的各类文献信息进行压缩处理,并转换为数字信息,利用计算机设备进行存储、整理,通过网络技术进行传播和接收的一种新技术。馆藏文献数字化实现了文献的快速传递、检索使用的方便,打破了传统馆藏文献的局限,使图书馆走出了地域的限制。网络把图书馆与图书馆、图书馆与读者连接在了一起,实现了跨区域馆藏文献的远程传递。更多的图书馆借助网络,可以方便地获取各类文献信息,任何网络用户都可以享受图书馆提供的数字信息资源和网络服务,满足了他们对信息增长的需求。因此,数字技术是今后图书馆实现多载体文献数字转换的发展的主流。

计算机技术、互联网技术、光盘存储技术与数字技术的迅速发展,对传统信息技术领域,特别是对缩微技术提出了挑战。面对新技术的挑战,缩微技术应用领域已经开始与数字技术融合,向与数字技术互补共生的方向发展。缩微技术不再坚守自己固有的技术处理模式,已在实验利用后置设备与计算机技术、数字技术结合,以促使自身能够适应新技术的冲击,保持一定的生命力和竞争力。

2.2 缩微技术与数字技术的融合

最初的缩微品影像检索是通过编码定位、色标排序、齿形条码等手工和机械检索方式实现的。随着扫描技术的发展,用胶片扫描器对缩微胶片进行扫描,使胶片的模拟影像数字化,从而转存到光盘或硬盘介质上进行存储和使用。从最本质的意义上讲,胶片扫描器在缩微技术与计算机、数字技术之间架起了一座桥梁,解决了图书馆缩微品文献资料利用的盲区。

缩微技术与数字技术的融合,使公共图书馆文献收藏、传递和利用方式有了很大的改变,文献资料的保存保护和便捷利用成为了现实。目前,将缩微胶片上的模拟信息转换为数字信息的技术和设备已经成熟,这种模拟信息与数字信息的转换,能够便捷地在计算机上进行编辑、检索、传递的方式,对公共图书馆已拍摄保存的缩微品文献的开发利用将形成一个良性的循环,也才能真正体现缩微品文献资料的自身价值。与数字技术的融合,缩微品文献资源可以被最大限度地开发利用。因此,公共图书馆应将开发利用缩微品文献作为一项重要工作,既利用缩微技术应用拍摄的缩微品文献成果,又与计算机技术、数字技术相结合的优势,优化缩微品文献检索利用的条件。

2.3 开展缩微技术与数字技术融合工作的措施

2.3.1 投入资金和设备

任何一项新技术的发展都离不开设备、技术的支持,为使缩微技术能够持续向前发展,图书馆应在有条件的情况下购置胶片扫描机,开展馆藏缩微品资料的数字转换工作,然后借助计算机、网络,为读者提供方便、快捷的检索服务。这样既提高了馆藏缩微品文献的利用率,又可以很好地保存原件。

2.3.2 加强技术培训

目前,公共图书馆大部分从事缩微技术应用的人员对计算机的认识和操作还处于初级阶段,数字技术对他们来说很陌生,他们还不能适应新技术的发展,这在一定程度上阻碍了两种技术的融合。公共图书馆从事缩微技术岗位的人员还应具备对缩微品文献的开发、组织、信息转换、管理等工作的能力。因此,有计划、有步骤地开展培训,逐步提高缩微技术人员的计算机技术、数字技术知识和技能水平是当务之急。

2.3.3 加强馆藏缩微品文献资料的管理

加强日常管理,制作详细、全面的缩微品目录,在图书馆的宣传橱窗中介绍缩微技术的性能、作用及缩微品文献的品种和使用方法,帮助读者解除疑惑,开展缩微品馆际互借,这些都可以提高馆藏缩微品文献的利用率,实现信息资源共享。

一项新技术的产生必定会给传统技术带来一定的冲击,21 世纪是数字信息技术高速发展的时代。因此,缩微技术必须顺应时代的潮流,重新定位在公共图书馆的地位和作用。否则,国家前期花了巨大的精力、人力和财力投入的缩微品设备及缩微品文献胶片就可能被慢慢地遗弃。相信缩微技术与数字技术的结合应用,一定会促进缩微技术的定位发展。

参考文献

[1]杨明辉.谈谈缩微数字化影像技术.信息管理导刊,2001(4)

[2]张云,张洁如.论数字技术与缩微技术的相结合.山东图书馆季刊,2001(2)

[3]张福生.网络时代的缩微技术.现代图书情报技术,1998(3)

[4]郝志娟.论缩微技术与数字技术的结合.机电兵档案,2006(6)

(原载《数字与缩微影像》2007 年第 3 期)

试论现代缩微技术的两个组成部分

东方电机有限公司　周　延

一、引言

人类已经进入 21 世纪,这是一个社会急剧变革,科学技术飞跃发展的新时期,改革和发展已经成为这个新时期的主旋律。在这个新时期中,在不断发展变化的形势面前,许多原来已经基本成熟的理论、技术都已经不能适应形势的发展,迫切需要不断的进步,持续的创新,缩微技术也同样不能例外。作为一门经过百年发展,已经基本成熟的应用技术,缩微技术的工作对象、内容、范围和领域都在发生着越来越明显的变化,对我们提出了新的挑战,也带来了发展和进步的新机遇、新希望。作为一名新时期的缩微工作者,顺应历史发展潮流,及时掌握现代科学技术发展趋势,在自己的本职工作中不断地学习,大胆地改进,积极地创新,是我们义不容辞的职责。因此,近一段时间以来,我结合实际工作中的需要,对于现代缩微技术的发展变化情况,对于模拟缩微技术和数字缩微技术这两个现代缩微技术的主要组成部分进行了一些粗浅研究,并愿意将得到的体会求教于各位缩微界的专家、学者。

二、缩微技术发展的历史回顾

缩微技术起源于 19 世纪前期,是一种涉及多学科、多部门,综合性强而且技术成熟的现代化信息处理技术。

1838 年,英国摄影师丹赛使用摄影的方法,第一次通过显微镜把一张 20 英寸的文件拍成 1/8 寸的缩微影像,成为缩微摄影技术的创始人。

经过几代缩微工作者 100 多年的不懈奋斗,到 20 世纪中期,缩微技术这门"古老技术"已经逐渐发展成熟,成为依据统一的国际标准,采用专门的设备、材料和工艺,把文献影像信息以缩小影像的形式,通过光学摄影方式完整准确地记录在感光材料(主要是胶片)上,经加工制作成缩微品存储、传输和利用的现代化信息技术。利用光学摄影方法在缩微胶片上记录文献的缩小影像,按照线性比率计算,普通缩小比率范围为 1/7—1/48,超高缩小比率范围可达 1/90—1/250。按存储面积计算,普通缩小比率的缩小影像是原件面积的 1/49—1/2304,超高缩小比率的缩小影像是原件面积的 1/8100—1/62500。因此,缩微品的存储密度已经高于软盘的存储密度,但是与光盘的信息存储密度相比还是有明显的差距。

缩微技术在中国的应用始于 20 世纪 70 年代,在 80 年代得到了迅速推广,应用范围几乎覆盖了全国所有的省、市、自治区,应用领域从高等学校、科研机构扩展到大部分省级档案馆、图书馆,并且进一步延伸到部分引进国外先进技术的大型国有企业。同时,我国的缩微设备及其耗材的开发研制和缩微技术应用理论研究也得到了不断发展,基本形成了缩微产业的雏形。

我们东方电机从 80 年代初期开始应用缩微技术,组建了专门的缩微组,配备了必要的工程技术人员,基本配齐了缩微设备,形成了缩微工作规章制度体系,在引进技术消化吸收、对外技术服务和档案管理等方面,缩微技术都发挥了积极的作用。

三、现代缩微技术发展的新趋势

20 世纪后期,随着科学技术的发展,计算机技术、网络技术被越来越多地应用于文献影像缩微工作。从 20 世纪 80 年代起,人们开始大量应用磁盘、光盘来存储文献影像,所不同的是记录信号采用了数字信号,缩微技术从此逐渐发展成为具有模拟缩微和数字缩微两个组成部分的现代技术。

新兴的数字缩微技术,具有读取快捷、方便,而且能够与计算机网络系统连接,实现远程传输、利用等优点,弥补了模拟缩微技术在这个方面的不足,受到利用者的广泛重视。

数字缩微技术的另一个主要优点就是存储容量大。以光盘为例,一张小小的塑料圆盘,其直径不过 12 厘米(5 英寸),重量不过 20 克,而存储容量却高达 600 多兆字节。如果单纯存放文本文件,一张 CD - ROM 相当于 15 万张 16 开的纸张,缩小影像已经达到原件面积的 1/724000。

显然,光盘技术与计算机网络技术相融合,产生了 $1 + 1 > 2$ 的效果。光盘技术的信息存储与计算机网络技术的高速度大容量信息传输两个优势相互叠加,为人类处理信息开辟了一个全新的天地,以至于有专家将由此引起的信息技术发展局面称为"信息技术革命",将我们目前所处的时代称为"信息时代"。

因为具有这些优势,数字缩微技术得到了快速的发展和非常广泛的运用。

以我们东方电机为例,从 90 年代末期开始应用数字缩微技术,不到 10 年时间,基本建成工程技术图样、财务管理、物资管理和办公自动化等多个得到广泛运用,发挥明显作用的数据网络,已经形成了企业信息化的基本格局。档案部门的缩微工作已经从以前的仅有模拟缩微工作,发展到现在的以数字缩微为主要工作内容,以模拟缩微为必要补充的现实局面。

四、数字缩微技术广泛运用所衍生的问题

数字缩微技术问世还不到 30 年,就已经得到了飞速的发展和广泛的运用,成为人们存储、传输、处理甚至产生信息的主要手段。相比之下,模拟缩微技术的命运就没有那么乐观了,实事求是地说,其运用范围还有不断缩小的趋势。原因在哪里呢?

首先,数字缩微技术的硬件、软件都正在以惊人的速度向前发展,成为一门如日中天的崭新技术,它不仅包含了计算机技术、网络技术(包括局域网和互联网)和光盘技术,而且在不断向更加广泛的领域延伸,其触角已经延伸到广播、电视领域以至电话、传真等传统的信息传输领域。而模拟缩微技术由于已经是基本成熟的技术,其发展的空间和速度当然就远远小于数字缩微技术。

第二,数字缩微技术运用方便。我们知道,模拟缩微技术设备昂贵,技术含量高,对使用者和使用条件的要求都很严格,要在中国这样一个人民整体文化素质不高而且并不富裕的发展中国家中推广,一直就有较大的困难。而随着计算机、网络的大规模普及,使数字缩微技术的使用成本持续下降,技术难度不断减小,应用领域迅速增加,为数字缩微技术的推广应用创造了得天独厚的便利条件。

第三,模拟缩微技术对信息的处理速度明显低于数字缩微技术。这包括了信息的产生、存储、处理和传输全过程的速度,成为模拟缩微技术的运用范围明显小于数字缩微技术的主要原因。

第四,随着数字缩微技术的发展,缩微胶片上记录的模拟信息已经可以方便、快捷、准确地转化成为数字信息,而且转化成本仅仅略高于模拟缩微品传统还原技术的使用成本,这就更加有力地冲击了模拟缩微技术的运用领域。

基于这些原因,有人对模拟缩微技术的前景产生了疑虑,甚至有评论认为模拟缩微技术将逐步走向消亡。事实上,不仅在我们东方电机,而且在许多缩微技术应用单位的实际工作中,都已经不同程度地出现了数字缩微的工作量明显超过模拟缩微工作量的现实情况。

五、对模拟缩微技术应用前景的分析

我认为,尽管现代缩微技术在不断地发展进步,仍然可以肯定地断言,随着现代科学技术的飞速发展,模拟缩微技术作为现代缩微技术的重要组成部分,仍然具有强大的生命力和广阔的发展空间。我们知道,模拟缩微技术具有记录寿命长、信息可靠,技术成熟、标准统一、法律凭证性强等许多优点。而且其中有不少优点是数字缩微技术目前所不具有的。

第一,保存期限长。历史事实已经证明,缩微胶片可保存数百年。而采用了现代材料技术的涤纶片基缩微胶片,预期寿命更可以长达 500 年以上。由于缩微胶片上的信息记录材料具有相当稳定的物理性能和化学性能,其保存信息的可靠性和长期性都远远高于磁盘、光盘等数字信息存储介质,这个结论至今尚未受到实质性的挑战。

第二,信息可靠。缩微胶片即使在使用中损伤,如发生划痕、断裂等现象,也只是损失有限的画幅,大部分信息不受影响,这是磁盘、光盘等数字信息存储介质所无法替代的。

第三,标准健全而且统一。经过长期的发展,模拟缩微技术已经形成完整的国际国内标准。只要严格按照标准操作,不仅能够保证缩微品的制作质量,也给缩微技术的长期广泛应用带来方便。而数字缩微技术直到目前还没有国际公认或者国内统一的技术标准。

第四,法律凭证性强。许多国家都有法律规定,按标准拍摄的缩微胶片具有法律凭证作用。1990 年 11 月,我国国家档案局发布的《中华人民共和国档案法实施办法》第 21 条规定:"各级种类档案馆提供利用的档案,应当逐步实现以缩微品代替原件,具有与档案原件同等的效力。"当然,这里的"缩微品"目前仍然是特指采用模拟缩微技术制作的缩微胶片及其复制件。

第五,两种技术出现了相互融合的趋势。随着科学技术的发展,我们高兴地看到,随着缩微胶片扫描仪和缩微胶片打印仪的问世,缩微胶片上记载的模拟信息与数字光盘上记载的数字信息相互转化已经成为现实,并且得到积极的运用。这就意味着模拟缩微技术和数字缩微技术出现了相互融合的发展趋势。可以预料,这样的趋势还将继续得到发展,从而促进现代缩微技术的不断进步。

事实上,模拟缩微技术和数字缩微技术的相互融合已经有了成功的范例。与我公司同属东方电气集团的兄弟企业东方锅炉(集团)股份有限公司,在 10 多年成功运用模拟缩微技术的基础上,对原有的工作模式进行了大胆创新,引入了成套的数字扫描、胶片打印设备,将纸质文献进行扫描并制成光盘,以数字缩微方式进行数据存储并提供利用,再将光盘打印成为模拟缩微胶片,实行载体转化,以达到文献数据长期海量存储的目的。这样就实现了缩微胶片、磁介质、纸质档案的无障碍转化,亦即模拟缩微载体与数字缩微载体的无障碍转化,既满足了档案的存储、管理和利用需要,也为现代缩微技术的发展找到了一个新的突破口。

正是由于这些原因,我们完全可以乐观地断定,在今后一个相当长的时间内,作为现代缩微技术的两个重要组成部分,无论是模拟缩微技术,还是数字缩微技术,都必将以科学技术的不断发展为基础,继续保持互相联系,互相配合,互相弥补,互相促进的双赢局面。

六、结语

人类社会总是在不断发展的,科学技术更是在不断加快进步的步伐,这已经成为不以人们的意志为转移的历史潮流。在这个飞跃发展的历史潮流面前,我们既不应该墨守成规,在发展的形势面前手足无措;也不应该消极地尾随科学进步的潮流,被飞转的历史车轮被动的拖曳,疲于奔命。作为一名缩微工作者,和所有的科技人员一样,我们应该采取的正确态度,就是及时地认识形势,客观地面对现实,科学地分析问题,正确地采取对策,才能够顺应历史潮流的发展趋势,促进模拟缩微技术和数字缩微技术的协调进步,推动现代缩微技术的不断发展和推广应用,在科学技术和人类社会的不断进步中发挥自己应有的积极作用,做出自己应有的贡献。

（原载《数字与缩微影像》2008 年第 2 期）

走出困境

——缩微信息与数字信息的相互转换

中国人民大学　张美芳

缩微技术是上个世纪 80 年代信息记录技术形式之一,在国内外得到普遍推广和应用。许多单位相继购买设备,培训人员,学习缩微专门技术。这期间,图书、档案、个人手稿、图纸、病历、报纸、发票、收据等相继被转化为缩微信息,由此而带动了缩微品材料、设备、技术研发、标准建设等方面的快速发展。但是计算机技术的普及使缩微技术逐渐从普遍使用到极少使用,目前,已进入低谷期。

缩微影像的数字化(CIM)与数字信息缩微化输出(COM),这两个概念是在计算机技术与缩微技术结合后产生的两门单独技术。

CIM 是将模拟信息转化为数字信息,是通过缩微胶片扫描仪、计算机以及管理软件构成的系统,把缩微胶片上的影像进行数字处理,再转换成为数字影像,存储在光盘或服务器中,可做到缩微影像数字信息的网络传递、检索利用、异地输出打印。

COM 是利用缩微摄影技术将数字信息转存到缩微胶片上的过程,其实质,就是将缩微影像可以长期存储的优点与数字信息方便利用的优点结合在一起,寻找一条既能长期保存又能方便利用的信息记录和存储途径。

COM 是 CIM 的逆过程,其强调的功能不同:CIM 主要是为了信息利用而提出的实践思路;而 COM 则是为了应对数字信息的安全隐患而设计的实践方案,将数字信息转化为模拟信息,便于长期存储。

1　相互转换中的突出问题

经过国内外较长时间的缩微技术的应用与发展,如今已经建立了大量的缩微文献资源库。

在我国,为了抢救公共图书馆的大批珍贵古旧文献,1985 年,国家文化部成立了全国公共图书馆文献缩微复制中心,各地图书馆也开始缩微复制技术工作,拍摄了大量各类建国前和建国后的报纸、古籍善本、地方志、族谱和期刊文献,建立了丰富的缩微信息资源库。国内许多档案馆、医院、银行、高校等也都在不同程度上积累了大量的缩微文献资源。

在英国,UMI(University Microfilms)于1938年创立,现拥有世界上最大的商业缩微全集,其55亿页的图像收录了500年的信息,分别来自于成千上万种文艺、新闻和学术作品等。当战争的阴云随时威胁着大英博物馆的知识宝库时,许多信息因具有缩微形式得以保存下来,它们是当年UMI的首个产品。早期的英文书籍、印刷本目录、博士论文、学术研究全集、指南、报纸、期刊、索引和绝版书被收集、编索引、做胶片和再版。UMI的Research Collections收录了《早期英语书在线》(EEBO),并提供了成千上万份家谱及地方志、大量的历史图形图像和文学与人文学科专辑;UMI以紧凑持久的缩微形式提供独一无二的一次文献,拥有700多个原始文献专辑,它们都源于全世界的图书馆和私人藏书,以缩微胶片形式获得。在绝大多数情况下,这些珍贵的研究材料在别处是难以获得的。UMI的缩微格式连续出版物提供世界范围内最大、最全面的期刊、报纸、杂志及其他系列文献的缩微形式的资料,包括来自世界各地的21 000多种期刊及7000多种报纸,从这些缩微胶片上,研究人员能阅读到报纸上所有的文章、广告等信息。

然而,计算机技术的广泛应用和快速发展使缩微技术步入了严重的困境,主要表现为停止发展和萎缩。有些单位将设备闲置、变卖,曾经在缩微技术领域独当一面的专门人才转岗或下岗,生产缩微设备和原材料的厂家转换产品,开展缩微技术业务的单位越来越少。

对于国内外这样大量的缩微文献资料,如何不断地补充更新知识库(包括缩微信息库和数字信息库);如何让更多的人利用它。探索新途径,扩大缩微技术的应用领域,也许是使缩微技术走出困境的尝试。

缩微胶片库的建设不能因为数字信息的普及和广泛应用而停止。对于一些旧报纸、杂志和发脆的纸质文献等,可以借助缩微技术的开展,将信息转换到缩微胶片上,以防止纸张继续恶化,导致信息无法利用。从缩微信息库转化到数字信息库是非常容易且经济实用的一项工作,从国内外开展的工作来看,要比纸张直接数字化效果更好。由于年代久远,多数处于急待抢救的文献,其纸张存在不同程度的老化。近代出版物,如旧报纸、旧期刊中有许多因纸张严重变质已无法继续流通。假如再对这些文献直接进行数字化处理,许多脆化的文献就会由此而损毁。实验表明,用缩微胶片扫描系统将缩微影像转换为数字影像,要比其纸质原件经平板扫描仪扫描后转换为数字信息快6倍。可见,将缩微胶片文献数字化不仅避免了对原件的损坏,还节省了人力与时间。美国康奈尔大学上个世纪90年代开展的"数字信息转换到缩微胶片"项目(Digital to Microfilm Conversion

Project）同样证实了数字信息输出到缩微胶片上的费用比将纸张文献拍摄到缩微胶片上的费用低、速度快。

　　另外，数字信息输出到纸张上虽然可以解决长期存储的问题，但仍然占据大量的空间，输出到其他载体上又存在一定的风险，而输出到缩微胶片上既可以解决空间的问题，又可以解决长期存储的问题。因此，国内许多档案馆、图书馆引进缩微胶片数字化设备（电子影像系统，Ugbrid Imaging System），它包括缩微胶片扫描仪和电子影像处理软件；有些档案馆还购买了数字信息输出到胶片上的机器，目的是解决数字信息长期存储的问题。

　　如何利用现有的数字资源库，如何挖掘原有的缩微信息库，如何使信息长期存储、方便利用是本文讨论的主题，也是现在缩微技术和计算机技术有机、高效结合必须面对的问题。

2　相互转换中的相关技术

　　缩微技术和纸张数字化的顺序应怎样为好呢？如果已经拥有大量缩微信息资源库，不妨先考虑由缩微胶卷实现数字化；如果拥有大量的纸张数字化信息，不妨利用 COM 方法（由计算机向缩微胶卷输出）将文献内容保存到缩微胶卷上。这种做法可以加强缩微资源库和数字资源库的建设，同时最大程度地方便存储与利用。另一种做法是利用缩微与数字化合成拍摄机同步进行缩微和数字化处理。对于报纸，一般首选缩微处理，这是最常用的方法。

　　缩微胶卷的保存期限可达 500 年以上，它可以安全地保护文字档案，对于已经发脆的纸张也可以进行缩微拍摄处理，而且缩微胶卷的使用比以纸为介质的档案更为便利。如果在缩微化的过程中，考虑数字化可以提供方便的存取手段的因素，以缩微胶卷作为数字化的中间介质将会更方便和经济。具体而言可：

　　（1）采用缩微技术解决珍贵档案、大型图纸等的存储、保存期限、法律效力、标准化等方面的问题；采用光盘存储及数据交换技术，解决其阅读、利用等诸多方面的问题。

　　（2）同时采用缩微和扫描技术。对需要永久或长期保存而且利用率高的档案，采取两者结合的方式，既制成缩微品又生成数字影像文件，达到有效保存和方便检索的目的。

　　（3）只采用扫描技术。对于利用率高、要求检索速度快且利用群体广的档案，采用扫描技术将其数字化，生成数字影像文件存储在大容量的硬盘或光盘上。这类档案由于时效性强无需长期保存，故不必采用缩微技术。

　　如台湾"国史馆"是台湾撰修历史的最高机构，所有文献都采用数字和缩微两种方式存储、检索,在经历了欲用数字化替代缩微的波动之后,仍然认为缩微保存比数字化存储寿命更长、更安全。

2.1　缩微影像数字化

将缩微影像转换为数字图像文献的技术早已成熟,自 1999 年以来,OCLC 的保存资源公司就已经扫描了多种格式的缩微胶片。实践证实,今天的技术已经可将所有标准胶片上的模拟信息转换为高质量的双色或灰色的数字影像。

扫描缩微胶片要比直接数字化其原件获取的信息更完整。文献缩摄前必须进行一系列的补配、加工与整理工作。例如,建国前的旧报纸保存至今绝大部分已残缺不全,许多古籍善本也破损严重。缩微拍摄前,许多图书馆到全国各地图书馆或其他文献收藏单位对这类文献已经进行过补缺,以及做了逐页检查、整理、修补和著录等一系列前期工作。尽管能补齐的是极少数,但绝大多数文献经过补缺后,明显地提高了自身史料价值。在缩微拍摄前,一般要将文献的顺序整理一遍,有些古籍善本,在缩摄前还请了研究古籍的专家负责古籍善本著录标板的校编等。由此可见,优先将缩微胶片文献转换为数字文献,文献的完整性得到了保证。

根据缩微胶片画幅的尺寸选择相应的倍率进行扫描。根据缩微胶片扫描设备的型号和图像质量,选择自动扫描和手动扫描。当使用的缩微胶片扫描设备具有自动扫描功能的,在一盘(张)缩微胶片里影像的密度、解像力、幅面尺寸基本一致时,可选择自动扫描方式。当使用的缩微胶片扫描设备不具有自动扫描功能的,或在一盘(张)缩微胶片里影像的密度、解像力、幅面尺寸不一致时,在扫描过程中需要对对比度、曝光亮度、画幅大小进行调整,应选择手动扫描方式。

字迹清晰的影像采用黑白二值模式进行扫描;字迹清晰度差或带有插图的影像,可采用灰度模式扫描。在选择扫描线数时,应根据具体情况做具体分析。对于字迹比较清晰而且缩微原件图像大小为 A4 或 A3 的,分辨率采用 200dpi。对于字迹太小、不清晰或缩微图像尺寸大于 A3 的,扫描线数要适当增加,具体的增加程度以在原件尺寸下,在计算机上可以清晰地看出图像的内容为准。一般情况下扫描分辨率应不低于 200dpi。特殊情况下,如文字偏小、密集、清晰度较差等,可适当提高。需要进行 OCR 汉字识别的图像,如对于报纸等效果较差,原始幅面较大的材料,扫描分辨率应不低于 300 dpi。

采用黑白二值模式扫描的图像文件,一般采用 TIFF(G4)格式存储;采用灰度模式扫描的文件,一般采用 JPEG 格式存储;提供网上检索利用的图像文件,也可存储为 CEB、PDF 或其他格式。存储压缩率的选择应以图像清晰、可读、完整为前提。

必须强调缩微胶卷的拍摄质量对于获取数字化的图像质量非常重要。对于数字化后的报纸进行全文检索有赖于高质量的 OCR 处理,而它必须依靠高精度的图像。换言之，输出取决于输入，因此，缩微信息质量必须依据缩微处理的技术标准。当原件的文字较灰或纸质发脆、纸色泛黄时，高对比度的缩微胶卷可以获得较好的扫描效果，文字可以与底版明显地区分开来，可以把原件上较小的斑点、污点或皱折去除，这样便于 OCR 软件对数字图像进行识别。缩微比例为 16 倍时，可以较好地满足质量指标要求，当缩微比例超过 20 倍时，可能就无法满足质量指标的要求。拍摄机品牌、分辨率以及缩微胶卷（第一代母片还是第二代拷贝片）也是影响 OCR 识别的因素。必须注意，在上个世纪 50年代和 60 年代拍摄的老缩微胶卷可能无法进行 OCR 识别，而 80 年代以后根据国际标准拍摄的缩微胶卷 OCR 识别的效果较好。

2.2　数字信息缩微输出

康奈尔大学示范项目（Digital to Microfilm Conversion Project）选用 600dpi 和 1bit 扫描发脆的图书，获得数字化影像输出到缩微胶片上，胶片质量基本满足或超过 ANSI／AIIM 缩微质量标准和长期保存要求，数字信息缩微化的过程中解像力没有损失。该项目的技术咨询委员会建议：应该制定纸质文献数字化的质量标准。该项目的实施进一步说明数字信息缩微输出是数字信息长期存储的一条途径，现在的技术能够实现这一转换，并能充分保证胶片的质量。

3　转换过程中涉及标准问题

缩微信息与数字信息转换过程中涉及的国际标准和国家标准相对较少。具有实际指导作用和意义的标准有：

我国颁布的国家标准，《GB／T 19474.1—2004 缩微摄影技术 字母数字计算机输出缩微品质量控制 第 1 部分：测试幻灯片和测试数据的特征》和《GB／T 19474.2—2004 缩微摄影技术 字母数字计算机输出缩微品质量控制 第 2 部分：方法》，这两个标准等同采用 ISO 8514—1：2000 和 ISO 8514—2：2000。两个标准规定了数字信息输出后胶片缩率、曝光量、解像力、密度的要求，见表 1。

表 1　COM 记录仪允许的密度极限

胶片类型	处理	密度测量方法	最小背景密度值	透明区域最大密度值	最小密度差
银—明胶型	常规冲洗	复制或视觉漫射	0.75	0.15 或 0.10 加片基[a]	0.60
银—明胶型	全反转或直接正片	复制或视觉漫射	1.50（优选 1.80）	0.20 加片基[a]	1.30

胶片类型	处理	密度测量方法	最小背景密度值	透明区域最大密度值	最小密度差
干银	热法处理	复制 ISO 类 1 型	1.00	0.40 加片基[a]	0.60 （优选 0.80）
a 无涂层片基的密度					

信息转换过程中涉及的国际标准和美国标准有：

（1）ISO/DIS 11506 Document management applications—Archiving of electronic data—Computer output microform（COM）/ Computer output laser disc（COLD）

（ISO/DIS 11506 文件管理应用—档案电子数据—数字信息缩微化输出（COM）/数字信息输出到光盘（COLD））

（2）ISO 11928—1:2000 Micrographics—Quality control of graphic COM recorders—Part 1：Characteristics of the test frames

（ISO 11928—1:2000 缩微摄影技术—图形 COM 阅读器的质量控制—第 1 部分 测试板的特性）

（3）ISO 11928—2:2000 Micrographics—Quality control of graphic COM recorders—Part 2：Quality criteria and control

（ISO 11928—1:2000 缩微摄影技术—图形 COM 阅读器的质量控制—第 2 部分 质量标准与控制）

（4）ISO 14648—1:2001 Micrographics—Quality control of COM recorders that generate images using a single internal display system—Part 1：Characteristics of the software test target

（ISO 14648—1:2001 缩微摄影技术—利用单独内部显示系统生成影像的 COM 阅读器的质量控制—第 1 部分 软件测试标板的特性）

（5）ISO 14648—2:2001 Micrographics—Quality control of COM recorders that generate images using a single internal display system—Part 2：Method of use

（ISO 14648—2:2001 缩微摄影技术—利用单独内部显示系统生成影像的 COM 阅读器的质量控制—第 2 部分 使用方法）

（6）ISO 8514—1：2000 Micrographics—Alphanumeric computer output microforms Quality control—Part 1：Characteristics of the test slide and test data

（ISO 8514—1:2000 缩微摄影技术—字母数字计算机输出缩微品质量控制—第 1 部分:测试幻灯片和测试数据的特征）

（7）ISO 8514—2:2000 Micrographics—Alphanumeric computer output microforms Quality control—Part 2:Method

（ISO 8514—2:2000 缩微摄影技术—字母数字计算机输出缩微品质量控制—第 2 部分:方法）

（8）ANSI/AIIM MS1—1996,Recommended Practice for Alphanumeric Computer Output Microforms—Operational Practices for Inspection and Quality Control

（美国国家标准—1996 字母数字计算机输出缩微品推荐规范—质量检查与控制操作规范）

（9）ANSI/AIIM MS43—1998,Recommended Practice for Operational Procedures—Inspection and Quality Control of Duplicate Microforms of Documents and From COM

（美国国家标准—1998 操作过程推荐规范—文件缩微复制和计算机输出检查与质量控制）

（10）ANSI/AIIM MS62—1999,Recommended Practice for COM recording systems having an internal electronic forms generating system—Operational practices for inspection and quality control

（美国国家标准—1999 内部以电子形式生成的数字信息缩微化输出系统推荐规范—检查与质量控制操作规范）

（11）ANSI/AIIM MS40—1987(R1999),Microfilm Computer Assisted Retrieval（CAR）Interface Commands

（美国国家标准—1987 缩微计算机辅助检索系统（CAR）代码）

以上国际标准和美国国家标准对计算机信息输出缩微胶片有一定的规范,对我们的实际工作有一定的指导,国际上已经对此进行过大量研究,我们应该及时地借鉴和应用,及时转化为国家标准。如果对此项研究从头开展,一方面浪费时间、人力、物力和财力,另一方面意义不大。而对于缩微胶片数字化这一工作,国内外正在普遍开展,这一工作规范性和指导性的国际标准或国家标准仍没有出台,因此有必要集中力量,开展此方面的研究,及时地指导实际工作。

参考文献

[1]巫晓萍.利用缩微胶片扫描技术实现缩微品的数字化.数字与缩微影像,2006(4)

[2]尤承彤,李澄.浅谈缩微胶片数字化.机电兵船档案,2007(1)

[3] Anne R. Kenney. Digital to Microfilm Conversion: A Demonstration Project 1994 – 1996 Final Report to the National Endowment for the Humanities. http://www. library. cornell. edu/preservation/ publications. html

（原载《数字与缩微影像》2009 年第 3 期）

发挥缩微胶片在档案信息异质备份中的优势

中国人民解放军第二炮兵档案馆　许　珂

近年来,由于在计算机环境下直接生成的电子文件和纸质档案数字化后产生的数字档案信息大量形成,数字信息的长期保存和异质备份问题成为档案界关注的焦点。档案信息异质备份一般指利用多种技术手段,将档案信息转存到纸张、胶片及磁、光存储介质等载体上进行备份,以实现档案信息长期安全保存和快速有效利用。

1　异质备份存储介质的选择

随着现代科学技术的应用,档案信息的形成方式不断发生变化,存储方式多种多样,存储介质的种类越来越多。但无论选择哪种方式存储,使用哪种存储介质进行异质备份,保证档案信息的真实性、完整性和长期可读性是首要考虑的问题。因此,选择备份介质时要着重注意几个基本问题。

(1)信息的不可更改性

档案是历史的记录,它可以成为查考、研究、争辩和处理问题的依据,认定法律权利、义务与责任的证据,以及政治斗争、外交斗争和教育人民的工具。因此,档案信息的真实性、完整性就显得尤为重要。为防止非法变更信息,异质备份时,信息转换应一次完成,信息一旦记录到存储介质上,就应永久固定,不可追加,不易更改。

(2)存储介质的寿命和稳定性

档案信息是依托各种存储介质保存的,存储介质的寿命决定了所载信息的寿命。物理寿命长的存储介质适于档案信息的长期保存。因此,宜选择耐久性好、保存寿命长,不易受存储环境等外来因素影响,档案信息的保全、保真、防信息丢失能力强的存储介质。

(3)载体的易读取和易还原性

档案信息不仅对当前有重要的现实作用,而且在长远的岁月里将不断被利用。有的信息越是保存得年代久远,其价值和作用就愈大。因此,存储介质的选择必须满足档案信息还原方便和长期可读。技术上应选择通用性强、易管理、易兼容的格式和软硬件平台,减少数据迁移的频率,以应对技术发展的需要。

(4)档案的凭证作用

档案是历史的真凭实据,这种可资为凭的特性,构成了档案的凭证价值。档案的凭证作用是档案不同于和优于其他各种资料的最基本的特点。因此,保存的档案信息能否具有法律效力,有没有作为证据的资格,档案凭证作用的体现就显得十分重要。

2 几种存储介质的性能比较

档案信息都是以一定的物质形态作为介质存储和传播的,如以纸张作为存储介质的纸质档案,以磁盘、光盘等存储介质形成的电子和数字档案,以胶片为介质的缩微胶片档案等。三种介质的性能比较见表1。

表1 三种存储介质比较

介质	主要用途	稳定性	寿命	存储空间	法律凭证作用
纸质档案	保管利用	保持信息原貌,真实可靠	100年以上	存储量小,占用空间大	明确
胶片档案	抢救保护重要档案,纸质档案备份	信息存储安全可靠,不易更改	500年以上	体积小,可以减少90%的存储空间	等同于原件
电子文件(数字档案)	快速利用	信息易改动、易丢失	10—30年	超大容量存储	尚未明确

2.1 几种介质的特点

用纸张记录档案信息,是人类文明与历史进步的明显标志。自有纸张以来,这种传统的档案介质一直作为主要的信息载体被人们所使用。其主要特点:具有原始记录性;具有原始凭证性;介质具有耐久性;具有直观可读性。

缩微胶片档案,是为了抢救、保护纸质档案原件,通过使用专门的缩微摄影机,将档案的影像缩小拍摄到缩微胶片上形成的档案。其主要特点:反映原貌、记录准确;节省储存空间;保存时间长;拷贝、还原简便。

电子档案是指利用计算机技术形成的,以代码形式存储于特定介质上的档案,它是电子计算机在档案管理工作中应用的产物,也是档案现代化的显著标志。其特点主要表现在:信息的非直读性;信息存储的高密度性;利用信息的准确性和共享性;信息的集成性及信息的可操作性。

2.2　存储性能比较

（1）从信息的不可更改性看

介质上所载信息的不可更改性,反映了档案信息的原始性和真实性。

纸质档案一个固有的特征是信息与载体的依附性,由此形成了纸质档案特有的属性——原始记录性,不仅表现在档案信息内容的原始真实性上,也表现在档案存储介质的原始依附性上。纸质档案的文字有个人字迹特征,有书写墨迹和纸张存放的新旧之别,不易更改和伪造,任何信息的变动都会留下痕迹。

缩微胶片档案是通过模拟技术获取的忠实于原件的影像档案。缩微摄影时,可将原件的形状、内容、格式、字体以及图形等原貌忠实地记录在胶片上,形成与原件相同的缩小影像。与磁性记录技术及激光记录技术相比,缩微摄影不经过信号转换,反映信息真实,模拟影像的一次采集固定不变和硬性存储与传输使之具有与纸质档案材料几乎完全一样的特性。

电子文件从生成、传输到存储都是通过计算机实现的。电子文件与介质的可分离性,使得电子文件信息内容的增删或更改极其方便且不留痕迹。这样,就导致判断处理后的文件是否与原件一样非常困难。由于电子文件物理结构与逻辑结构的复杂性及对元数据和背景信息的依赖性,无论是计算机本身形成的文件,还是通过对纸质档案扫描形成的数字档案,都很难在保存中保证原貌。

（2）从存储介质的寿命和稳定性看

纸张的寿命取决于生产纸张的纤维素的性质。尽管纤维素在一定的条件,如高温、高湿、酸、氧化剂等影响下,可发生水解和氧化反应,但只要注重排除易发生化学反应所需的条件,纸质档案的寿命一般都可以达到上百年甚至更长时间。

缩微胶片通常是银盐胶片,片基多为聚酯胶片,其存储性能非常稳定,在规定的保管条件下,质量不会发生变化。缩微胶片本身的理化特性使其成为目前保存时间最长的一种载体。据美国影像持久研究所于 1988—1990 年和 1991—1994 年先后两次对胶片实施的人工老化实验,聚酯片的寿命可达 500 年以上,美国柯达公司 1997 年的技术报告公布的测试数据,甚至认为胶片的保存期可达 1000 年。另外,缩微胶片存储的信息不容易被改写,可以防护来自人为错误、设备损坏和病毒的影响,降低自然灾害等因素造成的信息损坏。

电子文件所包含的数字信息是依托磁介质或光存取介质保存的。尽管目前大多数电子和数字存储介质的物理寿命可达 10 至 30 年,事实上,在现实的电子文件实际保管过程中,受储存条件和环境等各种情况的影响,电子文件存储介质的物理寿命相对来说是比较短暂的。另外,其存储介质对外界环境敏感,存储环境和外力等因素都易导致存储信息的不稳定甚至丢失。

(3)从对档案信息的还原性和长期可读性看

由于信息与介质之间具有的依附性,纸质档案只要保管得当,在提供利用时,不需要借助任何其他设备,便可实现调档、查阅,使用直观、方便。

缩微胶片的还原是通过光学原理来实现的,信息的读取不需要复杂的设备,一台阅读器就行,特殊情况下使用放大镜都能阅读。胶片技术已应用多年,其技术成熟和稳定,不会因为设备的更新换代而影响用光的物理特性来获取缩微胶片记载的信息,减少了胶片档案在信息长期保存期间紧随技术更新而进行信息迁移的频率,降低了信息丢失的风险与管理费用。

电子档案的利用相对复杂。由于电子档案具有非直读性的特点,必须依赖相应的软硬件平台才能实现对其所包含数字信息内容的记录和检索。因此,保存电子档案的同时更要重视对磁记录读出设备及相应软件的保存,否则,保存的只能是信息载体而不是信息。另外,数字信息读取技术和设备的更新换代,增加了数据迁移的频率,数据丢失甚至无法被读取的风险也随之增加。如40年前美国阿波罗登月的一些电子信息;十几年前北京亚运会的一些电子信息,今天都已经无法读出了,成为无价值的档案。

(4)从档案信息的凭证作用看

纸质档案是从当时直接使用的文件转化而来的,有的是当事人的亲笔手稿;有的留有负责人和有关人员的亲笔签署或指示;大多数文件上盖有机关或个人的印信,这些原始标记和原始数据成为档案原始性、真实性的印记,客观地记录了以往的历史情况,是令人信服的历史证据,因此在法律上往往具有不容争辩的凭据价值。

缩微品是与档案原件相同的缩小影像。1990年11月19日发布的《中华人民共和国档案法实施办法》(1994年6月7日修订后重新发布)确立了缩微品的法律地位,缩微品同档案原件一样具有同等的法律效力和凭证作用。

电子文件虽然在提供利用上给人们带来极大的便利,但由于其本身具有的一些与生俱来的特性,如信息的易改动性、易丢失性和安全性欠佳等问题,还没有完全克服档案信息在保真、保密、保存、保读取方面的巨大难题,目前它只能是一种电子信息载体,尚不具有档案的法律凭证作用。

3　缩微胶片在档案信息异质备份中的优势

（1）综合了其他存储介质的优点

虽然人们利用纸介质存储档案信息已有久远的历史,随着时代的发展和节能的需要,纸介质由于存储量小,占用空间大,不低碳节能等缺点,已不具备最佳存储介质的优势。而磁介质虽然是目前最好的"海量信息"存储载体,但其在保真、保存、保读取及法律地位上还有待于进一步完善和解决问题,目前,作为档案信息长期安全保存的条件尚不完全具备。正如美国学者彼得卫·阿代尔斯坦所说:"虽然磁性介质和光盘有数据密集和利用快捷的优点,但这些优点并不能抵消人们对这些介质和硬件永久性的担忧。"

缩微胶片作为档案信息长期保存的介质,综合了纸介质和磁介质的优点,体现了其优越性。如:缩微胶片相对于纸质档案,制作成本低,体积小、容量大,可以极大地节省馆藏空间;其存储信息安全可靠,不可更改,保证了档案信息的真实性;具有寿命长、性能稳定的特点,适合档案信息的长期安全保存;可以完全独立于应用环境,不易受病毒、人为误操作等外来因素影响而改变载体信息;异地备份,容灾备份作用明显;影像还原对设备的依赖性小,受环境系统的破坏性小,不会因设备的更新换代和技术改进而不能利用;有明确的法律效力等许多优点,缩微胶片理应成为档案信息异质备份的首选介质。

（2）经过了实践和时间的检验

从1932年美国国会图书馆将珍贵文献摄制成缩微品并提供缩微品为读者服务,到我国将该技术应用于档案信息保存和保护珍贵文献原件,缩微胶片作为档案信息长久保存的介质,经过了实践和时间的检验。我们许多档案馆自己拍摄保存的缩微胶片已经超过或接近20年,在规定的保管条件下保存的缩微胶片,质量没有发生变化。同时,缩微胶片经过近些年与多种存储介质的对比与检验,人们确认使用缩微胶片保存档案信息是最安全的办法。

（3）技术成熟和标准化程度高

缩微技术在长期的发展过程中,从对原件整理、缩微摄影到胶片冲洗、拷贝、质量检测和保存要求等等,都有具体的操作规范和明确的技术标准。1992年《缩微摄影技术标准汇编》收录了22项国家标准和5项行业标准,2007年文献影像技术标准化技术委员会编制的《文献影像技术国家标准汇编》中,汇集了截至2007年6月发布的现行国家标准和指导性技术文件共计63项,我国的国家标准和档案系统的行业标准都十分完善,具有很强的通用性。由于缩微技术非常成熟,实用性强,被国内外公认是对档案进行再生性保护的可靠技术,缩微胶片是永久保存档案的优选介质。

（4）电子信息存储的不确定性延伸了缩微胶片的应用范围

国家档案局杨冬权局长在电子文件管理国家战略国际学术研讨会上指出"电子文件是一种易被改动、易被窃取、易于传播、易于消失的信息"，"必须解决好它的保真、保密、保存、保读取等巨大难题"。"因为也许若干年后，人们会发现我们今天的电子文件，或者信息被改动过，或者信息从载体上无端地消失了，或者电子文件虽然存在，但读取它的设备和软件却没有了，信息读取不出来"。并且强调："对重要的电子文件要进行异质备份，及时转换成胶卷、纸张等其他载体。"从杨局长对电子文件异质备份的要求中可以解读，缩微胶片不仅对纸质档案发挥保护保存作用，今后还应担负起对电子文件的有效保存备份，其存储备份的应用更广，作用更加显现，重要性更加突出。

档案是人类文明的载体，是一个民族珍贵的文化遗产，是传承文化的重要工具。因此，在选择档案信息长期存储备份的介质时，应慎之又慎，用长远的历史眼光和强烈的职业责任感把这项工作做好。

参考文献

［1］杨东权.在电子文件管理国家战略国际学术研讨会上的讲话.中国档案报,2009－06－25(01)

［2］刘家真.档案数据存储介质选择原则.档案学通讯,2004(3)

［3］曹晓晓等.档案信息异质备份策略的实施.档案学研究,2009(4)

［4］苏晓轩.纸质档案与电子档案并存时期档案管理若干问题思考.辽宁大学学报,2000(6)

［5］冯惠玲,张辑哲.档案学概论.北京:中国人民大学出版社,2006

［6］郝晨辉,曹燕,程春雨.数字化信息真实性、完整性、有效性保障及长期安全保存.数字与缩微影像,2003(2)

［7］刘祥麟.数字档案存储介质的发展.湖北档案,2007(10)

（原载《数字与缩微影像》2010 年第 4 期）

缩微文献数字化建设探索

——以天津图书馆"缩微文献影像数据库"项目为例

天津图书馆　赵　晟

1　引言

为使目前已有的缩微文献能够得到更好的开发利用,对缩微胶片进行数字化加工已成为我国图书馆界的共识。笔者以天津图书馆"缩微文献影像数据库"(以下简称"缩微数据库")项目为例,探索公共图书馆缩微文献数字化建设问题。

2　缩微文献数字化建设概况

从 2009 年 5 月起,天津图书馆开始实施馆藏缩微数据库建设项目,将馆藏民国时期文献、古籍文献的缩微胶片转换为数字化图片,并进行了相应的影像处理、书目著录、目次著录、网络发布等,初步建立了缩微数据库——"民国时期期刊"子库。

2.1　缩微文献数字化的目标与功能

天津图书馆实施缩微文献数字化项目的规划目标是对馆藏的历史文献缩微胶片进行数字化转换和加工,形成馆藏缩微数据库,其中包括民国时期的期刊、报纸、图书和古籍文献子库,实现缩微文献的网络发布,并能具备四大功能:(1)在线全文浏览功能。读者通过网络能了解到缩微文献的封面、封底等所有内容,并能全文浏览。(2)书目查询功能。该库具有多个字段的查询和浏览功能。(3)目次检索功能。文献的所有目次信息均能提供全文检索和定位到内容浏览。(4)版权保护功能。该库既能对馆藏珍贵文献进行保护,又便于读者利用,实现多种保护手段单独或组合使用。

2.2　缩微文献数字化的实施步骤

第一步是设计整个系统的规划流程。包括对缩微胶片的数字化影像、影像加工、书目著录、目次著录、管理发布等流程。

第二步是构建运行软件的系统环境和数据库存储格式。根据目前计算机操作系统的实际使用情况,天津图书馆先期开发采用了微软 Windows 服务器端和客户端平台,后台数据库采用微软的 SQL Server 数据库软件,保证了系统的兼容性和易用性。

第三步是制定不同的加工和处理标准。针对不同文献,制定了不同的加工和处理标准。如针对民国时期的期刊、报纸、图书以及古籍文献等,根据本馆情况,参照相应的国家标准和行业标准,制定了不同的加工和处理标准。上述四种类型的文献的书目著录标准、目次著录标准、网络发布标准都有所不同,需要根据不同情况分别制定加工和处理标准。

第四步是进行测试化加工,随时发现问题并改正。调查馆藏文献的使用情况,确定以使用量和使用频率最高的民国时期期刊作为测试加工对象。

第五步是开发测试,不断完善相关标准。根据项目开发的全过程,制定缩微胶片的数字化影像标准、影像加工标准、书目著录标准、目次著录标准、统一发布标准等,并在项目测试工作中不断改进。第六步是项目的应用。在将近一年时间充分测试的基础上,正式进行天津图书馆缩微数据库的一期项目。"民国时期期刊"子库的加工制作和发布工作。截至目前,天津图书馆已完成缩微胶片转数字化影像、影像加工、书目著录、目次著录"民国时期期刊"31 种,404 册,33 077拍;外网全文发布 11 种,175 册,11 000拍。

3 缩微文献数字化建设中需解决的问题

3.1 缩微文献数字化标准问题

根据天津图书馆的实际情况,并考虑到历史文献特别是民国时期文献的原件纸质不佳的因素,该馆制定了民国时期文献缩微胶片转换数字化影像采用 300 dpi 的加工标准,而没有采用《数字图书馆加工标准规范》推荐的 600 dpi 最高加工标准,这样避免了影像图片多余数字噪点的出现,为后期的图片处理降低了难度。

对于不同的文献、不同的收藏单位,在建立相应数据库时数据会有所不同。根据这一情况,项目组设置了"系统设置"模块,对六种情况进行设置:(1)数据字段的设置。包括设立字段数量、类型、数据长度。系统数据库支持可自定义字段,字段长度可在系统中调整。(2)编辑书目字段。(3)设置目次字段。(4)维护 MARC 字段。(5)设置查重字段。(6)服务器设置,包括加工服务器、数据库存储服务器、发布服务器的相应设置等。

根据馆藏文献已经按 MARC 标准著录,且许多缩微文献也带有 MARC 数据等情况,项目组决定书目数据采用 MARC 标准,并开发了标准接口 。这样不仅可以单独著录文献,还可以从其他图书馆系统中导入标准的 MARC 数据,减少著录工作量,也方便数据交换。

在目次著录上,除将目次信息全文著录外,还将目次和对应页面挂接,使读者能快速定位到内容信息。根据文献具体情况,项目组制定了专门目次著录标准,统一了解决问题的办法:(1)在目次著录外,增加全文浏览功能,既真实反映了文献原貌,也符合读者的使用习惯;(2)设置绝对页码,与真实的文献页码相对应;(3)对于民国时期文献的文字用法,在原文照录的基础上,还制定具体标准,统一设置对应检索字段;(4)根据目次著录标准,人工添加某些实用目次,并加特殊标记以示区别,使目次信息更加全面。

3.2　数字化影像处理问题

目前,图像全文识别技术并不完全能够处理古籍文献,实际的识别精度也不太高,并存在着字体、版式识别的问题,需要大量人工干预和处理,加工成本高,进度也相对慢。根据这一情况,项目组创新性地提出,只进行书目和目次信息的著录,待相关技术成熟再进行全文识别。这样能大量减少加工处理的难度,快速提高加工速度,解决主要信息检索的问题。

由于只是针对图片进行处理,项目组还开发了图像处理模块,可将缩微胶片转成数字化影像后进行处理,包括剪边、纠斜、去噪点等,并支持单独或批量处理功能,大大加快了处理进度。

3.3　数据应用格式选择问题

参照《数字图书馆加工标准规范》,项目组在影像原始数据的存储上采用 TIF 格式,发布采用 JPG 格式,并加入了 PDF 发布格式。

3.4　任务加工的流程管理问题

为保证大量加工的流程管理,项目组在系统中设置了六大模块:影像加工、书目著录、目次著录、管理发布、系统设置、系统管理,并在相应模块设置了任务交送,明确当前模块加工任务结束后,由系统自动转下一模块,保证了工作的按序进行。

3.5　网络版权保护问题

由于部分文献涉及版权问题,项目组根据不同的保护等级要求,设置相应的保护手段和措施,实现了不同版权的保护问题。主要采取了以下几种方法:部分文献内网发布,限制浏览;发布数据采用水印管理;降分辨率发布;设置只读或限制打印、复制等。

3.6　网络发布管理问题

为保证发布数据的安全、准确、检索方便,项目组统一了发布标准,并开发了部分功能。如设定书目信息的发布字段和别名、字段长度以及检索字段;设定目次信息的发布字段以及检索字段,对目次中的统一检索字段只用于检索而不发布;对书目、目次信息进行全文检索;检索关键字支持简繁体自动转换。

3.7 数据安全保护问题

为保证加工、存储、发布的数据安全,系统设置了"系统管理"模块,并能实现图像状态跟踪、缩微用户管理、数据库备份还原、缩微日志管理、数据导出、数据导入、修改密码七大功能。

4 缩微文献数字化项目的特点

4.1 拥有自主版权

拥有自主版权主要体现在三个方面:一是服务器端统一认证、支持多客户端同时使用;二是统一服务器管理平台,包括加工服务器、数据库存储服务器发布服务器,支持集群功能,能充分满足大数据量、多客户端加工使用,能满足多用户、多功能检索要求;三是支持简繁体字自动转换,无论读者输入的检索字体是繁体字还是简体字,系统都能自动进行转换,将含对应的简繁字段的检索结果一并检出。

4.2 自主制定了多个相关标准

参照国家标准和行业标准,项目组制定了缩微胶片转数字化影像标准、影像加工标准、书目著录标准、目次著录标准、统一发布标准,方便用户使用和数据交换。

4.3 采用多种版权保护手段

包括内外网控制发布、高分辨率 TIF 格式加工存储、低分辨率 JPG 格式发布存储、数字水印保护、PDF 格式加密发布等。

4.4 支持标准数据接口

系统设置了支持标准的数据接口,能方便数据的导入和导出,便于相应的软件开发和利用。

5 缩微文献数字化建设的发展目标

缩微数据库建设是公共图书馆缩微文献开发与利用的发展方向,笔者结合天津图书馆的实践,认为我国公共图书馆缩微数据库建设的发展目标主要应体现在以下八个方面。

5.1 缩微数据库的升级

由全国缩微文献复制中心牵头,在天津图书馆缩微数据库的基础上加以扩展,形成全国性的缩微文献数字化项目。

5.2 缩微数据库的统筹规划

由全国缩微文献复制中心负责制定全国公共图书馆缩微数字化工作规划,协调各图书馆的缩微文献数字化工作。各图书馆可根据自身馆藏,自定选题或多馆联合选题,并提前报全国缩微文献复制中心备案,做到统筹规划,避免重复建设。

5.3 缩微数据库标准的统一

应以国家标准和行业标准以及数字资源版权征集中涉及的缩微文献数字化征集标准为依据,在天津图书馆标准的基础上,针对各类缩微文献制定统一的加工、发布、存储等一系列标准。各图书馆均依据此标准进行缩微文献的数字化转换工作,确保数字文献格式及各项参数的统一,为各图书馆之间的文献共享提供保障。

5.4 缩微数据库的自主加工

各图书馆在同一平台上以同一标准,按选题自主加工,加工进度自行安排。

5.5 缩微数据库资源分散存储

凡各图书馆加工完成的缩微文献数字资源,应由各图书馆按照标准自行保存。对于各图书馆有容灾备份计划,需要异地保存的数字资源,可复制一份交由全国缩微文献复制中心代为保存。

5.6 缩微数据库的集中检索

由全国缩微文献复制中心负责开发检索平台,并为各图书馆提供检索接口,使读者可以在各图书馆的网站上检索到包括国家图书馆在内的各图书馆的缩微文献目录,并可获知缩微文献的馆藏信息。具体文献服务由各图书馆负责。

5.7 缩微数据库的灵活服务

缩微数字资源的服务方式可采用多种方式,笔者认为主要可分为三种方式:一是完全开放。读者可以在网上检索并浏览全书内容,但不提供下载服务。二是有限开放。各图书馆可以结合自身情况,灵活选择文献资源发布方式,如完全局域网发布或部分局域网发布等。三是离线光盘调阅等。各图书馆可根据自身情况以及读者需求决定采用相应的服务方式。

5.8 缩微数据库的共享资源

在完成以上工作的基础上,全国缩微文献复制中心应与各公共图书馆一起,进一步探讨缩微文献资源共享方式,力求实现缩微文献数字资源在公共图书馆范围内的共享。

缩微文献的数字化开发与利用是一项长期的工作,天津图书馆缩微文献数字化的探索,不仅培养了一批熟悉缩微文献数字化技术和流程的专门人才,而且在推动全国公共图书馆缩微文献数字化工作中将发挥积极作用。

参考文献

[1]李茁.缩微文献影像联合数据库的共建共享.数字与缩微影像,2009(3)

[2]李茁.缩微文献影像数据库的建设与应用.数字与缩微影像,2008(4)

[3]陈小平.论网络环境下的图书馆数字化建设.数字与缩微影像,2010(2)

（原载《江西图书馆学刊》2010 年第 4 期）

数字缩微技术

——文献影像技术发展的新模式

国家图书馆　李　健

1　文献影像技术发展概述

文献影像技术传统上指缩微技术。缩微技术产生于 19 世纪中叶。起初是为保存记录而研制,在第一次世界大战和第二次世界大战中发挥了情报收集和传递的重要作用。商用和民用是其迅速发展的动力。我国在 20 世纪 70—80 年代大规模引进缩微技术,在信息技术管理与应用领域得到广泛应用。20 世纪 90 年代,数字成像技术逐步兴起;20世纪末,数字成像技术开始服务于信息建设、管理和应用,在很大程度上弥补了缩微技术应用和传输上的不足。今天,我们把缩微技术和数字成像技术统称为文献影像技术。它是信息获取、管理、应用、传输和保存的重要技术手段。

21 世纪前 10 年,数字成像技术和缩微技术从并存走向融合,并从中产生出新的技术模式——数字缩微技术。经过十余年的实践,数字缩微技术已具雏形,正在从个案走向普遍应用。

2　国际与国内文献影像技术标准发展趋势

标准化是信息技术发展的风向标,从国际标准与国家标准的制定内容变化,可以看出文献影像技术的发展脉络。文献影像技术的发展同样离不开标准的助推。

2.1　国际标准

国际标准化组织第 171 技术委员会"文件管理应用"(ISO/TC 171: Document Management Applications)是专门制定电子文件管理、数字成像技术、缩微摄影技术、工作流程、词汇、质量、计算机输出激光光盘(VCD、DVD)方面的国际标准的机构,迄今已制定国际标准 75 项。其中涉及缩微技术方面的标准 52 项,电子文献管理、数字成像技术方面23 项。ISO/TC 171 的前身是 ISO/TC 46 的一个专门制定缩微技术标准的分会,1979 年成为 ISO 属下的独立的"缩微摄影技术标准化技术委员会",序号是 ISO/TC 171;1988年、1994 年和 2003 年该技术委员会的名称和技术范围进行过 3 次调整,以适应信息技术发展的需要。

与 ISO/TC 171 有业务交叉的 ISO/TC:ISO/TC 42(摄影术,Photography)、ISO/TC 46(信息与文件,Information and Documentation)、ISO/ TC 130(图形技术,Graphic Technology)、ISO/TC 184(工业自动化系统和集合,Industrial Automation Systems and Integration)等。为了制定内容相同或类似的标准,在他们之间成立了若干联合工作组,制定或起草共同感兴趣的国际标准。例如:ISO 19005—1:Document management—Electronic document file format for long-term preservation Part 1:Use of PDF 1.4(PDF/A‒1)(文件管理—长期保存的电子文件格式 第 1 部分:使用 PDF 1.4),就邀请了 TC130、TC42 的专家参加该标准的起草、制定。

2.2　国内标准

国内标准与 ISO/TC 171 对口的是"全国文献影像技术标准化技术委员会"(国内序号:TC 86),在国家标准化管理委员会直接领导下,负责根据我国的具体情况制定文献影像技术方面的国家标准,同时把 ISO/TC 171 制定的国际标准转化为适合我国国情的国家标准。TC 86 也从 1987 年最初的"全国缩微摄影技术标准化技术委员会"更名为 1999 年的"全国文献影像技术标准化技术委员会",同样是信息技术发展需求使然。由于我国的技术与产品基本上都是来自国外,所以文献影像技术标准基本上也是以国际标准为蓝本,将国际标准直接转化或修订转化为我们的国家标准。迄今已转化国际标准 60 项,其中缩微技术标准 48 项,数字影像技术标准 12 项,另外制定国家标准 3 项。

2.3　变化与趋势

文献影像技术国际标准内容的变化,反映出文献影像技术的发展趋势:

——从上个世纪单一的为缩微技术制订标准,正在演进为包括缩微技术、电子文件管理、数字成像、工作流程、词汇、质量、计算机输出激光光盘等多种技术制订标准。

——从为文献的保存制定标准,到现在不仅为文献保存而且为文献的生成、管理、利用、传递、保存甚至销毁,制定文献生命周期全过程标准。

——文献影像技术标准的发展印证了数字技术的应用已经深入到全社会各个角落,除了我们熟悉的文献、档案、技术图纸等,社会经济发展都离不开信息,人们生活的各个方面比如网上银行(网银)、电子票据、电子相册……都在与影像技术打交道。

——社会需求促进技术发展,文献影像技术发展很快,得益于发展迅速的科技和巨大的社会需求。特别是电子影像的生成、管理、应用、保存方面的标准更是国际标准化组织关注的重点。尽管如此,它的基础仍然植根于具有物理形态的信息载体,因此,虽然新的技术标准会越来越多,但并没有脱离缩微标准技术体系。缩微技术方面的国际标准仍然是该技术委员会制订标准的基础。

3　数字影像技术与缩微技术的融合
　　——数字缩微技术模式的雏形已经形成

3.1　数字影像技术的发展与影响

20 世纪 90 年代以来,文献影像技术中的数字影像技术发展非常之快,数字图书、数字档案在很短的时间内已经成为图书馆、档案馆的重要服务方式和信息资源。以国家图书馆为例:最近几年,由于国图向读者提供的数字资源增加很快,上网浏览的读者也在迅速增加。而近几年的到馆读者人数呈逐年下降趋势,特别是阅读报纸和杂志读者下降更明显。国图到 2010 年的数字资源总量已达到 480TB,网上服务资源达到 30TB。为了满足读者需求,在已上网的全文数据库中有一部分信息资源就是从缩微胶片转换来的:馆藏 1949 年前的民国文献数字化,1 万余种图书、3000 多种期刊约 500G。随着不断地转换,数量会越来越大。

3.2　缩微技术仍然是目前文献、档案保存的最安全手段之一

我国缩微技术的历史可以追溯到 1936 年,当时美国想以提供缩微摄影设备的方式,索取我国的图书文献。建议在美国国会图书馆和北京图书馆各设一套缩微摄影设备,拍摄图书资料,中国向美国提供善本书的缩微胶片,美国向中国提供科学技术书刊的缩微胶片。该设备 1938 年运到中国, 1940 年被日军掠走。1948 年,北京图书馆(今“国家图书馆”)购进了美国柯达公司的一套 35mm 缩微摄影设备,真正开始有规模的使用是在 20 世纪 50 年代后,北京图书馆开始有计划的把本馆善本书拍摄成缩微胶片,用于永久保存。20 世纪 70 年代起全国各大档案馆也开始把档案资料缩微化,直到目前缩微技术的应用始终没有停止过,以本人所在中国文献影像技术协会团体会员中比较有代表性的单位为例:

——北京城建档案馆是专业档案馆,该馆主要为北京市城市基础建设服务,将城市基础建设产生的大量图纸缩微后保存,从缩微的生产数量上看每年使用 35mm 胶片超过 2400 盘,缩微的档案图纸每年超过 100 万幅,目前是北京地区之最。

——国家图书馆,目前文献保护计划拟将馆藏的珍贵图书和其他文献都以缩微的形式保存下来。到 2010 年底,国家图书馆已经联合各省、自治区公共图书馆以缩微方式保存了珍贵文献:善本古籍 32 018 种;民国文献 67 000 余种;报纸 4356 种;期刊 15 229 种。乐观估计按目前的生产能力全国公共图书馆基本完成馆藏文献缩微还需要至少 20 年。

——第一历史档案馆等大型档案保存单位也是缩微胶片的使用大户,该馆每年缩微馆藏档案使用 16mm 缩微胶片超过 1000 盘。

据不完全统计:2007 年国内消耗的缩微摄制片见表 1。

表 1

	16mm 拍摄片	35mm 拍摄片
档案系统使用量	3150 盘	2677 盘
图书系统使用量	1580 盘	1080 盘
其他系统使用量	17 129 盘	1640 盘

相当于:16mm,3000 万页信息;35mm,323 万页信息。数量相当可观。

而这些单位为了提供方便快捷的应用都采取了缩微影像转换数字影像的手段。

3.3 文献影像技术整合的主要手段

模拟影像—数字影像转换是目前文献影像技术整合的主要手段,目的是为了更方便、更快捷的传输与应用。转换模式:

(1)缩微胶片转换:高速或数台低速胶片扫描仪、电脑服务器、计算机若干台(按照扫描仪的工作效率)、图像处理软件、著录软件、光盘刻录机、数据处理软件(元数据、对象数据)组成模数转换系统。

(2)原件直接转换:非接触扫描仪或平板扫描仪、电脑服务器、计算机若干台(按照扫描仪的工作效率)、图像处理软件、著录软件、光盘刻录机、数据处理软件(元数据、对象数据)组成模数转换系统。

(3)还有一种特殊形式的转换方式:将数字照相机安装在缩微拍摄机机架上,由缩微拍摄机的控制电路同步数字照相机,组成一体化拍摄设备,以普通拍摄方式同时形成数字和模拟两种影像。

模转数技术已经非常成熟,生产流程比较规范、相关国际标准、国家标准和行业标准齐备、满足生产和业务需要的设备非常齐全,因此在实际工作中得到广泛应用。

3.4 基于保存目的转换模式

数字信息向缩微胶片等具有物理形态的模拟载体转换,在国外有些国家已经开展数字信息异质备份的实验并取得成功,如美国 Cornell 大学的"Digital to Microfilm Conversion Project(1994—1996)"。我国目前还处于起步阶段。国内已经有一些单位在进行这方面的探索,如,国家档案局档案科学研究所、上海市浦东新区档案局、深圳市档案局、成都飞机工业(集团)有限责任公司、西安飞机工业(集团)有限责任公司、大亚湾核电站、东方锅炉厂等。

国家图书馆已经在文化部申请开展缩微文献长期保存科研项目,并得到批准。其中,数字信息转缩微胶片长期保存研究是主要内容之一,拟建转换系统：

(1)以高仿真数字扫描仪、数字存档机、(彩色)缩微胶片冲洗机及相关辅助设备和应用软件,组成再生数字信息转换系统。

(2)原生数字信息(计算机或其他数字设备生成)、数字存档机、(黑白或彩色)缩微胶片冲洗机相关辅助设备和应用软件,组成原生数字信息转换系统。其主要目的是通过以下两种不同的转换系统,通过实验,取得科学有效的数据,探索和建立科学的生产流程,进而达到为行业或国家制定相关标准的目的。

4　数字缩微技术将主导文献影像技术实现可持续发展

信息资源建设和管理的进步促进了文献影像技术更广泛的应用。无论在工商界、在金融界、在公共文化事业单位或是在档案保存单位都有极大的需求。不仅在满足社会经济、文化发展方面有现实的需求,在保存民族文化遗产、保存历史发展脉络也有现实的和潜在的需求。因此,保证文献影像技术可持续发展是至关重要的。在这方面大致经历了3个阶段。

4.1　注重学术研讨和信息交流,积极引进先进设备阶段

文献影像技术从传统走向数字时代始终把可持续发展放在首位,在实践中开展文献影像技术的学术交流与研讨,开展新技术与新设备应用的经验交流,推广使用新技术新设备的成功经验。以中国文献影像技术协会为例,具体做法：

——注重两条腿走路,在学术研讨、信息交流方面,同时满足信息保存与信息利用的需求,对传统的缩微技术与现代的数字技术保持客观评价,注意发挥各自的特点,从而促进文献影像技术健康发展。20世纪90年代,文献、档案长期保存是各行各业都关心的热点问题,社会上各有关单位基本上以宣传推广缩微技术为主,举办的学术活动多以缩微技术的应用为内容,对当时的信息资源管理、信息资源建设起到积极作用。

——世纪之交,数字技术的应用迎来大发展时期,数字技术在影像生成、利用、传输、保存上有模拟技术无法相比的优势,文献影像技术的发展离不开数字技术的应用,宣传、推广数字影像技术是本行业必须做的工作,只有把数字技术纳入业务范围,文献影像技术才有发展前途。从1999年起中国文献影像技术协会在会员单位中加大了对数字技术应用的宣传,加大了推广数字影像设备的介绍与使用的经验交流,如1999年,该协会(当时称"中国缩微摄影技术协会")与中国档案学会共同主办"走向未来——数字化时代知识的保存"学术研讨会;2000年在上海浦东举办"21世纪影像技术发展战略研讨会";

2001年在成都飞机公司举办"数字化信息保障技术研讨会暨数字信息与影像整合系统演示会";2000年以来,在与台湾同行交流的活动中档案数字化、缩微影像——数字影像转换技术和实践成为双方交流主题之一。这些交流活动,促进了数字缩微技术的应用与推广。

4.2　积极推动缩微技术与数字影像技术的有机结合阶段

近几年,中国文献影像技术协会组织的学术活动在内容上注意宣传二者的整合。2006年,在上海浦东举办"传承历史 服务社会——2006年缩微与数字影像技术学术研讨会",会上发表的几篇论文都紧扣主题,涉及数字影像保存、模拟影像转换、柯达最新信息整合系统、彩色缩微等内容。同时还举办了国外先进电子影像技术、设备展示会,将最新的技术和设备介绍给与会代表。2008年举办了"文献影像技术的发展与应用"研讨会,总结与交流近几年文献影像技术在标准规范、技术研发、设备应用、发展趋势等方面的研究成果与案例,旨在进一步推动模拟影像技术与数字影像技术在实践工作中的应用,特别是二者结合对文献、档案保存和利用的促进,对整个文献影像技术和事业的促进。

4.3　数字缩微技术标志文献影像技术发展进入新阶段

传统缩微技术以具有物理形态的模拟影像的安全性、保真性成为文献、档案长期安全保存战略的首选技术,正如数字影像技术的成熟和迅速普及是社会需要方便快捷的获取信息的结果一样,传统的缩微设备逐渐被淘汰,一种新的技术形式——数字缩微技术开始在文献影像技术领域崭露头角,也是社会对数字信息的安全需要的结果。它不同于传统的缩微技术,也有别于纯数字影像技术。它把数字影像技术和传统缩微技术整合在一个系统里,实现了从模拟影像到数字影像,也可以从数字影像到模拟影像的可逆变换。它的最大特点是实现了以往用两个系统完成的工作,即传统缩微技术加数字转换系统提供数字信息服务,或COM系统为数字信息提供模拟影像存档。现在集成在一个系统内即可以实现,即前端数字扫描,形成数字影像,后端数字存档+胶片冲洗和拷贝形成缩微品。4种系统的流程示意图,见下:

（1）传统缩微制作 + 数字转换系统

缩微拍摄—胶片冲洗—胶片拷贝—母片（缩微胶片存档）

缩微胶片扫描—数字转换—数字影像（数字影像应用）

（2）COM系统（或CIM）系统

原生数字信息—模拟转换—模拟影像（缩微胶片存档）

模拟影像—数字转换—数字信息

（3）数字化缩微系统

缩微胶片数字化扫描—计算机处理影像—数字影像（应用）

（4）数字缩微系统

数字信息（原生）或数字影像（再生）—模拟转换—模拟影像（缩微胶片存档）

其中第2种COM（或CIM）系统因为设备昂贵,体积庞大,转换效率较低,并没有在国内普及外,第1和第3种系统在国内使用最为普遍。

在新的第4种数字缩微系统里,传统缩微拍摄机被数字扫描设备取代,胶片处理阶段的胶片冲洗和拷贝工序被计算机数字影像处理所代替,可以直接以数字影像代替缩微胶片提供应用。在保证最终成果技术标准不降低的前提下,应用数字存档技术将数字影像或数字信息转换为模拟影像（即缩微胶片）用于信息的长期保存。这个新系统实现了技术要求降低、设备自动化程度更高、生产工序减少和劳动生产率提高的飞跃,为文献影像技术可持续发展提供主导技术。关于数字缩微技术笔者还将另文论述。

4.4　前景展望

文献影像技术是现代信息管理技术的有机组成部分,对现代信息管理技术的发展具有至关重要的作用,对促进社会经济的发展不可低估。由于大多数政府机构或公司的信息是以文件的形式制作、存储或发布,因此,作为文献管理中影像技术的应用不仅社会效益有目共睹,经济效益的前景非常可观,据ISO/TC 171的2001年度业务计划透露:文件管理和影像技术市场1998—2000年资料统计,见表2。

表2　　　　　　　　　　　单位:百万美元

地区	1998	1999	2000
北美	8370	10 371	12 702
欧洲	3285	4374	5636
亚太区	1419	1900	2554
中部/南部非洲	630	850	1148
其他区域	198	259	346
合计	13 902	17 754	22 386

市场需求非常旺盛,每年以20%以上的速度递增。

2004年TC 171的业务计划中预计2004年文献影像技术市场将达到300亿美元。

2009年ISO/TC 171预测"纸张问题的继续增长为影像技术留下非常大的机会。影像技术价格的变化,将为较小的组织增加应用的机会,使他们开始得到较大的组织多年来一直获得的利益……"

"由于对信息保护需求的增长和领头的供应商向数字技术战略转移的事实,缩微摄影技术市场将会出现波动。销售商也在使用混合存储系统,这种系统使用电子的和缩微的载体,两种文件可以方便地互相转换。"

在 2011 年的业务计划中,提到:"2011 年,法国的业务内容和文件管理市场产生的价值估计在 1.1 亿欧元,平均增长率达到 8%。纸质文件被认为比与之对应的电子文件更加安全,也更加方便使用……"

我国的文献管理和文献成影像技术服务市场到底有多大,没有进行过系统调查。因为我们的文献管理和文献成影像技术市场由不同的系统管理,条块分割,无法进行有效统计。但是,可以肯定目前我国文献管理的市场正处在培育发展中,潜力非常巨大。进入 21 世纪以来,数字图书馆、数字档案馆、数字博物馆、全国文化遗产保护、全国古籍保护、国家清史纂修工程、全国文化信息资源共享工程等,相继启动,这些项目或多或少会涉及文献信息的安全保存,新兴的文献影像技术——数字缩微技术将发挥重要作用,为现代信息技术增添新的有生力量。我们应致力于模拟影像技术和数字影像技术的共同发展,并继续推动二者的融合,实现"两种文件可以方便地互相转换",并满足信息安全保存的需要。

5 结束语

缩微影像的最大特点是采用缩微技术保证对文献信息的完整复制和法律意义上的真实性,有利于文献信息的永久性保存。数字影像的最大特点是采用数字化技术,便于计算机检索和网上传输,复制价格低廉,有利于广泛传播和利用。已具雏形并将走向成熟的数字缩微技术为信息的利用与保存提供了更多的选择方案:

(1)具有永久性保存价值而使用频率低的文献,宜用传统缩微系统制作成缩微品,并应将这部分缩微品保存在符合缩微品保存条件的库房里,真正实现永久性保存的目标。

(2)具有永久性保存价值而使用频率比较高的文献,或实用价值比较高的文献,可应用数字缩微系统,先进行数字化形成数字信息,然后制作成缩微品,从而实现数字信息的异质备份和信息的长期保存。

(3)对于无永久保存必要,而实用价值高的信息资源,只需数字化,转换成数字产品,提供联网检索和阅览,使其成为社会数字资源的重要组成部分。

(4)计算机生成或其他原生数字信息亦可以按照要求采用数字缩微系统进行介质转换,以达到应用与保存兼顾的目的。

数字缩微技术是传统缩微技术和数字影像技术互相融合的产物,是数字信息有效利用和安全保存的新的技术模式,在发展数字缩微技术的同时,传统缩微技术和数字影像技术还有各自的用武之地,在实际应用中各有各的特点和优势,应根据应用领域的实际需要,选择相应的技术方案和设备产品,发挥信息资源或称影像产品的最大效益。

数字缩微技术是文献影像技术在融合缩微技术、数字影像技术的过程中,生发出的新的技术模式,是文献影像技术可持续发展的新标志,要作为替代成熟的技术模式广泛应用还有很长的路要走,还需要技术设备进步,需要有适应两种技术模式转换的标准,完善必要的生产流程等,但其潜在的技术优势和巨大的生命力是文献影像技术实现可持续发展必不可少的动力,这一点是毋庸置疑的。

参考文献

[1]邢军.国家图书馆数字资源长期保存现状及研究.缩微与数字影像,2011(4)

[2]裴兆云等.缩微摄影复制技术.北京:中国人民大学出版社,1988

[3] Digital to Microfilm Conversion:A Demonstration Project 1994 – 1996. Final Report to the National Endowment for the Humanities PS – 20781 – 94 Anne R. Kenney Cornell University Library Department of Preservation and Conservation Ithaca,NY 14853

（原载《数字与缩微影像》2011 年第 4 期）

历史文献数字化的几点误区

南京图书馆　单红彬

2000 多年的中华文明,为人类文化作出了巨大的贡献,也为我们留下了浩如烟海的文化遗产,历史文献便是中国历史文化遗产中一丛绚烂的奇葩。然而,"夫天地间物,难聚而易散者,莫书若也"。无论是由于自然因素,还是由于人为损坏,图书文献是极易损毁的,现今留存在世的历史文献只是祖先创造的文化典籍之凤毛麟角。面对这些在千难万劫中幸存下来的瑰宝,我们的责任是不言而喻的:抢救和保护,同时还要开发与利用,因为图书馆承载着保护与传播人类文化遗产和知识文明的重要使命。

在历史文献的保护过程中,传统的延缓性保护措施为大多数人所接受,比如手工修复以及库房的温湿度控制等技术在图书档案界广泛应用。不断有人采用现代科技手段对历史文献的纸张进行加固,但目前还没有公认的安全、有效的措施。无论怎样,延缓性保护只是对历史文献原件进行抢救和保护,并未解决历史文献资源的开发和利用问题。

再生性保护则是在对历史文献进行保护的同时,着力解决开发和利用问题。长久以来,人们一直在试图寻求一种新的载体来转存历史文献中记载的信息,以期保护原件,延长历史文献信息资源的寿命,并便于复制和传播利用。

那么,什么样的技术,什么样的载体才能担负这样的重任?随着科学技术的发展,人们在这方面不断地探索并不断有着新的发现。从上世纪 80 年代开始,缩微复制技术被大规模地应用于我国的公共图书馆界,为抢救和保护历史文献作出了很大的贡献。但大家很快就发现,缩微制品在使用和传播上存在很大的缺陷,它的优势是作为文献原件的替代品,从而相对地延长了原件的寿命。而其本身的寿命是百余年,甚至数百年,这也成为文献资源信息"延年益寿"的保障。

上世纪 90 年代以后,随着计算机技术的普及应用,数字化在不知不觉中渗透到了社会生活的各个角落,同样也在逐步成为历史文献保护,尤其是历史文献开发利用的主力军。

数字化改变了我们的生活,改变了我们的观念,同时也揭开了历史文献高深莫测、一纸难求的神秘面纱。数字化将历史文献从沉重的樟木箱中引领出阁,让更多的人足不出户就能领略到她们神奇的风采。

在策划和设计历史文献数字化项目,尤其是数字化工程时,要根据历史文献的特有性质,以及图书馆的实际情况,合理地消化和引用数字化技术资源,不能盲目地一哄而上。在这里我们列出一些在历史文献数字化过程中容易被人们误解、忽视的问题,供大家在决策时参考。

1　误解一:数字化是抢救和保护历史文献最有效的手段

在今天,以及今后的一段时期内,历史文献的数字化将是历史文献资源开发利用的必由之路,这也许是毋庸置疑的。从开发和利用历史文献资源这一角度来看,历史文献数字化是势在必行,迫在眉睫,也是切实可行的。但作为历史文献的保护措施,数字化是否是最佳的选择,这还是一个悬而未决的问题。笔者认为,就目前的技术状况,数字化不能作为保护和抢救历史文献资源的根本措施,原因有以下几方面:

(1)数字产品载体的不确定性

计算机技术的迅猛发展,使得IT产品日新月异,更新换代的速度令人应接不暇,数据存储器械的介质和格式形态等也在不断地变异。短短的一二十年时间,曾经有一些被我们视为"海量"的存储器,今天却为人们不屑一顾,弃置不理。当忽然想起其中记载着十分重要的信息数据时,也许我们已经再也找不到能够解读它们的设备了。比如,我们曾经将一些信息数据用ZIP或MOV盘储存,在当时它们比3.5英寸软盘的存储量要大得多,可以说是大容量的存储器。可是现在想要找到读取ZIP和MOV盘中数据的设备已经是一件非常困难的事了,也许很多人不知道它们曾经存在过。而今天,3.5英寸软盘也已悄然无声地退出了历史舞台。

(2)数字产品载体的"娇嫩性"

目前计算机的存储设备都十分"娇嫩",环境因素对它们的影响很大,稍不留意便有可能损伤毁坏,或数据遗失。

(3)数字产品载体的可写入性

多数的计算机存储器都能方便的读取和写入,这是它们的一个非常显著的优点。因为这样可以为使用者提供极大的方便,人们可以很随意地从中获取信息,同时还能随即修改信息和增加新的信息内容。但是,作为历史文献信息长久保存的介质,如果能够随意修改和增减信息内容,则是一件很忌讳的事。一旦有意或是无意间修改了珍贵的文献信息,不仅会误导读者,更严重的问题是,从某种意义上来说这是对历史文献的一种破坏。

因此,笔者认为选用数字化产品作为历史文献长期保存的转换载体,是一项既不安全又不可靠,风险性很大的"投资"行为。在目前的技术条件下,我们应暂不考虑以抢救和长期保存为目的的历史文献数字化工程。

当然,不能因此就说数字化对历史文献的保护毫无作用。其实,历史文献数字化以后,虽然其数字产品不能长期保存,但它们能够成为历史文献原件流通使用的替代品,从而减少甚至避免原件的磨损以及被毁坏的隐患,相对地延长了文献原件的寿命,因而起到了保护作用。而数字化为历史文献的开发和利用带来的便利则是不言而喻的了。

现阶段,如果对历史文献采用再生性保护措施,我们认为应根据实际情况采取相应的技术组合方案,以达到最佳的效果。这里我们不妨根据文献保护和利用的轻重缓急,从以下3种情况加以考虑:

其一,文献珍贵,且容易老化和损坏,或文献价值一般,但老化坏损较为严重。对待这样的文献,我们建议采用缩微技术,将文献的影像记录在缩微胶片上,以达到抢救和保护历史文献的目的。缩微胶片性能稳定,还原性较好,在适当的条件下能够保存数百年,而且这项技术在我国已经广泛应用了数十年,技术成熟,基础厚实,有较高的可行性。等待今后科学技术发展,有了更好更易长期保存的储存介质,再将缩微胶片上的信息转换到新的介质上。相信数百年的时间内,这样的技术一定是能实现的。

其二,文献价值一般,文献的保存情况较好,而使用频率较高。对于这样一些文献我们建议将文献数字化以便于传播复制使用。

其三,文献价值较高,且使用频率较高。这样的文献我们建议首先应用缩微技术制作其影像胶片,以便保护,在此基础上再将缩微胶片进行数字化转换。用胶片扫描仪等设备将记录在缩微胶片上的文献信息转化为数字文件,以便使用和复制。实际上,在有条件的单位,采用缩微技术与计算机技术相结合的方法,是兼顾历史文献保护与利用的最佳选择。缩微技术与计算机技术各负其责,各自发挥特长,相互取长补短,共同为抢救和传播中华文化作贡献。

2 误解二:优先抢救古籍善本

人们一说起抢救和保护文献,就首先会想到那些珍贵的精品以及年代久远的藏品。在制定文献数字化工程计划时,总是盘算着将珍贵文献列为首批对象。的确,珍贵的历史文献固然应该予以重视,好不容易争取来的一点点经费,首先用在珍贵的文献上是毋庸置疑的。但是,同时我们也不应忽视那些年代不太久远的"亚珍贵"文献,因为它们当中有一些是历史文献中的"弱势群体",急需人们的呵护和挽救。比如,民国文献。

国家图书馆副馆长陈力先生曾说:"民国文献再不加以保护和抢救,将在50年间消失殆尽。"这话绝不是危言耸听,民国文献之所以沦为历史文献中的"弱势群体",有以下4方面的原因:

(1)民国文献大多使用酸性较强的纸张,这是民国文献的一个致命弱点。有人做过抽样检测,民国文献的pH值均在4.5以下。我们知道,纸张老化发黄变脆从而影响纸张寿命的主要因素就纸张的酸度。而民国时期正是手工造纸向近代机械造纸和印刷阶段过渡的时期,造纸材料混杂,机械造纸制浆工艺落后,文献用纸多为机械磨木浆纸和酸性化学浆纸,纸张酸性强。这就使得民国文献纸张的质量很差,寿命较短,难以长期保存。

(2)由于长期以来人们一直认为民国文献的身价远不如古籍善本,所以它们的安置待遇自然也就远不如古籍文献。不要说能像古籍文献那样在恒温恒湿的舒适环境中安然度日,有些甚至连基本的生存条件都不能满足。饱尝灰土尘埃,受尽酷暑严寒,在恶劣的环境中苦苦挣扎。

(3)民国文献的使用频率远远高于古籍文献,因此人为损坏的程度也就更加严重。

(4)用于历史文献抢救保护的经费总体说来是相当可怜的,有限的一点点资金即使全部用来修复和保护古籍文献也显得捉襟见肘,根本就无闲暇的资金来顾及民国文献,所以只能眼睁睁地看着民国文献老化破损而无能为力。

因此,我们在设计历史文献数字化方案时,千万不能忽视这些"弱势群体",甚至应该将民国文献列为保护和抢救的重点。笔者认为,从资源的开发和利用这一角度来看,民国文献的价值也许并不次于古籍文献;从文献的毁损状况和保存的寿命这一角度出发,更应优先考虑民国文献的数字化问题。

民国文献的数字化的最佳方案应采取与缩微技术相结合的措施,首先将民国文献拍摄成为缩微胶片,然后将缩微胶片进行数字化处理。

3　误解三:扫描原件是最佳的数字化方式

数字化存储文件的格式主要有文本方式和图像方式两种,以文本方式存储文献信息的优势在于可以通过检索系统实现模糊检索和逻辑检索,其检索深度直到所需查询的检索词所在的字句,查全率、查准率高,且检索速度快。其缺点是不能保留文献的原貌,且制作成本较高,速度较慢。数字图像文献的优点是可以保存文献原貌;制作技术相对简单、制作成本相对低。缺点则是占用存储空间较大,需要大容量的存储器,而且尽管可以制作一些检索工具提高对数字图像文献的检索速度,但目前的技术只能检索到检索词所在的页面,不能像文本文件那样可以逐词、逐字检索到该字、词所在的句、段,这些都严重影响了图像文件的使用速度。另外,虽然可以通过 ORC 软件将图像文献转换为文本文件,但对于历史文献这样一类特殊的复杂文献,目前还没有研制出能够完美转换的中文识别软件。因此,对于历史文献而言,目前也许以图像格式存储更为合适。

文献数字化的方式有键盘录入、数码相机拍摄以及用扫描仪扫描等方式。键盘录入可直接获得文本格式的数字文件,而数码相机拍摄和扫描获得的是图像格式文件。从上面的分析,以及大量的实践证明,目前采用扫描仪扫描是历史文献数字化的最佳转换方式。

但以什么方式进行扫描,是直接扫描原件,还是用间接的方式,扫描原件的替代品,比如扫描缩微胶片,这也许是一个值得探讨的问题。有人会问,为什么不直接扫描原件,却要加一个中间环节,既费时,又要多投入资金和人力? 不错,对于普通文献的数字化而言,确实没有必要增加一道介质转换的工艺过程,直接扫描原件的确应该是最经济、最有效的文献数字化方式。但历史文献的数字化情况就不同了,直接扫描原件也许并不是最佳的方案。究竟采用什么方式数字化,这要根据原件的状况,数字化的目的以及经费和技术能力等实际情况而决定。

前面我们已经就历史文献原件的状况应采用的数字化方案进行过分析,但总的说来,如果用长远的眼光来看,在经济和技术条件允许的情况下,我们在制订历史文献数字化方案时应该综合考虑到保护和利用的问题,要两者兼顾。也就是说,我们应该采用数字化技术与缩微技术相结合的方式,首先对历史文献的原件进行缩微翻拍,制作缩微胶片,然后再对缩微胶片进行扫描转换,最终生成数字文件。缩微胶片用以长期保存,数字文件用来开发利用。表面上看来,这种做法一次性投入的精力和资金比较大,但这却是一劳永逸的做法。因为图书馆的功能不仅仅是服务,同时还肩负着收藏的重任。因为,收藏是服务的本钱。

从技术层面上来看,扫描文献的胶片比直接扫描文献原件有着较多的优势。

首先,曾有专家做过实验,用缩微摄影数字系统将缩微影像转换为数字影像,要比纸质原件经平板扫描仪扫描后转换为数字信息快 6 倍。

其次,缩微技术是一项十分成熟的技术,在我国公共图书馆界已经大规模地开展了数十年,无论是文献的整理著录,还是胶片的拍摄制作,都已形成了一套非常规范的制度和非常严格的质量检验标准。用这样的缩微胶片扫描加工出的数字文档,很容易形成统一的规格和参数,从而保证了数据的质量及其通用性。

另外,在加工过程中,缩微拍摄对原件的损伤要比用平板扫描仪扫描对原件的损伤小得多。

总之,历史文献的数字化是必然的、必要的,也是必需的。但历史文献数字化不是盲目的、万能的,也不是唯一的。我们要明确历史文献数字化的宗旨和目的,同时也要牢记图书馆人的责任和使命。只要我们用科学的发展观去认识和认知,历史文献数字化的进程必将健康稳步地向前发展。

（原载《数字与缩微影像》2011 年第 4 期）

缩微技术在数字资源长期保存中的作用

国家图书馆　齐淑珍　张　阳

当前,信息技术飞速发展,人们工作和生活中的数字化程度逐步提高,数字资源的保有量也呈现几何式的增长。随着数字资源越来越多地被人们所使用,如何保证数字资源的可持续利用逐渐受到大家的关注,关于数字资源长期保存的必要性和重要性的研究也被提上了日程。上世纪80年代,国外就曾有专家提出过这个问题,但到了90年代中期才开始了比较正式的研究活动。从最初的理论基础研究到接下来的抽样实验,再到目前一直在进行的批量实践,随着研究内容的不断深入,研究的团队逐步扩大,越来越多的研究机构参与到此项工作之中。很多发达国家的国家图书馆和联盟已经建成了诸如DIAS、Portico、LOCKSS等已经应用于服务领域的数字资源长期保存系统,采取多种方式对数字资源进行长期保存,以实现现存的数字资源能够在未来相当长的一段时间内对用户提供服务。我国国内对于数字资源长期保存的研究几乎与国外同步,特别是国内图书馆界的研究人员对数字信息资源长期保存的研究进展始终保持着高度关注,并从制度、技术、管理和法规等多个方面对数字资源长期保存进行了深入的剖析和研究。与此同时,国内多家文献研究机构也开展了种类繁多的关于数字资源长期保存的探索和试验。如中国科学院国家科学图书馆的学术期刊资源长期保存示范系统,中国国家图书馆的网络信息资源保存试验项目,CALIS的学位论文的持久保存实践,清华大学图书馆参与的数字资源长期保存系统的研究与开发项目,以及"大学数字博物馆建设工程"项目,等等,都从不同方面对数字资源长期保存进行了实践。

1　当前数字资源长期保存的主要方式

数字资源的长期保存之所以成为问题,其根本原因在于信息技术的极速发展与数字资源无可避免的介质损耗和存储格式老化之间的矛盾。数字资源的介质损耗指的是数字资源的存储介质相比较模拟信息而言,更加脆弱,很多外界因素都能致使介质上所保存的数字信息丢失且难以恢复;存储格式老化指的是随着当前软件技术或者解码技术的不断升级,依托于这些技术所存在的数字信息就有无法被读取的危险。因此,我们必须时刻心存时不我待的危机意识,积极主动的采取各种保存措施,尽量避免因技术老化造成数字资源的损失。数字资源的可持续使用所涉及的范围很广,囊括了制度、技术、管理和法规等多个方面,其中,技术始终是决定数字资源能否实现长期保存的关键环节。目前大家所熟知的数字资源保存技术主要有以下两种。

1.1 迁移法

迁移法(Migration)是目前数字资源长期保存实际运用中比较常用且技术发展相对成熟的方法之一。它的主要工作原理是通过定期升级数字资源的存储格式,通过迁移数据的方式,来确保所存储数字资源始终能够被当前常用的操作系统读取。迁移法通常采用以下两种技术手段,一是格式转换,即把当前的数字资源从种类繁多的格式中转换到目前被社会大众所广泛使用的几个标准格式中。二是存储介质升级,指的是将数字资源从性能落后、濒临淘汰的存储介质上迁移至稳定性更高、与当前系统兼容性更好的存储介质上。迁移法在实际操作过程中可能会出现破坏电子资源的原貌、格式、结构、甚至是内容的情况,因此在使用此种方法时要格外小心。

1.2 仿真技术

仿真技术(Emulation)与迁移法从根本上讲都是为了解决数字资源的可持续读取问题,但迁移法更注重通过数字资源的格式转换来适应外部的读取环境,而仿真技术则更加关注如何还原读取现有格式数字资源所需要的软件环境。仿真技术的工作原理就是,不管现在的技术环境发展到何种程度,利用数字技术模拟出数字资源可读取时的软硬件环境,使数字资源得以顺利读取。仿真技术不仅能使在陈旧软硬件环境下生成的数字资源得以顺利读取,同时还可以将数字资源原有的各种功能性也一并实现。因此,当前仿真技术受到了人们的高度关注,它在保护、读取那些极度依赖原始软硬件环境而又无法在新、旧系统平台间进行迁移的数字资源方面将发挥重要作用。仿真技术由于其技术的复杂性,目前尚处于研究和试验阶段,没有真正的可操作系统能投入使用。

2 数字缩微技术的出现开启了文献型数字资源长期保存的新篇章

数字资源的长期保存,不仅要考虑资源的长期有效性,即数字资源经过长期存储后依然可以显示和提取,同时还要考虑在长期保存后数字资源的使用价值,如保持数字对象的视觉外观形态和总体展现形式等。另外,由于不同类型的数字资源,其长期保存的目的、方式、价值各有不同,因此特定领域的资源应有特定的保存手段和技术。如政府电子信息倾向于大众服务,公共视频资源需要筛选和剔除,医疗档案电子记录侧重于研究和归档,数字善本和古籍更需要多载体形式的存储与提取,等等,因其不同的用途和表现形式,其保存和还原技术应各有不同。笔者认为,在文献类型数字资源的长期保存上,数字缩微技术具有无可比拟的优势和发展前景。

2.1　数字缩微

缩微技术一直以来都是国际上认可的文献资源长期保存、保护的重要技术,生产出的产品具备存储体积小、稳定性好、安全性强且具备法律效力等诸多优点,在文献资源长期保存领域发挥着不可替代的作用。

自本世纪初起,我国的数字技术迅速兴起,一部分具备前瞻性眼光的业界专家开始致力于如何将缩微技术与数字技术相融合的理论探讨之中,并先后提出"数字缩微"的全新概念。

所谓"数字缩微",是指将数字技术与缩微技术相融合而产生的一种新型技术,它应该既具备传统缩微技术的稳定性好、安全性强等特点,又拥有数字技术便于读取、传输及利用等诸多优势,是未来我国文献影像工作发展的主要方向。"数字缩微"必须既包括数字技术又包括缩微技术,两者缺一不可;而生成的产品中,数字资源与缩微文献也必有其一。

2.2　"数字缩微"应用于文献型数字资源长期保存

"数字缩微"从定义上讲,基本囊括了所有采用数字缩微技术,开展文献影像制作、存储和利用等各个环节的工作,在未来很长的一段时间内,"数字缩微"将作为数字资源保存领域的关键技术,迎来广阔的发展前景。下面笔者就以本单位正在开展的几项"数字缩微"工作,如数转模工作、彩色缩微工作和缩微品数字化工作等为例。逐一介绍它们在文献型数字资源长期保存中的作用。

2.2.1　数转模

近年来,随着数字存档设备的出现,国内很多研究机构先后从国外购入 i9600 等转换设备,尝试开展数转模的研究与实践工作,力求在文献保存领域开创一条全新的技术路线。笔者所在的全国图书馆文献缩微复制中心针对此项技术的发展趋势,经过细致深入的调查研究,初步搭建了该技术路线的具体工作流程,并对所生成胶片的技术指标是否符合国际标准的要求进行了检验。

为了尽早将数字存档技术应用于数字资源保护领域,缩微中心从德国引进了最新型的数字资源转换缩微文献设备 OP500 数字存档机,经过了一段时间的实验性研究,目前已开始进行批量生产。2012 年,缩微中心顺利完成了 10 万拍馆藏数字家谱转换缩微胶片的实验性工作,2013 年还将完成 40 万拍馆藏数字资源转换缩微胶片的专项任务。利用数转模技术,对数字资源进行长期保存,已成为国家图书馆乃至国内图书馆界未来数字资源长期保存工作的重要手段。缩微中心目前正在组织技术人员制定相关工作规范和技术标准,以达到文献型数字资源长期保存的目的。

2.2.2　彩色缩微

全国图书馆文献缩微复制中心是国内第一家也是目前惟一一家开展彩色缩微品批量生产的单位,所采用的彩色缩微胶片为伊尔福公司生产的 ILFOCHROME 彩色缩微胶片,这种胶片是采用银漂法处理工艺的感光材料,具有高饱和度、超细颗粒、极高解像力和锐度。ILFOCHROME 彩色缩微胶片主要用于彩色不透明原件的拍摄,拥有高弹性和高稳定性,可阻止光照引起的色衰。因其优秀的抗衰变特性,可进行复制和在投影式阅读器超长时间使用,因此,它可以在常温下保存 500 年,且不会褪色,是目前世界上保存时间最长的彩色胶片。由德国弗劳恩霍夫物理测量技术研究所(Fraunhofer – IPM)研制的 Archive – Laser 彩色胶片记录系统(Laser recording system for color microfilm),可通过激光将彩色数字数据以模拟的形式记录在彩色缩微胶片上,是当前颇受关注的彩色文献数字资源转换缩微胶片系统。该系统使用 35mm 的 ILFOCHROME 彩色缩微胶片进行计算机输出,解像力可高达 160 线对/毫米,虽然速度较慢,约 45 秒/画幅,但以每日运行 10 小时计,年生产量也可达 30 万拍。若该设备得以广泛推广,彩色文献在保持原貌的情况下得到很好的保护和利用便成为可能。

2.2.3　缩微文献数字化

缩微文献数字化的主要工作原理是利用缩微胶片扫描仪,将已有的缩微文献转换为数字影像,并保存为标准格式。本世纪初期,全国图书馆文献缩微复制中心开始购买缩微品扫描设备,并尝试开展缩微品数字化转换的试验工作。经过两年多的精心筹备,缩微中心正式开始承担国家图书馆的缩微胶片数字化转换任务。其工作流程是先将图书原件拍摄为缩微胶片,然后对第一代胶片进行拷底,再通过缩微胶片扫描仪对拷底片进行数字化转换、图像处理,并对生成的电子影像按标准进行著录、格式转换等工作。随着此项工作开展的不断深入,截至 2012 年年底全国图书馆文献缩微复制中心已配备有专业胶片扫描设备 8 台,专业技术人员近 30 名,年生产能力突破了 300 万拍,累计转换民国图书 19 173 种、20 346 册、435 万拍,其中大部分文献资源已在国家图书馆网站发布,供读者免费浏览。通过上述介绍,我们可以得知,由于缩微胶片与光盘的存储密度近似,但稳定性却远远高于光盘,且不需要定期进行数据迁移,因此随着数转模技术的出现,使得文献型数字资源依托缩微载体实现长期保存必将成为一种低成本、高效率的最佳选择。彩色缩微技术的出现使得彩色文献型数字资源在转换为缩微胶片的过程中不再丢失颜色细节,完整地保持了原貌,对于学者研究古籍文献上的彩色批注、纸张颜色等提供了有力的保证。而缩微文献数字化技术又使得人们可以很容易地将保存稳定的缩微资源转换为数字资源,解决了缩微文献提供服务和利用的难题。这三项技术结合在一起,恰好构成了文献型数字资源通过缩微技术实现长期保存的整个流程。从中我们可以预期,在未来相当长的一段时间内,缩微技术都将在文献型数字资源的长期保存中发挥至关重要的作用。

3 亟待解决的问题

当前,利用缩微技术实现数字资源长期保存的工作刚刚启动,仍面临着包括技术、市场、价格等因素在内的诸多问题,如:彩色数转模工作成本过高,彩色缩微胶片和冲洗药液市场存在垄断,数转模前整理工作自动化程度不足等。在这些问题上,我们仍然有很长的路要走。一方面,我们要通过不断的实践摸索,逐步明确和汇总技术需求,争取早日开发出能够自动完成数转模前整理工作的软件,另一方面我们也应整合资源,在设备和耗材的国产化方面加大力度,与国内的厂商加强合作,尽快打破国际厂商的垄断优势,为进一步推进利用缩微技术长期保存数字资源打下坚实的基础。

参考文献

[1] 中欧数字资源长期保存国际研讨会[2005 – 05 – 28]. http://www.csdl.ac.cn/ meeting/cedp

[2] 宛玲等. 数字资源长期战略保存的管理与技术策略. 现代图书情报技术, 2005(1)

[3] 宛玲, 张蛲林. 数字资源长期保存中的合作管理元数据设计探讨. 图书情报知识, 2004(1)

[4] 刘家真. 技术更新与数字信息长期保存调研纪要. 档案管理, 2004 (1)

[5] 刘家真. 数字信息存储介质的选择. 档案与建设, 2004(3)

[6] 刘家真. 数字媒介给信息资源管理带来的新课题. 图书情报知识, 2004 (3)

[7] 杨道玲. 数字存储媒体选择策略. 湖北档案, 2004(11)

[8] 杨道玲. 论数字信息的寿命及其保存技术. 湖北档案, 2004 (1)

[9] 董晓莉. 图书馆数字资源长期保存迁移技术分析. 图书馆杂志, 2012(7)

[10] 田硕, 黄国彬. 近十年国外数字资源长期保存研究综述. 图书馆杂志, 2011(7)

[11] 穆梓. 用彩色缩微胶片解决彩色数字数据的长期存档问题. 数字与缩微影像, 2011(1)

[12] 曹宁, 张阳. 数字缩微:理念创新与发展路向. 数字与缩微影像, 2011(4)

(原载于《现代情报》2013 年第 6 期)

纸质档案缩微数字一体化工作站研究

国家档案局科学技术研究所　马淑桂

1　研究背景

在我国各级各类档案馆保存的浩如烟海的档案资料中,纸质档案占据主导地位。自上世纪 50 年代以来,档案部门为解决档案的长期安全保存和快捷方便利用的问题,逐步将纸质档案分别进行缩微拍照和数字化,这是制作副本、异质备份的有效方法和主要途径。至于两种技术中采用哪种技术方法最好? 档案界经过近半个世纪的探索与实践,形成了缩微与数字化技术是不可替代的、相互依存、互为补充的共识。因此,在档案馆,当对同一档案既要做缩微拍照又要进行数字化时,按照以往的工作模式至少要两次使用档案原件,这无疑是在档案的管理、保护、安全和制作工作流程与环节上增添了成倍的风险与投入。

早在 1997 年,湖南一家企业凭借着在缩微领域的技术优势,着手研究缩微数字一体化机。经过对 16 毫米缩微拍照机的电路进行改造,加装数码相机实现一次操作同时输出两种数据。这种改装后的设备很快的投入到医疗领域。多年来,在我国医疗病案档案的保存、利用方面得到了广泛应用。

2008 年,国家档案局档案科学技术研究所考察了该设备和对病历档案缩微数字化的应用情况,认为该技术在医疗病案档案领域得到广泛应用,具备了很好的应用基础,在病案的保存与提供利用方面均有良好的体验,这是未来发展的方向。但是,对于数量庞大、标准严格的保存在各级各类档案馆的档案的缩微拍摄和数字化工作,该设备尚不满足相关标准的要求,还需要研制专业的缩微数字一体化加工设备和相关配套软件。为此,国家档案局档案科学技术研究所与湖南这家企业合作,在前期缩微拍照和数字化一体机实践经验的基础上,开展深入研究、积极探索、开拓创新,决定研发一种适合档案部门应用的新一代专门的一体化设备与相关软件,专门用于档案的缩微和数字化工作。

近几年来,业内也在寻找一种只动用一次档案原件就能够同时完成缩微和数字化两项工作的技术和方法,达到事半功倍的效果。经过双方科研人员近四年的努力,纸质档案缩微数字一体化工作站研制成功,使档案人的愿望成为现实。改变了传统的工作模式,使用这个设备只要轻轻地按一下键,就能够同时完成档案的缩微拍照和数字化,生成缩微影像和数字图像两种数据,而且在技术指标上完全满足和达到档案行业标准和规范的要求。

2　研究总体目标

1)一体化设备能够将纸质档案缩微拍摄和数字化工作合二为一。进行一次操作,同时生成两种存储在不同载体上的模拟和数字影像,而且两种影像一一对应,互相印证。

2)可对 A3 幅面以下的档案同时进行缩微和数字化。

3)相关应用软件系统能够对纸质档案缩微数字一体化加工工作进行全程控制和管理。

4)生成的缩微品和数字图像质量能够满足相关档案行业标准的要求。

3　系统功能实现

3.1　缩微拍摄系统

缩微影像采集选用了日本产相关缩微原部件,实现了缩微拍照功能和缩微工作流程的控制;实现了对 A3 幅面以下的档案进行缩微拍摄;生成的缩微影像质量满足档案行业标准的要求。

3.2　数字化拍摄系统

数字图像采集选用了丹麦产 JAI 数字机头的系列产品,采用非接触式的数字化图像采集方式,速度快,不伤害档案原件,实现了数字化功能和数字化工作流程的控制;实现了对 A3 幅面以下的档案进行数字化;生成的数字图像质量满足档案行业标准的要求。

3.3　缩微数字一体化系统

该系统很好地整合了缩微拍摄、数字化、计算机控制、机械传动以及缩微影像与数字图像的对应等技术,实现了协同完成一体化的功能;实现了将缩微拍摄和数字化工作合二为一,对纸质档案进行一次操作,可对 A3 幅面以下的档案同时得到存储在缩微胶片上的缩微影像和存储在磁盘中的数字图像;两种影像能够一一对应,相互印证;形成的缩微品和数字图像满足档案行业的相关标准。

3.4　灯光照明系统

该系统采用了环形顶灯加两个侧灯的方式,使得光的照度均匀性大幅提高;采用24

组 LED 冷光源,实现了同时为缩微和数字化两种加工方式提供可自动调节光源,使得影像达到最佳效果;同时既对档案原件起到保护作用,又兼顾到操作人员的舒适性,避免操作人员因长时间工作对光源产生的不良反应。为档案缩微数字化提供了高质量的、均匀性好、色温理想的灯光照明系统。

3.5 控制系统

实现了对档案缩微数字一体化加工工作进行控制和管理。主要包括:缩微拍摄控制系统、数字化控制系统、缩微数字一体化控制系统、电路控制系统、机械控制系统、灯光照明控制系统和触摸屏控制系统等。

3.6 档案数字化管理系统

该软件系统能够对纸质档案缩微数字一体化加工工作全流程进行管理。

4 工作原理及主要性能指标

4.1 结构

纸质档案缩微数字一体化工作站结构见图 1 所示。

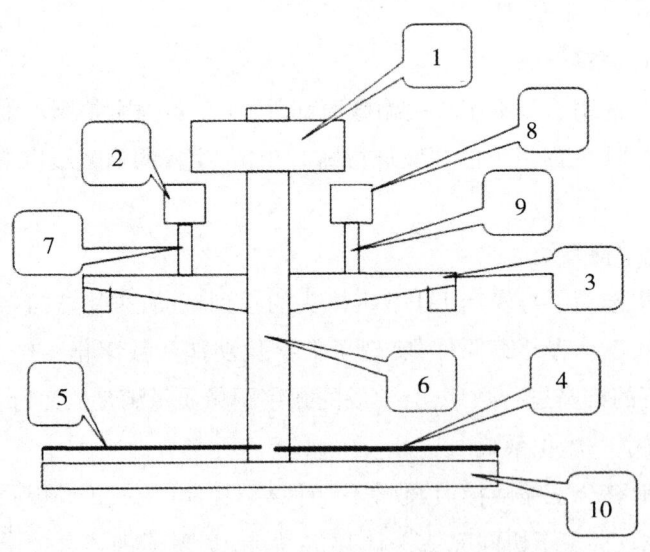

①缩微机头;②左数码机头;③灯架;④右拍摄对象物;⑤左拍摄对象物;
⑥缩微机头架;⑦左数码机头架;⑧右数码机头;⑨右数码机头架;⑩承载台。

图 1 纸质档案缩微数字一体化工作站结构图

4.2　机身外观

机身外观满足既具有高科技的内涵和人性化办公产品的特征又具有时代感、大气、造型美观,符合人机工程学的要求(见图2)。

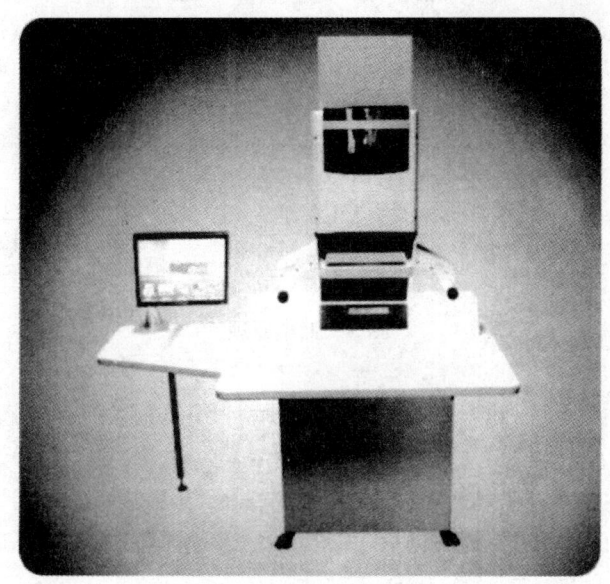

图2　纸质档案缩微数字一体化工作站

4.3　工作原理

设备采用一机三头工作方式,一个缩微机头,两个数字机头。通过控制系统完成三个机头同步对同一份档案进行缩微影像和数字图像的采集;利用缩微机头的半幅拍摄特性巧妙的处理解决了两种机头(缩微机头和数字机头)镜头的光轴无法重叠带来的问题。

当拍摄 A4 幅面档案的时候,启动缩微机头的半幅拍摄功能。利用左边数字机头完成对 A4 幅面档案的拍摄。

当拍摄 A3 幅面档案的时候,启动缩微机头全幅拍摄功能。两个左右对称的数字机头可以分别完成对左右两部分档案的拍摄,每个数字机头拍摄幅面为 A4,将两个 A4 幅面图像通过软件处理合成一个 A3 幅面图像,从而实现了不小于 A3 幅面的数字图像的采集(见图3)。

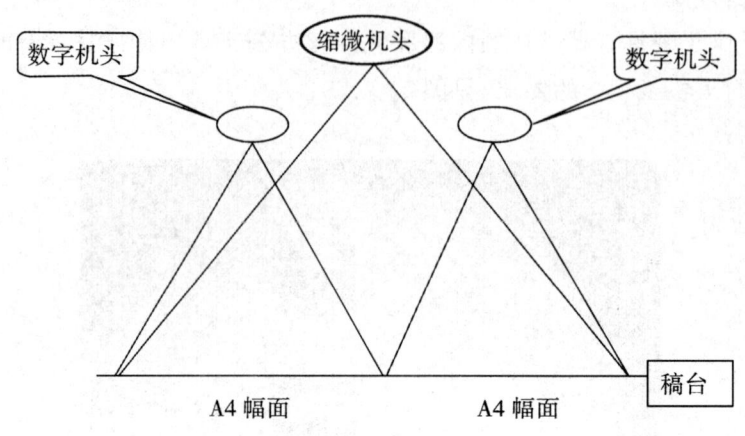

图 3 工作原理

4.4 主要性能指标

响应时间:0.1 毫秒。

数字图像格式:支持 TIFF、JPG 等多种格式。

缩微拍摄支持:16mm 缩微胶片。

5 成果意义及推广应用前景

通过查新,该成果在国内乃至国外都是一种新技术,或者说是一种新产品,是一项对我国档案安全、档案利用都将产生很大促进作用的新技术,是一项在国际上技术比较先进,方向比较正确,效果比较理想的新技术。过去缩微拍照和数字化这两种技术是各自独立的,两种手段是各自应用,两种数据是两次完成。现在则可以综合运用一次完成,而且速度快,质量高,效率高,这个成果会得到很好的推广与应用,会成为一种新的趋势,成为一种新的方向,具有创新意义。

这项技术之前已经在病历档案的缩微数字化方面有着大量的应用,经过课题组的改进、创新、完善以后,将能够适应其他门类纸质档案的缩微和数字化,必将在档案界、文献界得到更加广泛的应用,具有广阔的应用前景。

国家档案局表示对这项技术的应用和推广会给予更多的、足够的重视和支持,并力争把这项技术、产品研制发展成领先世界的拳头产品,使这项技术和产品不但对中国档案事业的发展做出贡献,而且对国际档案事业的发展做出贡献。

（原载于《数字缩微影像》2012 年第 4 期）

资源开发与利用篇

关于在我国图书馆发挥缩微技术效益的思考

吉林省图书馆　张　铸

缩微技术在图书馆领域的应用从 1948 年北京图书馆引进缩微设备开始已有 40 年历史。在 50 年代至 70 年代,除北京图书馆外,上海图书馆、辽宁省图书馆等单位也先后引进缩微设备,拍摄过一些旧报纸、图书、历史文献等,这是缩微技术在图书馆界的初期应用。

从 70 年代末到 80 年代初,特别是"三中"全会以后,在党中央制定的实现四个现代化方针的推动下,缩微技术在图书馆系统的应用进入了新时期。为了有组织、有领导地在全国公共图书馆系统进行珍贵书刊的抢救和缩微技术应用,1985 年成立全国图书馆文献缩微复制中心(以下简称"中心")并在北京图书馆、上海图书馆、南京图书馆、重庆市图书馆、广东中山图书馆、天津市图书馆和辽宁、吉林、山西、湖南、湖北、四川、山东、浙江、甘肃的省图书馆等 15 个图书馆装备了缩微设备,建立缩微技术队伍,开始了全国范围内抢救祖国文化典籍的缩微复制工作。

两年来,在"中心"的统一组织、指导下,抢救祖国文化典籍的缩微复制工作正在踏踏实实地进行并已取得较大成果,这是我国缩微技术应用的一个范例,它的特点和成就在于:

(1)有统一的领导和规划。这个系统虽然由 15 个分系统组成,在 15 个省市同时开展工作,但在任务的协调上有"中心"统一组织规划,可以保证各单位拍摄的内容不重复;在技术上由于制定了必要的标准及检查制度,保证了缩微品的质量符合国家标准。

(2)布局合理。目前这个系统包括 15 个拍摄点。每一个拍摄点的设置都经过仔细调查,做到布局合理,如广东省馆是东南地区的一个资料中心;四川馆和重庆馆是西南地区的资料中心;辽宁馆、吉林馆是东北地区的资料中心等。

(3)设备的选型与配套比较合理。除北京、上海馆拥有较雄厚设备基础外,其他拍摄点的设备配套是精干和适用的,基本配有 1—2 台 16 与 35 毫米两用缩微摄影机,一台高温快速自动冲洗机,一台常温与高温两用冲洗机,一台拷贝机,一套检测系统,若干阅读器,一台放大(阅读)复印机。这些设备可以满足完成"抢救"任务的需要。

（4）协调了全国省、市图书馆的力量。为了搞好缩拍前的大量资料准备工作，除了在每个拍摄点设置一个5—12人的编辑整理组，负责拍摄前原始资料的修复、借调、编辑等工作外，无设备的省市公共图书馆也派出专门人员设立了资料整理组，积极支持全国统一协调的缩微化计划，从而动员了全国省市图书馆的力量，加快了抢救进度，保证了资料的准确性与完整性。

（5）组织了一支专业队伍，培养造就了缩微专业技术力量。由于有"中心"统一指挥，这项工作一开始就注意技术队伍的培训。

到目前为止，抢救祖国文化典籍的工作已取得较大成绩。关于如何进一步发挥图书馆的缩微技术，笔者有如下几点想法。

一、利用缩微技术和缩微复制品，完善与发展馆藏

1. 完善馆藏：我们每个馆都有自己的馆藏特点和自己的收藏体系，但是由于各种原因，使这个体系遭到一些破坏与损失。例如由于"十年动乱"，许多图书馆的收藏工作受到影响；有的馆由于采购经费的被动造成连续出版物中断等。现在补救的最好办法是依靠缩微技术，以缩微品形式将中断的期刊或其他出版物补齐。

2. 发展馆藏，为了形成自己馆的特点，每个馆都做了不懈的努力，但是由于经费上，时间上等诸多原因，有些想法过去很难办到，以吉林省图书馆为例，该馆所在地长春是伪满洲国的首都，该馆理应收藏较丰富的伪满资料，但实际上，该馆收藏不全，为了解决读者需要，该馆有义务借助缩微技术进行搜集较齐全的伪满洲国的历史资料，以加强藏书的地方性，提高馆藏质量。

二、利用缩微技术提高图书馆现代化的管理水平

1. 以缩微品的目录代替卡片式目录

在我国图书馆目前主要使用卡片式目录，走进图书馆首先遇到的就是目录室、目录大厅，一排排的卡片柜占了很大的空间。为了节省空间，提高效率，可以用"机读目录"、"缩微目录"等手段代替卡片目录。根据我国的实际情况与经济基础，笔者认为以缩微目录代替卡片目录是可行的。其作法可以分两步走，第一步"缩微目录"与"卡片目录"并行，第二步以"缩微目录"取代"卡片目录"。由于我国科技水平还不高，还不能大量投资搞一套齐全的设备，但我们可以根据现有条件，部分制成缩微目录。对于使用效率较高的目录，例如文学、教育等可以卡片与缩微片并行，对于使用率低的，例如外文目录，特别

是稀有语种,可以不必保存卡片目录,这样可以节省大量空间,缓解目录厅空间紧张的尖锐问题,同时也提高了现代化管理水平。

2. 有计划、有针对性地实现馆藏缩微化

(1)对保存价值较大,但纸张已经变质的历史文献应首先缩微。

(2)对使用率特别高的书刊、专利文献等可以考虑缩微,目的是提高效率,体现现代化管理。例如可以把"科技文献检索室"的收藏全部用 16 毫米卷片缩微下来,配备 2—3 台检索设备就可以了。对于新订的外文报刊,一开始就应订它的缩微品。

(3)对连续出版物应首先考虑缩微。例如报刊,因为报刊的时间性很强,过 1—2 年就基本陈旧过时了,但它的连续性、系统性也很强,必须完好的保存,特别适合缩微。

三、开展缩微复制服务,提高馆藏书刊的利用率

静电复印在图书馆被认为是一种最有效最方便的复制手段,但是缩微复制有其他任何复制手段代替不了的优越性。其一表现在远距离获取复制品上。我们利用缩微平片,以最普通邮寄的形式,可以从世界各地直接获取所需要的原件复制品。另外我们知道编制书本式的联合目录是需要高额成本的,我们可以把一个地区的联合目录进行分专题缩微复制。这样就可以大大降低成本,可以满足个人读者的使用。

四、加强缩微出版,以适应信息社会特点和有利历史文献的
　　系统性收藏

我们知道,现行的印刷技术不能够经济地生产出一个或几个副本。必须有一个最低限度的出版量以便能支付编辑、设计、广告、印刷的费用。而某些文献其价值虽高,但利用率很低,该文献很难再版发行,如果利用缩微出版的方式,无需再经过诸如编辑、制版、印刷等过程,只需按要求的数量进行拷贝即可,其费用以《四库全书》为例,一部影印本需要 7 万元人民币,而一部缩微品仅需 5000—7000 元人民币。所以以缩微品的形式出版发行最为适宜。

根据我国情况,笔者认为应该发展以下几种形式的出版物。

1. 同时缩微出版。在我国同时缩微出版还没有得到应有的重视,但是对于图书馆界来说,却具有很大的经济效益。同时缩微出版物就是作为纸印版的副本同时出版的缩微品。因为缩微品比印刷品价格低、保管原始印刷本或影印本需占大量空间、装订合订本,又需大量装订费用等,所以采用缩微品是最经济最科学的。

2. 回溯性缩微出版。它包括对报纸、期刊、古籍、善本，绝版图书，大型成套地方志，政府公报等的印刷本，再次以缩微品的形式出版，即可补充馆藏，又有利于流通使用。

五、对今后工作的想法

为了进一步推广缩微技术在图书馆的应用，笔者认为加强以下的工作是必要的：

积极进行缩微技术优越性、实用性的宣传，使得这一成熟的技术真正给图书馆事业带来巨大的效益。

应该积极的加强地区性的横向技术交流，提高设备的利用率，加强社会化的协作，在资料上，技术上，互相取长补短，有条件的地区可以筹建缩微技术学会。

在完成本单位缩微复制任务的同时可以加强缩微技术服务，这样一方面可以使任务饱和，另外对于无设备的单位也可以享受到缩微技术带来的好处，其工作的本身也是最好的宣传。

加强队伍的培训，目前我们普遍的倾向是忽视缩微技术队伍的培训，这也是造成设备利用率不高，质量低劣的主要原因，应该利用横向的技术联合解决这一问题，有条件的单位可以出头主办一些有针对性的技术培训班。

我们在进行缩微系统设计时，应该重视缩微品的使用与还原能力的设计。现在有一种倾向，对摄制比较重视，对使用投入力量不多，这样做的结果，始终使这一领域的应用处于冷冷清清局面，不利于让大多数人接受，领会不到它的优越性。

在作法上，我们应该重视每一个领域的实际应用，多动脑筋不要轻视小的方面的应用。

回顾我国 30 多年缩微技术发展的历史，特别是在图书馆应用的历史，我们对现阶段缩微工作的开展是满意的，是令人鼓舞的，让各级主管领导和缩微技术工作者共同努力，使缩微技术对图书馆事业发展发挥出更大的效益。

（原载《缩微通讯》1987 年第 4 期）

公共图书馆馆藏缩微资料利用状况分析

国家图书馆　　边维华

一、缩微资料在图书馆的利用状况

随着缩微技术在图书馆应用的不断发展,许多图书馆缩微馆藏量与日俱增,缩微资料在图书馆的地位与重要性已不可与昔日少量的收藏同日而语。缩微技术在图书馆的应用,已从抢救保护馆藏文献资料阶段,开始转入为读者服务、为社会服务阶段。据统计,全国已有 15 个省、市图书馆都配备了整套缩微设备,近几年来其他图书馆也相继购进了缩微阅读器和阅读复印机。预计今后几年内,利用缩微资料为读者服务的方式在全国公共图书馆界将得到迅速发展。

北京图书馆开展缩微服务工作已有多年,一些省市图书馆近几年才刚起步,总的看来利用率较低。仅以北京图书馆为例,目前共有缩微阅览室 3 个,其中综合缩微阅览室收存美国博士论文、日本外务省档案、建国前社科期刊等缩微资料 18 万卷、缩微平片 8 万余张,有各种阅读设备 20 台,平均每天接待读者 5 人次。报纸缩微阅览室收存报纸缩微资料 6000 卷,有缩微阅读器 11 台,平均每天接待读者 15 人次。善本缩微阅览室收存善本书缩微资料 6000 多卷,有缩微阅读器 15 台,平均每天接待读者 10 人次。三个缩微阅览室每天利用缩微资料的读者只有 30 人次,与全馆每天接待读者 6100 人次相比只占 0.5%。其他已开展缩微服务的省市图书馆,大多数没有专门的缩微阅览室,只是在阅览室中占用一个角落,放一两台阅读器供读者阅读,利用缩微资料的读者更是寥寥无几。如果没有图书馆制度上的硬性规定(凡已拍成缩微卷的资料原件一律不借阅)迫使读者不得不接受,缩微资料几乎无人问津。值得注意的是,面对这种现象,很少有人去探讨解决问题的办法,久而久之习以为常,认为是一种正常现象,甚至对缩微在图书馆的应用产生怀疑。由于许多图书馆对缩微的特性、应用的可行性范围与应用技术性问题没有清楚的认识,缩微的应用就很难有效进行。如果对应用的有关细节再不能仔细留意,认真的研究,而是只求眼前利益,采取不当的服务方式,其结果可能造成读者的反感与厌弃缩微资料的恶性循环。

二、造成缩微资料利用率不高的原因

1. 读者对缩微资料的接受性不强

根据上述统计可以看出,目前读者对缩微资料的接受性不强,甚至处于不情愿的接受状态。分析其原因大致有以下两种:

(1)不方便

读者之所以觉得不方便,是因为缩微资料的使用需要借助阅读器,在感觉上和操作上不习惯,尤其老年读者反映强烈。而大部分读者使用缩微资料的态度是与使用的目的和使用的程度有关。作为一种短暂性的影像扫描取得少量信息作为行动依据的参考性使用方式时,一般都能接受,而作为研究性使用时,读者必须聚精会神阅读才能得知详细内容,因此需要较长时间的接触,看久了自然会感到疲倦。这种情况与一般书籍的阅读没有太大的差异,即使是在一般环境下看自己所喜欢的书,时间久了也会感到疲倦,更何况缩微资料要在特定环境中阅读,需要保持一定的姿势,对读者而言自然感到不便。

(2)不舒服

所谓不舒服,是指长时间的阅读缩微资料所造成的客观和主观疲劳。在正常情况下,长时间阅读缩微资料与长时间使用纸张原件之间,何者易引进客观疲劳,至今还没有资料加以证明。据国外有关研究资料认为,人在头脑清醒、视觉对象适当的情况下,对缩微资料和书的有效阅读时间相同,均可达到 6 小时。阅读器的不良显示和劣质的缩微品资料都会使得屏幕上的影像模糊不清,易加重客观疲劳的程度。实际上给读者造成不舒服的感觉主要来自于主观疲劳。所以,要提高读者对缩微资料的接受性,以便减轻主观疲劳。

主观疲劳是读者主观上的感觉,例如:有的读者阅读缩微资料时间稍久就有头疼、头晕、恶心及眼睛疲劳等感觉。这种感觉轻重程度因人而异,有习惯与适应过程。也有的读者认为阅读器看久了会伤害眼睛,对此美国学者雷汀先生的研究结论证明:只有在不正确的视物缺陷或环境因素下(如屏幕照明过低,闪耀的强光等)才会对眼睛造成伤害,在正常情况下对眼睛是不会造成伤害的。

2. 缩微资料编目与否造成的影响

许多读者之所以未能使用缩微资料,往往因不知道图书馆有缩微资料的存在,或者即便知道,也不知如何检索与使用。所以,缩微资料的编目与否对读者利用率的影响也是十分重要的因素。

当馆藏缩微资料数量不多时,编目与否并不能构成太大的影响,一旦缩微资料迅速增加,问题就比较严重。不编目读者就不知其可用,要编目就要花费相当多的人力和物力,而即使编目也并不能保证缩微资料一定会被使用,但至少给读者一种感觉——缩微资料也是馆藏的一部分,有其重要性。

3. 阅读设备的影响

缩微资料的应用,阅读设备的影响也是一项重要因素。提格(S. J. Teague)于1979年在"图书馆缩微复制品的管理"一文中,提到读者不喜欢缩微资料的7项理由时,阅读设备的问题也是构成读者反对使用缩微品的原因之一。普林斯顿大学图书馆缩微部针对读者的抗拒问题,对阅读设备进行改进终获成功的实例,进一步证明了缩微阅读设备的重要性及对缩微资料利用率起着不容忽视的作用。

4. 阅读环境的影响

由于缩微品的使用需借助特殊设备,这就要求阅读时需在一个特定环境中使用,如果没有一个舒适的环境使缩微品的作用成为一种愉快的体验,就不会吸引读者去使用。美国宾夕法尼亚州州立图书馆于1975年曾作过调查,其结果表明:阅读环境不良被列为不喜欢阅读缩微资料最常见的理由。1976年由美国图书馆资源委员会资助的一项重要调查报告结论中也指出:图书馆缩微资料的使用之所以会有读者反抗的问题,通常都是因为对缩微技术的应用缺乏认识所致;而且图书馆本身就没有给予缩微资料与其使用者合理的地位。还建议:不要等到设备的设计上有重大突破才有所行动,现在就可以应用已知的方法来改进缩微资料的使用环境。结论还认为:一个成功的缩微阅览室乃是设计良好的实际环境与适量了解缩微的工作人员结合。由此可以看出,阅读环境的好坏对读者使用缩微资料的积极性也将造成直接影响。

5. 其他因素的影响

以上是造成缩微资料利用率不高的主要因素,然而馆藏缩微资料的内容是否丰富,对读者是否有极强的吸引力、工作人员对缩微在图书馆应用的认识与热心程度等都会影响到缩微应用的成败。

目前许多图书馆都在积极发展馆藏缩微资料,但是,在内容的选择上还没能引起重视,因而馆藏缩微资料的内容并不丰富,给读者的使用造成很大的局限。许多读者对现有馆藏内容未必有太大的兴趣,如果馆藏缩微资料的内容对读者有极强的吸引力,那么任何不利因素都不会成为读者使用缩微资料的障碍。

工作人员要训练有素,要给读者一个"正面"的印象。往往因工作人员一句不合宜的话,足以使一切努力归于徒然。那些第一次使用缩微资料的读者更需要工作人员热心的与不厌其烦的协助,并给予"正面"的形象,否则读者就不会有第二次的使用。若给读者以"反面"的印象,其结果会比想象的更糟,一旦读者对缩微资料产生偏见,再多的解释与努力也很难生效。

三、提高缩微资料利用率应具备的条件

1. 缩微资料应编目分类

缩微资料的编目分类又称为缩微资料的目录控制,许多图书馆由于馆藏缩微资料数量不多,使用频率不高,所以没有进行编目。有的只是简单编目供内部工作人员检索之用,而将缩微资料正式编入馆藏目录供读者查询的图书馆很少,这样就大大地限制了缩微资料馆藏信息的传播,读者不知道其存在也就无法使用,所以缩微资料的目录控制是增进读者使用的第一步。

目录控制一般可分为内在目录控制和图书馆目录两种,所谓内在目录控制,是指缩微资料本身可供识别的目录信息与标示,这一点各馆在缩微拍摄时都能准确达到标准要求,所以内在目录控制一般尚不存在问题。图书馆目录控制是指图书馆本身缩微资料的编目与分类问题。编目自然要花费许多人力、物力和时间,而不进行编目,读者就不知其可用,要提高馆藏缩微资料的利用率,花费一些人力、物力和时间是值得的,至于编目的方式,程度各馆应根据各自的情况(缩微资料的多少,缩微品的形式)决定,但是将缩微资料编入馆藏总目录,使之成为馆藏的一部分应是最佳编目方式。

2. 阅读环境应具备的条件

前面已经谈到,阅读环境可以对读者使用缩微资料造成直接的影响,因此如何改变阅读环境是各馆今后应引起重视的问题。要改变阅读环境自然会受到资金不足、空间紧张等各种因素的制约,但是,有许多可以做的事,许多不花钱或花少许钱就能办到的事也没有做好、或根本就没有去做。这说明图书馆本身对阅读环境的改进及其重要性还没有给予足够的重视。这样,今后几年内缩微资料的利用不可能有长足的发展。

什么样的环境才是理想的阅读环境呢? 概括起来就是四个字——舒适、方便,使读者较长时间的阅读而感到舒适,使用操作感到方便。这样对缩微阅读室的要求不仅是把阅读器摆放在桌上,而必须对室内环境进行精心的安排和周密的设计。例如:美国马特兰医院图书馆将缩微阅读器与阅读复印机安装在吸引人的同一个小房间里,从而使读者的阅读使用十分方便;美国纽约大学图书馆特别为使用缩微资料的读者设计了两间式房间(TWO—Station),每间各设一个自动式平台,读者可根据需要自行调整阅读器的调试与角度,并且设有一个缩微资料存放架和一个用以做笔记的平面及一小盏阅读灯,使阅者感到舒适方便,与阅读书本原件没有感觉上的差异,无形中提高了缩微资料的利用率。作为图书馆缩微阅读室的设计,应考虑的因素很多,归纳起来有以下十项内容应引起

注意：

（1）愉快的室内环境与色彩设计，以减少眼睛疲劳。

（2）室温在19℃—20℃,湿度在30%—65%。

（3）阅读区表面光的亮度约为4—5米/烛,与邻居的照明度差异不超过1:3。

（4）地毯布置以短毛不沾灰尘为主。

（5）有充裕的电源插座。

（6）窗户少、有布帘遮光。

（7）每部阅读器有2平方米占地面积。

（8）有适于做笔记的办公条件。

（9）书目工具安装在方便的位置。

（10）工作人员在场协助。

除了上述阅读室的设计之外，工作人员的态度在整个环境设计的成败上占有决定性的地位，所以要求负责缩微阅览室的工作人员必须掌握丰富的缩微知识，对缩微在图书馆的应用要有明确认识。作为图书馆的行政主管，必须把缩微阅览室的管理工作当作一项需要专门训练的技术工作，不能与其他阅览室工作等同。只有管理人员熟知如何应用缩微技术，缩微在图书馆才能真正成为有用的技术。

3.阅读设备应具备的条件

要提高缩微资料的利用率，阅读设备同样是不能忽视的条件。缩微资料的使用必须借助阅读设备，由此给读者带来诸多不便，而良好的阅读设备在很大程度上可以弥补这个缺陷，避免客观疲劳的产生，减轻主观疲劳的程度，使读者在短时间内就能够适应。由于图书馆使用的阅读器不像一般企业或专门研究机构使用的那样单纯，它所面对的是广大的读者和众多形式的缩微资料，这样对阅读器的要求及应考虑的因素自然较多。首先要根据馆藏缩微资料的形式和读者需要的情况来选择适应本馆实际情况的比较实用的设备。阅读设备的选择应从以下几个方面考虑：

（1）技术性

阅读器的显像方式主要分为前映和后影（或投影）两种，至少何者较优至今尚无定论。然而对阅读器的判定和选择标准并不取决于哪种显像方式，主要应从三个方面考虑：

a.解像力

解像力是指光学系统和屏幕所能给予的分辨细节的能力，一般用于阅读书、刊等缩微资料的阅读器的要求为:在24倍下中央部分达到5线对/毫米;边缘部分达到4线对/毫米时,可视为是性能良好的阅读器。

b. 反差

屏幕的反差保证了影像的明暗关系,如果是阅读黑白影像的原文记录或线条图形时,应选择反差高的,而低反差屏幕则适合于阅读半调的黑白影像或彩色影像。

c. 扭曲

扭曲是光学上的缺陷,是指屏幕边缘的直线成为曲线。一般情况下阅读器屏幕出现轻微扭曲是不可避免的,对阅读影响不大。然而对地图、图表及比例图式等缩微资料的阅读,这种扭曲的危害就显得十分严重,哪怕是很轻微的扭曲都会影响到阅读效果。

（2）阅读器的应用

首先要考虑所选用的阅读器是否适应馆藏缩微片的各种不同形式。阅读器一般分为使用单一片种和多片种两大类,目前大部分都属多片种阅读器,其倍率不一定都适合各种形式缩微资料的缩率,而只有倍率与缩率相适合时才能获得良好品质的影像,通常用原来尺寸的 3/4 显示最为合适。例如:缩率为 24× 的缩微文件,那么使用倍率应为 18倍。如果有的图书馆馆藏缩微资料具有多种缩率时,可选择靠近中间倍率的范围。例如有缩率为 55× 至 90× 的资料,可选择 70× 的倍率显示。也有的图书馆馆藏缩微资料的形式多而缩率范围又广,且受到经费限制只能购买一两台阅读器时,就不能选择单一倍率的阅读器。

另外,缩微阅读器屏幕尺寸的大小,决定一次显示的信息量。通常阅读器的屏幕适用于书、刊、技术报告等缩微资料,对图表、地图等缩微资料的阅读,需选用较大屏幕的阅读器才能全部显示。为了使用方便,还应考虑阅读器是否能将所显示的影像转向,以满足各种缩微片的位置与方向的需求,能旋转 360 度最佳,至少也要能旋转 90 度。

（3）对读者的需求

读者对缩微阅读器的需求因素,决定着对缩微资料的使用程度。如果在选用阅读器时能同时充分注意读者的需求,会减少读者对使用缩微资料的反感,使读者在感觉上与阅读书本的差异减至最低程度。一般而言,容易调焦、清晰一般的画面、亮度均匀与可调节亮度的装置是读者的主要需求。此外,风扇噪音大小、能否做笔记、使用说明及操作标示等都是读者所需求的,也应给予考虑。如条件允许,配备阅读复印机,对减少读者的抗拒情绪更为有利。

总之,要提高缩微资料在图书馆的利用率,上述各项因素固然十分重要,而要达到应具备的条件、困难、障碍确实较多,许多人把资金不足、空间紧张当成主要障碍而束手无策。笔者认为,主要障碍来自于思想认识和思想观念的转变,缩微技术尽管在图书馆有较快的发展,馆藏缩微资料也在逐年增加,但是,缩微在图书馆所发挥的作用,所占的地位以及今后的发展前景,至今还没有得到重视和认可,这个问题不解决,势必严重影响到今后缩微资料的利用。所以广泛进行宣传,尽快形成关心和重视缩微在图书馆发展和利用的大气候,是每一个图书馆缩微工作者义不容辞的责任。

（原载《缩微技术》1993 年第 2 期）

试论缩微品的地位作用及发展前景

山东省图书馆　张洁如

以缩微胶片为载体制成的缩微品作为现代科学技术的产物,在现代信息资源的储存、开发和利用上发挥了极其重要的作用。但随着计算机技术、光盘技术的迅速崛起,各种载体的文献资料应运而生,面对这些不同类型的载体如何重新认识缩微品的地位作用,准确预测它的发展前景,这是缩微技术工作者共同关注的大问题。笔者认为,在充分肯定和高度评价缩微品的历史作用的同时,必须把缩微品置于现代科技水平中,对其在当今社会中的地位作用重新审视,恰当定位,以扬长避短,选择正确的发展道路,保持缩微品的生机和活力。

1　缩微品诞生初期在信息传递领域中发挥了意想不到的作用

众所周知,在普法战争时期,普鲁士军队围困了巴黎城,在用各种方法与外界联系均失败的情况下,法国人达格龙利用摄影技术将情报多次制成缩微品,系在信鸽身上传递给收件人,成功地为巴黎城解了围。二次大战期间,美国许多军舰、飞机的技术图纸被火毁之,他们利用幸存的缩微品,经放大还原后,迅速地修复了被炮火击坏的航空母舰、飞机等,赢得了时间,减少了损失。在战争年代,运输问题是一个大问题,一些国家为了保密、安全和减轻运输负担,许多文件、资料、情报、信件均是以缩微品的形式来进行传递的。可以说缩微品在战争年代立下了不朽之功。从 20 年代开始,缩微技术不断地得到发展和进步,其缩微品已从情报传递扩展到各个领域,在一些科技发达的国家开始有了各种文献、报纸、档案的缩微品供人们使用。由于其能忠实地反映原件的面貌,具有不可改性,从 1938 年起,缩微品开始在欧洲一些国家率先有了合法的法律地位。

2　在当今社会,缩微品的地位作用仍不可取代

缩微品之所以不可替代,是因为在信息资料的保存抢救、传播和应用中,仍发挥着重

要作用。其一，由于今天对于明天来讲就是历史，因此，重要历史文献资料的保存抢救将是一个永不间断的历史过程。实践证明，纸张的保存期限及质量远不及缩微品，纸质的许多珍贵历史文献资料，由于年代久远，变色发霉、虫蛀，有的已无法再复原；而缩微品，经历 100 年的风风雨雨，保存完好的，至今仍然具有可读性。如今，计算机、光盘技术虽然比较先进，但作为长期保存信息资料的可靠性尚未经受历史的检验。其二，缩微品仍广泛应用于信息资料的传播中。计算机、传真机等技术的出现，互联网、信息高速公路的建成，无疑扩大了信息传递的范围，提高了信息传递的速度，但不可能完全代替缩微品。在信息传递上，与纸张相比，缩微品具有体积小、容量大，便于邮寄、运输的特点，与计算机、传真机相比，可以忠实地传递原始件内容，可以传递受环境和条件的限制计算机、传真机难以传递到的范围。其三，在信息资料的应用上，缩微品仍具有一定优势。例如，在科技教育领域的立体演示、形象化教学中，在社会经济活动的商品展示、广告宣传中，在社会生活各个领域的日常活动中，缩微品仍发挥着独特的作用，给人们带来意想不到的效果。其四，从保密角度讲，与纸张及其他先进技术相比，缩微品最不容易被窃取，易于保存和携带，因而更安全可靠。其五，经过 100 多年的不断探索发展，缩微技术已趋于成熟稳定，在世界范围内有了统一标准，缩微品的质量越来越高，加之它的不可改写性及忠实反映信息资料原貌的特点，具有较强的通用性，涉及诉讼时，作为证据，已在全球范围内具备了法律效力。而作为先进的光盘及磁带等载体由于可改写性，不能保证其内容的真实性和可靠性，因此不能像缩微品一样作为证据出示。

3 目前存在的问题

虽然缩微品在文献档案情报等各个领域中发挥了极大的作用，尤其是在抢救历史文献工作中所发挥的巨大作用，但与传统和现代信息资料载体相比，仍存在明显的缺陷。因此在充分肯定缩微品地位和作用的同时，我们也必须看到它的局限性。第一，对缩微技术的宣传力度不够，知名度不高，推广工作不够有力。目前社会上对光盘计算机的认识可以说是家喻户晓，而对缩微品而言，仍存在一定的盲区，部分人根本不知缩微品为何物做何用，加之缩微技术应用范围相对比较狭窄，缩微品的利用范围也就可想而知了。第二，缩微品数量比较少，不像光盘影碟，种类多，数量大，目前主要应用于文献资料的保存和抢救，因此开发应用力度不够，难以满足社会各方面的需要。第三，使用缩微品必须依靠专门设备，并需具有一定专业技术，且检索速度慢，使用不像纸张、计算机那样直观、快捷、方便。因此许多使用者长期在阅读器前阅读，眼睛感到疲劳因而产生一种抵触情绪，这也是缩微品不能广泛使用的原因之一。第四，阅读复印机价格较贵且作用单一，因此,不像电脑那样能广泛进入社会单位和家庭。

综上所述,笔者认为对缩微品的地位作用应作以下定位。其一,在今后相当长的一段时期,缩微品仍是信息资料保存、传递、应用的重要载体之一;其二,缩微品与其他信息资料载体相比,既具有明显优势,又有明显局限性;其三,缩微技术亟待提高改进。

4　充分发挥缩微品作用,努力开拓其发展空间

如何巩固缩微品的地位作用,努力开拓其发展空间呢? 笔者认为应从以下几个方面努力。

(1)利用一切可以利用的形式加大宣传力度,提高缩微品的知名度和影响力

首先,要充分发挥各级缩微协会及缩微技术人员的作用。在更广泛的领域内扩大会员队伍,增强协会的社会性,形成阵容强大的宣传、推广缩微技术的骨干力量。其次,办好学术刊物,进一步提高质量,千方百计扩大发行,增强刊物的影响力。其三,充分利用报刊、广播、电视等其他新闻媒介,系统全面地介绍缩微技术和缩微品的重要作用,在一个时期内形成比较集中的舆论攻势,引起社会的广泛关注。

(2)坚持抢救开发和应用并重,以抢救开发为主的方针

公共图书馆系统、档案系统以及情报等系统缩微复制工作之所以搞得好,坚持数年并形成纵向到底、横向到边的完整体系,关键在于他所承担的保护抢救重要历史文献及档案资料的任务,具有重要的政治历史意义,从而引起了各级党委、政府和主管部门的重视。今后应继续加强这方面的工作,并且逐渐向党政机关和其他行业、系统延伸,可以说任重而道远,工作量还大得很,这是缩微技术有无发展前途的重要生命线,因此必须抓住不放。那种认为保护抢救工作已基本完成,今后已没有多少事可干的思想是要不得的。但缩微复制工作决不能仅仅限于保护抢救工作,还应该努力开拓新的领域,把死资料变成活产品,广泛应用于各个行业和领域,为经济发展和社会进步服务,才能进一步增强缩微技术和缩微品的生命力。另外,我们还要加强与外界的联系,把国外好的经验吸收进来。我国已有不少这方面的专家,曾多次到日本、美国参观访问学习,那里的缩微技术开始时间较早,应用广泛,许多出版物除了有纸质、光盘的之外也出了不少的缩微品,因此,在我国完全可以借鉴,逐步建立缩微品出版发行系统。如公共图书馆系统可以首先创立出版发行系统,全国公共图书馆联动,形成完整体系和系统,将保存的可以公开或内部发行的有参考、保存价值的文献资料,制成缩微品出版发行,做好广告宣传,在公共图书馆公开上架,并提供复制还原、认真服务,配套成龙,在全国形成缩微品市场,像 VCD 那样进入社会单位和家庭。

（3）将传统和现代的信息资料保存传递手段优势互补，找准自己的发展空间

文字、数字和缩微信息资料保存传递手段各有优势和局限，相互之间短时期内不可能互相取代，正确的选择是综合利用，优势互补，扬长避短。如根据需要，可以将以纸张为载体的信息资料与缩微品相互转换，达到保护抢救和开发利用的双重目的。可以结合计算机等现代技术手段，以提高缩微品的使用价值。比如目前新推出的数字化系统，利用计算机技术对缩微品进行数字转换扫描，使其影像数字化，通过计算机进行快速检索，以解决缩微品检索慢，不方便使用的缺陷。还可以通过传真机、电子邮递和激光打印机，将影像按其原来的形式或经过编辑的形式远距离传输，加快传输速度。

（4）引进和消化吸收相结合，进一步提高改进缩微技术

现在运转的缩微复制设备大部分是由外国引进的，技术性能虽然比较先进，但由于引进的时间比较早，许多方面需要改进。因此，我们有必要要求有关技术部门加强消化吸收工作，组织技术开发和攻关，对原有设备进行适当改进和完善，以进一步提高现有设备的适应性和适用性。同时研制出适合我国国情的新设备，降低成本，提高利用率。比如，我们目前所有的阅读器光源及屏幕均为乳白色，使用者长期阅读，眼睛容易疲劳，笔者认为，如果将光源及屏幕改为浅绿色，一则光线更柔和，二则绿色可以起到调节情绪和保护人的视网膜作用，这样就可以缓解和减轻阅读者的眼睛疲劳，并消除部分使用者对使用阅读器的抵触情绪。

总之，随着人们文化水准的普遍提高，在高科技迅猛发展的今天，文献载体单一的现象已不会存在，人们的需求也会随着社会的进步而提高，在多种载体文献大量涌入市场之时，缩微品一定会适时适宜地发挥其独特的作用，并且会越来越被人们所重视和了解。

（原载《缩微技术》1998 年第 3 期）

充分发挥缩微品的作用不断开发信息资源

江西省图书馆　范正杭

在科学技术发展的今天,缩微技术已成为现代化技术的一部分,它是衡量一个馆现代化技术水平的标准之一。自从我国公共图书馆系统开展缩微工作以来,已陆续抢救了一大批有珍贵价值的古籍、报纸、期刊等历史文献资料,为保护国家遗产,弘扬民族文化,做出了举世公认的成绩。

目前,我国公共图书馆系统对古籍善本、新中国成立前报纸和新中国成立前期刊这三大文献的抢救工作已基本结束,经抢救拍摄出来的缩微品是数以万计,如何让这些缩微品在保护文献原件,开发信息资源,方便读者使用中发挥出应有的作用,是我们面临的一大问题。为此,笔者结合自己的工作实际情况,谈谈个人的体会。

1　利用缩微品的好处

缩微品与传统的纸质载体相比,具有存储的信息容量大、提取容易、保存期长、规格统一、复制方便等特点,它带给我们的好处是显而易见的。

(1)有利于原件的安全保管,提高信息利用率

使用缩微品代替原件提供利用,可大大减少对原件的使用频率,从而达到保护原件的目的。尤其是那些古籍善本、珍本、孤本等,各馆都视为镇馆之宝,除了特殊情况下拿出来展览一下,大部分时间都是"难以见天日",其利用率极低。有了缩微技术,这些珍贵的原件可采用更有效的手段封存在安全环境中,其缩微品却可以直接提供利用。这样一来,既解决了原件的安全保管问题,又使馆藏文献资源得到充分开发,提高了信息利用率。

(2) 弥补了原件的不足,充实了馆藏内容

按照缩微摄制的要求,对原件中的缺失部分要尽量补齐后方能拍摄。所以,缩微品的内容一般都要比馆藏原件的内容更加完整。用缩微品进行查阅,可以弥补部分馆藏的不足。

（3）便于调阅，减轻了劳动强度

由于缩微存储的信息量大、体积小，不仅调阅非常方便，还极大地减轻了工作人员和读者的劳动强度。如我馆馆藏新中国成立前中文报纸《江西民国日报》，从 1929 年 4 月至 1949 年 10 月共计 228 册，以每本 4 至 5 千克计算，总重量达 1000 多千克。而该报的缩微品一共才有 59 卷，其总重量不到 15 千克。以前调阅该报时，工作人员得一趟又一趟地搬进搬出，有时还要从 2 米多高的报架上取报，一天下来是腰酸背疼。自从我馆有了该报的缩微品以后，大大地减轻了工作人员和读者的劳动强度。

（4）复制方便，易于同其他新技术相结合

缩微品规格统一，复制起来简便易行、且成本低廉，是纸质载体无法比拟的。目前，缩微品已能与电子计算机、光盘等新技术结合使用，有不少图书馆已实现了对缩微品的电子检索。

2　缩微品利用的现状

从我国公共图书馆系统来看，缩微品的利用有以下几种情况：

（1）缩微品利用比较好的馆

这些馆开展缩微工作较早，设有专门的缩微阅览室，配置了一定数量的缩微阅读、还原设备，入藏的缩微品具有一定的规模，基本上能满足读者对缩微品的检索要求。

（2）缩微品利用较差的馆

这类馆可分为两种情况。第一种情况：缩微工作虽然起步较早，但多年来重视的是拥有缩微品的数量和缩微阅读设备的多少，忽视了对缩微品的利用。第二种情况：缩微工作起步较晚，所拥有的缩微品数量非常有限，缩微阅读、还原设备大都无法正常使用，影响了缩微品的利用。

3　缩微品利用存在的问题

纵观我国公共图书馆系统缩微品利用的现状，之所以造成目前缩微品利用率低下的原因，主要来自以下几方面的影响：

（1）传统阅读习惯的影响

缩微品必须借助于缩微阅读设备才能阅读，这与人们长期以来形成的阅读习惯不相符合；在缩微阅读时，屏幕的光线比较强，阅读时间一长，人的眼睛容易产生疲劳，这是读者不愿使用缩微品的主要原因之一。

（2）缩微阅读设备的影响

缩微阅读必须依赖于阅读器。阅读器长期闲置不用，一些零部件容易老化，如传输皮带脆裂、开关失灵等。阅读时间过长，灯泡容易烧坏。这些损坏的零配件如果不能及时给予更换，将直接影响到缩微品的正常利用。我馆就因为不能及时更换零配件，一度使多台阅读器全部处于瘫痪状态。另外，如果缺乏较好的缩微还原设备，不能及时为读者提供缩微品的还原服务，也会影响缩微品的利用。

（3）缩微品数量的影响

经过多年的积累，目前，各馆都收藏了一定数量的缩微品，但与馆藏图书资料相比，其数量只占馆藏图书资料的一小部分，无法有效取代原来的纸质原件阅读。同时，现有的缩微品资料零散、不成系统、缺乏特色，故少有人问津。

4　充分利用缩微品必须做好几件事

针对目前我国公共图书馆系统利用缩微品的现状及存在的问题，要想发挥缩微品的作用，开发其信息资源，笔者认为必须做好以下几件事：

（1）做好缩微品利用的宣传工作

造成缩微品利用率低的原因，除了上面所谈到的一些客观因素外，一个主要的原因就是我们平时对缩微品利用宣传得不够。从 1968 年算起，缩微工作在我国公共图书馆界已有 30 多年的历史。可至今仍有不少人对缩微技术一无所知，缺乏对缩微工作的正确认识，甚至把它和计算机技术混为一谈。为此，我们只有加大宣传力度，扩大缩微工作的影响，才能争取各方面的重视和支持。通过宣传，使人们认识到缩微工作的重要性，利用缩微品给我们带来的好处。同时还应积极主动地向读者介绍馆藏缩微品的特点，特别是要让读者知道，大部分缩微品都是经过了补缺后才拍摄的，它所包含的内容比馆藏原件更全。同时采用一些有效措施，鼓励和引导读者利用缩微品。

（2）要给缩微品利用者提供方便

读者在开始使用缩微品时总感到不习惯。为了消除人们在阅读缩微品时产生的抗拒心理，除了做好宣传工作外，我们还要为缩微品利用者提供一切方便，认真编制馆藏缩微品目录，并随着缩微品数量的增多，及时更新其内容，使读者在查找有关缩微品资料时一目了然；耐心细致地向读者讲解缩微阅读器的操作要领及注意事项；为读者提供舒适的阅读环境。实践证明，经过我们的努力，大多数读者都愿意使用缩微品。

（3）不断充实馆藏缩微品的数量

在实际工作中，我们深深体会到，由于馆藏缩微品的数量太少，严重影响了缩微品的利用。如我馆现有建国前地方报纸、期刊缩微品的数量分别只占馆藏建国前地方报纸、期刊的 86％ 和 47％。由于一部分建国前报纸和期刊没有缩微品,当读者需要借阅时,我们不得不调阅原件。为了更好地发挥缩微品在保护原件上所起的作用,我们应该尽量扩大拍摄范围,不断补充馆藏缩微品的数量,必要时将缩微品的采购纳入年度采购计划之中,逐步形成具有地方特色的缩微品收藏体系,从而吸引更多的读者利用缩微品。

(4)加强缩微阅读设备的保养与维修

阅读缩微品离不开阅读器,各馆都先后配置了一定数量的缩微阅读器。但由于有的馆平时不注意对阅读器的爱护与保养,以致造成各种设备故障。如:传动皮带断裂,手柄打滑,压片玻璃失灵,反光镜积满灰尘,镜头发霉等。设备陈列虽多,真正能用的少。缩微品阅览室形同虚设,读者寥寥无几。所以,我们平时要注意做好缩微阅读设备的保养与维修,及时更换损坏的零部件,保持阅读器的清洁卫生,为读者利用缩微品创造有利的条件。

(5)做好缩微技术与新技术的结合

近年来,随着电子计算机的大量普及和光盘技术的问世,对缩微技术的应用和发展形成了一定的冲击。有不少人认为,"缩微技术过时了","它将被光盘技术所取代"。作为一个缩微工作者,一方面我们要大张旗鼓地宣传缩微技术的重要性,通过对缩微品的利用,使人们真正体会到缩微技术给人类带来的好处;另一方面我们必须重视缩微技术与计算机、光盘等技术的结合,运用现代技术将缩微信息转换成数字信息,实现缩微信息的联网检索。

5　结束语

尽管目前在缩微品的利用上还存在一些不尽如人意的地方,但我们相信,随着改革开放的不断深入,人们对缩微文献的认识会逐步提高,缩微技术与其他现代技术的结合将使缩微品中的信息资源得到充分开发,缩微品的利用必将出现一个崭新的局面。

(原载《缩微技术》1999 年第 2 期)

浅谈缩微文献机读目录

浙江图书馆　沙文婷

机读目录(MARC)格式是用于在计算机上存储和通讯交换目录数据的一种数据格式,其精华是用字段和子字段描述书目信息,利用字段和子字段可重复、可变化长度的特性,来描述非常复杂的目录信息。MARC 是 Machine – Readable Catalogue 的缩写,最早出现在美国国会图书馆,该馆从 1968 年开始正式对外发行机读目录。利用机读目录可免去编目、数据加工的大量重复劳动,节省人力、财力和时间。机读目录格式现在已成为许多国家,尤其是国际间书目信息格式的基础。中国的机读目录(CNMARC)是国家图书馆参照国际最新公布的 UNIMACK 格式及我国出版物的特殊情况和规则的变化而编制的。1991 年我国出版了《中国机读目录通讯格式》,修订后又于 1996 年出版了《中国机读目录格式使用手册》。文化部于 2002 年颁布了《中华人民共和国文化行业标准——中国机读目录格式 WH/T 15—2002》,它是建立机读目录格式的唯一标准。机读目录数据的标准化、规范化,推动了计算机编目工作的发展,也逐步被图书馆界广泛运用。随着图书馆自动化网络化程度的日益提高,实现书目数据共享、文献资源共享已成为图书馆人士的共识。今天,计算机的应用为缩微技术的发展提供了广阔的前景。

1　建立规范的缩微文献机读目录数据库具有诸多优点

首先是目录检索便利。机读目录具有一次输入,多次、多途径利用的特点,极大地拓宽了缩微文献的检索途径。机读目录在检索的准确性、信息显示的全面性、检索时的方便程度、检索的途径等方面都要大大优于卡片目录。机读目录较之以往其他目录有更多检索途径和检索点,它不仅具有卡片等其他目录的功能,而且还具有许多卡片等其他目录所无法达到的功能。

其次是易于维护,信息更新状况好,可进行修改、升级、删除,使整套缩微目录保持新颖性。

其三是方式灵活、协同性好,便于馆际交流与合作。缩微文献机读目录对缩微文献揭示更详细、更深刻,是实现资源共享的重要途径和手段,完全适应网络环境下的编目工作方式。机读目录采用计算机集成系统,可以通过网络进行缩微文献书目的交流与合作,缩短了数据返回的时间。

其四是机读目录使用寿命长,费用低,经济上更为合算。

其五是机读目录的书目信息量大,节省空间,覆盖全面的字段使缩微文献的书目信息含量极大。

编制机读目录数据、建立机读目录数据库是图书馆数字化的核心,是图书馆目前的基础业务和工作重点,必须规范化和标准化。为缩微文献建立机读目录数据库,运用计算机编目和检索的目录,是缩微文献书目的一次大飞跃。

2 当前全国公共图书馆缩微机读目录的现状

全国图书馆系统经过近十几年的艰苦努力,制作了大量缩微文献,特别是对善本、新中国成立前的报纸、期刊的抢救。据不完全统计,全国公共图书馆系统缩微拍摄共完成善本29 015种、报纸 3876 种、期刊14 539种,还大量缩微拍摄和计划缩微拍摄民国时期的书籍,越来越多的缩微品被公共图书馆收藏。即使在美国这样数字信息高度发达的国家,缩微文献也在图书馆文献抢救、保护和存储方面占有重要的地位。在继承缩微技术的同时,走数字——模拟复合系统信息处理的发展道路,做好载体的转变工作,为缩微文献建立机读目录数据库,是缩微文献走向数字化的桥梁,将在很大程度上提高缩微文献利用率。目前为缩微文献建立机读目录数据库的条件已基本成熟。中国机读目录格式标准已颁布,依靠各单位的合作,建立一个全国统一的缩微文献书目数据库的工作已展开。全国图书馆文献缩微复制中心通过开办缩微文献数据库学习班,大规模地进行资源调试系统工程,确立在全国范围内建立规范的缩微文献机读目录数据库,逐步实现缩微文献目录的全国联网。各馆根据《中华人民共和国文化行业标准——中国机读目录规范格式 WH/T 15—2002》字段设置的要求,采用华艺出版社出版的《中国机读目录格式使用手册》,建立缩微文献机读目录数据。

3 缩微机读目录工作的要点

缩微机读目录作为其中的一个载体,从检索途径上看,也是从文献类型的特征入手,分别选择使用书名、著者、索引号、出版情况、馆藏地点、版次、分类和主题等。著录内容基本是根据《中华人民共和国文化行业标准——中国机读目录规范格式 WH/T 15—

2002》的字段设置要求,并遵循"文献目录信息交换用磁带格式"的标准(GB 2901—92,ISO 2709),采用《中国机读目录格式使用手册》进行文献著录。根据其使用功能,分为 10 个功能块:0 标识块、1 编码信息块、2 著录信息块、3 附注块、4 款目连接块、5 相关题名块、6 主题分析块、7 知识责任块、8 国际使用块、9 国内使用块。同时从制作缩微制品和编制缩微制品机读目录的实际出发,并考虑到数据对外交换的一致性,全国图书馆文献缩微复制中心提出尽可能少地设置自定义字段的指导意见。根据规定,每个字段根据需要可以设置若干个子字段,记录中的字段和子字段可以是重复的。记录中的字段不需要自行规定顺序,因为字段的顺序或各字段的地址在图书馆集成系统编制过程中已确立。有些字段、子字段设置相互重复,一条记录中有关某一项的数据元素重复出现,用代码和文字交替描述文献,是机读目录格式的又一特征。

在输入机读目录时,容易漏著相关字段,附注项可记载各著录项目正式著录部分以外的任何信息,其内容虽十分复杂,但非常重要。严格使用 3 字头字段的每一个字段,300 只用于 301—345 字段内无法准确填写的附注。附注项既影响文献目录深度,又影响读者的检索准确性,最终影响到文献的流通利用。编目工作最根本的一条,就是要以读者的检索要求与检索习惯为依据去编制目录。著录完整准确、著录的附注项清晰,才能便于识别,了解内容特色以便选择。所以,还应将附注项的著录作为衡量机读目录质量的标准之一。

当前,机读目录工作暴露出一些问题,特别是工作人员素质方面的问题。建立缩微文献书目数据库,对工作人员提出了更高的要求,不仅要求编目工作人员是从事缩微文献整理的专业人员,能熟练掌握缩微文献著录条例,同时要求编目人员熟悉 CNMARC 格式的规范著录规则和标准,还要能掌握计算机操作技术。由于编目人员业务知识掌握的局限性,会产生由于分类号、主题词的错误,如标识符号不准确、遗漏著录项目、著录格式不规范等问题。分类方面的错误表现在依书名分类、臆造类号、分类标引不到位或过细、复分错误等。此外,主题标引也存在着主题分析不正确、臆造主题词、以自由词代主题词、遗漏或误加主题词等质量问题,从而导致编著目录数据质量低下,影响机读目录的标准化和规范化。因此,提高编目人员的素质是提高机读目录质量的基础。由于电脑的识别是机械的,编目人员理解上的偏差,输入的机读目录著录数据不规范,使输入数据产生错误,特别是在有检索点的项目中,因为年代、时间、标点、空格、大小写不规范录入,都会影响正常检索。另外,全角与半角状态、字母、数字、标点和空格在中文与西文状态下所占字符也不一样,都会影响题名或者责任者的检索途径。同时,因为机读目录的应用有一定的局限性,当计算机及其局部网络出现故障时,有时不能迅速排除,也会直接影响机读目录的使用。

　　机读目录现在存在的某些问题只是暂时的,随着高素质图书馆人才队伍的建立,现代高新技术运用,以及图书系统软件的不断改进,都将使机读目录的工作体系更加完备。

（原载《缩微技术》2003 年第 1 期）

缩微技术与缩微品走向市场的思考

浙江图书馆　卢继雯

信息资源的开发和利用是人类社会发展的动力之一。利用摄影技术而制成的产品——缩微品,曾一度发挥着无与伦比的作用。然而,随着社会信息技术的高速发展,缩微技术受到了计算机技术、通讯技术及光盘技术等新技术的冲击,加之缩微技术自身存在的一些不足,缩微品利用状况的不理想,均制约了缩微技术和缩微品的发展和开发,如何使缩微技术和缩微品面向市场,服务于社会主义经济建设是我们面临的课题。

1　正视现状　提高认识

以计算机为核心的光盘存储技术的利用、开发,使计算机全文存储、信息传输的优势得以充分展示,相对而言,缩微品存在着检索速度慢等弱点。但缩微胶片具有成本低、保存时间长且具有一定的法律效应等优点,另外,缩微技术与计算机光盘技术的结合,正成为当今国内外信息管理技术的发展趋势。它们之间各有特点、长处,是一种相互补充、相互配合的协作关系。因此,缩微技术以其自身的优势在信息交流中占有不可低估的位置,认为缩微技术将被计算机技术取代、淘汰的悲观想法是没有根据的。

2　面向市场的缘由

市场经济体系的建立,为缩微技术和缩微品的发展提供了广阔的天地。缩微技术首先应服从和服务于经济建设这个中心,经济建设是缩微技术走向市场的坚实阵地,社会需求是缩微技术发展的原动力。另外,我国缩微技术经过几十年的发展,技术水平日臻成熟完善。遍布全国各地、各行各业的几千家缩微技术应用单位,经过多年的摸索、实践,积累了相当丰富的经验。一支专业技术素质高、实践经验丰富的缩微专业人员队伍,更是缩微技术与缩微品走向市场的有利条件。

3 如何面向市场

缩微技术与缩微品面向市场,是市场经济发展的必然结果。面向市场,首先要了解市场。市场经济的特点是开放性、创造性及竞争性。缩微工作部门要认清缩微技术与缩微品所处的现状、发展趋势,适应市场经济建设,在解决好自身存在问题的同时,着手建立及健全完善的机制,形成健康而完好的竞争态势。

基于这样的分析,我们认为必须解决对缩微技术的认识问题和缩微技术在管理应用中存在的问题,以及缩微品的利用率问题。

3.1 对缩微技术的认识问题

加强缩微技术专业人员的培训,不断接受新事物,更新知识,增加紧迫感,培养高层次的管理人才,使其对日新月异的信息管理系统有比较深入的了解和全面掌握;充分认识计算机光盘技术与缩微技术的关系,发挥各自优势,使两者相结合,取长补短。

3.2 解决缩微技术在管理应用中存在的问题

经费的短缺,设备陈旧、老化、设施不全影响并制约了缩微工作的发展。缩微部门在抢救珍贵文献结束后,各馆应根据本馆馆藏特点,充分利用现有设施继续制定拍摄计划,主管部门应在资金上给予一定的投入和扶持。缩微工作部门要注意产品质量,提高材料利用率,降低单位产品中的材料消耗费用。

3.3 解决缩微品的利用率问题

解决了上述两个问题,是缩微技术与缩微品走向市场的自身保障,但要真正在竞争激烈的市场中生存、发展,关键还得解决好缩微品的利用问题。

长期以来,我国缩微品存在着"重加工,轻利用"的问题,常常陷入信息资源加工的高投入和信息资源提供利用的低回报误区。解决该矛盾首先应充分考虑到用户的实际需求,清除造成引起信息交流障碍的各种因素,最大可能地降低信息交流、传递过程中的障碍。其次要开展对用户的需求研究,加大缩微品优势的宣传力度。同时,变目前缩微品被动服务方式为灵活多样的主动服务方式。通过各种渠道,广泛宣传、吸引、方便读者查阅、复制、购买缩微品,让缩微品的加工与开发利用结合起来,更好地面向市场,服务经济建设。

另外,缩微工作部门和缩微工作者要学会运用市场经济的"适销对路原则",建立定期或不定期向社会搞调查研究的制度,建立用户信息反馈渠道,不断拓宽服务,让缩微品多层次多方位地满足社会需要,提高利用率。

4　信息资源的开发是缩微技术与缩微品立足市场的基础

信息是推动社会发展、经济增长和科技进步的主要杠杆。开发信息资源是缩微工作为现代化建设服务的重要途径，是缩微工作自我完善、立足市场的关键。缩微技术与缩微品要步入市场，不致力于信息资源的开发利用就难以立足，服务经济建设更是空话一句。

（原载《图书馆工作与研究》2003 年第 2 期）

浅谈缩微技术在丰富馆藏中的作用

湖北省图书馆　陈智强

　　缩微技术就是以感光材料为载体,用照相的方法将原始的文献资料缩小后,真实地记录下来,从而形成缩微资料,更方便地用于存储和提供利用的技术。由于缩微品具有体积小,重量轻,信息密度大,节省储存空间且成本低廉;制作迅速,复制性能好;既可缩小,又可放大;不走样,不变形,保存期长(根据美国国家媒体实验室报告,缩微胶片的保存期为 500 年,美国 KODAK 公司 1997 年的技术报告公布的测试数据,甚至认为缩微胶片的保存期可达 1000 年)。亦可通过胶片扫描进行数字化处理,供读者在网上阅览、下载及光盘刻录。同时,缩微品上记载的信息是原件的真实记录,人们不能使用其他手段在缩微品上更改信息,这使缩微技术成为档案存储技术的法律凭证,而受到世界各国的重视。缩微技术不仅在图书情报、档案这些专门从事文献信息管理工作的部门得到广泛应用,而且在工程设计、金融、保险、商业、医疗、军事和政府办公事物中也被广泛应用。从 20 世纪 80 年代开始,全国图书馆文献缩微复制中心陆续为 21 个省市图书馆配备了数百台缩微设备和购置缩微阅读器,帮助 30 个公共图书馆建立了缩微阅览室。截止到目前不仅抢救了一大批濒危的珍贵文献,而且通过图书馆界相互间的配合,对缩微资料进行较为完整的补配,客观上充实和丰富了馆藏。本人从以下几个方面谈谈缩微技术在丰富馆藏中所发挥的作用。

一、缩微技术的前期整理和准备阶段,也就是馆藏调查阶段

　　为了使缩微品标准化,便于保存和利用,首先必须对待拍资料的历史状况进行深入了解,包括:出版年月、编著者、出版地、报刊的创、休、复、停刊日期,所属的副刊、增刊、号外、画刊等,线装古籍的版本、尺寸大小、卷册数等。然后调查待拍资料的收藏单位,以便向有关的收藏单位联系补缺。补配完整后,将待拍摄的资料按卷、册、期、年月日,按序顺号、逐版逐页检查版面,如有复本应挑选最清晰、完整的一份作为拍摄原件。对版面的状况详加登录,登录表包括:书刊名称、卷、册、年月日,出版号数、页码、副刊版页、存、缺、

残、污等项,待登记整理和补配完整后,然后由编辑人员对待拍资料进行"著录标版"的制作。此阶段是对待缩微的资料进行全面的、完整的修补和补配,这是增加馆藏的主要途径之一。例如,我馆在对《恩施日报》进行缩微前,首先对馆藏《恩施日报》进行全面的整理,发现本馆仅存1955年以后的,而且创刊日期及变更状况无法考证,于是通过《恩施日报》社、恩施图书馆、湖北省档案馆等单位进行调查补配,共补配该报4000余版,已完整地补全该报(1949年11月21日至2000年12月31日),使我馆《恩施日报》的收藏成为全国最全的和著录最完整的。通过这项工作,1987年至1996年期间,我馆共派出140人次到全国各地补配1949年以前报纸35万余版,特别是湖北地区出版的几种重要报纸如《湖北日报》《武汉日报》等,充实了馆藏。

二、缩微摄制加工制作阶段,也就是实质性充实馆藏阶段

经过文献的前期准备阶段,整理完善、著录完整正确的文献资料交付摄制车间进行拍摄、冲洗、检验。检验合格后即成为第一代母片。第一代母片作为馆藏永久性收藏,不对外提供阅览使用。以第一代母片进行拷贝生产,拷贝生产出来的第二代、第三代等用于读者服务。在此阶段,馆藏文献得到实质性的充实,有些文献甚至成为全国乃至全世界最为完整的。如我馆摄制的1905年创办于巴黎的刊物《新世纪》,浙江图书馆拍摄的辛亥革命时期在海外创办的刊物《醒世狮》等均成为流传后世的珍品。

三、缩微技术与计算机技术的有机结合,使馆藏文献的充实达到一个新的高度

随着计算机技术的发展,通过对缩微品进行胶片扫描的数字化处理,使缩微品的馆际互借工作变得更加简捷,真正实现资源共享的日子为期不远了。目前我国大型的公共图书馆一般都藏有许多珍贵的地方性资料,分散在全国各地。许多专门性的研究机构要查找这些资料时不得不长途跋涉到所藏馆,而所藏馆的这些资料由于年代已久,已不能调阅。通过缩微技术及馆际交换和互借,可以节约人力、物力、财力,更充分地充实了各馆的馆藏。

缩微技术是一种成熟的、稳定的而又在不断更新和发展的技术,它在图书馆的应用中不应局限于抢救中国的这些典籍。如何更好地打破传统的框框,扩大缩微技术的应用,最大限度的充实馆藏文献并更好地为读者服务乃是我们为之努力和思考的问题。

(原载《图书情报论坛》2003年第2期)

古籍文献缩微品机读目录的几个特殊著录

湖北省图书馆　范志毅　程　玲　管小柳

古籍文献缩微品是古籍文献的影像载体形式,它既具备古籍文献的所有文献信息,同时它也具备载体本身形式的相关信息,如:胶片的材料、影像的密度……因此,为其编制机读目录便有别于通常的古籍文献著录。为此,全国图书馆文献缩微复制中心统一了全国公共图书馆古籍文献缩微品的机读目录著录标准,并指导各馆完成了古籍文献缩微品机读目录的著录建库,实现了古籍文献缩微品书目数据检索自动化。我馆在建库中遇到一些特殊情况,按缩微中心制定的标准作了特殊处理,现总结于此,以与同行们交流。

一、关于古籍文献缩微品形态特征信息的著录

缩微品形态特征反映其古籍文献的影像载体的信息,它包含:资料特殊类型、极性、尺寸、缩微等级、标称缩率、色别、胶片的感光乳剂、代、片基。根据《中国机读目录格式使用手册(修订本)》规定,该信息著录于 130 字段 $a,该字段内容含 11 位字符,字段 $a 可重复。

例:130　$adbfa010aaaa

d[卷式片] b[负片] f [35 毫米(缩微胶片)] a[低缩率] 010 [10:1(放大 10 倍)] a[单色] a[银盐]a [第一代(母片,原底片)] a[安全片基]

二、关于无总题名之合刻(订)文献的著录

所谓"无总题名古籍文献"是指由两种或两种以上具有各自独立题名的、性质不相系属的著作合刻、合订在一起而无共同题名的古代文献,亦即通常所说的没有共同题名的合刻、合订古籍文献。它通常具有三个特征:①没有共同题名;②合刻、合订的各个著作都具有独立、完整的题名;③合刻、合订的各个著作之间,性质不相系属,文献层次关系为并列、平行。对于这种文献,依题名、著者在文献上出现的形式和次序进行著录:按照

CNMARC 格式要求,依原书所题次序,客观著录于 200 字段可重复的 \$a 字段;除第一个 \$a 子字段以外的其他题名,则都应记入 517 字段,生成附加题名检索点;并同时在 7—字段为读者提供责任者检索点;然后,用 481 字段向后挂接,481 字段的第二指示符置"0",不生成附注,有关附注记入 300 字段;同时,于 906 字段 \$b 中著录该片所含的文献的题名。

例:200 1 \$a复古编 \$9Fu Gu Bian \$e 二卷 \$f(宋)张有撰 \$a 复古编校正 \$9Fu Gu Bian Jiao Zheng \$e 一卷 \$f(清)葛鸣阳撰 \$a复古编附录 \$9Fu Gu Bian Fu Lu \$e 一卷 \$f(清)葛鸣阳撰 \$a 曾乐轩稿 \$9Zeng Le Xuan Gao \$e 一卷 \$f(宋)张维撰 \$a 安陆集 \$9An Lu Ji \$e 一卷 \$f(宋)张先撰

300 　 \$a 本书还装订有:复古编校正、复古编附录、曾乐轩稿、安陆集

481 0 \$12001 \$a 复古编校正 \$9Fu Gu Bian Jiao Zheng \$e 一卷 \$f(清)葛鸣阳撰

481 0 \$12001 \$a 复古编附录 \$9Fu Gu Bian Fu Lu \$e 一卷 \$f(清)葛鸣阳撰

481 0 \$12001 　\$a 曾乐轩稿 \$9Zeng Le Xuan Gao \$e 一卷 \$f(宋)张维撰

481 0 \$12001 　\$a 安陆集 \$9An Lu Ji \$e 一卷 \$f(宋)张先撰

517 1 \$a 复古编校正 \$9Fu Gu Bian Jiao Zheng

517 1 \$a 复古编附录 \$9Fu Gu Bian Fu Lu

517 1 \$a 曾乐轩稿 \$9Zeng Le Xuan Gao

517 1 \$a 安陆集 \$9An Lu Ji

686 　 \$a 经部 \$c 小学 \$c 字书类

701 0 \$a 张有 \$9Zhang You \$c 宋 \$4 撰

701 0 \$a 葛鸣阳 \$9Ge Ming Yang \$c 清 \$4 撰

701 0 \$a 葛鸣阳 \$9Ge Ming Yang \$c 清 \$4 撰

701 0 \$a 张维 \$9Zhang Wei \$c 宋 \$4 撰

701 0 \$a 张先 \$9Zhang Xian \$c 宋 \$4 撰

三、关于古籍文献题名的附属部分的著录

1. 古籍文献题名中除书名外,还包括卷、附录、序、别记、附载、语录、年谱等是正题名的附属部分,均应将其记入 200 \$e,各项之间的分隔用逗号","。

例:200 1 \$a 息斋集 \$AXi Zhai Ji \$e 四卷,诗稿一卷,奏疏三卷,外集一卷,续外集一卷,外集补遗一卷 \$f(清)金之俊撰

200 1 　\$a 水经注释 \$9Shui Jing Zhu Shi \$e 四十卷,卷首一卷,附录二卷,水经注笺

刊误十二卷 $f(清)赵一清撰

　200 1 $a 柳文 $ALiu Wen $e 四十三卷 $e 别集二卷,外集二卷,附录一卷 $f(唐)
柳宗元撰

　2.地方志题名中考证的纂修志[年号],家族谱题名中考证的修谱[地点],著录到
200 $a 后面的第一个单独的 $e 里,不加括号。

　例:200 1 $a 重修直隶陕洲志 $9 Chong Xiu Zhi Li Shan Zhou Zhi $e 乾隆 $e 二十卷,
首一卷,附增直隶陕州志二卷 $f(清)龚松林修 $g(清)杨建章纂

四、关于古籍文献的版本、版本说明、附加版本说明及版本责任说明的著录

　根据《中国机读目录格式使用手册》(修订本)的规定,文献的版本记入 205 $a,附加
版本说明记入 205 $b,有关版本的成书地点、责任者、朝代、沿革等记入 210 的出版发
行项。

　210 $a、$c、$d 既著录制版也著录修版,重修、递修、增修从最早的本子往后重复做
$a、$c、$d,如果有必要还可以加做 300 附注说明。但是复制、影印的地点、责任者和时
间记入 $e、$g、$h。

　例1:清康熙五十三年内府刻本朱墨套印本

　205　$a 刻本 $b 朱墨套印

　210　$c 内府 $d 清康熙 53 年(1774)

　例2:明嘉靖 12 年王立成京师刻清康熙 45 年大兴增刻嘉庆 8 年王寒吉通州重印本

　205　$a 刻本 $b 增刻 $b 重印

　210　$a 京师 $c 王立成 $d 明嘉靖 12 年(1533) $a 大兴 $d 清康熙 45 年(1706)增刻
$e 通册 $g 王寒吉 $h 清嘉庆 8 年(1803)重印

五、关于古籍文献中责任者是皇帝时的著录

　古籍文献的责任者信息是指对古籍的知识内容负有某种责任的个人或集体的名称
信息,包括责任者所处朝代、姓名和责任方式,它是仅次于古籍题名的一个十分重要的著
录单元,而且是一个十分重要的检索途径。有些古籍专列篇幅记录责任者职名,无疑是
确定责任者的重要来源,如地方志、家谱、官修文献等,但其中涉及人员繁多、情况复杂,
应该选择与知识创作和加工责任直接相关的著者进行著录,其他责任者必要时在附注项

说明。当责任者是皇帝时,200 $f、$g 按文献实际填写,701 的 $a 则取皇帝的庙号,同时做 314 附注。200 字段中应对所有责任者以圆括号标注其年代。

200 1 　$a 御制记实诗 $9 Yu Zhi Ji Shi Shi $f(清)高宗弘历撰

314 　　$a 爱新觉罗·弘历的庙号是(清)高宗

701 0 　$a 清高宗 $9 Qing Gao Zong $c 清 $4 撰

六、关于古籍文献缩微品的分类著录

古籍文献缩微品分类就是按照古籍内容的学科性质,分门别类,把它们组织成一个知识体系。它不仅揭示出某古籍的基本内容,揭示出同一科目有些什么古籍,而且还可以揭示出各个科目古籍之间的相互关系和联系。这种古籍组织法可以让读者了解各类和各种古籍之间的关系,明确某种古籍的主要内容,以便按类索书。此乃检索古籍的主要途径之一。

古籍文献缩微品的分类在目录编制中起着重要的作用,它不仅提供读者按学科检索古籍文献缩微品,而且还起着"辨章学术,考镜源流"的作用,直接关系到古籍文献缩微品目录的质量和利用。我们按四库分类法分类,记入 686 字段,686 字段的四库分类法的填写也是有争论的,过去关于次级类目重复做 $a 是老一套的做法,现在统一为:四库分类法的部类(经、史、子、集)入 $a,部类之后的各级类目作为分类复分记入重复的 $c。

例:200 1 　$a 复古编 $9 Fu Gu Bian $e 二卷 $f(宋)张有撰

686 　　$a 经部 $c 小学 $c 字书类

七、关于古籍缩微品收藏信息的著录

本信息著录规则自定义记入 906 字段,主要包含拍摄单位制作,收藏缩微品的信息。按缩微品的片盘著录,子字段分为:$a 分盘号、$b 片盘内容、$c 缺失细目、$d 分盘长度、$e 画幅数量、$f 画幅方式、$g 该片卷的密度。

例:200 1 　$a 施注苏诗 $9 Shi Zhu Su Shi $e 四十二卷,总目二卷 $f(宋)苏轼撰

$f(宋)施元之,顾禧注 $g(清)邵长蘅等删补

906 　$a1 $b 序 $b 王注正伪一卷 $b 本传一卷 $b 墓志铭一卷 $b 年谱一卷

$b 总目卷上－卷下 $b 补遗总目一卷 $b 苏诗卷 1－卷 24 $d30.5 $e640 $f2B

$g1.05—1.20

906 　$a2 $b 苏诗卷 25－卷 42 $b 苏诗续补遗卷上－卷下 $d27 $e546 $f2B

$g1.00—1.17

八、关于古籍缩微品管理信息的著录

本信息著录规则自定义记入 907 字段,主要包含有全国图书馆文献缩微中心组织、管理缩微品的信息。字段分为: $a 拍摄日期、$b 规格、$c 片盘总数、$d 总长度、$e 总拍数、$f 入中心库时间、$g 中心库盘数、$h 缩微品索取号。

例:200 1　$a 施注苏诗 $9Shi Zhu Su Shi $e 四十二卷,总目二卷 $f(宋)苏轼撰 $f(宋)施元之,顾禧注 $g(清)邵长蘅等删补

　　907　$a198901 $b35mm 银盐 $c2d57.5 $e1186 $f1989 $g2 $h130000286

九、关于古籍文献缩微品责任信息的著录

本信息的著录规则自定义记入 908 字段,主要包含缩微品制作过程中的有关责任和责任者,字段分为: $a 母片保存机构名称、$b 摄制单位名称、$c 编辑者、$d 拍摄者、$e 冲洗者、$f 检查者、$g 中心复查者、$h 中心签收。

例:200 1　$a 复古编 $9Fu Gu Bian $e 二卷 $f(宋)张有撰

　　908　$a 全国图书馆文献缩微中心 $b 湖北省图书馆 $c 徐建华 $d 谢德安 $e 谢德安 $f 马盛南 $g 郝

古籍文献缩微品是对古籍文献的再生性保护。其机读目录的建立,既将为古籍文献缩微品的开发与利用打下良好的基础,在网络环境下更好地为读者提供服务;同时也将以缩微品替代其母本提供读者阅览,从而更有效地保护好母本。

(原载《情报杂志》2003 年第 9 期)

修订缩微文献著录规则引发的思考

国家图书馆　杨洪波

自从接手缩微品书目数据的制作工作,《中国文献编目规则》成为案头必备的工具书之一。时至今日,此书的查阅频率仍然仅次于《中国机读目录格式使用手册》。可能是看的次数太多了,《规则》的著录理念已经了然于胸,对应于实践中的具体问题也大致心中有数。正应了曹禺大师的一句话:读书百遍而义自见。不过,在动笔修改缩微文献一章时并没有感到轻松顺利。实事求是地说,在这次修改《规则》的过程中,我从各位前辈老师和各章的执笔同仁那里学到许多东西,所以很有必要将本次修订缩微文献著录规则的点点滴滴记录于此。

1　解决缩微文献著录中的具体问题

1.1　缩微文献的适用范围

初版规则缩微资料的适用范围,将缩微资料进一步细分为缩微复制品和原始缩微出版物两类。这是从缩微文献收藏者的角度看待缩微品,是全面的。

紧接其后规定:"由于我国目前摄制出版的缩微资料仅限于前者,而且大多数为缩微卷片,仅有少量缩微平片,其他品种尚属空白。因此,本章规则主要针对我国缩微资料的现状而制定。"这是从缩微品生产者的角度对待缩微品。

初版规则的适用范围虽然能够全面地看待缩微品,但是没有全面地对待缩微品,反倒是自己划定一个范围把自己肢解掉,将著录的适用对象仅仅局限在缩微品生产的范围内。从我国缩微摄影技术行业的发展情况看,收集并保存缩微出版物的时间比利用缩微摄影技术保护馆藏文献的时间要长得多。因此,除了全国图书馆文献缩微中心这种专门生产缩微品的机构以外,目前我国任何一家图书馆、档案馆、科技情报机构或是缩微品的收藏机构,自己生产的缩微复制品的数量远远不如通过采访或交换来的缩微出版物的数量。从全国收藏缩微文献的总量看,两者数量上的差距更为巨大。另外,某些文献服务机构确实收藏有我国缩微品生产上"尚属空白"的缩微品品种,比如缩微卡片、封套片、单轴盒装卷片、双轴盒装卷片。某些科技情报机构和工农业生产单位的档案部门大量收藏并使用缩微条片和影像卡。

图书馆编目工作的目的之一是整合文献。为此,应该把缩微出版物和我国不生产的缩微品品种均纳入缩微文献著录规则的适用范围之内,这样才能全面揭示馆藏的所有缩微文献。

最初修改稿只是简单地反其道而行之,改为:本章适用于各文献收藏、服务机构著录各种缩微品。缩微品是含有缩微影像的各种载体(通常是感光胶片)的统称,它们既可以是馆藏图书、报刊等印刷文献的缩微复制品,也可以是没有馆藏文献的缩微出版物,包括……

随着修订工作的进展,越发感觉出这段修订文字的问题。一是没有脱离教科书或培训教材的写法,二是有一点儿"此地无银三百两",过多过细地释义解词缩微品。此后每修订一稿,必定对适用范围进行一次删繁就简的修整,直到第 5 稿,著录缩微文献的适用范围精简成为一句话"本章适用于著录各种缩微文献"。这就好比数学定理和物理定律一样,越简单的越准确,越简单的越美,越简单的其适用范围反而越广。

1.2　缩微文献同原文献的一致性

缩微文献是一种比较特殊的著录对象,他是以原文献为底本的复制品,完全摆脱原文献讨论缩微文献的著录不啻于无的放矢,比较能说明问题的是题名和责任说明项。在本次修改缩微文献的文本中,题名与责任说明项保持了上一版的写法,以参见的方式指向原件的各著录单元,如"见××",或"参见××",其好处之一就在于能够保证原件同复制品的著录方法及著录结果高度统一。无论是在原件书目数据和缩微品书目数据同处的综合数据库中,还是在两者分属各自不同的专门数据库里,都应该特别强调缩微品的题名和责任者必须同原件的题名和责任者完全一致。

1.3　缩微文献的一般文献类型标识

人们获取信息,获取的是其知识内容或艺术内容,而内容的发表形式就是一般文献类型标识。这是人们检索、选择并最终获取信息的重要途径。缩微品只是一种载体,以载体名称作为文献类型标识使用,离内容的发表形式(原文献)的距离就远了。不过,这是著录非书资料的一般文献类型标识的变通办法,因为不这样做别无他法,但是载体的名称终归不是文献类型的名称。我们最初设想在非书资料的变通办法之上再变通一下,在缩微品之后加注原文献的文献类型标识,目的是既要明确在编缩微品同原文献的差异,两者不是同一个;又要消除这两者之间的距离,方便使用者对缩微品承载的知识内容的识别。但是,我们最终放弃了这一具有开创性的尝试,把原文献的文献类型标识归入到原件附注中去做交代,以维护界定著录对象的统一规则。

1.4 缩微文献的版本

缩微文献的版本项也是比较热门的话题,因为对此项修改的质疑最多。大部分的问题不是对现在这样的修改有怀疑,而是认为缩微品的拷贝辈次相当于印刷品的印次,不能作为缩微品的版本来著录。作为复制品的缩微品必须全面、真实地保持原文献的知识内容和整体的外貌特征,缩微人员利用各种技术手段做的就是这么一件事,使之"千秋万代不变色"。正是这一点阻碍着对缩微品版本的认识,但是也绝不能因为这一点就认定某一代缩微品同原文献、缩微品的各代就是同一个版本。

在拷贝过程中,缩微人员需要严加控制的因素很多,比如拷贝机光源的稳定性、母片接触拷贝片的紧密程度、母片和拷贝片移动的同步程度、处理药液的温度和活性;另外还有缩微人员无法控制的因素,比如拷贝机电源的稳定性、拷贝片乳剂的涂布质量等。这些可控和不可控的因素使各代复制片的影像特性(密度、反差、解像力)会发生一定的变化。在正常情况下,每拷贝一代,复制片 2 号解像力测试图的测试指标下降一级,拷贝的辈次越多,影像的质量下降越严重。解像力的降低损失影像的细部,结果是改变了文献的知识内容,形成新的版本。尽管缩微文献上没有关于此点的正式说明,也必须实事求是地承认,缩微品代与代之间存在着知识内容或艺术内容的差异,辈次相隔越远,差异越大。这就是为什么第一代母片的权威等级和法律地位高于它的代代子孙,而在通常情况下"复制片和发行拷贝不具有凭证作用"。国家标准《非书资料著录规则》(GB3792.4)版本项的定义:"非书资料的版本,是指由同一母本生产并由同一机构出版的一种资料的所有拷贝(复本)。"请注意"同一母本生产"的概念,其定义是:母片不同则版本不一。

1.5 缩微文献的特殊细节

由于 ISBD(G)明示"迄今为止使用了本项的 ISBD 是 ISBD(S)、ISBD(CM)、ISBD(PM)、ISBD(CF)",我们最初并不认为初版规则有什么问题,并寻着 ISBDs 和 AACR2 的指引,朝着著录原文献的方向,在修订文字中更加强化了著录连续出版物、测绘制图资料、乐谱、电子资源等特定文献类型的特殊记载事项。但是,有人提出缩微品上记录的地图资料已经缩小了 n 倍,原件的比例尺 1:1200000 还有效吗?这个问题的焦点在于,此处应该著录原文献的特殊细节还是在编缩微品的特殊细节?为此,我们查遍了 ISBD、国标《文献著录规则》和 AACR2 的所有第 3 项的规定。

ISBDs 没有专门的缩微品章节,ISBD(NBM)的第 3 项是这样规定的:"本项没有为非书资料所设的通常用法。但是,在使用 ISBD(NBM)描述那些在内容上属于 ISBD 其他各系列专用标准范围之内的文献(如,非书资料以连续出版物形式发行)时,建议遵循相应 ISBD 之专用标准为本项所设的规定。"这样的规定有点儿混乱,括号里提到的以连续出版物形式发行的非书资料是对的,是在著录在编缩微品,但是"描述内容上属于 ISBD 其他各系列的文献"却是在著录原文献。ISBD(S)的第3项说得更为直白:"著录摹真复印本或其他影印本时,第3项的各单元是原版连续出版物的编号和/或日期。"

经过慎重考虑,我们没有亦步亦趋地追随 ISBD。我们按照二版规则确立的著录原则,严格区分著录对象的界限。这一原则体现在二版规则总则的1.9款中:复制品的著录依据是复制品本身,有关原作品的信息按著录项目的次序著录于同一条附注中。

2 修订著录规则引发的思考

2.1 对国际标准的思考

在修订工作中使用频率比较高的话语是"为了与国际接轨",这是个最不需要说明理由的理由。以"为了与国际接轨"的名义可以做很多事情,不管其合理还是不合理,因为这是统一标准的需要。实际上在标准化工作中追求与国际接轨,就压缩了自己生存的空间(在同等条件下)。因为,从技术指标的宽严程度分析,一般的规律是,企业标准应该高于国家标准,国家标准应该高于国际标准,否则你的企业、你的国家就不能在经济领域中站住脚,也不能在贸易活动中获利。如果从标准的通用性分析,顺序正好相反。由于标准是合理范围内的高度妥协,所以国际标准的通用程度高于国家标准,国家标准的通用程度高于企业标准,对此参加过国际标准化组织工作会议的人都有切身的体会。国际标准化组织奉行的是"协商一致"的原则,"协商一致"的过程实际是为国家利益或企业利益讨价还价的过程,讨价还价一定要有让步和妥协,所以"协商一致"的产物就是高度的妥协。从结果看,高度的妥协才能被广泛接受,被广泛接受才能消除人为设置的壁垒,没有壁垒和障碍就能畅行无阻。由此看来,"协商一致"的国际标准应该是规范的、统一的,但并不一定是最合理的。

2.2 对统一的思考

修订缩微文献的著录规则,触及到两种截然不同的著录理念,一种是把缩微品看做是原文献的一个分开的版本,所有的著录项和著录单元全部用于著录缩微品,原文献的信息记入附注项。另一种是从利用者的需要出发,注重揭示原文献的信息,原文献及其复制品混合著录在一起。

对 ISBDs 和 AACR2 各种类型文献的著录事项进行横向比较之后,不难看出两者之间千丝万缕的关系。他们都不太注重著录对象的界限,同一个著录项即可以用于原文献,也可以用于他的复制品,随意性比较大,比较典型的文献类型是连续出版物,比较突出的著录项是第2项和第3项。硬性将两种不同的著录理念捏合在一起,说明了在统一这个概念上的混乱。而 AACR2 在上一世纪60年代正式出第1版时,就没有奠定统一的基础,同时出版的英国版和北美版分别代表着英国和美国无法统一的意见。从 ISBDs 研究组 2003 年柏林会议的决定可以看出,国际图联已经在考虑把整族的系列规则整合成一个文献,同时改善 ISBDs 所有词汇和内容的一致性问题。

由此想到,我们制订及修订标准和规则,有没有必要一丝不苟地统一到国际标准上?统一是统一合理的,还是统一不合理的,还是合理不合理的都统一? 在统一的旗帜下,还要掌握好统一的度,避免养成照抄照搬的习惯。一字不差地转录国外标准,不应该成为衡量统一的唯一尺度,因为一字不差的转录弱化了自己的专业判断能力和专业水平。

2.3 对合理性的思考

就标准或规则的合理性而言,ISBDs 集中了矛盾与对立,最突出的表现是在其他题名信息如何处理全称形式题名和缩略形式题名的问题上。ISBDs 的各系列中,总则(2003年版)中的其他题名信息开宗明义:"一个词或短语,或一组字符,与文献正题名共同出现,且从属于正题名。……其他题名信息限定、解释或完善所指向的题名,或指明文献或包含在其中的作品的特征、内容等,或指明文献产生的目的……";非书资料(1987 年版)的正题名部分规定:"正题名可由在规定信息源上显著排印的一组首字母缩略语或一个缩略词构成,也可以在其中包含此类成分。如规定信息源上的全称形式未被选作正题名,应将其作为其他题名信息或责任说明著录。"其他题名信息的规定更为明确:"正题名由一组首字母缩略语,或一个缩略词组成,而其全称形式也出现于规定信息源中,其全称形式应按其他题名信息处理。"乐谱、古籍和电子资源的规定只是文字叙述不同,原则是一样的。连续出版物的情况有些蹊跷,1988 年修订版的中文译本规定:"正题名由一组首字母或缩略词所组成,或含有一组首字母或缩略词,其全称形式如见于题名页上,应作为其他题名信息处理"。但是,原版的连续性资源(2002 年修订版)却变成:"如果题名以全称形式和首字母或缩略词形式同时出现(在题名页上),全称形式选作正题名,首字母或缩略词归入其他题名信息。"

ISBD(CR)表现出来的反方向的变化,实在让人难以理解。众所周知,绝大多数的缩略题名比全称题名更广为人知,特别是在特定的行业和专业内,缩略题名的使用频率绝对远远高于全称题名。缩略题名短小精炼、易识易记,可能正因为这个特性,在查找文献时,检索缩略题名往往多于检索全称题名。即使两种题名都查,习惯上也是先检索缩略题名,后检索全称题名。在图书馆界,无论日常口头上还是书面文字中都常用"国际图联",很少有人使用"国际图书馆协会和学会之联合会"。此外,从缩略题名同全称题名的逻辑关系分析,同在题名页出现缩略题名和全称题名,全称题名应该是缩略题名的解释性文字,而缩略题名是无法解释全称题名的,托福是这样,国际图联、世贸、ISBD、AACR2都是这样。尤其是在连续出版物上出现的缩略题名,这样连续性的宣传普及,其知名度更应该高于全称题名。

　　综上所述,按照逻辑关系著录,取缩略题名为正题名,将全称题名处理为其他题名信息较为合理。如果此法不通,退而求其次则可以按照客观实际著录,即当题名页上同时出现缩略形式和全称形式的题名,按其排列次序或排版格式选取前面的或显著的为正题名,未被选作正题名的全称题名作为其他题名信息处理。出现在规定信息源以外的任何形式的题名,和未被选作正题名的缩略题名可以记入附注项,甚至可以省略不著录。

3　结论

　　"合理、规范、统一、相对稳定"应该是制订标准或规则的四项原则。

参考文献

[1]黄俊贵. 中国文献编目规则. 广州:广东人民出版社,1996

[2] ISBD(CR) revised from the ISBD(S),2002 Revisoin

　　ISBD (G),2003 Revision,2004 Revision

　　ISBD (NBM),Revised Edition,1987

　　ISBD (S),1988 Revision

[3] 文献著录规则国家标准:GB3792.1、GB3792.2、GB3792.3、GB3792.4

[4] 缩微摄影技术国家标准:GB/T6159.1、GB/T6159.22、GB/T6159.3、GB/T6159.4、GB/T6159.5、GB/T6159.6、GB/T6159.7、GB/T6159.8、GB/T6161、GB/T7517、GB/T7518、GB/T18503 等

（原载《国家图书馆学刊》2005 年第 2 期）

缩微胶卷的利用与古籍影印

国家图书馆　姜亚沙

缩微胶片必须借助阅读器才能阅读，为了方便读者，缩微中心将已缩微的文献影印成纸张载体的书籍，供读者使用，作为抢救古籍文献的另一种方式。因为影印的是最原始的文献，没有修饰及增删，完全是原件的原貌，我们称之为古籍文献再造或文献再生性保护，也就是古籍影印出版。

经原国家出版局批准，缩微中心从 1986 年就已经开始了古籍影印出版工作，1992 年又成立了"全国公共图书馆古籍文献编辑出版委员会"，联合全国 30 多家公共图书馆，利用各图书馆已抢救拍摄的缩微胶卷，编纂并影印出版 200 多种图书。组成了《中国文献珍本丛书》《中国佛学文献丛刊》《中国边疆史地资料丛刊》《西藏学汉文文献丛书》《中国公共图书馆古籍文献珍本汇刊》及其他类文献等几大系列。影印出版所涉及的内容多、范围广，抢救了一批珍贵文献，弥补学术出版方面的缺憾，补充图书馆的藏书，为研究工作提供宝贵的参考资料，因此颇受国内外学术界的重视与欢迎。现从以下几方面来谈谈，20 年来缩微中心利用缩微胶卷，进行古籍影印工作的情况。

1　古籍影印有着深远意义

（1）有利于古籍保护。20 世纪以来，我国现代图书馆得到很大发展。由于历史原因，流传下来的古籍图书分散在各种类型的图书馆。都把收藏古籍作为自己的藏书重点，尤以公共图书馆为盛。有些流传稀少的古籍常人很难的见到，没有经过整理出版，甚至是不为世人所知，所以有待于挖掘和开发必要。

（2）有利于资源共享。各个图书馆馆藏古籍的数量多少不等，大型图书馆相对而言藏量较多，但也很难包括全部古籍。有许多珍贵版本和稀有品种的古籍善本就是藏在规模较小的图书馆中，因此，开发和挖掘古籍文献，并影印出版，对于图书馆来说就是一种及好的资源共享形式。

（3）有利于发挥图书馆职能。图书馆职能的核心是：收藏文献和利用收藏的文献为社会服务。古籍文献由于历史久远,除具有资料价值外,还具有文物价值。从文物价值的角度来说,应该很好地保护,尽量减少读者的阅览次数;从资料价值的角度来说,应尽量提供阅览,甚至外借,满足读者需要。这是对立的矛盾。解决这对矛盾最好的办法,就是生产复制品。由于科学技术的发展,生产文献复制品的方法很多,每一种方法都各有优缺点。最适合大多数读者的,就是对文献进行影印再版。

(4)有利于培养编辑整理人才。缩微中心古籍影印出版,有一种选题方式是各图书馆自己选书,然后经过编委会或常务编委讨论是否出版。这就要求每个参加馆的古籍工作人员对馆藏古籍进行比较全面的调查了解,从中选出资料价值高,流传较少,甚至还没有开发的图书。出版的每一种书,前面必须有一篇"影印说明"。影印说明的写法可以不拘一格,但必须包括介绍著者和影印出版此书意义,即此书有什么价值两个主要部分,要写好影印说明,要求执笔者必须阅读大量文献,必须有一定文献及古籍知识的功底,在撰写过程中,对执笔者无疑是一次驾驭文献的机会,也是一次水平提高的过程。

2 选题的原则及实例

古籍影印由于出版范围主要是古籍文献,社会的需求有一定的限制,读者及收藏群的面窄,怎样组织好选题,是出版的关键。原则上选题基本由古籍编委会各成员馆提供,经过古编委审查及确定再由中心来组织编辑出版,再一种就是去做多方面的市场调查,向其他古籍出版行业学习,对当前社会形势及所需文献内容进行研究,采取走出去请进来多重选题方式,走出去就是到各图书馆现场去考察选题,与各图书馆的专家讨论当时拍板定题。请进来就是请专家行家来谈思路、谈想法,与编辑一道讨论、论证,所以近年影印出版的选题都比较成功。

(1)要了解被选之书的存世情况,即是否流传稀少。如果存世版本较多,要看被选之书相同版本的存世情况及其价值,如只存在被选之书的一个版本,要看存世数量。存世多少算稀见,很难用数字确定,要靠综合判断。如宋版《续资治通鉴长编》。此书曾经季振宜、徐乾学递藏,入藏清宫,溥仪带到长春,后被东北民主联军接收。后藏辽宁省图书馆,南宋人李焘用40年的精力,撰成《续资治通鉴长编》。他撰完一部分进呈一部分,共分4次进呈,108卷本是第二次进呈本,包括宋太祖至宋英宗五朝的资料。现在世上通行的是编《四库全书》时从《永乐大典》中辑出的,有的文字被篡改了,原书的面貌已不清楚了。辽宁馆对此书长时间校勘,深知此书的版本价值,选定了此书。

朝鲜刻本《樊川文集夹注》。这是唐代著名诗人杜牧的诗集,所谓夹注即双行小注,做注者不可考,推断是南宋末年人。书后有刻书题识,是明代正统五年朝鲜全罗道锦山刻本。此书可称得上"稀见"。现在社会上通行的杜牧诗集的注本是清代嘉庆时冯集梧注的。曾用冯集梧注本与该书详细比对，从整体上看冯注水平高，而个别诗篇个别字句的注高于冯注，更难得的是此书的注文引用的一些书有的今已失传，对古籍辑佚有价值，尤其是在卷二《华清宫三十韵》的注文中引用了《翰府名谈》关于杨贵妃之死的一千余字的资料，《翰府名谈》已经失佚，南宋曾慥辑的《类说》中保留了《翰府名谈》的若干内容。杜牧的集子存世较早的版本是明代中期的，约在弘治正德间，而此书的版本是正统，是存世杜牧的集子版本最早的。那么，此书具有流传稀少，版本最早，有独到的资料价值，所以选了。

（2）要了解被选之书的资料价值。包括罕见的抄本、异本、名人稿本、佚文、信札、墨迹、稀见方志、档案等。即使是版本早（如宋版），如果没有特殊的资料价值，出版也很难受到欢迎（如果在社会上广有传本的佛经），被选之书最好是具有不被人知的资料价值，选书的角度要多重性。如清抄本《南征日记》，又名《援黔纪事》，此书也可能是稿本。雍正年间至乾隆初年，贵州、云南一带的苗民生事，攻占城池，对抗官兵，当地的官兵镇压不力，清政府抽调湖南、广西等邻省兵前往镇压，得到平息。雍正皇帝听取了鄂尔泰的建议，仿效明代的做法，废除当地的土司，改派临时的流官治理，实行与汉族地区相同的制度，称为"改土归流"。改土归流是清代管理少数民族地区有积极意义的改革措施。该书著者未详，但从内容看当是湖南九溪协某将领之子。逐日记载了从雍正十三年至乾隆二年九溪协的官兵派往贵州镇压苗民的情况，涉及将领之间的关系，治兵方法及贵州苗民的风土人情等。据我们掌握，其中的资料没有被人用过，所以我们选了。

民国铅印本《文溯阁四库全书提要》。已编入《四库全书》之书和列入存目之书，奉乾隆皇帝的旨意，每书都要写一篇提要，把这些提要集中在一起，经纪昀的再三修改润色，编成《四库全书总目》，成为今天文史工作者案头必备的工具书。但是，《四库全书总目》中收入《四库全书》每书的提要与冠于《四库全书》每书之前的提要，几乎没有一篇是完全相同的，东北文献学家金毓黻先生，三十年代初在主事奉天图书馆时，对藏于沈阳故宫的文溯阁《四库全书》进行了研究，组织人力将每篇提要辑出，编成《文溯阁四库全书提要》，后面附几种异同索引，铅印出版。限于当时关里关外形势，此书在关内流传不多，所以选了此书，并另编了书名著者索引。

（3）要了解被选之书的社会需要．特别是根据当时的形势如：澳门回归时，汇编了澳门问题相关资料，《澳门问题史料集》，为研究和宣传，提供了比较完备的史料。世博会在上海召开前，编辑了《中国早期博览会资料汇编》汇辑了南京国民政府时期，为了促进民族经济发展，开展了一系列的国货运动，定期举办各种国货展览，"南洋劝业会"及"西湖博览会"的有关资料，史料翔实，内容丰富，图文并茂。其中最有影响的是"西湖博览会"。

这些博览会对保护民族工商业、促进民族经济的发展以及提倡国货运动、抵御外货倾销具有深远的意义。从清末改革创新的试探民国时期民族工商业的发展情况，为上海"世博会"提供一些实例和参考资料。

3 古籍影印书的主要特点

（1）首次影印鲜为人知的名家手稿本。例如清代著名学者全祖望成书于乾隆三年的《水经注》五校稿本，一直深藏而秘不宣示。未刊的 300 年间，只有胡适与陈桥驿读过，胡适曾称此本为"天地间仅存之孤本"。晚清著名学者王先谦《外国通鉴稿》是一部不见任何著录的研究中外交通以及中国周边诸国历史的重要著作，王氏此手稿本偶从造纸厂化浆处拣回而珍藏于湖南馆，首次影印问世了。还有王先谦未刊稿本《蒙古通鉴长编》等。

（2）首次影印一些未刊的重要抄校本：如《抄本聊斋文集》（道光间抄）、《抄本黄公说字》《小学稿本七种》《袁世凯未刊书信稿》《古泉汇考》（著名金石学家刘喜海批校）等。

（3）一批珍稀刻本，如清宫原藏《宋板续资治通鉴长编》，明刻柳氏自存孤本《柳如是诗文集》，清代禁书《皇明资治通纪》《足本按辽疏稿》等。

（4）罕见的重要工具书：如《金毓黻手定本文溯阁四库全书提要》《稿本华鄂堂读书小识》《抄本历代高僧集传》《历代词人考》等。

（5）罕见的外国所刻印中国古籍，以及中国人介绍外国情况的图书。有中国已失传而在日本 1857 年印行的《夷匪犯境闻见录》（鸦片战争史料集。清代官员编纂，稿本流入日本而中国未见著录），朝鲜李朝全罗道刻于明正统五年（1440 年）的《樊川文集夹注》。又有介绍世界各国的地理著作《瀛环志略》（日本刻本）与记录从欧洲接回所购兵舰期间沿途见闻的《航海琐纪》，这两种书是清人对外国情况的观察与研究，至今仍有重要价值。流传在国外的珍贵版本及信函，《三国志演义古版》《日本中土往来书信稿》，民间收藏的稀见本《中国戏曲小说版本图录》等。

（6）经过整理或汇辑的典籍。如《澳门问题史料集》《辛亥革命稀见史料汇编》及其续编、《中国西北稀见方志》正、续编、《天津图书馆孤本秘籍丛书》等。

（7）利用所拍缩微的报纸、期刊进行文献的综合再造，如：《早期中文报纸创刊号汇编》、缩微复制中心十几年来共摄制了旧报纸 3000 多种，为我国旧报纸的保存和抢救做了一项有利于今人又有利于后人的功不可没的工作。我们从这些报纸中整理出 948 种有创刊号的报纸，编辑出版了《早期中文报纸创刊号》一书。报纸创刊号是报纸诞生的标志。创刊号上明确了每种报纸办报的宗旨、目的、意义，体现了各报的方针、性质、风格、特点，各栏目的设置记载了当时社会的政治、经济、文化的发展与变迁及百姓的生活状态,极具历史意义和史料价值,并有一定的收藏价值和利用价值。

本书所收录的为 1949 年 10 月 1 日前创刊的中文报纸。这些报纸既有中国人创办的,也有外国人创办的;有官办,也有民办。有些报纸创刊时间较早、发行时间长,报纸篇幅浩瀚,在当时的社会和新闻史上占有非常重要的地位。全书共分为 7 册,收录了包括台湾、香港、澳门在内的 29 个省市出版的报纸创刊号,此书的出版只有在缩微中心,利用缩微资源才有可能实现,此书的出版为报界作了一项很重要的工作。

《民国漫画期刊集粹》是一本具有讽刺性或幽默感的绘画集。画家从政治事件和生活现象中取材,通过夸张、比喻、象征、寓意等手法,表现为幽默、诙谐的画面,借以讽刺、批评或歌颂某些人或事。漫画家可以说是世界上眼光最敏锐、思想最尖刻的人。他们用灵巧的笔,把世间可笑、可恨、可歌、可泣的故事描绘出来;把可痛、可恶、可惨、可悲的黑幕暴露出来。漫画虽简单,但给人以启发、振奋。漫画作为一个独立画种的出现,是在清朝末年至民国初年;漫画期刊作为独立的刊物,始见于民国时期,经过近百年年的发展,反映和记录了中国社会的沧桑与变化,具有强烈的时代感及重要的历史意义。因此,我们特意编辑整理出版了《民国漫画期刊集粹》。此书汇集了民国时期的漫画期刊 15 种,共 10 册,全面反映了民国时期漫画的兴盛与发展,记录了社会的发展与时代的变迁,虽说都是以漫画的形式,但表现的各具特色。

《民国时期集邮汇粹》、自1840 年邮票发行开始,已有 100 多年了,西方的集邮风气从 1880 年就已盛行。中国于 1878 年第一次发行邮票,票面上印有龙的图案花纹,称为"龙头",又叫"邮花"。我国的集邮风尚仅从上世纪 30 年代初才开始,但是当时许多人认为此事是玩物丧志,不愿接受。随着西方文化的传入,西方集邮的兴盛与流传,以周今觉为代表的上海中华邮票会及广州、天津、成都等一批热心爱国人士,创办了许多集邮的刊物。目的在于弘扬邮票这方寸间的传统文化,介绍世界各国的集邮动态,吸引更多的国人成为集邮爱好者。民国期间有关集邮的期刊不少,但每一种延续下来的时间均不长,现在能够看到的更是凤毛麟角了,所以本书选编了 13 种民国期间有代表性的集邮期刊,汇编成 7 册,影印出版,是为各集邮者和收藏家系统提供了集邮知识、沿革及国外邮情的重要研究参考文献。

《中国早期电影画刊》电影是一门综合的艺术形式,电影从传入我国以来得到了极大的发展,从无声到有声,从黑白到彩色,经历了巨大的变化。从 1905 年第一部电影诞生开始,以电影为题材的各种史料书刊,特别是画刊成为了广大电影爱好者的收藏品。中国早在二三十年代就拍摄了一大批优秀电影,与此同时应运而生一些有关电影的刊物,真实地极有价值地把当时中国和世界电影界的情况一一记录下来。本书收录 23 种早期电影刊物,上海出版的有 17 种,广东出版的有 2 种,香港、沈阳、武昌、成都各一种,出版时间在1921年到1948年间。内容极其丰富,刊载了大量的照片、剧照、图片、图画及国内外电影发展情况、人物传记、电影内容介绍、影片评论、影坛大事记、电影技术、国内外电影动态等。所收画刊中最早的是上海出版的《影戏杂志》,还有《电影杂志》《电影月报》《青青电影》《现代电影》《电影世界》等一大批电影刊物。本书的出版对研究早期电影的发展提供了大量史料依据。也为电影爱好者和研究者提供一部极其珍贵史料价值极高的电影文献。

4　文献影印的过程及程序

首先要确立一个好的选题,组织编辑缩微资料一方面要有稀见、史料价值高的资料,才能引起研究者的兴趣,可以方便研究者的使用,能取得社会效应,这是核心问题;另一方面还应有能取得经济效益,这样这也是不可或缺的。

其次要做好编辑工作,要认真负责地做好资料的编辑工作,并通过鉴别来确保证文献资料正确无误。再进行细致的工作,利用还原、及扫描来提取资料进行编辑、整理、加工、编页、排序等工作。

再次要做好完善工作,每一种书的编辑完成后,要写关于此书的"前言",介绍每种书的书名、略名、异名,卷、种,成书年代,撰者生平、著述,版本源流,内容体制,版本价值,在历史上的地位,现实意义,其他版本的正误,影印编辑说明等,是对此书的导读及参考。有些书除了前言外还有补充一篇"后序",说明在编辑过程中作了那些技术处理。有些汇编还要编写总目录及分册细目录,为读者使用提供方便。

古籍影印工作,在缩微中心虽已取得了非凡成效,作为文献抢救的另一种表现形式,任务仍很艰巨,但充满着前途和希望。

（原载《数字与缩微影像》2005年第3期）

图书馆缩微品的分布及利用

天津图书馆 王 振

文献抢救工作的目的是保护文献,最先抢救的是一些有价值且濒临毁坏的古籍文献。从最初抢救的古籍、解放前的旧报刊、解放后的报刊,到现在的民国书,20 年来抢救了大量文献。但是,如果对缩微文献重保存而轻利用,最终会阻碍缩微事业发展。

1 缩微品的分布

公共图书馆缩微品的合理分布是文献信息资源得到充分利用的基础。我馆已抢救的文献包括:解放前及解放后的报刊、明清小说、有天津特色的地方志以及民国书籍。缩微胶片存放古籍部,可供读者查阅。虽然保证了胶片存放的安全性,但却影响了它的使用,因为古籍部阅览室对读者有明确条件限制,影响了胶片的利用率。

2 缩微品的利用

2.1 缩微品的利用

缩微胶片保持了文献资源的完整性,缩微中心明确要求各成员馆所抢救的文献要具有完整性,为此缩微中心在全国各省市图书馆作了大量的协调工作,有力地保证了文献资源的完整性。各图书馆所抢救的文献资源从古籍、新中国成立前报刊、新中国成立后报刊到目前的民国书籍,形成庞大的缩微文献资源,然而他在公共图书馆中读者的利用率怎样呢?

(1)新中国成立前报刊的利用

新中国成立前报刊的纸质文献存放于历史文献部,被妥善保存,缩微胶片代替原件,目前读者借助阅读器查找所需要的资料,读者利用率高。

(2)新中国成立后的报刊的利用

在报纸阅览室,经常有这样的情景,为查找一篇资料,工作人员一摞一摞地从报架取出报纸,读者再一页一页地翻找,查到时却发现报纸已经破损,读者唉声叹气,工作人员惋惜,缺失部分即被认为是本馆馆藏的漏洞。倘若将这部分缩微胶片存放于报刊部,我想从工作人员到读者不仅查找方便,而且可以查全,他们会乐于使用缩微胶片来检索文献资料的。建国后报刊的缩微胶片存放在历史文献部,其境遇可谓"放得高,望者远",过于注重胶片的保存了。缩微胶片的系统、完整、丰富性远胜于纸质文献,这一点也得不到充分体现。

（3）民国书的利用

近三年来全国各公共图书馆开始民国书抢救工作,随着缩微工作日程的进展,抢救的民国书籍越来越多,相信在我馆的民国文献研究室中也将会得到充分的利用。

（4）古籍的利用

在历史文献部,对读者开放的目录盒中,凡是已经缩微的古籍文献都已经用缩微胶片的片盘号代替了原来的图书分类号。片盘号成为索书号,古籍检索途径的改变标志着缩微胶片完全代替纸质文献,既保障了纸质文献的妥善保存,又保证了读者的充分利用,使缩微信息资源充分发挥作用。在缩微胶片代替纸制文献后,一些老年读者和年轻学者发现了缩微胶片内容完整的优势,充分利用仅有的一台阅读器阅览文献,以至于出现预约排队等候的状况。

由此可见缩微信息资源的分布与其利用率有着密切的关系,在缩微信息资源数字化之前各公共图书馆应根据读者需求,在保障缩微胶片安全的基础上合理分布,使读者认识缩微、提高利用率,以扩大缩微的认知度。

从读者的利用情况看,缩微胶片具有特殊优势,读者愿意使用,但须借助阅读器,与人们的阅读习惯不符,容易产生疲劳,因此目前正在普及的计算机成为替代阅读器的最佳选择,现以我馆电子文献阅览室和历史文献部缩微品阅览室2004年7月份1—10日读者流通量的一组数字对比说明:

读者流通量对比表

日期	读者流通量	
	电子文献阅览室	缩微品阅览室
1	202 人	20 人
2	137 人	14 人
3	125 人	11 人
4	110 人	9 人
5	117 人	17 人
6	98 人	5 人
7	189 人	16 人
8	197 人	24 人

| 9 | 125 人 | 13 人 |
| 10 | 146 人 | 33 人 |

由上表可见,随着计算机的普及和网络的应用,在数字风暴席卷中国的今天,缩微品也应赶上这一潮流——由缩微胶片转化成数字影像系统。虽然数字的解像度不如传统的缩微胶片,但读者相反会觉得数字的图像更稳定、清晰,由此可见缩微影像扫描数字影像系统亟待发展。

2.2　由物流转化为信息流有利于缩微信息资源的利用

（1）物流转化为信息流可解决缩微胶片阅读设备紧缺状况

目前在公共图书馆中大部分纸质文献流通方式是物流,即读者到图书馆阅览室通过工作人员借阅文献,文献多且查找繁琐;有缩微胶片的文献,也需要读者到图书馆,借助阅读器查阅资料,文献较小,查阅速度加快;如果将缩微胶片通过胶转数、OCR 识别和软件支持,将缩微影像数字化,那么读者即使不到图书馆,也可通过网络随意查找信息,方便快捷。应用数字技术把缩微影像转换成数字信息,除方便缩微信息检索、解决缩微信息远距离传送外,缩微胶片阅读设备紧缺的问题也能从根本上得到解决。

（2）利用网络扩大影响可使缩微信息资源走出"围城"

公共图书馆缩微文献如同"围城","城外"了解的人甚少,而"城内"的人又缺乏宣传,虽然目前新增了一些缩微产业在社会上扩大了缩微的知名度,但就公共图书馆来讲宣传工作微乎其微。物流转化为信息流后缩微影像信息的数字化与资源共享的策略和传统服务方式又相吻合,读者检索时"缩微"一词会反复出现,进而使缩微文献得到充分利用。

（3）缩微影像信息资源的汇集和整理

各省市图书馆所收藏的缩微影像信息以古旧文献为主,信息零散、不完整。各馆可根据本馆的馆藏特色有目的、有计划地购买缩微胶片,增加缩微品馆藏量,推出有馆藏特色的专题,这是我国公共图书馆系统当前应用缩微技术的新任务。开展缩微影像信息网络服务需要对收藏的缩微影像信息汇集加工并提炼。缩微影像信息网络服务通过对缩微影像信息进行标引、组织等一系列"重新包装",编制缩微影像信息资源主题指南目录等,实现对缩微影像信息资源的加工、增值。在尊重版权的前提下,可利用扫描仪等现代工具,有选择地将缩微影像信息输入计算机,编辑成索引、文摘等,充分开发利用馆藏缩微影像。另外开展缩微影像信息网络服务要深化信息咨询的深度,就像一些学者所指出的,要"实现从提供相关信息到提供答案"的重要转变。

（4）充分利用缩微影像信息资源提高经济效益

用扩大的缩微影像信息资源,推出有馆藏特色的专题。如何根据巴特莱提出的二八法则定律,用20%的读者创造出80%的利润呢? 以宽带网络为平台、以资源整合和营销传播为基点,依靠视频包装、高价值商务和相关文献信息进行开发,势必将传统的缩微技术与现代化的计算机技术完美地结合起来,实现文献永久保存和读者充分利用的双重目标。例如《益世报》胶片共170卷,以前拷贝一卷成本约50元,全套胶片需要8500元,加上运输成本,费用还要高。光盘出现后,胶片转成光盘虽然节约了拷贝成本,但传递光盘还需要联邦快递。现在有了网络,连联邦快递也不需要了,可以直接通过网络传递。数字拷贝可以直接复制到硬盘上,在发行时优势更为明显,就算用1万次,也不会出现胶片划伤、老化等问题。

纵观缩微走过的20年历程,缩微中心为全国的省市级图书馆培养了一批又一批缩微技术骨干,抢救了大量有价值的文献,使那些原本只能藏卧箱底的古旧文献重新为读者服务。缩微工作将原有的庞大的纸质文献缩小为便于储藏的胶片,相信在不久的将来还会普及缩微及数字影像整合系统,最终实现物流转换为信息流。

参考文献

[1]陈天伦.我国公共图书馆缩微技术工作前景.缩微技术,1998(2)

[2]浙江图书馆.网络环境下缩微影像的信息服务.中国图书馆学报,2001(5)

(原载《数字与缩微影像》2005年第3期)

对缩微文献阅览工作的思考

国家图书馆　申淑丽　韩建生

国家图书馆缩微文献阅览室自1959年开始接待读者。经过几十年的发展,该室已经具有一定的规模,所藏缩微资料内容丰富,时间跨度大,涉及语种繁多,读者阅览踊跃。通过多年的建设,至2007年底,缩微胶卷、平片收藏已近30万件。如何解决缩微品阅览和收藏中存在的问题,在现有基础上更好地开展缩微阅览工作,值得我们认真思考。

1　制订国家图书馆缩微文献收藏规划

尽管现在电子产品、数字资源发展非常快,但它们不能完全取代缩微技术。数字对象的保存是一个复杂的技术过程,数据光盘在保存中存在载体易老化,计算机不能读取有轻微划痕和瑕疵的光盘的问题;系统服务器中被保存的数据庞杂,数据更新也易出问题;法律对版权的保护等都给数字对象的安全、提取和存储带来困难。而据科学测定,缩微胶卷却可以保存800年之久。缩微文献这种保存资料的优势,决定了缩微品的收藏应该是国家图书馆长期工作任务。

建立在科学基础上的规划,是指导采访、缩微品制作、编目和阅览服务的指针,它应该包括中、短期和长期目标。有了详细的规划,应及时告知阅览室和全馆相关部门,以便各司其职,更好地合作,最终提供给读者优良的服务。

首先确定收藏重点。根据我馆"中文求全、外文求精"的采访方针,确定收藏重点。依据轻重缓急,确定中、短期和长期的工作目标。

1.1　民国时期的文献应该是收藏重点

对于年代久远,易于损坏的中文文献,应抓紧制作缩微品,例如:民国时期的报纸、期刊、图书。这些宝贵资料一旦损毁,该时期的历史将很难复原再现。目前,民国报纸的缩微品收藏是否齐全,我室没有对可供对比的资料进行核对,需要依靠全国图书馆文献缩微复制中心(以下简称"缩微中心")的帮助。而民国期刊从拍摄号(即文献的索取号)看,缩微阅览室的拍摄号不连续,有许多缺藏(原因是当年缩微中心制作好胶卷之后,并没有先送到缩微阅览室,而是由数图公司拉走扫描制作电子图书,期间由于胶卷的清晰度等诸多问题,数图公司退回部分胶卷重拍。数图公司将扫描后的胶卷再送我室,以至造成缺藏)。民国图书的缩微品缺藏就更多,截至 2007 年底已经入藏的约 13 000 卷,而需要缩微制作的图书目前还有几十万册。尽管缩微中心也正在抓紧制作,但对于如此大的工作量,具体完成的时间表还无法预知。

近期,应该由业务主管部门协调,由缩微中心根据阅览室的室藏情况,统计民国报纸、期刊、图书的补藏数量,计算工作进度,逐年补全上述资料的缩微品。另外,民国图书与报纸、期刊不同,报纸、期刊可以连续制作,一般保证 30 米左右一卷,两页一拍一卷可拍 1200 拍,一页一拍可以拍 2000 拍以上。民国图书每本平均 250 页,拍成胶卷只有整卷的 1/5—1/8,也要装一个盒,浪费空间大。如果改成平片摄制,现在的缩微技术完全能够保证清晰度,只要 23 张平片就够了。胶卷和平片体积相差近 8—10 倍。建议民国图书用平片制作缩微品,以便节约室藏空间。

我室多年前的博士论文共占用 182 个胶卷柜,占总柜数的 65.5%(最早有 1938 年的,大量是从 1960 年到 1977 年的胶卷),这些论文大部分还没做数据,不能网上检索。如今,阅览室的库房已经饱和,不能再多放一个胶片柜,急需尽早另想办法,为补充民国资料腾出空间。为妥善保存和利用年代久远的博士论文,建议主管部门另辟场地,专门收藏多年前的、已经很少有人检索的这批资料。

读者通过 OPAC 检索系统,能够检索到大量没有标注馆藏地的民国报纸、期刊、图书缩微品。例如:有个读者在 OPAC 上检索到《直隶白话报》《长沙地方自治白话报》《广东白话报》《宁乡地方自治白话报》《回文白话报》《宪政白话报》《湖南地方自治白话报》《吉林白话报》《白话与文言之关系》《白话书信》等,通过查看出版项,可以看到原件保存在外地图书馆,缩微中心虽有胶卷,但不提供阅览,又因缩微品的版权不在我馆,读者想拷贝胶卷也不行。这让读者非常失望。针对缩微品版权不属于国家图书馆这种情况,希望有关部门出面,协调其他图书馆和制作单位,取得版权后,由缩微中心复制,入藏国家图书馆缩微阅览室。

1.2 博士论文也是收藏的重点

按照现在的采访方针,国外博士论文的采访主要是针对华裔学者,如不是华裔学者,则必须是有关中国主题。我室收藏论文的数量多,是否质量高有待商榷。我认为可适当调整采访方针,征求专家意见后,重点采访名校或科技类高质量的论文,可不局限于华裔学者。

过去,重复采购的论文约 1000 余种,造成浪费,以后的采购要认真查重。另外 UMI 公司出版的 Dissertation Abstracts International 是 UMI 公司的全部产品目录和摘要,我馆购置的论文仅占其中很小一部分,书本式的论文目录价格昂贵,没有人看,建议停购。况且我馆购置的论文(1975年以后)都已做数据,在OPAC上检索论文指向性明确,通过题名、著者或主题词很容易检索到。

1.3　新中国成立后的报纸、期刊要抓紧制作缩微品

新中国成立后报纸、期刊的缩微胶卷所缺太多,要制订制作规划。现在大部分报纸,如《人民日报》《光明日报》等,送我室的缩微胶卷仅到2002年,还有一些省报根本没有缩微品。读者在报纸阅览室只能看到最近两年的报纸。而两年前甚至更早的报纸,要阅读则需要一定的条件。一些读者既看不到原报又没有缩微品,很是无奈。解放后的期刊缩微品就更少了。我馆缩微政策是什么,回溯报纸是否缩微到省报,到何年代,选择何种期刊制作缩微品,都应该及早研究和制订计划。

1.4　外国政府解密资料应注重收藏

我室现有美、英、日等国的大量解密资料和中国资料。解密资料应注重积累,形成体系,以满足"为党政军领导机关服务"和国内学者研究的需求。

1.5　与国外图书馆互赠缩微品

与国外图书馆互赠缩微品应该提上日程,常抓不懈。国外大学、研究机构收藏的缩微资料品种繁多,如能交换,可节省我馆大量的采购经费并丰富馆藏。

1.6　缩微品收藏应该有特点

综上所述,我们以为应以如下内容为重点:民国报纸、期刊、图书,国外博士论文,解放后的期刊、中央及省报、外国政府解密资料等。对已在国图网上挂接的缩微中心库藏品,以后缩微阅览室是否收藏,应加以明示。但作为国家的总书库和"中文求全"的收藏原则以及缴送规定,我们认为缩微阅览室应该补全在OPAC中能够检索到的缩微中心库的文献。如有可能,我馆收藏的名人手稿也应制成缩微品。

我室现在收藏的文献种类很多,特点不突出。另外缩微阅览室藏有中美外交档案、美国总统文件、日本外务省档案、英国政府外交档案等文献,而国际组织与外国政府出版物阅览室室藏中也包含美国政府出版物、加拿大出版物等相关文献,有纸本也有胶卷。两个阅览室室藏专题重叠。新采入藏缩微阅览室的专题文献应紧紧围绕中长期规划进行,由馆文献建设委员会或业务处协调,规范各阅览室的入藏范围。

采访部门应该为缩微品采访制定周密方针,有了周密的计划,阅览室的空间才能提早准备。连续出版物的缩微品最好能一次采全,一次不能采全的应该有记录,并告知阅览室,以便过后补齐。过去,由于不是一次采全,同样题名的资料出现不同的索取号,区分失当,如:英国政府外交档案,Foreign Office Files For China(Pro Class F0371),由于不是同时买的,给了好几种号:3402(1—31),3475(32—64),3483(65—83),3494(84—106),3526(107—123)。

对剔旧计划、补全期刊、报纸计划，对缩微中心藏胶卷的采访计划，以及能够与现有馆藏延续的外国政府解密资料、海外中国学等的入藏计划，应该由主管领导牵头，业务处及早协调、制订方案。

2　对编目工作的探讨

编目工作是图书馆的百年大计，必须一丝不苟地完成。任何一种缩微资料，在编目过程中，都要尽可能地全面揭示其相关信息，使读者能在检索界面中，方便、快捷地找到需要的资料。编目做得好，资料可以得到有效利用，编目微片不好，读者可能永远也检索不到。如果不能在检索到资料的同时，了解资料的内容提要等相关信息，而只是资料的名称，尽管是网上检索，对读者的实际意义并不大。

2.1　编目中存在的问题

我室有这样编目的资料，例如已经编目的 Foreign Office Files For China（Pro Class F0371），共有 123 卷，阅览室应该配有的纸本目录却没有配备。用 OPAC 检索时，已做数据的 part5 在显示界面上没有卷的 reel 号，在"描述"中，没有卷的文件号，如 FO371/105258—105262 读者查找起来十分困难。其余没做回溯数据的（part1 至 part3），检索显示"没有匹配资料"倒也合理，而我室已经收藏的 part4 显示"初订"，就明显错误。建议编目部门在做此类数据时给出每卷 reel 号和文件号，并统一索取号。

又如 China Report 以编目好的胶片索取号、3572 条码号 3161384650 为例，输入 China Report，可以检索到 13 条记录，但没有一条是该缩微胶片的记录。检索题名全称"China Report Political Sociological and Military Affairs"可以查到两条记录，分别点击时会出现 150 多条记录，标注为：单册状态：特种文献阅览，索取号：\3572，应还日期：在架，子库：缩微文献阅览室。检索到的信息仅条码号（3161380419）和描述（JPRS 73857/＃1）互相有所区别。除此以外 150 多条记录完全是相同的，每条记录没有展开揭示，读者不知道自己所需资料在哪条记录上，继而也就找不到该平片。这样只能借助对应的书本目录。但不知什么原因，书本目录近几年一直没有随胶片配备。

目前，能够进行计算机检索，且读者能够准确找到目标的仅有民国图书、期刊、博士论文、新中国成立后报纸，待回溯的除外。其他能够计算机检索的 China Report，1850 年前西方关于中国的图书等资料，基本都不能准确查找到特定的信息。

2.2　改进编目工作

纸本图书、期刊早已有编目著录规则，唯独缩微品没有。编目是参照西文编目著录规则，但缩微品又有其特殊性。由于每张平片的信息含量大，且不能直观阅读，必须借助阅读器才行。因此,更加准确、科学和详尽的编目著录就显得格外重要。图书馆要尽快制定西文、日文、俄文缩微品的编目著录规则,不能仅凭题名给号。

　　现在有许多缩微资料要做回溯数据,建议编目部门规范和改进对缩微品的著录格式,特别是对有较多胶卷和平片的资料,如日本外务省档案,大约有 2000 卷胶卷。缩微品内容细致的揭示仅靠编目人员是远远不够的。通常缩微资料都附有书本目录,编目时要重视和利用书本目录。应给编目人员配备缩微阅读机和扫描仪,使编目人员能够了解缩微品的内容,按题名和内容进行准确的编目、分类。同时,可把书本目录的内容扫描后链接到 OPAC 上,以便于读者选取。这其中,留有余地的编目定额和科学的奖励制度是编目准确的必要条件。

　　总之,对缩微文献及非书资料的编目要加强研究,扩展西文编目的领域,尽快制订严格的编目规则。文献编目最好能由馆内专职部门和人员完成,编目后要履行必要的工作流程,由专门人员进行质量检查,反复校对,也要及时与阅览部门的员工沟通,听取读者对编目的意见和检索中的困难,改进已经编目的字段和著录项。

3　缩微资料的收藏和阅览

3.1　库房环境

　　保存条件的好坏直接影响到缩微胶片的使用寿命,要想延长胶卷的使用寿命,一是控制室内的空气纯度;二是避光;三是保持室内的温度和湿度。室内的温度和湿度应根据微缩品的片基材料不同,要求也各有差异。有资料说保管的温度建议在 20℃ 以下,相对湿度在 40%—60% 之间。美国国家标准研究所 pH II 143—1979《缩微胶片以外的冲洗后安全摄影胶片保存实施》标准中作了详细阐述,其中最重要的建议如下:温度必须低于华氏 70 度(21℃)。我国的国家标准 GB/T 11821—89 规定,温度 13℃—15℃,要求相对湿度控制在 35%—45%。过小的湿度,会出现胶片边缘膜层剥落、卷曲、乳剂层龟裂等现象,在卷片时容易产生静电,形成划痕,吸附灰尘。由于胶片感光层的药膜是以明胶为主体,明胶是动物性蛋白的有机物。当湿度大于 50% 时,容易滋长真菌和微生物,损坏片基。可见,控制适宜的温湿度是保护好缩微品的首要条件。因此,库房的温湿度必须控制在一定的范围内。为适应以上要求,现在的库房和阅览环境应该加以改造。目前我室冬天库房和阅览室的温度大都在 30 度以上,每天只能开窗降温。建议改进中央空调控制,断续开启或为阅览室设立自备空调。同时库房还应配备足够的加湿器,加装双层有色玻璃,保温、防尘。

3.2　胶卷制作

　　长期保存的胶卷,应该是质量优秀的胶卷,送交阅览室的胶卷要经过质量检验,模糊的胶片必须重拍。可能是机器设备陈旧,去年,缩微中心在给河北省档案馆制作39卷胶卷时,模糊的占1/4,返工两三次才制作完成。在缩微胶片制作过程中,工作人员应经常检查设备的性能,该更新的机器设备及时申请更新。设备采购部门应根据实际情况,给予大力支持。

3.3　胶卷的保存

胶卷的接收要有制度,由业务主管部门协调制订。应该每月定期接收,而不是年底一次性接收数千种。同时要有清单、胶卷要排序、共同清点数量。制作单位要对胶卷进行质量检查,还要检查卷的缠绕方向。阅览室现藏有若干期刊胶卷,底片是蓝色的,反差小、清晰度差,建议淘汰补充相应的部分。读者常在阅读时把胶片弄断,断片的粘接材料和工具图书馆要提供给阅览室。

3.4　胶片柜

胶片柜看似简单,其实关系到胶卷的使用寿命。我室2006年申请的胶片柜,至今没有找到生产厂家。现有的胶卷储存柜每层抽屉的高度是100毫米,与胶卷盒是同样尺寸。开关抽屉时胶卷、包装纸盒和上面的条形码极易损坏。经过仔细测量,我们认为胶卷盒应是长、宽各95毫米,高是40毫米或21毫米,以后设备采购部门应该积极寻找胶片柜的生产厂并按照合适的尺寸订制胶卷盒。

3.5　缩微阅读器

我室现在的缩微阅读器已经使用了20多年,生产厂家几经变迁,备品和备件已无从购买,损坏的阅读器很难修复。现有的阅读器已经不够读者使用。设备采购部门应该根据缩微阅览室将来的规模,广泛寻找国内外生产厂家。到大学、图书馆、档案馆进行广泛的调研,尽早考虑缩微阅读器的更新、招标和购买。

3.6　数字化

利用缩微胶片扫描技术加工的产品,可以一次加工多次使用。读者还原整篇、整本资料时,可以用奖励的倾斜机制,鼓励从事复制还原工作的人员保存扫描的电子图像,并逐步积累、增加,进而形成一定规模的全文数据库。这样随着使用用户的增多,可大大节省还原复制成本。

参考文献

[1]兰.缩微胶卷与图书馆.人民日报,1980 – 06 – 30(7)

[2]何玲.新型载体档案管理.成都:西南交通大学出版社,1999

（原载《图书情报工作》2008年第S2期）

缩微文献影像联合数据库的共建共享

天津图书馆　李　苗

1　背景和意义

缩微胶片作为对大量珍贵古旧文献的保护性再生资源,在图书馆文献利用和服务过程中发挥着非常重要的作用。当前,在直接利用缩微胶片制品的过程中遇到的主要问题是:

(1)阅读设备老化,阅读方式落后;

(2)缩微胶片文献检索依赖卡片,检索方式繁琐;

(3)对缩微文献重保护,轻利用,没有跟上现代图书馆大力发展文献服务的步伐。

随着信息时代的到来,图书馆信息化、数字化的发展进程不断加快,大量数字化文献飞速涌现,在数字图书馆技术逐渐改变传统图书馆所提供文献服务方式的形势下,对缩微文献数字化加工和利用的需求日益突出。

笔者认为,引进现代化、数字化的文献利用手段,对珍贵的缩微文献资源展开数字化加工,建立缩微文献影像数据库,是解决缩微文献利用问题的最佳途径。

缩微文献经过数字化加工以后,计算机技术和信息管理技术的强大优势可以为缩微文献资源服务提供更多的便利。除了进行文献影像资源的存储、传输以外,还可以引入先进的信息检索技术,为用户提供方便快捷的文献定位和资源利用检索。同时,数字化文献影像资源还可以通过网络进行远程访问,扩大信息资源的知名度和应用范围,实现广泛的资源共享,有效提高文献的利用价值。

2　概念和原理

2.1　建设思路

缩微文献影像数据库的建设思路是:建立以影像为基础,以书目、卷期、目次、页码四级索引为辅助手段的文献影像检索和浏览系统。

以影像为基础,是因为缩微文献资源主要为古旧文献,繁体字、竖版布局,加上原件由于年代久远而污损变黄,造成对扫描后得到的影像进行全文 OCR 识别的准确率很低,导致全文检索数据库的加工成本较高,加工周期过长。所以我们放弃建立缩微文献全文数据库的想法,转而开发以影像文件利用为核心的影像数据库。

缩微文献影像数据库的建设目标,是在书目、卷期、目次和页码索引的帮助下,直接利用缩微胶片的影像文件,可以简便经济地解决缩微文献检索利用问题,使大量珍贵的缩微文献能够尽快与读者见面。

2.2 建库原理

缩微文献影像数据库的建设,主要是根据扫描加工完成的影像文件,建立缩微文献书目数据库和影像文件目次索引、卷期索引、页码索引等辅助工具,使用户可以通过书目、目次、页码等多层次信息的帮助,直接调用和浏览文献的影像文件。

2.2.1 建立书目索引

缩微文献书目索引的作用是根据缩微文献的版权页、著录页等信息,建立缩微文献资源的以种类为单位的书目数据,使读者可以根据文献题名、著者、主题等线索进行检索,快速定位到自己需要的缩微文献。

书目索引的建立可以通过已有的古籍书目数据导入和根据影像文件直接著录生成两种方式来完成,书目数据格式采用标准 CNMARC 格式。需要注意的是,由于缩微文献的浏览依赖于原著的影像,所以书目数据和目次数据采用简体字描述,因而对字库没有特殊要求。

书目索引的建立,有效地序化了缩微文献影像数据资源,为广泛地、深入地利用这些资源开辟了道路。

2.2.2 建立目次索引和页码索引

缩微文献资源目录系统的建立,解决了用户对资源内容的了解和检索问题,下一步需要将影像文件与书目数据库挂接起来,使读者真正阅读到文献的全文,这就要求进一步对影像文件建立目次索引和页码索引。

由于缩微影像拍摄都以原件页为单位,所以页码索引可以由专业加工软件根据扫描文件编号自动生成。目次索引则需要根据文献的目次页进行识别和手工录入完成。

通过目次索引和页码索引,读者可以很方便地在找到自己需要的缩微文献之后,直接打开影像文件浏览全文,并随时定位到目标章节和页码,近距离接触原件的形式和内容,还可以选择目标页进行还原打印。

目次索引还可以直接提供给读者进行篇目检索,在文献定位的基础上精确查找到篇目名称和作者,这一功能对于期刊文献影像数据库的应用更为有利。

缩微文献影像数据库的建设过程主要分为胶片扫描、影像加工和索引建设三个阶段。目前的加工软件完全可以满足图书和期刊的建库要求。

2.3　利用

缩微文献影像数据库建设完成以后,可以通过现代化图书馆的综合性信息服务平台进行对外发布。读者可以在馆内局域网和馆外互联网上,通过对书目信息和目次信息的检索,得到自己需要的文献影像资源并通过专用的浏览器直接查看文献的原文。

缩微文献影像数据库对外发布利用之前,需要在后台进行发布级别设置:规定哪些资料可以免费在外网发布全文;哪些资料仅供馆内阅览,外网只发布目次;哪些资料可以通过用户登录,在外网看到全文。

另外,发布前还可以根据需要对影像进行批量加水印处理和降低影像分辨率的处理,有效保护文献内容不被非法窃取。

3　共建共享

3.1　共建共享的意义

天津图书馆从 2007 年下半年开始着手缩微文献影像数据库的建设试验,2009 年抽调人力积极推进软件的开发完善工作,并把建设缩微文献影像数据库的开发工作纳入 2009 年重点工作。在不断地探索和实践中我们认识到:

一方面,即使放弃全文检索数据库,缩微文献影像数据库的建库周期仍然比较长。由于原件质量造成的文字识别困难、加工人员的古籍知识水平不高等,给加工效率带来一定影响。仅靠一馆之力,很难在短期内形成规模化的数据库资源态势,影响面比较小。

另外一方面,古旧文献的总量是有限的,如果各个收藏单位都进行重复加工、重复投入,无疑也是不必要的浪费。如果能把全国各图书馆的缩微影像资源进行统一规划,组成一个全国性的资源共建共享联合体系,就会使这项工作从一个较高的起点出发,更有利于广泛宣传我国的文化瑰宝,提高缩微品在我国图书馆资源结构中的地位,取得更广泛的、更持久的应用成果和学术成果。

3.2　联合数据库的建设机制

在信息交流网络化的时代,缩微文献影像联合数据库必将成为图书馆网上信息服务的重要组成部分,为社会公众提供服务。

缩微文献影像联合数据库的建设机制,应该是在统一领导下的资源共建共享组织体系。一方面统一规划、统一分派、分期分批完成建库加工任务;另一方面形成规范科学的数据资源加工、汇集、交流、共享的完整机制,使缩微文献影像数据库的建设工作得到有序、科学、高效的开展。

具体做法是：

（1）充分利用国家图书馆全国图书馆文献缩微复制中心在全国图书馆缩微工作中的领导地位和组织优势，由其牵头，吸纳部分省级图书馆参加，组成课题研究小组，立项申报缩微文献影像联合数据库研究课题；

（2）组织有关专家制定与缩微文献影像数据库建设有关的数据标准、资源选题方向、具体实施方案和资源共享细则；

（3）各成员馆组织人力分头开展缩微文献影像资源数据库的加工制作；

（4）将缩微文献影像数据库的最终成果以缩微文献影像联合数据库的形式面向全国发布。

3.3　联合数据库的资源共享方式

全国缩微文献影像联合数据库建成之后，可在全国图书馆文献缩微复制中心网站上及各成员馆的网站上开辟专栏，广泛链接，公开发布。

为避免版权纠纷和降低管理难度，全国缩微文献影像联合数据库采取分散存储、统一检索、有限开放的共享方式。

（1）分散存储。将各馆加工的数据库资源存储在各馆本地服务器上，不在其他成员馆存储镜像文件。

（2）统一检索。在全国图书馆文献缩微复制中心和每一个成员馆都存储一份完整的联合书目数据库，提供给读者进行统一检索。

（3）有限开放。指对文献资源进行多级权限控制。阅览权限可以分为馆内全文开放、馆外目次开放、馆外用户阅览权限控制等。阅览权限与水印保护手段相结合，既可以保证文献的安全，又不影响资源的传播与利用。

随着缩微文献影像联合数据库的不断发展和丰富，还可以不断探索其他的资源交流和共享方式。

4　标准

4.1　数字图书馆建设标准规范

近年来，国家图书馆一直致力于有关"数字图书馆建设标准规范"的研究。数字图书馆标准规范体系主要由数字资源建设标准规范、数字图书馆应用服务标准规范、版权保护与权利描述标准规范、面向数字图书馆的电子商务标准规范等组成。

其中，数字资源建设标准规范涉及数字对象的加工、描述、组织、存储、检索和服务，要建立元数据统一结构框架和相应的元数据描述、加工处理、转换和检索的技术标准规范；建立对网上资源进行搜集、筛选、编目、加工、使用的方法和相应的技术标准规范等。

在数字图书馆应用服务系统的建设中，需要建立统一描述机制，支持统一的资源命名规则和唯一标识；建立开放的、可互操作的数字资源组织与管理标准规范；建立可互操作的数字对象调度机制等。此外，还应充分利用现有的其他相关标准规范。

4.2　联合数据库的建设标准

缩微文献影像联合数据库作为图书馆数字化资源的重要组成部分，从其规划建设的初期，就应充分注意数字资源标准化的问题。

缩微文献影像联合数据库的建设标准，应该完全符合数字图书馆标准规范体系的有关要求，使这一资源的建设，走上规范化、标准化发展的道路，获得可持续的成果。

5　总结

当前，根据国务院办公厅下发的《关于进一步加强古籍保护工作的意见》，中华古籍保护计划正在全面展开。中华古籍保护计划标志着我国的古籍保护工作进入了一个新阶段。根据"保护为主、抢救第一、合理利用、加强管理"的方针，古籍保护工作正在全面、科学、规范的开展。

缩微技术作为重要的古籍保护方式，长期以来在古籍文献的保护、再造、保存和利用等方面发挥了巨大的作用。在国家古籍保护计划的进行中，有计划地进行缩微文献影像联合数据库建设的大胆实践，必将会取得具有较高应用价值和社会影响的资源成果，为弘扬中华优秀传统文化，建设社会主义先进文化和构建社会主义和谐社会作出贡献。

参考文献

[1]陈婷.缩微技术发展应用的明天——与数字技术的融合.数字与缩微影像,2007(3)

[2]尤承彤,李澄.浅谈缩微胶片数字化.机电兵船档案,2007(1)

[3]范志毅,陈智强.建设公共图书馆文献缩微品数字影像全文数据库.数字与缩微影像,2004(1)

[4]唐磊.图书馆缩微文献数字化与服务研究报告.数字与缩微影像,2005(3)

（原载《数字与缩微影像》2009 年第 3 期）

论国家图书馆缩微文献的保护与开发利用

国家图书馆　陈魏魏　孙翠玲

1　图书馆面临文献老化的问题

目前各国图书馆都面临着文献老化的问题,大量藏书经过百年储藏,普遍发生了腐蚀和风化现象。加上虫蛀、受酸腐蚀、温湿环境的影响,一些古籍、善本、报纸等珍贵文献正面临"绝种"的危险。抢救根本无法赶上这些文献自然的老化速度,如何更科学地保存和利用文献资源,一直是中国图书馆界关注的问题。

2　缩微技术的出现及优势

随着改革开放的深入和科学文化事业的发展,人们对民国时期旧报刊的历史价值认识的加深,以及旧报刊的现存状况,用缩微办法保存、整理、发掘和抢救旧报刊,已成为刻不容缓的紧迫任务[1]。缩微技术在抢救珍贵文献资料方面的作用是功不可没的。缩微技术从 19 世纪 40 年代产生以后,经过 100 多年的发展,在众多图书馆得到了广泛应用,正在为世界各国所重视。目前,世界各大图书馆、档案馆、情报系统都在广泛利用缩微品进行收藏或替代文献原件提供利用,并利用缩微品进行世界范围的信息交流。缩微品是至今为止被世界公认为是替代纸质文献永久保存最为理想的载体。

(1)从存储角度考虑,缩微品比纸本更节约空间。

(2)从利用角度考虑,有利于保护文献原件。

(3)从凭证和法律效力看,缩微品具有凭证作用和法律效力。

(4)与数字信息技术比较,缩微技术较成熟。

(5)与光盘技术比较,存储寿命长[2]。

3　缩微品的保存条件

国家图书馆缩微阅览室是 1959 年开始接待读者的。经过几十年的发展,已经具有一定的规模,所藏缩微资料内容丰富,时间跨度大,涉及语种繁多。至 2008 年年底,该室收藏的缩微胶卷、平片已近 32.1 万余件。本室收藏新中国成立前后报纸、期刊、民国图书、美国博士论文 UMI、陈诚档案(1931—1934 年江西苏维埃文献)、日本政府出版物、高罗佩藏书、美国政府出版物、各国政府解密资料、早期来华传教士文集等,该室所藏文献的研究价值是不可估量的。

做好缩微品保存工作,对于巩固缩微技术成果,利用缩微品为社会提供高质量、准确、方便、快捷的服务有着十分重要的意义。一般说,缩微品的寿命除取决于缩微胶片的化学稳定性以外,与缩微品的储存和保管有着极为密切的关系。做好缩微品的保存,可以大大延长缩微品的寿命,反之,则会使缩微品得不到长期或永久的保存。

(1)缩微品保护条件苛刻,缩微品库房环境温湿度必须保持在一定范围内,相对湿度应保持在 40% 以下,温度应不超过 20℃,并应尽可能地避免温度与相对湿度的急剧变化,使缩微品处于适宜的湿温度条件下,才能有效地防止污斑的产生。

(2)要定期检查卷片,以防粘连,以确保缩微品贮存中的质量。

(3)保存的胶片应保存在阴暗条件下,避免阳光直射,所有的光都可能危害胶卷原质量。

(4)缩微品的利用离不开缩微阅读器,缩微阅读器的传动皮带断裂,手柄打滑等毛病都会影响缩微胶片的质量,平时应注意对阅读器的爱护与保养,及时更换损坏的零部件,保持阅读器的清洁卫生,为读者利用缩微品创造有利的条件。

4　缩微文献的利用问题

国家图书馆的缩微品馆藏量在国内也是屈指可数的,然而读者对缩微文献的利用率却不高,这也是我们要关注的一个问题。

4.1　对文献的补藏

要提高我馆读者对缩微文献的利用率,体现缩微品的价值,除了对缩微胶卷自身的保护外,对缩微资料的补充与完善也是刻不容缓的。根据我馆"中文求全,外文求精"的采购方针,确定收藏重点。为了更好地发挥缩微品在保护原件上所起的作用,我们应该尽量扩大拍摄范围,不断补充馆藏缩微品的数量,要将缩微品的采购纳入年度采购计划之中,逐步形成具有地方特色的缩微品收藏体系,从而吸引更多的读者利用缩微品[3]。

4.1.1　解放前后的报纸

解放前后的报纸一般较能全面、真实地反映当时社会各方面的信息,具有科学性、连续性、完整性和系统性,但由于旧报纸年深日久、种类繁杂、数量众多、开本较大并单张出版,以及社会化、政治动荡等原因,使得解放前后的报纸残缺不全。我馆的合订本中文报纸已全部改为保存本,当读者需要借阅,图书馆又没有收藏该报纸的缩微品时,就不得不调出保存本原件供读者查阅。因此要对残缺的报纸有规划地进行补拍。

4.1.2 民国时期的文献

民国时期的文献(民国图书和期刊)应该是收藏重点。对于年代久远,易于损坏的中文文献,应抓紧制作缩微品。

4.1.3 国外博士论文

我馆对国外博士论文的采访主要针对的是华裔学者写的有关中国主题的论文,应该加大采访范围,如现今社会热点话题等。

4.1.4 与国外图书馆互赠的缩微品

国外大学、研究机构收藏的缩微资料品种繁多,交换此类缩微文献不但能节省我馆大量的采购经费并丰富馆藏,也能使得文献得到最大程度的利用。

4.1.5 外国政府解密资料

各国解密资料应注重积累,形成体系,以满足"为党政军领导机关服务"和国内学者研究的要求。

4.2 缩微文献阅览环境及人员要求

缩微文献的阅读方式与书本形式有所不同,读者阅读可能更费力费眼。要创建一个良好的缩微文献阅读环境,最大限度地降低读者使用缩微品的抵触情绪。

4.2.1 良好的阅读环境

由于查阅缩微文献一般是借由缩微阅读器,缩微阅读器是利用投射到半透明(或不透明)屏幕上的透射光线进行观察的,因此阅览室的灯光亮度对于缩微阅读是很重要的,更要避免强光线直射屏幕。

4.2.2 避免干扰

缩微阅览室胶卷还原机最好放在角落里,避免机器声互相干扰,给读者一个安静的阅读环境,放置阅读器最好给读者预留下足够的书写空间。

4.2.3 合适的座椅

由于缩微品是灯光投影阅读,长时间阅读易疲劳。提供可调节高度且有后背的椅子,这样可以部分减轻阅读疲劳。

4.2.4 耐心讲解

工作人员必须耐心地向新利用者教授缩微阅读设备的使用方法,各种缩微品和阅读设备的指示信号和每台机器的图示都能帮助利用者掌握操作方法[4]。由于缩微文献一般是较解放前的一些文献,因此以老年读者为主,工作人员更需要耐心详细的讲解。

4.2.5 良好的环境

一个良好的阅读环境,要求缩微品阅览室的工作人员每周对镜头、屏幕检查和清洁一次,还要提醒工作人员注意每一台机器的使用及其工作条件,从而确保良好阅读环境的建立。

4.3 加强宣传力度

查阅缩微品对于大多数读者来说比较陌生。要开展对读者的研究工作,加大缩微品的宣传力度,充分利用各种宣传媒介,向社会广泛宣传缩微技术在信息工作中的优越性。同时,变目前缩微品被动服务方式为灵活多样的主动服务方式。通过各种渠道宣传缩微品,让缩微品的加工与文献、图书、档案的开发利用以及发行拷贝结合起来,实现缩微品的使用价值与价值的统一。只有在供、需、藏三个方面都对缩微技术的优越性有了正确认识,才能全面扩大缩微品的利用范围和利用率,使缩微技术与缩微品更好地为读者服务[5]。

5 缩微技术的发展方向

随着缩微技术不断发展和完善,走向成熟,文献缩微已成为目前行之有效的再生性保护珍贵文献方式之一。然而,随着科学技术飞速发展,缩微技术受到计算机技术、通讯技术、光盘技术等新技术的冲击,加之缩微技术自身的一些弱点,使其利用状况不甚理想,造成其发展呈明显缓慢的趋势[6]。如何使缩微技术的优势得以充分发挥,使缩微技术在图书馆事业发展中发挥出更大的作用,是我们面临的重要问题。

将缩微技术与计算机技术结合起来,将缩微胶片数字化,就比较好地解决了这个问题。我馆在保证抢救工作正常进行的同时,将缩微技术与数字技术相结合,经过几年的精心策划和准备,已经建立起一套缩微影像扫描系统。对缩微品进行由模拟影像到数字影像的转换,为读者提供了快速检索、浏览、资源共享及远程信息传递的便捷服务,使文献的利用率大幅度提高。利用缩微片写入光盘,可以节省储存空间,进行光盘检索,提供准确、快捷的服务,缩短利用者的提调时间;利用缩微片输入计算机,可以借助网络提供远距离信息传递,进行跨国信息服务,既利于历史文化信息的传播,又方便了异地读者的利用。缩微技术与数字信息技术相结合,是文献缩微化的客观要求,两者结合才能"双赢"。据调查日本政府十分重视这个机遇,率先出资组织有关人士,研究在因特网上发布、运行缩微品,及缩微影像检索的问题[7]。他们的做法是把胶片上的信息输入计算机,将缩微品上的模拟信息转换成电子信息,方法如下所述。

(1)将古书籍、插图、资料拍成缩微品。

（2）用胶片扫描仪把缩微胶片上的信息输入计算机。首先由自动装卸机把需要扫描的胶片从储片柜中取出，然后，由胶片扫描仪输入计算机。

（3）建立相应的检索系统和数据库。随着信息资料数量的增多，使用计算机检索最为适宜。

（4）建立网站，将缩微影像及检索信息存入网址，上网运行，为缩微品建立网上主页，这样就可以在因特网上查询缩微品。

随着计算机管理的日趋普及和提高，利用保存良好的缩微品与现代技术相结合必将是今后发展的方向。缩微胶片的数字化技术与计算机技术的完美结合，既发挥了计算机保存文献的快捷性、逻辑性、便利性，又发挥了缩微技术的永久性、真实性及法律凭证效力。我们应当充分利用这一优势方便读者，为利用者提供多种形式的服务。相信在缩微技术的帮助下，珍贵文献既可得到有效保护，也会得到最大程度的开发利用。

参考文献

［1］刘若平. 建国前天津中文报纸缩微品概述. 缩微技术，2000（3）

［2］孙少敏. 数字信息时代档案缩微何去何从. 科技档案，2007（1）

［3］吴晓红. 作法律凭证使用的缩微品应具备的条件. 缩微技术，1999（2）

［4］王凯. 浅谈档案缩微品的利用.［2009 － 10 － 03］. http://www. studa. net/2005/8 － 12/200508121456365. html

［5］［6］程丽华. 缩微技术与缩微品如何面向市场经济. 科技情报开发与经济，1999（3）

［7］牟薇. 缩微品走上因特网. 缩微技术，1999（3）

（原载《图书馆学研究》2010 年第 4 期）

探析公共图书馆缩微文献资源的开发和利用

辽宁省图书馆　侯小云

缩微文献是纸质文献的复制品,是纸质文献的另一种保存方式。通过缩微拍摄将纸质文献完整复制到胶片上保存,解决了因纸张油墨逐年退化给保管和利用带来的不便和困扰。同时,在查阅方面可代替原文献满足用户的读取需求,并可替代原件起到法律凭证作用。

经过20多年的不懈努力,在全国公共图书馆文献缩微复制中心(以下简称"中心")的组织与协调下,近40家成员馆和21家拍摄馆协同抢救了一大批中华民族文献典籍,为保护祖国文化遗产,传承华夏历史文明,作出了巨大贡献。其中不乏价值连城的孤本绝版。连续出版物通过全国范围的补缺更是提高了缩微文献的史料价值,丰富了缩微文献品种,提高了藏品质量。

缩微文献资源包括古籍善本、地方史志,民国时期图书、期刊、报纸和建国后报纸,其中以民国时期缩微文献最多,蕴藏着极为丰富的信息,是我们的优势馆藏。在当下近代史研究活跃时期,过去被"忽视"的民国文献逐渐被研究者所重视,迫切需要大量的史料作为研究依据。社会公众对历史文化知识的渴求也在不断增长。因此,加快对缩微文献资源的开发步伐,就显得尤为重要和迫切。

随着现代化技术手段的提高和各种规范、标准的逐渐确立和统一,缩微文献资源转化成数字化信息资源,是更好地利用缩微文献资源的有效办法。

1　我国缩微文献资源的现状

1.1　我国现有的缩微文献资源

据统计,收入《中国古籍善本书目》中的古籍约6万种,有近4万种需要抢救拍摄,已拍摄成古籍缩微文献31 974种。1981年北京书目文献出版社出版的《全国中文报纸联合目录:1833—1949》,收录有解放前报纸近7800种,已拍摄成报纸缩微文献4361种。据1981年北京书目文献出版社出版的《全国中文期刊联合目录:1833—1949》及其补编本,共收录1833—1949年之间的期刊36 400余种,其中大部分是民国期刊,已拍摄成期刊缩微文献15 350种。《民国时期总书目》以原北京图书馆(现国家图书馆)、上海图书馆、重庆图书馆馆藏为基础收录原版民国图书12.4万余种(未包括线装书和中小学教科书),我国民国时期的图书馆事业比较发达,各种图书馆收藏的民国文献大多数流传至今,传世的民国文献超过《民国时期总书目》所收种数。据"中心"统计全国公共图书馆范围内可投入拍摄的民国书约15万种,其中国家图书馆约10万种,成员馆约5万余种,已拍摄成图书缩微文献的有61 899种。

截至2009年底,公共图书馆累计抢救拍摄各类馆藏文献113 584种。国家图书馆缩微胶片母片库累计入藏各类文献母片111 000余卷,6000万余拍,缩微胶片拷底库存拷底片17.5万卷。上述数字可以看出有书目记载的新中国成立前文献25.4万余种,已完成56%的文献抢救拍摄任务。

1.2 缩微文献资源的开发利用

国家图书馆缩微文献资源开发利用的情况最好。国图的缩微文献资源在整个缩微文献资源库中所占比重很大,每年还从国外采购缩微文献补充馆藏。截至2007年12月,国家图书馆收藏缩微平片149 697袋/288 136片。从1999年到2007年统计看,平均每年入藏缩微平片10 000—15 000片。截至2009年底,国家图书馆共收藏缩微胶卷96619(卷),缩微平片1 292 646(张/片),缩微文献合计1 389 265(卷/张/片)。利用图书馆采编系统,完成了CN–MARC缩微胶卷的编目,建成缩微文献机读目录数据库。2008年完成4535种、8.6万期、504万幅民国期刊和11 259种、12 075册、286万幅民国图书的缩微文献数字化加工、全文影像数据库建库工作。在缩微文献资料开发上,1992年"中心"成立了"全国公共图书馆古籍文献编辑出版委员会",协同各成员单位发掘与抢救具有重要价值的珍藏文献资料,影印出版珍贵、稀见的古籍文献资料,即珍本秘籍,罕见的抄本、异本、名人稿本、佚文、日记、信札、墨迹、稀见方志、舆图、谱牒、档案文告等具有重大史料价值的普通古籍以及珍稀期刊,少数民族重要文献。包括《中国文献珍本丛书》《中国佛学文献丛刊》《中国边疆史地资料丛刊》《中国公共图书馆古籍文献珍本汇刊》《民国珍稀期刊类》《奏议、档案类》《早期中文报纸创刊号》及其他类文献等几个系列。截至2010年总计影印出版了305种、2348册文献奉献给读者。国家图书馆有3个缩微资料阅览室,61台缩微阅读机。为读者提供缩微胶片的查阅,读者通过馆内局域网查阅缩微文献数字资源和开发的专题资料,每年接待读者上万人次。远远高于其他公共图书馆接待的人数总和。

福建省图书馆是省级公共图书馆缩微文献利用率最高的图书馆,非常注重地方性缩微文献馆藏的补充采购,单独设立缩微部,开展文献抢救拍摄和缩微文献的收集、利用工作。现拥有一整套的《四库全书》及《敦煌遗书》，还有古籍善本1781种，以及1949年前福建省最主要的报纸105种、期刊404种，1949年前东南亚地区的部分报纸和1949年后《福建日报》《福州晚报》《厦门日报》等缩微胶片。平均每年接待读者近千人，查阅胶片1300余卷，还原文献1700余张，地方报纸利用率最高，其次是地方志。

其他图书馆平均每年接待查阅缩微文献读者100—600人不等，以利用建国前连续性、完整性较强的地方大报为最多。如《大公报》《长沙日报》《湖南国民日报》《广州民国日报》，《中山日报》《盛京时报》《泰东日报》《满洲日日新闻》《东北日报》《大同报》《申报》《国际协报》等，查阅者多为社科界、史学界有国家级课题的学者，研究所、高校有专业课题的教授和研究教育史、新闻专业、历史专业的在职研究生，也有影视、报刊书局及网络等媒体需要民国时期重大事件、重要人物的背景资料的。辽宁省图书馆的东北地方志及解放前中文报刊一直是国内外读者长期利用的资料。如《辽沈晚报》2011年推出的"百年报刊看辽沈"，寻找百年来中外报刊记载的发生在辽沈大地上的故事。缩微文献中地方资源非常丰富，并且还在源源不断地补充，因此极具开发利用价值。各馆为提高缩微文献资源的利用率，或自建，或外包正加快实现缩微文献数字化工作。从"中心"2010年各馆缩微文献数字化调查统计情况看，有14家购买缩微胶片扫描仪，有12家正在进行或快要完成缩微文献资源的扫描工作，累计完成古籍、民国图书、期刊、报纸约3781种，3 104 460幅缩微文献的扫描和部分资源的建库工作。

缩微文献利用率较低主要有两个方面原因。一方面是客观原因：首先是缩微藏品占本馆馆藏份额很少，读者更希望借助纸质文献、电子资源解决问题；其次是受阅读方式制约，不能同时满足所有读者查阅需求。另一方面由于我们主观对缩微文献资源开发利用不足，导致资金、人员、设备等都出现问题，无法实现与馆藏其他电子资源的融合，检索利用不方便。

2　制约缩微文献资源开发和利用的因素分析

2.1　思想意识层面的因素

缩微文献藏品和资源共建的认识不足。开展文献缩微抢救与实现文献数字化提高文献利用率是并行的，相互补充。前者能实现信息稳定永久保存，后者能实现信息利用方便快捷，都是有效保护原文献的一种手段。据了解，哈佛大学图书馆每年花巨资向中国国家缩微中心购买胶片却从未订阅任何中国的光盘数据库。实践已经证明，随着原文献的损毁信息丢失，有些缩微文献已经具有文物价值。在文献抢救和资源共建共享问题上，总想索取，而不愿多作贡献。以民国时期的历史文献为例，减少民国文献的抢救，影响整个民国时期文献资源的开发利用,缺乏长远规划和考虑,较大程度上影响了馆际协作、资源共享的进程。

　　思想意识决定一切。管理者的重视和支持是缩微工作取得进展的首要条件。缩微工作最辉煌时期是 1998 年文化部开展的公共图书馆的第二次评估之前,10 年的文献缩微抢救积累了一定数量的资源,评估标准中缩微工作占有一定分值,可看出管理层对缩微工作是极其重视。无论在人力、物力和财力上都给予极大的支持,建设缩微文献书目数据库,编制文献提要,办展览,配备缩微阅读机,成立缩微文献查阅室为读者提供缩微文献利用,可以说当时"粮草充足,人兴马旺"一派红火场面。1999 年国家实施数字图书馆工程,书本式扫描技术的发展加快数字化的进程,2003 年的公共图书馆评估标准加大对电子文献、网上资源的加工、发布的分值,取消了对缩微工作的评估。缩微工作逐渐退出图书馆中心工作,变成"微缩"工作。"中心"没有了足够的经费支持,很难像开展全国公共图书馆文献缩微抢救一样,进行统一规划部署,开展全国缩微文献资源的开发建设。

　　员工的积极性受到影响,服务上少了主动性。缩微文献资源的开发后续不足,对缩微文献资源的系统推广和如何检索利用宣传教育不够。缩微文献的历史价值得不到体现,发挥不出缩微文献资源的社会和经济效益。

2.2　资金和设备因素

　　缺乏资金和先进设备的投入。缩微文献资源的开发必须借助胶片阅读还原机或扫描仪来实现。政府经费投入和专用设备、系统的先进程度决定着缩微文献资源开发的速度和深度。资金雄厚和技术力量强的图书馆开展得就好些、快些,自建或外包建设民国时期文献影像数据库,地方性专题特色库;出书或办展览,产生了极大的社会效益和经济效益。而大部分图书馆缺乏后续资金、设备跟上不及时,缩微胶片阅读设备老化,故障不断,流失了本就不多的特定读者群。经费有限的图书馆在缩微胶片扫描仪的采购上,或买 1 台,或连 1 台都买不起,制约了缩微文献资源开发的速度。

2.3　读者因素

　　阅读不方便,失去耐心。对以回溯性质为主,以长期保存为目的的缩微文献关注和查找的读者本身就比较少,受阅读方式的制约,长时间在阅读机前阅读,身体会出现疲倦和不舒服的感觉,在心里会和阅读纸质文献和使用计算机对比,感觉阅读缩微文献的不方便,久而久之造成不愿检索和阅读缩微文献,失去了利用缩微文献的兴趣。目前,通过网络还不能阅读缩微文献,这与当下方便快捷提取与网络信息资源形成巨大的差距。

　　缺乏必要的读者教育是缩微文献资源利用率低的重要因素。读者对文献信息检索和利用的能力较差,对缩微文献资源的内容不了解,对缩微文献资源的信息服务认识比较淡薄,不知道这些资源能对自己的学习研究提供哪些帮助。图书馆少于这方面对读者的培训指导与宣传，对"缩微文献资源检索与利用"的教育不够，读者只能"舍近求远"通过其他的途径查找来满足需求。

3　缩微文献资源开发与利用的对策和措施

3.1　提高意识

缩微文献资源的价值已经得到业内、业外专家学者的普遍认同。我们必须站在战略高度，特别是管理者、员工要对缩微文献资源的价值有充分的感悟，要打破地方保护主义，打破利己主义，共同建设一个全国范围内的缩微文献资源共享平台，这是我们图书馆人必须具有的理念，也是我们的责任。

持余缺互补原则。大馆开发，小馆利用原则。开发和利用同步进行原则。有步骤地实施对读者开放，实现从资源的拥有向资源的获取转变。

3.2　增加资金　加大投入

稳定连续的经费是基础。政府加大专项资金投入，改善图书馆软硬件服务环境是一切工作顺利进行的保障。

借国家图书馆实施"全国数字图书馆推广计划"，在全国图书馆实现传统资源与数字资源的集中揭示、组织、整合与服务之契机，建立有效的文献资源保护和开发保障机制，积极争取国家和地方财政的投入。

3.3　提高员工的综合素质

员工综合素质的提高是图书馆实现目标管理的关键。图书馆作为教育和服务窗口，员工应具备相关的专业理论知识和技能，应该有较好的文化素养和服务水平。员工在加强自主学习提高的同时，图书馆应结合当前工作，有目的地开展多种形式的中长期培训。重点加强地方文献人才培养，建设高素质的地方文献开发队伍，使其掌握和具备现代信息知识、计算机操作技能、良好的语言水平和中国近代史知识，具有强烈的文献开发利用意识，提高深层次开发文献与运用文献的能力。

随着信息技术在图书馆的广泛应用，图书馆也要实行人才引进机制。积极引进一批有文献学、历史学专业知识和计算机技能的信息开发人员。掌握文献资源的组织、加工和利用的技能，在数据库建设、网络信息导航、信息识别上有一定优势。具有较为系统的网络信息资源、检索技术，可以帮助用户大大提高网络信息查询的速度和准确性，满足用户对各种最新信息的需求。

3.4　实现缩微文献资源数字网络化，建设文献共享平台

据 2010 年 12 月 9 日北京新华网讯，"我国将在全国范围内实施'国家数字图书馆推

广工程'，其宗旨在以技术手段打破不同行业、不同地域图书馆之间的界限,使全国分散异构的数字图书馆系统能够连接为一个超大型数字图书馆,从而推动我国文献信息资源的共建共享。主要建设内容包括建设海量分布式数字资源库群、覆盖全国公共图书馆的数字图书馆虚拟网,以及优秀中华文化集中展示平台、面向不同用户群体的开放式信息服务平台、公民终身学习平台和国际文化交流平台"。此工程为公民在统一平台检索广博、浩瀚的信息资料提供极大便利,成为公民终身读书和继续教育的虚拟场所。作为承担着提供全面、多元、开放信息功能的公共图书馆,必是首当其冲,积极参与到工程建设中去,以此改善基础设施和数字资源建设的重复现象。实现统一的服务入口,开展无缝访问图书馆信息资源的服务。

在这样一个大契机面前,抓住机遇,加快缩微文献资源数字化进程,实现缩微文献资源与其他资源的融合,深化特色资源的整合与开发,是打破缩微文献资源开发和利用瓶颈有效办法。

继续发挥"中心"的组织协调作用。已开展缩微文献数字化扫描的图书馆,建议优先进行民国时期缩微文献的数字化工作,没有条件开展的图书馆可建议选择条件优越、设备先进的成员馆代为扫描加工,加快缩微文献数字化网络化的建设速度。根据国家图书馆制定的统一标准,建立统一录入要求的数据库。将不同馆内的展现同一专题的数据库内容汇总到一个平台上,进行资源优化组合,从而使缩微文献资源更系统、更完整,形成合力,有效提高缩微文献资源利用。

例如:由国家图书馆建立网络地方文献资源导航库。建立分布式地方文献书目数据管理平台。以省级图书馆为中心,下属市县乡镇机构为分布点,建立一个按地方行政区域划分的地方文献书目分布式共享共建系统,合并重复的书目记录,保留书目信息中不同的馆藏地点。该平台即可扩大地方文献资源的总量,又提高网络地方文献资源的检索和利用效率。如辽宁省图书馆、广州省立中山图书馆、山东省图书馆的地方文献目录数据库系统。同时将各馆地方史志、地方族谱、地方报刊、地方特色文书等专题数据库加以链接,利用分布式数据资源整合软件及网络地方资源库,实现真正意义的共享。

3.5 搞好读者宣传工作

作为回溯性缩微文献资源,往往是"养在深闺人未识"。只是业内人士知道它的史料价值和文献价值,它的利用范围显然过于狭窄。我们要注重宣传,加大力度和范围,宣传缩微文献资源的特点和作用,展现缩微文献的独特魅力所在。宣传的样式可以多样,借助各种传媒宣传,可收家喻户晓之利;利用图书馆自身优势,开展有关的知识竞赛,进行国情、地情教育、爱国主义教育、革命传统教育;办专题展览,如辽宁省图书馆举办的1949年至2009年《人民日报》《辽宁日报》国庆头版报道展览;举办讲座,邀请研究抗战文化的前沿学者来讲演等,广泛吸引不同层次的读者参与;若与有关的学校、机关团体、企业等合作,效果当会更佳。

4　结束语

缩微文献资源的价值不言而喻,对其进行深层次的开发和利用是图书馆人的使命和责任,我们只有突破瓶颈,建立相应的对策和措施,才能使缩微文献资源这一瑰宝光彩照人。

（原载《数字与缩微影像》2011 年第 2 期）

图书馆缩微应关注民间文献的保护

浙江图书馆　陈天伦

民间文献与传世典籍文献、地下考古文献，构成了理论上的文献"全宗"。其中，以传统乡村家族社会为依托的民间文献，有宗族谱牒、契约文书、日用账簿、信函书札、笔记日志、乡规民约、乡土史志乃至地方戏文唱本等多种类型。这些保存于基层社会的民间文献是历史学、人类学、社会学、民俗学、宗教学、经济学、政治学、法学等多门学科的研究资料，具有多方面学术价值。近来，逐渐升温的民间文献收藏热，不仅是一种文化动态，同样也启发图书馆的文献缩微工作应该关注民间文献的保护，从而拓展图书馆应用缩微技术的范围。

1　价值认识历史的新视角

民间文献存世数量极大，是记载人类社会发展及历史演变的"活化石"，搜集、整理和解读民间文献，既可拓宽传统社会研究的理论视野，提升传统文化研究的理论水平，又能进一步丰富中华上下五千年的文化内涵，是人们认识世界的新视角，愈来愈受到学术界的广泛重视。

首先，民间文献的发掘可以大大拓展史学研究的领域，催生新的研究热点甚至产生新的学科。王国维先生在清华研究院作《最近二三十年中中国新发现之学问》的著名演讲中就已明确指出："古来新学问，大都由于新发现。"历史已经，而且还将继续证明：这是一个平实而又深刻的见解。而保存于基层社会的民间文献，无疑是"新发现"的前沿阵地之一。历史上，像敦煌学的产生，就是由于以民间文献为主体的敦煌文书的发现促成的。昌盛并已得到学术界承认的"徽学"，也是以保存在徽州地区的数十万件宋元以来的民间文书为学科基础而发展起来的。

其次，民间文献揭示了底层民众的思想、信仰和观念，其"原生态"的内容立体地再现了历史发展过程中某一时期真实的社会景象。梁启超曾说："二十四史非史也，二十四姓之家谱而已。"的确，我们很多的历史只是记载了帝王将相改朝换代的过去，在这些正史的宏大叙事中,只有重要历史人物的活动场景,没有普通民众的点滴记录。这种缺少普通民众在场的历史,是苍白的、单调的。要了解普通民众的社会生活,就要搜集民间文书,从买卖契约、账本、家谱、书信、收据、分家文书等资料中,去窥见民间的历史记忆,复原活生生的、丰富多彩的民间社会生活。

另一方面,站在图书馆的角度分析,民间文献作为新信息纳入图书馆的收藏与利用范围,可以弥补历史研究中存在的史料不足现象。民间文献对于研究学者来讲,都是其考证人类社会历史发展的重要佐证。民间文献的原始性、具体性尤其是区域多样性特征,无疑是充实和完善历史研究不可多得的重要材料,让呈现在人们面前的历史更加丰满和生动。

2　现状发现和保护刻不容缓

民间文献是以散落民间这种特殊方式存在的。这也为其是否能够长期保存于世带来了太多的变数。"天灾"、"人祸"或意识不到其价值而被弃毁,都是大量民间文献消失的重要因素,因此,它的留存也正面临着日益严重的危机。特别是随着社会的迅猛发展,民族民间文化正受到全球化和现代化的冲击,生存环境急剧恶化,许多宝贵的文化遗产正在消失。

当然,对民间文献的抢救与整理,也在不断引起世界各国史学界及相关研究机构的重视。如 1975 年以东洋文化研究所的佐伯有一教授为主持者而肇始的"契约文书研究会",其成立的目的就是整理、解读该所收藏的契约文书。在我国,新中国成立以来,民间文学领域里,进行过多次全国性、地方性、专题性的调查采录工作,搜集和积累了大量可贵的资料。尤其是 1998 年以来,文化部和全国人大教科文卫委员会共同开展了民族民间文化保护立法调研,在广泛听取各地方、各部门及专家学者的意见,借鉴国外相关法律及参考我国云南、贵州地方立法的基础上,到 2003 年形成了《中华人民共和国民族民间传统文化保护法(草案)》第 6 稿。目前,民间文献已经被纳入非物质文化遗产,国家档案局开展的"中国档案文献遗产名录"工作对这些珍贵档案的保护起到了促进作用,但图书馆对民间文献如何抢救、如何保护、如何挖掘、如何研究,仍然是我们关注的焦点。

收藏热的日益升温也促使民间文献所蕴含的历史研究价值越来越受史学研究者及社会的重视,越来越多的个人收藏者加入到收藏队伍中,不少民间文献进入了拍卖场。这其中既有为个人研究之便的学者,也有为藏而收、以求炒作获利的"商业"收藏者。从某种意义上说,当民间文献大量进入拍卖场后,由于图书馆经费的缺乏,会给收藏带来更多的困难。由此也显露出图书馆开展对民间文献的抢救工作迫在眉睫。

3 探索 尝试抢救与整理之路

3.1 引入缩微等技术手段 再生性保护民间文献

图书馆自其诞生之日起,就承担起保护文献、传承文明的社会职责和历史重任。民间文献作为人类文化遗产的重要组成部分,收藏、整理是图书馆所应承担的不可推卸的任务。在我国图书馆界,上世纪 80 年代后,全国图书馆缩微复制中心的成立,公共图书馆应用缩微技术再生性保护文献有了飞速发展。事实上,民间文献中有相当一部分是适合采用缩微技术手段来保护与处理的。这样做,首先是一种具有法律效力的信息转化,当然也是当今世界永久性保存信息的通用手段之一。在计算机与网络技术的支持下,这样做同样具备了良好的传递性。由于缩微胶片规格统一、制作规范、标准健全,给予新技术结合打下良好的基础,容易完成信息载体的再次转换,便于与未来的新技术良好融合。

3.2 编制民间文献联合题录

编撰联合题录不仅是民间文献资源共享的基础工作,也为大众使用民间文献信息提供了方便。随着近年来计算机与网络技术的加速发展,图书馆服务环境也被卷入了急剧的变化。首先是电子资源飞速增长带来的信息粒度变化。信息粒度已经由过去的一本书、一册期刊发展到一个章节、一篇论文。其次是搜索引擎功能的不断增强推动了用户获取信息方式的变化。这些都给图书馆编制民间文献联合题录带来了挑战与机遇。如何使民间文献联合题录更加"精致"并贴近用户,与联合题录运营所要求的提高自动化处理程度之间的矛盾日趋尖锐。因此,如何高效地制作联合题录和提供高质量的元数据便成为重要的探索课题。

3.3 揭示民间文献资料的信息

图书馆历来注重典籍文献的研究整理,在手段上以版本、校勘、目录之学为主体。但是在民间文献资料的整理、著录上,很难采用现行的分类、编目规范。因此,无论是编制题录,还是建设数据库,都要结合民间文献的实际情况,有针对性地采用年代排列法或村落排列法等方式揭示文献的内容。所以,应充分认识整合民间文献的意义所在,创新思路,摸索出一条切实可行的民间文献信息揭示途径。

3.4 建立民间文献信息共享平台

构建民间文献数据库共享平台,是民间文献资源共享的前提。目前,各图书馆或多或少都藏有一些民间特色文献,一些馆还在局部开展了相关数据库的建设,取得了一定进展,但整体建设上还处于初级阶段,没有形成完善的建设、共享、服务体系。民间文献信息共享平台应该以传播知识、信息服务、增值服务为主导,成为促进民间文献的收集、传递与保存的网络化服务平台,既为学者提供明晰的史料资源,也能极大地丰富我国的历史文献资源。

参考文献

[1]乔福锦.挖掘民间文献的多重价值.http://www.chinesefolklore.org.cn/web/index.php.NewsID=5309

[2]李芸.重现记忆边缘的历史.科学时报,2010-12-15

[3]岸本美绪,栾成显.东京大学东洋文化研究所契约文书研究会的30年.史学月刊,2005(12)

[4]臧小丽.《民族民间传统文化保护法(草案)》的特点及立法建议.湖北民族学院学报(哲学社会科学版),2004(5)

[5]刘晓莉.刍议图书馆民间文献资源建设.河南图书馆学刊,2008(2)

（原载《数字与缩微影像》2011 年第 3 期）

缩微品保存与保护篇

缩微胶片衰变现象与保存

中国电影资料馆　许建合　孙进步　葛向北　戚红莉

　　我国从 70 年代开始,许多档案馆、图书馆和大型企业等部门将图书、档案、文献资料缩微化,拍摄了大量的缩微胶片。或因胶片先天性不足,或因显影加工不彻底与保存条件恶劣,已产生了显著的衰变现象,其中有醋酸片基因三醋酸纤维素酯水解酸化形成"醋综合征";银影像因乳剂层中的杂质和环境中的过氧化物形成氧化还原斑;聚酯片基的缩微片在温湿度经常波动的环境中保存,乳剂层与片基剥离,在显微阅读器上观察到牛顿环;银影像的高密度部位产生"银镜"现象与低密度部位的黄变;乳剂层出现油迹状物以及霉菌滋生蔓延形成霉斑等。

　　本文仅就上述衰变现象,根据胶片的结构、显影加工与保存条件,对形成机理、影响因素,进行粗浅的分析。像聚酯片基缩微胶片乳剂层与片基剥离形成牛顿环,乳剂层出现油迹状物等,在国外的文献上尚未发现报导。最后,重点讨论缩微胶片保存问题。

1　牛顿环与油迹状物的成因初探

　　在某单位 1992 年制作的聚酯片基的缩微胶片上从头到尾都观察到了特殊的牛顿环现象。在照片或影片、缩微片上出现的虚假的同心的明暗或彩虹般的图案,称作牛顿环。这种现象的产生,一般地说是由于在印片时片门压力不适当,使底片与正片之间留有空隙,底片光滑的片基表面反射的光波和正片反射光波相干涉而形成彩色的斑环。在显微阅读器屏幕上看到牛顿环,产生原因大约有三:①阅读器光学系统所产生,例如光学镜头开胶出现隙缝或对胶片压力不当留有缝隙。在这种情况下牛顿环在屏幕上应基本固定不动,但我们观察的牛顿环随胶片移动而移动。此现象排除了阅读器的原因。②印片时印片机片门压力不当在正片上产生牛顿环,但在黑白胶片上应是黑白环纹,因而排除了印片机的可能性。③乳剂层从片基上剥离形成彩色环纹。我们认为这种可能性最大。

　　(1)聚酯片基胶片的牛顿环成因

　　那么,为什么聚酯片基的缩微胶片会产生牛顿环呢。这需要从聚酯片基的物化特性谈起。聚酯片基是将聚对苯二甲酸乙二酯加热到 250℃ 左右熔融，挤压流延，然后在 80℃—90℃ 温度条件下拉伸而成。在拉伸过程中分子本身进行规则排列，在热处理后形成几何尺寸稳定的片基。这种片基物理强度很高，吸水性极低，热膨胀系数小，绝缘性特高。在常温常湿下，体电阻高达 1018—1019 欧姆·厘米，表面电阻大于 1014 欧姆。聚酯片基另一严重缺点是片基与明胶底层黏着力小。

现在我们从聚酯片基和明胶乳剂层在环境温湿度波动时表现各异讨论起，研究乳剂层如何从聚酯片基上剥离形成牛顿彩色斑环的。假如，聚酯片基的缩微片在 50% 相对湿度的环境中，片基与乳剂层的内应力为零。当相对湿度升高时，明胶乳剂层吸湿溶胀系数远大于片基，产生一种向四周的拉力。相反，当湿度降低到 50% 以下时，因乳剂层收缩比片基大，产生了向内的拉力。又因为乳剂层与片基的粘合力小，当胶片长期处于温湿度波动的环境中，在这两种因素的共同作用下，乳剂层逐渐从片基上剥离形成彩色的牛顿斑环。

另一种产生牛顿环的原因是在胶片烘干时，当烘干温度过高、相对湿度太低使乳剂层表面干燥过快形成硬皮，而接近片基的乳剂含水量还比较大，表面乳剂收缩力大于接近片基的乳剂，因而使整个乳剂层从聚酯片基上剥离，当两者之间的距离符合牛顿环产生的条件时，在光线的照射下便产生牛顿环。

在光学上，应用图 1 装置演示牛顿环（图 2）的形成。在一平板玻璃板上放一曲率半径大的平凸透镜，其凸面与平面相接触，在接触点 C 周围形成一空气楔膜。当用单色光垂直照射时，可看到以 C 点为中心的同心环形的干涉纹，在球面中心和平面接触的 C 点是暗的。如用白光照射，则可看见彩色圆环干涉纹，但能看到的彩色环的数目不多，只限于中心附近的少数几圈。这与在缩微片上观察到的现象相一致。

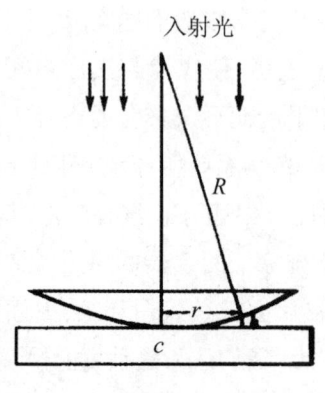

图 1　牛顿环形成原理图

图 2　牛顿环

为防止乳剂层从聚酯片基上剥离,影像保存的国际标准 ISO 5466 第三版对聚酯片基缩微胶片的保存条件规定为最高温度 21℃、相对湿度 30%—40%,第四版又将相对湿度修订为 20%—30%。

根据国际标准 ISO 10602 的"胶带剥离牢度试验"方法,可以判断产生牛顿环的胶片乳剂层是否已从聚酯片基上剥离。

乳剂层已经从片基剥离的胶片如何修复使其恢复原状,是一需要进行研究的课题。

(2)乳剂面上的油迹状物探源

从观察到的缩微片看,油迹状物在乳剂面上,片基面未发现;片卷外侧油迹重,越往里面越轻,到最里圈几乎未观察到油迹状物。另外,从片卷外圈取下一段放在片盒内,在一般办公室放置三天后发现,油迹状物大部分消失,仅留下痕迹。后来又在硝酸片基、醋酸片基的胶片上也发现了油状物。甚至过期的生胶片上似乎也可能析出油迹,说明这种现象的普遍性。

从油迹状物随在胶片上的位置不同而各异看,应与保存环境因素密切相关。据了解,保存环境的温湿度一年四季,甚至一天内变化都很大。在夏季相对湿度不时达到90%以上,在冬季又比较干燥。胶片上的油迹状物有可能是乳剂层或底层某些物质在潮湿环境中水解产生的。感光材料中的许多原材料都有可能水解而衰变,因潮湿而析出。例如,三醋酸纤维素酯水解释放出醋酸气体,增塑剂(如邻苯二甲酸二丁酯、磷酸三苯脂等)在高湿环境中从片基中析出,邻苯二甲酸二丁酯是油状物,而析出的磷酸三苯酯是白色斜柱状结晶体;彩色影片的油溶剂相对湿度高于 90% 时,在一周内从乳剂层内蒸发殆尽;彩色胶片上的黄色染料因水解而分解为黄成色剂和显影剂等。

乳剂层上的油迹状物由何而来呢。也得从聚酯片基胶片的构成原材料进行探索。为克服聚酯片基的高绝缘性和粘附性差的缺点,使用甲基丙烯酸、甲基丙烯酸丁酯与聚苯乙烯磺酸等物质制成防静电层和防粘连层。另外,明胶作为影像层的黏合剂具有良好的透明度、膨胀性、可坚膜性和较好的机械物理性能。但明胶对湿度的变化较为敏感,容易产生粘连或变脆等弊病。历来通过应用聚合物接枝作为明胶改性的一种重要手段。化学接枝是明胶中的游离氨基与以下化合物反应获得的:① 与芳基硫酰氯生成 $ArSO_2NH—$;② 与活泼的双键缩合,例如与丙烯酸缩合;③ 与酰氯或酸酐起作用而得 $RCONH—$;④ 或用 $HOCOCH_2—CH_2—NH—$ 基代替游离氨基等。还有,为了降低明胶的用量,改善涂层的渗透性,降低银量,提高照相性能和物理机械性能,在乳剂制备过程中往往使用一部分明胶替代物。例如丙烯酸和丙烯酸正丁酯的共聚物 ABA—Ⅲ 树脂等。第四,在乳剂涂布前加入了甘油。

上述那些化合物多属高分子聚合物,在外界因素的影响下易产生衰变。所谓聚合物的衰变是指聚合物的使用性能发生的不可逆衰变。在大多数场合,衰变是聚合物的主化学键断裂所致(如三醋酸纤维素酯1,4—键断链),但次价键的分裂也往往引起衰变(如三醋酸纤维素酯葡萄糖基团上的2位、5位的脱乙酰化)。影响聚合物衰变的环境因素有热能、光能、有害化学物质以及潮湿等。但根据感光材料的长期保存实践和研究,潮湿是诸多促使胶片材料衰变的主要因素。特别考虑到这批缩微胶片长期存放在相对湿度高,且波动大的环境中,更应研究潮湿对油迹状物产生的作用。

W. L. 霍金斯等指出:"水的破坏作用在缩聚物的水解中最为显著,可是一些加聚物也易遭受到水的破坏;侧基,例如酯基的水解就能给主要性能造成损害。""微量的酸或碱常能促进聚合物的水解。"根据此研究结果,看看这批缩微胶片是否具备了这些水解的条件。首先,长期处于潮湿且波动大的环境中;第二,据说显影加工时水洗不彻底,因而残留较多的化学药品,乳剂层也可能为微酸性(最后一道工序为酸性定影)。因而有可能使乳剂层中的加聚物或缩聚物水解成原来的单质化合物。若聚合物 ABA—Ⅲ 树脂遭到水分子的攻击,使主键断裂,就可能分解出丙烯酸和丙烯酸正丁酯;若明胶改性受到水分子的攻击,使接枝上的高分子化合物脱落,也有可能呈现出油迹状物;另外,高湿也可能使底层和防静电层的硅油等物质像增塑剂邻苯二甲酸二丁酯和磷酸三苯酯等一样,析出到乳剂层的表面呈现油迹状物。

为查明油迹状物是由什么化学物质构成,应用显微傅里叶变换红外光谱分析仪进行了分析。初步确认为:硝酸与醋酸片基胶片上是甘油及硝酸甘油,聚酯片基胶片上是甘油及对苯二甲酸甘油酯。为什么在胶片生产时加入的是甘油,从乳剂层析出甘油及其衍生物呢。将另文分析。

2 氧化还原斑形成机理与影响因素

由观察的缩微胶片中看到,氧化还原斑自头至尾均存在,但严重程度不一。片头最重,越往里面越轻,片尾最轻。氧化还原斑的形状多为圆形或近似圆形,也有一部分为不规则形。不管形状如何,都有银密度较大的清晰边沿。

(1)形成机理分析

关于银影像中形成氧化还原微小斑点的机理,过去的研究被认为是分子与分子的直接冲撞引起的化学反应。而柯达公司 E. S. Brandt 应用金属的电腐蚀理论,研究了氧化还原微小斑点的形成的机理。即与金属腐蚀的情形相同,在共同电位或混合电位中,可表述为在不同地点进行的阴极过程与阳极过程。

图 3 是在银影像的某点(X = 0),显示形成氧化还原斑的过程,用以说明与金属腐蚀

相同的机理的略图。

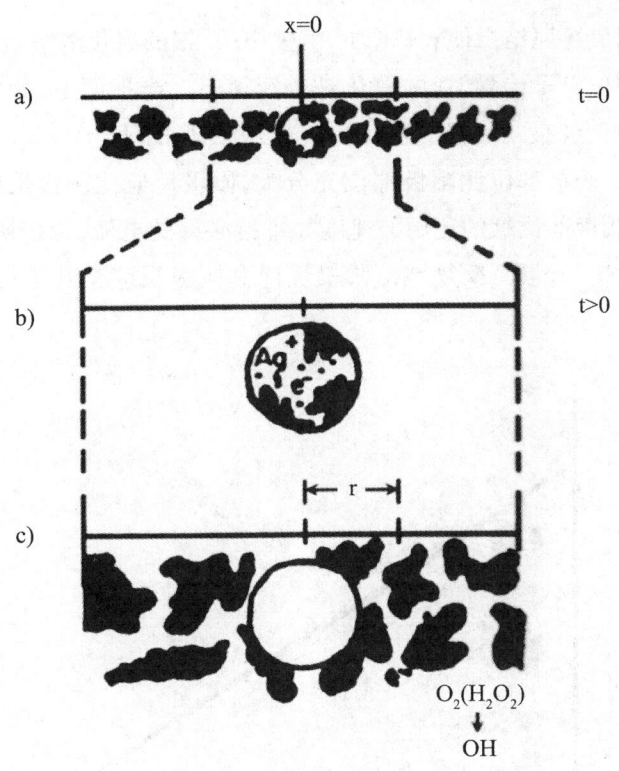

图 3　氧化还原斑形成的腐蚀机理

a) 由于化学或畸变所产生不稳定性的起点。

b) 在不稳定性的起点上,银氧化自然发生。

c) 在距离氧化作用起点 r 处,电子移动和氧化还发原生。

　在不稳定性的起点上,银氧化自然发生。

d) 在距离氧化作用起点 r 处,电子移动和氧化还发原生。

　　银影像无论在任何地点都是不同的,在某点(图 3 的 X = 0 点)若显影银的自由能比其他点高,即物理畸变,且由于成为银离子 Ag^+ 的溶解剂的残留物质存在时,银成为比其他地点不稳定的状态[图 3a)]。在这样的地点,银影像的银溶解并作为 Ag^+ 进入媒体溶液中,然后残留下电子[图 3b)]。该过剩电荷形成阴极电位,根据这部分的媒体的电导率分布于被限定的范围内。该等电位的范围是缩微片影像密度(每单位体积的银量)的函数。

　　银若继续溶解,与开始氧化点相距离 r 的点的电位,因氧(或过氧化氢)最终被还原成为充分的负电位[图 3c)]。在这些部分中如果有电解质的盐存在,完全电路成为可能,腐蚀电池成立,在阴极点引起氧的还原,在阳极点银的溶解进行(图4)。这样腐蚀电池的电流与电位的关系像图4所示的那样。

　　阴极点的银因氧还原结果使 pH 增加,阳极作用(银的氧化溶解)被保护,在最初银被溶解的点因阳极部位电子传导,银的氧化被继续。在二维平面上,如果这部分导电性是均一化的,围绕阴极点(最初的银被溶解的点)形成圆形的环。

　　从几何学考虑,阴极部位比阳极部位充分大,阳极反应比阴极反应电流密度高。最初的阳极点,根据阴极部位氧的还原的速度如维持必要的电流,保护阴极部位外侧,阳极反应就形成。继续这一过程,反复地使阳极反应和阴极反应交互进行,年轮状的结构就形成。

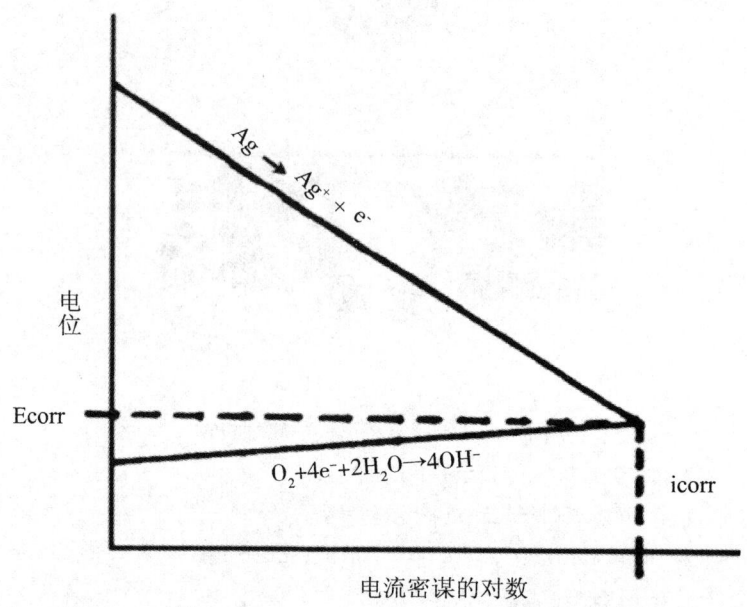

图4　银氧化作为阳极,氧还原作为阴极的腐蚀电极的电池的电流与电流的关系。

　　如果形成一条完整的电路,那么在一定值的混合电位 Ecorr 下,反应过程由腐蚀电流 icorr 决定。若阳极反应的反应的倾角大,反应速度由阳极(银的溶解)控制。若在阴极的 O_2 或 H_2O_2 的还原速度比阳极银的溶解速度慢,则反应速度由阴极反应控制。

　　如果维持阳极点和阴极点的氧的浓度的不同,腐蚀速度就被加速。这样的密度梯度在阴极点因生成的 OH^- 与明胶加水分解从而使明胶模型在发生变化时而形成。这种状态与水滴下的金属腐蚀的示差曝气池(Differential Aeration Cell)相似。

　　与银的直接氧化(像加速老化试验那样,氧化剂的浓度较高时)不同,在照相乳剂层中由于氧使显影银氧化产生 H_2O_2,在上述试验中是完全确定的,因而在这一机理中的过氧化氢的作用有特殊的意义。

生成的 H_2O_2，认为有可能发生两种化学反应。第一使在银丝表面的硫化银（Ag_2S）层氧化成硫酸银（Ag_2SO_2），显影银在上述机理中容易被腐蚀。

但是在高 pH 时，H_2O_2 也作为还原剂还原 Ag^+。也就是在斑点的阴极点上因 pH 高，氧被还原生成 H_2O_2（HO_2^-），Ag^+325 若根据密度梯度在阴极部位扩散，因 HO_2^- 被还原使银沉积。在这第二反应中，斑点的高密度环的银丝较厚得以说明。

还有，初始影像密度在识别界限以下的部分，银析出的事实也可说明［图 3c）的部分］。

（2）主要影响因素

根据对氧化还原斑电化学形成机理分析不难看出，形成氧化还原斑至少需要三个条件：①氧化剂，如氧气、过氧化物、氮氧化物、臭氧等；②乳剂层含有电解质；③乳剂层中含有水分。根据调查，这批产生氧化还原斑、牛顿环与析出油迹状物的缩微正片，在洗印加工与保存环境方面具备了上述三个条件。首先，由于各方面条件所限，这批胶片显影加工时水洗不充分，在乳剂层中残留了显影剂和定影剂等，成为形成氧化还原斑所需的电解质；第二，库房在夏季湿度高，不时超过 90%，为氧化还原斑形成提供了所需的水分子；第三，库房及装具使用可释放出过氧化物的油漆、壁纸、木材等；第四，库房邻近的楼道内有浓重的硫化氢等臭味。

还应当指出，城市中严重的空气污染和使用亚硫酸钠、过氧化氢加速海波的清除，也是银影像产生氧化还原斑的祸源。但从这批胶片上氧化还原斑分布规律分析，除洗印加工与室外空气污染的原因外，与库房的环境因素密切相关。

（3）危害

银影像的氧化还原斑的产生进程是不可逆的，发展到一定程度将严重损害缩微胶片上的字迹。在目前的技术条件下，无法使已产生氧化斑的缩微胶片恢复原状，只能以防为主。因此对于缩微母片应特别注意定期检查，一旦发生氧化还原斑以便及时采取措施。从观察到的情况看，氧化还原斑还未严重到损害字迹的程度，因此应尽快采取防治措施。

（4）预防措施

为防止氧化还原斑的产生，在国外采用银影像调色的方法，效果比较好的有柯达公司的金调色技术和美国影像技术保护技术研究所（IPI）的"银锁"技术。

①KODAK 的 GP-2 金调色技术

在将缩微胶片进一步清洗之后，在以下金调色液中处理：

溶液配方

水	750ml
氯化金	0.5 克
酒石酸	1.0 克
硫脲	5.0 克
水加至	1000ml

处理工艺:20℃,5 分钟;水洗 10 分钟。

②IPI"银锁"技术

IPI"银锁"调色液是一种多硫化物调色液,由 IPI 桶装出售。

3　"银镜"与黄变现象

在黑白缩微胶片中,随着时间的推移,在影像的高密度部位会出现蓝黑色金属光泽的"银镜"现象与低密度部位的黄变现象。

所谓"银镜"现象就是黑白银影像在长期使用与保存中,影像高密度处银粒子扩散迁移的一种化学变化。用反射光观察时,可以看到一种蓝黑色的金属光泽;若用透射光观察,在银影像上叠加一层黄褐色的物质。

银影像的黄变现象是由残存在影像层中的定影剂分解产生银硫化物,与金属银粒子反应生成的黄色硫化银所致。

(1)产生原因

用电子显微镜对大量旧的黑白缩微片的观察显示,当水洗不彻底时,高密度处的"银镜"现象与低密度处的黄变同时产生。这是因为在显影时,曝光量大的部分生成的金属银多,剩余的卤化银很少;相反在曝光量小的部位生成的金属银少,剩余的卤化银却特别多。在下一步的定影中,卤化银与硫化硫酸盐作用生成硫代银络盐。卤化银越多的地方形成的硫代硫酸络盐也越多,除去它需要的新鲜定影液也越多。若定影不彻底,残留的硫代硫酸银络合物会强有力地吸附在银上,水洗时就愈加难以清除。因而,在黑白银影像中硫代硫酸盐残存量与银影像的密度成反比。

根据电子显微镜的观察,大的银颗粒分离出的微小银粒子向四周扩散迁移。在银影像高密度处没有足够的硫代硫酸根离子来抑制银粒子移向影像表面而形成"银镜";在影像的低密度处,银离子被硫代硫酸盐分解出的硫化物俘获生成硫化银而变黄,同时也被固定起来。在一定意义上对影像起到了保护作用。

(2)预防措施

为提高黑白银影像的稳定性,杜绝"银镜"与黄变现象,首先使用比较新鲜的定影液充分定影,彻底水洗,然后采用上面介绍过的柯达 GP－2 金调色或多硫化物调色的方法进行处理。

4　醋酸片基的"醋综合征"

所谓"醋综合征"就是各类醋酸片基因受到空气中水分子的侵蚀,醋酸根从醋酸纤维素上脱落下来,与空气中的水分相结合生成醋酸,使人嗅到一种醋酸的气味,并由此使胶片产生一系列的衰变现象。

(1)醋酸片基的分解现象

根据已发现的"醋综合征"现象,从刚一释放出醋酸臭味到分解成碎片,大约经过五个阶段:

①在封闭容器中的胶片散发出醋酸味,浓度逐渐增加,片基变软,pH 值降低,黑白银影像失去光泽;

②增塑剂从片基中析出;

③乳剂层明胶降解变黏,卷式片开始板结成死块,影像受到破坏,片卷上下出现白色结晶物,且越积越多,片基开始变形,在水溶液中变成半透明乳白色,机械强度消失殆尽;

④片卷上下结晶物逐渐消失,随之渗出黏稠的黑色胶液;

⑤片卷上下的黏稠液体逐渐消失,白色结晶物重又出现,胶片最后变成碎片或粉末。

(2)醋酸片基水解原因与影响因素

醋酸片基之所以水解产生"醋综合征",原因在于片基制造过程中的先天不足,显影加工与使用、保管中的后天失调。

①在三醋酸纤维素酯的生产过程中,有的生产工艺采用硫酸作催化剂,稀硝酸来降低三醋酸纤维素的醋化值。这样一来,醋酸片基还未制成就已受到酸的侵蚀。以上两个原因是胶片制成后产生水解形成"醋综合征"的内在原因。

②使用与保存环境的高温、高湿是"醋综合征"产生的最主要的外部因素。

③使用、保存环境中的酸性物质和氧化物均可促进醋酸片基的水解。

④显影加工时,加工处理用的酸性溶液会使片基受到侵蚀,特别在最后水洗不彻底时,酸性物质残留在胶片上,更会加速片基的水解。

⑤存放容器密封的影响。胶片存放在马口铁盒中,基本上是密闭的,片基水解产生的醋酸气体不能及时排放出去,浓度越积越大,反过来加速片基的水解,形成自催化的恶性循环。

⑥另外,实验证明,(片盒中或外界环境中)铁、铬离子都有加速醋酸片基分解的倾

向,而氮氧化物更能诱发"醋综合征"的产生。

(3)醋酸片基水解反应机理

三醋酸纤维素酯的每一个葡萄糖基团上分别结合三个醋酸根(即乙酰基),各个葡萄糖基团通过化学链紧密连结在一起,形成高分子聚合物。根据测定,在未催化的情况下,葡萄糖基团 6 位上的乙酰基受水分子的攻击,被水分子的氢氧根取代所需的活化能,比 2 位或 3 位的小,更比断链需要的能量小,因此醋酸片基衰变最初是去乙酰化,且首先发生在葡萄糖基团的 6 位上,其次是 2 位或 3 位去乙酰化。从而导致由三醋酸纤维素酯逐渐向二醋酸、一醋酸纤维素酯衰变,分子量减少,产生不溶解于二氯甲烷与甲醇的聚合物。乙酰基与乳剂层或空气中的水分结合形成醋酸。

这就是为什么醋酸片基一旦分解首先散出醋酸臭味的原因。所以,醋酸片基的酸度是它分解的"晴雨表"。

醋醋纤维素酯降解衰变的另一现象,是 1、4 配糖键断裂,称作三醋酸纤维素酯断键。在水分子与其他外界因素的作用下,联结葡萄糖基团的化学链断裂,使片基的黏度下降,机械强度减弱。

5 缩微胶片的保存

虽然,银明胶型黑白缩微胶片的期望保存寿命比其他影像材料都长,但也不是绝对的。它与感光材料的质量、显影加工以及保管、利用条件密切相关。

一般来说,显影只决定影像的质量,如影调、层次、反差、密度等;而定影与最后水洗、烘干决定感光材料的稳定性。显影加工后的感光材料能否经得起长期保存和利用,要按照国际标准 ISO 10214 进行检验。保管与利用环境、条件是使感光材料的期望寿命变成现实的关键。

(1)胶片保存的大环境

胶片的保存条件,首先决定于要保存多久。根据国际标准 ISO 5466 第四版和美国影像保护研究所(IPI)推荐的保存条件,对于银明胶片若要保存 70—90 年,它的保存温度应在 21℃ 以下、相对湿度 20%—30%;保存 100—125 年的温度 16℃ 以下、相对湿度 30%—40%;保存 200 年以上温度应为 10℃ 以下、相对湿度 40%。当低相对湿度难以达到时可以降低温度进行补偿。如以温度 13℃、相对湿度 50% 代替温度 21℃、相对湿度 20%—30%。(表1)

表1　推荐的存贮最高温度和相对湿度

类型	中期存贮		长期存贮	
	最高温度℃	相对湿度%	最高温度℃	相对湿度%
黑白胶片	25	20~50	21 15 10	20~30 20~40 20~50
采色胶片	25	20~50	2 -3 -10	20~30 20~40 20~50

注: 1. 中期存贮是指胶片、照片在表中规定的温、湿度条件
　　　下至少能保存10年。
　　2. 长期存储是指胶片在表中规定的温、湿度条件下至少
　　　能保存100年。

（2）胶片保存的微环境

根据对"醋综合征"的分析,醋酸纤维素酯不可避免地要水解释放出醋酸气体。随着包装容器内醋酸浓度的不断增加,反过来加速醋酸纤维素酯的水解去乙酰化,形成恶性循环。为杜绝恶性循环的产生,在改善保存温湿度的同时,设法创造一个良好微小的环境,可自动及时清除胶片容器中的有害气体,使胶片始终处于一个清洁的氛围中。柯达公司首先提出应用分子筛吸收胶片容器中的醋酸气体,以使延长醋酸片基胶片的寿命。它的使用量为胶片重量的7%—14%。富士胶片公司研制成功"KeepWell胶片保护片",它可将10升含百万分二十的醋酸气体的空气清除干净。一盒新显影加工出的35mm缩微片需放一片,一盒35mm电影片需置四片。由于上述两种醋酸气体吸附物吸附量小,仅适用于新显影加工出的醋酸片基的胶片,不适用于已产生"醋综合征"的胶片。

（3）防酸除酸复合材料

以上两类醋酸气体吸附物均属物理吸附剂,吸附量有限。中国电影资料馆的科研人员根据化学吸附剂吸附大的特点,从数十种有机和无机碱性物质中,筛选出几种与醋酸气体反应快、吸收量大的物质研制成功了"防酸除酸复合材料"（以下简称"复合材料"）。它的里层为透气性好的宣纸;中层为带蓝色指示剂的防酸除酸纸,当吸酸到一定程度时,显示出颜色的变化,根据变化的程度,决定是否更换新的复合材料;外层为聚酯薄膜,它除强化整个复合材料的强度外,还可阻挡外面的有害气体对胶片侵蚀（图5）。

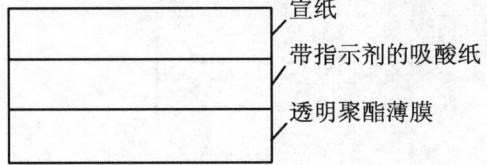

图5　防酸除酸复合包装材料结构示意图

①快速老化试验

为检验防酸除酸复合材料对胶片的防酸除酸功能,应用以下四家胶片公司的六种类型的胶片在75±1℃条件下进行高温老化对比试验:①乐凯胶片集团醋酸片基的彩色银漂法拷贝《武术》,pH值4.8。黑白声底《拉萨韵律》,pH5.1。②柯达彩色拷贝《津菜》,pH值5.1;彩色中间片,pH值5.1。③富士彩色拷贝《金鱼》,pH值4.8。④AGFA彩色拷贝《现世》等彩色拷贝、中间片和声底。每一类型的胶片分为两组装入试管内,其中一组放入防酸除酸材料,待试管内胶片的pH值升高到5.4时与未放入复合材料的试管一起放入恒温箱中老化。当放置复合材料试管中胶片的pH值降低到5.3,而未放置复合材料的胶片pH值降低到4.6时记下所需的时间(小时),并分别计算出它们的反应速率(表2)。

根据国际标准ISO 10214的规定,醋酸片基水解释放出醋酸根,当1g胶片在100ml蒸馏水中释放出的自由酸需用0.1N 0.5ml氢氧化钠溶液中和时,被规定为"醋综合征"临界点。但胶片在保存,特别使用时相当一部分醋酸气体逸出,使测得的酸度降低(或pH升高)。因而当用100ml蒸馏水萃取1克胶片中的自由酸时,水溶液的pH值达到4.6时被规定为"醋综合征"的临界点。据此,我们此次胶片水解老化试验的终点选为pH4.6。

a. 由表2最后一栏可以看出,未使用复合材料的胶片衰变速率是使用复合材料的16.42倍,最高达32.05倍,最低6.02倍。在温度21℃、相对湿度20%—30%的环境中最低可使胶片的寿命由70—90年延长到421—542年。

b. 从表2的实验数据还可以看出,当未放入复合材料的胶片的pH值达到4.6时,放入复合材料的胶片的pH值没有明显的变化,甚至还未观察到变化。

表2　防酸除酸复合包装材料对防止胶片片基水解变酸的作用

影片名称与胶片类型	初始pH值		pH值变化范围		老化时间		变化速率		变化速率比
	有	无	有	无	有	无	有 $\times 10^{-4}$	无 $\times 10^{-3}$	
《金鱼》,富士彩正	5.4	4.8	5.4—5.3	4.8—4.6	192	12	5.21	16.7	32.05
《武术》,乐凯银漂彩色	5.4	4.9	5.4—5.3	4.9—4.6	336	105	2.98	3.16	10.60
《拉萨韵律》,乐凯声底	5.4	5.1	5.4—5.3	5.1—4.5	336	96	2.98	6.25	20.97
片头片尾,柯达彩中	5.4	5.1	5.4—5.3	5.1—4.6	432	144	2.31	3.47	15.02

影片名称与胶片类型	初始 pH 值		pH 值变化范围		老化时间		变化速率		变化速率比
	有	无	有	无	有	无	有 $\times 10^{-4}$	无 $\times 10^{-3}$	
《津菜》，柯达彩正	5.4	5.1	5.4—5.3	5.1—4.6	288	104	3.47	4.81	13.86
《现世》，AGFA 彩正	5.4	4.6	5.4—5.3	5.2—4.6	432	432	2.31	1.39	6.02
平　均　值							3.40	5.62	16.42

注："有"指试管放置了 $3 \times 2.5 cm^2$ 的防酸除酸复合材料。"无"指未放置防酸除酸复合材料。

c. 由表 2 的试验数据可以看出，试验胶片原来的水解程度愈高，pH 值愈低，在老化试验中变化速率愈高；反之，变化速率愈低。同时也显示出复合包装材料的保护作用愈强。

d. 试验采用的胶片均为水解到某种程度的影片，比较符合馆藏胶片的实际情况。

e. 应该说，无复合材料与有该材料的变化速率之比，是一个比较保守的的数字。这是因为：①使用的试验样片均为已水解衰变到某种程度的影片；②在高温老化试验前，复合材料已经吸收了一部分醋酸气体，使原来降低了 pH 值的影片恢复到 ≥5.4。因而也降低了它的防酸除酸的能力；③防酸除酸材料卷成圆筒形放在胶片与气敏性测试纸之间，留有很大的空隙，胶片老化释放出的醋酸气体会通过这一空隙直接作用于测试纸，造成防酸除酸材料吸酸能力降低的假象。

②防酸除酸复合材料在醋酸片基胶片上的应用

在防酸除酸复合材料初步研制成功后，我们从馆藏影片中挑选出 50 本 pH 值从 4.5—5.0 影片，在片盒中影片上下各放一张 $30cm \times 30cm$ 的复合材料，每两周应用气敏性测试纸观察一次片盒内 pH 值的变化。观察数据显示，第一次观察片盒内微小环境的 pH 值就分别达到了 5.0—5.4，以后的观察到的 pH 值继续有所上升并稳定下来。为节约篇幅，在表 3 中每种 pH 值的影片仅选择 2 本。

在此试用的基础上，又选择了在不同地域、不同气候条件下的中央新闻纪录电影制片厂、中央电视台、国家图书馆文献缩微复制中心、中国第一历史档案馆、上海音像资料馆、浙江省电影公司、北京电化教育馆等单位进行试用，经试用普遍认为：复合材料"是从外部环境上起到了较好地防止、抑制'醋综合征'的发生、发展的作用"。"在目前的技术和物质条件下，复合材料不失为一种比较经济、实用、快捷的'防酸武器'"（以上引自《国家图书馆文献缩微复制中心》使用报告）。"该材料不直接接触胶片，不损伤胶片。操作简单，吸酸物质变化直观，且成本低廉，经济实用（引自《中国第一历史档案馆》使用报告)。"特别是与《气敏影像媒体衰变监测试纸》联合使用时更有特点。"采用'气敏性试纸'进行无损伤测定电影拷贝的分解程度,操作简便,便于片库管理人员及时确定存放的电影拷贝是否感染上'醋综合征'进行及时隔离,提高防治管理(水平)(引自《浙江省电影总公司》使用报告)"。

表3 防酸除酸复合材料使片盒内的 pH 值变化情形

片名	本次	原 pH	第一次	第二次	第三次	第四次
绿天鹅夜总会	4	4.5	5.2	5.3	5.3	5.3
一块银元	4	4.5	5.1	5.2	5.2	5.3
新红楼梦	3	4.6	5.3	5.3	5.3	5.3
大风浪	1	4.6	5.1	5.2	5.2	5.3
祥林嫂	1	4.7	5.3	5.3	5.4	5.3
祥林嫂	2	4.7	5.3	5.4	5.4	5.4
苏小小	2	4.8	5.2	5.3	5.3	5.3
苏小小	2	4.8	5.3	5.3	5.3	5.3
小鬼灵精	4	4.9	5.4	5.4	5.4	5.4
险遇剃头	3	4.9	5.4	5.4	5.4	5.4
欢欢喜喜对亲家	4	5.0	5.4	5.4	5.4	5.4
欢欢喜喜对亲家	5	5.0	5.3	5.4	5.4	5.4

试验还发现,除酸速度与里层的中性纸的种类有关。透气性差的纸(如拷贝纸)除酸速度慢。表3中复合材料的里层即为拷贝纸,达到稳定的 pH 值需要的时间长;透气性好的宣纸(或国画纸),三天即可基本达到平衡(表4)。

表4 应用国画纸作为里层的复合材料除酸试验

片卷号	拍摄年代	原 pH 值	测 试 结 果		
			6.18	6.21	6.25
CN－2－1	1985	4.8	5.3	5.3	5.3
CN－491－21	1987.4	5.0	5.3	5.3	5.3
CO－6084	1987.1	5.1	5.3	5.3	5.3
CO－9792－7	1988.12	5.1	5.4	5.4	5.4

注:原 pH 值为 1999 年 6 月 14 至 15 日所测

摘自全国图书文献缩微复制中心《试验报告》

染上"醋综合征"愈重的胶片含湿量愈高,尤其在潮湿的环境中。在浙江省电影总公司进行试用时,正遇数十天连阴雨天气,影片湿度大,一部 pH 值低到 3.6 及其以下的影片《伦敦上空的鹰》,拿到手里感觉湿乎乎的。当放入防酸吸酸复合材料一天后观察发现,不仅"吸酸效果明显,同时吸湿性也很好(引自浙江省电影总公司使用报告)"。

综上所述,低温低湿与使用除酸防酸复合材料的微环境相结合的保存方法是目前最好的方法。

（原载《缩微技术》2000 年第 3、4 期）

缩微品保存之管理问题的研究

国家图书馆　杨　勇　刘永久　孟利群

1　相关研究取得的成果

缩微品从大规模应用到现在已经有 100 多年的历史,因其信息量大、保存时间久、成本低与不易损坏受到了广泛欢迎,在保存文献资料方面占领了主流地位。当前,计算机网络迅速发展,挑战了缩微品的保存价值,但是由于缩微品具有诸多保存特征,所以在未来的相当长时间内,缩微品和计算机将一起作为信息保存的载体。

在 100 多年的发展历程中,缩微品制作的工艺流程效率大大提高,成本也下降了许多。现在,从缩微品的制作,拍摄、复制设备的生产到缩微品的保存,已经有一套成熟的工艺流程与标准。

我国对缩微品的使用与研究基本上是从新中国成立之后才起步,至今取得了很多应用经验和研究成果。特别是 1994 年中国文献影像技术协会成立以来,相关领域的专家、学者和实际工作者追踪国际先进技术,结合中国的国情做了大量的应用工作与研究,发挥了突出的作用。具体在缩微品的保存方面,我国的相关工作者与研究人员根据实际情况,摸索出一套行之有效的方法,并发表了大量的论文,制订了缩微品保存的相关标准。

2　缩微品保存面临的问题

虽然我国在缩微品保存方面取得了一定的成绩,但是,由于信息技术发展迅速、相关人员素质不高、先进设备重引进轻应用、重技术轻管理等,使得缩微品保存质量离发达国家的先进水平有一段很大的距离,如缩微品渗油现象已不是个别情况,缩微品片盒变形相当普遍,记录缩微品信息的纸质清单受损严重,缩微品母片库房和拷底库房连在一起(当火灾或者地震来临之时,两个库房可能一损俱损)等。经过长期的研究与实践,我们发现,在缩微品的保存方面主要存在 3 个问题。

2.1　缩微品保存对象不完全

传统上认为缩微品保存的对象仅就缩微胶片而言。但是,一卷卷孤立的缩微胶片对分类、检索、加工与利用是极不方便的,因此,广义的缩微品保存的对象应该是缩微胶片、片盒、电子数据、纸质清单。

（1）片盒

由于缩微品最直接的保存环境就是位于片盒之中,并且它名字与内容的最简单的标识也在盒子之上,如果片盒的质量不好,将极大地影响缩微胶片的保存时间。因此,片盒也是缩微胶片保存时的一个重要因素。现在片盒出现的问题有:片盒变形对胶卷产生挤压;片盒标签字迹模糊;片盒释放出气体对缩微胶片产生影响还无确切科学结论等。

（2）电子数据

电子数据是缩微品和信息技术结合的衍生物,它以数码的形式完整地描述缩微品的有用信息。采用合适的电子数据结构,可以利用信息技术和网络的优点,对缩微品的信息进行快速地个性化地分类、检索与深加工应用。因此,缩微品电子数据的保存也是非常重要的。

（3）纸质清单

纸质清单是对缩微品内容的描述。由于全国各地的信息化应用水平参差不齐,采用统一的、兼容的电子数据格式的困难比较大。但是缩微品信息有时需要各地频繁交流,因此在以后相当长的时间里,纸质清单仍将发挥作用。现在纸质清单存在不同时期清单格式不统一、字迹模糊、纸张发黄、纸张变脆等问题。

2.2　缩微品保存措施不系统

以往一谈到缩微品保存,涉及的是各种缩微品保存适宜环境对光照、温度、湿度、灰尘比的要求(统称这些要求为技术要求)。然而在实际中,有很多单位即使有一流的设备,可以对光照、温度、湿度、灰尘比进行自动控制,但是缩微品保存的还是不够理想:设备闲置率高;风险防范措施简单;灾难防范意识薄弱;管理松散等。因此,要对缩微品进行完整意义上的保存,仅重视技术是远远不够的,还必须考虑管理和人员两大因素。

管理是任何组织活动得以成功进行的基础,一流的管理是保证产品高质量最好的法宝。缩微品的保存也是如此,其保存效果是和管理技术相互统一的结果,并且,缩微品管理的规章制度、管理方法较技术更为重要。

人员是缩微品保存时技术和管理效果的能动因素。之所以谈技术和管理,它们发挥作用的最终效果依赖于相关人员的素质之上。没有高素质的相关人员,一切都是空谈。

2.3　缩微品保存措施相对固化

缩微品保存的技术条件一般都是固化的,现在已经制定了各种缩微品的保存标准。

但是,由于我们现在所处环境的巨变性,会出现昨天的经验不太适合今天的情况。我们经常碰到:应用的技术手段变化了;单位管理方法变化了;客户的需求变化了等情况,因此,要求与缩微品保存相关的人员组成学习型的团队,对缩微胶片管理的技术和管理进行持续的改进。

比如,彩色缩微胶片保存温度在10℃以下(最好是保存在温度为 -18℃的冷库里),而一般阅览室的温度则基本上根据当天气温而定。这样当读者阅读某一彩色缩微胶片的时候,阅览室的温度和它标准的保存温度之间就产生了矛盾。解决矛盾的唯一方法是配备一个过度房间,且过度房间的温度要根据阅览室温度的变化而变化。因此,过度房间具体的管理措施要在实践中不断地探索和修正。

3 缩微品保存管理系统研究

3.1 缩微品保存系统的组成

缩微品保存的完整系统应该是以相关人员为基础,应用管理与技术两大手段,对缩微胶片、片盒、电子数据、纸质清单进行合理、有效地保存。这几个因素组成一个有机的系统。

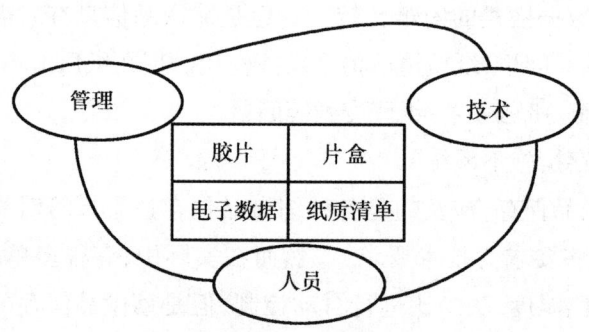

图1 缩微品保存系统组成

从图1可以看出,人员处于系统中的基础位置,缩微品好的管理方法、规章的制订和有效的执行都离不开一支高素质的团队。技术和管理是系统中的两大支柱要素,它们互相影响,缺一不可。通过发挥人的主观能动性,达到缩微品、片盒、电子数据、纸质清单保存的理想效果。

3.2 缩微品保存对象的研究

上述缩微品保存的对象包括缩微胶片、片盒、电子数据、纸质清单4个部分。由于大量的专家、学者对缩微胶片、片盒、纸质清单的保存已经做出了卓有成效的研究,在此仅就电子数据的保存进行阐述。

电子数据是应用 IT 技术对缩微品进行描述与深加工。由于利用了 IT 技术的优势，如果电子数据有好的数据结构，那么使用者就可以对缩微品进行快速和个性化的使用。

对缩微品做描述，通常以国际上通行的 MARC 格式为标准。由于符合世界通行标准，因此在各单位进行交流时，可以不必进行格式转换。

对缩微品进行深加工，指的是根据使用者的需求，对缩微品的摘要、全文或者其他信息进行挖掘和整理。由于每个使用者的需求不同，深加工的数据没有统一的标准，但是我们仍然推荐对深加工的数据采用开放的格式，比如用 XML 来描述。

对缩微品的电子数据保存没有特别的要求，只是要注意电子数据容易丢失，所以要备份。

3.3　缩微品保存管理措施的研究

3.3.1　技术

缩微品保存所需的技术指标包括光照、温度、湿度、灰尘比等 4 个部分，由于已经有学者对此进行了详细的研究，本文不再阐述。

3.3.2　管理

每个单位的情况不同可以采取不同的管理方法。但是总的目标是一致的，那就是缩微品的保存能够做到流程可控和持续改进。

我单位依据自己的情况，在缩微品保存环节吸取了先进的管理方法，如 ISO 9000、全面质量管理（TQM）和质管圈（QCC），并对这些方法进行了合理的剪裁。要注意的是，对于非常重要的缩微品，一定要制定完整的灾难预防和恢复措施。

3.3.3　相关员工的塑造

打造一支高素质的缩微品保存的团队（见图 2）是一件非常重要而又艰难的事情。

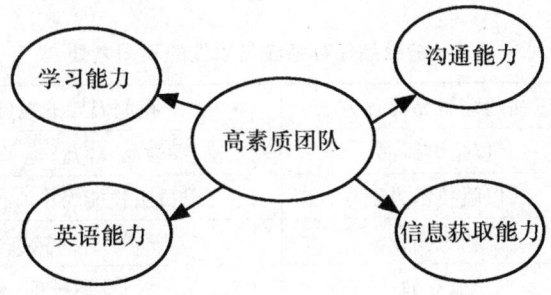

图 2　一支高素质的缩微品保存团队具备的 4 项基本能力

高素质的团队应该具有以下特点：

（1）很强的学习能力。好的学习能力是任何类型员工从一般走向优秀的基本前提。在现在这个知识更新加速的时代，环境在急剧的变化，一个人如果不学习，他不可能掌握最新的技术与管理方法。因此，单位号召全体员工终身学习，并在培训方面给予一定的资金支持。

（2）较高的英语能力。我国的缩微行业，无论是技术还是管理距离国际先进水平尚有差距，国际上通行的创新成果是以英语来呈现，因此，具有较高的英语水平对一个团队能够吸取最新的研究成果是异常重要的。

（3）很好的信息获取能力。现在的时代既是信息非常丰富的时代，也是有效信息相对贫乏的时间。如果没有很好的信息获取能力，那么在网络中寻找信息犹如大海捞针，费时费力。

（4）优秀的沟通能力。无论在流程上还是在资金上，缩微品的保存总要和其他的部门发生联系，因此具备优秀的沟通能力是非常重要的，否则再好的管理思想也无法发挥作用。

3.4　持续改进

持续改进是任何先进的管理方法水到渠成的结果。只有持续改进，才能让我们保存的缩微品的质量达到一流。持续改进包括人员素质的持续提高、保存技术的持续发展、管理方法的持续改善 3 个部分。

4　结语

缩微品的保存是一个系统的工程。要想把缩微品保存到满意的程度，仅仅关注技术是远远不够的。通过研究，我们将缩微品保存的要点范围大大地拓展了，与以往的不同点如表 1 所示。

表 1　缩微品保存系统与以往的不同之处

	以往的缩微品保存方法	我们倡导的缩微品保存系统
保存的对象	仅指缩微品	缩微品、片盒、电子数据、纸质清单
考虑的重点	仅就技术方面	以员工技能为中心，兼顾技术和管理
思考的方法	相对固化	持续改进
思考的角度	孤立的	系统的、全面的

概括来说，要做好缩微品保存的工作，只有塑造一支优秀的队伍，充分利用技术和管理的特长，才能达到满意的效果。

参考文献

[1]http://www.hudsonmicroimaging.com/preservation microfilm.htm

[2]叶鲁彬.系统的控制策略对多变量统计监控性能的影响.浙江大学学报,2009(1)

[3]Microfilm Defeats Digital Cheats Anonymous. Popular Mechanics. New York：Jan 2007. Vol.181,Iss.1

[4]http://graphics.kodak.com/

[5]http://www.sos.louisiana.gov/tabid/496/Default.aspx

[6]沈丽华.国际档案理事会缩微品保护指南.档案学通讯,1998(4)

（原载《数字与缩微影像》2010 年第 1 期）

缩微文献醋酸综合症的延缓实验研究

国家图书馆　孟利群　刘五建　刘永久

1　缩微胶片保存过程中产生的"醋酸综合症"

1.1　"醋酸综合症"的危害和产生原因

"醋酸综合症"是指醋酸胶片的主要构成物三醋酸纤维素酯在一定条件下发生部分水解,而产生的一系列现象。其症状主要表现为:胶片散发出醋酸味,浓度逐渐增加,片基增塑剂析出,片基变软;胶片 pH 值降低;黑白银影像失去光泽,进而片基上形成结晶物,片基发生变形,乳剂发粘,片卷中渗出黏稠的黑色胶液,最终胶片变成碎片或粉末。胶片分解产生的有害物质对人体和胶片都有很大的伤害。"醋酸综合症"是目前影响公共图书馆缩微文献保存寿命的最严重的问题。我国公共图书馆馆藏缩微文献以醋酸纤维素酯和聚酯纤维素酯片基胶片为主(简称醋酸胶片和聚酯胶片)。90年代以前大量的使用、入藏的是醋酸胶片。90 年代中期起,聚酯胶片才以它强度高、性能稳定等优势逐渐取代了醋酸胶片。因此,在馆藏各类缩微品当中,醋酸胶片仍占有相当大的比重。在长久保存的过程中,醋酸胶片在不适宜的环境中不断水解,发生"醋酸综合症",形成对胶片的损害。胶片一旦开始水解,就对胶片的机械强度、记载的图像以及几何尺寸构成了威胁,随着水解程度的加深,给胶片带来的危害也越来越严重。

分析导致"醋酸综合症"发生的原因,因素有二。一是内在因素:胶片生产过程中片基和乳剂层内残留有少量的酸性物质(如硫酸根、媒染剂等,一般醋酸纤维素含有万分之1.77—3.90 的硫酸根)导致了片基水解[1]。二是外部因素:胶片在使用与保存过程中所处的环境中接触的酸性气体,不适宜的温度和湿度,胶片在冲洗加工时残留在胶片上的酸性物质这些都促使了片基水解的加速。总之,"醋酸综合症"产生的原因在于片基制造过程中的先天不足和显影加工与使用、保管中的后天失调。胶片自身存在的缺陷是我们在保管过程中无法改变的。所以,我们能采取的最有效的措施是设法控制"醋酸综合症"产生的外部因素,即:改变缩微胶片保存的环境。

1.2　国内外消除"醋酸综合症"的尝试

自 1985 年"醋酸综合症"被发现以来,国内外专家学者一直在对此进行研究,以设法消除"醋酸综合症"的影响,处长胶片的寿命。发明了运用物理吸附原理对胶片进行保护处理的一些方法(例如以分子筛、氧化铝、活性炭等作为吸附剂的方法及被称作"Keep Well"的胶片保护片)和利用固相吸收及酸碱中和的化学方法。无论用物理方法还是用化学方法,设法减少醋酸纤维素酯胶片在衰变过程中产生的醋酸是专家们的共识。只是所采取的措施途径不同,效果亦有所差异。总体来看,运用物理吸附原理所使用的醋酸气体吸附物吸附量小,使用具有局限性。如,1993 年柯达公司首先提出的分子筛,使用量需达到胶片重量的 7% —14%;而富士胶片公司研制成功"Keep Well 胶片保护片",也因为吸酸量有限(适合于 20ppm/dl 以下)[2],只适用于新显影加工出的醋酸胶片;而利用固相吸收及酸碱中和的化学方法效果则相对较好,不仅吸酸量大,而且使用简便。

2　预防、消除"醋酸综合症"的实验

复合除酸防酸材料是中国电影资料馆为解决"醋酸综合症",利用化学吸收(固相吸收)及酸碱中和滴定使指示剂变色的原理研制的防酸除酸产品。与"复合防酸除酸材料"配套使用的重要材料是"气敏性影像载体衰变监测试纸"。利用这种气敏试纸,胶片保管人员可以及时了解胶片水解老化程度,及时采取有效防治措施。1999 年 6 月起我们对中国电影资料馆发明的复合除酸材料进行了试用,观察、验证了这种材料改变缩微胶片保存的微环境,减缓"醋酸综合症"发生的实际效果。

2.1　实验时间与目的

实验开始时间:1999 年 6 月。实验目的:测试复合除酸材料的除酸性能。验证复合除酸材料预防和延缓"醋酸综合症"发生的作用。实验环境:$18 \pm 2℃$,$22\% —42\% \pm 3\% RH$。

我们选取了 89 个测试点。从片种、地域、摄制年等几个方面观察复合除酸材料对程度不同的"醋酸综合症"的缓解和抑制作用。片种包括了日本、美国和德国生产的缩微胶片,胶片加工涉及八个地区,摄制年度从 1985 到 1998 跨 13 年。

2.2　实验步骤

①对已选取的测试样品进行醋酸片基水解程度的测试:将气敏性监测试纸放入装有样品的胶片盒,在库房常规温湿度条件下放置 24 小时后,对照"影像媒体衰变比色卡"得出并记录下样品的原 pH 值。

②将样品放入复合除酸袋或缠上除酸纸条,同时放入一条试纸,再将装有胶片的除酸袋或缠有除酸纸条的缩微品放入存放样品的塑料盒中盖好。

③一段时间(72—96 小时)后取出试纸观察并记录下样品 pH 值。再放入一条试纸，盖好。如此连续反复观察记录，即得出一系列变化的数据。这些数据即显示了复合除酸材料的效果。

2.3 实验数据

表 1　复合除酸材料除酸效果测试表(1999)

序号	片卷号	拍摄年	原 pH 值	测试日期					备注
			6 月 14—15 日	6 月 18 日	6 月 21 日	6 月 25 日	6 月 29 日	7 月 16 日	
1	CO－1(1)	85	5.0	5.4	5.3	5.3	5.3	5.3	
2	CN－2(1)	85	4.8	5.2	5.2	5.3	5.3	5.3	
3	CO－2982 (1)	86.11	5.0	5.4	5.4	5.3	5.3	5.4	
4	CO－14383	92.5	5.4	5.4	5.4	5.4	5.4	5.4	AGFA
5	CO－1(2)	85	5.2	5.3	5.4	5.4	<5.4	5.4	

2.4 实验结论：

试验选取的缩微胶片多数在安全范围之内(pH 5.4—5.0)，少数属轻度分解范围(pH 5.0—4.8)，加复合除酸材料保存以后，呈现如下特点：

①pH 值在原有基础上平均提高 1—1.5 个档次。如：原 pH 从 5.0 提高到 5.2，原 pH 从 5.0 提高到 5.3 等。测试显示，提高后的 pH 值能持续稳定在一定的数值上；②原来 pH 值比较低的胶片，使用除酸材料以后，pH 值上升的幅度比较大。如：从 pH4.8 提高到 5.3。即从"醋酸综合症"的临界范围进入并稳定在了安全范围；③原数值在 pH 5.2 以下的，基本上不能达到 5.4(比色卡中的最高级)；原数值在 5.2 以上的，则绝大多数提高到并保持在了 5.4；④pH 值上升的幅度及规律与缩微胶片的拍摄年、胶片类型都没有直接关系；⑤南方省市高温高湿环境下制出的缩微品比较北方凉爽干燥地区制出的缩微品其原 pH 值低，即"醋酸综合症"状况明显。经初步分析认为，与制作过程中的冲洗条件和胶片初期的保存条件有一定关系。在使用复合除酸材料除酸以后，不同地域生产的缩微胶片的 pH 值都有明显的提高。说明复合除酸材料对在不同环境下由各种原因产生的胶片酸化水解都有明显的改善作用；⑥在试验中发现：个别原 pH 值较低的胶片，放置除酸材料一段时间后 pH 值呈现提高又下降的反复。此时若再增加一条除酸材料，则 pH 值很快又回升，由此可见除酸材料的面积与除酸量之间需要合理的数量比例；⑦增加除酸材料以后 pH 值能稳定多长时间，以及经过处理已经在安全范围内的胶片其安全值能稳定

多久,需进行跟踪观察。

2.5 十年后的结果

2009 年 5 月我们用上述方法对原测试胶片的保存"微环境"进行再测量时,得出了让人十分欣慰的结果:放置了除酸材料的胶片所处小环境当中的 pH 值保持在了十年前改善后的水平。而相邻的未加除酸材料的胶片(片种及来源相同,同期入库)其 pH 值较原测试胶片的 pH 值还下降了一个档次。例如:CN – 2(1)与 CN – 2(5)系同时拍摄及入库的同种文献中的不同卷。二者在 1999 年测试时原 pH 值均为 4.8,显示了轻微的"醋酸综合症"症状①。1999 年 6 月在前者的胶片盒内放入了除酸材料,7 月测试结果 pH 值为 5.3。2009 年再测试时,pH 为 5.4,pH 值稳定在安全范围。说明"醋酸综合症"症状已经缓解。为进行对比测试,后者没有加入除酸材料。2009 年 6 月测试结果:pH 值为 4.7,"醋酸综合症"呈现出发展趋势(见表 2)。

表 2 复合除酸材料除酸效果对比 (2009)

片卷号	除酸材料	拍摄年	原 pH 值	pH 值(1999 年)		pH 值(2009 年)		
		日期	1999.6.14 – 15	…	7.16	5.18	5.31	6.1
CN – 2(1)	有	1985	4.8	…	5.3	5.4	5.4	5.4
CN – 2(5)	无	1985	4.8	/	/	/	加试纸	4.7

3 总结

从初步实验结果看,复合防酸材料使缩微胶片在片基水解过程中产生的酸性物质及时地被吸收、中和,进而改善了胶片周围的小环境。使得"醋酸综合症"的发展过程得到了延缓。

过去,有人对复合除酸材料能否达到除酸目的提出质疑:认为三醋酸纤维素酯与水发生作用后生成物是醋酸与纤维素,这个反应在一定的阶段会达到平衡。若此时放入除酸材料,其中的碱性物质与生成物之一的醋酸发生反应,必然破坏了此种平衡,导致三醋酸纤维素酯不断分解。其实不然:醋酸纤维素酯胶片水解产生醋酸后,胶片衰变的反应不断加速,原因在醋酸既是生成物又是反应的催化剂,当胶片没有被完全分解时,醋酸的自催化作用使得水解反应只能加速,不能自动"平衡"。这一点已经从"醋酸综合症"一旦发生便迅速蔓延,一发不可收拾的现象中得到验证。

———————————

① 判断醋酸片基水解程度的参考标准:pH5.4—5.0 片基轻微分解为安全范围;pH4.8 以下至 4.6 已染上"醋酸综合症"需降低胶片保存温、湿度并着手进行抢救。

　　复合除酸材料的作用关键在于"破坏"醋酸纤维素酯加速水解的环境。及时把环境当中的酸去除掉,便可有效地扼制醋酸纤维素酯水解的速度,进而达到延缓"醋酸综合症"发生,延长胶片寿命的目的。在诸多导致"醋酸综合症"发生的原因中,胶片的保存环境是其中重要因素。复合除酸材料正是创造了一个良好的可在环境,较好地起到了防止、抑制"醋酸综合症"的发生、发展的作用。经过十年的实验,我们认为:在目前的技术和物质条件下,复合除酸材料是一种行之有效的"防酸武器"。

参考文献

[1] 许建合等.缩微胶片衰变现象与保存.缩微技术,2000(4)
[2] 葛向北.微环境下醋酸纤维素酯胶片的保存.影像技术,2001(1)

（原载《国家图书馆学刊》2010 年第 3 期）

浅谈缩微技术及胶片的修复和保护

北京电影洗印录像技术厂　杨和平　朱琳娜

1　缩微复制技术

1.1　缩微技术的发展

缩微技术是使用照相手段,将图书报刊等记录有知识信息的一些载体在感光材料(通常是胶片)上拍摄成缩微影像复制品——缩微品的技术。记录在胶卷上的缩微影像通过一定的技术手段和方法,可以进行自动化处理、保存、检索、再现和复制还原。

随着社会的发展,各种图书报刊、文献资料等记录信息与日俱增,摆在各图书馆和档案情报部门面前的难题是:大量文献经过百年贮藏和不断流通,普遍发生了腐蚀和酸化现象。为了抢救文献,各馆都在研究对策。图书文献记录着人类在社会科学、自然科学方面的丰实知识,是人类的宝贵财富。如何有效地保存、流通和利用这些财富,缩微技术为解决上述问题提供了手段。

缩微胶片作为一种可靠的复制载体能够经久不衰,是因为它有一段久远而成功的历史。借助于设备,制作出相对廉价而又保存期长的缩微品,缩微品可存放350年以上,之后仍然可读,这是它远胜于其他任何复制载体的最大优点之一。缩微复制品事实上起到了与原件等效的作用,法律上也将其作为凭证使用,这也是缩微技术的最大优势。

缩微技术是一项成熟的技术,在技术发达国家已获得广泛的应用。近年来,由于缩微技术自身的发展,并和计算机技术结合,先后推出了计算机输出缩微胶片系统,缩微品计算机辅助检索系统,缩微品自动检索传真系统,计算机辅助设计缩微激光绘图系统,可更新影像缩微胶片及全息缩微,大大地丰富了缩微技术的内涵,而使这一传统技术进入了发展的新阶段。即开发新的综合信息系统,在这个系统中把缩微技术、计算机技术、影像传输技术和光盘技术融合在一起,形成一个具有多种功能,适应不同需求的更加先进的系统。

1.2　使用缩微胶片的优点

缩微胶片有以下优点:便于按目整理和归类,便于查找和检索;能够方便捷迅速地得到所需要的资料;有些复制品比原件还要清楚;节省人力和时间;遇灾害时,容易转移;其记录的信息内容可以长期保存。

在应用缩微技术的过程当中,也能发现其优势:

(1)缩微倍率高。缩微胶片上的图像与被摄原件的面积比为 1∶100—1∶1000,因此,缩微胶片不但容易存取,而且易于发行、传递和交流。

(2)记录准确、精密度高。缩微摄影可以对文字、照片、图纸等各种形式进行记录。由于采用直接拍摄的记录方式,所以不会漏掉原件的内容,鉴于这一特点,缩微胶片还可以作为法律凭证使用。

(3)记录速度快。这种利用拍摄的方法进行记录的速度是比其他记录系统要快。

(4)复制方法简便。缩微胶片的复制方法简单方便,复制品造价便宜。容易复制成大量的拷贝片。可以利用第二代、第三代拷贝胶片进行检索、阅读、传递和出版。

(5)易放大还原。缩微胶片可以利用阅读复印机进行放大显示直接阅读,也可以进行放大复印制成硬拷贝,或经扫描制成光盘,提供使用。扩大了利用范围,提高了利用效率

(6)规格统一化。对不同纸质、色调和形状的原件可以制成规格一致的缩微品。便于管理和机械检索,可以迅速找到所需要的资料。

(7)便于安全管理。由于缩微胶片具有半永久性保存和便于分散管理的特性,因此,可以实现对记录的安全管理,以避免由于各种自然的或人为的灾害造成对记录的破坏。这是缩微胶片所具有的特殊作用。

(8)与新技术的结合。缩微胶片可以作为信息还原和传递的载体,同电视、传真、扫描等新技术结合起来。

1.3　我国图书馆应用缩微技术概况

自从 1985 年我国成立了全国图书馆文献缩微复制中心(以下简称缩微复制中心)以来,抢救祖国文化典籍的缩微复制工作一直在各个省级公共图书馆大力进行,并已取得较大的成果,这是我国缩微技术在图书馆应用的一个范例。

作为一个历史悠久的文化古国,前人留给我们的典籍史料是十分丰富的。根据粗略的统计,仅我国内地公共图书馆系统收藏的古籍善本即为 2209 万册,普通古籍 2645 万册,已经与将要收入《民国时期总书目》的普通平装书 11 万余种(主要是上海、北京、重庆三地馆藏数字,全国实际藏书要超过此数)。根据《中文期刊联合目录》和《中文报纸联合目录》的统计,从 19 世纪下半叶至 1945 年以前出版的旧期刊约为29 000余种,旧报纸约 7800 种,至于许多珍贵的手稿、碑拓、经卷、档案及分藏于各馆之其他地方文献,则尚无准确统计。面对这种情况,全国省级公共图书馆的缩微工作人员在缩微复制中心的统

一领导下做了大量的工作。

2010 年 7 月,国家图书馆全国图书馆缩微文献复制中心委托北京电影洗印录像技术厂负责彩色缩微拷贝片的冲洗工作。北京电影洗印录像技术厂向国家图书馆提供用于制作中间片的电影胶片生片,并负责中间片的冲洗、中间片转正片的拷贝冲洗工作以及相关包装工作。作为胶片冲洗的带头企业,在我国图书馆缩微技术的领域里,北京电影洗印录像技术厂也贡献了自己的一份力量。

2　胶片修护

一直以来,各国政治、军事、外交等方面的原始记录无不使用胶片留下历史真迹,历史各阶段的艺术内容记录也离不开胶片。但是无论什么类型的片基都会随着时间的推移衰变分解,无论怎样小心的保护这些影片,数年后影片都会产生褪色失真、乳剂面的脱落、乳剂面粘连发霉、片基面破裂、黑白片变黄等现象,造成影像稳定性下降。氧气、酸气和活性化合物都会损坏片基和影像,有化学活性的尘埃也会使画面褪色或形成污斑。某些保存 20 年左右的缩微负片上就曾出现了细微的色斑或污痕,银影像局部氧化,致使胶态银呈现红色或黄色斑点。如何修复和保护胶片,防止或减缓胶片受侵蚀和破坏,成为亟待解决的关键问题。

胶片的修复目前基本包括两大类:物理修复技术和计算机修复技术。

2.1　物理修复

依靠手工或机器设备在胶片上实施的各种修复方法称物理修复。

影片的物理修复主要以清洁修补胶片为主,包括去除胶片上的胶接剂、修理斑点和断裂的片孔、清除尘埃、修描胶片、使用标准的牵引片取代坏的牵引片。此种方法尽量恢复胶片本身的原貌,要在胶片本身上进行,存在一定风险。

胶片在使用和保存过程中会受到来自空气中的浮尘粉粒和带有各种化学性质的油污、霉斑的侵害,若不及时除去,不仅会造成原件物理结构的变化、机械强度的下降,而且还会进一步破坏乳剂层,使影像变色甚至消退。因此素材、拷贝的清洁工作是洗印、档案保存部门和发行放映系统的一项不可缺少的日常工作。

通常采用在清水溶液或水溶液中加入洗净剂、防霉剂、碱等溶剂漂洗影片。在机器中湿法清洁仅对机械性能好、几何尺寸未发生变化的影片使用,齿孔破损的影片、影片齿孔收缩在 4.69 毫米以下,片基脱水发脆的影片则采用手工清洁。

对于有些影片遇水后,片基变软、变形、干燥后翘曲不平或药膜脱落、变退色等不能用水溶液漂洗的胶片,只能采用有机溶剂作为清洁剂进行清洁。利用超声波的方法去除胶片污渍,其原理是,对清洁液体依次产生负的或向下的压力(此类清洁剂一般挥发性较强),使液体内产生含有液体蒸气的气泡,气泡破裂时,产生冲击波式的能量,从而达到清洁目的。

用于超声波去污的清洁液有两种:一种是呈中性的液体,另一种是活性液体。通常使用的清洁液是抽余油、氢氟醚。因存储的每部影片数量有限,生产影片的年代不同,在使用溶剂清洁时,均要对影片进行多次试验后方可大量使用。

2010年《电影档案影片数字化修护工程》项目协作单位北京电影洗印录像技术厂影片修护车间引进一台CF9200超声波清洁机,图1,该机器由美国RTI集团推出,并在国内进行了首次应用测试。CF9200清洁机使用3M氟化环保清洁液,可用于清洁16毫米及35毫米胶片。

图1 CF9200 超声波清洁机

国内现有胶片清洁机的清洁介质全部使用酒精或四氯乙烯,与其相比,北京电影洗印录像技术厂引进的CF9200超声波清洁机使用HFE8200作为清洁介质,HFE8200是3M公司针对替代臭氧层破坏和温室效应所开发出的氢氟醚类产品。该溶液具有低溶解性的特点,对醋酸纤维基和聚酯基胶片都具有良好的兼容性,可有效地避免清洁过程中对胶片的损伤。同时,其较小的黏度和低表面使溶液能够进入更微小的缝隙中。在超声的机械振动作用下,更易于减弱附着物与胶片表面的结合力,提高清洗效率。HFE8200安全性相对于四氯乙烯的可燃、有毒并具刺激性气味的缺点,更为安全可靠。

2.2　数字修复

影片内部变化的不可知因素很多,因影片的生产年代不同产生的问题也不尽相同,但是无论管理人员工作多么精心,总不及问题的发生。

各个时期的影片有各时期的特点,这些特点不仅体现在影片的内容上,还体现在影片的外观上,这需要满足使用设备的多样化。增添新设备、自制整改老设备,这样才能够保证以数字修复为保存手段的修护工作适用于个各个时期的影片。

随着社会的发展,数字修复技术不断成熟。现在影片的修护不仅使用传统方式,还大量使用数字修复,与传统修复方式比较,数字修复省时省力。退色严重的影片,数字修复可将颜色及时准确地调整回来。相对于传统修复,数字修复技术直接简便,印片调光大为省力且准确。并且数字修复可直接将划痕等问题解决,整体效果较传统方式更好。

胶片的数字化修复技术是通过将传统胶片转换成数字格式文件,通过计算机软件和硬件在数字信息上进行各种数字修复和加工处理,主要处理过程分为颜色校正、抖动去除、闪烁去除、物理损伤弥补、画面缺损填补等修复影片的损伤,再通过数字剪辑重新恢复影片原貌,最后根据保存方的要求保存影片数字版或返回到安全胶片上,重新制作胶片拷贝。通过此技术可明显改善胶片影像质量,且整个操作不在胶片本身上进行,安全可靠,实际得到的是胶片拷贝件。

数字电影修复及处理技术是数字电影产业中重要的一环。从技术基础角度出发,该方向涵盖了数字图像处理、数字视频处理、数字信号处理的大部分技术领域,具有相当大的技术难度。数字电影修复及处理技术起步较晚,国外从上世纪 90 年代初开始起步,在1995 年之后获得较大的发展。一批国外的公司在此领域也进行了较为深入的研究,并推出了一些产品,例如美国的 Davinci 公司,加拿大的 IMAX 公司等。

数字修复工作站由高端设备集成,具备修复影片脏点、划痕、变色、图像抖动、药膜脱落、擦除画面特技钢丝等强大功能,可将旧胶片修复如新。该系统除基本的修复工具外,更拥有诸多丰富的自动/手动修复方法,像去污点、去尘土、减少颗粒、降噪、RGB 独立通道去划痕,拥有修复图像稳定、祛除闪烁、处理褪色和染色等工具,以及软件设备独有的修正变形图像、修复镜头拼接处的损伤等技术,系统几乎可以处理所有的新旧影片损坏问题。图像的修复并不局限于老电影或历史影片,该系统的强大加工制作能力为制作数字电影提供了多种选择。例如电影资料的保存,公司数字化灌录甚至最新的影片、广播、电影、DVD 及其他数字媒体发行上,让高质量效果得以保证,甚至最常见的手拍电影(指专业 DV、数码相机、MP4、视频手机等数码产品拍摄的视频、短片或影片)具有的划痕、污点、尘土等问题,也可以在完片(指完成拍摄的视频、短片或影片)处理前采用最快捷的方式将其处理干净。

3 电影档案影片数字化修护工程

科学管理是影像业发展的基础,20 世纪 70 年代到 21 世纪前我国的影像事业是以拍摄—加工—存储为主体的。21 世纪影像业伴随着科学管理的不断进步和发展,影像的修护受到各界人士的高度关注。经国家批准及近几年的不懈努力,在电影相关单位的共同努力下,针对电影胶片的影像修护作为一项工程提出并稳步推进,尤其是数字修护工程现已实施。为了加强修护工程的执行力,经修护工程领导小组商定,由影像数字中心、中国电影科学技术研究所、中国电影资料馆和华龙公司、北京电影洗印录像技术厂等单位共同抽调专业技术人员组成了修护工程执行小组,具体负责推动落实工作。

电影档案影片数字化修护工程按照"统一建设,统一管理,分工负责,分类实施"的原则,有计划地顺利进展。中国电影资料馆作为电影档案影片数字化修护工程申报单位,是此项工程的责任主体,负责工程项目及专项资金管理。参加该工程的各合作单位为:电影节目数字管理中心、北京电影洗印录像技术厂、华龙电影数字制作公司、中影集团录音基地、中国电影科学技术研究所。修护工程陆续完成千部故事片的数字化转换和修护,按照电影数字修护工程的要求进度,每年将要完成 1000 部影片的数字化修护、转换和存贮。通过国家出资,修护出来的影片将会不断产生新的价值,是胶片修复保护事业的良好开端。

修护工程各步骤工序工艺流程见图 2—图 5。

(1)素材出入库

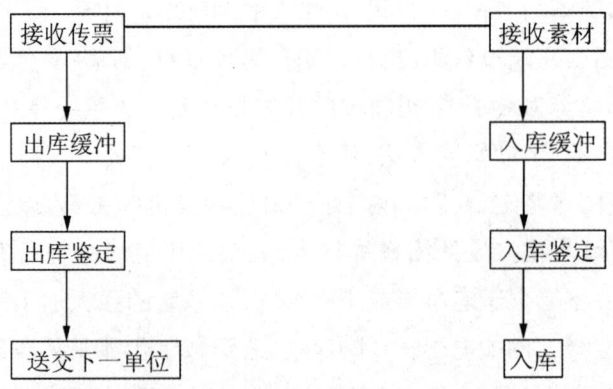

图 2 素材出入库工艺流程图解

（2）画面素材预处理

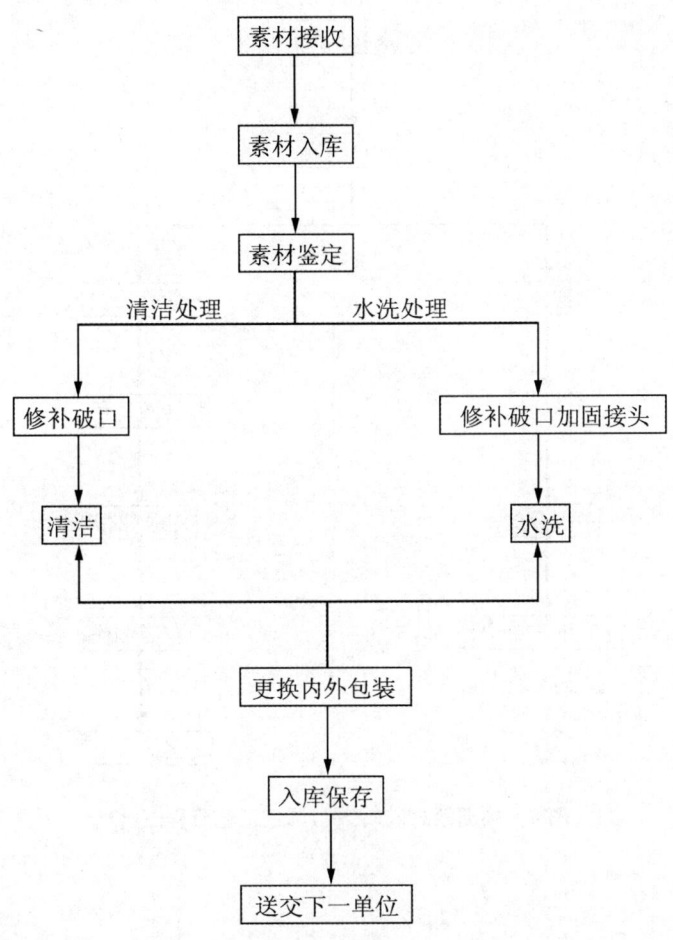

图 3　画面素材预处理工艺流程图解

（3）画面素材胶转数与调色

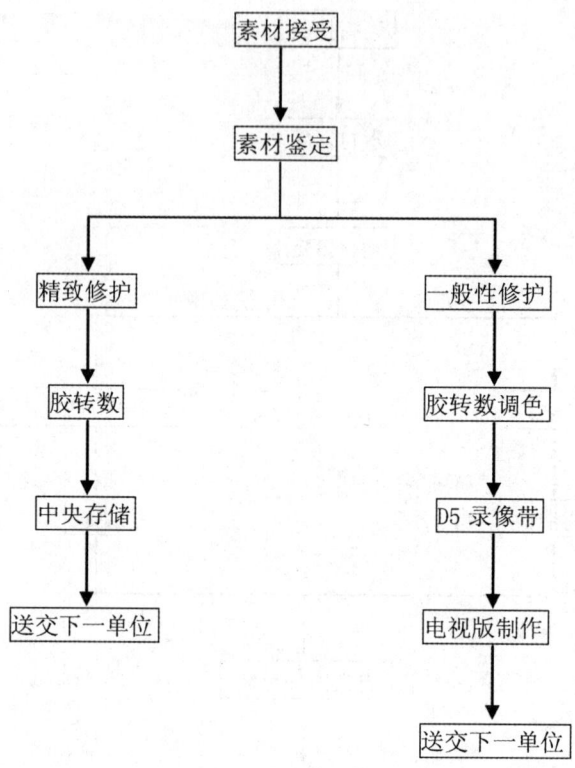

图 4　画面素材胶转数与调色工艺流程图解

（4）影片精致修复

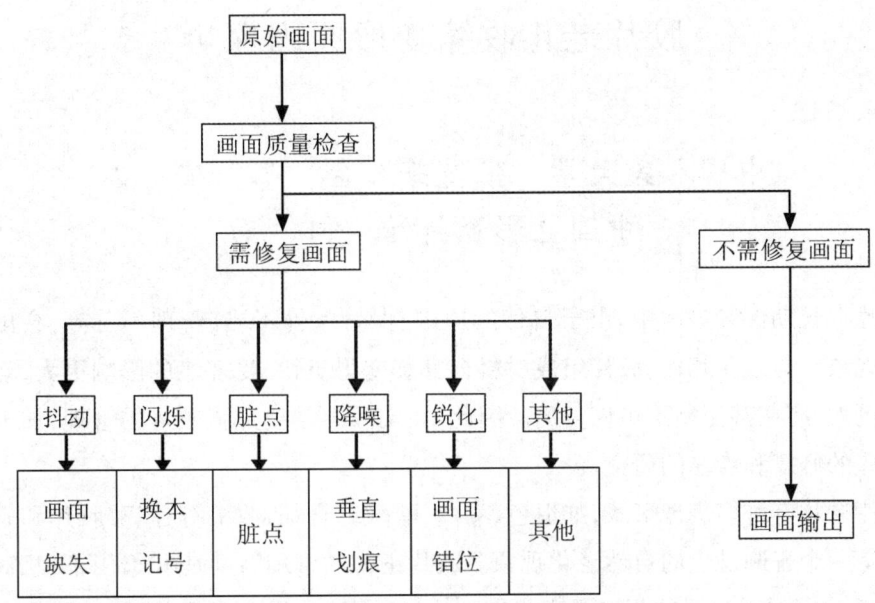

图 5　影片精致修复工艺流程图解

参考文献

[1]国际图联保存保护中心中国中心翻译. 图书馆资料保护与处理原则. http://www. nlc. gov. cn/ old2008en/services/iflapac_chinacenter/wenjian/zywx. pdf

[2]边巍,袁泉,蓝滨. CF9200 超声波清洁机在胶片清洁过程的测试及应用. 现代电影技术,2010(4)

[3]吴鸿汉. 缩微出版和中国图书缩微品. 缩微技术,1989(1)

[4]张铸. 关于在我国图书馆发挥缩微技术效益的思考. 缩微技术,1987(4)

[5]林红. 浅谈缩微技术在我国图书馆的应用. 科技情报开发与经济,2007(12)

[6]国家广电总局电影数字节目管理中心. 电影档案影片数字化修护工程业务手册(2010 版),2010

（原载《数字与缩微影像》2010 年第 4 期）

胶片老化收缩变形原因探析

中国人民大学　张美芳　金　彤　安　鑫

中国电影资料馆　何　雨

胶片在长期保管过程中,由于自然的原因、保管条件不当、管理不善等,会出现老化衰变的现象。与纸张相比,胶片组成材料自身衰变得更快,受环境的影响更大,衰变后恢复难度更大,有些甚至是不可恢复的。因此,在实际中需要加强胶片的管理,加大力度对变形胶片的修复和恢复的研究。

胶片老化有许多表现形式,如退色、卷曲、醋酸综合征、收缩等,醋酸胶片和硝酸胶片的收缩是一个普遍发生的自然老化现象。胶片正常的管理温度是10℃以下,相对湿度不超过40%。因保存环境的相对湿度长期偏小,随着胶片保存时间的延长,胶片内部水分挥发及其他组成成分不断损失,导致胶片发生收缩,齿孔距变小。部分收缩程度不大的胶片还能在设备上正常地拷贝、放映,收缩严重者即超出允许的收缩范围的胶片,在设备上很难工作,即使是勉强工作,也会对胶片产生一定的破坏,比如跳齿现象或刺破胶片齿孔等。

近些年来,胶片收缩在国内外胶片收藏机构是一个非常普遍的现象,受到了一定的关注,部分单位或研究机构为此展开一定的研究,曾经有关于胶片齿孔收缩现象的报道。胶片收缩到一定程度会影响到正常读取、数字化和拷贝,因此胶片上的信息将不能再利用,对于再现历史和开展相关方面的研究都将是一大损失。

1　胶片的变形及国内外研究现状

由于胶片材料本身的特性决定其随着时间的推移、环境的变化会出现收缩变形现象,特别是早期的硝酸片基和醋酸胶片。胶片出现纵向和横向收缩,从而使胶片齿孔距变小,当胶片收缩到一定程度,会严重影响到复制和放映等工作。如何将收缩程度比较大的电影胶片恢复到正常状态,如何再复制、利用和保存这些变形的胶片,这个问题一直困扰着胶片的保管和利用,受到了许多国家的关注和重视。

卢米埃尔兄弟35mm电影胶片的齿孔(Perforation)是圆形的,这种形状的齿孔易于磨损。后来尺孔形状改为大致接近矩形,并标准化为几种形式。BH 型齿孔为"底片"齿孔,用于摄影机胶片,中间片和特效制作过程中使用的胶片。KS 型齿孔为拷贝齿孔,用于声片和拷贝片。CS 型齿孔尺寸较小,仅用于在 Cinemascope 变形宽银幕的 35 mm 放映拷贝片。这些代号后面经常跟随一个表示尺孔距的 4 位数字,例如,BH1866 表示尺孔距为 0.1866 英寸(4.740mm)的底片齿孔。

正常的 35 mm 电影胶片出厂时标准宽度为 34.975 ±0.025mm,齿孔距是 4.75 ± 0.01mm。收缩后的胶片宽度变到 34.1mm,甚至更小,胶片齿孔距可到 4.65mm 甚至更小,并伴有翘曲现象,胶片变得比较脆,不能承受较大的拉力,否则极易被损伤。

为了保证影片在放映时画面稳定,不发生抖动和晃动现象,对电影胶片几何尺寸的要求非常严格,国际标准规定胶片宽度的精度为 ± 0.025 mm。对片孔纵向距离的规定更为严格,其误差不能大于 ±0.01mm。

对于变形胶片影像的恢复和利用,目前有 3 种方法:

第一种方法是研制新的适合大收缩率影片印片设备,这种设备能够满足已经变形的胶片(尺孔距缩小)的正常利用。此方法不用处理大量的变形胶片,只是将原有的放映设备或复制设备加以改造或重新换一胶片安装头,调整胶片安装的齿孔距,使其满足缩小胶片的正常使用;另外还可以研制一种方法,通过对变形胶片的处理,使收缩胶片的齿孔距恢复正常,能放在胶片的复制设备上和放映设备上,使其正常工作。

第二种方法在处理过程中一定尽可能选择对胶片影响小的处理方法,尽量不影响影像的质量。一般而言,此种方法是在胶片上直接处理,在处理前要做预实验,证明此种方法确实安全可靠,再在胶片上进行。另一注意事项是,不同厂家生产的胶片,不同品牌胶片对每一处理方法的敏感程度是不同的,换言之,每一种处理方法不是对所有胶片都收到同样的效果,应该针对不同类型的胶片探索不同的恢复方法。

第三种方法是将胶片转移到另一载体上,比如录像带或通过扫描转换成数字影像。此种方法通过转换载体实现了对胶片信息的保护,但对原始胶片并未进行处理。

传统的电影印片机是针对标准尺寸胶片印制而设计制造的,在设计上考虑了最早的硝酸片经冲洗后的自然收缩。为了防止印片过程中原底片和拷贝片的相对滑移,底片的齿孔距应比拷贝生片的稍短,在大多数连续印片机中,考虑到印片齿轮的直径,所以底片的孔距应比拷贝生片的短 0.2%。但目前档案存储的醋酸胶片的收缩率远远超过这个比例,这样的胶片是不能顺利通过这些印片机的。如果将大收缩率的胶片勉强挂在齿轮上进行复制,因为胶片的齿孔距与印片机齿孔距不匹配,在连续运转的齿轮上会出现跳齿现象,影响印片质量,甚至有的部分印不上,还会使一些片孔被拉伤。

针对这一现象,美国 BHP 公司研制出适应收缩率达到 2.5% 的 35mm 电影湿法印片机头,以及适应收缩率达到 1.25% 的特殊 16mm 电影印片机头。此装置可以很容易、方便地安装在现有 BHP 印片机上,取代原来的装置。目前美国国家图书馆、电影技术公司及彩色胶片技术公司等单位均在使用这种装置。

我国秦皇岛视听机械研究所设计了一种特殊的抓片机构,可以达到大收缩率影片印制的目的。他们将现有的光学间歇式印片机进行了技术改造,将原机器抓片机构改为可调节行程且适合于印制大收缩率影片的抓片机构。其基本设计思路是首先需分析胶片收缩率大小,设计可以调整抓片爪和定片针起始位置的结构,按大收缩率影片的大致规格将其由齿孔距 4.65mm 到 4.75mm 调整分为 5 个档次。要调整抓片行程,就要改变大偏心轮的偏心量,最后确定以 4.70mm 齿孔距中心基点确定偏心量,±0.2mm 的调整量,实现行程的调节,就能不损伤底片地印制大收缩率影片。经过改制,使原来不能复制的大收缩率影片可以通过该机器进行复制。这种抓片机构充分利用了原有的设备,对于抢救齿孔距缩小的胶片起到了一定的作用。

为了准确、及时测量胶片尺寸的变化,可使用专门的胶片尺孔收缩测量仪。

2　电影胶片变形的机理

胶片收缩允许的尺寸,对于 8mm 和 16mm 的胶片,收缩率不大于 0.8% ,对于 35mm 胶片,收缩率不大于 1% 。不同的设备对于收缩程度不同的胶片表现不同的工作性能,有些设备对于胶片尺孔距收缩在一定程度之下,还能正常工作,但有些设备则不行。尺孔收缩率超过 0.5% 的 8mm 和 16mm 的胶片及尺孔收缩率超过 0.8% 的 35mm 胶片,即使能在设备上正常工作,也要格外小心,很容易造成胶片因为拉力大而断裂的现象。如果胶片的收缩率大于上述比例,最好不要将收缩胶片置于正常的设备上工作,需要特殊的处理,比如胶片转录像带,此过程中不需要带齿轮设备。

有的专家认为变形的胶片是不能完全恢复的,但没有见到理论根据。醋酸胶片和硝酸胶片如果是因为水分损失而收缩,从理论上讲具有一定的恢复能力,因为只要胶片中乳剂层中的水分恢复到正常比例,明胶具有吸水膨胀性能,胶片则会伸长,也就是说收缩的胶片因水分得到补充而恢复。如果胶片收缩是因为片基中残留的液体损失或者成分的挥发产生的,损失的成分能否很容易补充到片基内,即使能够补充,收缩胶片是否可以恢复都是未知的答案。

根据胶片的结构和成分分析,醋酸胶片和硝酸胶片收缩主要原因是胶片内部水分挥发及残留溶液的损失和部分成分的挥发,比如胶片中存在的磷酸三苯酯,其中成分损失的越多,胶片变形则越明显,齿孔距收缩则越大。聚酯胶片片基出现的时间较晚,且片基中易挥发的成分少,目前没有报道聚酯胶片出现收缩的现象。胶片保存库房一般湿度控制在25%—40%以下,空气湿度小,胶片中的水分和易挥发的物质慢慢会释放出来。胶片齿孔距的缩小一般是发生在保存一定时间的胶片上,新存储的胶片不会在短时间内发生齿孔距收缩的现象,随着保存时间的延长,齿孔距收缩会加大。由此,胶片成分发生改变是齿孔距产生收缩的原因之一。

3 齿孔距缩小胶片的恢复

从理论上讲,通过补充胶片片基中水分,可使胶片长度得到伸长,水对胶片的影响较其他溶剂对胶片的影响要小。胶片补充水分的方式有3种。

（1）将胶片置于常温和高湿的环境中,平衡一段时间,保证胶片片基从环境中吸收水分,以增加片基中的含水量。电影胶片在湿度为61%、70%、90%（常温下）条件下,齿孔距都有变大的现象,不同的胶片伸长程度不同,随着处理时间的延长,齿孔距逐渐变大,但当齿孔距伸长到一定程度时,随着时间的延长,胶片伸长现象停止,这一时间因胶片种类不同而不同,大多在24小时—48小时。在湿度较大的环境中,要避免长时间处理,因为胶片在湿度大的环境中容易长霉,对胶片影像有很大的破坏作用,并且是不可恢复的破坏。经过恒湿条件的处理,将伸长后的胶片放置在干燥环境中,齿孔距会发生程度不同的收缩现象。这一现象说明,环境湿度的增大对齿孔距缩小的胶片恢复起到一定的积极作用。胶片吸收水分或失去水分会导致片基的伸长与缩短,进而影响齿孔距。温度与湿度两个条件中湿度对胶片长度的影响较大。水分对胶片既有物理性质的影响,也有化学性质的影响。环境湿度的大小与胶片形变的大小有着密切的关系,胶片中水分的失去是胶片乳剂层发生改变的关键物质。

（2）将胶片直接浸泡在去离子水中,胶片在水中吸收一定水分后,长度也会伸长。开始放入水中时,胶片伸长较明显,等伸长到一定长度,胶片停止伸长。将胶片从水中拿出晾干,胶片会发生一定程度的收缩。此种方法不但能使齿孔距缩小的胶片伸长,还能起到清洁胶片的作用,对胶片的划痕有一定的修复作用。此种处理方法时间短、方便、易于操作。相比较用其他溶液处理胶片而言,水处理对胶片的影响最小,对环境影响也最小。

（3）湿毛巾裹覆法。将变形的胶片包裹在湿毛巾中,一定时间后,胶片长度也会伸长。此种方法对胶片长度恢复起到了一定作用,但长时间处理会对影像质量有一定的影响,严重者,乳剂层会脱落。处理时要避免毛巾摩擦胶片,导致影像出现花斑。

除了上述方法外,通过补充某些液体（胶片片基的部分成分）,理论上也可以使胶片尺寸恢复正常水平。但此方法目前还未曾有过详细报道。有关齿孔距缩小胶片的恢复的研究引起许多国家的关注,但至今还没有一种切实可行的方法。原因之一是没有搞清楚胶片齿孔距缩小的机理。所以要想在胶片齿孔距恢复方面有所突破,需要研究胶片变形的机理,研究影响胶片齿孔距缩小的原因。

参考文献

[1]郭莉珠.底片片基的稳定性与档案寿命.档案学通讯,1995(1)

[2]田庆斌.35 毫米电影胶片百孔测距尺.影像材料,1983(6)

[3]周亚军等.电影胶片贮存温度湿度探讨.影像技术,2009(4)

[4]邱策勋.降低三醋酸片基收缩率的途径.影像材料,1980(4)

（原载《数字与缩微影像》2011 年第 2 期）

回顾与展望篇

历程和回顾

——对我国缩微技术沿革的探讨

国家图书馆　裴兆云　刘凤志　刘士华

缩微技术工作者常把 1839 年英国人 J. B. 丹塞将 20 吋的文件缩小成 1/8 吋的影像这件事作为缩微技术的开端。在至今 140 多年的历程中，出现了像 R. 达格龙、乔治·麦卡锡这样一些不断探索缩微技术并作出贡献的人，最初阶段，人们未必意识到缩微技术会发展到今天这样受到广泛应用的状况。可见，任何于社会有益的技术总不会被历史所埋没。我国的缩微技术虽然落后，却也曾有过自己的一段发展经历。在信息社会的今天，缩微技术和计算机等先进科学技术一样，是社会进步不可缺少的重要手段。因此，探讨它的发展和作用是很有意义的。对我国缩微摄影技术的回顾，可以追溯到解放初期，甚至解放前。

前几年，笔者曾访问过当时还在世的北京图书馆原副研究员、老馆员顾子刚同志。他对我国早期的缩微摄影活动曾有过以下的的回忆：

早在 1936 年，美国国会图书馆提出，由洛克菲勒基金会资助，在美国和中国各设一部缩微摄影机。美国方面，由美国国会图书馆给中国拍摄现代科技书刊；中国方面，由北京图书馆给美国拍摄善本书进行交换。

当时准备用的设备是美国名叫德雷格（Dzaeger）的人制作的，因此，美国把他派往中国安装、指导使用这套设备。1938 年他来中国时，住在天津美国海军陆战队兵营。

后来，因为原件被缩得太小，影像不易阅读而未能使用，同时战局紧张，怕日本人将设备弄走，便将其安装在协和医院。由一个青年技工操作。当时协和医院拍了一些中文医书送交美国。

第二次世界大战开始后，该设备还是被日军掠走了，据说弄到南洋。战后，北京图书馆提出由南京政府通过美国驻日本盟军司令部向日本追查，并把说明书也附上了，当时找到了日本前驻中国管文化工作的桥川。他说，这些都是军部搞的，于是就不了了之。

以上，顾子刚同志的回忆是否准确无误，以及北京图书馆当时是否就能代表我国缩微摄影活动的全貌很难断言，但作为缩微技术使用的最敏感领域——图书馆以及从顾先生一生的严谨工作作风来看,这些回忆,值得参考。

也许和上述时间相距不远,有的图书馆曾用直接照相的方法进行复制图书、资料。北京图书馆曾用柯达公司生产的名为弗特司达特(Phatsat)直接摄影机拍摄;又据中国科技情报所陈可培先生谈,上海明复图书馆(中国科学社的图书馆)在卅年代以后也曾用过直接摄影机复制图书资料。所谓直接摄影,就是不用底片,将原件的影像经过一次反射直接拍照在相纸上,北京图书馆至今还保存有这种复制品。

至于缩微品的使用,也可追溯到30年代。在这方面,顾子刚先生也有一段回忆:

在抗日战争期间,由美中文化联络人员商定,美国方面将几十种科技刊物每种拷贝两份胶卷运往重庆。其中一份给北京图书馆,一份给当时的中央图书馆。胶卷是装在一个小盒子里,但是,由于阅读很困难,没有用过。当时美方联络员是费正清教授,中方联络员是当时的北京图书馆馆长袁同礼。由于设备的限制,无法使用这些缩微品,交流活动不久就中断了。

笔者对以上的回忆很感兴趣,曾试图在北京图书馆胶片库内能查找到这些胶卷,或许能从中了解到至今已四十多年的缩微胶片的保存、变化情况。遗憾的是可能因为动乱年代,保管不善,其下落不得而知。

我国最大批量使用缩微品大约在40年代末期北京图书馆从美国买进1056卷善本书胶卷开始。

那还是在抗日战争时期,北京沦陷之前,北京图书馆将收藏的大批善本书南运上海,后因上海战事紧张,又将其中102箱图书,如《太平广纪》等,运往美国,抗战胜利后,又从美国将102箱图书的缩微胶卷买回,这便是上述1056卷缩微胶卷的来历。目前这些胶卷还保存在北京图书馆善本库里,这批图书据说后来由美国运往台湾。

新中国成立后北京图书馆建立了缩微资料阅览室,缩微品也逐年增多。到1955年,北京图书馆已开始拍摄善本书,从第一卷《仙源类谱》开始,至今已拍摄数千卷了。

作为商品性的缩微设备的引进,大概可以追溯到40年代末期。1948年,北京图书馆从美国柯达公司买了一台名为利确达D型的缩微摄影机、一台名为DEPUE型拷贝机,以及两台1942年生产的35毫米卷片阅读器。当时因为正处于内战时期,未能安装使用。直到1949年新中国成立后才开箱安装并为当时文物局试拍过小报。因为缺少冲洗设备,就请文物局与电影厂联系,请他们冲洗。这批设备一直作为北京图书馆的主力工作着。记得前几年,柯达公司香港对外贸易部经理郭瑞权先生看到这些设备时异常兴奋,他说"这些设备可能比我年龄还大,我看到它们,像看到老朋友一样。"

北京图书馆缩微复制的真正起步时间,可算作1953年。此时正式成立了照相复制组,并开始规模较大的缩微品的生产。50至60年代,不少单位,如中国科技情报所、国防科委情报所、编译局、上海图书馆、中央档案馆、辽宁省图书馆等都相继从英国、法国、日本、荷兰等国进口各种设备。至此缩微复制工作在我国开始展现一片生机。

伴随着我国日新月异的形势,我国也开始了缩微设备的研制。

1956 年北京照相机厂生产的 35 毫米大莱缩微拍照机在我国缩微设备生产史上首开纪录。之后,又相继有不少厂家和单位进行研制和生产了各种设备,早期研制的有代表性的缩微设备有:

1960 年,上海电影机械厂生产 35 毫米冲洗机;1962 年,北京照相机厂生产 JYI 型阅读器;1963 年,北京照相机厂生产全自动 JSDI 型缩微摄影机、KYI 型反射式阅读器;1964 年上海照相器材厂生产半自动缩微摄影机;1968 年,北京照相机厂生产自动逐格式 KSDI 型和Ⅱ型缩拍机;1971 年,保定感光研究所研制缩微胶片;泰兴仪器厂生产 KSDⅢ型缩微摄影机;1971 年上海电影机厂生产银盐缩微拷贝机;上海照相器材厂生产 35 毫米自动冲洗机;1974 年北京图书馆自制 35 毫米冲洗机;1978 年北京图书馆、第一历史档案馆合制 35 毫米自动冲洗机,1980 年上海情报所和天津复印所分别研制 105×148 毫米缩微平片摄影机,以及上海电影器材厂、哈尔滨照相机厂、河南 548 厂、天津照相机厂、保定胶片厂、上海胶片厂等厂家和单位都为缩微设备和消耗材料的生产尽过力。有些单位,像天津计算机研究所研制了激光超缩微设备,使我国的缩微设备的研制又开创了新的领域。

1981 年底,机械工业部鉴于我国发展缩微技术的需要,委托北京电影机械研究所制订我国"六五"时期《缩微新产品与科研发展规划》,1982 年春,北京电影机械研究所到全国七省市对 120 个制造及用户单位进行广泛调查,在此基础上制订了我国缩微新产品"六五"发展规划,紧接着又制订了"七五"发展规划及十五年长远规划。使缩微设备生产开始走上系列化、规格化的道路。

根据统一规划,机械部在北京、上海、江苏、山东、安徽、湖南等省确定了九个厂为缩微设备定点生产厂,并确定北京电影机械研究所为缩微技术归口所。

这些厂、所近几年来研制、生产了 16 毫米平台摄影机、16 毫米通用冲洗机、装套器;35 毫米卷式阅读器;105 毫米平片摄影机、平片重氮拷贝机、平片阅读器以及阅读器屏幕、接片器、储片柜等配套产品。

截至 1985 年 10 月,我国设计制造并通过鉴定的缩微设备、材料共有 9 类 24 个品种,1985—1987 年,还有 53 个品种已列入国家计划。

在这里应该提到的是,我国曾为第三世界国家毛里塔尼亚的缩微复制工作提供过援助。那是 1971 年,在我国援毛工程中,有一项是建设"文化之家",由北京图书馆、北京照相机厂、新华社派出技术人员,由北京照相机厂、上海电影机械厂等单位提供全套国产缩微设备,帮助建立缩微技术设施和培训技术人员,这在我国缩微技术援外史上也是第一次。

在标准化组织方面,1978 年 9 月,我国以"中国标准化协会"的名义,参加国际标准化组织(ISO)。1979 年 12 月,在无锡召开了全国文献工作标准化技术委员会会议(该委员会与国际标准化组织 ISO/TC46 相对应)委员会下设的第一分委员会即缩微摄影标准化技术分委员会,(它与国际标准化组织 ISO/TC171 相对应)1980 年 3 月在北京成立。下设七个工作组,现正积极进行工作,1984 年 8 月在呼和浩特召开的 TC46 年会上决定 TC46 缩微摄影标准化技术分委员会独立,成立专门的全国缩微摄影标准化技术委员会。

在专业教育方面,早在 1975 年,中国人民大学档案系就曾在"档案保管技术学"中讲授缩微摄影技术,现已成为专业课,并开办了档案缩微摄影技术专修班。近年来又有西北电讯工程学院、吉林工业大学等高等院校把缩微技术作为情报工程学的一方面内容在学生中进行讲授。

在科研方面,1963 年中国科技情报所方法室已开始研究缩微摄影技术,1966 年国家科委天津复印技术研究所成立时,曾设立缩微技术研究室,1981 年,机械工业部在北京电影机械研究所建立了缩微技术研究室。开展了有关缩微设备、材料、工艺等多方面研究工作。

在技术人员培训方面,除邀请外国专家来华讲课外,我国各系统如图书、档案、情报各部门都曾组织过缩微技术培训班。为了适应培训人才的需要,1984 年北京电影机械械研究所成立了北京缩微技术培训中心。开展了经常性的面向全国缩微行业的技术培训工作。

在缩微出版方面,最初是一些非营利单位通过资料交换,复印一些缩微品供给需方。近年来,又有像"中国缩微出版物进出口公司"、"环球公司"、"长城信息技术服务公司"等专业出版单位的出现和缩微品生产单位。

在专业性刊物出版方面,缩微技术专业刊物——《缩微通讯》于 1982 年开始创办经过四年创建,从今年起,将定期出版季刊。

综上所述近几年,我国缩微技术事业得到如此迅速的发展是和国家有关领导人的大力支持和关怀分不开的。1982 年 7 月,为抢救孔府档案,中央有关领导曾有过批示,要求有关单位使用缩微摄影方法把我国文化遗产迅速抢救出来。在这一指示号召下,图书馆系统经过充分筹备已于 1985 年 1 月份正式成立了全国图书馆文献缩微复制中心,该中心的建立旨在有组织、有领导地在全国,包括国家馆——北京图书馆在内的公共图书馆系统进行珍贵书刊的抢救工作。同时该中心亦将利用自己馆藏丰富的有利条件,在文献、图书资料的计划、调配、补缺以及缩微品的发行、设备的选购和使用、技术人员的培训等方面进行全面的规划和领导。

　　档案系统也已于 1985 年 9 月份召开了第一次全国缩微工作会议,并在中国档案学会下成立了缩微技术委员会,在领导档案系统的缩微化工作方面,在组织学术研究上有了进一步的保证。

　　情报系统也已于 1984 年在情报学会内增设情报缩微复制技术委员会,该委员会工作很活跃,1985 年 8 月份在上海召开了第一次全国缩微摄影技术讨论会。

　　综观我国缩微摄影事业发展的历程,大致可分为三个阶段:

　　第一阶段——新中国成立前和新中国成立初期。这一时期,在我国极个别单位,由于受到西方科技的波及,不自觉地接触到一点有关这方面的东西,如同科技发展的浪花,在我们身上留下斑斑点点的痕迹,但是,由于当时整个世界缩微品使用还不广泛,加之我们技术的落后,对缩微品既不能生产,又不能使用;在主观上既没有发展缩微事业的愿望,客观上又没有形成压力,如果把该时期也算一个阶段的话,姑且称为蒙昧阶段。

　　第二阶段——50 年代至 60 年代。由于国家技术起飞和国际交往的影响,有些单位已开始认识到搞缩微化的必要性,于是便开始学习和引进外国的缩微技术和设备,有的单位也进行了缩微品的生产和使用,但面很不广,这个阶段可视为缩微技术的探索和认识阶段。

　　第三阶段——70 年代末至 80 年代初。经过“文革”时期的“冬眠”之后,在大搞四个现代化的激励和推动下,缩微技术得到较快的发展,已由图书、档案、情报部门扩大到新闻、气象、银行、科研、学校、工厂等单位。这一阶段,在缩微设备引进和生产、缩微品的制作和使用、标准化组织的建立、国际间缩微品的流通等都大大地活跃起来。但该阶段主要注重缩微品的保管和眼前的使用方面,还未做到信息时代要求的那样,即:还不具备大规模的文献检索、传递、出版等节省智力的特点,因此,此阶段可看成起飞和发展阶段。

　　笔者仅作为个人的看法对上述阶段的划分未必正确,仅作为讨论意见。从自身的经验中认识到,缩微技术利用的成效应表现在:

　　——缩微技术的发展与国家科学技术水平相适应的程度;

　　——生产的缩微品能够达到保存和使用的目的;

　　——摄制任务、缩微设备和技术力量应相匹配;

　　——有利文献资源共享和缩微品发行;

　　——能促进科学技术不断发展。

　　在回顾过去的历程时,笔者认为,要使我国缩微技术得到快速发展,必须注意以下几点:

　　第一,积极进行缩微技术优越性的宣传,使得这一服务于科技现代化的手段,能得到广泛的应用;

第二,缩微技术作为现代化的手段,在促进其大力发展的同时,切要注意结合实际,不能和国家现有科学技术水平相脱节;

第三,认真执行标准,加强标准化组织的职能;

第四,加强社会化的大协作,做到文献资源互补,设备和技术力量有效利用。

关于第四点,笔者向各界朋友特别呼吁:当前在缩微技术迅速发展的今天,已经出现了一种倾向:似乎认为仅有了设备就算实现了缩微化,于是不考虑实际情况,盲目购买设备,结果和本单位摄制任务不相协调。为加速缩微化,购买设备是必要的,但要慎重。搞好社会化服务是解决设备有效利用的方法,同时也可提高产品质量和节省人力。

文献资源协调方面也有一种错误观点:认为奇货可居,不进行协作,搞重复劳动。笔者认为上述思想和方法,有损于缩微化的优越性,不仅不能促进缩微化的发展,相反会起促退作用。

在回顾我国缩微化历程时,我们将满怀信心,为发展我国缩微摄影事业、为我国实现四化贡献一份力量。

（原载《缩微通讯》1986 年第 1 期）

从缩微技术在四川省图书馆的应用看其发展前景

四川省图书馆　戈秋莎　何先进

1　我馆缩微工作的回顾

四川省图书馆为省级综合性公共图书馆，面向社会提供图书文献信息；收集、整理与保存文化典籍；开展图书馆学和技术方面的研究；对市地州图书馆进行业务辅导。藏书总量达 450 余万册。馆藏中最有特色的有四川地方志书、中国古医药图书、抗战版图书、民国时期刊、综合性工具书等。馆藏古籍在数量上已逾 50 万册，品种近 3 万。其中的 5000 余部 6 万余册善本古籍，可称祖国文化的瑰宝和馆藏的明珠。地方志及地方资料是馆藏重点之一。经过数十年多种方式的收集，现已收藏地方志 1599 种 2978 部，其中四川地方志 598 种 1579 部。家谱族谱资料是馆藏古籍的另一特色。馆藏家谱资料图书多达 460 种，均为清代至民国时期的谱牒，其中百分之九十以上为川谱。这些谱牒中保存了大量的历代人口迁徙、统治者的人口政策、我国的姓氏、亲属关系、基层社会组织、社会经济等方面的资料，是研究四川社会史不可缺少的资料。中医古籍是我国历史文化遗产的重要组成部分。馆藏中医古籍 2000 种逾万册。若以《全国中医图书联合目录》采用的现代中医文献分类法的 18 个大类来看，则各类皆备，时间跨度上至先秦下迄明清及民国。宗教类典籍在馆藏古籍中亦有相当数量的收藏。其内容涉及佛教、道教、天主教及其他一些民间宗教，以佛、道二教为主。佛教方面：有明洪武刻的《南藏》、万历至清初刻印的《方册大藏》等，较为齐全。其中的《大唐西域求法高僧传》《南海寄归内法传》等，则是研究印度和东南亚历史、中外关系史、佛教史的重要古籍。道教方面：有《正统道藏》《万历续道藏》等。这些宗教著述是研究中国古代哲学史、思想史、学术史、宗教史等不可缺少的重要典籍。

为了抢救和保护馆藏中这批珍贵的文化遗产，四川省图书馆早在 1956 年就开始探索采用缩微摄影技术复制馆藏珍善本图书，从西德引进了翻拍仪和阅读器等缩微设备，还选派两名同志赴北京图书馆学习缩微摄影技术。由于受当时各方面原因的限制，缩微复制工作进展缓慢。

　　1985 年文化部图书馆司组建了全国图书馆文献缩微复制中心（以下简称缩微中心），组织领导全国公共图书馆系统开展文献缩微工作。我馆的缩微工作由此步入正轨，由文化部图书馆司和缩微中心配备了一整套 35mm 银盐卷片为主，16mm 银盐卷片为辅的缩微品制作系统。

　　1985 年 6 月初，我馆首先开拍了由国务院古籍整理出版小组委托拍摄的馆藏善本书（明）《洪武南藏》10 卷，尔后拍摄了馆藏《新社会日报》《西方日报》等共计 5 种 44 卷 25 505 拍。当年累计完成量居全国前茅，因而受到"缩微中心"的通报表扬。由于我馆缩微工作成绩突出，1985 年技术部缩微室先后被评为馆先进集体和省文化厅直系统先进集体。

　　1986 年 10 月，"缩微中心"在重庆图书馆举办首届公共图书馆系统缩微技术交流会，会后进行了实际操作比赛和理论考核。我馆选派两名同志参加，经过激烈角逐，夺得质量检查和笔试第二名，团体总分第三名，再次受到"所谓中心"的表彰奖励。

　　1987 年 5 月，文化部图书馆局授予我馆奖状一帧，表彰我馆在 1986 年度全国公共图书馆系统抢救祖国珍贵文化遗产的工作中，获得团体总分第四名的好成绩。此后，我馆严格按照"缩微中心"的要求，与全国各兄弟省市图书馆通力合作，开展了大规模的缩拍工作。截至 1996 年 12 月，共抢救拍摄馆藏旧报纸 124 种 756 卷429 140拍；善本书 221 种 934 卷469 659拍；旧期刊 1800 种 748 卷870 943拍。全部母片通过验收并上交"缩微中心"。我馆开展缩微复制工作不仅使大量的珍贵文献得到抢救和保护，而且丰富了馆藏。据统计，十年间我馆补配缺藏资料达 317 种155 627版（页）。通过馆际间协作，不仅确保了缩微文献的完整性，而且扩大了缩微文献的信息量，更好地提供读者利用。

　　我馆在搞好缩微复制工作的同时，对现有缩微设备如 M2 型缩微摄影机、AP4 型冲洗机、XGX － 35 毫米常温冲洗机、KJY16/ 35 － 300 型拷贝机等进行了多项技术改造，取得了显著成绩。这些技术改造弥补了原机的不足，使操作和维修更为方便，提高了工作效率和质量。其中进行的主要技改项目——KJY16/ 35 － 300 型拷贝机的收片配套装置是在保持原机性能的基础上扩大设备功能的技术革新。该装置设计合理，安装方便，使用便捷，把原拷贝机一次只能拷 30 米胶片提高到 300 米，完善和扩大了该机的拷贝功能，同时也提高了常温冲洗机的工作效率。该成果受到"缩微中心"的首肯，现已推广到 11 个省市公共图书馆。1994 年 10 月，又通过了四川省文化厅组织的技术鉴定，并荣获 1995 年度文化科技成果二等奖。1994 年 12 月，四川省科学技术委员会还为我馆颁发证书，予以确认。1995 年 11 月，该项科技成果又荣获文化部 95 年度科技进步四等奖。

　　1996 年 12 月，为表彰我馆十年来在文献抢救工作中取得突出成绩，文化部图书馆司人事司授予我馆"全国公共图书馆文献抢救先进集体"的光荣称号。

我馆能取得上述成绩,首先应归功于上级领导的大力支持。文化部图书馆司和全国图书馆文献缩微复制中心对此项工作极为关心和重视,从财力和人力上给予积极支持,省文化厅和省图书馆领导多次亲临现场办公,及时解决一些实际困难和问题,从而确保工作顺利进行。同时还与具体从事这项工作的专业技术人员的共同努力是分不开的。

2 我馆缩微工作存在的主要问题

我馆开展文献缩微抢救工作已近十一个年头。尽管我馆在此项工作中取得了一定成绩, 但与其他兄弟省市图书馆相比,我们还存在一定的差距,特别是离"缩微中心"对我馆的要求还有相当的距离。主要表现在以下几个方面:

(1)自1985年"缩微中心"下达文献抢救计划以来,我馆虽然拍摄了大量的馆藏文献,但到目前为止,仅旧期刊100%地完成了"中心"下达的抢救计划,旧报纸也只完成了98.7%,还剩一种未拍。而善本书仅完成了计划总量的56.4%,还有171种未拍。因而我馆文献抢救第一阶段的收尾工作还比较艰巨。

(2)自1993年以来,我馆先后有5名缩微技术骨干,因种种原因调离缩微技术岗位,而新的工作人员没有经过技术培训,因而不具备独立开展技术性很强的缩微工作能力,迫切需要培训,进一步提高其技术水平。另外,资料整理工作人员严重不足,直接影响了该项工作的正常开展。

(3)由于缩微技术在我馆的应用历史并不长,因此我馆缩微资料的积累并不多。缩微型文献的收集主要源于自拍和"缩微中心"提供,还没有主动将缩微型文献纳入年度采访计划,使之成为有计划的补充馆藏的重要渠道之一。

(4)馆藏珍贵文献经过缩微后,一方面提供长期保存,而另一方面是提供读者利用。

3 目前我馆应着重抓好的几项工作

(1)全力以赴,力争在1997年11月底以前基本完成馆藏旧报纸和善本书的抢救收尾工作,同时加强对现有技术骨干的培养与设备的维护保养,防止设备闲置及技术人员流失。

(2)为适应科技发展的需要,促进信息、知识在更广阔的范围内传播,必须转变旧的思想观念,扩大视野,尽快将缩微型文献纳入年度采访计划,使之成为有计划的补充馆藏的重要渠道之一。这样,不仅能在一定程度上减轻藏书空间紧张的压力,而且还可以节省一定的购书经费。

（3）努力搞好缩微资料的读者服务工作，它关系到缩微技术在图书馆发展的兴衰与成败。读者服务，应力求增加利用机会，扩大资料的利用价值，积极开展阅读复印、馆际合作及特定对象服务等多种服务活动，使缩微资料在利用上达到最佳效果。

（4）建立设备完善的缩微母片库，完善缩微品目录体系，建立健全缩微母片出入库登记手续，定期对库存母片进行抽查，确保母片安全。

（5）继续做好母片的补拷正工作，方便读者查阅。增添数量相当的阅读还原设备，设立缩微胶片专题阅览室，代替原始文献的大量流通，避免因直接借阅而造成的文献损失。同时我馆应向读者收取一定的机器磨损费。

（6）继续做好为读者缩微复制馆藏资料的业务，方便来馆查阅资料的读者。我馆可将珍贵的历史和地方性文献资料或进口原版科技期刊拍摄成缩微品，以便更好地提供邮寄服务。

（7）开发文献缩微品销售市场，面向国内外发行我馆已制成的馆藏缩微品拷贝，变一馆之藏为多馆之藏，既产生良好的社会效益，也可为馆里创收。

（8）利用现有的缩微设备和技术力量，在条件成熟时，与有关方面联合，成立缩微中心，面向社会开展多方面的服务。

4　前景展望

目前，全国文献抢救工作正处在一个继往开来的新的发展阶段。1996 年 12 月在广西北海召开的全国图书馆文献缩微工作会议，在全面总结十年来文献抢救工作的基础上，研究制订了下一阶段的文献抢救工作规划和有关的政策法规。

随着我国改革开放的深入和社会的不断进步，图书馆在两个文明建设中的作用将越来越重要，文献的保护和文献的利用也将越来越被人们所了解和重视。党的十四届六中全会的召开又为我国图书馆缩微事业的发展带来了历史良机，形势对我省的缩微工作非常有利，应该抓住时机，制定全省的文献抢救计划。为此，笔者认为从现在起应该做好以下几方面的工作：

（1）由省馆抽调熟悉古旧文献的研究员或副研究员，组成全省公共图书馆古旧文献资源调查小组，直接到各县、市图书馆进行调查了解，摸清各馆需要抢救的古旧文献数量，由省馆统一上报文献抢救计划，统一进行拍摄和拷贝，统一配置还原设备，统一对相关的工作人员进行缩微技术基础知识培训。

（2）在基本完成全省古旧文献抢救任务的同时，由省馆牵头建成和完善"四川省公共图书馆文献缩微品书目数据库"，实现省馆与各地市县图书馆的计算机联网，使缩微工作网络化,实现数据库的联网检索,提高缩微品的利用率,提高业务工作、管理工作现代化水平。

（3）引进数字技术。一方面以现有的缩微文献为基础,利用数字技术存储密度高、检索快速、适宜远距离传输等特点,为充分开发利用文献资源提供高新技术手段。另一方面积极开拓文献抢救新领域,对不适合以缩微方式抢救的有特殊要求的文献,尝试用数字影像来保存,从而实现模拟影像与数字影像之间的转换。

（4）对已制作完成的缩微品进行多种载体、不同专题的开发,特别要注意发挥计算机、光盘的优势,以打开国内外缩微资料销售市场,使缩微品不仅有较好的社会效益,而且有一定的经济效益。

综上所述,缩微技术在图书馆中的地位十分重要,作用非常显著,影响深远,而且潜力也非常大的,前景是乐观的。今后我省的缩微工作不能仅仅停留在抢救珍贵文献这一点上,而是把注意力转移到开发利用缩微型文献,并且逐步开展缩微技术与计算机技术、光盘技术的结合,缩微技术在我馆的应用一定能够取得更大的成绩。

（原载《缩微技术》1998 年第 1 期）

新形势下的缩微技术工作及其发展

辽宁省图书馆　李东来

全国图书馆文献缩微复制中心自 1985 年成立,十年来在全国组织二十个藏书丰富的公共图书馆作复制点,配置设备、培训人员、统筹安排,用缩微技术抢拍了大量珍善古籍和历史文献,在国内外取得了公认的成就。面临新的社会环境:科技突飞猛进、社会走向市场,缩微工作只有充分发挥已有的工作基础与优势,克服存在的不足与问题,在新的时代和社会发展中选准方向和目标,才能继续健康、持续地发展。

1　缩微工作的现实基础

缩微工作十年,已奠定了雄厚的物质基础和良好的行业优势,突出体现在:

(1)中心组织:有独立的中心机构设置,在统一的组织协调下开展缩微工作,保证了缩微品的规范化和系统化,保证了缩微成果的数量和质量,减少了重复和浪费,也保证了缩微工作持续与稳定的发展。

(2)事业网络:十年来,在全国有 20 个藏书丰富的公共图书馆承担了本馆和本地区的文献抢救与复制工作。在缩微中心的统筹组织下,经常进行工作和技术交流,从补刊协调、设备维修到技术培训,互相支持、密切配合,形成了全国性的缩微事业工作网络。在新的时期,这种主次分明、协调有序、踏实认真的缩微事业协作网络,将愈来愈显示出其整体效益的优越性。

(3)业务骨干:通过国外进修和每年的业务培训班、研讨班,已经建立起较完善的缩微业务工作体系和工作规范,培养了一批埋头苦干、勤恳工作的缩微业务骨干。

(4)文献资源:十年有计划的抢救、整理、拍摄,使我们拥有了大量的、珍贵的、系统完整的缩微文献。据不完全统计,截至 1995 年年底,已达 2 万种古籍善本、约 1 万种报刊。尤其值得指出的是,古旧报纸、期刊和多卷集善本,是经过统一计划和协调,收取多馆资料参照补充后拍摄的,价值更为重要。

(5)资金支撑:每年国家划拨一定的工作经费,有较稳定的财政支持。

（6）领导重视：从文化部有关司局对缩微工作的指导、批示，缩微工作会议的参与、组织，缩微专项资金的保证等都可看出政府对缩微工作的重视。各复制馆在各种环境下，划定空间、配置人员、作出工作安排与要求，也体现了地方领导的重视。

上述是缩微工作十年的积累，是有形和无形的宝贵资源财富，在未来的工作中应把财富用好、资源用足！

2　存在问题与不足

（1）文献抢救和保护成绩斐然。相对来说，缩微文献的开发与利用严重滞后，致使缩微文献的作用未能得到有效和充分的发挥。十年总计拍摄的缩微品有 3 万余种、千万拍，但进行文献总体揭示的缩微品目录在品种、数量和质量上却既不齐备、也不完整、更不规范。有些复制馆连本馆的缩微品馆藏目录都没有，缩微品不能为读者使用，查找文献，有时还需要调阅已有缩微品的文献原件，降低了用缩微技术进行文献抢救与保护的原有意义。

（2）缩微工作在国家计划与资金的支持下，十年一贯制，基本按行政计划模式在本行业系统内运转。用缩微技术和文献服务社会、参与竞争等市场意识不强。虽有古籍整理出版等尝试，但与所掌握的缩微技术水准、缩微文献总量和社会需要相比，有明显差距。未能在充分利用计划体制优势的同时，瞄准社会需要和市场需求，逐步调整自己，建立起自我发展的良性机制。

（3）进行文献抢救所使用的技术手段比较单一。面对新兴技术，尤其是电子技术的飞速发展，未能有效地取其所长，加大技术更新比重，使之与缩微技术密切融合。在信息整理和保存由模拟向数字转换的历史必然进程中，缺少必要的技术探索与试验。

（4）在缩微事业网络中，中心与各馆间缺乏实体性、长久性的风险共担、利益共享的组织形态。相对而言，各馆自主意识不强，工作被动性大，导致了各复制馆缩微工作方向与希望不明，出现业务干部转行、流失。

归结起来，以往缩微工作基本上采取的是封闭型的工作模式，局限在本系统和行业内、局限于文献抢救，局限于已有固定的技术手段。只有认识到问题，才能解决问题，把眼光放开，逐步由封闭走向开放。

3　新时期的指导思想与目标

在社会需要和技术发展已发生重大变化的新形势下，缩微工作应确立新的指导思想：保存为主、开发并举、注重效益、提高效率。

缩微中心成立的宗旨是抢救和保存珍贵文献,避免文献的湮失,这一宗旨应贯彻始终。要充分利用各种技术手段,取长补短,以更好地完成保存文献这一主要任务。同时加大缩微文献的开发力度,使缩微文献得到更广泛的宣传和利用。在工作过程中,既要注重保存文献工作的社会效益,更要注重其经济效益,并逐步提高管理和运行效率。新时期文献保存工作应从多角度来综合确定工作总目标和阶段目标。考虑的因素有:文献抢救的范围和数量(特种、易损、系列、实用、手稿等)、组织模式与运作手段(半经济实体组织、现代通讯技术网络管理等)、开发利用的比重等等。最终应实现文献实用化、技术多样化、管理网络化、运作市场化。

4　缩微工作发展设想

(1)开辟第二战线,抢救和开发并举。缩微文献开发是缩微品和文献应用之间的桥梁,是使缩微品发挥作用和缩微工作为社会广泛认知的基础。应在继续做好文献抢救的同时,有组织、有计划地抽调部分人力专门从事开发工作。文献开发有内容开发和市场开发两个方面。在内容方面,可先期突击做好已有缩微品目标数据库系统的建设,扩大检索范围、提高检索效率、完善目录数据质量。然后,可通过社会调研和需求分析,选择价值较大的编制专题索引和全文资料汇编。这种工作在计算机管理环境下,可使工效得到大幅度提高。在市场方面,可摸索建立缩微品推广、发行的机构或公司,了解市场需求、销售已有的缩微文献,增强缩微工作自造血机能,逐步建立起自发展机制。

(2)缩微抢救与数字抢救共存。抢救是对文献内容的保存。用现代数字技术不仅可实现原有文献内容的保存,较缩微能更好地兼顾版本、纸质、色彩等原貌信息,还由于其信息无失真、易于检索、传输快捷、存储容量高、加工制作方便、性价比越来越高等优势,使保存文献和利用文献更好地衔接起来。当今世界,对于所有的信息媒体,数字化已成大势所趋。在信息社会建设浪潮中,强调避免形成信息孤岛,也只有数字化信息能当此重任。因此,在继续做好缩微抢救工作的同时,应选择有基础的复制馆和某种类型的文献,开始试验性进行数字化文献抢救工作,通过试点,逐步推开。应把数字化抢救工作以年度任务指标形式列入工作计划,应有紧迫感。中央档案馆已经出版档案文献系列光盘,这是对原有文献保存工作方式的变革和激励。

(3)缩微中心与各复制馆的协作应由单一的行政文件式组织关系逐步演变为行政协调指导、风险利益共担的行业组织或集团,通过明确的协议规范彼此的行为,促进事业的共同发展。在新的时期,利益驱动将更为实际、可靠而稳固的组织形态是事业持续发展的基础。因而,要尽早出台并建立新的协作机制。

(4)建立计算机通讯网络,提高管理效率。要对缩微工作网络进行总体规划,快速实现中心局网与各馆的连接,解决新拍文献查重、确认、统筹协调难等问题。同时可借助网络,实现对缩微品母片库文献的查阅需要。

(5)在缩微专项经费的投入和使用上,尤其是向数字化转换方面、中心可改变经费投入模式,减少设备投入、增大劳务支出。由于各馆对计算机的投入是认可的,大多是自行解决的。这样中心的设备维护费可保持一定限额,将有限的资金用在更重要的组织、管理、人员培训、项目劳务等宏观控制而各馆又难以有合理支出的地方,充分发挥中心和地方各自的优势。

在新的发展阶段,缩微工作面临着工作内容、技术手段、组织模式等诸方面的变化,也面临着更大的希望和挑战。只要我们认清方向、完善组织、采用先进技术,就一定能在原有的基础上更进一步拥有更辉煌的明天。

(原载《缩微技术》1998 年第 1 期)

四川地区缩微事业发展战略研究

四川大学　刘元奎

由于缩微品可以大幅度节约文献资料的存贮空间,并且具有成本低廉、保存期长、检索方便等优点,而受到世界各国重视。随着长时期的历史发展,缩微技术日趋成热和完善,已经成为当今文献信息管理的一种重要现代化手段,不仅在档案、图书、信息这些专门从事文献信息管理工作的部门得到了广泛应用,而且在工程设计、金融、商业、医疗、军事和政府办公事务中也逐渐被广泛采用。在我国,缩微摄影活动可以追溯到 30 年代,但真正起步是在 50 年代以后,特别是 80 年代以后发展十分迅速,形成了有相当规模的缩微事业。四川地区的缩微事业也从无到有,与国内同步发展,并且由于她所处的特殊地位和优越条件,而走在全国前列;进入 90 年代以来,随着计算机技术、通讯技术、多媒体技术和网络技术等信息技术的飞速发展,缩微技术面临了新的挑战,也带来了新的发展机遇。因而总结历史发展历程,分析现状,研究新时期缩微事业发展战略,就显得尤为重要。本文仅就四川地区缩微事业的发展,作探索性分析研究。

一、历史简要回顾

四川地区缩微技术的引进、研究和应用是从 70 年代末期开始的,率先开展工作的主要是一些高等学校、省级图书馆、档案馆、几个大型企业。四川大学物理系、化学系的教师研制了一种新型感光材料,并用于制作缩微胶片。随后,四川大学图书馆又利用北美亚洲基督教高等教育基金会的资助,引进了全套缩微加工设备,开始了古籍文献的缩微制作业务。缩微技术、缩微设备的引进,对当地图书、档案部门起到了很好的宣传作用和示范作用。四川省档案馆有馆藏档案、资料 130 万卷册,是全国馆藏量较多的省馆之一,1981 年开始应用缩微技术进行保护档案的工作。经过不断努力,建立起了一个比较完善、符合馆藏档案特点的缩微系统,拥有缩微设备 20 多台。构成了以 16 毫米卷式银盐片为主,35 毫米卷式银盐片、开窗卡片等为辅的缩微品制作管理系统。四川省图书馆为省级综合性公共图书馆。早在 1956 年就开始探索采用缩微摄影技术复制馆藏珍善图书,从西德引进了翻拍仪和阅读器等缩微设备,还选派两名同志赴北京图书馆学习缩微摄影技术。由于受当时各方面原因的限制,缩微复制工作进展缓慢。1985年文化部图书馆司组建了全国图书馆文献缩微复制中心,组织领导全国公共图书馆系统开展文献缩微工作。四川省图书馆被列为首批试点单位,由文化部图书馆司配备了一整套35毫米银盐卷片为主、16毫米银盐卷片为辅的缩微品制作系统,该馆缩微工作由此步入正轨。在四川地区最早开展缩微技术应用的企业是化工部第八设计院、德阳东方电机厂、德阳第二重型机器厂。他们都是大型企业,积存技术档案数千卷,技术图纸数十万张,档案库房有限容量与档案不断增长的矛盾日益尖锐。他们很有远见,早在1981年左右即克服重重困难,主要利用国产缩微设备开始了缩微拍摄加工技术档案,并注重缩微品在企业产品设计、生产和经营中的应用,受到企业领导和技术人员的好评。

80年代中后期,四川地区的缩微技术应用更有较大的发展,特别是一些大型企业和高等学校投入较多资金,纷纷建立自身的缩微系统。这当中有:西南电力设计院、东方锅炉(集团)公司、成都飞机工业公司、嘉陵工业股份有限公司、华西医科大学、西南政法大学等。这些单位除了建立较完整的硬件系统外,在技术人员队伍、业务工作规范等软件方面也进行了许多努力。

进入90年代,四川地区的缩微事业向纵深发展。一方面,充分发挥现有设备和人员潜力并适当进行设备更新补充,加大缩微品的制作数量,更快更有效保护档案和古籍。另一方面,特别重视缩微品的开发利用和其他信息新技术的结合。其目标是使四川地区的缩微事业上一个新的台阶。

四川地区缩微事业近20年来所取得的成就是多方面的,其主要方面是:

第一,有较多的单位,特别是大型企业、图书馆、档案馆建立了自身的缩微系统,培养了一批专业技术人员,对缩微技术有了较多的了解和认识,许多部门的领导对缩微技术相当重视,保证了必要的投入,缩微品的应用得到了社会的认可。这些都为四川地区缩微事业的进一步发展奠定了良好的基础。

第二,制作了大量缩微品,有效保护了一批珍贵档案和古籍。兹举数例如下:

四川省档案馆馆藏档案中有17世纪60年代以来的清朝地方政权档案,即巴县档案10多万卷册,是我国历史档案中的瑰宝;有民国时期四川政治、经济等档案资料等40余万卷;有西南地区档案和四川省政务活动档案几十万卷。以上这些珍贵档案资料,均全部或部分拍摄制作了缩微品,为永久保存这批档案珍品发挥了重要作用。截至近期,四川省档案馆已缩拍档案资料11.2万余卷,形成缩微品4700多盘,占现有馆藏重点档案的1/6。

四川省图书馆藏书总量达450余万册。馆藏中最有特色的有四川地方志书、中国古医药图书、抗战版图书、民国时期报刊、综合性工具书、善本古籍等。馆藏古籍数量已逾50万册,品种近3万,其中的5000余部6万余册善本古籍,可称祖国文化的瑰宝和馆藏的明珠。地方志及地方资料是馆藏重点之一。经过数十年多种方式的收集,现已收藏地方志1599种2978部,其中四川地方志598种1579部。家谱族谱资料是馆藏古籍的另一特色。馆藏家谱资料图书多达460种,均为清代至民国时期的谱牒,其中90%以上为川谱。这些谱牒中保存了大量的历代人口迁徙、统治者的人口政策、我国的姓氏、亲属关系、基层社会组织、社会经济等方面的资料,是研究四川社会史不可缺少的资料。馆藏中医古籍2000种逾万册,若以《全国中医图书联合目录》采用的现代中医文献分类法的18个大类来看,则各类皆备,时间跨度上至先秦下迄明清及民国。宗教类典籍在馆藏古籍中亦有相当数量的收藏。佛教方面,有明洪武刻的《南藏》、万历至清初刻印的《方册大藏》等,其中的《大唐西域求法高僧传》《南海寄归内法传》,则是研究印度和东南亚历史、中外关系史、佛教史的重要古籍。道教方面,有《正统道藏》《万历续道藏》等。这些宗教著述是研究中国古代哲学史、思想史、宗教史等不可缺少的重要典籍。四川省图书馆按照全国图书馆文献缩微复制中心的部署,有计划地对上述文献进行了缩微复制。截至1996年,共抢救拍摄馆藏旧报纸124种756盘429 140拍;善本书221种934盘169 659拍;旧期刊1800种748盘870 943拍。这不仅使大量的珍贵文献得到抢救和有效保护,而且补充完善了馆藏。10年间在缩微馆藏文献的同时,通过馆际间协作,补配缺藏资料达317种1 555 627版(页),确保了缩微文献的完整性,更好地提供读者利用。

　　四川省一些大型企业拥有大量技术档案,档案数量的迅速增加,普遍感到库房紧张,也不利于长期保存和开发利用。近10年采用缩微技术,使这一矛盾有很大缓解,企业档案在现代化管理方面取得了显著成效。下面简略介绍几个大型企业的情况。德阳东方电机股份有限公司是研制大型水力、火力发电设备的国家控股骨干企业,生产、经营和产品开发能力均居国内先进水平,承担着我国1/4的发电设备研制任务,是我国屈指可数的大型发电设备研制基地之一。公司领导一贯重视档案管理工作,并十分关心和支持档案缩微技术的应用与推广。迄至1997年已拍摄产品、工装、非标准设备等图纸近300盘,约30万张。原产品档案归档2份改为1份,案卷数量减少了2000多卷,节约柜架和库房面积40%,较好地解决了保存和利用的问题。自贡东方锅炉(集团)股份有限公司是国家一级企业,是我国大型机电产品生产和出口基地之一。1988年投资12.8万美元购置了48台套进口缩微设备,1994年6月被机械工业部正式批准为机械工业档案缩微服务中心。迄至1997年共摄制工程图纸50余万张,现有馆藏缩微品557盘。重庆嘉陵工业股份有限公司是我国摩托车生产的主要基地,其摩托车的产量、利润、产品质量等经济技术指标均居全国同行业首位,被评为国家一级企业。目前公司已对35万余张工程技术资料进行了缩微化管理,现有馆藏 16 毫米和 35 毫米缩微卷片 574 盘、开窗卡片 3037 张。

第三,缩微品的开发利用取得了良好的社会效益和经济效应。四川省档案馆从 80 年代运用缩微技术以后明确规定,凡是已缩拍的档案,利用时只提供缩微品,一般不再提供原件。据不完全统计,先后有美国、法国、日本等国的学者及国内各界专家学者来馆利用档案缩微品。其中一位美国学者 1990 年一次性就索取档案缩微品 4135 页(幅)。缩微品代替原件提供利用显示了缩微品巨大的潜能。四川大学图书馆藏十分丰富,拥有大量古籍善本、丛书、地方志、早期报刊。经过 10 余年缩微摄制,已完成 35 毫米缩微卷片 500 盘、16 毫米缩微卷片 200 盘、缩微平片 4000 张。为了更好发挥这批缩微品的效益,该馆编制了馆藏缩微品文献目录,受到广大读者欢迎,学校古籍整理研究所的研究人员常常利用这些缩微品来开展学术研究。华西医科大学图书馆、西南政法大学图书馆多年来利用缩微技术拍摄一些重要学术期刊,进行馆际间交流,实现文献资源共享,成效显著。一些大型企业的档案部门,面向企业产品设计、生产和经营,主动提供缩微品的利用。德阳东方电机股份有限公司自 1988 年以来利用缩微技术,制作了主要产品总装、分装图册、投标图册、技术安装图册等 60 多种,为设计参考、产品开发、产品介绍、销售投标、指挥生产、安装服务等提供了方便,深受使用者的欢迎和好评。1992 年以来,他们先后向欧美等发达国家的出口机组提供缩微品数千张,既满足了用户的要求,又大大降低了提供纸介质图纸的成本。

第四,在缩微技术的教学和研究中做了许多工作,取得了一批成果。四川地区高等学校的档案学专业和图书馆学专业的本科和专科教学中,自 80 年代中期以来,一直开设了缩微技术课程,不仅有理论讲授,还进行现场实习。行业协会为各单位缩微战线的从业人员举办过多期技术培训班,进行系统训练。长期的教学工作,普及了缩微技术知识,培养了一批技术骨干。在缩微技术的研究方面,高等学校和大型图书档案部门做得较多。四川大学物理系在非银缩微胶片、浓缩显定影液、海波残留量测定等方面取得一批科研成果;四川省图书馆在几种缩微设备的技术改造方面取得显著成果,其成果在全国推广。四川省档案馆和一些企业的档案部门也都在档案整理、摄制加工和检索利用等方面开展深入研究,有所创造。特别是近几年,从事缩微技术的人员都很重视计算机技术、光盘技术、网络技术等新的信息处理技术与缩微技术的结合,在这些方面坚持探索性研究。四川地区的缩微技术人员结合业务实践,积极撰写学术论文,据不完全统计,已在国内各种刊物上发表学术论文 120 余篇。有二人担任了国内唯一专业性刊物《缩微技术》的编委。

以上只是对四川地区缩微事业发展的简要回顾,不免挂一漏万。虽然从无到有并有了长足的发展,但距先进地区和时代要求还相距甚远,尤其在信息技术飞速前进的当今,和本地区经济尚不够发达的条件,面临着许多严峻的困难,有待我们去克服,也是一种新机遇。

二、协会活动纪实

四川省缩微技术协会成立于 1985 年,当时名称为四川地区缩微技术协作组。1992 年 1 月更名为四川省缩微技术协会,并经省民政厅批准注册,成为正式法人社团。1994 年中国缩微摄影技术协会成立后,四川缩协履行手续,成为中国缩协下属的地区性缩微协会。现在四川缩协共有 34 个团体会员单位,个人会员 120 人,主要分布在高校、图书馆、企业、科研、设计等部门。

四川省缩微技术协会是四川地区从事缩微技术研究、发展、应用的单位和人员自愿联合组织的学术性群众团体。协会宗旨是,团结广大缩微工作者,积极开展学术研讨和技术、设备协作,积极开展国内外交流,推广缩微技术和缩微品的应用,为促进我省、我国缩微事业的发展而努力奋斗,作出贡献。

四川省缩微技术协会成立以来开展的主要活动与工作,概括起来有以下几方面:

(1)举办学术讨论及工作经验交流会,共 10 次。每次学术活动都有若干篇论文在会上交流,其中有相当数量的论文会后被《缩微技术》采用。我们还召开过一些专题研讨会,例如缩微设备维修研讨会、缩微品生产操作规范研讨会等,将学术讨论和技术交流引向纵深发展。

(2)组织会员到开展缩微工作较好的单位现场参观学习、技术交流,同时应一些会员单位要求,组织技术骨干到现场技术咨询,协助解决缩微工作中的难题。这是一项深入现场,解决实际问题,讲求实效的活动,深受会员的欢迎。

(3)面向社会宣传缩微技术的意义、作用和应用成果,普及缩微知识。1990 年 12 月,协会在成都举办了《发展中的缩微技术暨四川地区应用成果展览》,展览的规模较大,内容丰富,图文实物并茂,参观人员踊跃,起到广泛的良好的社会影响。协会开展的有些活动,也邀请新闻记者出席,或者我们写稿,在新闻媒体上进行报道,向社会广为宣传。

(4)开展缩微设备的评价活动,编印《全国缩微设备联合目录》。为便于国内各系统各单位之间开展技术协作,同时也为新建缩微系统和准备开展缩微工作的单位了解国内各单位缩微设备方面的情况,四川缩协曾召开"国内缩微设备评价会议",并先后于 1988 年和 1992 年向全国征集资料,编印了《全国缩微设备联合目录》第一辑和第二辑。此项工作受到我国缩微界的热情赞许,产生了良好的社会反响。

(5)编印《四川地区缩微摄影技术论文集》第一辑和第二辑。协会一贯重视技术协作和技术交流,基本上坚持了一年一度的学术研讨会。会员们结合业务实践,努力学习钻研,撰写了许多论文,在学术研讨会上交流,其中不少已在刊物上发表,这是十分难能可贵的。四川缩协将会员们这些论文汇集起来,先后于 1990 年和 1996 年编印了《四川地区缩微摄影技术文集》第一辑和第二辑,共 94 篇论文。这一作法旨在检阅我们自身的科研成果,鼓励会员积极开展科研工作,同时也为撰写论文的会员们呼吁所在单位和部门,对他们的成果给予肯定与鼓励。

(6)积极推进缩微品的开发利用。缩微品的开发利用是缩微事业必须牢牢把握的努力方向,缩协一贯重视并加大力度来促进这一工作。首先,在有关会议和场所多次宣传这项工作的重要意义,总结推广各会员单位在缩微品开发利用方面的成功经验。其二,为了开发缩微品文献资源的需要,四川缩协在十分困难的条件下,坚持不懈搜集资料,于 1995 年 6 月编印了《文献缩微品联合通报》(第一辑),汇集了国内 19 个单位共 1700 余条缩微品信息。第三,与国内一些缩微品对外发行公司建立联系并签订协议,沟通这些对发行公司四川地区缩微品拥有单位之间的信息,将缩微品更有效推向市场。

(7)积极支持并帮助推广会员单位在缩微器材研制和设备技术改造方面所取得的成果。例如宣传推广化工部第一胶片厂研究所(我协会团体会员)研制的乐凯 KS221 型银盐缩微正片;宣传推广四川大学物理系研制的缩微胶片浓缩显影液、定影液、海波残留量测定工艺;宣传推广四川省图书馆对缩微设备多项技术改造的成果。这些都对推广应用国产缩微器材特别是本地区的成果起到了很好的促进作用。

(8)开展协会内团体会员缩微综合评估活动。开展这项活动的主要目的是为了在新的形势下更好发挥缩微投入的社会效益和经济效益,进一步促进地区缩微事业的发展,同时也为我国缩微界今后开展这项工作积累一点经验。评估方案在协会内部作为认证从事缩微复制单位综合能力的依据。评估指标体系包括基础条件、缩微业务、科学管理、科技成果 4 大组成部分共 62 项指标。评估办法包括单位自测评估和协会组织的评估专家小组实地考察、现场评估、理事会审定等内容。目前已对德阳东方电机有限公司、自贡东方锅炉(集团)股份有限公司、成都飞机工业公司、重庆工业股份有限公司(集团)等 4个单位进行了缩微综合评估,他们均获得了一级缩微单位的资格。

(9)举办了多期缩微技术培训班。除了本省的学员外,还有邻近省份的学员。培训班聘请有经验的专家和技术骨干系统讲授缩微基础知识,并进行现场实习。

(10)与国内外有关公司协作,并接受他们的委托,组织或协助会员单位订购缩微器材和消耗材料,协助有关缩微器材公司在四川地区举办缩微设备展览。此外,协助会员单位之间调剂缩微器材特别是消耗材料的余缺。

四川缩协自成立以来大体上开展了以上的活动和工作。不论从缩微事业发展的需要,还是会员的期望来看,开展的活动和所做的工作都远远不够的,也不够深入,水平和效益尚待提高。

从协会多年的活动中,有以下几点体会。

第一,在协会内形成统一的共识,这就是团结和协作是发展缩微事业的必由之路。四川地处边陲,交通不便,信息不足,加强地区协作尤为重要。

第二,有一批协会工作的骨干,并在协会内形成一个和谐的群体。这些骨干很有工作热情,很有奉献精神,很有踏实作风。以他们为核心,协会具备较好凝聚力。

第三,协会要务实,尽量为各会员单位和广大会员办实事,为会员排忧解难。协会每年的工作计划都有几件实事,目标明确,任务具体,这样不断积累,也就办成了一系列实在的事情。

第四,协会要不断开拓进取,开展新的项目,这样有利于调动会员的积极性,创造出协会新的成绩来。

第五,要与国内外缩微界广泛联系,广交朋友,争取他们的大力支持与友好合作。

三、发展战略分析

我国缩微技术大规模的兴起是80年代初、中期,至今10多年过去了,有了长足的进步,也取得了可观的效益。但是,面对迅猛发展的新兴信息管理技术和新型信息记录载体,以及市场经济体制的加快建立,原有缩微技术受到极大挑战,缩微事业发展举步维艰,缩微界的人士感到困扰。四川地区的广大缩微工作者和全国缩微界一道,对一些热点问题展开了热烈的讨论,在经过冷静的思考和认真的分析后,逐步得出一些共识。归纳起来,主要有以下方面。在肯定传统缩微技术优越性的同时,要充分重视现代信息技术的发展对文献管理的影响,并根据各类文献的具体特征,使之兼容并存,走数字—模拟复合系统信息处理的发展道路;在抢救保存珍贵文献的同时,要充分重视缩微品的开发利用,使之发挥更大的社会效益和经济效益;在缩微事业发展的模式上,要尽快更新观念,积极探索市场经济下的运行机制;在巩固和完善各部门各单位缩微机构的同时,要增强行业协会的功能,提高其在缩微事业发展中的地位和作用。

一是要充分重视信息技术的发展趋势,融合新技术的成果,又要结合国情和地区特征,正确导向,推动缩微技术的发展。信息新技术的应用必然带动缩微技术的变革和发展,这一潮流是不可抗拒的,早有准备将会赢得主动。四川地区早在90年代初期即开始研讨这一课题,有的单位着手进行广泛系统的技术调查,多次修改系统设计方案。在建立和完善缩微系统的途径上,我们认为都应融合新技术的成果,但是在具体操作上,一定要从自身的实际出发,既积极又稳妥,多一点科学态度,少一点盲目性。一些尚未建立缩微系统又拥有巨大文献数量而且经济实力强大的单位,建议在充分论证的基础上,建立高起点的复合型的信息处理系统;一些已有一定规模缩微系统并完成了大量缩微品制作的单位,希望不要随意抛弃原有系统和设备,而且还尽力发挥原有缩微设施的潜力,同时按照兼容的原则,融入数字技术、网络技术的成果,将部分缩微品进行数字化转换处理并上网运行;一些文献拥有量并不大的单位,可以依靠社会化加工,根据需要将部分文献转化到适合的载体上,直接加以利用,或者只运作其中部分环节并充分运用社会协作来完成。

目前四川地区应用缩微技术的部门主要是公共图书馆、高校图书馆、公共档案馆、企事业档案馆。其中企业尤以大型企业档案部门占较大比重,他们对技术档案(尤以图纸)的信息处理往往需要紧密结合产品设计和市场经营来进行,因此在缩微系统的建立和完善过程中,应结合诸如 CAD 技术、CIMS 技术来进行。

二是要主动将缩微技术与微缩品尽快面向市场经济,只有这样才会对缩微事业的发展注入新的生命力。我国缩微技术的应用和缩微事业的兴起是在计划经济的模式下出现的,现在与国家建立市场经济的体制很不适应,暴露出许多弊端。解决这一问题,首先是在观念上要更新,以市场经济的模式来打开思路,来提高勇气,同时抓住当前国家重点培育技术市场、信息市场的良好机遇,努力实现缩微技术和缩微品的商品化、产业化、市场化。四川地区早在 80 年代后期即开始探索单位之间缩微技术的有偿协作、面向社会的缩微加工和缩微品对外发行等方面业务,已初见成效。现在应当充分利用稳定的政策支持和良好的外部环境,加快市场化进程。四川地区缩微界拥有较强的设备优势、人才优势,缩微业绩显著,协作关系良好,可按市场经济运行制,组建区域性缩微复制服务中心;四川地区文献资源异常丰富,又很有地域特色,应开展文献内容深层次加工和介质转换,为国内外市场提供新型文献信息商品。

缩微技术和缩微品市场化进程的操作上会遇到许多困难和障碍,可以仿照国有企业改革一些成功经验,处理好资产组合和效益分配问题,优化资源配置,探索事业单位的缩微资源进行企业化经营问题。同时,积极创造条件,发展民营缩微企业,当然应当发的是在新兴信息处理技术支持下的缩微企业。我们有理由相信,走向商品化、产业化、市场化的四川缩微事业和中国缩微事业,将再铸辉煌。

三是要大力面向社会宣传缩微技术与缩微品的作用与价值,在更多的领域开拓其应用。四川地区迄今应用缩微技术主要限于省级公共图书馆、档案馆、高校图书馆、部分大型企业档案部门,领域尚不够广阔。社会各界对缩微技术的了解认识很不够,甚至存在曲解。过去,缩微界往往是关起门来自己讨论发展中的问题,对一些本可很有应用前景的部门,却很少主动去触及。今后应加强缩微技术在金融票据管理、医院病案管理、司法案卷管理,以及政府和军队事务中的应用,也许会更多带来缩微技术所产生的效益。由于缩微技术不如计算机技光盘技术那样为更多人所了解,因此主动宣传和开发用户就显得更加重要。四川地区近年情况开始有所变化,上述领域一些单位已有意向性表示并着手筹划。

对缩微品一方面强调它用于长期保存珍贵文献,另一方面也强调它的流通利用。现在一些图书档案部门制作了大量缩微品,或者从其他渠道增加的馆藏缩微品,没有在流通利用上下很多功夫,致使它们束之高阁,未充分产生效益,也就使很多读者、用户不了解缩微品,应大大提倡图书档案部门及有关机构把缩微品用起来。过去认识有个误区,似乎只有参与制作缩微品才算是采用了缩微技术,其实使用缩微品的单位亦算在其中,利用缩微品的单位和人员多了,缩微事业自然就兴旺发达了。

四是充分发挥缩微协会的协调沟通、服务中介、监督公证等作用,使之发展成为市场经济体制中具有健全功能的行业协会。四川省缩微技术协会一直朝着这个目标在努力,尽管目前尚有较大差距。随着市场经济体制的建立和完善,政府的某些职能将移交给行业协会,因而对行业协会的自身建设就提出了更高的要求,行业协会的地位和作用也随之提高,我们应当清醒地看到这一点。

四川省缩微技术协会过去开展的许多活动和工作正是体现了行业协会的协调沟通和服务中介作用,目前正在开展的缩微综合评估则是试图发挥行来协会的技术监督公证作用。1995年四川省缩微技术协会提出在团体会员单位中开展缩微综合评估的建议并着手进行准备,得到全体会员单位的积极响应,1996年又得到中国缩微摄影技术协会批准立项,三次讨论修订评估方案,并进行试评估摸索经验,直至1997年底完成准备工作。1998年1月首次在德阳东方电机股份有限公司正式进行缩微评估,迄至1998年6月已对4个单位进行了缩微综合评估,普遍反应效果良好。这4个单位均是大型企业,企业领导一贯重视档案现代化管理,重视缩微工作,这次对评估也十分重视,企业主要领导亲临现场,介绍情况,听取评估专家组的意见,并表示一定落实整改措施。四川省缩微技术协会和中国缩微摄影技术协会审查了评估资料和结论,正式授予了这4个单位一级缩微单位的证书和标牌。获证单位十分珍惜这一荣誉和资格,并将在今后开展缩微业务中发挥其作用和效益。可见,行业协会应当也能够在缩微事业发展中尤其是在市场经济条件下发挥其技术监督公证作用。对行业协会的地位和功能,我们将继续探索下去。

（原载《缩微技术》1998年第4期）

浅谈缩微技术在图书馆中的应用

吉林省图书馆 王 中 杨 春

缩微技术的发展已有一个多世纪的历史,目前已被世界各国的图书、档案、银行等管理部门所应用,尤其是欧美发达国家所广泛采用。长期以来,在世界范围内以纸为介质的图书、档案、文件均面临着安全保管、延长"寿命"的问题。应用缩微技术复制的方法可以较好地解决这些问题,达到保护珍贵文献资料的目的。

缩微技术在这些方面的优势,是其他现代技术所不能比的。事实上,无论是纸张、缩微胶片、磁盘、光盘都有其特定的实用性,不可能出现由某种载体完全取代其他载体的情况。

将各种图书、档案、资料等进行缩微摄影的目的,就是既要充分发挥它的作用,为社会主义各项事业服务,同时又要有利于这些原件的保存。为了达到这个目的,就必须以广大利用者为对象,以提供缩微品为服务手段,采取多种形式和方法,开发利用信息资源。

1 如何利用缩微品

1.1 缩微品有利于提高信息的利用率。通常原件只有一份,很难同时满足多个读者的需求,往往造成供需矛盾。而缩微品可以拷贝多套广为分发,从而提高了利用率,拓宽利用渠道。

1.2 要方便读者。缩微品必须借助一定的光学设备才能阅读。人们往往不习惯这种阅读方法,产生抗拒心理。缩微工作者应主动、积极宣传,使人们乐于接受。同时,应创造最好的服务方式,方便读者。

1.3 缩微品的阅读。阅览是缩微品利用的一种主要方式,可以用少量的缩微品为众多的利用者服务,提高缩微品的利用率。由于缩微品一般不宜外借使用,建立缩微品阅览室,既有利于缩微品的保管,避免遗失和损坏,又有利于更多的读者查阅。

阅览室工作人员应接受读者的咨询,解答疑难问题,特别要主动耐心指导读者使用各种阅读设备。对首次来阅览缩微品的读者，更应给予详细的指导和示范。

缩微品可以和一般的文献、档案、资料一样，在单位与单位之间实行互借与交换。缩微品的互借也是阅览服务的一种延伸。它使人们可以利用本单位、本地区的信息，还可以利用别的单位和别的地区的缩微品。这种互借，主要是在单位之间进行的，单位之间应建立缩微品互借的手续和规定，并向对方提供本单位可供借阅的缩微品的目录，以便对方利用者查寻。利用者查寻到所需资料题目，向阅览室管理人员提出申请，通过两个单位之间建立的互借手续，将缩微品借来供利用者使用。

将文献、档案、资料等原件摄制成缩微品后，以缩微品的形式直接对外发行称为缩微出版。缩微出版可使缩微品的利用途径更加广阔。

2　缩微品的出版方式

2.1　回溯性出版方式。这种方式是对过去出版社的印刷品以缩微品的形式再出版，如旧报纸、过期期刊、古籍、绝版图书等。这种方式不仅能忠实于原件内容，而且在缩微品的制作过程中，通过加上检索符号、索引目录等编辑整理工作，使其更富于实用价值。

2.2　同时出版方式。这种方式是在印刷出版物时，以缩微品为其副本而同时发行的一种出版物。人们可以根据自己的需要对不同载体形式的出版物加以选择利用。例如，用印刷品进行阅览，用缩微品进行保存，用印刷品收藏正文，用缩微品收藏附录、统计报表等。

2.3　原始出版方式。这种方式是指从开始第一版就以缩微品为载体形式进行出版发行。这种出版方式特别适合出版一些发行量不大，需求面较窄的出版物，如一些专题档案文献、学术论文、技术报告、专利文献等。计算机输出缩微胶片（COM）也是一种原始出版形式，国外许多图书馆都以这种方式发行其馆藏目录、联合目录等。

3　缩微技术在图书馆中的应用

为使缩微技术在图书馆、档案管理中很好地应用，就应提高对缩微资料的检索速度，按我国目前图书馆、档案馆等单位拍摄和收存缩微品资料数量之大来看，最快捷的方法就是引进光盘技术与缩微技术结合组成复合系统。在两种技术结合中，适于缩微保存和使用的是哪些图书、档案资料；适用于光盘技术又是哪些；哪些是二者兼备的，要进行统筹的考虑和安排。

3.1　对某些珍贵的档案文献资料及图书报刊等需妥善保存延缓其使用年限,需考虑采用延缓性保存方法的同时,也要采取"再生性"手段进行保存和使用。因这类文献都具有很高的保存价值和使用价值,用缩微方法可以达到永久保存的目的,配置适当的阅读、还原设备可完全满足检索需求。如采用光盘技术输入文献,对检索储存密度提高有利,但由于这类文献没有重复和快速检索需求,势必造成人力、物力、财力的浪费。

3.2　对那些利用频率高要求检索速度快的文献资料,可采用一次输入光盘(WORM)系统进行存储,比较适宜。如一些无需长期收藏的利用率高时效性强的文献资料、书目、文稿、科技文献等,不必将它们拍成缩微品。

3.3　对于某些需长期保存,利用率高,使用周期长的图书、档案等文献资料,采用缩微技术与光盘技术相结合的复合系统是最佳方法。将文献资料用缩微的方式拍成缩微品加以保存,解决长期收藏问题,之后用扫描器对胶片扫描输入光盘,就可以解决快速检索问题。

由于现代科学技术的快速发展,促进了缩微技术的提高与发展,特别是计算机技术、激光技术等给缩微技术的进展带来了巨大的生命力。

小型办公室缩微系统、计算机辅助设计缩微系统等也都是近 20 年内开发的实用技术。近几年还开发了以电子计算机为基础,将光盘、磁盘与缩微品结合起来的复合信息管理系统,使缩微技术在现代信息处理领域中发挥其独特巨大的作用,并为其在图书馆行业中的应用开拓了更加广泛的前景。50 多年来,缩微技术得到了迅猛发展,并同其他新技术有机结合起来,已成为一项比较成熟的信息处理应用技术,在信息处理应用领域中起着重要作用,因而,缩微技术在图书馆事业中的应用必然得到很好的发展,我们预祝它拥有更加美好光明灿烂的前景。

(原载《图书馆学研究》1998 年第 5 期)

贵州省图书馆缩微工作回顾

贵州省图书馆　刘　梅

缩微摄影技术从其产生到今天已经历了 100 多年的历史。在我国,缩微摄影技术的应用是从 1936 年开始的,那时中国公共图书馆系统开始缩微品的使用,到 1948 年开始了缩微技术的应用。然而,缩微技术在中国公共图书馆系统中的重要作用,则是从 70 年代末、80 年代初开始显现的,特别是在十多年前开展的中国公共图书馆系统大范围内的文献抢救工作中得到了充分的应用。1985 年 1 月 31 日,全国图书馆文献缩微复制中心成立(以下简称"中心"),使缩微摄影技术得以有组织、有领导地在全国公共图书馆系统展开。十多年来,"中心"在善本古籍、地方志、革命文献等图书资料的拍摄、计划、调配、补缺及缩微品的发行、设备的选购、配置和使用以及技术人员的培训等方面做了大量的工作,进行了大量系统性的规划、管理和指导,建立健全了全国性的公共图书馆缩微网。到目前为止,全国公共图书馆系统已建立了规模不等的、具有缩微品独立生产能力的缩微拍摄馆 22 个,培养和锻炼了一支百余人的缩微拍摄队伍,在完成全国公共图书馆三大文献的抢救保护工作中,作出了巨大的贡献。

贵州省图书馆的缩微摄影工作始于 1986 年,1990 年正式成为全国图书馆文献缩微复制中心的拍摄成员馆之一。近十年来,我馆缩微技术应用从一个与其他兄弟省、市图书馆相比起步较晚的馆,在"中心"的指导和帮助下,在馆领导的重视下,在全国公共图书馆缩微界同行的帮助下,逐步进步为完成抢救任务较好,缩微品质量高的先进馆,并培养了一支思想觉悟较高,技术力量较强,刻苦钻研,认真敬业的文献缩微工作队伍。回顾十年,我们主要重视了以下几方面的工作。

1 "中心"的支持,馆领导的重视,专业人员的努力

由于贵州气候潮湿,加上我馆馆舍条件的限制,馆藏大量年代久远的文献资料,虫蛀、纸张老化情况十分严重,许多文献已经不起翻动,更无法再对读者提供利用,从而影响到文献的利用率。为解决这个问题,1986 年我馆专门向贵州省财政厅申请专款 20 万

元,用于购置一套缩微设备来抢救拍摄这批文献。专款到位后,购置了16毫米拍摄机1台、冲洗机1台、还原复印机1台及其他辅助设备。但由于工作场地、专业人员等种种条件的限制,这套设备一直堆放在馆内大厅中没有使用。1987年为了让这套设备能尽快地运转起来,使我馆的文献抢救工作尽快起步,在馆领导的重视下,经多方打听,了解到上海空军政治学院有与我馆相同的设备,并早已开展工作,当年就派了3名专业人员到该院学习。同时根据我馆的具体情况,在馆舍十分紧张的情况下,克服困难,建立了一间十余平方米的缩微拍摄室,在过道上隔出了冲洗室、整理室。尽管工作条件十分艰难,学习回来后专业人员还是克服了种种困难,边学边干。从1987年至1989年,我馆先后拍摄了《贵州公报》《铎报》《黔报》《达德周刊》等地方文献,并在工作中逐步培养专业人员。那几年,虽然我馆的缩微工作已经初步开展起来,但进步不大,无论从缩微品的质量上,还是数量及规范上,都没有更高的要求。为使我馆缩微工作正规化、规范化,有章可循,跟上全国公共图书馆缩微工作的步伐,馆领导积极与全国图书馆文献缩微复制中心取得联系,争取"中心"各方面的支持。1990年苏州全国公共图书馆缩微工作会议后,在"中心"的关心、指导、协调下,我们对设备进行了重新调整和配置。这些年逐步配置、完善了一整套设备,包括35毫米拍摄机、16毫米拍摄机、还原复印机、冲洗机、阅读器及质量检查设备。1990年我馆正式加入"中心",成为"中心"的第16个拍摄成员馆,由此开始了在"中心"统筹规划和领导下的文献抢救工作。

图书馆的缩微工作是一项涉及电子、机械、化学、历史、图书馆学等多门学科的工作,必须有相应的规范、制度来约束和协调各个环节的工作。在我馆设备配置较为合理后,为了使整个工作流程井井有条,质量达到技术标准要求,数量完成计划指标,我馆参照兄弟馆做法,结合自己的实际情况,先后制订了本馆缩微工作管理制度、设备操作维护规程、各岗位职责、缩微品质检标准等规章制度,并通过各种方式,提供机会对专业人员进行再培训、实践,从而使我馆缩微工作在组织生产和进行管理时有章可循,有力地保证了我馆缩微工作的顺利开展。

2　精心挑选,加强队伍建设

我馆缩微工作起步较晚,专业人员更是短缺,为使我馆缩微工作能够有一个较高的起点,我们从一开始就很重视工作人员的选配,认真挑选,对工作人员进行了补充,无论是从文化程度,还是个人素质方面都提出了较高的要求。特别注重了工作人员素质和技术水平的培养。1989年我馆派出了两名工作人员参加了北京缩微技术培训中心举办的缩微技术培训。从1991年到1998年期间,又先后派出专业人员参加了"中心"在武汉举办的缩微工作会议,学习了"期刊缩微品著录条例",参加了"中心"在北京举办的为改善各馆因人员流动造成的技术问题而举办的拍摄人员专题学习班;参加了济南举办的还原阅读复印机操作使用学习班;参加了在张家界举办的期刊质检、著录学习班;参加了在南昌举办的报纸著录、拍摄学习班等。在这期间,还先后派人到四川省图书馆、重庆图书馆等地进行业务培训。这些年通过各种学习班培训的专业人员近 30 人次。经过多年的不断学习和实践,尽管这期间也有人员的流动,但各环节的业务骨干比较稳定,形成了一条龙的工作管理程序。每位同志都参加整理—著录—拍摄—冲洗—质检各个工作环节,逐步培养大家成为既能整理,也能拍摄、冲洗的多面手。每位同志在普遍掌握缩微拍摄全套技术的同时,又有各自的侧重点,每个环节有专人负责,这样不仅保证了缩微品的数目,也保证了缩微品的质量。

3　注重整理、著录、拍摄工作

由于地理条件的限制和年代的久远,我馆的文献资料纸张变质、虫蛀、破损、缺失情况较为严重,而在文献整理、著录工作中,文献的完整性、准确性却是保证缩微品质量的关键,它直接关系到拍摄的质量和读者今后的使用。为此,工作人员本着认真、负责的态度,不辞辛苦,先后有几十人次到近 20 个省、市、地、县图书馆、档案馆、报社等单位进行补缺,经过工作人员的努力,除保证了文献资料拍摄的完整外,通过这种方式还起到了补充馆藏,提高文献价值的作用。在整理过程中,我们认真对破损的原件逐一修补;对透字的原件加纸衬垫;对缺失的卷、期、页等加以小条说明等等,以提示拍摄人员避免拍摄中出错。为了保证文献著录的准确性,我馆严格强调著录质量。从事这项工作的专业人员认真、努力地学习有关著录条例和规定,在著录中从不放过一点有争议的地方,对每一项著录内容都要认真查对原件和相关资料,直到查找到准确的信息才进行著录,保证了著录的质量。为此,多年来,我馆因缩微品著录影响质量的情况很少发生,得到"中心"的认可和同行们的好评。

拍摄工作是直接生产缩微品的一道严格的工序。工作人员一年四季坐在 4 支 500w 的灯下进行拍摄要忍受高温刺眼的工作环境,既艰苦又枯燥,既要拍出符合"中心"规定的优质缩微品,又要保证拍摄数量。我馆从事这项工作的人员总是以高度的责任心,严谨的工作态度以及熟练的业务技术参加这项工作。因为大家都明白只要稍有疏忽,就会出错,就会影响到缩微的质量,造成胶片的浪费。因此,拍摄人员总是以认真、严谨的态度来做这项工作。这些年较好地完成了本馆三大文献的抢救拍摄任务,共拍摄三大文献 220 余种,涉及馆藏善本、地方志、新中国成立前期刊、报纸以及新中国成立后我省出版发行的核心报刊 40 余种。目前,我馆已拥有可供读者使用的缩微品近千卷,250 余种,并在文献部和技术部安装了阅读器供读者使用。

4 强调、确保缩微品质量

缩微工作的生命在于质量,质量第一是我馆十年来缩微工作强调的原则。在把好整理关、拍摄关、冲洗关的同时,我们还设专人对缩微品进行最后的质量把关,对所制作的缩微品按"中心"的质检标准逐拍检查,做到了及时发现问题,及时反馈问题,及时解决问题,减少废品率,保证了我馆缩微品质量。这些年,正是由于我馆始终把缩微品质量放在首位,在上交"中心"的母片中,缩微品优质率逐年上升。1992 年为 40%,1993 年为53.9%,1994 年为 64.4%,1995 年为 65.4%……能做到这点,是相当不容易的。大家知道,旧期刊在三大文献抢救拍摄工作中是最困难的,不仅仅是拍摄困难,要保证整理、补缺、著录准确性都相当困难。我们严格地把好每一关。1995 年,经过全体工作人员的共同努力,我馆的旧期刊缩微品优质率达 65.4%,为当年全国各拍摄成员馆的第一名,也创本馆历史最好水平,受到"中心"的通报表扬。

5 团结协作,积极支持兄弟馆

从加入"中心"拍摄馆以来,我们以全国公共图书馆缩微抢救工作的全局为重,在保证完成本馆抢救任务外,积极参加"中心"协调的团结协作任务。1995 年至 1996 年接受了"中心"协调下达的其他兄弟馆拍摄任务,先后帮助广东省中山图书馆、江西省图书馆抢救拍摄建国前旧期刊、报纸。两个馆的这批文献都存在由于年代久远,不仅破损严重,而且相当零碎,原始信息很难查找的问题,给缩微工作带来了很大的困难。为了保质保量地完成任务,我馆全体缩微人员加班加点,认真查实,先后有近 20 人次为这两个馆文献外出补缺,在大家的共同努力下,保质保量地完成了拍摄任务,受到"中心"和广东省馆、江西省馆的好评。1997 年受"中心"的委托,有两名同志到福建省图书馆帮助、指导缩微拍摄工作,两位同志工作认真负责,手把手耐心地教,较好地完成了任务,也受到"中心"和福建省图书馆的好评和表扬。这些年来,我馆技术部一直与其他兄弟馆保持良好的合作态度,无论是补缺工作,还是技术提高等方面的团结协调都做得较好,为完成缩微抢救任务打下了良好的基础。

6　努力提高理论水平

我馆属于较晚加入"中心"的拍摄成员馆,无论从设备条件,还是专业技术人员的条件上,我们都无法与其他馆相比。针对这种情况,我馆重点抓了专业人员的业务培训和理论提高,注重工作中边学边干边积累,在各个环节中无论遇到什么难点或错误,采取集体讨论,取长补短,达到一人出错,大家受益的目的,特别强调团结互助,新老同志互帮互学。几年来,除注重专业技术的训练外,我们还注重理论水平的提高。先后有从事缩微工作的 14 人次撰写了论文在省内外刊物上发表或参加会议交流。其中《谈谈我国公共图书馆缩微系统缩微工作的前景》获'94 全国公共图书馆缩微学术论文研讨会一等奖;《缩微工作在我馆的起步与发展》参加了中西南公共图书馆协作会议交流;《谈谈缩微工作的前期整理、拍摄、冲洗与缩微品质量的关系》获'94 全国公共图书馆缩微技术论文研讨会优秀论文奖;《新技术的应用必然带动缩微技术的变革和发展》获'97 全国文献影像技术研讨会优秀论文二等奖;《谈谈旧报缩微拍摄前的著录工作》获'97 全国文献影像技术研讨会优秀论文奖;译文《缩微胶片的保存》、论文《加强缩微设备的维修、保养,提高缩微工作的质量》及其他论文在《贵图学刊》等刊物上发表。有两位同志收集、整理、编辑了《缩微设备维修资料汇编》一书,近 20 万字,受到"中心"和全国同行们的一致好评,另有一位同志与"中心"老师合作出版了《中国公共图书馆缩微技术指要》一书,一位同志赴台湾参加了'98 海峡两岸缩微学术交流会。

回顾这些年来我馆的缩微工作,正是由于"中心"的帮助、指导,馆领导的重视,从事这项工作的专业人员认真、敬业,具有较强的责任心,各自把好所负责环节的关口,不计个人得失,刻苦钻研,坚守岗位,互帮互学,形成了一支思想觉悟高,技术力量强,刻苦敬业的文献缩微工作队伍,才使得我馆这项工作得以进步,为我馆缩微任务的顺利完成提供了保障。1996 年我馆由于在图书馆文献抢救工作中成绩显著,被文化部图书馆司、人事司评为图书馆文献抢救先进集体,一位同志被文化部图书馆司、人事司评为先进个人,一位同志被全国图书馆文献缩微复制中心评为先进个人。为表彰我馆对全省核心报刊的收集、拍摄,这项工作被贵州省科学技术委员会评为科技情报(信息)系统优秀成果二等奖。

回顾这些年,我们做了一些工作,今后的路还很长,新技术的飞速发展对缩微技术的应用带来了很大的冲击,在今后的工作中,要注意新技术与缩微技术的结合应用,更加努力,争取把缩微工作做得更好。

(原载《缩微技术》1999 年第 2 期)

我国公共图书馆系统缩微工作现状及发展构想

安徽省图书馆　吕　超

1　发展概况

缩微技术以信息存储量大、加工成本低、使用寿命长等特点,在文献保护方面起着重要作用。它以胶片为介质,运用光学摄影方法,通过拍摄、冲洗、还原等工序,将文献中的文字、图像按比例缩小,加工成为缩微品,并借助缩微阅读还原设备或计算机系统进行检索、阅读和复制使用。缩微技术在西方发达国家已有百年历史,于 20 世纪 20 年代开始进入实用阶段,60 年代在世界各地迅速推广与普及。80 年代,随着缩微、磁盘和计算机复合系统的产生,缩微技术的应用与发展达到了更高的水平。

1936 年,我国公共图书馆从美国引进系列化的成套缩微设备,开创了我国制作缩微品的时代,为我国图书馆缩微事业的发展奠定了良好的基础。1983 年 4 月,文化部图书馆事业管理局在北京召开公共图书馆系统关于用缩微技术的方法抢救祖国珍贵文化遗产的讨论会。会上就中国丰富而珍贵的历史文献进行再生性保护和抢救问题展开热烈讨论并达成共识,提出了再生性和延缓性两项保护措施。1985 年元月,文化部图书馆司组建了全国图书馆文献缩微复制中心(以后简称"中心"),其宗旨是有组织有领导地在全国公共图书馆系统开展缩微工作,进行珍贵文献的抢救。"中心"在计划、调配、补缺,缩微品的发行,设备的选型、购置与使用以及技术培训等方面有效地发挥了领导和协调作用,把图书馆缩微技术的普及推向了一个新的阶段。

2　成绩骄人

2.1　建成全国公共图书馆系统缩微网络

自 1985 年"中心"成立以来,在全国公共图书馆界和文献抢救工作者的共同努力下,已有 20 个省、市建立了规模不等的具有缩微品独立生产能力的缩微拍摄点 23 个,一个遍及全国各大区的缩微复制网已经形成。"中心"的设置,使缩微工作的开展有了统一的组织协调与业务领导,保证了缩微品的规范化,保证了缩微化的进度和成果的质量,减少了浪费,使缩微工作得以持续而稳定地发展。

2.2　抢救了大量历史文献

我国公共图书馆应用缩微技术的目标主要是抢救古籍善本、建国前旧期刊和建国前旧报纸三大珍贵文献。"中心"依据《中国古籍善本总目》《全国中文期刊联合目录》以及各馆上报的报纸所反映的数据,统一计划协调各缩微网点的拍摄内容。从 1986 年文献抢救工作正式运作开始,历时十多年,损毁严重的旧报纸完成抢救任务,期刊与古籍善本的抢救也已接近尾声。截至 1999 年 10 月,共拍摄47 430种、56 700卷,其中报纸 3876 种,约 2000 卷;古籍善本29 015种,约 2800 卷;期刊14 539种,约 8700 卷。

2.3　形成一支缩微专业队伍

适应缩微工作的需要,"中心"采取了举办培训班、研讨会、学习交流等各种形式,从理论到实践对缩微工作人员进行培训,以提高他们的专业技术水平。十多年来,全国公共图书馆界已有百余名缩微技术与资料整理人员接受过培训,成为各馆缩微工作的一线工作人员和骨干力量。

2.4　制订了技术标准,确定了拍摄计划与协调原则

参照国际、国家有关标准,结合公共图书馆实际情况,"中心"制订了一系列技术标准和条例,并不断地补充修正,使之逐步走向完善。为避免各馆之间拍摄的文献"撞车"以及人力、物力、财力等方面的浪费,"中心"在充分讨论的基础上,制定了拍摄计划协调原则,使各馆所藏文献不重复地、有条不紊地同时进行缩微拍摄。实践证明,这些技术标准与拍摄计划是切实可行的,具有权威性的。

这一系列可喜的成绩,得到了国内外同行们的关注与认同。美国图书馆保护与使用委员会专家委员会的专家这样评价:中国进行这项工作是有远见的,中国目前的做法对他们有启发。国内许多同行也给予极高的评价。

3　发展构想

3.1　致力于缩微技术与其他新技术的结合

经过近百年的发展,缩微技术已是一项稳定与成熟的技术,是行之有效的再生性文献保护措施,也是当今文献抢救工作中无可取代的一种技术方法。但是,缩微技术也要随着时代的发展而不断改进。

3.1.1　缩微技术与计算机的结合

国外已出现多种结合形式。其中,CAR 即计算机辅助缩微品检索系统是很重要的一

种。它把缩微技术节约空间及大量存储复制文献等的优越性,与计算机快速检索大量文献信息的能力结合起来,构成既可用计算机进行检索,又可用缩微胶片作为存储载体的复合系统。其工作流程是先将一次文献存入缩微胶片,在缩微过程中给每个文献画面一个特定的卷数和地址,再将这个地址存入计算机内。检索时,先通过计算机查到所需文献的地址,再进行文献查找。从国外的实践来看,CAR 技术是公共图书馆缩微工作发展的最佳选择。因为,它不仅能节约文献存储空间,更主要是它便于读者查找与利用,而这正是缩微技术目前所要解决的问题。因此,CAR 技术是我国公共图书馆系统缩微摄影技术发展的前景,是推动缩微工作发展的有效途径。

3.1.2 缩微技术与光盘技术的结合

光盘技术是近 20 年来发展起来的一种高新技术,也是激光技术和现代计算机电子技术发展的产物。由于计算机的 CPU 可直接访问光盘,所以,它在信息的检索、传递、联网、输出等方面都具有缩微技术无法直接实现的优点;但成本高,技术稳定性差,特别是信息保存时间短。因此,它们各有短长。如果把文摘或索引存在光盘上,而把正文存在缩微品上,就把二次文献和一次文献很好地结合起来了,既有极高的存储容量,又能灵活地处理各种数据。

3.2 加大宣传力度

文献缩微技术是图书馆现代化技术应用的重要组成部分,这一点目前有许多人甚至图书馆工作人员都不甚了解。要宣传文献缩微的优越性和必要性,使人们认识到缩微技术是最有效的图书馆文献再生性保护措施和实现图书馆现代化的重要手段之一,为保存和开发利用图书馆资源所必需,以便有更多的单位和个人愿意利用缩微资料,使缩微品创造出更大的社会价值。

保护和存储文献的目的是为了利用。因此,下一步缩微工作的重点,除了拍摄近、现代出版物之外,主要是研究如何开发利用缩微文献的问题。应加强缩微文献的宣传与普及,有计划地组织专门人员从事开发工作。开发工作包括内容开发和市场开发两个方面。内容方面,可先期突出做好已有缩微品目录数据库建设,扩大检索范围和途径,提高检索效率。市场方面,可摸索建立缩微品推广、发行机构或公司,了解市场行情,提高其走向市场的能力,以形成缩微工作自我造血机制。

3.3 进一步培养缩微专业人才

人始终是决定因素,宣传是先导,而人才是关键。随着缩微技术的更新与进步以及工作重心的转移,人才培养只能加强,不能削弱。缩微品要进入市场,还必须进一步强化各种设备的操作人员和维修人员的岗位培训,使他们从理论到实践都能熟练地掌握缩微知识和技能。

参考文献

[1] 张伟云. 谈谈我国公共图书馆系统缩微工作的前景. 全国公共图书馆首届缩微学术研讨会论文选编, 1996

[2] 边维华. 缩微抢救工作结束后图书馆缩微工作的出路何在. 全国公共图书馆首届缩微学术研讨会论文选编, 1996

（原载《江西图书馆学刊》2002 年第 2 期）

怀念俞少秋老师

湖南图书馆　周湘媛

2004 年 6 月 30 日,我听到了一个不愿听到的消息,俞少秋老师不幸病逝。电话这头的我,不知怎样才能表达我的悲痛之情。自那以后,我常常思念起这位老人家,总想为他做点什么……

近日得知全国图书馆缩微复制中心为纪念"中心"成立 20 周年征文, 时至清明, 更使我思绪万千,俞老师慈祥的笑容总是浮现在我眼前,不禁想提笔写些什么,以寄托我们的哀思!

我和俞老师的相识,缘于缩微,他对图书馆缩微工作兢兢业业,一直默默奉献,即使在退休以后还时刻关注图书馆缩微事业的发展。他对图书馆缩微事业认真、执著的精神,深深影响着我。

1983 年 3 月,根据周恩来总理生前做过的关于抢救珍贵古旧文献的批示,文化部图书馆司第一次召集已有缩微设备的公共图书馆从事缩微工作的专业人员开会,从此,掀开了全国公共图书馆缩微文献抢救工作的序幕。从那次会议后,我有幸认识了俞老师及许多缩微界的老前辈。当时,总是带着谦和笑容的俞老师给我留下了深刻的印象。

为了培养全国图书馆的缩微技术人才,文化部组织了图书馆界的专家学者编写培训教材,还组织专门人员赴日本考察并在北京举办了为期三个月的全国公共图书馆缩微技术培训班, 在各种会议及活动中,我和俞老师结下了深厚的情谊。

俞老师性格开朗,虚心好学。从多年的接触中,我了解到俞老师出身贫寒,少年时就从苏北来上海到照相馆当学徒,为他日后到上海图书馆从事缩微工作打下坚实的基础。到我们认识时,他已是上海图书馆技术部缩微技术权威人士。50 开外的人,身体硬朗,在北京的研讨班和培训班期间, 只要有空,他都是早晚各练一次太极拳,还非常耐心地教我们这些年轻人打太极拳,跟他在一起,觉得他非常随和,没一点架子,而且还充满童趣。记得去日本考察时,飞机在日本着陆,经过安检时,他用不太熟练的英语向日本海关人员自豪而坚定地说:"We are Chinese! Chinese !"。他那种充满活力和自信的神态给我留下很深很深的印象。在日本缩微公司和富士公司参观学习时,尽管他已具有丰富的经验,但他仍然勤奋学习,认真思索,不断提出各种各样的问题,回国后将记录的学习材料仔细归纳汇总,整理出珍贵的技术资料,他的认真学习的态度使我受到很大感染。

在长达三个多月的缩微培训班期间,北京的老师下课后一般就回家了,而俞老师和多数学员一样住招待所。他整天和年轻人在一起,总是乐呵呵,笑吟吟地给大家以长者的关心和爱护。晚上自习时,他到各处走动,及时为大家答疑解难;有人生病,只要他知道,马上交代人到外面买药,或亲自买来水果慰问;下雨了,有人外出没回来,他也总是念叨着,看到有人淋了雨,他赶快给她(他)们冲姜汤,以防感冒。总之他对大家的关心照顾是无微不至,因为我和俞老师的大女儿同岁,俞老师对我更多了一层慈父般的关爱。一次我自己不小心扭伤了脚,好几天行走不便没法去听课,吃饭都是同伴们帮我从食堂打来,那几天俞老师总是不声不响坚持每天带鸡蛋给我,非看着我吃下不可,这种细微的关爱,让我永远不能忘怀。

俞老师是一个热爱本职工作,对工作极端认真负责的人。他参与公共图书馆系统对三大文献的抢救工作,从筹备到缩微中心成立,时间并不长,因为年龄的关系,大概于1988年就退休了。退休前,他积极培养年轻接班人,极力推荐他们单位的一位年轻人去日本进行缩微技术培训;对本单位的文献抢救步骤提出自己的意见和建议;经常向缩微中心提出对工作的各种看法;对我们这些晚辈,无论见面或长途电话,总是毫无保留地传授他所掌握的技艺,时时处处都表现出他对缩微工作的关心与热爱。退休后他受中国缩微技术协会的推荐和委托,远离家人的照顾只身来到长沙,到一家新成立的缩微公司帮助开展工作,待遇不高、生活简单、条件艰苦,因为管理不到位,有时还会遇到非常不愉快的事情,但为了缩微事业,俞老将这些都置于脑后,一心一意扑在工作上。一套从德国引进的设备,尽管俞老从未接触过,经过他悉心钻研摸索,终于成功投入生产,为公司创造出巨大的经济效益,同时还为公司培养出一批年轻的技术人员。但是由于公司管理的原因,俞老看到他们辛辛苦苦创造的财富,被少数人肆意挥霍,他屡次提意见均得不到采纳,最后不得不忍痛离开。

俞老在长沙期间,在工作上给予了我不少帮助,他那种对待工作认真负责,刻苦钻研的精神,使我受到很大教育,我为能有这样一位可亲可敬的老师而感到荣幸。不幸的是俞老师因患脑血栓突然离我们而去了,缩微界失去了一位老前辈,我们失去了一位好老师,他的音容笑貌将长留人间,人们将永远怀念他!

(原载《数字与缩微影像》2005 年第 3 期)

湖南图书馆缩微工作略述

湖南图书馆　郑　辉　刘　冬

缩微技术是一种信息的模拟变换,原文献的外形特征与信息内容完全保留下来,这种反映原件真迹的记录方法,只要制作过程符合规范,对未来的研究者证实原件特征和内容都具有佐证效果。这已被世界诸多国家和地区通过法律予以确认。

湖南图书馆是全国图书馆文献缩微复制中心的最早的成员馆之一。经过20多年缩微工作中不断的摸索和实践,我们拍摄的缩微品质量在全国公共图书馆系统处于前位,并在保证完成全国图书馆文献缩微复制中心的任务的同时,走向市场,为图书馆创造了可观的社会效益和经济效益,锻炼和培养了一批德才兼备的高素质缩微技术专业人员,也完善了缩微品加工制作和阅读使用设备。我馆缩微工作已实现正规化、标准化和系统化,为抢救、保护和开发利用祖国的珍贵文化遗产发挥了十分重要的作用。

1　成绩

1.1　抢救了大量的中华历史古籍

1985年,根据陈云同志关于"抢救与保护国家文化遗产"的指示精神,文化部成立全国图书馆文献缩微复制中心,负责制定全国公共图书馆文献缩微规划,组织协调全国公共图书馆采用缩微影像技术对1949年以前出版的古旧文献进行抢救拍照。

在全国图书馆文献缩微复制中心的总体规划下,我馆利用缩微拍摄技术缩拍了建国前出版的旧报纸、旧期刊和古籍善本等文献资料。又根据全国公共图书馆1997—2010文献缩微规划要求开展了建国后地方性报纸、民国时期图书、普通古籍的缩微抢救工作,并建立图书馆缩微品文献书目数据库。目前我馆已拥有缩微资料古籍928种、期刊826种、报纸107种,这些资料都成为了馆藏特色中的一部分。1996年在全国图书馆文献缩微复制中心的协调下,我馆还帮助广西壮族自治区图书馆和广西桂林图书馆,协助他们拍摄建国前期刊100余种和古籍,如《广西通志》《广西省政府公报》《广西官报》等。

1.2　培养出一支专业队伍

我馆有制定了缩微人才培训计划,对工作人员不论从文化程度、技术水平,还是个人素质方面均提出了较高的要求。特别注重工作人员素质和技术水平的培养,在经费十分困难的情况下,几乎每年都派工作人员参加全国图书馆文献缩微复制中心举办的缩微工作会议和技术培训班,如:2000 年在江西南昌举办的《普通图书的整理、著录、拍摄培训班》;2002 年在湖北武汉举办的《富士 M2 拍摄机维修维护培训班》,在重庆举办的《连续出版物著录规则》的学习班;2003 年在四川成都举办的《阅读复印机维修维护培训班》;2004 年在河南郑州举办的《美能达 1600 拍摄机、密度计、接片机维修维护培训班》等。目前,我馆每个技术人员都能胜任整理—著录—拍摄—冲洗—质检各个环节的工作;每位同志在掌握缩微拍摄全套技术的同时,又有各自的侧重点,这样不仅保证了缩微品的数量,也保证了缩微品的质量。

1.3　走向市场

从 20 世纪 90 年代初开始,我馆缩微工作在完成本馆和全国图书馆文献缩微复制中心任务的同时,利用现有设备、技术、人员等优势,走向市场。

美国犹他州家谱学会收集了全世界各类家谱上亿页,全部是以缩微品形式保存,现仍以缩微方式到世界各地收集家谱,保存家谱。我们及时抓住契机,1995 年通过全国缩微中心与美国犹他州家谱学会取得联系,其主要负责人莎其敏先生进行了实地考察,通过与我馆领导和专业人员交流和沟通,达成了共识,签订了一年的家谱拍摄协议书。我们以优良的缩微品拍摄和拷贝质量获得了美国家谱学会的肯定与信任,每年犹他州家谱学会的亚洲部负责人都专程来长沙签订家谱拍摄协议书。合作至今,共拍摄 800 余卷,100 多万拍的家谱。

湘雅医院是我国最早建立的西医医院之一,其前身是由美国耶鲁大学"雅礼"学会派遣的爱德华·胡美医学博士于 1906 年在长沙创办的雅礼医院,由湖南省政府与美国"雅礼"学会合作创办。后于 1914 年由湘雅医学会接收,正式更名为"湘雅医院"。它是由国家卫生部直管,集医疗、教学、科研于一体的现代化大型综合医院。其历史的悠久和医疗技术的高超,成就了许多有价值的病案信息。

根据规定医院病案需有 30 年的保存期。病案采取排号上架的方式保存,以每年 3 万多份的增速,造成病案库房的频频告急,同时给病案查找和利用都带来不便。如何使病案作为医院信息系统的一个组成部分发并挥更大的作用? 医院病案管理人员根据缩微技术的特点与我馆联系。我们确定了采用 16mm 胶卷将库存病案拍摄成缩微片,利用插片机制作成封套片进行编码排列的方案,中南大学湘雅医院与我们签订了病案拍摄合同。我们对从早期的英文病案到 1993 年的住院病案 4 万多份进行整理、拍摄和拷贝,解决了医院面临病案保存和利用的尴尬,以及要求永久保存的病案增长和有限存放空间的矛盾。在整理病案过程中,我们整理出湘雅医院成立以来院方领导认为在战乱和搬迁过程中早已遗失的前十位住院病人的原始病案,令院方领导兴奋不已,如获至宝,专程送来感谢信,并主动和我馆签订了几年的病案拍摄合同。

2　发展

目前,在信息技术一日千里的时代,缩微技术仍是世界上最安全、稳定、成熟的影像保存技术之一。缩微文献已经成为继纸质文献、声像文献之后的第三支文献资源。为了保护原件和提高缩微品的利用率,我馆规定有缩微品的古旧文献不提供原件阅览。然而这些古籍缩微胶卷必须借助阅读器才能阅读,给读者的使用带来不便。随着科学技术的发展,数字化在古籍保护领域里广泛运用,这又对缩微技术产生了巨大的冲击。缩微技术如何应对网络环境? 笔者认为一方面要充分发挥缩微技术作为目前最好的保存文献优势,另一方面要加强与数字化技术的融合。

2.1　加强缩微技术的宣传力度

充分发挥各级缩微协会及缩微技术人员的作用,在更广泛的领域内扩大会员队伍,增加协会的社会性,形成阵容强大的宣传、推广缩微技术的骨干力量。还要充分利用报刊、广播、电视等其他新闻媒体,系统全面地介绍缩微技术和缩微品的重要作用,采取有力措施,加大缩微品的开发应用力度,不断鼓励社会各界了解和使用缩微技术产品。

2.2　实现缩微资料网上阅读

经过几年的精心策划和准备,我馆已经建立起一套缩微影像扫描系统,对缩微品进行由模拟影像到数字影像的转换,为读者提供快速检索、浏览、资源共享及远程信息传递的便捷服务,使文献的利用率大幅度提高。

随着计算机技术与网络通信技术的日趋普及和提高,发挥缩微品与现代技术相结合的优势是必然的趋势。这种结合表现在,一方面缩微技术担当起数字化信息的保存重任;另一方面通过与计算机技术结合来提高缩微品的开发深度和利用率,即与全国多家公共图书馆协作,建立中国文献缩微目录数据库。现我馆已根据全国图书馆文献缩微复制中心规定的标准和格式,建立了湖南图书馆缩微品目录数据库,向社会信息网开放,将实现缩微资料网上阅读。

2.3　不断探索将缩微技术和数字化技术交流融合的新途径

近几年来,美国、德国、日本等多家公司不断推出以缩微模拟技术和计算机数字技术相结合的软、硬件产品,大力发展缩微品影像向数字影像转换的技术,实现了影像信息的小空间储存、修改、打印、网络传递等工作的统一管理,推动传统的缩微技术向缩微电脑化和高效率缩微化服务方向发展。这势必将扩大缩微品的应用范围,打破缩微胶片必须通过阅读器观看的局面,使缩微品信息的传递冲破拷贝、邮寄的限制。我们还应该积极跟踪缩微技术发展的情况,不断探索将缩微技术和数字化技术交流融合的新途径。

参考文献

[1]刘元奎.应当重视缩微事业的人文关照.数字与缩微影像,2003(3)
[2]张勇.论缩微品在文化保存中的作用.数字与缩微影像,2002(2)

(原载《数字与缩微影像》2007 年第 3 期)

对图书馆缩微工作的再认识

吉林省图书馆　林树元　陈颖松

缩微技术是使用照相技术,将图书报刊等记录有知识信息的载体在感光材料上拍摄成缩微影像的复制品,又称缩微品。记录在缩微胶片上的缩微影像通过一定的技术手段和方法,可以进行自动化处理、保存、检索、再现和复制还原。缩微技术从上世纪 20 年代开始应用于图书馆,已经有近 80 年的历史了。缩微技术在我国大规模应用于图书馆,是上世纪 80 年代。

1　国内外图书馆缩微工作的发展历程

1.1　国外图书馆开启缩微工作的先河

上世纪 30 年代,图书馆管理者注意到易变质报纸和遭受战争威胁可能遭到破坏的不可替换文件。1932 年美国国会图书馆开始将其珍藏的珍本图书资料制成缩微胶片向读者提供服务。1933 年纽约《先锋论坛报》将该社一百年来发行的报纸全部缩微成胶片,并编制了检索系统。30 年代后期在洛克菲勒基金会的资助下,哈佛大学图书馆开始着手缩影当时刊行的 30—35 种类型的外文报纸。此后,美、英等国把文献缩微摄影的方法作为文献资料出版的一种方式使缩微文献资料走入图书馆。

1.2　我国图书馆缩微工作的 20 年嬗变

虽然与国外相差近 50 年,但经过短短 20 多年的发展,我国图书馆缩微工作已渐成系统、渐具规模。

缩微技术进入我国图书馆领域的应用是从 1948 年北京图书馆引进缩微设备开始的。上世纪 80 年代以前,针对馆藏古旧文献保存环境恶劣,人为磨损等因素的影响,文献纸质老化,损毁已是普遍现象。个别图书馆因此从国外引进缩微设备,以缩微复制的方式保存本馆的珍贵文献。如:北京图书馆、吉林省图书馆、辽宁省图书馆等。进入 80 年代,图书馆工作者要求国家采取紧急措施,抢救濒临毁灭的文献典籍的呼吁引起中央的重视。1984 年文化部正式批准成立全国图书馆文献缩微复制中心。1985 年 1 月,文化部图书馆局在南京召开了第一次"全国图书馆文献缩微工作会议",会上宣布了文化部的决定,讨论通过了《全国图书馆文献缩微复制中心章程》,研究了文献抢救的长期规划和近期实施方案。当年5月,文化部批转了会议通过的章程。这次会议的召开,标志着由国家提供财政支持,有组织、有计划的文献抢救工程的正式开始。

我国图书馆缩微工作经过20多年的发展,取得了骄人的成绩:基本完成了古籍善本、建国前旧报纸和旧期刊、民国图书的大部分的拍摄任务。在全国公共图书馆的共同努力下,完成了解放前报纸、期刊及各省馆的地方志的拍摄。截至2006年年底,共抢救各类珍贵文献55 545多种,其中解放前报纸3227种,18 000余卷;期刊13 163种,7000余卷,古籍善本30 584种,30 173余卷;补缺报纸2 244 000余版、补缺期刊17 000余期。民国时期的图书正在按计划拍摄中,到2007年10月,共拍摄完成民国时期平、精装图书4万种。如此多的缩微文献,可以和国家图书馆媲美,因为它所拥有的珍贵资料,是来自全国所有的公共图书馆,包括国家图书馆,无论文献的种类、数量、完整性都是全国第一。缩微文献已经成为继纸质文献、声像文献之后的第三大文献。抢救并保护了大批国家的珍贵遗产,为弘扬民族文化作出了巨大贡献。缩微文献已从当初不被人们认可到逐步认识再到现在被广泛使用。

2　图书馆缩微工作存在的价值

缩微技术发展到今天,它已经成为一种成熟、稳定的技术,是目前行之有效的再生性文献保护措施。缩微工作以其独有的特点在馆藏文献的保存与利用方面有着存在价值。

2.1　缩微复制的特点

缩微复制作为历史的产物,必然有其历史的局限性,但其刚出现时作为新生事物,与传统的纸质文献相比还是有其优越性。如:信息存储密度大,体积小,一般用35mm、16mm缩微胶片,节省存储空间、人力资源,提高资料管理效率。缩微品忠实于文献原貌,使用和保存寿命长,平均可达300—400年左右,技术比较成熟。提高资料使用率与再生力,只需要一台阅读器即可阅读,读者如需要复制成纸质文献,增加一台阅读复印机即可。利用缩微复制技术对图书文献进行缩微化处理,是开发利用图书文献的一种有效方法,既不损坏原件又达到长久保存的目的;还可将缩微胶片按一定标准格式扫描,把模拟影像转化为数字影像,方便数字化。

随着计算机及信息存储技术的发展,缩微技术与其相比较,存在的不同之处为:存储密度不如新的存储介质;制作成本高;阅读方便性差,阅读方式不符合大多数读者的阅读习惯(长时间注视阅读器屏幕易引起眼睛疲劳和不适);缩微胶片存储的是黑白影像,不能反映文献原貌,而现代数字技术采集保存的是彩色影像。虽然彩色缩微也已经应用于文献载体转换,但原有缩微技术人员需要重新培训,成本太高也是阻碍图书馆开展彩色缩微的直接原因;胶片在传播与利用上不如数字化影像方便等,这些因素构成缩微技术在图书馆应用与发展的直接障碍。尽管存在以上不利因素,但以缩微胶片形式保存的信息仍然有着不可忽视的重要价值。

2.2　缩微工作的存在价值

(1)图书馆缩微胶片以非纸质文献的载体形式所负载的大量信息已经形成系统的文献资源,使缩微工作具有了历史延续价值,即在已做工作的基础上,继续选择文献进行缩微,以使现有的胶片文献内容不断更新,更加完整和系统。

(2)在新的技术条件下,可以实现缩微胶片与数字化影像的转换,满足现代存储、检索、利用,提高了缩微品在图书馆的利用价值。有部分读者还习惯于直接利用胶片查阅资料,这种社会需求也是促使图书馆仍然要提供这项服务的存在。

(3)在信息技术发达国家,缩微技术仍在图书馆文献资料的处理上占有重要的地位。如:美国国会图书馆是应用缩微技术最早的图书馆,从 1927 年对馆藏的外国文献资料进行缩微拍照开始,至今缩微技术在该馆的应用仍然不衰。有资料显示,美国 UMI 公司每年收入的 75% 来自缩微资料。其他如英国、法国、日本等国家的图书馆,尽管计算机和电子影像技术的应用已形成规模,而对缩微技术的发展依然十分重视。以日本国会图书馆为例:该馆从 50 年代初对馆藏 1945 年以前的报纸进行缩微化开始,以后每年都进行有计划的文献缩微化工作,从未间断。尤其近几年以来,其馆藏缩微化工作,不论从资料范围还是组织规模,都是罕见的。该馆除对馆藏期刊、报纸、古籍进行缩微化之外,还对法律议会录、众议院会议录、日本宪政资料、日本近代政治资料等无所不拍。

目前国外图书馆还在使用缩微技术抢救文献的现实,使我们对我国图书馆缩微技术存在价值与前景展开新的思考。

3　图书馆缩微工作发展前景

3.1　缩微文献与信息技术相结合将焕发出强大的利用与传播作用

缩微文献在利用方面的重要特点是能保证读者阅读到珍贵的或破损较为严重的文献。一方面,由于部分珍贵文献出于保护的角度,不提供阅览服务,这为读者查阅需求带来障碍;另一方面,在各个图书馆因原始文献的破损程度较为严重,有些资料已经不具备对读者开放的条件,所以需要查阅这部分文献的读者,只能通过缩微胶片或已经由胶片影像转换成数字影像的文献。由此可见,缩微胶片在文献利用及读者服务方面仍有其不可替代的优势,以保证馆藏使用自由的目的。《公共图书馆服务发展指南》中提出:所有的信息,不论何种载体都应当尽量提供给本社区的用户使用;缩微资料同其他载体一样,应是公共图书馆馆藏的一部分。在胶片文献与用于拍照的原始文献并存的情况下,胶片文献在复制、数字化转换和利用方面比原始纸质文献更有其优势。如通过缩微胶片进行数字化,可以有效保护原始文献,数字化工作的效率也要高于原始文献的直接数字化。

3.2　缩微文献的系统性使其在未来珍贵文献保存中发挥特有功能

现在积累的缩微胶片载体形式的文献,已经形成一个较完整的体系,包括国内和国外图书馆界,都将胶片文献作为一种新的文献资源给予高度重视。记录有文献内容的胶片在标准环境下可保存 500 年以上。同时对于珍贵及破损严重的文献,各馆都不希望再用原件进行复制,包括文献数字化,这样作为替代品的缩微胶片就会起到替代原件进行再复制的功能。

3.3　未来普通古籍等文献的抢救性保护工作仍离不开缩微技术

缩微技术从产生和应用的那天起,就在文献信息储存方面发挥着极为重要的作用,随着这项技术本身及与其他技术相结合,至今"它仍然是一种具有活力的系统"。2007年启动的全国古籍普查工作中明确提到:采用缩微技术复制、抢救珍贵古籍,并为读者提供方便的阅览服务。中国的公共图书馆仍需要缩微技术,正如同在电子或数字化文献出现并被大量使用的今天,纸质这种古老的文献并没有退出历史舞台,而且还在发挥着传统的巨大的作用。"中华善本再造工程"也从一个侧面说明,像比缩微胶片更为古老的宣纸这种文献载体形式,仍然被重视并大规模再利用。可见,无论文献以哪种载体形式存在,无论其载体形式的新与旧,只要能稳定地保存文献,并且载体形式便于利用,都可作为人类文化资源的载体而存在、被复制和传承。

图书馆缩微工作在未来几年内仍是一项重要的工作,发展趋势是以文献抢救性保存为主,以数字化转换加强利用为辅。随着缩微文献资源累积得更加系统化,其价值及发展前景将会被人们重新认识。

参考文献

[1]吴骏.缩微技术在现代图书馆的应用及发展空间.图书馆学刊,2008(1)

[2]曹宏.缩微中心走过辉煌 20 年.数字与缩微影像,2005(3)

[3]李明.图书馆缩微技术的一些早期发展.缩微技术,1999(1)

[4]王会均.缩影图书资料管理.北京:文史哲出版社,1983

（原载《数字与缩微影像》2009 年第 1 期）

全国公共图书馆文献抢救及展望

国家图书馆　　王青云　　王　　浩

1　全国图书馆文献缩微复制中心成立的背景及主要职责

1981 年中共中央下发(81)37 号文件,其中有关于抢救祖国文化遗产的意见。1982 年 7 月 1 日,任继愈先生给当时主管文化工作的中央领导胡乔木写信,提出"关于妥善保存和充分利用孔府档案的建议"。胡乔木同志就此写信给有关方面负责人"他的意见很值得重视……这些事情一向无人注意,拖久了必致损失。又档案缩微事业关系我国文化遗产的保存,意义很大并希告图书馆局、文物局和档案局一并从速进行为荷"。

我国是一个历史悠久的文明古国,文献典籍极其丰富,各地、各系统图书馆都有自己的珍藏。为尽早抢救这些珍贵文献,文化部对部分图书馆的文献收藏情况做了调查,调查显示:这些珍贵的文献资料,其中有些已濒临毁灭的境地,尤以旧报刊为甚。例如重庆图书馆保存的抗日战争时期的一些旧报纸、旧期刊,由于纸张的严重变质,许多已经不能翻阅,只好封存,停止流通;国家图书馆的报纸阅览室,每天都可以扫出一堆从旧报纸上掉下来的纸屑。像重庆与国图这种情况,其他馆也存在。对这些旧资料,如不赶快抢救,很可能在不远的将来消失殆尽。

文化部图书馆局自 1983 年起,多次召集有关人员开会,提出各种可行性方案。1983 年 4 月和 9 月分别召开了由部分省文化厅、局领导、图书馆馆长及其部分技术人员参加的"缩微技术研讨会"和"图书馆缩微复制工作座谈会"。这两次会议分别就缩微复制工作的意义、组织领导、缩微点的摄制、培训等问题进行了广泛的讨论。此后,又经过一年多的组织与技术准备,1985 年 1 月,文化部在南京召开第一次全国图书馆文献缩微工作会议,宣布全国图书馆文献缩微复制中心(以下简称缩微中心)成立,并讨论通过《全国图书馆文献缩微复制中心章程》。章程对缩微中心的性质、主要任务、组织机构、成员馆的权利与义务做了规定。明确了缩微中心的主要任务是负责制定全国公共图书馆文献缩微规划,并积极促进图书馆缩微事业的发展。缩微中心自此开始组织协调全国公共图书馆开展对 1949 年以前出版的古旧文献的抢救工作,国家为此每年拨专款支持文献抢救工作。

2　全国公共图书馆文献抢救取得的成果

全国图书馆文献缩微复制中心成立后,组织公共图书馆系统的几十家图书馆以及教育、档案、新闻等资料收藏单位,共同开展以缩微摄影方式为技术手段的文献抢救工程,文献抢救工作取得了显著成绩。

2.1　有效实施文献抢救

2.1.1　大力推进珍贵文献缩微复制工作

在公共图书馆收藏的文献中,除了近二三十年出版的文献纸质基本没有发生劣化外,其他文献都不同程度的存在纸质劣化、霉变、虫蛀情况,有的文献劣化情况相当严重,这其中包括建国初期至 60 年代的文献。

从 1986 年开始,在缩微中心的统一协调下,首先对公共图书馆系统收藏的旧报纸进行缩微抢救,随后对古籍善本开始抢救,1989 年又将旧期刊纳入抢救范围,参与文献抢救的图书馆达到 40 多个,到 1996 年底,第一阶段抢救建国前出版的旧报纸、期刊的任务基本完成,古籍善本的抢救也接近尾声。1996 年年底,文化部图书馆司召开全国图书馆文献缩微工作会议,会议制定了《1997 年—2010 年文献抢救规划》,要求在今后的 13 年里,逐步开展普通古籍、地方文献、革命文献、少数民族古旧文献、外文古旧文献、传世稀少的金石善拓、古旧地图、旧平装书、建国初报刊等的调研和缩微工作。从 1997 年起文献抢救逐步转向民国时期文献和普通古籍及图书馆其他珍贵文献的缩微复制。

经过 20 多年的努力,古代文献中的善本书、近代文献中的报纸和期刊基本拍摄完毕。截至 2008 年 12 月,全国公共图书馆系统珍贵馆藏文献已完成缩微拍摄的有 104 000 余种。其中,公共图书馆馆藏古籍约 50 000 种,已拍摄 31500 余种;收入《中文报纸联合目录》(初稿)的旧报纸约 7800 种,已拍摄 4300 余种;收入《中文期刊联合目录》的旧期刊 29 000 余种,已拍摄 15 200 余种;民国时期的平装书约 13 万—15 万种,已拍摄 53 300 余种。

2.1.2　建立了国家缩微品母片和拷底片库

各成员馆拍摄的母片均由缩微中心统一保存在国家母片库,由于缩微品母片实行统一管理,使文献和缩微品母片实现了异地保存,增强了抵御自然灾害的能力,文献的安全得到有效保障。国家缩微品母片库按照国际标准保持恒温恒湿,入藏各类文献缩微品母片总卷数 111 000 余卷,总拍数达到 6000 万拍;缩微品拷底片库目前容纳拷底片 17.5 万卷。这两个胶片库容纳了全国图书馆文献抢救工作自开展以来的最重要成果,其文献价值和历史意义均难以用货币衡量。

2.1.3 促进全国图书馆文献资料的补充和完善

文献抢救的有形成果卓著,无形成果也不容忽视。参与文献抢救的图书馆在拍摄旧报纸、旧期刊期间,通过统一规划、统一协调、图书馆之间互相补缺的方式共补充旧报纸224万余版、旧期刊1.7万余期,对提高旧文献的史料价值和各图书馆的馆藏质量具有重要的意义。这项资料互补工作是图书馆多年来想做而难以实现的,只有通过文献抢救形成的全国图书馆协作网才得以实现。

2.1.4 以影印方式再现珍贵典籍

为了保存祖国珍贵的历史文献,缩微中心除了用缩微摄影的方法摄制缩微胶卷外,还将部分史料价值高,流传稀少的古旧文献整理后影印出版。影印出版所涉及内容多,范围广,在一定程度上弥补了学术出版方面的缺憾,有效补充了图书馆馆藏,为学术界与文献收藏单位提供难得的参考资料,20多年来影印古籍共计200余种,受到史学界和海外学者的好评。

2.2 加强了机构和队伍建设

缩微中心在全国图书馆范围内开展工作,经过20年的发展,目前直接参与文献抢救工作的图书馆达到40余个,并在其中的20余个公共图书馆(成员馆)配备了缩微设备,建立了22个缩微拍摄点,在文献的抢救和再利用中发挥了积极而重要的作用。

为促进缩微文献的科学利用,国家图书馆设立了专门的缩微文献阅览室,各地方公共图书馆也相继开展了缩微阅览服务,缩微中心确定了30余个图书馆为资料提供单位,并且无偿为其提供缩微阅读器和一批缩微资料。开展缩微文献阅览服务,一方面方便了读者应用,另一方面也减少了对珍贵文献的直接使用,实现了更加有效的保护。

为实现被抢救文献的永久保存,缩微中心要求各拍摄馆在工作的各环节严格执行国家相关技术标准,同时制定了符合图书馆要求的文献整理、著录规则。20年来,采取多种形式培训专业技术人员近2000人次,为全国各公共图书馆培养了一批文献整理编辑人员和缩微技术骨干,培养了专门的缩微品数字转化技术人员和操作人员,使我国公共图书馆应用缩微技术的整体水平有了很大提高,缩短了与发达国家图书馆的差距。

3 发挥缩微影像技术在文献数字资源建设方面的优势

随着网络技术的飞速发展,图书馆的发展也进入了网络化、数字化的新阶段。图书馆文献资源建设的对象不再局限于传统的文献概念,而是包括传统的印刷型文献、数字文献和网络信息在内的、涵盖范围较广的信息资源。图书馆已不再只重视传统的馆藏文献的建设,而是越来越倾向于数字文献资源的建设。

　　为了协助国家图书馆进行数字文献资源建设，缩微中心于 2003 年成立了缩微胶片数字化工作室，着手进行缩微文献的数字化转换工作。近几年数字化工作重心是民国图书，所采取的转换方式是边摄制缩微胶片边利用缩微胶片转换数字资源。具体加工方式是先将民国图书原件拍摄为缩微胶片，然后用缩微母片制作拷底，再以拷底片作为加工对象进行数字化转换。这样使得民国图书原件只被使用一次，大大降低了加工过程中民国图书原件受损的风险，并且摄制缩微胶片和数字化同时进行，还可以及时地发现和纠正摄制缩微胶片时出现的错误，有利于提高加工质量。目前，缩微中心已转换民国图书近 300 万拍。

　　经过近几年的工作实践，我们认识到缩微文献数字化技术在馆藏数字资源建设中不可替代的作用，与基于原文献的数字化转换方式相比，具有以下优势：

　　（1）不损伤原文献。基于原文献的数字化转换方式，是以原文献为加工对象。在加工过程中原文献与操作人员、扫描设备直接接触，给原文献的安全带来很大隐患，如设备故障造成文献磨损，保存不当造成霉变或人为失误造成损坏等。各个图书馆均有自己的"镇馆之宝"，而这些"镇馆之宝"大多由于年代久远而出现书页整体泛黄、字迹不清、书页两角脆化等问题，有些还有虫蛀，轻轻一碰就会损坏。对这些珍贵的文献而言，翻阅已经变成了一种很大的伤害，更不要说扫描了。缩微文献数字化是以缩微胶片为转换对象，在转换过程中并不接触原文献，即使在转换过程中出现人为失误等问题，也不会伤害到原文献，很好地解决了古旧珍惜文献在保存和利用上的矛盾。

　　（2）转换速度快。随着缩微文献数字化技术越来越为图书馆界重视，缩微转换设备的性能也随之提升。目前，高端设备的扫描速度已达到每分钟 200 画幅左右，对于原文献数字化而言，这一速度是无法实现的。

　　（3）转换质量较高。拥有百年历史的缩微技术已经非常成熟，拍摄的缩微胶片几乎可以捕捉到原文献上的所有细节。因此，经数字化转换后的影像质量并不会明显低于原文献数字化的影像质量。

4　今后文献抢救和利用工作的设想

　　20 几年来，参加文献抢救工作的各图书馆之间互相配合紧密协作，为完成这项造福于子孙后代的工程贡献着自己的力量，大批珍贵文献通过缩微复制得到再生性保护。目前，随着网络信息时代的来临，为了能够更高效、快捷的为用户服务，很多图书馆已经开始着手进行缩微文献的数字化转换工作，如广东中山图书馆、南京图书馆、山东图书馆等。但由于没有机构负责组织、协调，各图书馆各自为政，难免会出现标准不统一、格式不兼容、资源重复建设等问题,极大地影响了数字资源的共享,阻碍了图书馆数字资源建设的步伐。

针对这一问题,我们认为应建立专门的机构,负责组织、协调全国各公共图书馆的缩微文献数字化工作。该机构负责制定统一的转换标准和操作指南,负责统筹安排各公共图书馆的数字化转换计划,负责各公共图书馆的业务培训和技术支持工作,为各公共图书馆缩微转换工作的顺利进行提供有力保障,负责保存并发布转换后的数字资源并共享给各个公共图书馆。

参考文献

[1] 全国图书馆缩微复制中心存有的档案文件

[2] 姜亚沙. 缩微胶卷的利用与古籍影印. 数字与缩微影像,2005(3)

[3] 刘瑞林. 论数字技术条件下的缩微技术. 数字与缩微影像,2004(2)

（原载《数字与缩微影像》2009 年第 2 期）

图书馆缩微工作困境及对策分析

国家图书馆　曹　宏

　　缩微技术于1838年起源于英国,至今发展了近200年,它是采用摄影方式,将原始信息以缩小影像的方式记录在感光材料上,再经过加工制作成缩微品进行保存、传播和使用。缩微技术由于其特有的存储密度大,记录效果好,寿命长、方便拷贝和可以多功能使用等优势,在图书馆技术应用中得到迅速的发展。这也使缩微工作在图书馆工作中扮演着越来越重要的角色,因此分析当今缩微工作面临的困境,寻找突破这些困境的有效办法,有着十分重要的意义。

1　国内外缩微工作发展概况

1.1　国外发展情况

　　缩微技术起源于一个名叫约翰·丹瑟的英国光学家通过显微镜将文件摄制成1/8原文件大小的影像。20世纪20年代,摄影技术有了很大的发展,摄影器材、感光材料的质量有了很大的提高,出现了专门拍摄小型文献的摄像机。1925年美国设计了一台转轮式缩微摄像机,同年法国制造出平台式摄像机,这两种摄像机的出现标志着现代缩微技术的发展。1958年出现了COM(Computer Output Microfilm,计算机输出缩微胶片记录装置),1960年出现了CIM(Computer Input Microfilm,缩微胶片输入计算机系统),20世纪60年代出现了CAR(Computer Assisted Retrieval,电子计算机辅助检索系统),近年来还开发了以电子计算机为基础,将光盘、磁盘与缩微胶片结合起来的复合信息管理系统。在应用领域上,已扩展到图书馆、保险公司、银行、国家机关等机构。美国的家谱学会图书馆和日本的国会图书馆都是成功应用缩微技术的典范。

1.2　国内发展情况

　　我国最早应用缩微技术在1936年,至今已有70年多年。缩微技术进入我国图书馆应用领域是从1948年北京图书馆引进缩微设备开始的。1984年7月文化部听取了图书馆事业管理局的建议后,决定成立全国图书馆文献缩微中心,并通过了《全国图书馆文献缩微复制中心章程》。1985 年我国成立了全国图书馆文献缩微复制中心,其主要工作职责是制定全国公共图书馆文献缩微规划,组织并协调全国公共图书馆开展对馆藏古旧文献和其他需要长期保存文献的抢救工作,从而标志着缩微技术在我国得到了迅速的发展。截至 2008 年年底,缩微中心共抢救各类珍稀濒危文献典籍和报刊100 183种,其中古籍善本31 871种,报纸 2771 种,期刊15 230种,民国时期图书50 311种。1996 年文化部原图书馆司召开了全国图书馆文献缩微工作会议,讨论通过了《1997—2010 年全国公共图书馆文献缩微规划》。根据该规划,全国公共图书馆将有计划、循序渐进地开展革命文献、地方志、民国时期图书、普通古籍、少数民族古旧文献、外文古旧文献、传世稀少的金石善拓、古旧地图、建国后报刊等文献的调研、缩微工作。进而在制度上完善了缩微工作。我们可以看到,随着缩微工作者的努力,缩微技术在我国得到了逐步的发展,现在正在进一步向正规化、系统化迈进。但缩微工作现在也面临着一些困境,具体表现在缩微资料利用率低,现代科技对其造成了冲击,缩微市场化不足及缩微工作管理中面临困境。

2　图书馆缩微工作面临的困境

2.1　缩微资料利用率低

现在图书馆的缩微资料,大部分仅限于自己馆藏文献资料的缩微拍摄,由于经费等方面的原因,外购的缩微资料相对不足,加上检索工具及数据库的不完善,使读者很多时候通过缩微资料不能满足自己所需,这使缩微资料在我国的利用率相对较低,另外缩微品的自身局限性导致了缩微资料利用率低下,因为读者必须通过阅读器才能获得信息,加上图书馆相应设备的不足,使利用缩微资料的读者很少,这是我国缩微工作者需要面对的一大难题。与国外的情况比较,我们可以看到国外的缩微技术由于发展时间较长,缩微资料在馆藏的资料中所占的比重相对较高,大部分又采用自动化检索,服务设施先进,服务范围很大,使缩微资料的利用率很高,这在一定程度上提升了图书馆对缩微资料制作、采集和收藏的积极性,从而形成了一个良性的循环体系。

2.2　存储和传递方式落后

随着现代科技的发展,应用于图书馆的技术呈现多样化特点,这在不同程度上冲击着缩微工作。现代社会逐渐向信息化发展,网络技术在现代科技中也扮演着越来越重要的角色。网络技术具有先进的传输速度,还可以大大扩展资料的来源,人们通过因特网往往可以很轻松地了解到世界各地各个方面的资料,这就使人们通过网络能很迅速地搜集到自己所需的资料,所以人们更乐于用这种更便捷的方式来进行资料搜索。再一个就是数字技术的应用,数字技术由于其存储密度大,便于网络运用等特点,在现在的图书馆应用中也得到了一定的发展,这在一定程度上冲击了缩微资料存储密度大的特点。再一个就是数字技术资料便于传输,比如人们通过 U 盘可以很轻易地将大量的资料进行转移并储存,这也使缩微资料在应用上更加远离读者的关注。

2.3　缩微工作市场化程度低

当今我国经济活动的市场化要求越来越高,也促使了我国各行各业市场化的发展。图书馆缩微工作由于其工作的性质,主要在于资料的保存和整理,使缩微工作长期封闭在图书馆的内部,也在一定程度上限制了缩微技术的发展。缩微工作市场化的不足主要表现在:缩微工作者制作缩微品只在于制作的完成,即工作的职责就是完成对图书资料的缩微工作;缩微品面向的对象往往只是狭义范围的读者,比如高校的缩微品面向的使用者只是高校的学生和老师;最后是缩微市场化经营体系的缺陷,没有一个良好的市场化经营体系,也就谈不上市场化运作。

2.4　管理体制和方式落后

管理工作在整个缩微工作中起着重要的协调作用,现在缩微管理工作已经有了很大的改进,但在一些方面还是存在各种问题。比如现行体制束缚于传统体制,不能有效地突破。管理方式老化,各个程序之间不能进行有效的配合,导致设备利用率低,大大降低了工作的效率。

3　走出困境的对策分析

3.1　提高缩微资料的利用率

缩微工作的主要目的就是为了给读者提供有效的资料,其目的还是要归结到人的因素。馆藏缩微资料的利用率低,这在很大程度上削弱了缩微资料的功用性。为提高馆藏缩微资料的利用率,我们需要在以下几方面入手:一是要加大缩微资料的搜集力度,不仅要丰富馆藏书籍的缩微采集,而且还要注重外购缩微资料,从而加大缩微资料的种类,使读者能够查到所需,进而增加对缩微资料的利用率;二是图书馆在预算方面要加大对缩微方面的预算额度,加大对缩微设备的投入及缩微工作人才的引入,丰富缩微阅览设备,使读者能够更便捷地阅读到缩微资料;三是要注重对读者进行缩微资料利用的宣传,缩微资料之所以利用率低,宣传不力也是一方面的原因。读者由于图书资源的多样性,很少有特别关注缩微资料的机会,这是一个很现实的问题。我们应该就这方面加大宣传力度,比如经常在图书馆网页上进行提示,进行一些缩微资料使用说明的讲座,以及在图书馆展览一些缩微工作的宣传资料,这些都是很有效的活动。

3.2 与现代科技有效结合

要解决现代科技给缩微工作带来的困境，必须要认识到现代科学技术对于缩微技术来说不是挑战，而是一个很好的发展机遇，不是要与其他现代科技来竞争，而是要与其有效结合。就网络技术方面来说，通过网络技术可以建立相应的数据库，使读者在较短时间内可以在数据库的海量信息内查询到自己所需要的信息，这可以大大加快读者的查询速度。在数字化方面，缩微工作者应该有效地利用其优点，例如缩微胶片可以通过"胶片数字扫描仪"转换成高质量的数字影像存入 CD 盘，再利用网络建立数字化的存储系统，这同时也是将缩微资料有效保存的一个途径。这一方面可以加大缩微资料的存储密度，另一方面也可以解决数字技术在保存和利用方面的一些缺点。缩微品数字化网络运行是缩微技术未来的大势所趋，今后在缩微工作中一定要注重这方面的建设。

3.3 推进缩微工作市场化

在当今我国向市场经济转轨时期，推进缩微工作的市场化，是发展我国缩微技术和推进缩微资料利用的有效方式。要实现这个目标，需要很多改进工作。首先是做好市场调查和市场宣传，调查市场中有哪些单位需要缩微资料，及需要缩微资料的种类，在市场中通过媒体等媒介也可以加大缩微资料的宣传力度，提高缩微技术的知名度。其次是建立良好的市场运作体系，这需要引进市场经济运作的思想，比如企业的管理程序及理念，使缩微工作在市场化运行中能够有序、有效的进行。缩微工作市场化运行的好坏，直接关系着缩微技术未来的发展，好的市场化可以推动缩微工作的发展。

3.4 改革管理方式

改革管理工作，首先要突破管理工作的瓶颈，在管理体制上进行创新，积极吸收外国的管理体制，将其有效地引进，并加大各馆之间的交流，避免闭关发展的现象。在工作程序化上，不妨借鉴企业的管理模式，用先进的企业管理理念来指导缩微工作，这一方面是改革管理方式的创新；另一方面也会提高缩微工作的效率。但在改革管理方式的过程中，也要注意改革的有效性。若进行的改革无效，则会产生很大的交易费用，一定程度上起到了负面作用。

通过以上分析我们可以看到，我国的缩微工作自引进以来获得了较快的发展，这也促进了图书馆工作的发展。但由于我国缩微工作发展相对滞后等原因，使我国的缩微工作在资料利用率、与现代技术结合、市场化和管理方式等方面存在一些问题，这在一定程度制约了我国缩微工作的发展，因此我们要积极地正视这些问题，想方设法提高资料的利用率，把与现代技术结合视作一个发展的良好机遇，推进市场化进程，并进行有效的管理方式改革，使我国的缩微技术进入一个更好的发展轨道，让其在我国图书馆工作中发挥更有效的作用。

参考文献

［1］郝志娟,郑莉.论网络环境下的缩微技术工作.理工科研,2009（3）

［2］江雪芬,邓红英.多种载体无障碍转化,寻求缩微工作新出路——东锅缩微工作实现成功转型.数字
与缩微影像,2008（2）

［3］刘中朝,任克洪.河南省图书馆缩微工作十年回顾与展望.河南图书馆学刊,2007(1)

［4］染宁丽.缩微工作企业化管理.缩微技术,2002（4）

（原载《图书馆学刊》2009 年第 9 期）

论缩微技术仍具有强大生命力

辽宁大学　孙　沁

缩微技术经过一百多年的发展,已经成为一项成熟的技术。其存储密度大、标准化程度高、可长期保存、具有法律效应等特点,使之在档案机构中广泛应用。我国的《档案法实施办法》还明确指出:各级各类档案馆提供利用的档案应当逐步实现以缩微品代替原件。这充分肯定了缩微技术的地位。但是在计算机技术、现代通讯技术和网络技术快速发展的今天,光盘技术以其存储容量大、检索速度快、共享强等优势,在信息存储和提供利用中得到了广泛应用。这对缩微技术来说是一个很大的冲击,因为相比光盘技术,缩微技术存储容量更小、检索速度慢、共享性不强。在注重效率与利用的今天,光盘技术成了宠儿,而缩微技术越来越不被看好。甚至很多人开始怀疑,缩微技术是不是过时了?缩微技术是不是即将被光盘技术所取代?答案无疑是否定的。

一、从技术层面来看,缩微技术有着光盘技术无法比拟的优势

1. 稳定性。缩微技术经过了100多年的发展,缩微设备的镜头、测点、曝光、自动对焦、冲洗温控等性能已非常完善,缩微胶片和前制设备今后不会有很大的变化,可以说缩微技术是一种完全成熟稳定的技术。[1]而光盘技术还处于发展阶段,更新换代很快。今天还广泛运用的技术,也许一年、两年之后,设备和盘片都有可能被淘汰。需要及时进行信息的转移,才能避免信息的丢失。这种技术的更新换代,也极易对信息安全造成威胁。

2. 可长期保存。这个可以说是缩微胶片最大的优势了。据有关材料记载:"国外有关试验结果表明,在一定的条件下,缩微胶片的寿命可达500年以上。"[2]甚至有报道称,缩微胶片的保存期限为1000年。从实际上看,国外19世纪30、40年代产生的缩微品,至今大都保存完好。实践证明,在一定保存条件下,缩微胶片保存一百年以上不成问题,甚至会更长久。而光盘信息的存储期限只有数十年。

3. 信息安全性强。一方面,缩微胶片对设备依赖小。缩微胶片纪录的是光学影像,靠的是光影成像原理进行阅读。所以,不管阅读器外观、性能如何变化,其光影成像原理

是不会变的,这样的话,胶片就都能读出来。在缺乏设备时,只要用一个足够倍数的放大镜,就可以进行阅读。而不像光盘,对计算机依赖大,一旦更新换代,不注意保存好相应设备就有可能读不出来。另一方面,缩微胶片即便有点损坏也是局部的信息损坏,其他信息仍然可以阅读。但是光盘受到计算机病毒、网络黑客破坏系统,文献信息丢失无法察觉等问题。一旦受伤,就全盘不能读出。信息数据丢失严重性可想而知。

4.标准化程度高。缩微技术经过了100多年的探索和实践,已经形成一套完整的国际技术标准和我国国家技术标准。目前 ISO 国际标准已有30种,我国的标准也很完善,如:国家档案局颁布的《缩微摄影技术在16mm卷片上拍摄档案的规定》和《缩微摄影技术在 A6 平片上拍摄档案的规定》等。各种规格的缩微品只要按照这些标准制作,就可以在任何国家使用。而光盘还处于发展阶段,标准化程度低。

5.具有法律效力。正是由于缩微技术具有以上的优点,加之是一次拍摄成像,影像具有不可逆性,不能修改,这能够保证档案的真实性、可靠性。我国《档案法实施办法》规定:"档案缩微品和其他复制形式的档案,载有档案收藏单位法定代表人的签名或者印章标记的,具有与档案原件同等的效力。"美国、日本、加拿大、英国等国家也允许缩微品作为法律上的原始证据。而光盘档案,很多人认为其在输入输出时很容易被修改、删除,因此其法律性还处于探讨阶段,尚不具有法律效力。

二、从现实利用状况来看,缩微技术仍然被广泛使用

缩微技术作为一项最为成熟的文献真迹存储技术,被中外档案部门公认为是对档案进行再生性保护的有效技术。它的特点和优势,是其他技术所不能替代的,因此在档案、情报、图书等领域得到了广泛应用。而光盘技术虽然发展迅速,但是想要替代缩微技术,却不那么乐观。

第一历史档案馆和台湾某些档案馆,在将馆藏档案进行数字化扫描保存在光盘上之后,仍然选择将其通过缩微技术进行长久保管。而中国一航成都飞机工业集团等大型企业集团,也是使用数字化还原胶片仪,选择缩微技术作为永久保存的手段。

而四川省档案局(馆)则根据缩微技术的特点,选定采用了缩微技术作为再生性抢救清代巴县档案的手段和方法。经过20年的不懈努力,这部分档案被完好保存下来。目前,对馆藏其他珍贵档案的缩微抢救也正在进行当中。在提供利用上:一方面,按照标准要求设置检索符号,采用了光点法和闪现法,可实现机器和手工两种手段的检索。将利用者指定的部分进行纸张还原;另一方面,对于利用比较频繁的档案进行缩微胶片的数字化扫描,然后刻成光盘提供利用。这样,既有了光盘利用方面的优点,又保持了缩微胶

片保存上的优势。很多大型的图书馆,如成都市图书馆等,也正在对馆藏图书进行缩微。

三、从专业角度来说,缩微技术仍将是档案等信息存储保管部门的不二选择

面对光盘技术在利用方面对缩微技术形成的种种冲击,笔者认为,档案馆应该在坚守自己基本职责的基础上,进行改进,而不是人云亦云的认为缩微技术过时了。档案部门应该清醒地认识到,光盘技术有其优点,但是缩微技术更加切合档案部门的工作实际。毕竟保管是利用的前提。

缩微胶片是档案的最佳存储介质,只有缩微技术才能真正保证档案的长期安全。而如果简单地追求检索利用上的方便,而忽视了信息的保管和积累,信息化道路上也只能出现"有路无车"的尴尬局面。

四、从发展层面看,缩微胶片数字化为之注入了新的活力

档案工作是由相对稳定的各个环节组成的一个有机整体,各环节之间互相制约、互相促进。[3]因此我们要做的,不是要用光盘技术去替代缩微技术,而应该好好考虑一下,如何让两者互相配合更好地为我们服务。不难看出,缩微技术的优势在于存储,而光盘的优势在于利用。所以如果能够把两者结合起来,那么就可以做到优势互补,扬长避短,既有利于档案的管理、检索和利用,也便于机读信息的长期保存。[4]

笔者认为,缩微胶片的数字化扫描就是一个很好的方式。缩微胶片数字化,既保持了缩微胶片作为档案最佳存储介质的优势,而且,利用已有缩微胶片,将其转换成计算机可识别的数字信息,为档案信息数字化、传输网络化创造了条件,取得了事半功倍的效果。而且通过数字化扫描,可以与光盘随意转换。在这个转换中,将光盘技术和缩微技术的优势完美结合,既方便利用,又长期保存。

综上所述,我们必须要两条腿走路,用好光盘技术和缩微技术。而认为光盘技术即将取代缩微技术是极端错误的。挑战前所未有,机遇也前所未有,缩微技术以其独特的优势,向世人展示着自己的强大生命力。

参考文献

[1]宋宪晴.浅谈缩微技术与光盘技术的共存与发展.缩微技术,2000(3)

[2]何留根,李建军.缩微技术与光盘技术在档案管理中的应用对比.山东交通科技,2008(2)

[3]陈兆祦,和宝荣,王英玮.档案管理学基础.北京:中国人民大学出版社,2000

[4]尤承彤,李澄.浅谈缩微胶片数字化.机电兵船档案,2007(1)

（原载《兰台世界》2009 年第 15 期）

缩微信息长期保存的国内外研究进展

中国人民大学信息资源管理学院　张美芳

缩微技术已有百余年的历史,缩微设备从拍摄的镜头、测光、曝光到自动对焦、冲洗温控的性能已经非常完善,技术成熟稳定。缩微摄影作为一种模拟影像记录方式,是迄今为止最成熟的全文"真迹"高密度存储技术。缩微胶片寿命很长,据美国柯达公司1997年初技术报告公布的测试数据,缩微胶片的保存期限为1000年。缩微摄影技术由于标准化程度高,通用性强,便于国内外交流和使用。缩微技术的上述优点,促使许多国家在上个世纪大力推广和应用缩微技术。我国在上世纪60年代至1985年间,许多领域开始推广使用,比如引进设备、培训人员,将文献信息拍摄到胶片上。1985年,文化部在国家图书馆成立全国图书馆缩微复制中心,以此指导全国公共图书馆领域缩微工作的开展。

缩微胶片的制作工序复杂,缩微生产设备繁多,占用空间大,价格高,胶片不能重复使用,限制了缩微技术的推进速度。近些年来,计算机技术快速发展,它的突出优点和方便快捷的方式逐渐被人们接纳。数字信息和电子文件是目前主要信息种类,缩微技术逐渐被边缘化。然而,对于已经产生的大量缩微产品,缩微信息如何长期保存和利用已经得到国内外相关部门的关注,并开展了一定的研究。

1　缩微胶片保存与保管的国际进展

为了分享近些年来缩微技术发展经验,并在一些共同面对的问题上进行深入探讨,英国国家图书馆与美国国会图书馆及其他参与机构,在2002年至2006年间,召开了5次关于缩微胶片保存的圆桌会议。

2002年,在第一次国际圆桌讨论会上,主要从事研究的图书机构和领先的缩微胶片生产商聚集到一起,共同讨论醋酸纤维素胶片的保存问题。在匿名方式下,与会者们能够以所属机构工作岗位的角度,进行自由的讨论。在接下来的会议上,成员们广泛交换了各自管理醋酸纤维素胶片藏品的进展情况。圆桌会议促进了参与机构在管理醋酸纤维素胶片藏品方面的探讨,并形成很多有重要价值的报告。这些报告广泛覆盖了讨论的各个议题,对将来的胶片保护工作进行了充分的预见。

其中"醋酸片圆桌会议——醋酸纤维素胶片藏品的调查:指导方针与经验"(Acetate Round—Tables Surveying Cellulose Acetate Collection:Guidelines and Experiences)是一份非常细致深入的报告。它详细介绍了调查样品的选择方法、胶片损坏的评估方法、过程记录、环境条件检测、补救措施等。按照这些指导方针与方法,研究者们在进行调查时可以遵循统一的模式,在此模式下获得的结果也具有可比性。

2004 年,美国国会图书馆举办了第二次圆桌会议。这两次会议成效显著,"国际圆桌会议——成果报告"(International Round—Table Report of Findings)一文对其做出了总结。主要包括如下方面内容:呼吁整理醋酸纤维素胶片的调查数据;保护现存的与未来的缩微胶片;胶片质量与标准;缩微胶片复制的代数;购买正片;胶片贮存条件;胶片状况调查;胶片状况登记与管理;补救措施;胶片贮存宏观环境;胶片贮存微观环境;胶片复制。通过这些总结,人们可以清楚地了解到对于胶片长期保存的研究应着眼于哪些方面,同时也为下一次圆桌会议的召开做好前期准备。

2005 年召开的第三次国际圆桌会议上,与会代表对醋酸纤维素胶片的保护问题进行了广泛的探讨,如英国国家图书馆藏品保护中心的收藏品保护负责人 Helen Shenton 所做的《英国国家图书馆如何处理醋酸纤维缩微胶片的最新资料》(An update on how the British Library is dealing with its acetate microfilm);美国国会图书馆的保护专家 Michele Youket 所作的《镜像保存——国会图书馆处理醋酸纤维素胶片的方法》(A Mirror Image the Library of Congress approach to acetate microfilm);影像永久保存研究所的研究员 James Reilly 所做的《争取更多时间——探索存贮解决方案以及如何运用环境条件使胶片的寿命最大化》(Buying more time—exploring storage solutions and how to maximise the life of microfilm/film using environmental conditions);芬兰国家图书馆缩微成像与保存中心的实验项目主任 Maria Sorjonen 所做的《欧洲展望——管理芬兰的醋酸纤维胶片》(A European Perspective Managing Acetate Microfilm in Finland);苏格兰国家图书馆藏品开发部主管 Cate Newton 所作的《著录控制与智能控制为什么会起作用》(Bibliographic and intellectual control – why it matters);澳大利亚国家图书馆保护项目主管 Colin Webb 所作的《澳大利亚的醋酸纤维胶片保护——一个国家级的战略》(Acetate in Australia A National Strategy);等等。

上述报告和研究对近些年来缩微胶片的保护以及存在的相关问题,做了详细的分析和较为深入的探讨,对我们今后保护缩微胶片和存储缩微信息,有一定的借鉴意义。

2 缩微胶片的保护

许多档案馆和图书馆保存大量的缩微胶片,这是一份珍贵的文化遗产,对保护原件、抢救濒危载体起到了一定的作用。对于一些历史文献、珍贵的档案资料和涉密资料,由于其利用率较低,需要长期保存,宜采取缩微方法进行保存。使用时一般不向用户提供原件,尽可能提供缩微胶片。缩微信息的长期存储涉及缩微胶片的实体保护和胶片上信息的长期保护,在实体胶片保护和保管方面,国内外已经开展了大量的研究,积累了一定经验,制定了相应的标准,有关胶片的保管方法和保护条件在国际标准和国家标准中都有相应的规定:

——GB/T 15737—1995《缩微摄 影技术银—明胶型缩微胶片的冲洗与保存》;

——GB 50016—2006《建筑设计防火规范》;

——JGJ 25—2010《档案馆建筑设计规范》;

——ISO 18911:2010《成像材料——已加工安全摄影胶片——存储实 践》;

——ISO 18902:2001《成像材料——已加工摄影胶片、干板和相纸——存储用存档包装物》;

——DA/21—1999《档案缩微品保管规范》。

《档案缩微品保管规范》(DA/21—1999)中规定了档案缩微品的贮存环境、贮存设备、包装的技术要求和保管要求,以及缩微品制作档案的建立和立卷方法。上述标准及其他与缩微胶片保管相关的标准,都是缩微胶片保管的依据。

除了遵循上述标准外,在保管缩微胶片时还应注意以下几点:

(1)区分缩微胶片的保管时间,确定适当的保管条件。要根据胶片的价值,给它们划定保管期限,按保管期限可以分为短期、中期、长期三类,区分保管。短期保管:在一般保管条件下,保管时间为10年以上,保管具有使用价值的文献。长期保管:在最佳保管条件下,保管时间为100年以上,保管具有使用价值的文献。永久保管:在最佳保管条件下,保管具有永久使用价值的文献。

(2)按材料类别分类保管缩微品,避免相互影响。按乳剂层分为彩色片、黑白片;按片基分为硝基片、醋酸片、聚酯片、干板、相纸等分类;按成像原理又分为银盐胶片、重氮胶片和微泡胶片。由于硝酸胶片性质不稳定,易自燃,属于不安全胶片,在保管时要将硝酸胶片和醋酸胶片及聚酯胶片分开保管。胶片记录材料在衰变过程中会分解出有害物质,不仅会加快自身的衰变,而且会影响其他胶片,造成记录材料的降解。

(3)选择对缩微胶片无有害影响的保管装具。实践与实验证明,对胶片来说,许多包装材料是有害的。因此,使用的所有包装材料,应根据国际标准 ISO 18902:2001 规定的照相活性试验法,检验合格才能使用。

(4)定期检查缩微胶片,合理维护,详细记录。各种胶片都是由化学物质组成的,无论是在良好的还是恶劣的保管环境下,都有可能发生物理的、化学的、生物的变化,从而造成衰变,只是发生衰变的速度不同而已。因此,应定期检查,发现问题并及时采取措施加以处理。

(5)及时将缩微影像质量下降,并且影响识读的胶片,复制到新的胶片上,或转移到寿命长的载体上。

缩微胶片库房的环境条件对胶片的影响很大,尤其是温度和湿度,是影响胶片老化的两个重要的影响因素。在 65 ℉(18.3℃)的温度和 50% 的相对湿度条件下,新的醋酸纤维素胶片约保存 50 年的时间即可出现醋酸综合症;在保持相同相对湿度条件下,仅将温度降低 15℃,可以将醋酸综合症出现的时间推迟 150 年。低温低湿的条件可以减慢缩微影像胶片中化学物质的衰变,保持胶片的稳定。国际标准和国家标准对温度湿度的规定见表 1。

胶片类型		中期储藏条件		长期保存条件	
标准级别	片基类型	湿度%	最高温度 T	湿度%	最高温度 T
国际标准	醋酸纤维素	15～60	25	15～40	21
	聚酯	30～60	25	30～40	21
国家标准	银盐	20～50	25	20～30	21
	重氮	20～50	25	20～40	15
	微泡	20～50	25	20～50	10
	彩色	20～50	25	20～30	2

除了加强温度、湿度的管理以外,还需要加强防范有害气体、防光、防火、防水和防盗等管理。缩微复制品出入库必须经过严格检查和相应的技术处理。凡是入库保管的缩微复制品必须符合各项质量标准,并办理一定的入库手续。对缩微复制品应建立定期检查制度,一般两年检查一次。

3 缩微信息的长期存储

在胶片信息的保护方面,更多关注的是信息的转化,也就是所谓的缩微胶片数字化。将模拟信息转化为数字信息,降低了缩微信息质量下降的速度,通过数字信息的长期保存方式来达到长期存储缩微信息,同时促进缩微信息的广泛推广利用。

　　缩微数字化技术是采用专门的设备对文献资料进行数字化的缩微处理,直接存储到数字化存储介质中。1999 年以来,线上电脑图书馆中心(O‑CLC)的保存资源公司就已经扫描了多种格式的缩微胶片。

　　在将缩微胶片数字化的同时,缩微胶片又被利用来存储数字信息,也即数字信息的缩微化。数字图像可以通过一种直观的过程输出到胶片。用强度根据源图像像素 RGB 值变化的三束激光(红、绿和蓝)在未曝过光的胶片(通常用微粒负片材料)表面逐像素曝光。这种过程在数字图像的每个像素上重复进行着,直到整个画格全部曝光,然后胶片进入到下一格。整卷胶片曝光后经过冲洗,信息被存储下来。

　　国外不少学术研究机构都对此产生极大兴趣,社会上也有很多公司专门提供数字信息缩微化的代理服务,价格不等。如康奈尔大学图书馆开展的《数字信息缩微化的示范项目》就是从实验的角度对数字信息缩微化的过程进行细致入微的阐述;美国目前提供该项代理服务的公司有 MD Company、Image Graphics. Inc、microflimshop 网上公司等。

　　康奈尔大学示范项目主要是从业务流程对格式转化进行详细阐述,基于类似上述项目和业务实践的经验,不少部门已经制定出相应的格式转化标准。肯塔基州档案局制定了数字图像向缩微格式转化的标准 Standards for Conversion of Digital Images to Microfilm Format Policy Memorandum PM 99‑1,对其中使用的缩微品类型、拍摄方法、影像质量等都有具体的规定。除此之外,还规定了经数字信息转化而来的缩微品应满足其独有条件,如转化步骤、格式类型、保存条件等。该项目开展了普通格式转化实验、费用开支研究、缩微品质量研究,以及最重要的转化标准研究。在充分的实验和缜密的分析研究基础上,研究人员可向主管部门递交实验报告和标准化建议,以供参考,形成国家标准,进而转化为国际标准等,逐渐推向社会。

　　我国国家档案局 2009 年出台了关于数字信息与缩微胶片相互转化的行业标准:DA/T 43—2009《缩微胶片档案数字化技术规范》和 DA/T 44—2009《数字档案信息输出到缩微胶片上的规定》。这两个标准分别规定了缩微信息与数字信息相互转化过程中的性能参数、操作方法、操作程序、注意事项等,对实际工作的开展起到了一定的指导作用。这两个标准的出台也进一步说明数字信息缩微输出是数字信息长期存储的一条途径,缩微信息数字化也是存储和扩大利用缩微信息的一条途径。这种输出技术和输入技术的相互转化,在实际工作中已经得到很好的应用,是今后将模拟信息和数字信息转化的途径。

　　许多单位已经存储的大量缩微信息,在建立数字图书馆和数字档案馆的过程中,可以充分利用这些缩微胶片的信息,直接将其数字化,而不要再将纸质载体数字化。其一,减少对原件的因扫描而带来的破坏;其二,缩微胶片的数字化效率要比纸张数字化效率高;其三,将缩微胶片数字化的成本比纸质数字化的成本低。

　　缩微胶片的保护和缩微信息的利用等问题需要进行深入研究,在不断提高保存环境以保护藏品的同时,我们也在不断摸索利用现代数字技术的优势,来进一步延长藏品的寿命,并提高藏品的质量。

（原载于《数字与缩微影像》2012 年第 2 期）